新吴年鉴

2019

无锡市新吴区人民政府 主办　　无锡市新吴区档案史志馆 编

方志出版社
Publishing House of Local Records

图书在版编目(CIP)数据

新吴年鉴. 2019 / 无锡市新吴区档案史志馆编. —
北京：方志出版社，2019. 7
ISBN 978-7-5144-3785-0

Ⅰ. ①新… Ⅱ. ①无… Ⅲ. ①区(城市)—无锡—
2019—年鉴 Ⅳ. ①Z525. 34

中国版本图书馆 CIP 数据核字（2019）第 200282 号

新吴年鉴（2019）

编　　者：无锡市新吴区档案史志馆编
责任编辑：高孟君

出 版 者：方志出版社
　　地址　北京市朝阳区潘家园东里 9 号（国家方志馆 4 层）
　　邮编　100021
　　网址　http://www.fzph.org
发　　行：方志出版社发行中心
　　电话（010）67110500
经　　销：各地新华书店
印　　刷：无锡时代印刷有限公司

开　　本：889×1194　　1/16
印　　张：26.75
字　　数：613 千字
版　　次：2019 年 7 月第 1 版　2019 年 7 月第 1 次印刷
印　　数：0001—1000 册

ISBN 978-7-5144-3785-0　　定价：280.00 元

编辑说明

一、《新吴年鉴2019》是中共新吴区委领导，新吴区人民政府主办，新吴区档案史志馆编纂的大型年度资料性文献。本年鉴以马克思列宁主义、毛泽东思想、邓小平理论、“三个代表”重要思想、科学发展观和习近平新时代中国特色社会主义思想为指导，坚持辩证唯物主义和历史唯物主义的立场、观点和方法，旨在全面系统地记述新吴区政治、经济、文化、社会、生态各方面发展的基本情况，为领导决策和管理提供参考，为社会各界认识新吴、了解新吴、建设新吴提供最新、最基本的信息，也为编史修志积累史料。

二、《新吴年鉴（2019）》全面记述2018年新吴区各项事业的发展状况和重要成就。记载范围为新吴区行政管辖区域，涵盖新吴区所属部门、街道及驻区企事业单位。

三、《新吴年鉴（2019）》按照分类编辑法，设类目、分目、条目三个层次，部分分目下设子分目，条目为记述的基本形式。一般先有一简略介绍行业或事业情况的概况或综述，然后按“一事一条”的原则设置条目。

四、《新吴年鉴（2019）》设专文，大事记，新吴概况，中国共产党无锡市新吴区委员会，新吴区人民代表大会，新吴区人民政府，中国人民政治协商会议江苏省无锡市新吴区委员会，中共新吴区纪律检查委员会、新吴区监察委员会，民主党派·工商联，群众团体，法治，军事，智慧新吴，新兴产业，特色小镇，开放型经济，经济管理，农业，服务业，旅游业，交通水利，城市建设与管理，房地产业，科学技术，教育，文化，体育，卫生，人力资源和社会保障，生态环境，街道，人物和荣誉32个类目及附录。书后附索引。

五、《新吴年鉴（2019）》所用统计数据，以区统计局提供的数据为主。在统计局以外的部门提供的数据中，因统计来源、口径、方法和时间不同而有不同，如需引用应予注意。所用数据采用法定计量单位，个别遵从习惯。

六、《新吴年鉴（2019）》各条目由各撰稿单位确定专人撰写，并经单位主要领导审定。撰稿人姓名署于条目之后，审稿人员名单列于卷首。书中图片由各职能单位提供，部分来自互联网或自媒体。

七、《新吴年鉴（2019）》的检索方法有目录和索引两种。目录在卷首，编排至条目。索引在卷末，采用主题分析法编制。

撰稿单位审稿人员

（按姓氏笔画为序）

丁少春	丁旭东	丁洪军	王　佳	王立新	王进健
尤　伟	卢军英	叶志浩	田　丰	匡　辉	吉　祥
朱冬青	朱晓红	任　璐	华艳红	刘　霞	刘蓓红
孙　昊	孙　磊	牟国义	杜　斌	李伟敏	李桂林
吴治军	吴建华	吴胜荣	余银龙	张文荣	张　英
张明烈	张桂清	张继鸿	陆　军	陆瑞萍	陈卫红
苟小军	郁　江	冼　薇	郑　虎	封晓春	胡　碧
禹　罡	洪延炜	洪　斌	祝君乔	顾必成	钱　前
殷　璐	黄胜平	黄海清	章晓明	蒋丽芳	焦夕莲
褚　建	颜越虎	潘　涛			

人文生态环境

无锡市新吴区科技商务中心

梅村二胡文化园

梁鸿湿地公园

穿镇而过的伯渎河

网红花海

欧陆风情街

百联奥特莱斯广场

梅里古都

广南立交岛瞰图

感知中国中心

3月2日，2018年无锡市首批重大项目集中开工仪式主会场暨华虹无锡集成电路研发和制造基地项目开工仪式

3月27日，博世汽车系统（无锡）有限公司奠基仪式

6月24日，无锡高新区—中加物联网与区块链产业发展研究院推动物联网与区块链产业发展合作协议签约仪式

8月7日，物联网产业协同创新共同体发布会暨无锡市物联网产业协会成立揭牌仪式之无锡高新区物联网智库授聘仪式

8月24日，无锡高新区（新吴区）召开智能制造工作推进大会

8月24日，无锡工业互联网产业联盟揭牌

9月5日，无锡市新吴区领导调研和邦生物

11月7日，5G智能终端及半导体生产研发基地项目签约仪式

11月17日，无锡高新区（新吴区）召开民营企业座谈会

中国无锡留学人员创业园

阿斯利康商业创新中心

鸿山物联网小镇 —— 地标建筑

中国共产党无锡市新吴区委员会
无锡市新吴区人民政府
中国共产党
无锡国家高新技术产业开发区
纪律检查工作委员会

1月22日，无锡市副市长、高新区党工委书记、新吴区委书记王进健为无锡市新吴区监察委员会揭牌

6月4日，无锡市副市长、高新区党工委书记、新吴区委书记王进健（左一）调研基层党建

6月25日，区领导调研山禾药业、松下电池、通用电气等企业，并参加解放思想大讨论活动座谈会

6月27日，无锡高新区（新吴区）一海东市互助土族自治县双方对口单位《东西部扶贫协作合作框架协议》签约仪式

7月1日，市、区领导参加无锡高新区（新吴区）庆祝中国共产党成立97周年大会

磊
王进健

7月25日，无锡高新区（新吴区）区级机关“服务发展、服务基层、服务群众”表彰暨解放思想大讨论座谈会

8月30日，无锡市新吴区领导参加无锡市税务局解放思想大讨论座谈会

9月20日，无锡市副市长、高新区党工委书记、新吴区委书记王进健（中）调研档案工作

11月20日，无锡高新区党工委副书记、管委会主任，新吴区委副书记、区长封晓春（前排）调研国企党群服务中心

3月29日，无锡高新区（新吴区）与中锐教育集团战略合作签约仪式

国战略合作签约仪式
安全出口
EXIT
中锐教育集团

6月1日，无锡市新吴区领导六一走访江溪幼儿园、春城实验小学

4月27日，无锡市新吴区庆“五一”劳模先进表彰暨“新吴工匠”颁奖大会

6月14日，中国少年先锋队无锡市新吴区第一次代表大会

7月26日，无锡市新吴区领导慰问贫困家庭

8月10日，无锡市新吴区“大手拉小手”农民工亲子游

9月10日，无锡高新区（新吴区）庆祝第34个教师节大会暨区域优质教育发展共同体签约仪式

9月29日，无锡高新区（新吴区）职工职业技能大赛决赛启动仪式

12月13日，无锡新吴区—无锡市人民医院紧密型医联体签约暨无锡市人民医院新安分院揭牌仪式

12月18日，社工节活动

12月26日，无锡市新吴区“法护蓓蕾·德润童心”青少年系列法治实践活动之青少年校园法治歌咏比赛

2018新吴梅里・全城旅游启动仪式

无锡市新吴区总工会第九届“希捷杯”业余羽毛球邀请赛

中国高新区国际马拉松赛2018无锡高新区分站赛新闻发布会

新吴区国税局税务人员宣讲小微企业普惠性税收减免优惠政策

目录

专 文

大事记

新吴概况

中国共产党无锡市新吴区委员会

新吴区人民代表大会

中国人民政治协商会议江苏省无锡市新吴区委员会

中共新吴区纪律检查委员会 新吴区监察委员会

民主党派·工商联

群众团体

法　治

军　事

智慧新吴

新兴产业

特色小镇

开放型经济

经济管理

服务业

信息服务

旅游业

交通水利

城市建设与管理

房地产业

科学技术

教　育

文　化

体　育

卫　生

人力资源和社会保障

生态环境

街 道

人物和荣誉

附 录

索 引

Main Contents

Articles

Events

Xinwu District Overview

CCP Wuxi Xinwu District Committee

Xinwu District NPC

Xinwu District Government

CPPCC-Wuxi Xinwu District Committee, Jiangsu Province

CPC Central Commission for Discipline Inspection in Xinwu District Xinwu District Supervisory Committee

Democratic Party, Association of Industry and Commerce

Mass Organization

Rule of Law

Military

Wisdom Xinwu District

New Industry

Characteristic Town

Open Economy

Economic Management

Agriculture

Service Industry

Information Service

Tourism

Traffic and Hydraulic Engineering

Urban Construction and Management

Real Estate Industry

Science and Technology

Education

Culture

Sports

Sanitation

HR and social insurance

Ecological Environment

Street

Personage and Honors

Appendix

Index

解放思想　改革创新
争当新时代高质量发展领跑者

——在中共无锡市新吴区委一届六次全会上的讲话

王进健

（2018 年 8 月 2 日）

一、接力奋进、巩固提升，推动全区经济社会实现高位发展

2018 年以来，区委把全面学习贯彻习近平新时代中国特色社会主义思想和中共十九大精神，作为一切工作的总纲和贯穿始终的主线，坚持以新发展理念为统领，以高质量发展为导向，系统推进产业提质、创新增效、扩大开放、产城融合和党的建设，在复杂严峻的宏观经济形势下，展现出经济高质、社会文明、民生改善、生态优化的发展态势，形成了风清气正、真抓实干、担当作为、奋勇攻坚的生动局面。经济呈现高基数上的加速增长。地区生产总值同比增长 8.3%，高于去年同期 0.5 个百分点，保持全市第一；公共财政预算收入同比增长 18.4%，高于去年同期 9.7 个百分点，位列全市第二；固定资产投资同比增长 5.1%，高于去年同期 3.9 个百分点。主要经济指标增速加快。规模以上工业总产值同比增长 11%，工业投入同比增长 11%，到位注册外资同比增长 37.1%，进出口总额同比增长 21.9%，关键指标均领跑苏南同类开发区。产业呈现稳发展中的结构优化。产业发展坚持“高”“新”导向，新增外资总部 14 家，物联网、集成电路、软件、大数据云计算、人工智能等产业产值同比分别增长 14.6%、11.8%、12.1%、25%和 22%，高新技术产业产值占规模以上工业总产值 63.9%，同比提升 0.4 个百分点；新登记企业 3283 家，同比增长 35.3%，增幅位居全市第一；服务业发展势头良好，规模以上服务业营业收入、规模以上高技术服务业营业收入同比分别增长 12.3%、14.9%，均高于全市平均水平。发展呈现强约束下的提质增效。全区盘活存量建设用地 2629.2 亩，完成低效用地再开发 902.8 亩，供地总量中存量用地占比 81.8%，土地利用效率创历史新高；规模以上工业利润 163.5 亿元，总量保持全市第一；税收收入同比增长 18.4%，税收占比 93.7%，较去年期末提高 1.5 个百分点，公共财政预算收入占地区生产总值达到 13.1%，占比分居全市第二、第一，质量稳步提高。

回顾上半年工作，我们牢牢把握市委对新吴区的战略定位，围绕高质量发展主动对标找差，在保持工作连续性的同时，更强调发展的创新性。主要抓了六个方面的工作：

一是深入开展解放思想大讨论，谋划全区发展目标。赴深圳、杭州、苏州等地高新区调研，学习借鉴科技创新、城市建设、人才引进、新兴产业培育等先进经验做法，结合市委“四个走在前列”的要求，研究发展目标和工作举措，制定出台高质量产业发展、高效益科技创新、高层次对外开放和高水平产城融合“三年行动计划”，引领未来发展布局，确定年度工作安排，推动“十三五”发展任务落地落实。

二是持续发力重大产业项目，保持经济稳健增长。狠抓重大项目不动摇。全区108个重点项目实现投资212.6亿元，完成序时进度55.8%。其中21个省市级重点项目实现投资113.7亿元，完成序时进度59.6%。新批总投资超亿元重大产业项目40个，在谈重大项目约30个，项目投资总额超过500亿元，积蓄了强劲发展后劲。

三是加快引育创新项目人才，促进发展路径转变。调整科技招商、人才招引、科技服务、创新支持等政策和工作体系，组建新动能产业发展基金，出台科技创新和人才发展考核实施办法，制定高新技术企业引育工作方案，下达人才引进、创新平台建设任务。人才引进取得新突破，新入选国家“万人计划”人才3名，入围省市人才计划项目76名，引进高层次高技能人才1200余名，数量质量均保持全市第一。新增科技企业303家，同比增长26.4%；新增市级以上科技创新平台4家。有序推进慧海湾小镇、鸿山物联网小镇建设，阿里云物联网总部、中电海康第二总部等一批重大科技产业项目顺利签约，英迪迈、永基物业等一批重点科技创新企业分别挂牌上市、接受辅导、完成股改，新增专利申请同比增长59%，区域科技创新能力得到提升。

四是高度重视生态环境优化，大力开展专项整治。深入开展“263”专项行动，认真落实“河长制”，积极迎接中央环保督察“回头看”，全面推动“散乱污”企业、“园中园、厂中厂”、非法砂石码头、交通干线沿线环境、违章建筑、绿化环境等专项整治行动，整体推动1459个小流域控源截污和黑臭河道整治，一批群众关心关注的环境问题得到有效解决，重点河道水质达标率提高22.3%。郊野公园、城市游园、污水处理厂提标改造等生态改善项目有序推进，规模以上工业企业单位产值能耗同比下降8%。

五是加大政府投入保障力度，着力补齐民生短板。投入16.2亿元建设10大类53项民生项目，投资总额同比增长15.3%。其中，新建、改扩建中小学13所，调整13所幼儿园成为全额拨款事业单位，落实区教育人才“3551计划”，一批优秀教师加入新吴教育事业，人民群众有学上、上好学的期待逐步得到满足。新瑞医院建设加快推进，SK海力士医院签约落地，区公共卫生服务中心新建项目、街道社区卫生服务中心提档升级工作全面推进，公共医疗卫生服务体系正在加速形成。

六是落实全面从严治党要求，推动党的建设取得实效。以“两学一做”学习教育为抓手，深入学习习近平新时代中国特色社会主义思想和中共十九大精神，在学懂弄通做实上下功夫。修改完善区《党政议事决策规则》，加强区委自身建设。实施党组织带头人队伍、党支部标准化规范化和基层党建工作指导站建设“三项工程”，推进非公企业“党群工作一体化”，着力夯实基层基础。认真落实鼓励激励、容错纠错、能上能下“三项机制”，完善干部选任制度，划出干部选拔的“流程图”“硬杠杠”，树立讲担当重担当的鲜明用人导向。全面加强意识形态工作，深入开展统战“六好”行动，着力凝聚发展力量。依法组建区监察委员会，持续巩固“落实中央八项规定精神”成果，持续推进省委巡视反馈意见整改，层层压实“两个责任”，坚持以零容忍态度惩治腐败，营造出知敬畏、存戒惧、守底线的政治生态。

下半年，全区上下要深入贯彻习近平新时代中国特色社会主义思想和中共十九大精神，认真落实省委十三届四次全会、市委十三届六次全会部署，以“四个走在前列”为目标，坚持高质量的发展导向，大力推动思想解放，着力巩固经济稳中有进态势，着力保持社会和谐稳定局面，着力优化政治风清气正生态，着力激发干部担当作为热情，全面完成今年各项目标任务，努力开创经济社会发展和党的建设新局面。重点是要抓好以下五个方面工作。

一是保持经济稳定增长。积极应对中美贸易战和国内经济不确定因素影响，统筹做好贸易促进、外资到位、项目建设和消费升级工作。要加强分析预判。适时监测全区涉美贸易行业、企业、产品等相关主要指标情况，密切关注汇率变动、金融贸易、土地市场等变化情况，重点把握货币政策、财政政策、金融政策、贸易政策和宏观经济政策等变化情况，尤其关注税占比、公共财政预算收入占 GDP 比、工业增加值率等质量性指标，社会消费品零售总额等低于全市平均水平的指标，掌握国际国内形势变动，做好防范预案，提前进行应对，保持经济平稳增长，避免全区经济出现波动。要狠抓项目建设。严格按照序时要求，持续推动重大产业项目、重要基础设施项目和重点民生项目建设，加强对重点项目的跟踪服务，加快建设进度、促进竣工投产，确保今年重点项目计划投资的 400 亿元应投尽投。要稳定外贸增长。千方百计帮助企业拓展市场、争取订单，引导对美出口企业采取转口贸易、调整市场布局等方式规避风险，保持当前外贸稳定运行。要加快外资到位。切实加大在谈项目的落地力度，拓展项目信息源头，跟踪重点企业投资动向，在年内再签约落地一批新项目，全面完成外资利用任务。要积极扩大消费。加强与阿里、京东等企业的合作，注重以新技术、新模式、新业态挖掘商品消费、服务消费潜力，争取新零售、新业态项目落户新吴区，增强对国内消费的服务能力、辐射范围。

二是更大力度推动创新。在新的发展形势下，培育新动能、发展新经济、形成新支撑显得越来越迫切。要抓好在建科创项目。以鸿山物联网小镇、慧海湾小镇建设为抓手，推进中电海康第二总部、华勤基地、特康科技、朗新产业园等一批龙头型项目建设，推进高华光电、阿里物联网等一批平台型项目落户，加快北邮国昊物联网生态园、中关村科技园二期等一批社会载体项目建设。要做好高企申报工作。完善多层次高新技术企业引育体系，探索建立“培育库”机制，优化政策支持，加强工作考核，促进企业积极申报高新技术企业，确保全年新增高新技术企业 100 家。要更多引进创新人才。设立海外招才引智工作站，全面落实人才倍增计划和“飞凤人才计划”，借助全市科技创新与人才大会、物博会、科技创新创业大赛等，力争引育省级以上重点人才 40 名，科技创业领军人才 40 名。要推动创新平台建设。全力以赴筹建物联网国家创新中心，积极推动省物联网产业技术创新中心、东南大学专用集成电路研究所、集成电路设计 EDA 平台建设，深化“线上+线下”产学研平台建设，全面提升区域科技创新服务能力。积极推动企业建设研发平台，力争全区外资大中型工业企业研发机构建有率和民营工业企业研发活动覆盖率分别提高到 80%、70%。要大力发展“三大经济”。围绕数字经济，充分发挥物联网产业的龙头引领作用，协同推进集成电路、云计算、大数据和人工智能的互动融合，确保全年增速达到 15%以上。围绕枢纽经济，着力以空港为中心，加快谋划布局信息服务平台、综合商务平台、商品交易平台、管理运营服务平台，力争在招引枢纽型企业、平台型企业上取得突破。围绕总部经济，进一步深化促进总部经济发展的政策措施，瞄准目标企业，确保全年完成“工厂总部化”项目 50 家。要推动智能制造工作。新建智能车间（工厂）30 个，带动 34 家传统企业实现关键工序自动化、关键岗位机器人应用、生产供应链优化。

三是扫除体制机制障碍。进一步深化改革、扩大开放，优化发展环境，增添竞争优势。要向改革要服务，积极推进县级集成改革、开发区全链审批赋权改革、党政机构改革、综合执法改革和“放管服”改革，关注好新一轮市区财政体制改革、行政审批改革，全面落实“不见面”审批服务、“一网通办”和农村产权制度改革，促进提升政务服务效能。要向开放要发展，抓住无锡成为全国跨境电商综合试验区的契机，建设跨境电商产业园，积极探索口岸保税物流新业态，全力争取特殊监管区创新改革政策和全球维修检测业务试点，扩大增值税一般纳税人资格试点范围和非保税货物分类监管试点，积极推动“单一窗口”建设，增强贸易便利化。

*四是提升城市品质形象。*城市品质是美好生活的承载和集中体现。要抓好在建项目。大力推进城市建设工作，确保列入计划的52项道桥工程、供电工程、水利工程、管网工程和城市管理绿化工程按期完成。要推动棚改工作。全面启动棚改“三年行动计划”，加大扫尾灭点工作力度，力争全年完成棚改拆迁任务90万平方米。要加强城市管理。贯彻落实全市精细化城市管理工作部署要求，以七大专项行动为抓手,着力解决背街小巷脏乱差、乱停乱放、违法建设、偷倒垃圾、占道经营等城市“顽疾”。坚持条块结合、属地为主原则,明确城市管理的范围、职责、标准，不断强化城市管理合力。要深化环境整治。抓好中央环保督察“回头看”反馈问题整改工作，逐项挂牌督办、销号解决。持续不断地开展“263”专项行动、“河长制”工作，始终保持对“散乱污”企业和“园中园、厂中厂”高压整治态势，加大环境治理宣传力度，帮助符合改造条件的企业达标排放、解决问题，协同抓好治太、治水、治气、治土、治固废等重点工程，提升环境整治成效。

*五是着力办好民生实事。*民生所指，责任所系；民心所向，政之所行。要继续完善医疗卫生体系。加快新瑞医院开业运营和SK医院开工建设，加快鸿山、梅村等基层医疗机构升级改造，落实家庭医生签约和绩效评价机制，推动三级诊疗体系建设。要继续深化教育机制改革。坚持义务教育均衡化的工作导向，做好新城中学、新洲小学等11所中小学新建、改建和扩建工作；持续推进区特殊教育学校、青少年活动中心的建设运营工作，完善公共教育服务内容。要继续加强社会综合治理。扎实推进网格化社会治理，认真组织开展扫黑除恶专项斗争，加强重点领域、重点群体、重点问题、重点人员信访矛盾化解，持续抓好安全生产工作，确保全区社会大局稳定。

二、解放思想、对标一流，争当新时代高质量发展的领跑者

思想是行动的先导，解放思想是我们党一以贯之的思想路线，是推进中国特色社会主义建设的重要法宝。新吴区（高新区）依靠解放思想改革开放、发展壮大，也只有通过解放思想才能实现转型升级、再创辉煌。在改革开放40周年之际，市委立足新的发展形势，对区域发展思路和工作举措进行再审视、再完善、再深化，提出了“在无锡当好全省高质量发展领跑者中有怎样的目标定位、在全省各区（市、县）的高质量发展中有怎样的目标定位、在全国高新区转型升级中有怎样的目标定位、在世界创新格局中有怎样的目标定位”的新时代发展坐标，为我们对标找差、解放思想指出了着力点、攻坚点，更以“四个走在前列”的期待要求，为我们指明了努力方向、奋斗路径。

通过对标新时代发展坐标，我们深刻认识到，新吴区整体发展还没有实现从“要素拉动”到“创新驱动”的转变，创新发展的动力、体系尚未培育形成；一些战略新兴产业仍处于价值链的中低端，对高质量发展的支撑作用、引领作用发挥得还不够有力；城市功能不够完善，城市形态与经济发展不相匹配，在吸引创新创业人才、满足人民群众美好生活需要方面存在突出短板；贸易投资环境、政务环境、法治环境、绿色发展环境和整体营商环境还存在不足；土地和环境容量接近“天花板”，民生保障任务仍然艰巨。

要从根本上解决这些问题，需要全区上下深入开展解放思想大讨论活动。通过思想大解放，引导理念大更新：彻底从片面追求速度规模的情结中解放出来，坚决走高质量发展之路；彻底从注重直接引进忽视消化吸收的模式中解放出来，坚决把科技创新作为发展的第一动力；彻底从重物轻人的观念中解放出来，切实做到以人民为中心；彻底从一地一域的局限中解放出来，真正把全区的发展置于全市、全省，以及长三角一体化的大格局中谋划推进；彻底从先发展后治理的路径中解放出来，始终把生态放到优先位置；彻底从患得患失、畏手畏脚的心态中解放出来，着力营造敢于担当、勇于作为的发展氛围。

未来三年，是落实“十三五”规划的攻坚期，是全面建成小康社会的决胜期、实现社会主义现代化的关键期，也是抢抓信息技术发展红利、抢占发展制高点的机遇期。特别是在全市GDP迈上万亿新台阶、开辟高质量发展新境界之际，抓住未来三年的攻坚期、关键期、机遇期，促进质量变革、效率变革、动力变革，为全市发展做出更大贡献，既是市委的期待所在、重托所在，也是新吴的使命所在、努力所在。我们必须坚持以习近平新时代中国特色社会主义思想为指引，以"四个走在前列"为追求，坚持产业强区、创新驱动，坚持对标一流、解放思想，深入实施高质量产业发展、高效益科技创新、高层次对外开放、高水平产城融合的三年行动计划，努力成为高质量发展的标杆、示范和领跑者。

一是聚焦高质量产业发展，当好高新技术产业、先进制造业和未来产业发展的领跑者。以新一代信息技术产业、高端装备制造业、新能源及新能源汽车、生命科技、人工智能等战略新兴产业为主导，以先进制造业为主体，以现代服务业为支撑，积极布局未来产业，构建"6+1"的现代产业体系。到2020年，六大主导产业迈向中高端，产值规模超过4500亿元，服务业增加值占GDP比重提高到40%左右，形成信息技术产业和高端装备制造两个超千亿产业集群，生命科技和新能源及新能源汽车两个超500亿元的新兴产业集群，未来产业初具规模。其中，战略性新兴产业制造业产值、高技术制造业产值占全市比重分别达到40%、70%，未来产业产值和技术水平全市领先。

二是聚焦高效益科技创新，当好创新人才、创新企业和创新平台汇聚的领跑者。构建以企业为主体、市场为导向、产学研深度融合的产业科技创新体系，打响"飞凤人才"品牌，完善以项目孵化、成长加速、科技金融支撑、产业化资源配置及上市推进等全过程服务机制，营造出闻者愿来、来者愿留的创新创业生态环境。确保到2020年新增省级以上重点人才200人、科技创业领军人才150人，本科及以上学历从业人员累计达到10万人；新增科技企业2000家、瞪羚企业30家、独角兽企业1~3家、各类挂牌上市科技企业100家；孵化器、众创空间、创新中心、产业园区等创新平台在现有基础上翻番，创新要素聚集的数量和质量全市领先。

三是聚焦高层次对外开放，当好外资总部机构、跨国公司基地、对外开放平台建设的领跑者。充分发挥长三角核心区域的交通优势和地缘优势，利用航空口岸、陆路口岸和水路口岸，打造商流、物流、资金流、信息流、客流国际化要素流动服务平台。健全与国际投资贸易通行规则相衔接的政策体系，完善面向全球的贸易、投融资、生产、服务网络，推动外资企业在区设立营运中心、研发中心、营销中心、物流中心、投资公司、技术服务中心等区域性总部和功能性机构，融入国际产业高端价值分工体系。力争到2020年累计引进世界500强内外资企业突破100家，外资高新技术企业突破100家，外资研发中心突破100家，各类跨国公司总部和具有国际竞争力的龙头型、基地型、旗舰型企业突破100家。

四是聚焦高水平产城融合，当好城乡统筹、生产生活生态融合的领跑者。以"城乡规划+土地利用规划+生态环境保护规划+产业发展规划"的多规合一规划体系为引领，以"构筑核心空间、建设创新空间、更新低效空间、营造宜居空间"为抓手，更新"城际站、太科园片区、大运河"用地，打造"新吴区产城融合发展核心，建设大运河—长江路、伯渎河、新华路"三大功能发展轴，塑造环太湖—望虞河生态景观带，建设城市主次道路40千米，改造棚户区（城中村）250万平方米，盘活低效地用8200亩，统筹布局新兴产业、智能制造、现代服务业和城市功能设施，展现出"产、城、人、文、绿"融合发展的城市新形象。

历史只会眷顾坚定者、奋进者和搏击者，而不会等待犹豫者、懈怠者和畏难者。全区上下务必要以敢于亮剑的拼劲、一干到底的韧劲，定了干、马上干、干到底，把"四个走在前列"的目标定位转化成为新吴区的现实地位。当前和今后一段时期，重中之重要抓好七个方面工作。

（一）建立产业体系。建立自主可控的现代产业体系，既是贯彻落实产业强区战略的具体体现，更是推动经济结构调整、实现产业转型升级的重要手段。一是做好“产业链”的文章。要从“招来什么项目发展什么产业”转向“发展什么产业招引什么项目”。一方面要围绕物联网、集成电路、新能源与新能源汽车等新吴区主导产业和优势产业，认真研究上下游布局、企业和产品发展变化等情况，加强全产业链的招引和培育，巩固自身优势，延伸上下游，形成完整的产业链，同步布局创新链。另一方面也要以“工厂总部化”为抓手，推动具备条件的龙头骨干企业积极利用业务优势及存量资产向产业链前后拓展，从单一的生产加工环节向附加值更大、利润率更高的自主研发、品牌销售等服务环节延伸，在拉长产业链中拓展增长点。二是做好“民营经济”文章。培养自主可控的现代产业体系，民营经济不可或缺。要进一步创新机制，着力解决民营企业融资难、创新难、负担重、人才缺等问题，切实改善民营经济发展环境，激发民营经济发展活力，力争在三年内培育50家科技型装备制造民营企业、100家上市挂牌民营企业，提升对经济发展的贡献度，形成民营经济、外资企业并驾齐驱的发展格局。三是做好“智能制造”文章。加快“两化融合”步伐，推动新一代信息技术产业与制造业深度融合，大力发展工业互联网，鼓励企业对设备、工艺实施智能化改造，普及智能制造生产线100条以上，推进智能化升级改造项目100个以上。坚持政府推动、市场主动、条块联动、项目拉动、示范带动，鼓励装备制造企业从生产型向“生产+服务型”转变，形成若干具有系统集成、设备成套、综合服务能力的智能制造骨干企业，带动全区装备制造迈向中高端。四是做好“现代服务业”文章。围绕产业高地、创新高地、开放高地优势，结合新吴区特点，大力发展科技服务、现代物流、信息技术、商贸流通、软件外包等生产性服务业，引进培育、做大做强一批现代服务业骨干企业，打造具有区域特色的生产性服务业集群，到2020年培育出营业收入超百亿元服务业集聚区3个。

（二）拓展发展空间。坚持全域统筹，切实用好存量、控制增量、优化容量，为经济社会发展腾出空间。一是推进“企业亩产效益综合评价”。强化“以亩产论英雄”的发展导向，在全区工业企业和规模以上服务业企业，以及经济开发区、各类工业园区试行“亩产效益”综合评价。按照“利用效率高、要素供给多”的原则，探索配套用地、用电、用水、用气、排污等资源要素差别化激励约束政策，倒逼园区、企业提升资源要素利用效率。二是加快“低效用地盘活利用”。建立和完善低效用地盘活利用长效机制，全面加强土地批后利用监管，按照拆迁置换、两规融合、督促开工、政府回购、企业自用等措施，推动供而未用、用而不足土地的再开发，加快存量土地的利用转化，对于亩产效益不达标、排污不达标的，以及不符合新吴区产业发展导向的，严格控制新增用地和供而未用土地使用。三是推动“街道工业集中区提档升级”。以“散乱污”企业整治为抓手，建立安全生产、环境保护、亩产效益的“三位一体”评价标准，推动街道工业集中区提升企业质量，优化产业形态。探索改造提升、监督管理机制，加强发展统筹和招商管理，严防淘汰落后产能回流。突出功能分区、生态集约、产业集聚，促进街道工业集中区连片改造，宜工则工、宜商则商、宜居则居、宜绿则绿。

（三）转换发展动力。牢固树立创新是第一驱动、人才是第一资源的理念，切实把创新的要求落实到日常部署中，体现到具体工作中，全力推动发展动力转换。一是加强创新人才招引。把人才作为动力转换的支撑点，把人才招引作为经济工作的重中之重，在抓好招才工作的同时，围绕人才高度关心的子女上学、就医保障、落户居住、资产受让、产品推广等问题，进一步优化政策、加大举措，确保人才引得来、留得住、发展得好。二是用好现有科技载体。对全区220万平方米的科技载体进行重新审视和规划，按照建设软件园、大学科技园、生命科技园、集成电路设计园、微纳园、中关村等特色产业园区的要求规划定位、专业招商、分类服务，形成集聚效应，力争在三年内推动科技载体出租率达到80%。三是加快科技成果转化。发挥创新型领军企业引领作用，面向产业链上下游中小企业，构建创新成果对接机制。创新科技合作模式，探索国际技术转移路径方法，全力推进江苏技术产权交易市场物联网行业分中心建设，建立科技成果转化示范区，加快科技成果产业化、市场化。四是强化产学研对接合作。拓展与东南大学、西安电子科技大学的合作范围，建立全日制、本地化的研究生院。深化产学研“线上+线下”平台建设，推动高校科研机构与在区企业进行科研活动对接。五是加快苏南自主创新示范区建设。深入研究苏南自主创新示范区的政策规划、任务目标，切实以更加积极有为的举措对接发展要求，抓住发展机遇、担起战略使命。

（四）深化改革开放。以改革开放再出发，开辟发展新路径。一是持续推进改革。着力激发市场主体活力，全面推进“放管服”改革和降税减负工作，综合运用企业直供电、稳岗补贴、技改配套资金、产业发展基金等方式，帮助企业降低成本和经营风险。着力激发科技创新活力，优化专项资金扶持方式、人才项目评价机制，完善对各类创业投资机构的风险补偿机制，加快建立天使投资、创业投资、科技保险、科技担保等各类手段全覆盖的科技金融体系。着力激发国有企业活力，优化国有企业资本、业务布局，完善国有企业考核考评、绩效薪酬、人事任用等体制机制，提高国资国企运作效率和水平。着力激发基层活力，建立干部人事交流机制，为想干事、能干事的创造机会。二是继续扩大开放。要用足用好现有对外开放平台，切实把综合保税区、跨境电商试点、一般纳税人资格试点、非保税货物分类监管试点等平台功能作用发挥到位，构建起承接不同投资、服务不同贸易的开放服务体系。要不断拓展开放范围，大力引进软件服务外包、文化创意、电子商务、研发设计、中介咨询等生产性服务业项目。积极引进国际化医疗机构、养老中心、康复中心、学校等生活性服务业项目。三是优化营商环境。完善外商投资市场准入制度，实行“清单化审核，备案化管理”的快速审批方式，完善和推行“一站式”服务、重大项目快速推进等机制，推动项目加快落地。构建开放型经济综合服务平台，建立外商投资企业审批管理信息共享平台，建设与国际接轨的经济运行机制和精简统一高效的服务体系，注重对外商及其家属的服务延伸，营造“亲商护商安商”的法治化、国际化生产生活环境。

（五）改善生态环境。生态环境是最普惠的公共产品，也是增进人民群众幸福感获得感不可或缺的重要一环。一是加快形成绿色发展方式。综合运用差别电价、准入条件、行业标准等政策措施，树立土地产出率、资源循环利用率和智能制造普及率的硬性约束，鼓励发展能耗较低、环境友好的战略新兴产业和现代服务业，引导重点企业进行节能改造、提高工业能效，倒逼落后和过剩产能快速退出，腾出环境容量，保证优质项目入驻，到2020年全区万元GDP能耗在2017年的基础上下降12%。二是加快生态保护和修复。严格实施《生态红线区域保护规划》，毫不放松地继续推进“263”专项整治和贯彻落实“河长制”，开展水资源和大气污染综合防治，加大工业污染、生活污染和农业面源污染防治力度，强力推进区域废旧物资行业和工业园区公共环境专项整治，提升9条排水达标区建设管理水平，全面完成78条黑臭水体治理和80家以上有机挥发物排放重点企业整治。加大生态基础设施建设，高标准建设垃圾、危废、固废处理设施，确保城市生态环境安全。三是加快构建生态环境治理体系。加强对重大环境风险源的动态监测、风险预警和联防联控，加强涉危企业、固体废物、医疗废物监管，加快推进生态环境监测网络体系建设，逐步建成涵盖大气、水、土壤、噪声、辐射的环境质量监测网络。要探索运用物联网技术，提高生态环境监测监控工作的针对性、科学性和精准度。实施最严格的环境准入制度，对超出区域环境容量、不符合国家产业政策和环保政策的项目一律禁止上马。

（六）加强城乡建设。坚持高起点、高标准，统筹推进城乡融合发展。一是实施交通顺畅工程。抓住地铁3号线、4号线建设契机，以“规划一批主次路、建设一批干支路、打通一批断头路”为抓手，完善路网结构，实现板块之间高效连接、区外市外快捷对接、快行慢游无缝衔接的交通网络。二是实施基础保障工程。以蓝天燃气热电厂二期、西气东输天然气管道迁改工程和鸿山、硕放天然气管网建设等工程为切入口，进一步优化电力、天然气供应体系，夯实持续发展的能源基础。三是实施生态景观工程。以环太湖、望虞河和飞凤路沿线的环城绿带建设，构筑精品生态景观带，打造融生态保护、风景游赏、都市农业、美丽乡村、旅游休闲等多种功能于一体的“郊野游憩环”“农业保障环”“美丽乡村环”。四是实施街景风貌工程。突出净化、绿化、亮化、美化“四化”要求，对菱湖大道、吴都路等重要道路，机场、高速路口等重要门户进行亮化彩化，对长江北路、新华路等主要干道和70条工业园区道路进行环境整治，不断提升市容市貌整体形象。五是实施精细管理工程。坚持系统思维、综合施策、长效管理，以全区城市精细化管理提升专项行动为抓手，强化人力物力财力保障,鼓励和支持社会各方共同参与城市管理,大力推动联合执法，提高城市建设依法行政、规范行政水平。结合“智慧城市”“智慧城管”建设，强化科技手段运用，健全法规体系、制度体系、考核体系、管理体系，提升城市管理智能化、精准化、法治化、文明化。六是实施乡村振兴工程。依托全区产业优势、经济优势，促进新技术、新模式、新业态与农业的深度融合，引导农户调整种植结构、发展特色农业，培育乡村经济新动能，带动提高农业发展质量、农村建设质量、农民生活质量。

（七）增进民生福祉。始终站稳人民立场，以人民群众的实际感受和现实需求为导向，把关注民生、重视民生、保障民生、改善民生作为党和政府的神圣职责和终极目标，切实扛起富民惠民工作责任。一是充分发挥政府主导作用，承担普惠性民生责任。盯牢“让每一个孩子享有公平而有质量的教育”的目标，力争在未来三年内再建设36所中小学、幼儿园。扛起“让人民群众能够好就医、就好医”的责任，力争在未来三年完成区级中医院建设、6个街道社区卫生中心提标改造，新瑞医院达到国内一流水准。二是注重发挥群众主体作用，办好扶助性民生实事。强化人民群众的主体意识，引导和鼓励人民群众积极参与到创业就业、脱贫攻坚、基层治理、乡村振兴、农村集体经济“三资”管理等重点工作中，打造出共建共治共享的社会治理格局。三是切实发挥社会参与作用，满足多样性民生需求。围绕新形势下民生需求内容和需求模式，以高品质为导向，支持社会各方通过新技术、新产品、新业态、新模式，为不同群体、不同需求提供高质量的产品服务，让人民满意。

三、坚定不移推进全面从严治党，激励党员干部新时代担当作为

书写高质量发展的时代画卷，必须认真落实新时代党的建设总要求和党的组织路线，紧紧围绕省、市委全会关于党建工作的部署要求，在紧跟大势、紧扣大局、紧抓大事中，进一步强化党建责任，进一步提高党建工作质量，不断增强全区各级党组织和党员干部的领导力、创新力、执行力。

（一）强化政治建设，坚定践行“两个维护”。党的政治建设是党的根本性建设，是党的建设的纲和魂。要坚持党的政治领导，切实增强“四个意识”，坚决维护习近平总书记的核心地位，坚定维护党中央权威和集中统一领导。认真执行党内政治生活准则，把准政治方向，继续抓好中共十九大精神的学习贯彻和宣讲培训，引导全区广大党员坚定理想信念、坚定“四个自信”，坚决纠正偏离和违背党的政治方向的行为，坚决抵制封建腐朽思想和商品交换原则的侵蚀，把党的政治纪律和政治规矩融入党员的工作和生活中，转化为每个党员干部的思想行动自觉，把智慧和力量凝聚到建设“强富美高”新吴区、推动高质量发展的具体实践上来。

（二）强化意识形态，凝聚发展思想共识。全面落实意识形态工作责任制，强化对全区各级党（工）委、党组意识形态工作的指导和检查考核，推动各级党组织把意识形态工作摆上突出位置抓实抓好。旗帜鲜明地坚持党管意识形态、党管宣传、党管媒体，加强思想宣传和舆论引导，弘扬社会主义核心价值观，扎实做好壮大主流舆论的各项工作，牢牢掌握意识形态工作领导权主动权话语权。强化正面宣传、做好风险管控，引导各类新媒体讲好新吴故事、唱响新吴声音。

（三）夯实基层基础，建强建好战斗堡垒。基层党组织是我们党执政根基，必须坚持不懈地加强基层党组织建设，不断提高凝聚力、战斗力和执行力。持续推进“三项工程”，加强和改进企业、农村、机关、事业单位、社区等各领域基层党建工作，把党建责任传导到“神经末梢”。坚持民主集中制，狠抓“三会一课”、谈心谈话、民主评议党员等基本制度落实，把党建任务落实到“基层细胞”。创新基层组织设置，推进党的组织和工作向“两新”组织、开发园区、商务楼宇、商圈市场、互联网行业等不同领域有效覆盖。突出抓好基层党员发展和带头人队伍建设，拓宽选人视野，完善培养体系，及时补充“新鲜血液”。深入推动“三联三创”，创新推进统战“同心”实践基地建设，抓好党外干部梯队建设，以党的最新理论成果夯实社会共同思想基础。

（四）严格正风肃纪，营造良好政治生态。严格执行中央八项规定《实施细则》精神和省委、市委《具体办法》，紧盯“四风”老问题、剑指“四风”新动向，深入开展“纠‘四风’、转作风”“治不为、促有为”等专项治理，实现作风建设的常态化、长效化。严格落实“四不”刚性要求，既保持零容忍态度惩治腐败，又坚持挺纪于前、抓早抓小。把落实省、市委关于中央巡视反馈意见整改方案和推进省委巡视反馈意见整改工作作为当前和今后一个时期的重大政治任务抓实抓好，做到不解决问题决不销号、决不收兵，确保巡视整改见成果、有实效。要用好用活监督执纪“四种形态”，开展经常性的纪律教育特别是警示教育，常“体检”、多预防，做到强化监督有态度、执纪问责有力度、治病救人有温度，形成不敢腐、不能腐和不想腐的一体化推进格局。

营造良好的干事创业环境，需要良好的制度来保障。省委、市委建立鼓励激励、容错纠错、能上能下“三项机制”，既是为了树立讲担当、重担当的导向，更是为了进一步营造能者上、庸者下、劣者汰的政治生态。

一要加强思想教育，增进干部担当作为的自觉。坚持不懈用习近平新时代中国特色社会主义思想武装党员干部头脑，强化和弘扬高新区“开放、创新、务实、争先”的精神，让广大党员干部深刻认识到新时代要有新担当、新使命要有新作为，作为党员干部任何时候都不能游离于责任之外。围绕开展解放思想大讨论活动，引导党员干部从“四个意识”牢不牢、思想解放够不够、担当作为强不强、作用发挥好不好、自我要求严不严等方面检视不足，着力提升思想境界、能力素质、作风形象，进一步激发新状态、展示新作为、作出新贡献。要坚持以上率下，引导领导干部特别是党政主要负责人牢固树立“功成不必在我、建功必须有我”的精神境界和价值追求，带头履职尽责，带头担当作为，发挥好“领头雁”“火车头”的示范引领作用。

二要树立正确导向，激发干部担当作为的锐气。贯彻新时代党的组织路线，建设忠诚干净担当的高素质干部队伍是关键。要坚持好干部标准，以德为先、任人唯贤、人事相宜，以政治标准选对党忠诚的人，以事业为上选担当干事的人，把干事导向和用人导向最大程度一致起来，大力选用敢抓敢管、敢于负责的干部，选用勇挑重担、勇于担当的干部，选用专业专注、善于作为的干部，选用争先领先、实绩突出的干部。把担当者用起来，敢于担当就能蔚然成风。对那些在关键时刻、重大任务面前豁得出来、冲得上去的干部，要及时发现出来、合理使用起来。要改进知事识人方式，健全完善选人用人科学机制，改进干部日常考核、分类考核和近距离考核，全方位、多角度、立体式考察干部，更宽领域、更大范围发现和选拔改革攻坚的促进派、实干家。要打牢择优用人基础，实施干部专业化建设计划，尤其是要加强宏观形势、法律法规、上级政策、专业知识等方面的教育培训，大力培养一批政治过硬、本领高强、作风务实的专家型干部，增强干部队伍适应高质量发展要求的能力。按照高素质、专业化的要求，进一步选优配强党政正职，大力选拔优秀年轻干部，合理用好各年龄段干部。

三要细化激励内容，消除干部担当作为的顾虑。改革不可能一帆风顺，创新不可能一蹴而就，干事创业难免会遭遇风险挑战甚至挫折失败。容错纠错是“三项机制”传递出的强烈信号。要做到应容则容，通过看问题性质、看工作依据、看主观动机、看决策过程、看履职取向、看纠错态度，辩证分析和评判干部在工作中出现的失误和偏差，对确实符合容错条件的，不作负面评价，免除相关责任或从轻减轻处理，同时对给予容错的干部，选拔任用时做到“一碗水端平”，给真正干事创业的干部吃下“定心丸”。要把准原则界限，坚决守住不违反党的纪律和国家法律法规这条“底线”，打消一些人拿容错当“挡箭牌”“保护伞”的侥幸心理，防止搞纪律“松绑”、法外“开恩”。要坚持容纠并举，把“吃一堑”和“长一智”结合起来，引导干部从失误中汲取教训，坚决纠正错误，最大限度减少和挽回损失。

四要主动关心关爱，保护干部担当作为的热情。好干部是锻炼出来的，也是组织关心出来的。只有让干部干得顺心、拼得安心，才能增强干部队伍的凝聚力、战斗力、创造力。要增强干部的信任感，定期开展谈心谈话，做到对干部的生活关心，对干部的成长负责。要增强干部的荣誉感，做好鼓励激励、表彰奖励，让吃苦者不吃亏、流汗者不流泪，引导干部强化身份认同，增强“公仆意识”，恪守“公仆情怀”，把为党干事业、为人民谋福祉作为最幸福的事，在为党和人民的利益不懈奋斗中书写人生华章。要增强干部的归属感，加强对干部的人文关怀，认真执行干部待遇各项政策措施，落实定期体检、带薪休假、疗养等制度，保证正常福利，保障合法权益，营造让广大干部安身、安心、安业的浓厚氛围。特别对认真履责、攻坚克难、冲锋在前的干部，要给予更多支持鼓励，提供更多支撑保障。

幸福都是奋斗出来的，奋斗，是对这个时代最好的回答。有幸处在这个改革的伟大时代、发展的伟大时代、复兴的伟大时代，面临大有可为的历史机遇，能够参与其中、贡献其中，我们使命光荣、责任重大。让我们更加紧密地团结在以习近平同志为核心的党中央周围，以习近平新时代中国特色社会主义思想为指引，围绕省、市委全会部署，解放思想、改革创新，开拓进取、扎实工作，以新担当新作为开创各项工作新局面，共同为实现“四个走在前列”的奋斗目标、争当高质量发展领跑者不懈奋斗！

硕放新貌

新吴区政府工作报告

——在新吴区第一届人大常委会第四次代表大会上的报告

封晓春

（2019 年 1 月 9 日）

一、2018 年工作回顾

2018 年，新吴区政府以习近平新时代中国特色社会主义思想和中共十九大精神为指导，在无锡市委、市政府和区委的正确领导下，在新吴区人大、政协的监督支持下，紧紧依靠全区广大人民，牢牢把握稳中求进工作总基调，坚定不移贯彻新发展理念，按照“四个走在前列”的目标要求，大力实施四个“三年行动计划”，着力稳增长、促改革、调结构、惠民生、优生态、防风险，圆满完成区一届人大三次会议确定的目标任务。地区生产总值预计完成 1750 亿元左右，同比增长 8%以上，增速位列全市第一。一般公共预算收入完成 198.6 亿元，同比增长 12.8%，占 GDP 比重 11.3%，其中税收收入完成 185 亿元，同比增长 13.7%，税收占比达到 93.1%，两项占比指标位列全市第一。规模以上工业产值突破 4000 亿元，完成 4150 亿元左右，同比增长 8%。固定资产投资同比增长 5%，其中工业投入同比增长 9%。进出口总额突破 500 亿美元，预计完成 505 亿美元，同比增长 16.9%，其中出口预计完成 277.5 亿美元，同比增长 17.4%，四项指标均列全市第一。到位外资完成 13 亿美元，蝉联全省各开发区、县市区“三连冠”。社会消费品零售总额预计完成 339 亿元，同比增长 9%。城镇居民人均可支配收入预计增长 8.3%左右；城镇居民登记失业率在 1.75%以内。主要污染物化学需氧量、二氧化硫、氨氮和氮氧化物持续削减；全国高新区排名上升 4 位，位列第一方阵。这些成就既表现为量的积累，更反映出质的飞跃，为新吴发力“十三五”后半程、谱写高水平全面建成小康社会新篇章打下了坚实基础。

（一）产业强区攀高走强，发展质量有效提升

保持战略定力，坚定不移走产业强区之路，以产业振兴带动经济高质量发展。项目建设亮点纷呈。紧紧围绕全区产业发展战略布局，举办“开门红”“春季行动”“红五月”、金秋经贸节等系列招商活动，LG 汽车动力电池、海尔物联生态网基地、SK 海力士 M8、村田智能制造园 4 个单体投资超 50 亿元重大项目签约落地，新批总投资超亿元重点产业项目 109 个，涵盖集成电路、电子元器件、新材料与新能源、高端装备、生产性服务业等多个现代产业领域，为新吴区产业集聚集群发展注入了新活力。108 个重点项目完成投资 408 亿元，其中 21 个省市重点项目开（竣）工率和投资量均列全市第一。华虹半导体、海力士二工厂等一批超大体量项目进展超过预期，村田新能源锂电池新工厂、科玛化妆品等 39 个重大项目竣工投产，成为拉动产业高质量发展的新引擎。产业转型稳健有力。强化顶层设计，制定产业高质量发展三年行动计划，确定“6+1”产业主攻方向。以“智能化、绿色化、服务化、高端化”为引领，深入推进“产业唤醒计划”“两化”融合、智能制造、“工厂总部化”，引育工业互联网企业 30 余家，完成智能化改造项目 45 个，新增省市智能车间 24 家、列全市第一。成功推进 SK 海力士、阿斯利康等 50 家企业实现“工厂总部化”。规模以上工业企业实现利润 340 亿元左右，占全市总额的 1/3。服务业增

加值占地区生产总值比重达到35.5%，比上年提高1.5个百分点。物联网、集成电路、高端装备制造、生物医药、软件与信息服务等主导产业呈现集群式发展的良好态势。上市工作积极推进，金城幕墙获得纳斯达克上市批文，新增新三板挂牌企业4家、全市第一，新增江苏股交所挂牌企业35家。供给侧结构性改革成效显著。突出“亩产论英雄”发展导向，完成近7000家工业企业资源利用绩效评价，推动实施街道工业集中区提档升级、物流业提质增效、闲置和低效用地盘活提升“三大工程”，盘活闲置厂房载体5万余平方米，消化利用批而未供土地2253.4亩，盘活存量建设用地3543亩。淘汰一批落后低效产能，“四个一批”化工企业关停9家，完成升级改造15家；整治“散乱污”企业1485家，其中关停771家。推动企业降本减负，全年减税降费11.9亿元。创新方式方法，帮助民营企业纾困解难。防范化解重大金融风险，全力打击非法集资活动；政府债务有效压降，全年获批地方债27.3亿元，完成政府债务置换约60亿元。创设区长质量奖，率先实施质量强区战略。“金巢工程”加速推进，新建定制化工业标房17.9万平方米，获评“省国土资源节约集约利用模范区”“省高标准厂房与使用先进地区”。

（二）科技创新提质增效，增长动力更加强劲

深入实施创新驱动核心战略，召开全区科技创新和人才大会暨苏南国家自主创新示范区建设发展大会，大力推进创新创业人才、高新技术企业、重大创新平台和科技创新效益4个倍增计划，区域创新发展水平不断提高。创新主体集聚成长。全年招引各类科技企业605家，物联网产业彰显行业引领，特康科技、美国赛仕等一批重特大科技项目签约落户。集成电路产业突出强链补链，无锡国家集成电路设计产业园揭牌，韦尔半导体、艾为电子等10余家知名企业签约入驻。生命科技产业加快布局，药明偶联、合全药业等成功落户。创新型企业梯队培育进展顺利，净增高新技术企业73家，累计437家，总数位居全市第一，入选苏南国家自主创新示范区瞪羚企业26家、省高新技术企业库122家，入选市雏鹰、瞪羚、准独角兽企业培育库近120家，市高成长创新型企业50强14家、位居全市第一。深入实施“太湖人才”计划、“飞凤人才”计划，新招引各类人才1.08万人，其中大学生8045人、位居全市第一。入围“万人计划”科技创业领军人才、国家高层次专家15人，省级高层次人才计划69人，市级以上各类人才新增233%，新增省市“外国专家工作室”19个、海外引才工作站3家，获评中国高新区人力资本创新示范区、江苏省示范博士后科研工作站。创新能力稳步提升。国家物联网创新中心、PNP全球创新加速器等新型研发机构、重点创新加速器签约落地、加速建设，新增省级众创空间3家，成功获批省首批苏南国家自主创新示范区科技成果产业化基地，软件园获评A类国家级科技孵化器、入围全国火炬计划软件产业基地十强，深港国际等4家园区分别获批省级孵化器、加速器、示范园区。全区高新技术企业、内资大中型工业企业实现研发机构全覆盖，外资大中型工业企业研发机构建有率达到77%，研发投入占GDP比重达3.6%左右。产学研平台签约专家2400余人，发布技术成果近5000项。万人发明专利拥有量达到125件，空港经济开发区通过省知识产权试点园区验收。创新环境更加优化。出台支持科技创新创业以及以物联网为龙头的新一代信息技术、生命科技、集成电路产业发展等精准扶持政策。苏南国家自主创新示范区无锡高新区一站式科技服务中心揭牌运行，获批建设国家“芯火”双创基地。新型科技金融体系不断完善，新增企业新型银团20家，201个科技项目获得风险补偿贷款超6亿元，组建50亿元新动能产业发展基金，为战略性新兴产业发展提供了更多金融支持。成功举办2018世界物联网博览会无锡高新区系列活动、全国创新型科技园区座谈会等具有较大影响力的创新创业活动。

（三）改革开放协同发力，领先优势日益巩固

紧抓全面深化改革的有利契机，充分利用“一带一路”建设、长江经济带发展、长三角一体化三大国家战略的导向作用，借鉴江阴集成改革试点经验，在改革开放的前沿阵地抢抓时代机

遇，不断开拓前进。行政审批改革纵深推进。承接国家级开发区全链审批赋权事项151项；持续推动相对集中行政许可权改革试点，深化“三集中三到位”改革，54个行政许可事项转至行政审批局，147个行政许可事项进驻区政务服务中心，政务服务办件量达42万件；持续深化“不见面审批（服务）”改革，548个事项实现“不见面审批（服务）”；完善政务服务“一张网”，6类734个事项上线运行，办理12345政府公共服务热线18740件，群众满意率达91.02%，列全市第一；创新全程网上审批、电子踏勘、证照联办等审批模式，“3550”改革基本实现“3333”目标；完成“证照分离”改革试点，24项行政许可事项实现“证照分离”改革；审管联动机制全面完善，“批”“管”脱节问题得到有效解决，营商环境更加优越，新增规模以上企业340家，新增法人企业6015家，净增企业法人单位数占比15.85%，居全市第一。民生社会领域改革有的放矢。教育改革高效推进，实施义务教育管理区级统筹，推动民办教育健康发展、智慧教育融合发展，加大公办幼儿园投入和普惠制幼儿园奖补力度，深化教育人事制度改革，落实岗位设置、职称制度、人才奖励等制度。推进医疗卫生体制改革和运行机制创新，医疗卫生体系整体布局、分级诊疗架构建设进一步健全。推进社会养老服务体系建设，构建机构养老、居家养老、社区养老融合发展新模式。完善基层治理机制和社区“三社联动”发展机制，推动政府治理、社会调节、居民自治良性互动。建设“全要素”网格，三级网格化服务中心挂牌运行。深入推进矛盾纠纷多元化解机制，完善人民调解与行政调解、司法调解等联动工作体系。对外开放步伐明显加快。加快外贸企业转型升级，服务贸易增速回升，完成服务外包合同金额34.2亿美元，其中服务外包离岸合同金额24.9亿美元，同比增长23.3%，积极组织参加首届中国国际进口博览会，达成6亿美元进口协议，全市占比达到60.6%；利用外资质量持续提高，先进制造业到位注册外资占比达65.8%，其中，战略性新兴产业到位注册外资占先进制造业的74%。增值税一般纳税人试点改革顺利推进，海力士、佳利达等5家企业成功试点。全球维修检测业务试点、非保税货物分类监管试点、金关二期工程试点工作取得新进展。区域通关一体化改革有序推进，现场接单比例下降三分之一，“自报自缴”报关单月均1万票，列南京关区前列。

（四）产城融合持续深化，城市品质明显提高

坚持生产、生活、生态“三生融合”理念，城市布局持续优化，城市功能逐步增强，城市形态有效提升。城市建设有力推进。制定高水平产城融合三年行动计划，谋划高新区分区发展战略，规划京杭运河——长江路、伯渎河、新华路三大功能发展轴，全力打造“产城人文绿”五位一体示范区。完善慧海湾小镇、旺庄路第一岗片区、工博园片区等5个区域城市设计和规划研究。“智慧新吴”建设扎实推进，完成国内首个城市基础传感终端部署规划。鸿山物联网小镇通过省级特色小镇考核，旺庄智能装备小镇成功申报市级特色小镇。泰伯大道等一批工程开工建设，飞凤路跨沪宁高速大桥等项目完工通车，千城路等5条断头路得以打通，佛奥支路、锡钦路等支路网全面完善。房屋征收拆迁完成105万平方米，棚户区改造完成2.6万平方米，新开工建设安置房3000多套。城市管理成效突出。大力开展优美环境合格区建设，全面构建城市精细化管理工作体系，175个管理单位合格率全市领先。查处各类显见性市容问题2.7万起，拆除违法建筑20万平方米，整治废旧物资回收站点139家、洗车场点162家。完成主要道路包装出新12条、背街小巷整治提升18条、“四小行业”治理示范路4条，完成梅里农贸市场整体改造提升。增设各类大型停车场11处，新改建环卫公厕21座，升级改造生活垃圾中转站7座，生活垃圾无害化处理率保持98%以上。完成智慧城管一期项目建设，智能识别监管全国领先。顺利通过文明城市和优秀管理城市省级检查，人民群众对城市管理问题处置满意率达95%。乡村振兴有序开展。强化农业龙头企业带动作用，空港经济开发区完成全区首个“百企建百园”工程，“互联网+农业”产值突破1亿元、同比增长20%。

美丽乡村建设取得突破，完成镇村布局规划修编，鸿山旅游度假区正式获批省级旅游度假区，梅村街道列入市全域旅游示范街区创建单位，鸿山街道七房桥村成功创建市美丽乡村示范村，新安街道加快推进环太湖湿地一体化开发，新吴旅游精彩亮相中国（无锡）第一届旅交会。积极推进农村集体产权制度改革，完成各村（居）经营性资产和非经营性资产清查。

（五）污染防治攻坚克难，生态环境持续向好

严守生态红线，认真抓好中央和省环保督察反馈问题整改，积极探索生态优先发展新路。绿色发展稳步推进。严格执行主体功能区战略，科学划定生态保护红线、环境质量底线、资源利用上线和环境准入负面清单“三线一单”。申报国家省市绿色节能项目近 30 个，完成节能改造、合同能源管理项目 27 个，取缔非法砂石码头 31 家，全区分布式光伏装机容量约 70 兆瓦，星洲工业园获批全国增量配电网试点，新增绿色建筑 90 万平方米，规模以上工业单位产值能耗同比下降 9.1%，空港经济开发区获评省级生态工业园区。新建公园游园 18 个，完成飞凤路多彩化改造 3 千米，打造“网红”花海 600 余亩，新增绿地面积 50 万平方米，自然湿地保护率达到 82%、位列全市第一。生态治理成效显著。全面深化“河长制”“断面长制”，完成太湖水环境综合治理工程 15 项、小流域整治 1199 个，打捞蓝藻、漂浮物 13 万吨，新增 III 类水质河道 3 条，9 条国省市考核河道水质断面达标率达 66.7%，河道断面水质优 III 率达 55.6%，均列全市第一，顺利完成太湖安全度夏任务。全区畜禽规模养殖场治理率达到 100%。切实改善大气环境，源头控制挥发性有机物排放，实施清洁原料替代企业 8 家，完成大气污染治理重点工程 152 个，空气质量优良天数比例 70%。建立土壤污染联防联控机制，建成 50 万立方米装修垃圾消纳场一期工程、3 万吨铅酸蓄电池收集体系，等离子固废处置项目主体封顶。专项行动扎实开展。执行最严格的环境保护制度，扎实开展“清废行动 2018”“绿刃 2018”、水源地环境保护等各类生态环境专项行动，直击环保“痛点”。全年累计出动环境执法人员 2200 余人次、检查企业 880 多家，立案处罚 188 家。开展首例环境损害评估，探索建立生态损害赔偿制度。首创“大手拉小手”企业环保共建项目，5 家“大手”企业与 23 家“小手”企业成功结对。

（六）民生事业固优补短，人民生活切实改善

坚持以人民为中心，投入 16.2 亿元全面推进 10 大类 53 项民生实事工程，切实增进民生福祉。民生保障全面细化。深入实施就业优先战略，举办中高级预约式人才交流会、“就业援助月”等招聘活动 20 余场，开展就业技能培训 3644 人，城镇新增就业 1.65 万人、援助就业困难人员再就业 2373 人、支持成功自主创业 2797 人、创业带动就业 8201 人。稳步推进经济薄弱村脱贫转化，大力实施薄弱村物业修缮和人居环境整治。全面推进社保扩面和断保压降，本地户籍断保接续人数 9471 人，企业职工养老保险参保率达到 100%。以“阳光扶贫”为抓手，开展特困家庭深度救助，全区三分之一贫困人口顺利脱贫。积极开展全国农村留守儿童关爱保护和困境儿童保障示范区建设，区残疾人就业供求服务中心工作得到中残联充分肯定。实施食品药品安全战略，食品药品保障水平明显提高。扎实开展宜川县、互助县对口帮扶工作，落实帮扶项目 19 个；强化（苏）南（苏）北共建，为新沂工业园推介产业项目 9 个。社会事业全面优化。新城中学等 14 个教育项目进展顺利，区青少年活动中心正式开办，6 所新幼儿园开园，成立“区优质教育发展共同体”，着力提升教育发展质量。区域三级医疗卫生体系建设全面拉开，市人民医院新安分院揭牌，瑞金医院无锡分院竣工试运行。建成适老社区 2 个，全区养老机构实现医疗服务全覆盖，老年人“安康关爱”保险覆盖率达 80%。优化公交线路 14 条。社区综合性文化服务中心建成率达 100%，组织开展二胡文化国际交流、“白玉兰”文化艺术节等各类文化活动 94 场。成立区足球、篮球、健身气功协会等社会团体，举办中国高新区国际马拉松首站赛，开展“乐动新吴”大型体育活动 36 场次，省运会取得 10 块金牌，创历史最佳成绩。稳定工作全面强化。推动社区

治理社会化，大力促进社区、社会组织和社会工作深度融合，探索社区协商新模式，实现省级和谐示范街道全覆盖。深入开展扫黑除恶专项斗争，在打击黑恶势力、“套路贷”等方面取得积极成效。完成省创新网格化社会治理机制试点任务，调解矛盾纠纷4949件，积案化解稳定率97%，成功创建省级和谐劳动关系示范园区。大力推进双重预防机制和安全标准化建设，开展涉爆粉尘作业、电子及危险化学品等专项整治，有效防范各类安全事故发生，群众安全感达97%，法治建设满意度达到99.76%，位居全市第一。

（七）政府建设高效清廉，服务效能明显增强

坚持以更高标准加强政府自身建设，不断提高政府的公信力、执行力和凝聚力。党建引领不断增强。坚持把政治建设摆在首位，牢固树立“四个意识”、切实坚定“四个自信”，坚决做到“两个维护”，坚决落实意识形态工作责任制，确保政府工作始终走在正确轨道上。坚持实事求是，积极开展解放思想大讨论活动，深入基层加强调查研究，着力解决群众关注的热点难点问题。认真落实鼓励激励、容错纠错、能上能下“三项机制”，优化完善机关、街道综合绩效考评体系，高质量发展的导向更加鲜明，想干事、能干事、干成事的氛围更加浓厚。法治建设不断深入。全面压实法治建设责任，建立规范性文件合法性审查制度，全年审查政府文件72件；建立公平竞争审查制度，最大限度减少对微观经济的干预；健全政府法律顾问制度，成立区级法律专家库，积极推动行政机关主要负责人出庭应诉；深化法治宣传工作，严格执法资格准入，积极落实行政执法公示、执法全过程记录、重大执法决定法制审核“三项制度”和行政处罚自由裁量权基准细化。自觉接受区人大、政协及各民主党派的监督，按时办复区人大代表议案建议70件和区政协委员提案66件，代表和委员满意率均达到97%。廉政责任不断夯实。严格落实全面从严治党新要求，强化党风廉政建设主体责任意识，抓好巡视巡察反馈问题整改，严格执行重大事项决策机制，严格公共资金使用管理，严格工程建设制度，认真执行中央八项规定及实施细则精神和省市区委具体办法，大力压缩一般性支出，区级“三公”经费支出同比下降9.4%。加强对重大决策举措落实情况以及公共资金、公共资产、公共资源的审计监督，完成审计事项532件，整改问题金额16.77亿元，核减政府投资项目工程款7.33亿元。

此外，科普、史志、档案、文保、侨务、对台、外事、民族宗教、国防动员、人防、双拥、应急管理等工作取得新成绩。

过去一年的成绩来之不易、影响长远，这是市委、市政府和区委坚强领导的结果，是区人大、政协监督和社会各界关心支持的结果，更是全区人民共同奋斗的结果。

取得的成绩令人鼓舞，发展的势头令人振奋。但我们也清醒地看到新吴区经济社会发展还存在不少困难和问题。主要是：经济发展质量和效益有待进一步提升，制造业与服务业发展不平衡，民营经济发展不充分。实体经济发展面临投资支撑不够、成本上升快和融资难融资贵等问题；创新驱动成效还不明显，新兴产业龙头带动不够，科技创新人才、企业、平台的支撑作用还未完全体现，新技术、新产业、新业态、新模式总体发展水平不够高、规模不够大，未来产业布局不够快。开放创新还需迈出更大步伐。产城融合发展任务艰巨，发展空间、环境容量等发展要素制约突出，城市管理、征地拆迁还面临诸多压力，城市功能品质提升还需加快。社会民生领域还有一些短板，在生态环境、教育、医疗、交通等方面与人民群众的期待仍有差距。政府服务效能还需提高，一些政府工作人员创新发展的主动性积极性仍显不足。对此，我们要坚持问题导向，看清形势、把握大势、顺应形势，开拓新视野，构筑新格局，坚定信心，担当作为、奋力攻坚，争创佳绩。

二、2019年工作安排

2019年，是新中国成立70周年，是持续发力“十三五”后半程的关键之年，也是高水平全面建成小康社会、建设“强富美高”新吴区的重要一年。根据市委、市政府和区委部署，新吴区政府工作的总体要求是：以习近平新时代中国特

色社会主义思想和中共十九大精神为指导，深入贯彻落实中央经济工作会议、省委十三届五次全会、市委十三届七次全会和区委一届七次全会部署，坚持稳中求进工作总基调，坚持新发展理念，坚持推动高质量发展，坚持以供给侧结构性改革为主线，坚决打好三大攻坚战，坚定聚焦“四个走在前列”，深入实施四个“三年行动计划”，担当作为，持续奋斗，夯实高水平全面建成小康社会的决定性基础，夺取建设“强富美高”新吴区的关键性胜利，奋力当好高质量发展领跑者，以优异成绩迎接新中国成立70周年。

全区经济社会发展的主要预期目标是：地区生产总值同比增长7.5%左右，一般公共预算收入同比增长6.5%左右；规模以上工业增加值同比增长8%以上；全社会研发投入占比达到3.7%；固定资产投资同比增长5%以上，其中工业投入同比增长8%以上；进出口总额同比增长5%以上；到位注册外资完成13亿美元左右；社会消费品零售总额同比增长9%以上；城镇居民人均可支配收入与经济增长保持同步；城镇居民登记失业率控制在3%以内；节能减排和大气、水环境质量确保完成市下达的目标任务。确定以上预期目标，总的考虑既坚持实事求是，也体现积极进取、担当作为；既充分考虑稳中有变、变中有忧的宏观经济形势变化，又充分考虑新吴区的基础条件、增长可能和就业需要；既全面落实省市和区委部署，又体现推动高质量发展、走在前列的工作要求。

根据上述总体要求和预期目标，今年重点做好八方面工作：

（一）坚持不懈推进“六稳”举措，经济运行要有新成效

加强对经济形势的分析研判，找准经济发展中存在的困难和问题，充分利用好有利于经济发展的一切积极因素，确保主要经济指标在全市争先进位。保持有效投资增长。密切关注市场变化和企业投资意向变动，围绕完善产业链布局、提升产业链层次，明确招商引资方向和重点领域，积极拓展招商引资渠道，深入推进“大项目带动”“产业链招商”，重点聚焦世界500强、民营企业500强、行业领军企业、央企国企集团，力争新批总投资超亿元重点产业项目100个，其中超10亿元项目10个。健全重大项目招引和审批“绿色通道”制度，落实服务专员和“代办”机制，加快项目审批建设速度，确保100个重点项目完成投资400亿元以上。扩大合理消费规模。按照中央“促进形成强大国内市场”的要求，优化消费环境，落实好个人所得税专项附加扣除政策，培育消费新模式新热点，大力推进线上线下融合、文商旅跨界融合，鼓励新零售、跨境电商、智慧物流等产业发展，推动金融服务、科技服务、软件信息服务、文创服务、物流服务、商贸服务、健康养老服务方面取得新进展，抓好服务业重大项目建设，推进太科园片区商业综合体、高端外资医院等服务业项目落地，打造具有高新区特色的现代服务业“高地”，服务业增加值占GDP比重提升1个百分点以上。巩固外资外贸优势。积极“稳外贸”，有效应对中美贸易摩擦，优化外贸结构，全力提升一般贸易和服务贸易比重，主动承接中国国际进口博览会溢出效应，积极推进跨境电商产业园建设，引育一批电商龙头企业总部及功能性机构，支持帮助企业沿着“一带一路”走出去。积极“稳外资”，全面实施外商投资准入前国民待遇加负面清单管理制度，大力吸引跨国公司、著名企业投资落户，推动现有外资企业增资扩股，增强外资企业与产业集群的紧密性、融合性。积极对接自贸区新一轮政策的复制与推广，纵深推进一般纳税人资格试点，深化服务贸易创新试点，推动全球维修检测、保税研发、保税融资租赁、供应链保税备份分拨中心等业务取得新突破，加快推进海关监管创新，推动通关环节提效降费，努力实现口岸通关时间再压缩1/3。大力推动充分就业。将“稳就业”放在更加突出位置。下大力气规范人力资源市场，切实解决就业与用工“两难”问题，深入实施就业促进、创业引领、基层成长、技能就业计划，开展职业技能培训，促进高校毕业生、农民工、退役军人等重点群体就业。加强市场预期引导。强化预期管理，坚定各方面发展信心。积极整合落实支持民营企业发展各项政

策，严格执行减税降费政策，落实好全市33条降本减负新举措，研究出台鼓励本地示范应用、首购奖励、设立区级转贷资金池等政策，组建民营企业发展专家咨询委员会，开通政府服务热线，开展100家重点民营企业领导挂钩服务，建立定期走访机制，打造特色产业服务平台体系，全年培育规模以上民营企业50家以上，其中营业收入超亿元10家。组织开展政企联谊交流活动，构建“亲清”政商关系。全面做好第四次全国经济普查，为做强区域经济提供有益参考。

（二）坚持不懈构建“两大体系”，产业强区要有新进展

聚焦新旧动力转换，千方百计固强固优，持之以恒补缺补短，加快构建自主可控的现代产业体系和开放高效的产业科技创新体系。着力打造高端产业集群。坚持走高端路线，发展高端产业、占据高端环节、打造高端品牌，重点围绕“6+1”产业，着力培育具有国际影响力、国内领先的战略性新兴产业、先进制造业等龙头企业和产业集群，致力发展数字经济、枢纽经济、总部经济，实施“工厂总部化”，完成总部化改造40家。聚力融合发展，推动制造业与现代服务业、制造业与新一代信息技术的深度融合，实施“产业唤醒计划”，推动产业由价值链中低端迈向中高端；实施智能改造工程，完成智能化改造项目50个，新增省市智能示范车间（工厂）20个以上，促进先进制造加快发展、智能制造形成优势。物联网、集成电路、高端装备制造、软件与信息服务、生物医药等产业营业收入实现两位数增长，高新技术产业产值占规模以上工业产值比重达到65%。加快发展未来产业，抢先在边缘计算、区块链、尖端生命科技等领域取得重大突破。切实加大资源集聚力度。积极开展“精准招商”，招引各类科技企业800家以上。充分发挥华虹、海力士、阿斯利康、中电海康、海尔、阿里巴巴等龙头企业磁场效应，加快关联配套企业集聚，营造优势产业生态圈。推进科技企业梯队建设，全面落实“小升高”计划，力争新增国家高新技术企业150家以上，新增科技小巨人10家、瞪羚企业50家、准独角兽企业9家以上，深入研究、及时关注“科创板”发展动向，推动高科技、高成长性企业上市。大力实施“太湖人才计划”“飞凤人才计划”，探索龙头企业+大院大所+顶尖人才团队的人才招引模式，引进各类人才1万人以上，其中高层次人才500人、高技能人才1300人，引育领军人才创业项目40个。强化科技园区建设运营。构建“围绕一个特色产业、制定一个产业计划、建设一个专业园区、组建一家运营平台、设立一支发展基金、成立一个专业服务机构”的园区运营体制机制，持续擦亮软件园、微纳园、IC设计产业园、生命科技园的品牌，建设一批产业高度集聚、行业特色鲜明、专业创新能力强的科技园区。全面激发创新创业活力。实施重大科技创新平台建设专项行动，加快工业互联网平台建设，推动市知识产权综合服务平台上线运行。优化产学研创新平台运营机制和协同创新机制，认定市级以上研发机构20家，培育新型研发机构6家，新增省市众创空间4家以上，全区有效发明专利突破7300件，万人发明专利拥有量突破126件。加快推进国家“芯火”双创基地建设，推动无锡物联网技术产权交易中心正式运营，打造科技服务资源聚集高地。全力推进众创空间、孵化器、加速器、特色产业园区全链条孵化服务。开展好世界物联网博览会十周年系列活动、“新吴创业秀”等“双创”活动，营造充满活力的“双创”氛围。

（三）坚持不懈全面深化改革，体制机制要有新突破

以改革再出发的勇气，深入推进关键领域和重点环节改革，充分发挥各领域改革整体推进的“协同效应”。深化供给侧结构性改革。全面落实“巩固、增强、提升、畅通”要求，加快企业去产能、去库存、去杠杆步伐，推进街道工业集中区提档升级，发挥企业绩效评估的正向激励和反向倒逼作用，加快低效企业改造升级和落后产能淘汰，促进优质企业做大做强，力争10家工业集中区亩均税收增长30%以上，腾退工业用地1000亩。全力推进低效用地再开发，力争盘活存量土地3000亩。推进“金巢工程”，建设盘活各类工业标房、科技研发办公用房、生产性服务

业用房。突出金融服务实体的导向，以企业银团、投贷联动、风险补偿等机制，助力中小微企业解决融资难题；强化创投基金，引导社会资本投向科技创新。强化水、电、气等要素保障，加快推进50万伏锡南变电站以及5个22万伏变电站建设。推进集成改革。抢抓机构改革的重大历史契机，进一步深化优化政府管理体制改革，树立“区政合一”管理体制改革的典型。构建基层管理权责体系，做好国家级开发区全链审批赋权，建立完善行政权力和责任清单，建立标准化权责清单管理制度，建立日常监管、动态优化和考核评价制度，确保权力依法依规运行。理顺行政执法体制，健全完善制度体系，建立简约高效、职责清晰、运转协调、执法有力的综合行政执法体系。推进行政审批改革。持续推进相对集中行政许可权改革试点工作，加强全区政务服务一体化建设，形成覆盖全区、上下联动、功能完善、数据共享、运行高效的政务服务体系。推进“一窗受理、集成服务”改革，探索受理审批新模式，实现“一窗通办”。充分发挥审批服务系统平台作用，完善“不见面”审批（服务）体系。持续推动“证照分离”改革试点，深入实施证照联办制度。坚持重点工程建设“容缺预审”，进一步巩固“3333”改革成效。推进街道审批服务标准化建设，加大街道政务服务中心建设力度。深化国资国企改革。充分发挥国有资本在产业布局、科技创新、生态优化、民生改善中的服务、引导、支撑作用，推动国控公司实体化运作，进一步明确发展方向，做实做强主营业务，构建以业绩为中心的薪酬机制和面向市场的用人机制。深化社会民生领域改革。优化网格化社会治理领导体制和运行机制建设，健全“网格化治理、一体化联动”工作机制。以食品安全示范区建设为引领，推进食品药品诚信体系建设。健全社会救助体系，推动城乡低保、专项救助、临时救助、慈善救助相互补充、无缝对接。深度推进教育领域改革，完善学前教育优质发展规划和管理体系，推动实施“一校一策”发展规划，争创首批全国义务教育优质均衡发展区。深化居家和社区养老服务改革，构建社会化养老服务新格局。深化医药卫生体制改革，加快推进紧密型医联体建设，逐步发挥瑞金医院无锡分院的技术引领和帮扶作用。探索军民融合发展新机制，突出推进军民融合产业发展。

（四）坚持不懈推进产城融合，城市功能要有新提升

加强城市建设。进一步强化规划引领，以三条功能发展轴为重点，深化运河两岸、太科园片区等重点片区实施规划、控规更新。进一步拓展城市空间，扎实做好房屋征收拆迁工作，完成扫尾灭点30个，完成拆迁总量100万平方米；完成棚户区（城中村）征收拆迁2900余户、面积73万平方米。进一步完善城市功能，推进长江路—大运河沿线“二改三”工作，启动新华路两侧业态调整，加快推进鸿山新市镇、太湖沿线等区域基础设施建设，提升城市经营水平，推进太科园片区、泰山路—长江路区域、伯渎河沿线、站前商贸区等重点片区，实现基础设施、景观环境、商业和房地产等一体化开发建设；启动运河西路、泰伯大道等主干道的综合整治改造，推进飞凤北路、华谊路、菱湖大桥等跨区道桥建设，打通博世支路、三让路等一批断头路，完善城市支路网体系，着力构建一体化综合交通体系；完成同心闸移建、夹蠡河南段等13个水利工程项目建设。优化城市管理。巩固文明城市创建成果，落实常态长效机制，提高城市文明程度，让文明城市这块金字招牌更有含金量。全面提升城市精细化管理水平，深入开展优美环境合格区建设，全力开展市容秩序、“小飞龙”、拆违拆临、户外广告设施等专项整治行动，完成主要道路包装出新4条、背街小巷改造提升6条，加强农贸市场周边环境长效管理，打造“洁、亮、美、细”示范街区8条，建成示范精细化管理单元10个，确保90个A类网格全面建成优美环境合格区。开展6个老旧安置房提升改造，创建3个市级优秀安置房小区。完成全区停车规划，新增公共停车泊位5000个。推进“公厕革命”，新建改建环卫公厕51座。开展小区沿街商铺垃圾收集规范化改造，全区生活垃圾分类覆盖率达到65%。建设智慧新吴。大力推动以物联网为龙头

的新一代信息技术在经济建设、区域管理、行政服务和民生发展等领域的深度和广度应用，深化“城市云脑计划”建设，做好“飞凤平台”应用推广，着力提升“智慧新吴”建设质量和水平，全面增强市民对“智慧新吴”的感知度和参与度。加强5G、物联网、工业互联网等新型基础设施建设，加快推进鸿山物联网小镇和慧海湾小镇建设，形成更多具有重大推广价值的典型应用示范工程，成为具有较强影响力的应用示范先导区。抓好数据治理顶层设计，完善大数据运营和应用机制，推进全区政务信息系统整合和政务信息资源共享。推进乡村振兴。以智慧农业、乡村旅游、美丽乡村建设为切入点，推动新技术、新模式、新业态与农业农村深度融合。狠抓优势特色农业产业培育，“互联网+”农业产业产值增长10%；实行农业“接二连三”融合发展，大力推进鸿山旅游度假区建设，加快推进梅里文化小镇、田园综合体、新安环太湖湿地开发等重点旅游项目建设，打造“物联网+”全域旅游小镇，加快做好省市休闲农业示范乡村培育。深入学习浙江“千万工程”经验，建设美丽乡村，加快七房桥、大坊桥等村庄详细规划编制，有序推进农村旧房翻建，改善农村基础设施条件和人居环境质量。推进农村集体产权制度改革，规范农村集体经济组织的收益分配和债权债务管理。

（五）坚持不懈保护生态环境，绿色新吴要有新风貌

坚持绿色生态发展，积极践行“绿水青山就是金山银山”理念，打好污染防治攻坚战。扎实推进“三大保卫战”。加大突出问题整治力度，持续抓好中央环保督察“回头看”等反馈问题整改。切实有效管控工业污染、柴油货车污染、扬尘污染、面源污染，积极应对重污染天气，有效降低PM2.5浓度。深入落实“河长制”“断面长制”，开展河道生态专项整治，全面完成小流域综合整治，保持断面水质稳定达标。建立全区氮磷废水排放数据库，开展排放氮磷、重金属污染物重点企业整治，压减污染物排放总量。严格执行国家“土十条”要求，强化固体废物污染防治，推动危废收集点建设，力争危险废物安全处置率100%。深入推进绿色发展。以资源高效利用和循环利用为核心，以“低消耗、低排放、高效率”为基本特征，出台《节能失信行动管理办法》，大力推进高能耗企业转型发展，持续推进节能改造、合同能源管理、分布式光伏发电，进一步加大“散乱污”企业整治力度，扎实推进砂石码头整治，大幅度降低能源、水、土地消耗强度，全区单位GDP能耗降幅完成市下达目标。打造绿色生态新吴，改造提升游园3个，完成道路多彩化改造3条，建设慢行绿道3千米，新增绿化面积30万平方米，林木覆盖率达到24%。提高生态文明建设水平。强化生态系统保护修复，对接上海大都市圈环太湖生态保护与绿色发展行动计划，积极参与太湖生态保护圈建设。建立健全生态文明保护工作机制，完善污染防治攻坚的系列制度，创新环保监管执法方式方法，强化巡查督办，确保各项环境管理措施精准到位。创新环保宣传方式，促使环保观念深入人心，不断提高人民群众环保意识。

（六）坚持不懈保障改善民生，百姓福祉要有新内涵

坚持发展为民、发展惠民，切实加强和改善公共服务供给，不断推动民生事业发展有质量、高档次、上水平。持续促进富民增收。打好精准扶贫攻坚战，大力推进“阳光扶贫”工程，细化“一户一档”工作，落实“一户一策”要求，力争全区贫困人口顺利脱贫。进一步使政策资金向经济薄弱村倾斜，加大经济薄弱村帮扶力度。扎实推进深度救助政策实施，力争实现特困家庭救助全覆盖。积极拓宽居民劳动收入和财产性收入渠道，做到居民收入增长与经济增长同步。完善合作互助和南北共建机制，深入开展宜川县、互助县对口帮扶，做好新沂工业园招商推介。统筹发展医疗养老事业。大力推进养老服务项目建设，推进旺庄、鸿山街道养老机构异地新建工程开工，启动硕放颐养院二期工程、新安街道新建养老院选址、梅村街道养老院异地新建工作，鼓励社会资本投资兴办养老机构。加强居家养老站、老年人日间照料中心、嵌入式养老机构、老年人助餐点等实体化服务平台建设，构建15分

钟养老服务圈。加快推进“健康新吴”建设，大力普及健康生活、优化健康服务、完善健康保障、建设健康环境、发展健康产业。加速推进区级公共卫生大楼建设，积极推进卫生应急规范化建设，不断提高医疗卫生整体服务能力。实施慢性病综合防控策略，扎实推进“心灵家园”建设、胃癌筛查、糖尿病并发症立体化防治工作，积极争创国家级慢性病防控示范区。大力发展教育文体事业。加大教育资源供给，完成中海地产、万科维园、鸿坤理想湾、奥体紫兰等配套幼儿园建设，着力缓解入园难问题。突出产教融合做强职业教育，支持无锡科技职业学院特色发展。推进大运河文化带新吴段建设，举办庆祝新中国成立70周年系列文化活动，策划开展春季庙会、夏季葡萄节、秋季丰收节、冬季年俗节等系列群众文化活动，举办第七届运动会、海峡两岸城市棒球交流赛等体育活动，启动区级全民健身中心建设，人均拥有公共文化体育设施面积达到3.1平方米以上。

我们将继续围绕人民群众普遍关心的热点难点问题，进一步加大投入力度，整合各类资源，在就业创业保障、社会帮扶救助、城乡安居改造、生态环境治理、道桥建设改造、医疗卫生改善、教育资源配置等10个方面兴办一批民生实事，努力让人民群众切实感受到发展的“民生含量”和“民生温度”。

（七）坚持不懈完善社会治理，和谐稳定要有新格局

把稳定作为推进改革发展的基石，加强和创新社会治理，全面提高社会管理科学化水平，最大限度激发社会活力，最大限度增加和谐因素，确保人民安居乐业。加快平安新吴建设。牢固树立“生命至上、安全第一”的理念，全面压紧压实安全生产责任，推进“智慧安全”、智慧电梯建设，构建安全生产社会化服务体系，深入开展重点行业领域专项整治和隐患排查治理，努力保持全区安全生产形势总体平稳。全面提升应急管理水平，扎实开展防灾减灾工作，有力维护人民群众生命财产安全。下更大力气抓好食品药品监管，切实保障人民群众“舌尖上的安全”。全力开展扫黑除恶专项斗争，健全立体化现代化社会治安防控体系。加强治理体系建设。强化综合治理资源整合，打造社会治理统一指挥、统一管理、统一处置的“一条龙”新模式。统筹发挥社会力量协同作用，大力发展社区社会组织和其他社会组织，推进“三社联动”深入开展。依法开展第七届社区居民委员会、第十二届村民委员会换届选举工作。弘扬社会主义核心价值观，加强思想道德建设，完善社会信用体系，不断提升市民文明素质。加紧防范化解风险矛盾。打好防范化解重大风险攻坚战，守住不发生系统性金融风险的底线，严厉打击非法集资和各种金融诈骗行为，尤其要扎实推进网络借贷风险防范处置工作；加强政府债务管理，坚决遏制隐性债务增量，有效压降政府债务率。严格落实社会稳定风险评估制度，加大农民工工资治欠保支工作力度，积极构建和谐劳动关系，完善社会矛盾纠纷多元化解机制，深入排查各类矛盾隐患，全力化解信访积案。

（八）坚持不懈践行执政为民，“满意政府”要有新高度

坚持依法行政。依法接受区人大及其常委会法律监督、工作监督，自觉接受区政协民主监督，认真办理人大代表议案建议和政协提案，广泛听取各民主党派、工商联、无党派人士和人民团体意见。自觉接受监察监督，主动接受社会和舆论监督。推进政府职能转变，健全科学民主决策机制，落实重大行政决策法制审核制度，探索推进法治普惠工程和公共法律服务体系建设，为人民群众提供均等普惠法律服务。加大行政执法监督力度,切实减少自由裁量权，促进严格规范公正文明执法。完善政府信息公开制度，推进决策、执行、管理、服务、结果“五公开”。强化责任担当。把提高凝聚力、执行力和公信力作为政府工作的重中之重，坚决弘扬“定了干、马上办、办到底”作风，强化政府绩效管理考核，推动中央、省市和区委决策部署落地生根。切实增强群众观念和群众感情，发扬“店小二”精神，真心实意为群众办实事、解难事。持之以恒整治“四风”，完善“三项机制”，积极树立敢于担当、

踏实做事、不谋私利的工作导向，坚决整肃庸政懒政怠政行为，推动形成干事创业、争先创优的良好氛围。严格正风肃纪。以政治建设为统领，把全面从严治党要求贯穿政府工作全过程，严格落实意识形态工作责任制，深入落实党风廉政建设"一岗双责"，严格遵守党章党规党纪，突出纪律刚性约束，强化权力运行制约和监督。实施晒权督权，让权力在阳光下运行，坚决查处滥用职权、贪污贿赂、腐化堕落等行为，着力整治发生在群众身边的不正之风和腐败问题，打造透明廉洁高效政务环境。加强对重点领域、重大工程项目、重要岗位的廉政风险精准防控，着力构建不敢腐、不能腐、不想腐的有效机制。

新目标激励人心，新征程催人奋进。让我们更加紧密地团结在以习近平同志为核心的党中央周围，在中共新吴区委的坚强领导下，紧紧依靠全区人民，凝心聚力再出发，撸起袖子加油干，朝着高水平全面建成小康社会、加快建设"强富美高"新吴区阔步前进，以优异成绩向新中国成立70周年献礼！

新世界国际商贸城

2018 年国民经济和社会发展计划执行情况

2018 年，在党工委（区委）、管委会（区政府）的正确领导下，在区人大及其常委会的监督支持下，面对错综复杂的宏观经济形势，全区上下以习近平新时代中国特色社会主义思想和中共十九大精神为指引，紧紧围绕“四个走在前列”目标定位，统筹推进国民经济和社会发展各项工作，扎实当好全市高质量发展的领跑者，较好完成了区一届人大三次会议确定的目标任务。

1. 地区生产总值预计完成 1800.8 亿元，同比增长 8.1%。

2. 规模以上工业总产值完成 4165.97 亿元，同比增长 7.8%。

3. 一般公共预算收入完成 198.64 亿元，同比增长 12.8%；其中税收收入完成 185 亿元，同比增长 13.7%。

4. 固定资产投资预计同比增长 5.1%；其中工业投入同比增长 9.3%。

5. 社会消费品零售总额完成 338.62 亿元，同比增长 8.8%。

6. 进出口总额完成 508.46 亿美元，同比增长 17.4%；其中出口总额预计完成 276.08 亿美元，同比增长 16.6%。

7. 到位注册外资完成 13 亿美元。

8. 城镇居民人均可支配收入同比增长 8.6%。

9. 城镇新增就业 1.65 万人。

10. 万元 GDP 能耗完成上级下达目标。

11. 主要污染物化学需氧量、二氧化硫、氨氮和氮氧化物减排完成市下达目标。

新吴区立体交通

2018年经济社会发展的主要特点

一、产业强区扎实推进，发展后劲持续增强

项目招引持续发力。深入推进“百渠工程”“云海计划”“海外驻点招商”“金巢工程”等招商工作体系，成立了全区重大项目推进工作领导小组，建立了主要领导重点抓、分管领导具体抓的良性机制，2018年全年解决了55个项目、74个问题，强力推动了项目谈判、落户及建设进度。2018年，新批总投资超亿元以上重大产业项目109个（总投资约730亿元），其中超5亿元以上项目33个，超10亿元以上项目14个。全年落地并新批包括LG汽车动力电池正极材料项目、海尔集团无锡物联生态网基地项目、村田智能制造园项目、SK海力士系统集成电路（无锡）有限公司年产138万片8英寸非存储晶圆项目等单体投资超50亿元特大产业项目4个，积蓄可持续发展的后劲。

项目建设推进有序。为进一步发挥重点项目的引领带动作用，切实帮助企业解决项目建设过程中遇到的困难，全年召开重大项目领导小组会议6次，办公室会议4次，通过高效的服务体系和扎实的工作举措，强有力地推动项目尽快开工建设、尽早竣工投产。全区108个重点项目进展顺利，完成投资408亿元，超目标计划8.5个百分点。其中，21个省市重点项目，完成投资311.2亿元，超额完成全年计划25.8个百分点；9个计划开工项目、8个计划竣工项目，全部按时序完成，省市重点项目开（竣）工率和当年投资总额均为全市第一。

产业发展提档升级。强化绿色集约发展，陆续出台土地高效利用、工业企业资源利用绩效评价、街道工业集中区提档升级、物流产业提质增效等系列文件，对项目用地、产出贡献、资源利用、土地盘活等各个环节进行全方位监管服务，有效提高土地开发质量和产出效益。狠抓企业智能制造，完善智能制造政策体系，45个智能化改造项目完成投资50亿元，新增省级智能车间12家、市级智能车间20家，创历年来新高，列全市第一。更大力度推动企业上市挂牌、高新技术企业引育、民营企业发展等专项工作，完成SK海力士、阿斯利康等企业“工厂总部化”50家，全区百亿级企业达到8家，较“十二五”规划末期增加5家，金城幕墙在美国纳斯达克正式挂牌。物联网、集成电路、生物医药、新材料与新能源等战略性新兴产业预计2018年均可实现两位数增长，服务业占GDP比重预计达到35.5%，较2017年提高1.5个百分点，产业结构进一步优化。

二、科技创新成效初显，支撑作用不断增强

着力引育领军人才。出台并实施区“飞凤人才计划”新政策，2018年兑现拨付金额达5347万元，表彰36个优秀人才工作单位和个人。统筹推动各级重点人才计划，国家“海外高层次人才引进计划”专家引进4人、入围答辩5人，国家“万人计划”专家入选3人，科技部“创新人才推进计划”入选2人、公示1人，省“双创计划”入选18人，省“333工程”培养对象入选11人，省科技企业家入选41人；市“太湖人才计划”领军型团队入围复评3个，新兴产业创业领军入围评审9人，产业升级创新领军人才入围考察9人，经营管理领军人才入围答辩24人，“凤还巢”创新创业人才入围考察8人，各级各类重点领军人才申报、入围和入选数全市领先。

构建创新型企业梯队。积极实施“龙头培育工程”“人才凤栖工程”等六大工程，大力引进高质量创新项目，着力培育科技小巨人和独角兽企业。加大高企培育力度，出台2018年度无锡高新区高新技术企业引育工作方案，全面落实“小升高”计划，强化省高企入库工作，高新技

术企业达437家。根据雏鹰企业、瞪羚企业、独角兽企业、科技小巨人等不同阶段企业的发展需求，制定相应的扶持政策。易视腾成功入围全市首批独角兽企业榜单里；7家企业入列省“最具发展潜力科技人才创业企业”，占全市35%；26家企业入选苏南自创区瞪羚企业榜单，占全市72%。

建设创新创业平台。结合创新创业载体建设发展特点，加快推行载体绩效管理，恢复专业载体专业招商和专业服务的功能，完善科技创新体系建设；加强创新创业载体研发和创新孵化工作指导，推荐申报省市级科技创新创业载体建设资助和省级认定。配合国家省市完成15家市级以上科技企业孵化器年度绩效评价。无锡物联网产权交易中心正式运作，无锡医疗物联网产品评测中心成立，深港国际（研祥）获批省级科技企业孵化器，中关村软件园获批省科技企业加速器，无锡空港经济开发区获批江苏省知识产权试点园区。全区累计聚集各类众创空间15家，其中国家级3家、省级5家、市级2家。创新创业氛围更加浓厚，苏南国家自创区无锡高新区一站式服务中心开业，圆满完成2018世界物联网博览会无锡高新区系列活动、全国创新型科技园区座谈会等具有较大影响力的创新创业活动，获评“中国高新区人力资本创新示范区”。

三、改革开放不断深入，改革红利有效释放

深化审批制度改革。深入推动“不见面审批（服务）”改革，梳理公布《无锡高新区（新吴区）“不见面审批”事项清单》564项，并逐项完善相应办事指南，基本达成“让信息多跑路、让群众少跑腿”的改革目标。全面推进开发区全链审批赋权清单承接工作，对省市赋予新吴区的187项市级经济管理权限，逐项落实承接主体，承接到位率58%。持续推进相对集中行政许可权改革试点，对市场准入、建设投资等领域54项行政权力事项划转到区行政审批局集中审批，深化“一枚印章管审批”。复制推广上海浦东新区“证照分离”改革的经验做法，对部分行政许可事项开展“证照分离”改革试点。2018年，按改革试点5类方式累计办理事项3114件，提升企业群众投资创业的透明度和可预期性。攻坚“3550”改革目标，设立“企业开办”和“项目建设”综合窗口，通过再造审批流程、合并审批环节、压减申报材料、压缩审批时间，多措并举推动审批时间进一步压缩至“3333”。按照“谁审批谁负责”“谁主管谁监管”的原则，健全审批监管衔接机制。

推进关键领域改革。一般纳税人资格试点成功开展，SK海力士、捷普电子、康奈可科技、液化空气、佳利达电子等5家企业取得试点资格。全球维修检测业务试点实现新突破，非报关货物分类监管改革顺利试点，进出区货值达21.8亿元。持续推动企业降本减负，对高新技术企业、小微企业等符合税收优惠条件的企业进行政策扶持的同时，新增对属于装备制造等先进制造业、研发等现代服务业的18个行业实行增值税留抵税额退还政策，2018年10月起提高个人所得税起征点，企业和个人减负效果明显，全年落实减税降费规模超45亿元，出口退税达144.51亿元。口岸贸易便利化水平再提升，有序推进全国通关一体化改革，现场接单比例下降三分之一。全面推进税收征管制度改革，“自报自缴”报关单月均1万票，列南京关区前列。

加快推进机构改革。持续推进机构编制规范管理，健全完善区级行政管理组织架构，完成了纪委、监委、市场监管局机构调整，调整优化街道（园区）职能条线设置及员额分配，增设了“党建工作指导站”和“政务服务中心”职能条线。突出“区政合一”体制优势，积极推动党政机构改革，调整完善招商引资体制机制。落实党政干部“三项机制”要求，优化完善机关部门（单位）和街道（园区）高质量发展综合绩效考核体系。

四、产城融合有序发展，宜居环境持续改善

推动城乡规划先行。以战略思维研究城市发展动能，以战略规划引领城市高质量发展，开展《无锡市高新区（新吴区）分区战略（产城融合）发展规划》的编制。从区级层面主动对接新一轮城市总规，提出产业升级、创新引领、品质城区、枢纽链接四大核心战略，全面引导高新区产业发展、民生改善、交通建设、生态优化、空间形象提升，打造面向未来、链接区域、服务民生、产城融合的科技新城区。制定高水平产城融合三年行动计划，确定重点建设片区和重点实施项目。完成慧海湾小镇概念性城市设计、旺庄路金融科技商务区城市设计、工博园综合提升规划和控规优化、鸿声老镇区改造等规划设计，有序推进商贸区—江溪—旺庄、高新A区—A南—光伏、高新B区—梅南—联北单元等一批重点单元控规更新，进一步优化交通基础设施、公共服务配套设施布局，实现公共资源有效配置。科学编制了棚户区（城中村）改造三年行动计划，2018年，共完成棚户区改造2.6万平方米、房屋征收105万平方米。

提升宜居新吴水平。以城市精细化、智慧化为引领，划分175个精细化管理单元，以“一长五员”和“五支队伍”为支撑，开展优美环境合格区建设。持续推进区域环境综合整治，查处各类显见性市容问题2.7万起，拆除违法建设20万余平方米。构建绿色宜居空间，新增公共绿地50万平方米，新建公园、游园18个，新增、提升游园86万平方米，人均游园面积由9.6平方米增加到11.4平方米。强化环卫服务能力，生活垃圾分类设施覆盖率达到50%，生活垃圾无害化处理率达到98%，新改建环卫公厕21座，鸿山50万立方米建筑装修垃圾消纳场一期项目、硕放经一路大件垃圾处置设施均建成投运。提升街巷环境品质，完成主要道路包装出新、背街小巷改造提升30条，新建、改建夜景亮化项目23处，新增社会停车场、拖移车辆停车场11处。提升智慧管理水平，完成智慧城管一期项目建设，采集城市部件140万个，开发动态事件智能分析报警功能，智能识别监管全国领先。

聚焦城乡融合发展。大力实施乡村振兴战略，健全完善党委统一领导、政府负责、农村工作部门统筹协调的乡村振兴工作领导体制，出台《关于深入实施乡村振兴战略推动农业农村高质量发展的意见》，明确目标任务和重点工作举措。扎实推进美丽乡村建设，鸿山旅游度假区正式获批省级旅游度假区，鸿山七房桥村成功创建为无锡美丽乡村示范村，稳妥推进并完成96个村（集体经济组织）集体资产清产核资工作，区街两级农村产权流转交易平台全年上线交易368笔、金额8246万元。加快打造互联互通的交通走廊，打通干城路、清源路等一批断头路，飞凤路跨沪宁高速大桥、吴博园东部农业板块基础设施提升等项目完工。

五、大力开展专项整治，生态环境持续优化

深入开展“263”专项行动。以中央、省级环保督察为契机，全力打好污染防治攻坚战役，生态环境质量稳步提升。“两减六治三提升”专项行动市级82项重点项目全部完成；太湖水环境综合治理15项工程全部完成；大气污染治理重点工程67个项目全部完成；生态文明建设任务两大类共96个（指标类58个、工程类38个）全部完成。空气优良天数比例70%，超过64.4%的目标任务；国考、省考断面达标100%，全市领先。

全面落实河长制深化工作。编制完成《新吴区畅流活水规划》，区级河长共计开展巡河61次。全市161条综合整治河道涉及新吴区9条，新增III类水质河道3条。大力实施重点水利工程建设，基本完成除险加固工程、冷渎港清淤、凤凰浜沟通、坊桥港驳岸修复工程。铁腕整治交通干线沿线环境，全面完成国省道、高速公路、内河干线航道综合整治，全力整治非法码头。

创新环保监管执法手段。大力实施大气、水、土壤的环境综合整治，修订区级水环境区域补偿方案，制定区域补偿资金管理办法。环境执法力度大幅度提高，组织开展“绿刃2018”“散乱污”整治等一系列专项行动，直击新吴区环保“痛点”。共出动环境执法人员2000余人次、检查企业近千家次，获得无锡“绿刃2018”蓝天保卫第一战表现突出单位，新吴区环境违法典型案例多次被媒体和上级部门引用宣传，其中两起案件入选无锡市环保执法十大典型案例，空港经济开发区顺利通过江苏省生态工业示范园区考核验收。集中力量破解污防顽疾，全区排查“散乱污”问题企业1485家全部整治到位，其中取缔关停了771家、关停率52%。

六、民生建设稳步加强，着力补齐民生短板

实施民生幸福工程。坚决落实区委、区政府始终把全区人民的民生福祉作为头等大事来抓的坚强决心，从基层、从老百姓关心的实际出发，编制印发2018年为民办实事重点项目计划，明确富民救助、环境整治、医疗卫生等10大类53项涉及民生、事关幸福的实事项目，投入区级以上资金16.2亿元，同比增长16.5%。

提高社会保障水平。深入实施就业优先战略，城镇新增就业1.65万人、期末企业就业42.83万人，城镇登记失业率控制在1.75%。开展城乡劳动者就业技能培训3644人、创业培训1795人，发放稳岗补贴金7063万元。全面推进社保扩面工作和断保压降工作，现已完成企业职工养老保险净增缴费15160人，本地户籍断保接续人数9471人，发放“两项补贴”4619万元。

发展社会民生事业。积极申报创建国家级困境儿童保障示范区，出台深度救助实施意见。新吴特色养老发展模式驶入快速发展轨道，老年人“安康关爱”保险覆盖率达到80%，连续四年蝉联全市第一名。分级诊疗体系建设全面拉开，建成市级基层特色科室6个，省级2个，建成省级示范基层妇幼健康门诊1个。“健康新吴”建设获得有利提升，综合医改顺利推进，全市首个“府院合作”紧密型医联体落地新吴，市人民医院新安分院正式启动。出台《区基础教育设施提升三年行动计划》，进一步优化全区教育资源布局，无锡高新区金桥实验学校启动建设，春阳实验小学新建、新城中学改扩建等项目进展顺利。区青少年活动中心顺利开办，特殊教育学校主体工程建设推进，新开办6所幼儿园（3所公办园），教育服务从“保部分”拓至“保全部”，“好上学”的需求初步满足，建区以来，累计投入学校建设资金12亿元。优化文化资源供给，开展“白玉兰”文化幸福工程系列活动94场，形成区、街道、社区图书室、阅读联盟点四级通借通还体系，新建2个24小时无人图书馆，全区社区综合性文化服务中心建成率达100%。开展“乐动新吴”全民健身活动和比赛36场次。获得10块省运会金牌，超额完成市政府下达的5块金牌的目标任务。成功创建省青少年校园足球试点区。圆满举办中国高新区国际马拉松首站赛、“高新区之夜——湖湾音乐节”、江苏省青少年音乐“小茉莉花奖”二胡大赛等系列活动，激发区域文化活力。创新网格化社会治理，以全省第一的佳绩、顺利通过省考核验收；圆满完成重大活动和重要敏感时期的信访维稳安保工作，成功处置10人以上不稳定因素190起；法治满意度测评位居全市前列。（杨翔博）

梅村二胡文化园

2018年无锡高新区（新吴区）为民办实事重点项目完成情况

按照区委、区政府"以人为本、民生优先，让人民群众切实感受到改革创新带来的成果，真正贴近民情、合乎民意、普惠民生"的要求，2018年为民办实事项目共10大类53项，由22个责任单位承担，具体涉及富民救助、城市重点道路建设、城乡一体化改造、环境整治、医疗卫生、教育基础设施建设、市场规范化管理、城市公共交通建设、智慧城市建设、文体惠民及社会公益等十个方面，计划投入区级以上资金16.2亿元，较2017年增加16.5%，计划投入街道资金13.7亿元。

一、2018年为民办实事项目安排

1. 促进就业创业和强化救助保障项目。城镇新增就业1.2万人；重点扶持自主创业800人，实现带动就业4000人；城镇失业人员再就业6500人；援助就业困难人员再就业2600人。为25.3万户城乡居民办理住房财产保险。完成居民养老参保500人。出台重大支出型贫困家庭救助政策。为重病独生子女和独生子女单亲困难家庭提供经济补助。试点平价商店"惠民券"制度。对符合条件的老年人助餐中心给予运营补贴。设立区残疾人就业供求服务中心。

2. 重点道路建设项目。飞凤路（312国道—锦鸿路南侧）、修齐路（清源路—弘毅路）、宁泰路（宁乐路—运河西路）、宁乐路（宁和路—清晏路）、三让路（锡东大道—鸿庆路）、鸿庆路（至贤路—三让路）6条道路建成通车。

3. 城乡一体化综合改造项目。完成旺庄街道、江溪街道、梅村街道、硕放街道小流域综合整治项目。建设梅村污水处理厂鸿山片区污水主通道及主通道工程配套泵站及联络管工程。完成机场南路雨水管改造工程。启动老小区二次供水改造第一批工程。推进安置房建设，2018年新开工18万平方米、竣工43万平方米。

4. 环境优化整治项目。实施并逐步完善区环境监测体系工作方案。完成13家典型工业废气扰民企业整治。完成50万立方米建筑装修垃圾消纳场一期工程建设。冷渎港河道清淤4.2千米，坊桥港驳岸修复550米，移建同心闸站。农作物秸秆机械化还田达到95%，杜绝秸秆焚烧火点。

5. 医疗卫生基础设施项目。新瑞医院年中建成投运，区残疾人康复养护中心年内完成主体结构封顶，梅村、硕放、鸿山街道社区卫生服务中心启动建设，江溪街道第二社区卫生服务中心年内完成规划选址。继续深化市人民医院—新吴区医联体项目服务内容，依托医联体平台，完成7000人胃癌筛查任务，在全市范围内率先探索建立2家基层糖尿病并发症筛查工作站。继续完善中医药服务体系建设，依托区级中医药服务平台，完成3000人次中医惠民服务。持续推进流动人口计划生育均等化服务，年内新增5家"幸福驿站"。加强对严重精神病患者康复管理，继续推进街道"心灵家园"提质增效工作。建立健全健康促进与教育体系，提高健康教育服务能力。

6. 教育事业基础设施项目。丽景佳苑配套小学、高浪小学、南丰小学、泰伯实验初中部、春阳路小学、太科园配套小学、旺庄中学、春星小学、后宅中学新建及改扩建项目年内开工建设，新城中学、春城实小、新洲小学、坊前实小年内竣工，青少年活动中心年内正式运行。推进体育特色学校建设，办好市队校办体育项目。

7. 市场规范化管理项目。实现全区农贸市场快速检测全覆盖。对辖区内超市、食品生产企业、大型餐饮保障活动进行快速检验筛查，对食品生产经营单位进行区级监督抽查。年内启动建设春勤农贸市场。

8. 城市公共交通建设项目。推进地铁4号线延伸工程和5号线线型规划工作。结合鸿山场站建设、地铁3号线接驳规划以及群众现实需求，优化公交线路14条。建成启用鸿山公交场站。

9. 智慧城市建设项目。建设互联网+政务服务体系。打造具有特色的“网格E站”（“智慧小屋”）品牌，建设网格员工作的有形阵地，完成鸿泰苑三期1个试点实体建设并投用。推进“智慧燃气”“智慧排水”“智慧城管”建设。完成社区网格化社情汇聚智能研判反应系统研发及推广应用，在全区9个网格化建设试点社区进行智能识别安全防护体系建设。

10. 文体惠民及社会公益项目。开展区“白玉兰”群众文化幸福工程，组织区级大型公益文化演出进社区、进基层活动12场。完成2个“书香新吴”24小时无人值守图书馆。确保6个街道文化站和所有社区综合文化服务中心全年无休免费开放。学校体育场馆向社会开放。为1万名居民进行国民体质测试。免费为符合条件的弱势群体办理法律援助案件，提供法律咨询。

二、工作措施

1. 制度保障。通过每季度成员单位联席会议、每半年度现场检查等工作机制，及时研究解决推进中的难点重点，协同配合，确保项目顺利推进。

2. 资金保障。2018年为民办实事计划区本级项目建设所需资金拟通过年度部门预算、民生专项经费、固定资产投资予以解决。

3. 监督考核。注重对民生项目的量化考核，力求入选项目均有量化指标，以便于日常跟踪落实和年底考核。年末将继续委托专业第三方机构进行民意调查，检验为民办实事的成效，了解群众的满意度，使民生实事工程来源于民、检验于民。

三、完成情况

1. 多渠道解决就业难题，带动城乡居民增收。城镇新增就业1.65万人；重点扶持自主创业2797人，实现带动就业8201人；城镇失业人员再就业人数16418人；援助就业困难人员再就业5546人。

2. 推进公交路网建设，提供安全舒适出行条件。修齐路等6条重点道路已全部完成建设并交付使用；结合鸿山场站建设、地铁3号线接驳规划以及群众现实需求，优化公交线路14条。

3. 加强生态文明建设，营造绿色家园。已全面开展辖区内环境监测；按时完成各项目的监测，并对监测数据资料进行了收集、分析、整理和存储；每月及时进行四大主要河道及支流水质分析；完成全部监督性监测115家次，全面建立“一企一策”污染源档案。

4. 推进智慧城市建设，提升群众法治满意度。网格化建设试点工作已在街道、社区、相关单位推广实施；围绕“互联网+政务服务”建设需求，实现了新吴区政务服务事项移动审批APP上线应用。全区6个街道、90个村（社区）完成街道政务服务统一门户建设，共计认领公共服务事项836项。

5. 加大公共文化服务力度，丰富群众业余生活。全年开展新吴区“白玉兰”群众文化幸福工程，组织区级大型公益文化演出进社区、进基层活动31场。

（胡　晨）

星洲生态园

大事记

1月

1月3日

◆新吴区召开医疗卫生体制改革动员大会。

◆中国共产党无锡市新吴区第一届委员会第五次全体会议举行。

1月4日

◆江苏物联网研究发展中心第二届理事会第一次会议召开。

1月13日

◆高新区（新吴区）召开全区领导干部会议，宣布主要领导调整的决定。王进健担任无锡高新区党工委书记、新吴区委书记，封晓春担任无锡高新区管委会主任。

1月20日

◆新吴区美术家协会成立暨首届迎春美术作品展举行。

1月22日

◆无锡市新吴区监察委员会正式成立，焦夕莲担任区监察委员会主任。

◆金风科技无锡研发中心启用仪式举行。

◆江苏省委常委、无锡市委书记李小敏会见中国电子科技集团有限公司总经理助理、中电海康集团、海康威视董事长陈宗年一行，就合作共建慧海湾小镇、合力打造物联网产业新高地作深入交流。

1月24日

◆新吴区与睢宁县友好合作签约仪式举行。

2月

2月1日

◆无锡高新区（新吴区）召开“新时代·新征程·新未来”企业家新春座谈会，SK海力士、夏普电子、布勒（中国）投资、中电海康、先导智能等近百家新吴区重点企业负责人齐聚一堂，共叙友谊、共话发展。

◆无锡高新区（新吴区）—延安市宜川县对口帮扶工作第一次联席会议召开。

◆新吴区委书记王进健会见国联集团公司党委书记、董事局主席一行，并参加旺庄街道与无锡国联集团、国联江森自控、华光锅炉股份有限公司举行的战略合作项目签约仪式。

2月8日

◆村田创新智造园新增11亿美元项目在无锡签约，这是2018年全市首个超10亿美元的重大项目。

◆国网无锡供电公司新吴区供电服务中心揭牌仪式举行。

2月9日

◆无锡阿尔卑斯电子有限公司举行新型电子元器件二期项目新厂房竣工典礼。

2月12日

◆无锡军分区组织召开宣布命令大会。

2月23日

◆无锡高新区（新吴区）召开2017年度先进表彰大会。

2月24日

◆“融吴地·逛庙会·最江南”2018新吴·梅里全域旅游启动仪式举行。

2月26日

◆新吴区举办“不忘初心　牢记使命”专题党课暨2018年度第一期“新吴大讲堂”。

3月

3月2日

◆2018年无锡市首批重大项目集中开工仪式暨华虹无锡集成电路研发和制造基地项目开工仪式举行。

3月13日

◆市委书记李小敏到新吴区专题调研物联网与集成电路产业发展。

3月19日

◆新吴区委书记王进健会见瑞典里亚斯（LEAX）集团CEO Henrik Fagrenius一行，并出席里亚斯汽车传动部件项目签约仪式。

3月22日

◆第二十六届世界水日，由新吴区农经水利局与新安街道办事处共同举办的首批“民间河长”聘任暨河长APP启用仪式举行。

3月23日

◆新吴区召开中国高新区国际马拉松赛2018无锡高新区分站赛新闻发布会。

◆新吴区2018年国际社工日系列活动——无锡市新吴区第三届社工互动节拉开序幕。

3月27日

◆世界500强企业德国博世集团在锡举行博世汽车系统（无锡）有限公司建设奠基仪式，其全球首个电池产业化项目——车用48V电池项目同步开工建设。

3月28日

◆“东方硅谷”集成电路人才发展战略高峰论坛举办。

◆上海交通大学医学院附属瑞金医院无锡分院（无锡新区新瑞医院）第一届理事会第三次会议召开。

3月29日

◆无锡高新区分别与知名教育集团——中锐教育集团、无锡金桥教育集团签约。

3月30日

◆新吴区委书记王进健会见国家体育总局国体认证检测中心总经理张春强一行，并出席国体认证智慧体育（江苏）检测中心签约仪式。

4月

4月2日

◆全省重大产业项目现场推进座谈会在新吴区召开，省长吴政隆参加考察调研、出席会议并讲话。

◆梅里古镇二期规划方案汇报会召开。

4月3日

◆华虹集团2018技术研讨会暨华虹半导体（无锡）有限公司一期工程启动仪式举行。

4月9日

◆无锡高新区综合保税区举行综保区企业一般纳税人资格试点首票发出暨现场推进会。

4月10日

◆联掌门户网络科技有限公司开业暨物联网区块链实验室揭牌仪式举行。

4月13日

◆新吴区召开深化文明城市创建工作推进会，举行“五大专项行动”启动仪式。

4月18日

◆韩国SK海力士新建一家高水准的三级综合性医疗机构——SK海力士医院。

4月21日

◆全国政协副主席、全国工商联主席高云龙率调研组到新吴区调研军民融合发展，全国工商联副主席黄立、秘书长赵德江、江苏省工商联党组书记顾万峰参加调研。

4月25日

◆无锡空港经济开发区（硕放街道）举行2018年重大项目集中开（竣）工仪式暨复星国药中国智能医药物流网络华东枢纽项目开工奠基仪式。

4月27日

◆新吴区召开庆“五一”劳模先进表彰暨“新吴工匠”颁奖大会。

5月

5月4日

◆团区委、区青联举行“不忘初心跟党走‘强富美高’当先锋”高新区（新吴区）各界优秀青年代表纪念“五四”运动99周年座谈会。

◆无锡高新区（新吴区）第五届“新风清语”廉政文化宣传教育主题月启动仪式暨空港经开区（硕放街道）VR廉政文化馆开馆活动举行。

5月5日

◆由科技部火炬高技术产业开发中心主办的创新型科技园区工作座谈会召开。

5月6日

◆中国高新区国际马拉松赛2018无锡高新区首站赛鸣枪起跑，来自全国国家高新区的政府管理人员、企业高管、科技工作者等3600余人开跑。

5月8日

◆韩国LG化学公司、浙江华友钴业公司与无锡高新区签署汽车动力电池正极材料项目合作协议。

5月8—9日

◆中共中央政治局委员、国务院副总理胡春华在江苏省调研商务工作，召开苏浙沪粤四省市分管负责人参加的商务工作座谈会。

5月8—10日

◆江苏省委书记娄勤俭在无锡调研。

5月10日

◆无锡高新区与海尔集团物联生态网基地签署合作协议。

5月16日

◆作为2018年无锡高新区“红五月”重要活动之一，日本养乐多总投资1亿美元活性乳酸菌饮料二期项目正式签约。

5月17日

◆旺庄街道举行2018年重大项目集中开（竣）工仪式。

5月21日

◆鸿山街道举行高端装备制造业项目集中签约活动。

5月22日

◆无锡市委副书记、代市长黄钦会见路劲集团董事局主席单伟豹一行，参加梅里古镇项目签约仪式。

5月25日

◆省委书记娄勤俭在南京会见专程到访的韩国SK集团会长崔泰源一行。

◆新吴区举办区委中心组（扩大）学习会暨“新吴大讲堂”第八期讲座。

5月29日

◆无锡高新区（新吴区）集成电路设计产业重大项目签约暨无锡集成电路设计产业高峰论坛举行。

5月31日

◆海尔“产城创”生态赋能营（HICE）高峰论坛举办，新吴区副区长樊晓华出席论坛并致辞，与海尔大学生态赋能学院院长胡春梅为海尔大学无锡创新中心揭牌。

6月

6月6日

◆新吴区与无锡市人民医院签订合作协议，共同启动“糖尿病视网膜病变和糖尿病并发症的立体化综合防治”项目暨眼科联盟建设。

6月8日

◆江溪街道举行“江溪红五月”重点项目发布会暨纽迪希亚特医食品项目开工仪式。

◆新吴区百亿重大项目建设单位党（团）建联盟成立暨“我为重大项目加1°”活动启动仪式。

6月12日

◆总投资30亿元的特康科技产业基地项目签约落户无锡高新区。

◆无锡高新区（新吴区）召开推进高质量产业发展、高层次对外开放、高效益科技创新三年行动计划新闻通报会。

6月14日

◆中国少年先锋队无锡市新吴区第一次代表大会召开。

◆无锡市食品安全检验检测中心项目正式签约落户新吴区。

6月19日

◆新吴区委书记王进健会见韩国美科集团会长田善圭一行并出席美科集团半导体设备再生制造项目签约仪式。

6月20日

◆市政府副市长、高新区党工委书记、新吴区委书记王进健会见比肩微软在计算机领域同等地位的美国SAS研究院全球高级副总裁兼亚太区总裁马修·杜波一行，并出席无锡高新区与SAS研究院战略合作协议签约仪式，双方共同致力于中国物联网分析技术的创新应用。

6月21日

◆时代天使研发中心暨3D打印基地项目签约落户无锡高新区（新吴区）。

6月24日

◆无锡高新区与中加物联网与区块链产业发展研究院签署合作协议，在中国成立首个分院，全面推进物联网与区块链技术应用落地。

6月27日

◆COCOSPACE无锡梦溪小镇创新中心开业暨科技项目集中签约仪式举办。

6月28日

◆梅里古镇项目二期举行开工奠基仪式。

6月29日

◆“智未来”智慧体育众创空间启用仪式在新吴区举行。

7月

7月2日

◆2018年清华大学无锡高新区研究生社会实践项目启动。

7月17日

◆无锡高新区金桥实验学校（筹）举行奠基仪式。

7月27日

◆先导集团总部大楼及半导体和燃料电池装备制造基地奠基仪式举行。

7月28日

◆“圆梦乡村振兴　相约葡萄盛宴”2018鸿山葡萄文化旅游惠民月开幕。

8月

8月2日

◆中国共产党无锡市新吴区第一届委员会第六次全体会议举行。

8月6日

◆新吴区举行“不忘初心、科技归吴”产学研合作活动暨科技镇长团10周年活动。

8月7日

◆新吴区举办2018世界物联网日系列活动。

◆中加物联网与区块链产业发展研究院无锡分院成立。

8月8日

◆村田创新智造园首个启动的项目——无锡村田新能源锂电池新工厂项目生产厂房竣工仪式举行。

8月8—11日

◆新吴区委书记王进健率领高新区（新吴区）党政代表团赴青海省海东市互助土族自治县和陕西省延安市宜川县推进对口帮扶工作。

8月12日

◆华虹半导体（无锡）有限公司生产厂房钢架屋桁架吊装仪式举行。

8月13日

◆2018高层次人才创新创业无锡交流大会暨“人才引领高质量发展”主题峰会开幕。

8月14日

◆无锡高新区（新吴区）举行2018年三季度重大项目集中开工暨亚太科技新能源汽车铝材项目开工仪式。

8月17日

◆首届江苏（无锡）增材制造人才发展论坛举办。

8月22日

◆布赫液压（中国）制造基地开业活动举行。

8月24日

◆无锡高新区（新吴区）召开智能制造工作推进大会。

8月31日

◆无锡高新区与国网无锡供电公司签署战略合作协议。

9月

9月3日

◆SK海力士中国销售总部落户无锡高新区（新吴区）。

9月6日

◆启明星辰物联网安全总部基地项目举行签约揭牌仪式。

9月10日

◆无锡高新区（新吴区）举行庆祝第34个教师节大会暨区域优质教育发展共同体签约仪式。

9月14日

◆世界物联网博览会智慧健康发展峰会召开。

9月15日

◆2018世界物联网无锡峰会举行。

9月16日

◆“飞凤数创”2018全球物联网数据创新大赛收官，SAS（无锡）创新中心暨江苏云脑数据分析公司揭牌成立，10家飞凤联盟金牌成员单位获得授牌。

◆2018世界物联网博览会系列核心论坛之一的慧海湾智能传感高峰论坛举办。

◆2018智慧体育产业发展峰会举行。

9月17日

◆区块链与物联网融合发展峰会举行。

◆2018世界物联网博览会“物联网与人工智能高峰论坛”举行。

◆2018西门子无锡创新论坛举行。

9月20日

◆新吴区委书记王进健到新吴区档案馆进行调研。

9月21日

◆澳洲尼平河品牌中国区跨境销售总部项目签约落户无锡高新区。

9月26日

◆新吴区委书记王进健会见香港金拓集团大陆区总经理金冠华一行并出席TPO新材料项目签约仪式。

9月27日

◆无锡高新区（新吴区）科技创新和人才大会暨苏南国家自主创新示范区建设发展大会召开。

9月28日

◆万里公司20周年庆典暨万里集团总部启动仪式举行。

◆中船海洋探测技术研究院有限公司研发中心开工奠基仪式举行。

10月

10月11日

◆科玛化妆品（无锡）有限公司竣工仪式举行。

10月17日

◆外企解放思想大讨论主题论坛举行。

10月19日

◆第一届全国医院物联网大会暨中国国际医院物联网产品展览会开幕。

◆无锡高新区（新吴区）鸿山街道举行2018年度重大项目集中开（竣）工仪式。

10月22日

◆无锡高新区融媒体中心揭牌暨无锡日报报业集团与高新区宣传部共建文化传媒平台合作协议签约活动举行。

10月25日

◆新吴区委副书记、区长封晓春会见唐纳森亚太区副总裁Franklin Cardenas一行并出席无锡第二生产基地签约仪式。

10月26日

◆宝克（中国）测试设备有限公司落成仪式举行。

◆区人大常委会和重庆市九龙坡区人大常委会缔结友好人大关系。

11月

11月2日

◆无锡高新区（新吴区）—海东市互助土族自治县对口支援第三次联席会议召开。

11月3日

◆无锡日托光伏科技有限公司落户达产签约仪式举行。

11月7日

◆2018无锡高新区金秋经贸节百企重大项目集中签约活动举行。

◆2018无锡高新区（新吴区）金秋经贸节江溪专场——智能自控科技中心智能梦工厂一期项目投产仪式举行。

11月8日

◆无锡物联网创新中心第一届理事会第一次会议召开。

11月9日

◆无锡村田电子有限公司第二工厂奠基仪式举行。

11月13日

◆江苏省产业技术研究院首次与无锡合作共建的专业研究所——深度感知技术研究所落户高新区。

11月16日

◆SK海力士幸福（无锡）保洁有限公司揭牌仪式举行。

11月22日

◆北特科技汽车轻量化铝合金项目签约仪式举行。

11月27日

◆海天智能制造基地开工奠基活动举行。

12月

12月3日

◆新安街道新办公大楼揭牌仪式举行。

12月4日

◆市委副书记、代市长黄钦会见美的集团股份有限公司董事长方洪波一行并出席战略合作协议签约仪式。

12月10日

◆韩国SK集团、SK海力士与法国IRCAD高端医疗合作项目签约仪式举行。

12月11日

◆美国唐纳森公司无锡第二生产基地奠基仪式举行。

12月12日

◆闻泰科技5G智能终端及半导体研发和制造项目签约仪式举行。

◆新吴区委书记王进健会见加拿大利纳马集团首席执行官Linda Hasenfratz一行并出席利纳马集团亚太区总部项目签约仪式。

12月13日

◆新吴区与无锡市人民医院签订紧密型医联体合作协议，共同启动“府院合作”紧密型医联体建设。

◆市委副书记、代市长黄钦会见中国电子信息产业集团有限公司总经理张冬辰一行，并共同见证中电二公司无锡总部基地暨全面战略合作框架协议的签约。

12月14日

◆无锡隆盛科技股份有限公司新能源汽车零部件生产基地竣工启用仪式举行。

12月16—18日

◆第二届中国虚拟现实创新创业大赛无锡区域赛举行。

12月18日

◆新吴区委副书记、区长封晓春出席捷普电子一般纳税人资格试点协议签约仪式。

12月21日

◆无锡高新区（新吴区）人民对外友好协会成立大会举行。

地情概览

【地理】 新吴区，隶属于江苏省无锡市，位于无锡市东南部，地处长三角中部，太湖之滨、古运河畔，北临锡山区，西接梁溪区、滨湖区，南依太湖。介于北纬31°7′~32°2′、东经119°33′~120°38′。新吴区境内以平原为主，星散分布着低山、残丘，南部为水网平原，北部低地辟成的水网圩田，河道纵横，地势平坦广阔。新吴是吴文化发源地之一，历史文化资源丰富，以泰伯陵、泰伯庙、伯渎河、鸿山遗址博物馆等组成的泰伯及吴文化景点为代表。

【气候】 新吴区，属北亚热带湿润区，受季风环流影响，形成的气候特点是：四季分明，气候温和，雨水充沛，日照充足，无霜期长。气温，1月平均气温在2.8℃左右；7月平均气温在28℃左右。全年无霜期220天左右。年平均降水量在1048毫米。雨季较长，主要集中在夏季。全年降水量大于蒸发量，属湿润地区。

【人口】 截至2018年年末，高新区（新吴区）总户数13.07万户，户籍人口37.13万人；全年出生人口4177人，死亡人口2297人，人口自然增长率5.11‰。2018年年末，高新区（新吴区）常住人口56.92万人。

【建置】 新吴区是江苏省无锡市的一个市辖区，于2015年10月由国务院批复设立，以鸿山、江溪、旺庄、硕放、梅村、新安6个街道的行政区域为新吴区的行政区域。新吴区是在原无锡市人民政府新区管委会实际管辖区域的基础上，通过行政区划调整使行政区与经济功能区相吻合。2018年11月，新吴区入选全国2018年工业百强区，排名第13位。

吴越文化遗存

【泰伯梅里建吴】 3200多年前，周太王的长子泰伯为避王位“三让天下”，与二弟仲雍，离开岐山周原（今陕西岐山县），来到无锡梅里（今新吴区梅村）一带，入乡随俗，断发文身。他们不仅自己辛勤地开荒种地，还将从祖辈传承下来的黄河流域地区的当时相对较为先进的农业生产技术，在当地以渔猎为主的土著居民中传播推广，并率领居民兴修水利，开挖河道，以方便灌溉、行舟，使当地的农业生产取得了发展，民众的生活状况有了改善，从而受到土著居民的欢迎。同时，加上泰伯为人和善谦虚，让贤让国，德行感人，赢得了当地土著居民的尊敬、拥护与爱戴，建立起了“勾吴”国。勾吴国建立后，为了保卫勾吴人民生命财产的安全，维护当地民众的利益，防御中原敌人前来侵犯，泰伯又带领勾吴人民借鉴运用中原的筑城技术，在梅里的荆村、蛮巷一带修筑起了一座土城，名为吴城，又叫泰伯城。东汉赵晔《吴越春秋》卷一《吴泰伯传》记载：“故泰伯起城，周三里二百步，外郭三百余里，在西北隅，名曰故吴。”泰伯奔吴在无锡梅里筑城建都创立勾吴国，传播黄河流域中原文化，并使之与当地荆蛮文化融合为吴文化，为开发吴地乃至整个江南作出了贡献。泰伯三让天下，开发江南的功绩，一直为后人所崇敬。

（刘书新）

【梅里古都】 梅里古都位于梅村街道老镇区中心，以泰伯庙为核心，北起锡甘路，南到梅里路，东起新友路，西到新华路。梅村古名梅里，是商末周太王长子泰伯因让王位从陕西岐山奔荆蛮吴地建勾吴国时的都城。梅里古都是梅村街道为弘扬泰伯精神，挖掘和展示吴文化，以泰伯庙为依托，以吴文化为载体，自2009年起，投资17亿元打造的。核心区总占地面积约300亩，总建筑面积约17万平方米。综合不同功能需求和历史文化特色，梅里古都分为：梅里美食区、泰伯古庙区、至德会馆区、梅里古镇区、梅里休闲区、梅里风情区、梅里居住区、伯渎游览区8个功能分区，形成古都特有的商业文化旅游产业链。（刘书新）

【鸿山遗址】 鸿山遗址位于鸿山街道东部，北依泰伯渎、南抵新宅路，西至规划道路，东至大坊桥河，面积约7.5平方千米，内有108个土墩，均为人工堆积的墓葬。勘测确定春秋战国时期的墓葬51个，墓地里发现了“几何印文陶”“编钟”“錞于”等属于西周晚期到春秋时期的器物。其他土墩分别为宋、明、清时期和新石器时代的墓葬。2005年4月，入选“2004全国十大考古新发现”。2006年5月，被国务院公布为第六批全国重点文物保护单位。2007年3月，国家文物局对鸿山遗址进行大遗址保护的规划立项，鸿山遗址作为江苏省第一个申报国家大遗址保护的项目，被国家文物局立项确定为国家大文化遗址。新吴区成立了鸿山遗址保护开发工作领导小组，规划建设以出土文物展示、遗址本体保护、历史环境修复、生态环境建设和观赏农业为一体的“遗址公园”工程。以鸿山墓群为依托，在特大墓葬丘承墩原址上规划建设的鸿山遗址博物馆，是迄今为止关于中国吴越春秋时期的唯一遗址类博物馆。鸿山遗址博物馆以大量珍贵出土文物，展示了先秦时期吴地的吴越文化风貌。展厅分为乐器展示区、礼器展示区、玉器展示区3个区域。（刘书新）

【鸿山越国贵族墓】 越国贵族墓位于鸿山街道，7平方千米的范围内，分布大型土台、土墩约118座。在15个土墩中，发掘出7个墓葬，出土2300余件随葬器物，其中丘承墩越墓为仅次于浙江印山越王墓的越国第二大墓，出土的1100余件器物中，绝大多数为精美绝伦的成组成套的青瓷礼器、乐器和玉器，为江浙一带已发掘的越国贵族墓葬中等级最高的随葬器物。丘承墩位于墓地西北角，其他六个中小型墓葬围绕在丘承墩的东南呈扇形散落。墓葬间既有一定的分布规律，又存在着严格的等级第的，揭示春秋战国时期吴越贵族的埋葬制度与等级制度。墓地的完整性和礼器、乐器组合的完整性，尤其是越国的礼乐文化将中原系统和谐地融入越系统中，为越国史的研究和解决一系列春秋战国时期的重要学术课题提供了珍贵的实物资料，对于越文化研究、百越民族史的研究、越国考古学的研究和吴文化、越文化相互关系及吴越文化的综合系统研究都具有重要价值。鸿山越国贵族墓群入选“2004年度全国十大考古新发现”，并被列为第六批全国重点文物保护单位。（刘书新）

【鸿山国家考古遗址公园】 鸿山国家考古遗址公园以遗址博物馆、各墓葬点、重要景观节点为展示重点，以伯渎港、九曲河、东新桥港及新疏通河道为主要参观流线，以整个建设控制地带为遗址背景环境，由遗址现场展示区、遗址模拟展示区、生态湿地展示区和生态农业展示区组成。通过合理布局组织，使遗址公园在空间上实现“点、线、面”的有机结合，全方位展示遗址与环境，多角度揭示其历史信息。2006年4月，鸿山国家考古遗址公园奠基。2007年，投资2.5亿元实施了鸿山遗址博物馆、鸿山农庄内农业结构调整和环遗址公路等三大工程建设。2007年4月30日，鸿山遗址博物馆在鸿山动工兴建，是吴越文化遗存保护开发工作中的重要组成部分，是“遗址公园”中的核心功能区。2008年，投资3亿元实施大遗址本体保护和文化生态环境建设工程。2010年，遗址公园上报后，被评选为“全国首批十大国家考古遗址公园”。（刘书新）

【彭祖墩】 彭祖墩位于无锡新吴区鸿山街道泰伯渎北侧，北通陆地，东至管家桥，西到外庄桥，面朝伯渎港，背靠鸿山梢，占地面积约15万平方米，东南西三面环水，状如大蘑菇头，是一个高约5米的馒头形大土墩。现挖掘面积共224平方米，约占彭祖墩遗址的千分之二。出土近百件文物，除了大量的陶片出土以外，较完整的距今6000至7000年的新石器时代器物出土40多件，其中有石刀、石斧、锛等石器和石头磨制成的中间有小孔的石纺轮、网坠，釜、鼎、盆、罐、豆、钵、盂等陶器，直径6厘米、厚度不足6厘米的玉玦等两件玉器。彭祖墩文化遗址是迄今为止长江中下游地区发现的时间最早（距今6000至7000年）、面积最大（约15万平方米）、文化堆积层最厚（1.5~3.5米之间）、包含物最多、原始环境保存最好的一处历史文化遗址。遗址文化层包括马家浜文化和马桥文化两种类型，但其文化内涵、文化面貌与太湖东南部同类型文化有较大的差别，是一处江南太湖地区典型的新石器时代遗址，是当代研究太湖流域人类文明发展史的历史资料。2002年10月，彭祖墩被江苏省人民政府列为江苏省文物保护单位。（刘书新）

【丘承墩】 丘承墩遗址位于鸿山街道东北约1千米，面积1万平方米，为特大型墓葬，外形呈长方形覆斗状，墓葬结构为竖穴深坑，平面呈“中”字形，通长57米，分为墓道、主室、后室3部分。主室用木板隔成南北侧室，墓道和后室的前后还有排水设施。随葬器物有仿铜青瓷礼器、乐器以及精美玉器等1100余件，是迄今为止发现的仅次于浙江绍兴印山越王陵的越国第二大墓。丘承墩遗址的地层堆积共分为6层，主要为良渚、崧泽和马家浜的文化堆积，第4层为良渚文化高台墓地的堆土，第5层为崧泽文化的地层堆积，第6层为马家浜文化的地层堆积，均发现有房基、墓葬等遗迹。丘承墩遗址中，马家浜文化、崧泽文化、良渚文化、马桥文化及至公元前400余年的春秋战国时期的遗存一脉相承，构成了太湖流域历史演变的完整序列。马家浜文化距今7000年左右，而春秋战国时期在公元前400年左右，因此丘承墩遗址的年代横跨4000多年。

（刘书新）

【吴越文化共同特征】 根据对有关勾吴、古越的历史文献和地方文史资料的记载及吴文化、越文化出土文物的研究考察发现，经过长期的相互浸润、渗透、交融，吴越在物质文化方面和非物质文化方面形成许多共性特征。吴越在物质文化方面的共性特征主要有四点：一是吴、越都是稻作农业，吴越地区是中国与世界稻作和栽培稻的最早起源地之一。二是吴、越的青铜冶铸业都相当发达。三是吴、越都是中国瓷器的发明地，盛产印纹硬陶原始瓷器。四是吴、越都崇玉，都以玉器为佩饰和以玉器作随葬品。在非物质文化方面，由于吴、越两地比邻而居，浙江以西、太湖以南的大片沼泽与平原为吴、越两地所共有，大部分历史时期两地的经济社会条件和时代机遇也相近，两地风土民情和两地文化风尚自然发生相互影响和渗透。吴越交融形成的非物质文化方面的主要共性特征是“言语通”“习俗同”，具体而言有6点：一是吴、越都曾有过伴随着战争向北扩张并称霸中原的历史。二是吴、越言语相通。三是吴、越两地先民均“断发纹身”。四是吴、越在丧葬习俗上，两地都盛行土墩墓和土墩石室墓。五是吴、越两地民众均都善识水性，善于造舟驶船，擅长水战。六是吴、越民族性格相似，都尚武轻死，具有强烈的血族复仇传统，以剽悍好斗著称于世。（刘书新）

生态宜居的新吴区

重要会议

【中共无锡市新吴区委一届六次全会】 8月2日，中共无锡市新吴区委一届六次全会召开，会议主题是“争当新时代高质量发展领跑者”。

会议深入贯彻习近平新时代中国特色社会主义思想和党的十九大精神，认真落实省委十三届四次全会、市委十三届六次全会精神，总结上半年工作，研究部署下半年及未来一段时期主要任务，动员全区上下聚焦“高质量产业发展、高效益科技创新、高层次对外开放、高水平产城融合走在全市前列”的发展定位，进一步对标找差、解放思想，进一步改革创新、奋发作为，在高质量发展的新征程中勇做先行军、争当领跑者。副市长、高新区党工委书记、新吴区委书记王进健代表区委常委会作讲话。高新区党工委副书记、管委会主任、新吴区委副书记、区长封晓春总结全区经济社会上半年发展情况，并对下半年经济社会发展主要任务作具体安排。

会议认为，2018年上半年，区委坚持以新发展理念为统领，以高质量发展为导向，系统推进产业提质、创新增效、扩大开放、产城融合和党的建设，在复杂严峻的宏观经济形势下，展现出经济高质、社会文明、民生改善、生态优化的发展态势，形成了风清气正、真抓实干、担当作为、奋勇攻坚的生动局面。下半年，全区上下要深入贯彻习近平新时代中国特色社会主义思想和党的十九大精神，认真落实省委十三届四次全会、市委十三届六次全会部署，以“四个走在前列”为目标，坚持高质量的发展导向，大力推动思想解放，着力巩固经济稳中有进态势，着力保持社会和谐稳定局面，着力优化政治风清气正生态，着力激发干部担当作为热情，全面完成2018年各项目标任务，努力开创经济社会发展和党的建设新局面。

会议提出重点抓好五个方面工作：一是保持经济稳定增长，积极应对中美贸易摩擦和国内经济不确定因素影响，统筹做好贸易促进、外资到位、项目建设和消费升级工作。要加强分析预判，狠抓项目建设，稳定外贸增长，加快外资到位，积极扩大消费。二是更大力度推动创新，在新的发展形势下，培育新动能、发展新经济、形成新支撑显得越来越迫切。要抓好在建科创项目、做好高企申报工作、更多引进创新人才，推动创新平台建设，大力发展“三大经济”，推动智能制造工作。三是扫除机制体制障碍，进一步深化改革、扩大开放，优化发展环境增添竞争优势。要向改革要服务，向开放要发展。四是提升城市品质形象，城市品质是美好生活的承载和集中体现。要抓好在建项目，推动棚改工作，加强城市管理，深化环境整治。五是着力办好民生实事，民生所指，责任所系；民心所向，政之所行。要继续完善医疗卫生体系，继续深化教育机制改革，继续加强社会综合治理。

展望后三年，会议认为，要深入实施高质量产业发展、高效益科技创新、高层次对外开放、高水平产城融合的三年行动计划，努力成为高质量发展的标杆、示范和领跑者。会议提出四点要求：一是聚焦高质量产业发展，当好高新技术产业、先进制造业和未来产业发展的领跑者。至2020年，六大主导产业迈向中高端，产值规模超过4500亿元，服务业增加值占GDP比重提高到40%左右，形成信息技术产业和高端装备制造两个超千亿产业集群，生命科技和新能源及新能源汽车两个超500亿元的新兴产业集群，未来产业初具规模。二是聚焦高效益科技创新，当好创新人才、创新企业和创新平台汇聚的领跑者。确保到2020年新增省级以上重点人才200人、科技创业领军人才150人，本科及以上学历从业人员累计达到10万人；新增科技企业2000家、瞪羚企业30家、独角兽企业1-3家、各类上市挂牌科技企业100家；孵化器、众创空间、创新中心、产业园区等创新平台在现有基础上翻番，创新要素聚集的数量和质量全市领先。三是聚焦高层次对外开放，当好外资总部机构、跨国公司基地、对外开放平台建设的领跑者。力争到2020年累计引进世界500强内外资企业突破100家，外资高新技术企业突破100家，外资研发中心突破100家，各类跨国公司地区总部和具有国际竞争力的龙头型、基地型、旗舰型企业突破100家。四是聚焦高水平产城融合，当好城乡统筹、生产生活生态融合的领跑者。更新“城际站、太科园片区、大运河”用地，打造“新吴区产城融合发展核心，建设大运河—长江路、伯渎河、新华路”三大功能发展轴，塑造环太湖—望虞河生态景观带，改造棚户区（城中村）250万平方米，盘活低效用地8200亩。

从严治党方面，会议指出，要强化政治建设，坚定践行“两个维护”；强化意识形态，凝聚发展思想共识；夯实基层基础，建强建好战斗堡垒；严格正风肃纪，营造良好政治生态。

会议还特别强调，要积极落实鼓励激励、容错纠错、能上能下“三项机制”，强化讲担当、重担当的鲜明导向，对认真履责、攻坚克难、冲锋在前的干部，给予更多支持鼓励，提供更多支撑保障。

会议审议通过了《中国共产党无锡市新吴区第一届委员会第六次全体会议决议》。

【新吴区医疗卫生体制改革动员大会】 1月3日，新吴区召开全区医疗卫生体制改革动员大会。高新区党工委书记、管委会主任、新吴区委书记魏多、高新区党工委副书记、管委会副主任、新吴区委副书记、区长封晓春，区人大常委会主任张明烈，区政协主席刘蓓红，高新区党工委委员、新吴区委常委、组织部部长吴胜荣，高新区管委会副主任、新吴区副区长李伟敏，各街道（功能园区）、区相关机关、社区卫生服务中心等主要负责人、医疗卫生界人大代表、政协委员等出席会议。封晓春对新吴区上一阶段医改工作所取得的成绩予以充分肯定：一是顶层设计基本完成。新吴区出台《关于推进医疗卫生体制改革和运行机制创新的实施意见》，明确医疗卫生体制机制改革的指导思想、基本原则及目标取向、主要任务和保障措施等。二是基层建设加快推进。新吴区紧密型医联体建设、区公共卫生服务机构组建、区中医药文化展示馆揭牌开馆、急救网点建设等基础建设为三级诊疗体系打下坚实基础；新瑞医院、无锡凯宜医院、新吴华卫医院的开工建设充分激发社会力量发展医疗卫生事业；各社区卫生服务中心新建、改扩建等强化政府保基本医疗卫生服务职责。三是服务能力稳步提升。各社区卫生服务中心“中心+特色”的基本发展模式，对特色方向予以明确，为完善基层服务体系、提升基层服务能力打下坚实基础。

魏多以中共十九大精神为核心，围绕新吴区医疗卫生体制改革工作，提出了三点指示：一是深化认识，弄清“为什么改”的问题。深化医改是履行建制区政府职责使命的必然要求，是推动新吴区经济社会跨越发展的现实需要，也是实现新吴区全面建设小康社会目标的重要内容。全面建成小康社会的一项重要指标就是要实现人人享有基本医疗卫生服务的目标。加快医药卫生事业发展是新吴区实现全面小康、推进“强富美高”建设的重大战略任务之一。二是注重研究，明确“改什么”的问题。在体系层面、制度层面、资源层面以及落实层面都需要不断加强和完善。三是理清思路，解决“怎么改”的问题。首先要目标导向，时时把握“需求”这一发展主线；既要把握好供给与需求的关系、把握好主导与引导的关系，也要把握好整体与重点的关系。其次要强化落实，紧紧抓住“制度”这一有力抓手；要建立政府投入保障机制、建立促进社会办医机制、建立医联体实施机制、建立智慧健康发展机制、建立综合绩效考评制度、建立改革容错纠错机制。最后要对症下药，牢牢抓住“人才”这一核心关键。在人才的引进、培育及发展上，创新引才机制、强化培育体制、激发发展活力。

深化医疗卫生体制改革，是中央和省市作出的一项重大决策部署，是事关广大群众切身利益的重大民生工程，也是新吴区全面深化改革的重点任务之一。根据新吴区下一阶段医改重点工作安排部署，会上印发了《新吴区卫生与健康暨现代医疗卫生体系建设规划（2016—2020）》《无锡市医疗机构设置规划（2016—2020年）新吴区实施方案》等12个配套文件。

【高新区（新吴区）先进表彰大会】 2月23日，无锡高新区（新吴区）召开先进表彰大会，表彰先进、激励先进、学习先进，动员全区上下以先进为榜样和标杆，进一步振奋精神、鼓足干劲，围绕在高质量产业发展、高效益科技创新、高层次对外开放、高水平产城融合上走在全市前列的目标定位，更好地推进和完成全年各项目标任务。会议由高新区党工委副书记、新吴区委副书记李建秋主持，高新区党工委副书记、管委会主任、新吴区委副书记、区长封晓春宣读了先进集体和个人的通报，市政府副市长、高新区党工委书记、新吴区委书记王进健作了讲话，区四套班子全体领导出席会议。

王进健代表高新区党工委、管委会和区委、区人大、区政府、区政协四套班子，对所有为高新区（新吴区）发展付出辛勤努力和做出突出贡献的社会各界人士表示感谢，并对受到表彰的企业、单位和先进个人表示祝贺。王进健指出，2017年，全区上下以迎接中共十九大召开和贯彻落实中共十九大精神为强大动力，围绕市委对高新区（新吴区）发展的总体要求，围绕“三个新高地”建设重要任务，全区上下团结拼搏、锐意进取，呈现出经济增长、社会进步、事业发展、改革深入、面貌改变的良好态势。

王进健指出，2018年是高新区（新吴区）全面贯彻落实中共十九大精神的第一年，是改革开放四十周年，也是国家批准首个国家级高新区30周年。王进健提出三个方面要求：

一是必须提振信心，弘扬高新区精神。高新区成立25年来，区域面积从小到大，经济总量从弱到强，取得了辉煌的成绩。这些成绩的取得，靠的是历代高新区人的不懈奋斗、拼搏和奉献，靠的是历代高新区人开放、创新、务实、争先的“高新区精神”。在新时代我们要始终牢记和弘扬高新区精神。要进一步强化开放思维，坚持扩大对内开放和对外开放相结合，在服务业开放、自贸区创新、中外合作园区建设、外商投资企业研发中心引进等方面进一步加快开放步伐，取得更大突破。要聚力创新，大力推进和实施创新驱动核心战略，使创新驱动成为高新区（新吴区）未来发展的强大动力，实现要素驱动向创新驱动的转变。要不断加大对科技、人才、载体的投入，把高新区（新吴区）真正建设成为创新高地、人才高地。要发扬更加务实的工作作风，坚持察实情、办实事、求实效。坚持一切从实际出发，实事求是、脚踏实地，坚决反对坐而论道、人云亦云、虚报浮夸，真正把实干写在每一位高新区人的心上。要奋勇争先，向着一流看齐，敢于向高处攀、与强的比、跟快的赛，奋力跻身全国高新区第一方阵，当好无锡高质量发展的排头兵和示范区。

二是必须攻坚克难，体现高新区担当。要围绕年度重点工作任务，狠抓产业发展不放松。要狠抓重大项目不放松，抓紧抓好当前重大项目落地建设工作，加大招商引资工作力度，为高新区（新吴区）后续发展提供强大动力。同时，要深入研究和提前布局未来产业，为后续发展增添强大后劲。要狠抓科技创新不放松，实现科技人才、科技项目、科技平台等科技创新资源在新吴区的不断集聚。要狠抓对外开放不放松，抓好自贸区投资便利化政策在新吴区的落地和试点，并在此过程中形成新吴特色，打造无锡品牌。要紧抓民生改善不放松，重点围绕老百姓关心的教育、医疗、养老、住房、就业等领域，加大社会事业投入，补齐民生短板，切实提高人民群众的获得感、幸福感、安全感和满意度。要狠抓生态环境不放松。重点抓好、落实好河长制、263专项行动，加强对散、乱、污企业的整治和城中村改造，把新吴区真正建设成为宜居、宜业、宜游的优美城区。要狠抓干部队伍建设不放松，使新吴区各级领导干部真正成为推动区域高质量发展的主力军。

三是必须转变作风，树立高新区品牌。要结合“放管服”改革，大力推广“不见面审批”“最多跑一次”、代办制等高效模式，打造行政审批项目最少、速度最快、收费最低、市场主体和人民群众最满意的政务服务环境，使企业、人才、资金都愿意选择高新区（新吴区）、落户高新区（新吴区）。

会上，王进健对全体机关干部和工作人员提出五点要求。一要倡导学习精神。要自觉加强学习，主动学习新经济、新模式、新理念，尤其要掌握在高质量发展阶段推动经济工作、引领经济发展的新方法、新本领。要摒弃传统的工业化思维模式，按照新经济、互联网思维的模式来思考和谋划新吴区的发展路径。二要确立问题导向。要把发现问题、解决问题作为思考工作、谋划工作的出发点和落脚点。三要强化自我设计。要深入了解和把握中央和省、市的发展规划，结合新吴区实际，主动设计和谋划新吴区的工作抓手。四要提升专业素养。无论干任何工作，都要干一行、钻一行，不断提升专业能力，为新吴区广大企业提供专业化服务。五要树立效率理念。以“等不起”“慢不得”“坐不住”的危机感和紧迫感，深化“明天再早也是晚、今天再晚也是早”的认识，做到难事抢先干、急事不停干、要事加快干，一着不让地提升工作效率，赢得企业和人民群众的信任和支持。

王进健强调，一年之计在于春，全区上下要以习近平新时代中国特色社会主义思想为指引，对标先进、学习先进，撸起袖子加油干，全面贯彻落实中央和省、市决策部署，在奋战“四个走在前列”的新目标中作出更大贡献。

【新吴区生态文明建设暨“263”行动、河长制工作推进会】 3月2日，新吴区召开全区生态文明建设暨“263”行动、河长制工作推进会。市政府副市长、高新区党工委书记、新吴区委书记王进健在会上强调，全区上下要切实把生态文明建设放在突出位置，以开展“263”专项行动和“河长制”工作为重要抓手，坚持问题导向，强化责任担当，坚决打赢生态保护和环境治理攻坚战。高新区党工委副书记、管委会主任、新吴区委副书记、区长封晓春在会上作了工作部署。区领导李建秋、何雪清、钱前、陶锡强出席会议，会议由高新区管委会副主任、新吴区副区长祝君乔主持。

王进健强调，要切实提高思想认识。一要充分认识生态文明建设的极端重要性和紧迫性。生态文明建设是事关发展全局的大事，各级党政部门都要把重点工作、主要精力、重要力量配置在生态文明建设的重点工作上来，抓紧抓好。二要充分认识到生态文明建设是事关高新区发展的基石。经过多年的发展，高新区无论是土地开发强度还是排放总量，都已接近临界点，制约了发展空间。三要充分认识到生态文明建设是事关群众利益的好事。百姓对身边的生产环境、生活环境、生态环境越来越关心、越来越重视、越来越敏感。我们只有把生态环境搞好了，才能让群众有获得感，这也是最大的民生、最直接的民生。

王进健指出，要明确目标任务。一是要实现两个“完成”。即完成“减煤”任务和“减化”任务，要以更高的标准、更高的要求排查减煤、减化中存在的问题，不折不扣完成“两减”目标任务。二是要实现两个“确保”。即确保太湖安全度夏、确保太湖饮用水源水质安全。三是要实现“五个明显”。即生活垃圾整治取得明显进展，生活垃圾分类达到45%以上；黑臭水体整治取得明显进展；挥发性有机物整治取得明显进展；畜禽污染整治取得明显进展；散乱污企业整治取得明显进展。

王进健要求，要加强综合保障。一是要加强组织领导，充分发挥部门联动作用，通过法治的途径，形成有利于综合整治的环境，加快工程立项，加快项目建设，推动整治任务完成。二是要加强资金保障，加大公共财政的投入力度，确保环境整治项目顺利实施。三是要强化技术支撑，聘请治水专家，坚持一河一策，科学治水。四是要强化考核督查。五是要强化宣传教育。创新使用各类媒体，介绍生态文明建设、“263”专项行动和河长制工作情况，实时接受人民群众的监督和评价，及时反馈处理各类具体问题。

封晓春对全区2017年生态文明建设等工作取得的成效表示肯定，同时指出工作中存在的不足，并对2018年工作进行了部署。他强调，一要全面深化生态体制改革，加快推进区域生态文明建设；二要扎实推进“263”专项行动，稳步提升区域环境质量；三是要整改突出环境问题不遗漏，举一反三推进长效管理。他指出，要进一步提高政治站位，提升思想认识，依托大机制，聚合力、重协调，实现全面组织、全域覆盖、全员参与；推进大整治，抓重点、攻难点，在督查考核问责上动真碰硬，以“拔钉子”精神推动环境质量持续改善。以环境治理、生态改善的实实在在成果，向人民交出一份满意的生态答卷。

（注：“263”即“两减”“六治”“三提升”，“两减”是指减少煤炭消费总量和减少落后化工产能；“六治”是指治理太湖及长江流域水环境、生活垃圾、黑臭水体、畜禽养殖污染、挥发性有机物和环境隐患；“三提升”是指提升生态保护水平、环境经济政策调控水平和环境执法监管水平）

【新吴区城市管理工作会议】 9月4日，市政府副市长、高新区党工委书记、新吴区委书记王进健主持召开全区城市管理工作会议，高新区党工委副书记、管委会主任、新吴区委副书记、区长封晓春，高新区党工委（区委）、管委会（区政府）班子全体领导，区人大、政协主要领导、分管领导出席会议。

会议指出，近年来全区城市管理工作取得了一定成效，生态环境得到了一定提升，但与习近平提出的“城市管理要像绣花一样精细”要求、与人民群众美好生活需要相比，还有很大提升改善空间，主要表现在市容市貌与“走在前列”的发展定位不匹配，方式方法与“创新高地”的客观实际不匹配，体制机制与“区政合一”的叠加优势不相匹配三个方面。

会议要求，为全面提升城市精细化管理水平，做好优美环境合格区建设工作，全区上下要重点做好三项工作。一是落实管理责任。以175个优美环境合格单元建设为引领，健全“两级政府、三级管理、四级网格”格局，各个管理单位要抓紧2018年仅有的4个月时间，对照2018年任务逐一细化、逐一落实，确保年内管理单元合格率达到30%以上。二是开展集中整治。集中优势力量，解决难点问题。重点开展农贸市场、建筑工地、违章停车、交通秩序、违法建设、偷倒垃圾和“三乱”7个专项整治工作。三是提升建设管理水平。提高城市净化水平，加快推进环卫保洁市场化、一体化、集约化改革；提高城市美化水平，抓好背街小巷环境综合整治；提高城市绿化水平，建好小微绿地和公园游园；提高城市智慧化水平，强化技术创新和信息化管理，对重点区域创新思路和办法。

会议强调，下阶段区各机关部门、各街道（园区）务必要下决心、花力气，全面抓好各项工作责任和任务的落实。一要强化领导、落实责任，加强领导健全机制，协调推进，充分发挥区城管高位协调作用，各部门、街道党政一把手要靠前指挥；二要健全机制、协调推进，构建政府主导、部门联动、全员参与的“大城管”格局，探索建立社会共建共管共治模式；三要严格督查、强化考核，发挥职能部门的监管职责，建立重大问题专项督办制度；四要落实经费、加强保障，积极创新市场化运作办法，建立多元化投入机制，吸引社会力量参与城市管理；五要加强宣传、营造舆论，在全区营造人人参与、共同建设的良好氛围。

会议下发了2018年城市精细化管理暨优美环境合格区建设工作目标任务书，综合行政执法局、公安分局、住建交通局和相关街道做了交流发言。

区法院、检察院、党政办主要负责人，区各机关部门负责人，空港经济开发区、各街道党政主要负责人、分管负责人，城管办主任，城管中队长，村（居）社区书记，区住建交通局、综合行政执法局领导班子成员及中层以上干部，交警大队、城管执法大队班子成员及中队长参加了会议。

【新吴区科技创新和人才大会暨苏南国家自主创新示范区建设发展大会】 9月27日，新吴区科技创新和人才大会暨苏南国家自主创新示范区建设发展大会召开。市政府副市长、高新区党工委书记、新吴区委书记王进健出席并讲话，高新区党工委副书记、管委会主任、新吴区委副书记、区长封晓春主持会议。区人大常委会主任张明烈，区政协主席刘蓓红，区领导匡辉、焦夕莲、褚建、袁小强、刘骁、朱晓红、胡逸、李伟敏、顾瑾、田丰、沈雪芳出席会议。

与会人员参观了“对标新时代、培育新动能、发展新经济”主题展，全面了解新吴区近年来科技创新和人才工作创新品牌和荣誉情况。

胡逸传达省科学技术奖励大会暨科技创新工作会议、市科技创新与人才大会的精神，宣读《关于2017年度科技创新和人才工作先进的通报》。会上，向2017年高新区专利突出贡献单位、高新区优秀研发机构、高新区第一届“飞凤人才”“人才工作先进单位”“优秀人才专员”“人才创新创业活力单位”颁发了荣誉证书，向18家“2018年无锡高新区科技小巨人”、19家“2018年无锡高新区科技领军人才创业项目”授证。王进健和封晓春共同为“江苏省物联网创新中心”“江苏省物联网产业技术创新中心”“苏南国家自主创新示范区无锡高新区一站式服务中心”揭牌。邦道科技、小天鹅股份、江苏物联网研究发展中心、优秀人才专员、科技创新促进中心、旺庄街道分别进行交流发言。

王进健指出，在中共十九大作出高质量发展部署以来，全区进一步聚焦重点产业抓项目，聚力科技创新抓机制，科技创新和人才工作取得新进展新成效，但在高新技术企业数、高层次人才数、专利发明授权量等方面与先进高新区相比还存在一定的差距。要解决以上科技创新和人才工作中的问题，走出高质量发展的道路，实现赶超，重中之重是要解决好七个方面的问题。一是要解决思想认识的问题。必须要进一步解放思想，对照李小敏提出的“四个反思”认真总结高新区存在的问题。二是要解决产业体系的问题。加快推进以物联网、集成电路、软件、生物医药等为代表的战略性新兴产业发展；推进传统优势产业的提档升级，抓住乡镇工业园区的提升改造、工业用地的绩效评价及传统制造业体系的智能改造，实现传统产业高端化的发展；加快推进现代服务业发展，提升新吴区服务功能。三是要解决主体培育的问题。加快创新主体的培育，重点抓好高新技术企业、科技型中小企业、独角兽企业的培育工作。四是要解决创新载体的问题。打造科技园区平台，完善孵化成长平台，推动众创空间、孵化器、加速期成长平台发展；加快建设重大平台，加强与大院大所、高校合作，完善重大创新载体建设。五是要解决人才聚集问题。充分利用好现有人才政策，聚焦人才引进过程中迫切需要解决的问题，出台更具针对性的政策，着力营造好留才聚才用才的良好环境。六是要解决创新生态的问题。引进更多的天使基金落户，解决企业初始投资资金不足的问题；建立从企业成立、项目注册变成产品整个周期的全方位服务体系；深化“放管服”改革，加大政府配套服务力度；形成苏南国家自主创新示范区的品牌和亮点。七是要解决组织领导的问题。加强党对科技创新和人才工作的领导、抓好政策落实、完善工作机制、强化考核评价、加强对科技创新领域知识的学习，形成推动科技创新和人才工作的强大合力。

封晓春强调，要进一步贯彻省市科技创新大会精神，切实抓好“五个落实”。一是解放思想抓落实。破除传统的思维定势、路径依赖，实事求是，与时俱进，推动高新区发展更多依靠创新驱动和科技人才。二是突出重点抓落实。把科技创新作为全区工作中的重点，把思想认识、产业体系、主体培育、创新载体、创新生态、人才集聚、组织管理等七个方面问题作为重点中的关键来抓。三是攻坚克难抓落实。针对当前科技创新和人才工作中的薄弱环节和突出短板，要敢于直面困难、勇于迎接挑战，上下一心迎难而上，狠抓落实。四是形成合力抓落实。加强统筹协调，不断完善科技招商、人才招引、科技服务、创新支持等政策和工作体系，形成强大合力。五是敢于担当抓落实。敢于担当体现的是一种精气神，是干好工作的前提、基础和条件，敢于担当体现在工作方式方法创新突破上。

区各部门、驻区各条线主要负责人、区属国有企业、各街道党工委和办事处主要负责人，科技镇长团成员，获奖企业、授证企业、重点科技企业、高新技术企业代表，国家“万人计划”、省“333工程”、市级和区级科技创业领军人才等专家代表，驻区科研院所、高校、创新平台、众创空间、孵化器、服务机构、金融机构、协会负责人等近600人参加会议。

【李小敏调研新吴区解放思想大讨论活动】 10月18日，省委常委、市委书记李小敏就深入推进解放思想大讨论再次到联系点新吴区调研。他强调，新吴区全区上下要坚持以习近平新时代中国特色社会主义思想为指导，深入贯彻中共十九大精神，持续深入开展解放思想大讨论活动，着力在解决问题、补齐短板上下功夫、求实效，争当无锡高质量发展领跑者。

党建引领，架起党群连心桥。梅村街道党群服务中心有3层楼面，围绕党建领航政治功能、文化活动凝聚人心功能、党群部门公益服务功能，赋予每个楼层不同的职能定位，致力打造五大活动平台。李小敏重点考察中心党建展示厅、书记工作室、党代表之家、“两新”活动室，并与党建指导员交谈，详细了解各项制度建设和活动开展情况。他要求新吴区既要加强指导监督，进一步丰富活动、提升内涵，又要总结经验、以点带面，推动基层党群服务全面覆盖。老年人的事，再小也是大事。旺庄街道居家养老服务中心引进专业运营团队，建立智慧养老服务模式，面向全辖区提供日间照料、精神慰藉、文化娱乐、康复健身等全方位居家养老服务，受到辖区内老年人家庭好评。“老龄化浪潮袭来，养老事业前景广阔、大有可为。”得悉居家养老服务站点已覆盖街道下辖的各个社区，李小敏鼓励街道干部进一步推进养老服务标准化建设，完善站点内服务功能，建立健全以居家为主、机构为辅的养老体系，更好满足老年人多样化、多层次需求。

重大项目全速推进，为高质量发展注入强劲动力。华虹集成电路研发和制造基地项目现场一派繁忙，自2018年3月初开工建设以来，主要工程节点与原计划相比无一落后，工期整体提前半个月。李小敏来到工地详细了解项目建设情况，对华虹项目的高效率推进予以赞赏，要求项目方负责人以安全为根本、以质量为基础，优质高效推进项目建设。新城水处理二厂项目是海力士、华虹等大型企业污水处理配套项目，17万吨再提标项目已进场施工、10月完成土建，10万吨扩建项目年内完成土建主体、力争2019年4月完工投运。李小敏详细考察项目建设情况，要求倒排时序进度，在保证安全和质量的前提下，加快建设进度，确保按时进水。

在随后召开的座谈会上，李小敏认真听取新吴区委关于解放思想大讨论活动开展情况的汇报，指出解放思想需要把握的重点方面。他指出，解放思想的根本目的是要用习近平新时代中国特色社会主义思想武装头脑、指导实践、推动发展，促进各级党员干部在学懂、弄通、做实上取得更大成效；解放思想的本质要求是坚持实事求是的思想路线，在把握好主观与客观、理论与实践、继承与创新的统一中，走稳走实走好前进的每一步；解放思想的鲜明指向是强化问题意识，拓宽思路胸襟，打破思维定式，摆脱路径依赖，不断开辟高质量发展的新境界。衡量解放思想取得成效的重要标准，是要看在多大程度上实现解放思想与实事求是的有机统一、在多大程度上解决影响当前和长远发展的突出问题、在多大程度上提振党员干部干事创业的积极性主动性创造性。

李小敏充分肯定新吴区解放思想大讨论活动取得的阶段性成效。他指出，省委对无锡提出当好全省高质量发展领跑者的明确要求，新吴区有基础、有条件、有责任当好全市高质量发展的领跑者，为无锡发展大局作出更大贡献。当前，新吴区各项事业发展势头良好、成效明显，但对标高质量发展要求，在经济、生态环境、教育、卫生、民政等领域还存在一些突出问题和薄弱环节。

希望新吴区紧紧围绕“四个走在前列”的发展定位，结合抓好中央巡视反馈意见整改落实，持续深入推进解放思想大讨论，更加注重靶向用力、精准施策，更加突出解决问题、补齐短板，努力在贯彻新发展理念、推动经济高质量发展上取得更大成效，在落实以人民为中心的发展思想、保障和改善民生上取得更大成效，在实施创新驱动核心战略和产业强市主导战略、构建现代产业体系上取得更大成效，在坚持标本兼治、推进生态环境建设上取得更大成效，在激励担当作为、营造风清气正政治生态和干事创业良好环境上取得更大成效，以思想解放的新成效、各项工作的新突破向市委市政府、向全区人民交出一份满意答卷。

新吴区党委、政府全体领导，新吴区人大、政协主要领导，区党政办、纪委、组织部、宣传部、统战部、政法委、经发局、科信局、教育文体局、财政局、住建交通局、民政卫计局、综合行政执法局、安监环保局、规划分局主要负责人参加活动。

【新吴区民营企业座谈会】 11月17日，无锡高新区（新吴区）民营企业座谈会召开。市政府副市长、高新区党工委书记、新吴区委书记王进健出席会议并讲话，高新区党工委副书记、管委会主任、新吴区委副书记、区长封晓春主持会议。区领导吴胜荣、匡辉、黄家传、朱晓红、祝君乔、钱前出席会议。区机关各相关部门、各街道、部分驻区条线部门主要负责同志参加会议。区内来自各行业的20多名民营企业家代表参加座谈。

会上，经发局通报新吴区民营经济发展情况。新吴区作为“苏南模式”的发源地，民营经济一直是全区经济不可或缺的重要组成部分，也是推动高新区高质量发展的重要力量。一是实力

11月17日，无锡高新区（新吴区）召开民营企业座谈会

强。全区共有各类民营经济市场主体7.39万户，规模以上民营企业363家，营业收入超亿元的有136家。2017年，全区规模以上民营企业营业收入797亿元，实现利润49亿元，在全区6种所有制经济中分列第三位、第二位。民营企业上市数量占到全区主板上市企业的73.3%。二是贡献大。2017年全区民营经济各类主体贡献税收96亿元，占全区税收收入的40%；民营经济从业人数34万人，解决62%的城乡劳动就业；出口65.8亿美元，占全区出口总额的28%，贡献全部贸易顺差的54.3亿美元。三是活力足。2018年民营经济主体数量同比增长15%，其中企业法人同比增长20%；新增的460余家科技创新企业，全部都是民营企业；新引进的省级以上高层次人才24人、高管培育项目80多个、“太湖人才计划”人才39人，基本均集中在民营企业；620家民营企业累计拥有发明专利4800个，占到全区累计发明专利的78.4%。

会上，各位民营企业家对习近平11月1日在全国民营企业座谈会上的讲话畅谈体会与感想，对新吴区进一步优化民营经济发展环境、支持民营发展提出真知灼见。区市场监管局、安监环保局、税务局作表态发言。

王进健在讲话中指出，高新区民营企业是实现高质量发展的发动机和增长极，高新区不仅要建成对外开放的高地，更要建成民营经济的高地。到2020年，超百亿的民营企业1家，超10亿元的15家，超亿元的力争200家，民营企业销售收入1000亿元，税收提高到40%。并向全区民营企业送出“五大政策红包”：快速贯彻降负政策，帮助申报支持政策，积极优化发展环境，着力创新融资方法，完善政策执行方式。发出“四大服务礼包”：建立政企挂钩机制，定期走访、直接服务；建立重点民营企业库，优先保障、优先服务；建立定期座谈制度，听取意见，强化沟通；建立民营企业表彰奖励制度，营造氛围、促进发展，创造出公平竞争市场环境、亲清和谐营商环境、简明有效政策环境和公正透明法治环境。

封晓春围绕此次会议精神和部署，提出具体工作要求。一要提高认识，每一名干部都要熟读

习近平总书记在民营企业座谈会上的讲话，要学懂弄通做实，进一步把思想统一到大力支持培育民营企业，提质增效，要素集聚。二要认识到服务民营企业尤其是中小型科技企业过程中存在的问题和不足，畅通和民营企业的沟通联系渠道，加强和民营企业的联系，对会上反映的问题，区工商联、经发局要牵头在一周内对接解决推动问题的解决和落实，为民营企业发展创造更好的环境。三要把政策利用好，与企业做好政策支持的对接，精准挂钩，让企业真正享受到扶持和帮助。四要加快推进审批“3333”进程，流程优化再造。

会议还下发了《支持民营经济发展政策意见汇编》与《2018年智能制造工作手册》。

组织工作

【干部队伍建设】 2018年，新吴区制定出台干部职务名称表，鼓励激励、容错纠错、能上能下“三项机制”实施办法等10个系列制度文件，出台2018年度干部教育培训工作实施意见。组织新吴区管干部学习贯彻中共十九大精神，办好中青班、青干班、选调生班等专题培训班。《物联网助推产业唤醒》被江苏省委组织部确定为2018年全省首批干部教育培训基地精品课程开发项目。选拔调任44名干部充实到区级机关干部队伍，选拔调整37名干部进开发区（街道）领导班子，34名干部进事业单位领导班子，7名干部进国企领导班子，三支队伍结构得到优化提升。尤其是8月，选配1名40岁以下、1名35岁以下优秀年轻干部担任街道办事处主任，进一步优化街道领导班子结构。面向35岁以下年轻干部开展专项课题调研，挖掘、掌握、储备一批素质优良、结构合理的年轻干部人选。（陈　云）

【选人用人专项整改】 2018年，新吴区完成选人用人专项检查整改落实工作，严格执行领导干部个人有关事项报告制度，完善报告+核查+公示的监督链条，对109名拟提拔干部进行重点查核。开展区委选人用人“一报告两评议”工作，即专题报告年度干部选拔任用工作情况，评议干部选拔任用工作，评议选拔出来的干部。落实廉政鉴定党委书记、纪委书记“双签字”制度。根据中组部修订印发的《党委（党组）讨论决定干部任免事项守则》“凡提四必”要求，终止3名干部的提任程序，对1名任前审核有关信息存疑干部暂缓提任程序直至核查清楚。对6个部门开展选人用人专项检查，对发现的违规问题及时纠正，督促整改。出台《区管干部因私出国（境）管理办法》，严格规范区管干部因私出国管理。建立区委组织部和区纪委监委机关干部日常监督协调沟通机制。将档案管理工作纳入党建考核内容，推进全区干部人事档案工作规范化管理。（陈　云）

【实施“三项机制”】 2018年，新吴区制定出台鼓励激励、容错纠错、能上能下“三项机制”实施办法（细则），将贯彻落实“三项机制”同解放思想大讨论和巡视整改结合起来，突出正向激励、突出严管厚爱、突出统筹推进，把推进落实“三项机制”作为当前和今后一个时期全区领导班子和干部队伍建设的基本遵循，树立更加鲜明的用人导向，促进形成鼓励探索创新、激励担当进取、推动干事创业的良好风尚。出台鼓励激励、能上能下实施办法配套政策责任分解方案，完成年度综合考核方案、年度考核奖励正常增长机制、干部谈心谈话实施办法、优秀村（社区）书记主任进行政或事业编制办法等16项配套文件、政策措施的制定，部分措施2018年实施到位。（陈　云）

【基层党组织组织力建设】 2018年，新吴区先后5次召开基层党建工作推进会，明确整体推进的基本思路，指导各级领导班子和广大党员干部通过召开交流会等形式，收集意见建议。5月29日，全区基层党建“三项工程”（党组织带头人队伍、党支部标准化规范化和基层党建工作指导站建设）现场推进会召开，进一步强化凝聚力、严格执行力。高新区（新吴区）探索建立新经济和新社会“两新”组织书记以奖代补制度。通过项目化管理加强基层党建工作，区委书记亲自带头，各街道（园区）书记牵头领办“书记项目”。区委编印下发《党支部组织生活规范化建设应知应会知识手册》和《基层党务工作实务手册精编》，组织新任党务干部认真学习。推进基层党组织的摸底自查，并利用党建综合信息网，对“三会一课”等制度实施网上报备，以党建标准化推动各项工作。部分基层党组织分赴浙江、上海等地学习参观、对标找差。国资办党委筹建驻区“国企党建大联盟”和国企党建指导站，凝聚党建合力，促进经济发展。同时，运用“互联网+”思维，探索建立“党建网”和“手机党校”，打造集教育、监督、服务、宣传功能于一体的“智慧党建”系统。“党建网”融全流程管理、多元化服务、自助式教育、科学化日常工作于一体，“手机党校”APP解决“两新”领域在职党员的学习教育问题，两大平台13个模块，涵盖20余项功能，实现线上线下党建阵地的互联互通。（林 钢）

【外企党建“新高地”建设】 无锡高新区（新吴区）是全市外企集聚地，现有外企1500余家，其中240多家建立企业党组织，涵盖党员5500多名。外企党建是改革开放带来的新课题，没有现成的经验可以仿效，同时外资文化背景、价值取向的不同也给党建工作带来新的挑战。针对制约外企党组织建设发展的阵地、经费、党员管理等诸多挑战，2018年，高新区（新吴区）借力手机党校、外企党员政治生活馆等线上线下平台，以及通过争取党建项目化经费的扶持，不断提升党建工作质量。其中外企党员政治生活馆是由高新区（新吴区）打造的外企党员教育阵地和实境体验课堂，占地约900平方米，全馆包含党群风采展示区、扶残助残公益服务区和外企党校三个区域，提供“预约制、自助式、专题化”服务，全部免费对外开放，有效满足外企党组织和党员“想过、能过、认真过和高质量过”政治生活的需求。开馆仅半年时间，就先后接待外省市同行及园区非公企业党员参观学习50余批次，参加者达4000余人次。（林 钢）

【百亿重大项目建设单位党（团）建联盟】 2018年，为推进海力士、华虹、M8等一批重大项目的建设进度，百亿重大项目建设单位党（团）建联盟成立，“我为重大项目加1°”活动启动并发布八大具体服务项目。无锡高新水务有限公司、上海建工华虹项目部、无锡太湖水务有限公司高新区分公司分别代表百亿重大项目“青年文明号”“青年安全生产岗”“青年岗位能手”争创单位作表态发言。高新区党工委委员、新吴区委常委、组织部部长吴胜荣在讲话中提出三点希望：一是党建就是凝聚力，要在重大项目建设中“弘扬高新区精神”；二是党建就是行动力，要在重大项目建设中“体现高新区担当”；三是党建就是竞争力，要在重大项目建设中“树立高新区品牌”。（组织部 住建交通局 团区委）

【“两新”组织建设】 2018年，新吴区建立新经济和新社会“两新”组织书记以奖代补制度，招录“两新”组织专职党建指导员，统一全区党建标识，实施“三会一课”网上报备，成立新吴手机党校；发挥“长江路党建服务联盟”“外企党群服务联盟”“‘融智空间’党建联盟”示范引领作用，打造“国资党建大联盟”和“百亿重大项目建设单位党建联盟”；指导阿斯利康、村田电子等外企党组织建立专属活动阵地，支持银邦铝业、五洲国际等民企建设区域性活动基地，通过一系列方式让党建工作更加符合时代性，体现规律性、富有创造性。（陈 云）

【离退休干部工作】 新吴区严格对照“对老干部感情好、政治素养好、业务素质好、工作作风好”的标准，不断加强全区离退休干部专兼职工作队伍建设。截至2018年年末，全区共有离退休干部681人，其中离休干部24人（含异地安置离休干部5人），县处级以上退休干部23人。紧扣老干部需求，精准提供亲情式、特色化服务，不断增强老干部们的幸福感。做好家庭医生签约离休干部工作，在全区范围内实现离休干部签约全覆盖。进一步深化离退休干部信息管理机制，赴梁溪、滨湖等兄弟区县学习离退休干部服务管理先进经验，更新完善老干部信息库，定期跟踪分析研究老干部政治、生活等各项待遇落实情况和服务管理情况。通过春节拜访、节日慰问、高温慰问和对离退休干部生病住院、家庭出现重大变故时及时关心看望等方式，加强对老干部政治、思想和生活关怀，切实增强老干部的认同感与归属感。建立离退休干部和老干部工作QQ群、微信群，健全离退休干部信息互通机制。

用好全国党员管理信息系统方便离退休干部党员组织关系转接。协调相关职能部门，配合指导区机关部门、直属单位做好离退休干部相关服务管理工作。结合离退休干部兴趣爱好及实际情况，联合街道开展各类文体活动，丰富离退休干部的精神文化生活。（张渊源）

宣传思想工作

【意识形态工作】 2018年3月，党工委（区委常委会）会议专题研究2018年党工委（区委）落实意识形态工作责任制重点工作。全年召开两次全区意识形态分析研判联席会议，分析全区意识形态领域的风险点并提出应对处置措施，形成专题分析报告。研究制定《2018年度意识形态工作责任制考核分解指标》《意识形态工作责任清单》等文件。建立完善意识形态工作“五纳入三报告”制度，即将意识形态工作纳入党建、纳入履职考核、纳入民主生活会、纳入巡察、纳入目标管理，定期向有关部门报告意识形态工作情况。在区委巡察中，将意识形态工作责任制落实情况作为专项巡查内容，派出专项检查组赴全区9家单位开展专项检查。在年终区管领导班子和领导干部考核过程中，派出专人检查考核意识形态内容，明晰责任规矩，列出问题清单，督办限时整改。组织专题培训，3月27—30日，在复旦大学举办意识形态工作专题培训班，12月，举办全区第二期意识形态工作培训班。重视调查研究，联合江南大学马克思主义学院等单位，开展新吴区青年干部思想动态课题调研，通过问卷调查、座谈访谈等形式深入调查研究，全面了解、系统掌握年轻干部的思想动态情况，增强青年干部的凝聚力和战斗力。（张　鹏）

【解放思想大讨论】 解放思想大讨论活动以站在“全国全省全市前列”的目标定位，破难题、补短板，在新吴区掀起新一轮思想解放热潮。2018年，全区共举办专家讲座、交流研讨80余场，开展走访调研活动50余场次，征求对区委常委会意见建议140余条，完成高质量调研报告30余篇，征集典型工作案例30篇，编印区大讨论活动简报34期，被省市大讨论活动简报录用信息26篇，在全区形成争当标杆、示范和领跑者的浓厚氛围。围绕“学习贯彻中共十九大精神”等主题，进行集中学习交流研讨，全年共组织集中学习14次。新吴区获2017—2018年度全省基层党员冬训工作示范区，区委中心组获2017—2018年度无锡市县以上党委（党组）中心组学习示范点。（张　鹏）

【新吴大讲堂】 2018年，新吴区为广大党员干部搭建起名师荟萃的学习主阵地，精心排定学习计划，多渠道邀请知名专家学者来区授课。2月26日，举办新吴大讲堂第七期讲座，邀请中央组织部全国组织干部学院教务部副主任徐改、中央组织部全国组织干部学院研究与指导部干部朱雪冬作《共产党人的“三个对待”》专题授课。5月25日，举办新吴大讲堂第八期讲座，邀请清华大学创新创业与战略系教授、博导，清华大学文化经济研究院院长魏杰前来授课。8月16日，举办新吴大讲堂第九期讲座，邀请中央音乐学院原副院长、教授、博导周海宏作《走进音乐的世界——兼谈艺术在人类生活中的意义》专题讲座。11月6日，举办新吴大讲堂第十期讲座，邀请长城企业战略研究所常务副总经理、高级合伙人、注册咨询师陈文丰前来授课，收到良好效果，获得高度评价。（张　鹏）

【新闻宣传】 2018年，新吴区召开国际马拉松赛无锡高新区分站赛，推进高质量产业发展、高层次对外开放、高效益科技创新三年行动计划新闻通报会等8场新闻发布会。围绕华虹、中电海康等重点项目以及高质量产业发展、产城融合、教育融合发展、安全生产警示、解放思想等主题，举办58场集中新闻采访，发布新闻通稿129篇。高频率安排新闻采访近260次，月均22次，中央级媒体每月发表3篇次；省级媒体每周发表1篇次，市级媒体综合性报道每天2篇次。高新区高质量发展、深化改革、党建工作等亮点工作四次荣登《新华日报》头版，引起社会各界广泛关注。新华社《经济参考报》首发的《从“概念”走向“实践”：无锡高新区引领物联网“裂变发展”》一文在新华社客户端刊载，点击量超

过100万次。（黄铭石）

【网络宣传】 2018年，新吴区做好网络舆情的研判处置，落实《党委（党组）网络安全工作责任制实施办法》，建立网络安全联席会议制度、信息共享与通报制度，加快形成网络安全工作体系和协同工作机制。不断优化网络问政环境，增强领导干部通过网络走群众路线的能力素养，推动各园区（街道）、机关单位负责人开展新闻发布工作，做好信息公开和政策解读。加强全区各地各部门政务新媒体的管理整合与协同发展，推进全区政务媒体矩阵建设，全面提升政务新媒体总体水平。以“宜居宜业高新区”为主题，开展网络文化活动，通过丰富多彩的线上线下活动，传播良好的网络文化风尚，打造具有鲜明高新区特色的网络文化活动品牌。（黄铭石）

【纪念改革开放40周年专题活动】 2018年，新吴区推出纪念改革开放四十周年特别专题《争渡——对话高新区》系列节目，围绕“感受吴韵文化，寻梦非遗故事”“媒体眼中高新区的变化与发展”等9大主题。聚焦经济、政治、文化、社会、生态文明，立足新吴人视角，直接对话、走访事件人物，采访近50位高新区各行各业的精英，全方位、多角度、立体式地展现26年来无锡高新区的发展历程。该系列片在腾讯视频播放量累计超过100万次，微信平台发布点击数累计突破70万次，转发评论反响热烈，受到社会的广泛关注，获得“2018年无锡市第六届网络文化季优秀作品奖”。（黄铭石）

【全市首家区级融媒体中心】 2018年，新吴区成立全市首家区级融媒体中心，在媒体融合发展上迈出坚实步伐。市领导出席揭牌仪式，开启高新区融媒体建设的大幕。探索运行模式、优化机制体制、壮大人员队伍，切实提升融媒体中心的内容生产能力、综合服务能力和可持续发展能力。中心首部融媒体作品“争渡——对话高新区”得到社会各界广泛关注，获全市优秀融媒体作品奖。融媒体中心的成立，将高新区的宣传资源与市级主流媒体的人才、技术、渠道优势相结合，打造高效、上下贯通的宣传阵地共同体，着力打通“采访前端一千米”和“传播最后一千米”，讲好高新区故事，传播好高新区声音。（黄铭石）

【《无锡高新区》及附刊《创见》】 2018年，《无锡高新区》共编印发放12期，刊登稿件500余篇。结合“改革开放40周年”的宣传主题和高新区企业集聚的特点进行改版，用发展的眼光报道SK海力士、博世、阿斯利康、村田、小天鹅、新发集团、银邦股份、美新半导体、英飞凌、希捷等10个全区重点企业故事，并编印“改革开放40周年”专刊，对高新区成立以来经济社会发展取得的成果进行多方位、多角度的展示。其附刊《创见》聚焦战略新兴产业和创新创业企业，2018年编印6期。（尤　冰）

【新吴区近现代文化名人传出版】 2018年，由区宣传部编撰的《似兰斯馨 如松之盛——无锡国家高新技术产业开发区（新吴区）近现代文化名人传》（以下简称《名人传》）一书由凤凰出版社正式出版并公开发行。《名人传》中，汇编新吴区近现代诞生的12位文化、科学名人的传记，钱穆、钱瘦铁、钱伟长等入选。文化名人是一个地区文化魅力的缩影，他们的传奇经历、恢弘成就不仅能展示个人的奋斗和才智，也能彰显地区优秀文化的渊源及底蕴。文化名人的力量在于其精神的导向作用，新吴区为名人们立传，意在通过对名人们优秀品德和精神的弘扬，来激发年轻人的理想与抱负。（宣传部）

【公益春晚颁奖典礼】 2月2日，新吴区举办公益春晚颁奖典礼暨优秀志愿者表彰大会，区领导刘霞、李伟敏出席活动。全国百名优秀志愿者“洋雷锋”唐磊，“中国好人”“江苏省道德模范”严三媛，“中国好人”蒋东勇，“江苏好人”吴艳恒、徐亚珍，“全国文明单位”无锡村田电子有限公司，“全国文明村”鸿山街道七房桥村的代表，以及获得2016—2017年度市区最美志愿者、最佳志愿服务组织、最佳志愿服务项目、最佳志愿服务社区的代表荣获表彰。（宣传部）

精神文明建设

【公民思想道德建设】 2018年，新吴区开展身边好人和道德模范推选活动。在新吴区营造学习道德模范、争做身边好人的浓厚气氛。把崇尚、学习、争当道德模范和身边好人，作为推进公民思想道德建设、弘扬道德新风的重要内容。通过宣传先进典型、树立道德楷模，全区涌现出一批践行社会主义核心价值观的道德模范和身边好人。2018 年新吴区有 1 人获得“中国好人”称号，2 人获得“江苏好人”称号，12 人获得“无锡好人”称号。（闫 浩）

【群众性精神文明创建活动】 2018 年，新吴区大力弘扬中华民族优秀传统文化，推进社会主义核心价值体系建设，引导人们在辞旧迎新、慎终追远、缅怀先贤、阖家团圆、孝老敬老中弘扬文明新风，大力开展“我们的节日”系列主题活动，让传统文化节日成为爱国节、文化节、情感节、仁爱节。深入推进文明城市创建行动，把窗口服务提升、市容环境美化、文化环境净化、文明旅游促进、交通秩序优化为创建工作重点，针对薄弱环节和市民群众反响热烈的热点难点，坚持问题导向和民生导向，集中整治，长效管理，不断提升城市管理精细度和市民群众满意度。深入推进文明单位、文明行业、诚信示范街区创建，不断扩大创建活动的覆盖面和影响力，展现各行各业在新时代广泛参与精神文明建设的生动局面。（闫 浩）

【未成年人思想道德建设】 2018 年，新吴区深化“我的中国梦”、文明礼仪养成教育等实践活动，组织好“红色”节日主题纪念等活动，引导未成年人践行社会主义核心价值观。组织开展“七彩的夏日”“我们的节日”“少儿文化艺术节”等品牌活动，促进未成年人健康成长、全面发展。开展文明校园创建，围绕立德树人的根本任务，着力加强师德师风建设、校园文化建设和学生文明素养提升。深化“八礼四仪”宣传教育，继续开展“文明风尚好少年”“新时代好少年”评选表彰活动，组织开展“小诗人大梦想少儿诗会”“我的 2035 青少年征文大赛”“未成年人心理健康指导月”等活动，引导未成年人“学先进、讲文明、传美德”。（闫 浩）

【志愿者服务】 新吴区培育志愿服务文化，组织辖区志愿服务组织参加 2018 年第三届江苏志愿服务交流展示会，交流志愿服务经验，学习志愿服务先进理念。发挥新吴区外资高地的影响力，引导外企职工参与公益活动。在中国高新区马拉松赛无锡高新区首站赛中，SK 海力士、阿斯利康等公司志愿者广泛参与，起到很好的示范作用。索尼数字无锡有限公司还通过开展“美丽无锡，索尼在行动”主题公益活动，呼吁广大市民树立环保理念、增强环保意识。（闫 浩）

统战工作

【概况】 2018 年，新吴区统战部按照“党委领导、统战部门牵头、各职能部门齐抓共管”的工作要求，完善统战各领域工作机构和工作机制，建章立制，深入推动统战工作规范化、制度化、实体化建设。完善组织领导机制，出台《关于印发中共新吴区委统一战线工作领导小组工作规则和中共新吴区委统一战线工作领导小组办公室工作细则的通知》《关于印发中共新吴区委统一战线工作领导小组成员单位职责分工的通知》等文件，进一步明确统一战线成员工作职责。持续健全督查考核机制，将统战工作目标任务细化分解后纳入区级机关部门和街道（园区）年度考核体系，统战工作纳入街道年度工作“同部署、同考核、同述职”内容。深入开展品牌创建活动，精心培育新吴区民主党派“同心”实践基地结对共建暨 SK 海力士“同心博爱”公益项目。按照资源共享、基地共建、品牌共创的原则，推动各民主党派基层支部（支社）与社区结对共建，2018 年年内完成新吴区 7 个民主党派与街道（社区）、中关村园区 7 个“同心”实践基地的创建。推进“三联三创”活动开展，制定出台《新吴区“三联三创”2018 年工作计划》，充分挖掘统战资源，强化品牌创建。钱穆钱伟长故居、二胡文化园、飞视新传媒、先导智能装备公司、欧美同学会无锡报国基地纳入市统一战线“同心基地”联盟建设。（王 聪）

【民主党派工作】 2018 年，新吴区统战部以“五一”口号发布 70 周年为契机，开展“六个一”系列活动。组织召开区委主要领导参加的党外代表人士“解放思想大讨论”座谈会暨统一战线工作领导小组成员会议；开展“不忘合作初心、携手继续前行”主题教育培训；开展纪念五一口号主题征文活动，多篇主题征文在市级以上媒体刊登；“五一”前后，走访一批民主党派和党外代表人士；组织民主党派和新阶层联合会负责人赴南京玄武区、栖霞区参观考察；组织民主党派成员观看周恩来诞辰120周年情景朗诵剧《你是这样的人》等。深入推进非公经济领域“理想信念教育计划”，开展“不忘初心，牢记使命”主题教育，结合“解放思想大讨论”行动，组织50余名企业家参加著名经济学家魏杰《解放思想，当好高质量发展领跑者——十九大、全国“两会”后中国经济新布局解读》专题讲座。组织党外干部赴遵义接受革命传统教育，赴贵阳参观大数据产业，赴安顺开发区进行合作交流，进一步增强党外干部的历史使命和责任担当。（王　聪）

【民族宗教工作】 新吴区统战部巩固发展民族团结进步事业。组织开展2018年“端午民族情 共圆中华梦”节日民俗广场文化活动，在全区营造民族团结的良好氛围。开展全区少数民族群众户籍人口摸排建档，针对性做好清真食品补贴政策宣传推广，按进度完成6个街道99名补贴对象的申报、审核和补贴下发工作。持续推进“宗教中国化”无锡实践。组织民宗干部、宗教教职人员参与学习培训百余人次，发放《宪法修正案》和《条例》读本1000余册。协助民族宗教团体加强自身建设，下发2018年度区级宗教团体目标任务书，落实补助宗教团体10万元工作经费，指导加强团体自身建设，完善内部管理机制。加强民宗领域安全稳定工作，开展基督教私设点整治“回头看”，专项行动摸排打击境外利用宗教进行的渗透，妥善处置基督教非法聚会活动4起和境外宗教渗透事件1起。（王　聪）

【新的社会阶层人士统战】 2018年，新吴区统战部拓展新的社会阶层人士统战工作新领域，依托园区打造分类活动基地。依托市软协与文思海辉成立软件从业人员活动基地，依托CNTV无锡公司成立多媒体从业人员活动基地，依托中关村软件园成立“中关村精英汇”，打造民营企业新阶层代表人士活动基地。依托区6个众创空间平台，探索打造区新媒体新阶层代表人士乐活俱乐部。（王　聪）

【港澳台及海外统战】 新吴区统战部创建海外人才实践创新基地联盟，做好在锡侨企的关心服务工作，主办2018“创业中华”走进新吴区——服务新侨企业科技创新创业面对面活动，区内电子信息、生物医药、节能环保、新能源、新材料和现代制造等行业70余家新侨企业的创业者代表和中高层管理人员参加活动。对台经贸、文化交流层次持续提升，2018年，举办“制造企业智能制造方向奖补政策宣讲会”等多次产业政策辅导会，专门政策辅导达10余次，带动企业不断加大科技转型投入。（王　聪）

【民主协商】 新吴区统战部完善“协商民主”工作机制，深入推动政党协商。2018年，制定印发《中共新吴区委关于加强政党协商的实施办法的通知》，召开“高质量发展”专题民主协商会，就人大、政协、监委重要人事安排召开专题民主协商会。全面深化联系制度，深入推动民主监督。将对口联系工作纳入机关部门、直属事业单位年度考核，做到对46个行使行政职能的部门单位进行全覆盖，强化重大事项协商通报、专项工作联合调研等考核力度。（王　聪）

【党外干部队伍建设】 2018年，新吴区统战部新吴区组织实施党外干部队伍建设“321人才计划”。推荐9名科级党外干部和19名科级以下党外干部纳入市“321”人才计划，初步建立区级党外干部人才库。加强党外代表人士教育培训工作。结合“同心”实践主题活动，推动和支持各民主党派、无党派知联会深入开展“不忘合作初心，继续携手前进”主题教育活动和理想信念教育实践活动，2018年各党派开展主题教育实践活动10场次以上。（王　聪）

【促进非公有制经济发展】 2018年，新吴区统战部推进企业“百千万”工程，推荐市、区、街道三级非公企业党建示范点5家。创新开展光彩事业精准扶贫圆梦行动，树好新时代企业家的形象，组织17家民营企业赴陕西省延安市宜川县云岩镇、青海省海东市互助土族自治县丹麻镇进行对口帮扶协作工作，共签定云岩镇14个村组44户鸿云幸福院建设、丹麻镇桦林村水池治理等项目，对两地共10名贫困学生进行帮扶；组织企业赴宜川、互助对口扶贫，推进企业精准对接项目。全力服务民营经济创新发展，构建亲清新型政商关系，用党建引领经济发展，服务凝聚创新力量，深化做精“纳税人之家”“法律服务之家”，开展主题活动10余场。倾力凝聚非公有制经济人士，深入推进“太湖人才计划”，落实人才强企战略，联合复旦大学无锡基地组织创二代进行学习培训与交流，举办“精益创新”专题讲座。（王　聪）

对台工作

【经贸合作】 2018年，新吴区台办组织2个经贸交流团赴台推动项目升级，对台招商重点由“大规模”向“高效益”转变。2018年，举办“制造企业智能制造方向奖补政策宣讲会”等产业政策辅导会4次，组织经济、科技相关部门“一对一”上门政策辅导12次，带动企业不断加大科技投入。5月21日、6月21日，组织台企主要负责人赴万里实业、银邦铝业、村田电子、先导科技等区内重点企业进行考察、座谈，促进合作转型。11月9日，组织召开全区台资企业高质量发展座谈会，区委区政府主要领导参会并集中解决台企发展问题，推动台企转型发展。在产业扶持政策带动下，江扬科技投资3000万元建设世界先进的卫星物联网试产线，东元精密总投资2.5亿元、年产100万套的电机用定、转子技术改造项目投产，东元智能冲压车间、远纺工业纯棉纱及新型纺织原料纱生产线、时硕科技汽车零配件车间等一批项目被纳入无锡高新区智能车间培育计划或智能化改造重点项目。高新区台企本地化转型发展工作受到国家、省、市台办的充分认可，5月29日，海协会会长张志军等领导到新吴区考察并给予充分肯定。（王　聪）

【两岸传统文化交流】 4月21日，新吴区台办在二胡文化园举办“品味吴韵精髓传承文化经典”两岸传统文化交流会及论坛活动，邀请台湾淡江大学教授曾昭旭、台湾“中山大学”教授赖锡三、台湾成功大学教授林素娟，以及四海孔子书院院长冯哲等多名两岸著名文化学者，共同探讨江南吴文化起源、青少年传统文化教育、吴文化及儒家文化交互等问题，刷新岛内专家对无锡的文化认知。9月17日，组织梅村实验小学棒球队赴台北参加“2018海峡两岸城市棒球交流赛”并获得少年组冠军，彰显新吴区棒球运动对台交流的特色优势，促进两岸青少年感情交流，为下一年多项两岸棒球交流赛事举办奠定良好基础。5—10月，区内台湾青年自发组织“黑熊”篮球队并参加新吴区“职工大联赛”乙级联赛并取得冠军，通过日常沟通进一步强化他们融入本地发展的信心。组织市台办“两岸交流40周年讲好40个台湾故事”挖掘与推荐工作，“守陵人”华伯泉、最“贵”的律师费（李风）、赛德克的无锡进行时（钟捷名）以及东元电机、江扬科技、远纺工业、士林电机企业负责人等7项人物故事入选。（王　聪）

【服务台商】 2018年，新吴区台办协助完成无锡市台湾同胞投资企业协会新吴区联谊会（简称“市台协”）第七届理事、监事换届工作，推荐全汉科技赵尔昌、江扬科技吴明宗为市台协副会长；推荐钟捷名担任市台协青年委员会副会长。贯彻落实台胞同等待遇相关工作，全力做好无锡市台胞“市民卡”发放和9月1日起台胞办理居住证相关宣传、动员工作，新吴区公安部门受理全市第1件台湾居民居住证申请。2018年协助解决台商台干子女入学、转学11人次；妥善接处台湾同胞求助事项22项，妥善处理上级台办转办投诉2件。2018年协助企业办理因公临时赴台报批35件。（王　聪）

机构编制

【机构编制管理】 2018年，新吴区编办按照中央、省统一部署要求，全面梳理全区经济、政治、文化等领域涉及改革和体制机构调整的任务，从推动各领域改革和推动高质量发展方面找准结合点，认真谋划，稳妥推进区级党政机构改革。完成纪委监委机关、市场监管局机关机构编制调整，完成党风廉政建设教育中心和审计事务中心隶属关系等的调整。对区建设工程安全质量监督站、区城市管理行政执法大队、高新区陆路口岸服务中心、区园区服务中心、区政府房屋征收办公室、区档案史志馆、区科技产业发展研究中心、区台湾同胞接待站、区财政预算审核与支付中心等区属10余家事业单位编制进行调整，增设区泰伯文化保护所、无锡市鸿山（国家）考古遗址公园管理中心、高新区融媒体中心、区重点建设项目管理中心事业机构5个，区级机关事业编制增加70名。出台《关于全区事业单位领导职数及内设机构规范管理的实施意见》，对全区10家事业单位的领导职数进行优化，对45家事业单位的内设机构进行明确。调整优化街道（园区）职能条线设置及员额分配，进一步理顺街道纪检条线和审计条线职能，增设“党建工作指导站”和“政务服务中心”职能条线，为街道（园区）履职尽责提供保障。明确南站中心幼儿园、景渎幼儿园、江溪幼儿园、春星幼儿园、春潮幼儿园、南星苑幼儿园、润硕幼儿园、梅村中心幼儿园、梅荆花园幼儿园、泰伯实验幼儿园、后宅中心幼儿园、新安中心幼儿园、和风幼儿园共计13家重点公办幼儿园为独立法人建制事业单位，划转和调剂116名教师编制至新设幼儿园。向市编办申请增加6所新建（改扩建）学校事业编制共476名。对卫生系统3家事业单位编制数额和名称变更进行调整，调剂增加事业编制20名。主动对接省、市机构编制实名制管理和统计“一个系统一张网”，实现机构、编制、人员基础信息互联互通、共建共享。将全区机关和事业单位以户为单位，建立一户一档，将各部门（单位）的组织架构、三定方案、人员出入编等资料纳入档案动态管理，夯实机构编制管理基础工作。

（张　薇）

保密工作

【保密教育】 2018年，举行保密专题培训，围绕《中华人民共和国保守国家秘密法》（以下简称《保密法》），进一步强调保密工作的重要性，增强保密工作的紧迫感和责任感，狠抓宣传教育、基础建设等各项措施的落实，全面提升保密工作水平，为各项工作健康发展提供有力的安全保障。学习保密法律法规，采取集体学习、个人学习等形式，组织全体人员学习《保密法》《保密法实施条例》等相关保密法律法规，不断提高保密意识和技术防范能力。利用传统手段与新媒体开展保密宣传，营造保密氛围。在组织全区性保密培训的基础上，推进保密业务培训向基层延伸，江溪、梅村两个街道举办街道一级的保密工作培训，保密培训教育工作向基层铺开。做好全区保密告知书、保密承诺签订活动。为进一步加强保密安全工作，不断增强机关人员的保密意识，提高防范技能，新吴区开展保密告知书及保密承诺书签订活动，新吴区各单位（部门）积极响应，街道联系社区，保密承诺书签订达2200余名。通过此次组织开展签订保密承诺书活动，进一步提升全员保密意识，让全员一致了解在今后的工作中，将严格自觉遵守国家保密法律法规，切实履行保密责任和义务，努力提高自身保密意识，自觉接受保密监督、检查，堵塞管理漏洞。

（龚宝国）

【保密监督检查】 2018年，新吴区狠抓专项保密监督检查。加强保密管理工作，发现泄密线索，排除隐患，堵塞漏洞。狠抓载体管理薄弱环节检查。针对涉密载体印制过程容易出现过失泄密情形，以及载体销毁阶段存在一定隐患的情况，排查销毁不规范、防范不到位等问题隐患，督促整改。加强对保密管理工作进行检查，各街道相互交叉检查，助推保密工作常态化，以此为契机，搭建一个相互交流学习、取长补短的平台，为完善保密体系建设、切实提升保密能力提供一次宝贵的学习交流机会，为保密管理工作的推进起到积极的作用。针对检查发现的问题，认真整改、举一反三，为建立保密常态化管理机制打下良好基础。

（龚宝国）

机关党的建设

【概况】 2018年，新吴区委区级机关工委深入学习贯彻中共十九大精神，以习近平新时代中国特色社会主义思想为指引，认真贯彻落实省市区委全会精神，准确把握新时代党的建设总要求，按照新吴区高质量发展“四个走在前列”的工作要求，围绕中心、服务大局，以政治建设为统领，加强基层党组织规范化科学化建设，提升组织力，在抓亮点、求突破、树品牌上见实效，团结带领广大机关党员干部为“强富美高”新吴区建设贡献力量和智慧。至2018年年末，机关工委共有直属党组织36个，其中党委1个，党总支8个，直属党支部27个，机关党员总数达1588人。扎实推进解放思想大讨论活动，建立机关党员领导干部基层党建工作联系点制度，建立健全机关党员志愿服务常态化机制，在机关部门中开展争当“服务发展、服务基层、服务群众”先行军活动，全面提升基层党建工作质量。下发《关于推进区级机关党支部标准化规范化建设达标工作的通知》，明确党支部组织设置、班子建设、组织生活、党员教育管理监督、活动开展、基础保障等方面的规范要求，切实加强机关党支部建设工作。（蒋雪琴）

【机关思想政治建设】 2018年，新吴区机关工委通过广泛发动和任务布置，下属32个基层党组织上报27个创优实践项目，基本做到“一支部一特色”，推动机关党组织建设的全面进步，使之全面过硬。全面开展争当“先行军”活动。由部门推荐“服务发展、服务基层、服务群众”先进集体和先进标兵，经相关部门研究讨论、审核把关，评选出先进集体和先进标兵各10个，有效发挥区级机关各级党组织和广大党员的战斗堡垒作用和先锋模范作用。下发《关于建立机关党员领导干部基层党建工作联系点的通知》，通过党员领导干部结对社区、学校、国资公司，提高党员领导干部自觉参加双重组织生活会的意识。下发《关于建立健全机关党员志愿服务常态化机制的意见》，以建立制度为保障，建立健全机关党员志愿服务工作机制，推动机关党员志愿服务“走在前、做表率”。（蒋雪琴）

【基层党建述职评议考核会议】 1月19日，新吴区机关工委组织召开2017年度区级机关基层党建述职评议考核会议。区级机关工委班子成员、机关各直属党组织书记（副书记）40余人参加会议。会上，区经发局党支部等8家单位围绕全面从严治党要求、落实机关党建工作责任制、完成机关党建工作任务作了述职发言，其他单位进行书面述职。与会人员根据8家单位的发言及书面材料进行评价，机关工委对各单位党组织书记抓党建作出总体评价。（蒋雪琴）

【学习中共十九大精神培训班】 3月14—16日，高新区（新吴区）机关党组织书记学习中共十九大精神培训班在江苏省委党校举办，区级机关党务干部及街道机关党总支负责人共计60余人参加培训。区委组织部分管负责人出席开班仪式并讲话，区级机关党工委分管领导作培训总结。培训班紧紧围绕十九大报告中提出的中国特色社会主义建设的基本方略，邀请省委党校及省级机关工委多名教师进行中共十九大精神专题辅导，并组织开展学习交流讨论。（蒋雪琴）

【“服务发展、服务基层、服务群众”表彰暨解放思想大讨论座谈会】 7月25日，新吴区机关工委组织召开“服务发展、服务基层、服务群众”表彰暨解放思想大讨论座谈会。区委常委、统战部部长匡辉，区委常委、组织部部长吴胜荣，区纪委(监委)、区委宣传部、区行政审批局、区级机关工委有关负责同志以及区级机关各直属党组织负责人和受表彰的先进单位、先进标兵60余人参加会议。会上，区委常委、统战部部长匡辉、区委常委、组织部部长吴胜荣分别为受表扬的“服务发展、服务基层、服务群众”先进单位、先进标兵颁发奖牌和荣誉证书，2名获奖代表作现场交流。区人大机关支部等5个基层党组织围绕解放思想大讨论作交流发言。（蒋雪琴）

【新吴区优秀微党课基层巡讲（区级机关党工委专场）】 8月24日，区委宣传部、区机关党工委联合举办高新区（新吴区）“优秀微党课基层巡讲”区级机关党工委专场活动。市委组织部、区党政办（机关党工委）、区委组织部、区委宣传部相关负责人，以及区机关党工委班子成员、区级机关各部门400多名党员参加。活动现场，区机关工委负责人上台致辞，区委组织部、宣传部相关负责人为前期获奖优秀选手颁发宣讲员聘书。8组获奖选手结合身边的榜样，用鲜明的主题、鲜活的事例生动诠释全区党员干部不忘初心、牢记使命，解放思想、奋力拼搏的时代风貌。（蒋雪琴）

【“比担当、比实干、比贡献”知识大测试】 10月31日—11月1日，新吴区机关工委组织开展“比担当、比实干、比贡献”党的知识大测试，包括各单位领导班子成员在内的1260余名党员参加测试。此次测试以闭卷的方式进行，测试内容涵盖中共十九大精神、党章党规、习近平系列重要讲话精神、意识形态领域常识、“两条例一准则”、思想解放大讨论等相关内容。通过测试使党员干部进一步加深对中共十九大精神的理解和把握，扎实推进“学中干、干中比”的进取精神和务实作风，营造学习宣传贯彻中共十九大精神的浓厚氛围。（蒋雪琴）

党校工作

【干部培训】 2018年，新吴区委党校充分发挥党员干部教育培训主阵地、主渠道作用，坚持把办好主体班次培训作为重点要务，切实提升办学质量和学员满意度。全年共举办各类主体班次17期，培训各层次学员1600余人次，举办各类委托办班7期，共550余人次。其中，党校重点抓好与组织部合作的全区干部轮训班（五期）、中青年干部培训班、青年干部培训班、大学生村官培训班等主体班次，从计划的制订、教学课程的设定、教师的安排等环节都精心筹划，反复协调。在具体办学中，进一步拓宽办学渠道和方式，采用“请进来”与“走出去”相结合的方式，一方面邀请省市委党校和高校的专家教授来校授课，另一方面赴湖南湘潭，河北保定、西柏坡等地学习考察，强化“红色基因”，传承革命文化，收到良好的社会效果。（陈敏娜）

【“致敬改革开放40周年”系列教育活动】 2018年，新吴区党校以习近平新时代中国特色社会主义思想为指导，认真贯彻落实中共十九大精神，总结好、阐释好、宣传好改革开放故事，开展“致敬改革开放40周年”系列教育活动。组织开展庆祝改革开放40周年学术研讨会，深入学习研究习近平新时代中国特色社会主义思想，围绕改革开放40年的经验和成就、习近平全面深化改革的理论与实践、改革开放与马克思主义理论创新等内容，展开学习交流，读原著、悟原理，在学懂弄通的基础上强化理论水平和政治素养。组织开展全区党校系统“谈改革、看变化、谋发展”教研沙龙，开展多层面、全方位的讨论，通过交流发现问题、解决问题，以进一步增强创新实干、走在前列的动力和干劲。组织开展主题党课下基层活动，充分发挥领导干部、专家学者、先进典型的带学促学作用，使党课教育贴实际、接地气、经常化，充分展示改革开放40周年的光辉历程、伟大成就和宝贵经验。（陈敏娜）

【送教下基层】 2018年，新吴区党校完成送教下基层12期，授众达840余人次。其中，既有综合保税区、公交公司等企业，也有像党建联络点旺庄红旗这样的社区；既有党建工作起点高的单位，也有党建工作基础较为薄弱的单位，并且充分考虑到各街道社区的实际需求请专家学者作专题讲座。如在红旗社区请锡山区委党校王博士作“改革开放40周年回顾”的讲座；在硕放香楠佳苑社区请市委讲师团主任冯树洋围绕党章、条例等作专题讲座等，得到基层党员干部的一致好评。（陈敏娜）

档案史志工作

【概况】 2018年，新吴区档案馆（史志办）始终坚持以科学发展观为指导，坚持档案工作为经济建设服务，为社会发展服务，为人民群众服务，履行档案事业行政管理和保管利用两大职能，在档案法制建设、档案资源建设、档案馆基础建设和档案信息化建设等方面保持良好的发展态势，开创新的工作局面。截至2018年年底，新吴区档案馆馆藏档案共有63个全宗，馆藏档案157461件、159568卷，照片档案10037张，录像、磁带、光盘709盘，实物档案369件，底图3976张。2018年，档案馆（史志办）除了继续做好常规工作，还配合做好《江苏援藏援疆建设志》（无锡部分）新吴区相关编纂资料的征集上报工作；完成《江苏年鉴（2018）》《无锡年鉴（2018）》等省、市属刊物新吴区部分的供稿工作；联合各街道开展“6·9”国际档案日进社区宣传服务活动。《新吴年鉴（2018）》由中华书局正式出版，实现新吴区年鉴工作零的突破。（尤维娜）

新吴区档案馆（史志办）接待市民查档

【档案收集整理】 2018年，新吴区档案馆（史志办）继续做好2016年、2017年度重要文件归档工作，完成文书档案归档573盒，共1.11万件。新增区安监环保局环评档案1.02万件，审计局各类档案175件、5194卷，新发集团基建档案676卷，梅村街道文书档案6792件，司法局专业档案2809件、860卷，规划分局工程业务档案7967卷。（尤维娜）

【档案测评验收】 2018年，新吴区档案馆（史志办）继续做好基层档案室星级复审、测评工作。2018年，新吴区共有16家单位完成复审验收，5家单位完成测评。加强宗教活动场所档案规范化建设，联合区民宗局实地对鸿山寺、太平禅寺两家宗教场所进行创建指导以及验收。加强重点项目建设档案指导验收，明确重点建设项目档案验收范围、步骤和有关要求，并上门进行针对性指导，2018年鸿山双象超纤材料有限公司顺利通过重大建设项目档案验收。另外，新吴区江溪街道在全市开展的档案行政执法工作中，获市档案局通报表扬。（尤维娜）

【档案利用服务】 新吴区档案馆（史志办）为了适应全区经济、社会发展要求，调整馆藏结构，不断丰富档案资源，提高查档工作效率和档案服务利用水平。2018年，共接待查阅档案5230人次，利用档案2.56万卷，复印2.24万页。为新吴区经济社会建设、编史、修志、政策落实、工龄核实、工作调动、户口迁移、学术研究等方面提供第一手资料，在服务民生、化解各类社会矛盾、突破重难点工作等方面发挥作用。（尤维娜）

【档案征集编研】 2018年，新吴区档案馆（史志办）做好“百村万户”口述历史采集工作。结合“特色小镇”和“美丽乡村”建设，确定新安街道沙墩港村作为口述历史采集标本，制定专门方案，落实一名退休教师专职负责采编工作，结合沙墩港村发展历程，初步确定采访主题，包括老地名传说、工农业发展、民风民俗、慧海湾小镇建设等。做好乡镇企业档案史料收集工作。确定鸿山街道的银邦金属复合材料股份有限公司作为档案史料收集单位。档案史料电子版包括银邦介绍、科研成果汇总、资质获奖证书、考察调研新闻、上市照片、厂区照片、专利清单、创业发言稿等。及时关注新吴区政务网新闻，了解全区标志性工作，完成2018年大事记编纂工作。（尤维娜）

【“档案见证改革开放”主题征文活动】 2018年，新吴区档案馆（史志办）及时对征文活动进行安排部署，动员各单位广泛宣传，组织干部职工参与征文活动，共报送征文24篇。利用馆藏将老照片进行整理，以文字和图片相结合的形式，以各街道为板块，分成系列主题在高新区微信公众号进行发布宣传。通过新旧照片的对比，见证高新区改革开放以来的茁壮成长和喜人变化。

（尤维娜）

【《新吴年鉴（2018）》出版】 2018年，新吴区档案馆（史志办）编制新吴年鉴的总体框架和撰写提纲，确定《新吴年鉴（2018）》的条目，召开全区年鉴工作动员大会，组织编纂力量，搭建工作班子，进行宣传发动，分期分批组织业务培训，创造性地开展新吴首部年鉴组稿和编纂工作。在短短7个多月时间，组织撰写80余万字的《新吴年鉴（2018）》，并通过专家评审，在中华书局正式出版，从而实现新吴区年鉴工作零的突破。（尤维娜）

【概况】 2018年，新吴区人民代表大会常委会深入学习贯彻习近平新时代中国特色社会主义思想和中共十九大精神，在中共新吴区委的领导下，按照中共十九大提出的“成为全面担负起宪法法律赋予的各项职责的工作机关、成为同人民群众保持密切联系的代表机关”新要求，围绕贯彻新发展理念，聚焦“四个走在前列”，坚持党的领导、人民当家做主、依法治国有机统一，自觉围绕贯彻落实党中央和省、市、区委重大决策部署，围绕回应人民群众重大关切问题，围绕厉行法治、推进法治新吴建设，认真履行法定职权，充分发挥职能作用，在开创人大工作新局面上迈出坚实步伐。2018年，共召开常委会会议8次、主任会议9次，开展执法检查3项、视察调研9项；听取和审议“一府两院”专项工作报告等17项，听取工作汇报6项，对2项专项工作开展工作评议，对5名区人大常委会任命人员进行述职评议；提出审议意见11项，依法任免国家机关工作人员43人次，组织宪法宣誓33人次，圆满完成区一届人大三次会议确定的目标任务，为推动新吴区高质量发展走在全市前列、谱写新时代新吴实践新篇章作出贡献。

（朱新胜）

重要会议

【新吴区第一届人民代表大会第三次会议】 会议于1月17—19日举行，出席会议代表199名，参加区政协一届三次会议的政协委员和其他有关人员列席会议。大会听取和审议区长封晓春作的政府工作报告、区人大常委会主任张明烈作的人大常委会工作报告、区人民法院院长叶志浩作的人民法院工作报告和区人民检察院检察长苟小军作的人民检察院工作报告，书面听取区政府国民经济和社会发展、预算执行情况、关于办理区一届人大二次会议代表建议情况的报告。与会区人大代表以投票选举的方式，选举产生区监察委员会主任和人大常委会副主任1名。2018年，新吴区人大常委召开10次会议，会议时间与会议内容见表1所示。 （朱新胜）

表1 2018年新吴区人大常委会会议情况一览表

时间	会议名称	会议内容
1月4日	区第一届人大常委会第十一次会议	会议审议并表决通过《无锡市新吴区人民代表大会常务委员会关于补选区第一届人民代表大会代表的决定》，审议并表决通过《关于补选新吴区第一届人民代表大会代表工作的意见》

续表

时间	会议名称	会议内容
1月12日	区第一届人大常委会第十二次会议	会议审议并表决通过关于补选的新吴区第一届人大代表的代表资格审查报告，同意补选的区旺庄街道第一选区选出的区第一届人大代表1名
1月19日	区第一届人大常委会第十三次会议	会议听取区监察委员会主任焦夕莲所作的区监察委员会有关人事任命议案的报告，依法按程序任命殷璐、欧华为新吴区监察委员会副主任，任命周辰、朱鼎、许富伟、王国柱为新吴区监察委员会委员，标志着新吴区监察委员会正式成立。张明烈给新任命人员颁发任命书
3月1日	区第一届人大常委会第十四次会议	会议审议通过区人大常委会2018年工作要点
5月7日	区第一届人大常委会第十五次会议	会议听取和审议区政府2018年向区人大常委会报告的重大事项清单以及计划安排情况的报告，听取和审议2018年政府投资重点项目及资金安排情况的报告，听取和审议区政府2017年环境状况和环境保护目标完成情况的报告，听取和审议区人大常委会有关人事任免议案的报告，听取和审议区人民法院有关人事任免议案的报告，听取和审议区人民检察院有关人事任免议案的报告，听取和审议《新吴区人大常委会对审计查出突出问题整改情况报告进行满意度测评的办法》（草案）。会议提出《关于对2018年政府投资重点项目及资金安排情况的审议意见》和《关于对2017年新吴区环境状况和环境保护目标完成情况的报告的审议意见》。会议表决通过区政府2018年向区人大常委会报告的重大事项清单以及计划安排情况的报告，表决通过2018年政府投资重点项目及资金安排情况的报告，表决通过区政府2017年环境状况和环境保护目标完成情况的报告，表决通过《新吴区人大常委会对审计查出突出问题整改情况报告进行满意度测评的办法》。会议决定有关人事任免，张明烈给新任命人员颁发任命书
6月28日	区第一届人大常委会第十六次会议	会议听取和审议区政府关于区域创新能力提升工作情况的报告；听取和审议区法院关于商事金融审判工作情况的报告；听取和审议区检察院关于民事行政检察工作情况的报告。会议提出《关于新吴区区域能力提升工作的审议意见》《关于区法院商事金融审判工作的审议意见》和《关于区检察院民事行政检察工作的审议意见》

续表

时间	会议名称	会议内容
8月29–30日	区第一届人大常委会第十七次会议	会议听取和审议关于接受个别人大代表辞去新吴区第一届人民代表大会代表职务请求的决定，听取和审议区政府关于2018年度上半年国民经济和社会发展计划执行情况的报告，听取和审议区政府关于2017年财政决算（草案）和2018年上半年预算执行情况的报告，听取和审议区政府关于2017年预算执行情况和其他财政收支情况的审计报告，听取和审议区人大常委会关于专项工作评议及述职评议的相关报告，听取和审议关于补选区一届人大代表工作的意见和决定，听取和审议个别人大代表资格变动情况的报告。会议提出《区人大常委会关于2018年上半年国民经济和社会发展计划执行情况的审议意见》《区人大常委会关于新吴区2017年财政决算和2018年上半年财政预算执行情况的报告的审议意见》《区人大常委会关于新吴区2017年财政决算和财政同级审计情况的审议意见》，以及《关于公共交通体系建设专项工作评议意见》《关于基层卫生服务体系建设专项工作评议意见》。表决通过区政府关于新吴区2018年上半年国民经济和社会发展计划执行情况的报告，表决通过区政府关于新吴区2017年财政决算和2018年上半年财政预算执行情况的报告，表决通过区政府关于新吴区2017年区本级预算执行和其他财政收支的审计工作报告，表决通过区人大常委会关于批准新吴区2017年财政决算的决议（草案），表决通过区人大常委会关于补选区一届人大代表工作的意见，表决通过区人大常委会关于补选区一届人大代表工作的决定，表决通过关于个别代表的代表资格的报告。对公共交通体系建设工作和基层卫生服务体系建设工作评议，对经区人大常委会任命的吴易、桂涛等5人的述职评议投票表决。张明烈宣布专项工作评议及述职评议的结果
10月30–31日	区第一届人大常委会第十八次会议	会议听取和审议区政府关于2018年民办实事重点工作推进情况的报告，听取和审议区公安分局关于流动人口出租房屋管理工作的报告，听取和审议区政府关于法治政府建设工作情况的报告，听取和审议李华等4名市人大代表履职情况报告，听取和审议张明烈作的关于区人大常委会有关人事任免议案的说明，听取和审议石松哲作的关于区政府有关人事任免议案的说明，听取和审议叶志浩作的关于区人民法院有关人事任免议案的说明，听取和审议郭雪强等10人的任前承诺发言，书面听取审议市人大代表周玲玲等2人的履职情况报告和田丰同志的任前承诺发言。会上，提出《关于区政府2018年为民办实事重点工作进展情况的审议意见》《关于新吴区公安分局流动人口和出租房屋管理工作的审议意见》和《关于新吴区人民政府法治政府建设工作的审议意见》。会议表决通过关于新吴区政府2018年为民办实事重点工作进展情况的报告，表决通过新吴区公安分局流动人口和出租房屋管理工作的报告，表决通过新吴区人民政府法治政府建设工作的报告。会议对部分市人大代表履职测评和相关人事任免进行表决，决定相关人员的任免。张明烈给新任命人员颁发任命书

续表

时间	会议名称	会议内容
12月4日	区第一届人大常委会第十九次会议	会议听取和审议叶志浩作的关于区人民法院有关人事任命议案的报告，听取和审议苟小军作的关于区人民检察院有关人事任免议案的报告，听取牛文冉等7人的任前承诺发言，书面听取和审议相关人员辞去新吴区第一届人民代表大会常务委员会委员职务的请求的报告。表决通过相关人员免职议案的报告。会议听取和审议刘骁作的区人大常委会代表资格审查委员会关于无锡市新吴区第一届人民代表大会补选代表资格的审查报告。会议表决通过区人大常委会资格审查委员会关于无锡市新吴区第一届人民代表大会补选代表资格的审查报告，表决通过相关人员辞去新吴区第一届人大常委会委员职务的请求的报告。会议决定区人民法院4人、区人民检察院3人的任命，张明烈给新任命人员颁发任命书
12月28–29日	区第一届人大常委会第二十次会议	会议听取和审议封晓春作的区政府有关人事任命议案的报告，表决和通过关于部分同志辞去无锡市第十六届人民代表大会代表职务的请求，表决和通过关于部分同志辞去新吴区第一届人民代表大会财经委员会主任委员职务的请求，表决和通过关于部分人员辞去新吴区第一届人民代表大会常务委员会委员等职务的请求，听取和审议补选新吴区一届人大代表的决定，听取和审议补选无锡市第十六届人民代表大会代表议案的报告，听取和审议区人民代表大会法制委员会和财经委员会有关人事任免议案的报告，听取和审议区政府关于2018年为民办实事项目完成情况的报告，听取和审议区政府关于2019年国民经济和社会发展计划草案的报告，听取和审议区政府关于2018年财政预算调整方案的报告，听取和审议区政府关于2018年预算执行情况和2019年财政预算草案的报告，听取和审议胡逸作的区政府关于一届人大三次会议代表建议办理情况的报告，听取和审议区政府关于中小学资源布局规划建设情况的报告，讨论区人大常委会工作报告，听取和审议区一届人代会四次会议有关事项安排的报告，听取和审议审计局、财政局、旺庄街道、鸿山街道、新发集团、新投集团和太科园公司等单位关于审计整改情况的报告。会议提出《关于对区政府2018年为民办实事重点项目实施情况的审议意见》《关于审计查出问题整改情况的审查意见》《关于2018年无锡市新吴区本级预算调整方案（草案）的审查意见》和《关于对区政府中小学资源布局规划建设情况报告的审议意见》。会议表决通过补选新吴区一届人大代表的决定，表决通过相关同志辞去区人民代表大会法制委员会相关职务的请求的报告，表决通过关于区政府2018年为民办实事重点工作实施情况的报告，表决通过区政府关于无锡市新吴区2018年国民经济和社会发展计划执行情况与2019年国民经济和社会发展计划草案的报告，表决通过区政府关于2018年财政预算调整方案的报告，表决通过区政府关于2018年预算执行情况和2019年财政预算草案的报告，表决通过区政府关于一届人大三次会议代表建议办理情况的报告，表决通过区政府关于中小学资源布局规划建设情况的报告，表决通过区人大常委会工作报告，表决通过区第一届人民代表大会第四次会议《会议日程》（草案）。会议对审计局、财政局、旺庄街道、鸿山街道、新发集团、新投集团和太科园公司7个单位的审计整改报告进行测评。会议表决通过焦夕莲补选为无锡市第十六届人大代表，决定丁旭东等4人有关人事任命。张明烈给丁旭东颁发任命书

监督检查

【重大项目监督】 2018年，新吴区人大常委会认真落实区委创新驱动战略，多次组织人大代表和人大干部对全区物联网产业发展与特色小镇建设实施重点监督，开展慧海湾小镇建设、鸿山物联网小镇专题视察，及时掌握物联网产业发展新成果、城市云脑计划和产业唤醒计划的新进展，并提出工作建议。（朱新胜）

【专项工作监督】 2018年，新吴区人大常委会及时听取审议区政府关于国民经济和社会发展计划执行情况、财政预决算、财政审计和审计问题整改情况等工作报告，审查批准区决算草案并作出决议，不断完善推动高质量发展的财政支持体系。坚持“积小步、不停步、成大步”工作方针，持续深化预决算审查监督，重点向支出预算和政策方向拓展，加强对政府全口径预算决算、部门预算、投资项目、国有资产的审查监督。

（朱新胜）

【法治工作监督】 2018年，新吴区人大常委会围绕法治新吴建设目标，以依法行政、公正司法为重点，认真开展法治监督、执法检查、规范性文件审查等工作。听取和审议区政府关于法治政府建设的专题报告，跟踪检查“七五”普法教育开展情况，要求政府进一步强化法治意识，深化综合执法改革，提高服务质量效率。听取和审议区法院关于商事金融审判的工作报告、区检察院关于民事行政检察的工作报告、区公安分局关于流动人口出租房屋管理的工作报告，要求进一步深化改革，加强重点领域管理，提升司法公信力，推动社会治理创新提升。对深化“放管服”改革实施重点监督，听取区政府工作汇报，要求继续加大“放管服”改革力度，提升政务服务效能。开展《中华人民共和国食品安全法》执法检查，要求全面落实食品安全监督管理的政府责任，严抓食品生产经营监管，完善食品检验检测体系，从整体上提升新吴区食品安全管理水平。同时，认真做好群众来信来访的接待工作，全年共依法办理群众来信5件，接待群众来访9批人次，为维护群众合法权益、促进社会和谐稳定发挥积极作用。（朱新胜）

【环保工作监督】 2018年，新吴区人大常委会围绕全力打好污染防治攻坚战，聚焦“美丽新吴”建设，对年度环境状况和环境保护目标任务完成情况等加强监督，就影响环境质量、存在环境风险、损害人民群众环境权益等重点内容深入开展调研，常委会连续两年听取政府关于年度环境工作的专题汇报，督促区政府制定年度生态修复环境治理时间表，推动突出环境问题的持续解决。听取审议全面深化“河长制”工作情况，区人大常委会班子成员通过坚持季度巡河工作，定期现场查看，督促街道不断改进和加强河道保洁、河道清淤、河岸整治等工作。专题视察“二减六治三提升”（“两减”是指减少煤炭消费总量和减少落后化工产能；“六治”是指治理太湖及长江流域水环境、生活垃圾、黑臭水体、畜禽养殖污染、挥发性有机物和环境隐患；“三提升”是指提升生态保护水平、环境经济政策调控水平和环境执法监管水平）专项行动，督促政府认真落实《新吴区2018年度水污染防治实施计划》，推进9条主要河道综合整治工程，跟踪深化工业污染防治和地下水污染防治工程，以“四位一体”排查整治、流域同步治理为抓手，以控源截污为核心推进小流域整治，进一步压实河道整治主体责任。（朱新胜）

【民生工作监督】 2018年，新吴区人大常委会以10大类民生实事项目推进工作的全程跟踪监督为抓手，高度关注医疗卫生、教育改革、食品安全、文化建设、乡村振兴、公交出行等人民群众最关心的问题，推动政府不断充实民生实事项目内容，落实保障和改善民生的目标和任务，加快“补齐短板”。组织安居房小区改造提升工作的视察，督促政府规范安居房物业管理，提升物业服务水平，持续改善居民居住环境；组织农贸市场建设管理工作视察，深入了解农贸市场硬件配套设施建设、经营管理等情况，要求强化规划引领，优化市场发展布局，丰富群众“菜篮子”；组织学校建设及社区文化服务中心建设情况调研视察，要求深入贯彻落实新发展理念，着力解决突出问题，为群众提供更便捷、更优质的教育文

化公共服务。（朱新胜）

代表工作

【人大代表议案建议办理】 2018年，新吴区一届人大三次会议和闭会期间，代表提出交办的建议共70件。把以人民为中心的发展思想贯穿于建议提出、交办、督办全过程，着力在“提得好、交得准、办得成”上下功夫，不断完善对代表的培训保障、与政府的沟通协调、对承办部门的督办问责等工作机制，着力提高办理满意率、建议办成率。协调区政府召开建议交办会议，将代表建议、办理责任及时交办到承办部门，加大督办工作力度，实时跟踪掌握各承办单位办理工作情况。确定6条重点建议作为年度常委会重点督办事项，坚持区人大常委会分管领导牵头督办、政府分管领导领衔办理等做法，推动每一件装满民意、倾注民情的代表建议办实办好、办出成效。在70件建议中，按时答复率、代表见面率持续提升，代表满意率达97.1%，一批群众关心关注的突出问题得到有效解决。（朱新胜）

【人大代表履职测评】 2018年，按照市人大常委会的统一部署，对6名由新吴区人民代表大会选举产生的市人大代表进行履职测评，进一步加大对市代表依法履职的监督力度。扩大代表对区人大常委会工作的参与，全年共邀请代表27人次列席区人大常委会会议，85人次参加各项活动，帮助代表知情知政，提升代表履职水平。加强代表履职培训和履职保障，通过集中学习、考察交流等多种形式，组织代表深入学习法律法规和业务知识，提高代表的综合素质和履职能力。

（朱新胜）

【人大代表补选】 2018年，新吴区人大常委会对新吴区人大成立以来的出缺代表开展补选工作。按照法律规定，通过接受代表辞职请求等决定，形成代表资格变动报告，并及时公告。按照《中华人民共和国全国人民代表大会和地方各级人民代表大会选举法》等法律规定，制定《无锡市新吴区人民代表大会常务委员会关于补选区第一届人民代表大会代表的决定》。坚持代表标准，广泛宣传发动，充分发扬民主，严格选举程序，严格把住代表素质关，在2018年11月17日和2019年1月5日共补选产生14名区一届人大代表。（朱新胜）

人大理论研究

【全国开发区人大研究会】 10月13日，由全国开发区人大研究会主办，江苏省启东市人大常委会承办的第七届全国开发区人大工作联席会议暨研讨会在江苏启东市举行，来自全国、省、市、区四级人大的代表和科技部、中国开发区协会的专家学者及各地省级以上开发区人大负责人代表、研究会专家代表100余人参加会议。会议上，启东市委书记王晓斌、南通市人大常委会副主任黄卫成分别致辞，全国人大常委会研究室原主任程湘清、国家科技部原党组成员张景安、全国人大常委会民族委员会研究室主任艾其来、无锡市人大常委会原副主任、党组副书记王立人均作重要讲话，全国开发区人大研究会会长黄胜平作研究会工作报告，上海复旦大学教授浦兴祖、全国开发区人大研究会副会长、专家组副组长潘国红作大会主旨演讲。无锡市人大常委会副主任曹锡荣、研究室副主任林寿清、科教文卫工委副主任朱惠霖和作为研究会会长单位负责人、新吴区人大常委会副主任何雪清参加会议。会议提出当前和今后研究会的工作思路。同时发布《关于推进人大制度在开发区全覆盖的专题研究》《将人民为中心写入开发区发展的旗帜》《我国开发区人大工作在探索中前行》等一批最新调研报告。会议交流洛阳、鞍山、无锡、成都、天津、淮安、广州、大连、郑州、阜新、盐城、本溪、濮阳、鹤壁、启东和浙江温岭、永康等30多家开发区和基层街道开展人大工作的典型经验。会议对研究会专家通过多年研究公开出版的《国家治理现代化与人大权力行使》（潘国红著，中国社会科学出版社，2016年）、《中国开发区人大工作探索与创新》（黄胜平著，中国社会科学出版社，2018年）两本理论著作给予好评。

（杜　亮　汤卫卫　严九媛）

【新吴区人大工作研究会】 2011年的无锡新吴区人大工作研究会（以下简称“人研会”），2018年4月，召开第三届会员大会，总结上一届研究会工作，研究布置下一届研究会工作任务；调整和完善会员与理事队伍及工作班子，加强队伍建设，聘请省市区人大有关领导担任人研会的顾问与名誉会长，加强学术指导力量；讨论修改人研会的章程，在四个方面进行修改。一是在章程第三条的修改中，根据中共十九大报告精神和《中国共产党章程》，在人研会的宗旨和指导思想中增加“习近平新时代中国特色社会主义思想”。二是在章程第三条的修改中，根据《中华人民共和国宪法》有关精神将“民主法制建设”改为“民主法治建设”。三是在章程第三十二条的修改中，明确人研会日常工作应当与全国开发区人大研究会和全国开发区人大工作联席会议的工作结合起来进行。由于新吴区人大常委会的前身是无锡市人大常委会新区工委，根据上级的安排和决定，多年来作为全国开发区人大工作联席会议的召集单位和研究会会长单位，一直承担着全国开发区人大工作联席会议和全国开发区人大研究会议的日常工作，这样做也充分地利用区域外的资源为本区服务，取得较好的效果，所以人研会第三届研究会工作将继续与全国开发区人大联席会议暨全国开发区人大研究会的工作有机地结合起来进行。四是在章程第三十七条的修改中，将“财政支持”改为“政府购买服务”。2018年，人研会与区人大一起参与组织筹划，在南通启东市召开第七届全国开发区人大工作联席会议暨研讨会，并取得丰硕成果。人研会专家与人合作撰写的大会会议纪要《积极推进人民代表大会制度在开发区的全覆盖》被人民代表大会制度专业学术期刊《人大研究》2018年第11期刊登。人研会专家主笔的《关于人民代表大会制度在开发区全覆盖的考察与思考》一文被国家高级别内刊（2018年11月21日）刊用。人研会专家研究出版的《中国开发区人大工作探索与创新》（中国社会科学出版社，黄胜平著，2018年8月）一书，得到全国人大常委会研究室原主任程湘清和法工委专家、民族委员会研究室主任艾其来的好评，他们分别以《来自国家级开发区第一线的研究成果》《一部填补我国开发区人大工作研究空白的力著》为题，高度评价这一著作。

（杜　亮　汤卫卫）

希望的田野

重要会议

【新吴区拆迁、建设、管理大会】 4月2日，新吴区召开2018年拆迁、建设、管理工作大会，高新区党工委副书记、管委会主任、新吴区委副书记、区长封晓春出席会议并讲话。区党政办及各相关职能部门、街道、国控公司、部分重点村（居）主要负责人参加会议。会议由高新区管委会副主任、新吴区副区长祝君乔主持。

封晓春在讲话中深入分析新吴区城市规划建设管理中存在的突出问题，提出要树立“四个充分认识”：即充分认识城市建设与产业发展的关系，充分认识搞城市建设绝不是搞形象政绩工程，充分认识拆迁工作必须具备前瞻性满足长远发展需要，充分认识唯有凝聚部门合力方能破解城市管理难题。

就抓好2018年各项重点工作，封晓春提出五点要求：一要始终坚持规划引领，抓住新一轮城市规划修编的机遇，开展产城融合发展规划加强对接研究，不断优化民生项目、基础设施和重大产业项目的布局。二要加快完善基础配套，推进快速通道建设，加速推进一批特色小镇的基础配套建设，做好海力士、华虹等一批重大项目的产业配套建设和固废处置项目建设，千方百计做好改善民生的实事项目。三要全面加强拆迁攻坚，强化重点地块的拆迁力度，完善拆迁联动机制，加快安置房建设进度。四要着力强化城市管理，探索“大城管”新机制和智慧城管建设，抓好重要道路、砂石码头整治等突出问题和关键节点的整治工作。五要着力提升城市品质，注重建设品味、建设环境和机制创新，集中打造一批代表高新区形象和水准的标志性道路、标志性建筑、标志性社区、标志性商圈和标志性园区，完善多元化投融资机制，完善棚户区改造管理体制破解发展瓶颈，推进棚改工作。

封晓春强调，抓好2018年新吴区拆迁、建设、管理各项工作，各部门要加强组织领导、形成工作合力、严格督办考核、严守工作纪律，进一步弘扬开放、创新、务实、担当的“高新区精神”，定干、马上办、办到底，把城市建设管理水平提高到一个新的层次，为实现新吴区“四个走在前列”的目标做出更大贡献。

会上，区政府下发2018年拆迁、建设、管理目标任务书和2018年惠民重大项目在建、待建手册。住建交通局、综合行政执法局、规划分局、鸿山街道、新安街道、新发集团分别作交流发言。

【新吴区深化文明城市创建工作推进会暨“五大专项行动”发布仪式】 4月13日，新吴区深化文明城市创建工作推进会暨“五大专项行动”发布仪式举行，动员全区上下深入贯彻中共十九大精神，鼓足干劲、主动作为，持续推动全区文明城市创建工作在新时代迈出新步伐、实现新突破。市政府副市长、高新区党工委书记、新吴区委书记王进健出席会议并讲话，高新区党工委副书记、管委会主任、新吴区委副书记、区长封晓春主持会议并就贯彻会议精神提出要求，区领导刘霞、严冬兴、祝君乔、钱前、平江出席会议。

区创建领导小组成员单位和区相关单位主要负责人、执法部门代表、志愿者代表参加会议。

王进健在讲话中指出：一要转变观念，抓好文明城市创建。深刻认识推进文明城市创建工作是贯彻中共十九大精神的重要举措，是推动高新区高质量发展的有效抓手，是提升高新区知名度和美誉度的“响亮名片”，推动创建工作变被动为主动，变要求为自觉。通过提升市容环境、市民素养，推动人才、资金集聚，为高新区招商引资、招才引智营造良好的环境氛围。二要突出重点，抓好文明城市创建。要突出“以人为本”，把群众所想所盼作为创建工作的重点和目标，实现创建为民、创建便民、创建惠民。要突出“补齐短板”，围绕基础设施推陈出新、城中村改造、违章建筑、农贸市场环境、散乱污、停车秩序、背街小巷等重点，抓好集中整治。要突出“提升素质”，组织开展各类道德实践活动和宣传教育活动。要突出“长效管理”，建立管理队伍，巩固整治成效，通过制度化管理，真正体现文明城市创建工作的长远成效。三要强化组织，抓好文明城市创建。切实加强领导，明确工作目标和时间进度，对标文明城市测评体系，将创建工作落实到日常工作中去。按照长效机制和“五大专项行动”细化工作方案，实现目标化管理、项目化推进。广泛动员全区群众、企事业单位等社会各界力量，形成强大工作合力，把文明城市创建工作抓紧抓好，抓出高新区特色，推动高新区在全市文明城市创建中形成鲜明亮点。

封晓春就贯彻落实好会议精神提出三点要求。一是要进一步提高思想认识，把人的现代化、文明素养的培育通过创建这个载体来补齐短板。坚持与时俱进和长效管理，贵在平时，把创建工作统一到日常工作中来。二是要进一步强化工作统筹，结合改革开放40周年和高新区成立30周年，把文明城市创建与贯彻落实中共十九大精神紧密结合起来，与开展“不忘初心，牢记使命”主题教育活动紧密结合起来，与“四个走在前列”的发展目标统筹结合起来。加大宣传力度，做到文明城市创建工作家喻户晓。三是要进一步落实工作责任。各级各部门要切实负起责任，按照任务书要求，按照项目化管理要求，推动各项工作落在实处。

会议表彰2017年度区级文明单位、文明社区和文明校园，部署文明城市长效管理工作，启动文明城市创建“五大专项行动”，向全区各街道（园区）和42个单位部门下发文明城市创建工作任务书。

【新吴区生态环境整治工作推进会】 8月29日，新吴区召开全区生态环境整治工作推进会，进一步深入学习贯彻习近平生态文明思想和全国生态环境保护大会精神，认真落实省市有关部署要求，总结2018年以来全区污染防治和“263”专项行动工作，安排部署下阶段重点工作，推进年度污染防治和“263”专项行动各项目标任务稳步落实。

会前，市政府副市长、高新区党工委书记、新吴区委书记王进健，高新区党工委副书记、管委会主任、新吴区委副书记、区长封晓春，区领导祝君乔、钱前带队视察各街道辖区内非法砂石码头整治、减化、“散乱污”企业专项整治、黑臭河道治理、街区环境整治等六处环境综合整治现场，对各地阶段性的整治成效表示充分肯定。王进健强调，各地、各部门要继续树立高标杆、攻坚克难，坚决打好污染防治攻坚战，持续推进“263”专项行动，以对历史负责、对事业负责、对人民负责的态度，把解决突出环境问题作为民生优先领域，作为高质量发展的基础，为高水平全面建成小康社会、加快建设“强富美高”新吴区做出积极贡献。

考察结束后，封晓春主持召开全区生态环境整治工作推进会，区领导祝君乔、顾瑾出席会议。会上，祝君乔对下阶段重点工作进行再部署再明确。他强调，一是要咬定目标，全力攻坚。要加强组织整合力量，全力打好断面达标和蓝天保卫攻坚战；二是要系统整治，靶向发力。要发起重点难点问题的总攻，控源截污、散乱污整治等各项重点工作要系统同步开展；三是要执法支撑，合力推进。要充分整合资源和执法力量，形成高效快速的工作体系。

封晓春对全区各部门、各街道上半年取得的

整治成效给予充分肯定。他指出，全区以中央环保督察“回头看”为契机，以深入实施“263”专项行动为主抓手，各专项整治工作做到底数清、问题准、思路清、对策实，取得较好的成效。同时，他明确，在肯定成绩的同时，要客观审视问题，清醒认识到当前环境整治工作还面临空气质量改善形势严峻、水污染防治任务依然艰巨、环境隐患依然突出等问题，要切实增强推进生态环境整治工作的紧迫感和责任担当。

他同时强调，打好污染防治攻坚战是中共十九大作出的重大决策部署。生态环境是关系党的使命宗旨的重大政治问题，也是关系民生的重大社会问题。全区上下要始终贯彻以人民为中心的发展理念，统一思想，集中精力，坚定不移抓好生态环境整治工作。针对下阶段深入推进整治工作，封晓春提出三点要求：

一是要提升政治站位，坚决打好生态环境保护的攻坚战和持久战。一要打好水污染防治硬仗，全面落实中央和省市区水污染防治计划，完成伯渎何流域综合整治，确保四个国考、省考断面全面达标。加快推进9条河道综合整治工程，严格落实“一河一策”，确保年底前完成控源截污“四位一体”排查与整改工作。加大黑臭水体整治力度，推进辖区内黑臭河道、劣五类河道和支浜的排查整治工作。二要打好大气污染防治硬仗，要紧扣年度空气质量目标，加大扬尘污染治理力度，多措并举大力推进非法砂石码头整治，持续推进挥发性有机物污染防治，加大餐饮油烟治理力度，强化重污染天气防范应对措施。三要打好土壤污染防治硬仗，加强土壤污染治理修复及风险管控，强化土壤污染重点监管企业管理，实现土壤质量总体保持稳定。

二是要坚持问题导向，确保各级环保督查整改不折不扣落实到位。要切实强化政治意识，正视问题，不折不扣、逐条逐项抓好中央环保督察“回头看”和省环保督察反馈问题的整改落实。强化措施，确保整改取得实效；举一反三，强化排查全覆盖；整合力量，强化协作联动执法；长效管理，强化回访杜绝回潮。

三是要坚持严谨扎实作风，确保生态环境保护工作取得实效。紧扣年度目标，加快重点工程推进。各街道和相关部门要对照市下发的《市（县）区高质量发展考核共性指标》中11个生态环境高质量发展考核共性指标，攻坚关键环节，确保圆满完成各项目标任务；强化督办问责，加快问题整改步伐；紧抓舆论导向，着力营造正向氛围。

各相关部门主要负责人，各街道党政主要负责人、分管负责人及街道相关部门负责人参加会议。全体与会者还观看区“263”专项行动曝光视频，区相关部门、各街道（园区）分别作交流发言。

【新吴区安全生产警示教育大会】 9月6日，新吴区召开安全生产警示教育大会，市政府副市长、高新区党工委书记、新吴区委书记王进健、高新区党工委副书记、管委会主任、新吴区委副书记、区长封晓春出席会议并分别讲话。区领导焦夕莲、刘霞、朱晓红、钱前出席会议，高新区党工委副书记、管委会副主任、新吴区委副书记、副区长洪延炜主持会议。

参会人员观看新吴区安全生产事故警示教育片，SK海力士半导体（中国）有限公司和无锡小天鹅股份有限公司负责人作交流发言，无锡高新区（新吴区）外商投资企业协会作安全生产倡议，区安委会副主任、安监环保局局长王立新对参会企业进行一个小时的安全生产工作培训。

封晓春强调，要深化“认识”这个关键，全面、深刻、准确把握好企业安全生产主体责任的内涵；突出“隐患”这个核心，针对安全生产存在的四大类隐患，掌握好企业履行主体责任中存在的问题，强化对重点部位、重点隐患、重点危险源的实时监控，提高隐患排查治理效率和水平；抓住“落实”这个根本，夯实好企业安全生产主体责任的基础，各级各部门和企业都必须紧紧抓住责任制这个关键，抓紧抓实各个环节，以最坚决的态度强化执行，以最严厉的措施狠抓落实。

王进健指出，安全生产工作是一项极端重要的工作，是事关发展的最强红线，是涉及根本的最大效益，是影响巨大的最高责任。把“安全”深深刻在头脑中，紧紧抓在手心里，坚决落实到行动中。各个企业要以双控机制建设为抓手，推动安全生产主体责任落地落实，企业主要负责人要按照安全法要求，切实履行对本单位安全生产工作七项职责，亲自过问、亲自部署、亲自检查、亲自落实安全生产各项工作；要加大安全生产宣传教育力度，抓好安全生产法律法规学习宣教工作，对企业全体人员分别开展有岗位针对性的警示教育，引导企业上上下下能从内心深处认识安全生产的重要性，真正把安全生产放在心上、落到实处。他强调，安全生产是硬任务、硬指标，更是系统工程，党委政府必须把安全生产任务作为"一把手"工程扛在肩上、抓在手上，进一步强化责任、整合力量，着力从根本上巩固和推进全区安全生产形势持续稳定好转。当前工作的一个重点就是要做好安全生产隐患排查治理，始终把隐患排查作为重中之重，确保安全生产隐患整改要深入彻底、不留后患，要大力探索第三方专家参与的安全生产隐患排查办法，充分提升隐患排查的专业性。

【庆祝教师节大会暨区域优质教育发展共同体签约】 9月10日，为更好地营造尊师重教的良好氛围，落实立德树人根本任务，推动全区教育事业高质量发展，新吴区举行庆祝第34个教师节大会暨区域优质教育发展共同体签约仪式。市政府副市长、高新区党工委书记、新吴区委书记王进健，高新区党工委副书记、管委会主任、新吴区委副书记、区长封晓春，新吴区人大常委会主任张明烈，市教育局副局长许敏，区领导匡辉、吴胜荣、刘霞、李伟敏、钱前，区各部委办局负责人，各街道主要负责人、分管负责人、文教助理，区人大代表、政协委员相关代表，区纪委派驻二组代表，各相关学校负责人，区域优质教育发展共同体签约单位代表，受表彰对象，专职督学，一线教师代表、离退休教师代表等近400人参加大会。

大会播放新吴教育工作宣传片，充分展示新吴教育近年来砥砺奋进、追赶超越、勇争一流的精神面貌与工作成绩。封晓春为大会致辞，向受表彰的教师们表示祝贺，并向全区广大教师和教育工作者致以节日的问候。随后，大会举行感动新吴教育系列及年度优秀教育工作者颁奖，分别表彰感动新吴教书育人模范人物10名、区域教育协同发展贡献人物3名、尊师重教贡献单位5家，以及2017—2018学年度区优秀教育工作者51人，激励和号召全区广大教育工作者不忘初心，牢记使命，弘扬高尚师德，潜心立德树人。

为服务和促进高质量产城融合，促进新吴教育优质均衡发展，大会举行无锡高新区（新吴区）优质教育发展共同体签约仪式，区教育文体局代表全区中小学与区域优质教育资源签署中小学优质教育发展共同体协议，并与国家教育行政学院签署优质教育发展共同体专家团队指导协议。共同体成员包括新吴区所有中小学，华锐海归等民办国际学校，梅村高中、市三高中、锡师附小、连元街小学、大桥实验、金桥双语、外国语学校、吴风实验等8所优质公民办学校，国家教育行政学院共39家单位。共同体将致力打造更大范围、更宽领域、更高层次、更高质量的教育合作机制与平台，突破封闭的区域教育发展模式，实现高新区（新吴区）教育开放融合、优质均衡、充满活力、人民满意的发展新样态。

王进健充分肯定全区教育事业近年来取得的资源增加与质量提升协同推进的良好局面，并就进一步落实党的教育方针提出五点要求：一是进一步加大投入，保障教育优先发展；二是进一步创新机制，提高教育教学质量；三是进一步强化举措，打造一流师资队伍；四是进一步融合资源，搭建协同发展平台；五是进一步明确导向，凝聚强大工作合力。

行政管理

【概况】 2018年，新吴区行政审批局完成首批划转28个事项的优化整合和第二批划转27项事权的承接工作；完成"3333"（企业3个工作日内注册开业、3个工作日内获得不动产权证、33个工作日内取得工业生产建设项目施工许可证）提档提速工作；有效激发市场和社会活力，全区新增市场主体6680户，总量达7.13万户，列全市第二，其中净增法人企业单位数5334家，占法人企业单位总数比重为15.89%，列全市第一。政务服务大厅共为企业和群众提供服务咨询28万余人次，受理各类行政审批和服务事项31万余件，日均受理办件1336件，按时办结率99.9%，服务对象综合满意率保持在99%以上。完成固定资产投资项目审批、核准和备案共1350项，核发施工许可证189张。区级公共资源交易平台完成交易项目1209个，交易金额127.89亿元，其中完成建设工程交易项目1088个，交易金额103.61亿元，交易量、交易额位居全市首位，达到历史最高水平。12345服务热线累计受理各类服务需求19160件，同比增加27.64%，处理结果满意率94.95%，按期办结率100%。（张　贝）

【行政许可权改革】 2018年，新吴区行政审批局完成第二批5个部门27个权力事项划转，11月1日起，依法履行审批服务职能。做好开发区赋权工作，科学确定行政审批局应承接的赋权事项，结合相对集中行政许可权划转工作，确定13项承接事项，其中赋权开发区直接审批事项10项，赋权可由行政审批局直报事项3项。聚焦办证环节，改革审批方式，加强综合监管，制定出台《无锡高新区（新吴区）关于实行证照联办登记制度的实施方案》，首批确定道路普通货运经营许可、食品经营许可等5项证照联办事项。通过提前介入、上门服务、集中辅导、模拟审批、全程代办、并联审批、远程踏勘等一系列措施，专门成立定制化服务小组，精准服务企业，做到帮办、代办、督办，不断提高审批效率。新增设统战部（民宗局）、教育文体局、司法局、民政卫计局、农经水利局5个部门102项行政许可事项入驻。截至2018年12月31日，新吴区政务服务中心共进驻147项行政许可事项，占全区181项行政许可事项的81%。进一步清理规范政务中心进驻窗口部门，撤销审批中介服务窗口。（张　贝）

【推行“综合窗口”服务】 2018年，新吴区行政审批局开展政务服务“疏堵解痛”百日行动，选取100家新开办企业、34个一般工业建设项目进行案例分析，精准查找审批流程薄弱环节。实施《无锡高新区（新吴区）落实“3550”改革目标实施细则》，加强市场准入项目建设，做好“综合窗口”人员配置。11月1日起市场准入9个综合窗口，项目审批2个综合窗口正式投入使用，基本实现“一窗综合受理、材料共享复用、分类审核办理、统一窗口出件”服务模式。

（张　贝）

【推进“放管服”改革】 2018年，新吴区行政审批局出台《无锡高新区（新吴区）“证照分离”改革试点推进方案》，复制推广上海浦东新区改革的经验做法，全面落实“证照分离”改革。深化“3550”改革，即开办企业3个工作日内完成、不动产权证5个工作日内完成、工业建设项目施工许可证50个工作日内完成。不断完善“一窗综合受理、材料共享复用、分类审核办理、统一窗口办件”的服务机制，进一步推动改革提速提标，努力攻坚“3333”目标，即新开办企业最多3个工作日，获得不动产权证最多3个工作日，取得工业生产建设项目施工许可证最多33个工作日。深入推进“双随机一公开”，全面梳理随机抽查事项清单，事中事后监管范围全面扩展，监管效能大幅提高，出台《无锡高新区（新吴区）关于建立相对集中行政许可事项审批与监管联动工作机制的实施意见（试行）》，创新审批与监管信息双向推送和协调沟通机制，率先在政务服务网实现实时电子推送和移动端接收。认真落实《深化行政审批“三集中三到位”工作实施方案》，推动全区各行政许可事项进驻区政务服务中心，截至2018年年末，进驻率超过90%，“一站式集成服务”能力持续增强。出台《无锡高新区（新吴区）关于进一步加强全区政务服务体系建设的实施方案》，升级网上办事大厅，开发移动审批APP，大力提升政务服务效率，网上办件量居全市第一。（陈　良）

【“不见面”审批服务】 2018年，新吴区行政审批局依据省《“不见面审批”标准化指引》，梳理公布《无锡高新区（新吴区）“不见面审批”事项清单》，并逐项编制相应办事指南。依托政务服务网构建网上审批大厅，对纳入不见面审批（服务）清单的事项，采取“外网受理、内网办理、全程公开、网端推送”的方式开展审批。2018年，全区公布的“不见面审批”事项共564项，其中“全程不见面”事项556项，“最多见一面”事项8项，基本实现“网上办”、不见面。对省市赋予新吴区的187项（268子项）市级经济管理权限，逐项落实承接主体。（张 薇）

【“互联网+政务”服务】 2018年，江苏省政务服务网新吴旗舰店正式上线。通过设置套餐指南、办件查询、医疗明细、社保信息等一站查询窗口，让群众“上一张网，查所有事”。在全市首创移动审批APP，快速受理、移动审批、高效办理，系统集成“监察纠错”功能和“50”监察系统。组织开展对政务中心网络的全面摸底排查，于2018年4月底完成政务中心大楼8台服务器的网络切割，重新搭载A+级别的网络引擎。开展智能化服务大厅建设，更新电子化硬件设备，升级大厅排号系统，设置自助查询、自助申报机，提供自助上网终端，设置双屏显示系统。（张 贝）

【公共资源交易分中心和12345公共服务热线建设】 2018年，新吴区行政审批局打造公共资源交易一体化平台，完成机构筹建，分中心办公场所改造，交易平台和交易管理系统、保证金系统的调试与模拟运行，明确建设工程交易、政府分散采购监管和交易职能的工作流程、监管权和事权职责划分。制定《规范政府及国有投资建设项目工程招标管理和强化责任追究办法》《新吴区公共资源交易中心廉政风险防控制度》。在全市率先使用保证金收退平台和“三合一”综合评估法，保证金收退流程由原来的60天锐减到10天，降低企业投标成本，增强投标保密性。出台《无锡高新区（新吴区）规范12345政府公共服务热线运行的实施意见》，细化工作规范、标准和流程，明确工单办理时限，强化各成员单位工单办理的职责要求和考核细则。成立区热线管理工作领导小组，完善工作责任体系。重点关注、协调热点、疑难问题，采取实地暗访、现场督办等手段，推动问题解决。加强工单数据分析，及时对热点和疑难工单、重点领域问题进行案例分析、专题报告和预测预警，获区委主要领导和市局主要领导批示。（张 贝）

【综合绩效考评】 2018年，新吴区行政审批局参照市级机关综合考核的基本原则和办法，将市对区高质量发展考核总计60项共性指标和2项个性指标落实到相关部门，保障重点工作任务顺利开展。同时，认真研究“三项机制”要求，在考核体系设置、考核内容表述、考核结果运用等方面加以运用，体现鼓励激励导向。在2017年考核体系共性目标、个性目标和社会满意度评议的基础上，2018年增加领导综合评价。考核体系结构分明，简便易行，进一步增强考核的高维度和客观性。（张 薇）

外事工作

【概况】 2018年，新吴区共完成公务接待130批2153人次，外宾接待39批363人次，其中包括美国驻沪领馆经济官员Arati Shroff一行、以色列驻沪总领事普若璞一行、新西兰市长达尼丁一行、埃塞俄比亚代表团一行等。5月18日，加拿大杜兰郡经济和旅游发展局局长凯西·韦斯（Kathy Weiss）一行9人到高新区（新吴区）访问，举办中加创业企业沙龙，并签署中加科技创新平台合作协议。11月2日，加拿大奥沙瓦市商务局局长kyle（凯尔）一行二人到高新区（新吴区）访问，参观展示中心、阿斯利康创新中心、金风科技公司、曙光云计算、鸿山物联网小镇城市客厅、灵山胜境，并就双方的合作交流项目进行座谈，增进两地的了解与沟通，为进一步的合作和加拿大奥沙瓦市友城的缔结充满期待和信心。（卢 怡）

【出国（境）管理】 按照中央八项规定以及最新出台的因公出国（境）管理各项规定，严格掌握因公出国（境）任务安排。2018年，全年累计审批因公出国（境）团组46批123人次，其中自组团29批98人次，参加省内双跨团组17批25人次，出访国家主要包括美国、德国、日本、韩国等。有力推动高新区（新吴区）支柱产业和重点企业的总部化、基地化纵深发展。

（卢 怡）

侨务工作

【概况】 2018年，新吴区侨务工作紧紧围绕全区工作大局，适应、把握、引领侨务工作新常态，充分发挥侨界资源优势，不断加强助侨、强侨、护侨、育侨工作的机制化建设，进一步做实做新做强侨务工作，更好地凝心聚力服务全区经济社会发展。2018年梅村二胡产业园、鸿山泰伯墓被评为“江苏省华侨文化交流基地”，江溪街道前进花园社区、旺庄街道长江社区、新安街道新安花苑一社区等获得全国、省社区侨务工作示范社区称号。（黄　骋）

【社区“侨之家”建设】 2018年，新吴区深化基层侨务工作品牌特色创建工作，持续开展“社区侨务示范单位”创建活动。3月，在新安街道新安花苑一社区“侨之家”召开社区侨务现场推进会，现场学习省级侨务示范社区先进创建经验；下发《关于推进社区“侨之家”规范化建设的通知》，为基层侨务工作开展制定规范化文件。6月，组织区内各街道统战委员、社区侨务示范单位负责人赴昆山市考察侨务工作进社区、进园区。指导社区加强归侨侨眷和海外侨胞活动阵地建设，按照“一室多用”的原则，整合资源，加强社区“侨之家”、社区文体活动中心等设施建设。组织旺庄街道长江社区、新安街道新安花苑一社区申报国家级、省级侨务示范社区工作。10月，走访调研各街道社区“侨之家”建设推进情况，指导各街道社区“侨之家”规范化建设。做好华侨文化交流基地申报工作，梅村街道二胡产业园、鸿山街道泰伯墓被确认为省级基地。（黄　骋）

【送侨法下基层】 2018年，新吴区以“宣传贯彻侨法，建设和谐侨界”为主题开展“侨法宣传月”活动，集中开展侨法和涉侨法律法规政策宣传工作。邀请江南大学法学院副教授浦纯钰开展“弘扬宪法精神，侨与法治同行”主题法律宣讲活动，各街道统战干部、社区侨务干部70多人参加培训。2018年全年编印下发各类涉侨法律法规、为侨服务手册等宣传资料2000余份，推进侨法宣传进社区、进企业。指导各街道、社区建立侨法宣传角，发放侨法宣传资料，开展涉侨政策、法规的宣传工作。继续推动“侨法宣传角”建设。全区7家社区设立内“侨法宣传角”，各社区普遍设立侨法咨询服务站（点），借助社区板报、宣传画廊、法律橱窗、文艺活动等形式和载体开展侨法宣传教育活动。（黄　骋）

【侨胞“关爱工程”】 2018年，新吴区加强对困难归侨侨眷、华人华侨、重点侨务对象的走访慰问，帮助归侨侨眷解决实际问题。2018年全年走访困难归侨侨眷26人次，寄送新春祝福100份。3月，与爱尔眼科医院合作开展“侨爱心光明行”活动，按照“贫困优先、有侨身份优先、军烈属优先、残疾人优先”原则，组织好人员资格审查和报名登记工作。2018年正值中国改革开放40周年，为展示广大华侨华人与改革开放同行过程中的个人经历与家国情怀，5月上旬至7月中旬在全区范围内开展“华侨华人与改革开放40周年”主题征文活动、“美在新吴·矽鼎杯”——新吴区侨界人士手机摄影大赛活动。9月中旬，联合旺庄街道长江社区举办“月满新吴 情聚长江”百家宴赏月会，来自全区的100余名归侨侨眷齐聚一堂，品尝佳肴，共话团圆。9月下旬，联合海力士公益基金在江溪街道叙丰家园社区举办针对区内归侨侨眷的免费体检活动，为区内各街道的60余名归侨侨眷送去细致周详的体检服务。（黄　骋）

【侨资企业服务】 2018年3月，新吴区主办2018“创业中华”走进新吴区——服务新侨企业科技创新创业面对面活动。来自新吴区的电子信息、生物医药、节能环保、新能源、新材料和现代制造等行业的70余家新侨企业的创业者代表和中高层管理人员参加活动。市科技局科技创新服务中心、市科技情报研究所工程文献中心的领导和业务负责人分别就创新创业企业的科技项目申报、科技金融支持、科技贷款贴息、如何获取国际前沿科技情报进行详细讲解。（黄　骋）

【组织建设】 1月30日，新吴区侨联一届四次全委会召开。集中学习全国侨联基层组织建设工作会议精神，无锡市委党的群团工作会议精神，无锡市第九次归侨侨眷代表大会精神，新吴区委一届五次会议精神，讨论并通过区侨联2018年工作思路。会上各位委员还结合侨企实际情况，对华人华侨创业团队申报、相关科技政策扶持情况进行交流。区侨联召开一届五次全委会，集中学习第十次全国归侨侨眷代表大会精神、无锡市侨联九届二次常委（扩大）会议精神、中共无锡市新吴区委一届六次全会精神，全体侨联委员一起参观鸿山物联网小镇展示中心。制定下发《关于推进街道（园区）侨联分会组织建设工作的意见》，就推进街道（园区）侨联分会组织建设工作提出具体目标和要求。召开侨联基层组织建设推进会，传达学习全国侨联基层组织建设工作会议精神，部署街道（园区）侨联分会组织建设工作。明确把做好基层侨联组织网络和队伍建设作为2018年街道（园区）考核内容。召开基层侨联组织筹建工作业务培训工作会议，就基层侨联组建流程、重点环节开展业务指导。（黄　骋）

信访工作

【概况】 2018年，新吴区信访系统以控增量、减存量、提质量、防风险为目标，以"抓业务，强素质"为工作主线，全面提升信访工作法治化、信息化、专业化水平，全力打好信访矛盾化解攻坚战，更好地维护群众合法权益，为建设"强富美高"新吴区营造和谐稳定的社会环境，被评为2017—2018年无锡高新区（新吴区）区级机关"服务发展、服务基层、服务群众"先进单位、省级"人民满意窗口"单位、全省信访工作"先进单位""三无"县（市、区）创建工作"先进单位"。（杨茹艳）

【畅通信访渠道】 2018年，新吴区信访系统共接待来访群众628批1890人次，其中个访566批804人次，集访62批1086人次；党政主要领导接待来访群众13批次27人次，其中王进健接待来访群众6批次12人，封晓春接待来访群众7批次15人，其他党政领导接待来访群众97批次269人次；"阳光信访"系统共办理各类信访件1241件，其中来访件318件、纸质来信149件、网上投诉712件，领导信箱60件、短信信访1件、网上建议1件。编制12期《新吴政法简报》。（杨茹艳）

应急工作

【概况】 2018年，新吴区应急办（总值班室）根据应急工作特点，既着力克服麻痹思想，坚持树立正确的工作业绩观，总结正反两方面经验教训，努力提高综合分析和协调处置能力。团结和依靠党政办全体值班员，正确把握各项工作的"轻重缓急"，不仅建章立制打好基础，让应急工作关口前移、重心下移，而且循序渐进，逐步升级，成功处置一系列突发事件。全区没有发生较大以上突发事件，应急形势总体平稳。全区"应急管理工作情况"的考核没有被扣分，连续三年为全区高质量发展（2016年、2017年为科学发展）考核贡献0.5%的力量。应急工作受到市应急办通报表扬和区委、区政府主要领导的充分肯定。（周学武）

【应急处置】 2018年，新吴区应急办（总值班室）多次下发严肃应急信息报送纪律通知，举办全区应急管理培训班，开通"新吴区应急办"微信公众号。加强应急信息研判能力，确保下情上传、上令下达。2018年推送应急知识3925条，共接报各类应急信息338条，上报市应急办信息74条，编辑《值班专报》191期，领导对信息及专报作出的批示共有205条。迅速反应、科学应对，妥善处置多起突发事件，没有发生次生衍生事故，最大限度减少突发事件的影响和损失。成功应对"安比""温比亚"等台风自然灾害。成功应对高温天气造成的危害反映。成功应对1月份暴雪灾害。认真编辑年度《突发事件应对工作总结评估和突发事件发生趋势分析》《新吴区"十三五"突发事件应急体系建设规划实施情况中期评估总结》，并上报市应急办。增强预防预警预判能力。每月编辑《高新区（新吴区）应急工作简报》，针对本月收集汇总的应急信息，进行数据分析，总结月度突发事件情况。（周学武）

督查工作

【概况】 2018 年，新吴区督查室秉持“快准严深细”的工作原则，认真做好每一项督查工作。本着“快办快查快结”的原则，做到件件着落快、事事回音快，为区委区政府提供准确及时的工作情况、决策信息。坚持领导有“令”坚决办，无“令”不擅办，做到察实情、说实话、办实事，准确反馈督查结果。态度上严肃认真，制度上严格程序，纪律上从严要求，严守政治、组织、工作、生活纪律，不胡督乱查，做到查必清、清必办、办必果。深入基层、深入群众，及时发现决策实施过程出现的矛盾和问题，及时了解决策落实的进展情况和实际效果，掌握广大群众的迫切要求，并及时梳理，尽快向领导反馈，为领导把握全局、科学决策提供重要依据。（胡方习）

【督查成效】 2018 年，新吴区督查室发挥“决策落实的推动者、执行情况的监督者、落实情况的反馈者”的作用，围绕全区城中村（棚户区）改造、征土拆迁、项目推进、生态环境、砂石码头整治等重点难点工作，强化跟踪督办，编发各类通（专）报 20 期；围绕上级各类督查事项及市、区领导各类批示件，及时保质反馈 31 件。围绕领导关注、基层关心的热点难点问题，制定督查工作计划，明确督查方式和时间节点，对督查事项进行全程把控。突出考核导向，深入开展年度高质量发展考核督查工作。切实做好城中村（棚户区）改造的督促推进工作和街道工业集中区提档升级的改革协调工作。扎实做好国务院大督查任务分办与扎口汇总工作、省委省政府社会矛盾和安全隐患大排查大整治系列实地督查衔接服务工作，参与政风面对面专场活动，全面保障各项督查任务的有效开展。（胡方习）

机关事务管理

【公务用车管理】 2018 年，新吴区机关事务服务中心坚持依规依纪，全面落实公务用车管理要求。起草《新吴区事业单位公务用车制度改革实施意见》《新吴区国有企业公务用车制度改革实施意见》，经区委常委会审议通过后下发，并报市车改办备案。根据中央车改办《关于进一步加强地方公务用车平台建设的通知》要求，实现省、市、县三级信息互联互通，接入无锡市公车管理“一张网”，完成平台建设，并将相关车辆、司勤人员信息录入平台，利用“信息化”手段，认真履行对公车的日常监督管理、车辆的统一调度和派车服务等职能，形成全区公务用车“管理一体化、服务一张网”的整体框架，实现从传统用车流程向信息化、无纸化的智慧管理模式的顺利过渡。（汤 燕）

【公共机构节能】 2018 年，新吴区机关事务服务中心坚持以生态文明建设为统领，立足节约节能双推进，大力推动能源资源节约集约利用和节约型公共机构建设。以节油、节电、节水、节约纸张为主要内容，以“公共机构节能宣传周”活动为契机，在全区范围内全面推进创建“节约型机关”建设。构建机关节约的宏观管理体制，落实责任主管科室，保障政府机构节约工作长期有效开展。加强机关节约的管理、监督、评价体系建设，制定机关办公资源消耗标准和统计报表、信息公开制度，对办公资源消耗实行计量管理。按时完成 117 家公共机构能源消耗统计报送工作。推进公共机构办公与生活垃圾分类回收，根据无锡市政府垃圾分类通知的要求，全力推动党政机关垃圾分类工作有序开展，以本单位所辖办公区域作为试点，将大楼内原有的混合丢弃类垃圾桶改为分类垃圾桶，设置有害垃圾回收桶及回收垃圾仓库。在公共区域张贴、布置宣传材料和宣传标语，大力推广绿色公务，倡导绿色发展理念，塑造党政机关和公共机构节约先行的良好形象。（汤 燕）

【机关后勤安全保障工作】 2018 年，新吴区机关事务服务中心会务服务保障近 3500 场次，联合公安交警等部门，做好大楼安保和外围车辆秩序维护工作。特别是在 2018 年的新吴区“两会”“中国高新区国际马拉松赛”“世界物联网博览会”等大型会议活动期间，要求护卫队减休、停休，对岗位进行加岗值守，圆满完成上级安排的安保和秩序维护工作。严格加强公车规范管理，确保行车安全。加强公务车队管理和对驾驶员的安全教育培训，不断增强安全意识和服务意识，实现用车审核提速、调度科学高效、派车响应及时、流程规范有序，全年公务用车保障任务达3000余次，安全行车无事故。（汤　燕）

【设备保障工程】 2018年，新吴区机关事务服务中心全面升级安防系统，对进出大楼车辆全部实行自动识别，针对机关停车秩序混乱及办事群众停车难问题，实施大楼停车设备及周边道路改造，增加岗亭哨位，对于外围非机动车的停放进行统一规划，统筹规划大楼及周边停车资源，改善车辆停放秩序。加强快递收发管理，引入菜鸟驿站，安排专人管理，改善大楼门前秩序。开展大小各类维修工程2500余次，加大对会议室硬件设施的改造，淘汰落后、老化硬件，对部分投影仪进行清洗和调试，保证会议服务工作的高效运行。重点加强对水、电、配电室、设备间以及电梯、水泵等设施设备的维护和保养，及时更换维修老化设备，做到防患于未然。加大对消防设施、疏散路径和安全出口的排查力度，制定应急处置、消防安全等规章制度，不断完善消防设备更新。（汤　燕）

人才建设

【概况】 2018年，新吴区引进高层次人才600人、海外留学人才260人、高技能人才1800人。针对各级重点人才工程项目，对照条件、精心遴选，按照“好中选优”的原则，推荐上报36个“双创计划”人才项目（申报量位列全市第一），推荐23名人才申报省“333人才工程”。新增培育省级以上重点人才51人，引进国家“千人计划”专家4人，新培育太湖人才计划高层次创新创业人才43人、太湖人才计划领军人才团队5个（其中诺贝尔专家团队1个），3人入围第三批“万人计划”科技创业领军人才，5人获推荐申报科技部科技创新人才推进计划，3人入围第二批市新兴产业创业领军人才（累计入围16人）。2018年无锡高新区（新吴区）第一批领军人才创业项目立项20个，各项目标完成情况领跑全市。2018年，新吴区新建美国、德国、加拿大人才工作站等3家海外站。在海外举办各类活动近20场，引荐100名以上高层次人才来区创新创业，海外精英数据库突破800人。（刘珊珊）

【飞凤人才计划】 2018年，新吴区推出扶持对象更多元、范围更扩大、举措更精准的人才新政——“飞凤人才计划”，制定下发2018年新吴区人才工作要点和人才发展专项考核计划，编发重点人才计划政策指南，举办区人才专员综合能力素质提升培训班、企业家高级研修班、“智汇新吴”海外高层次人才峰会、“东方硅谷”集成电路人才发展高峰论坛、新吴创业秀，开展首届人才服务嘉年华、“飞凤人才政策”政策宣讲会、企业家沙龙等活动。组织区内企业赴合肥、西安等地开展50余场物联网、智能制造产业人才交流会，以及高校专场招聘会。新增入围、答辩、引进国家级高层次专家14人；入围公示、入选省高层次人才计划、科技副总、科技企业家、省“333工程”培养对象共59人；入围考察、答辩及入选市“太湖人才计划”创业、创新和经营管理领军人才39人。各项重点人才计划的申报量、入围和入选数位列全市第一。（陈　云）

【技能人才培养】 为以赛促学，营造尊重人才、崇尚技能、弘扬工匠的劳动氛围，举办2018年新吴区职工职业技能大赛，来自新吴区28家企业的近100名选手参加，对获得各工种前六名的选手颁发奖牌证书和奖金，对获得前三名的选手授予“新吴区技术能手”称号。全年新增高技能人才2630人，其中技师和高级技师120人。由新吴区选送的无锡会通轻质材料股份有限公司的苗立勇，在2018年中国技能大赛——第八届全国数控技能大赛数维组决赛中获二等奖。此外，获评无锡市技术能手2人、无锡市先进制造领军人才1人、无锡市有突出贡献中青年专家1人，江苏省企业首席技师1人、江苏省有突出贡献中青年专家1人，江苏工匠工作室1个，入选第五期“省333高层次人才培养工程”第三层次培养对象1人。（宋伟红）

【外国专家工作室】 2018年，新吴区人社局坚持人才工作对外开放，盘活海外渠道人才资源，打造全球化引才用才新格局。全年新增国家、省、市级引智项目共11个，其中单个项目扶持突破100万元；新增10家单位获“江苏省外国专家工作室”、10家单位获“无锡市外国专家工作室”命名，新吴区成为无锡市外国专家最密集的区域。（王学用）

政策研究

【概况】 2018年，新吴区政策研究室围绕全区发展大局，以“提高文字能力、研究能力、信息能力、督查能力、协调能力、服务能力”为目标，圆满完成区党工委、管委会以及党政办交办的各项工作任务。2018年以来，先后撰写全区会议材料、领导讲话稿、调研报告、情况汇报等文稿200多篇，其中包括撰写区委一届七次全会工作报告、区一届纪委四次全体会议上讲话等一系列重要文稿的写作任务。（董大鹏）

【信息辅政】 2018年，新吴区政策研究室围绕中心工作、重大决策和重大部署，充分发挥党政信息主渠道作用，在反映社情民意、展示工作特色、服务领导决策、解决突出问题等方面取得明显成效。2018年信息报送量、录用率显著提高，全年被无锡市市级部门录取信息542条，同比增长57%，省级以上采用信息21篇，是2017年的7倍，完成约稿110篇，获省领导批示3件、市领导批示5件，其中《关于无锡高新区“稳外资”的调查与思考》得到省委书记娄勤俭、省长吴政隆批示肯定，省商务厅发文推介。（董大鹏）

决策咨询

【概况】 2018年，新吴区发展研究中心围绕全区发展大局，以“强化调研，服务中心，提高素质”为目标，团结协助，积极进取，求实创新，调研成果实现新突破，服务水平得到新提高，队伍建设呈现新面貌，圆满完成区党工委、管委会以及党政办全年交办的各项工作任务。2018年起草各类文稿100余篇，其中领导讲话稿、发言稿等重要文稿70余篇，调研报告、政策文件等重要文稿30余篇，完成《决策参考》8期，起草政府常务会议、区长办公会议等会议纪要18篇、会议记录18篇、党政信息18篇，完成政府常务会议政务公开工作。办理锡新办通报10期，接待外地来区调研代表团20批次，较好地发挥参谋助手作用，为推动全区经济社会发展作出重要的贡献。（曹　雨）

【发挥参谋助手作用】 2018年，新吴区发展研究中心立足新吴区经济社会发展大局，紧贴建设国家自主创新示范区发展目标，以做好前瞻性、战略性与对策性研究为宗旨，主动为党工委、管委会重大战略决策和重要工作部署提供决策思路与建议。圆满完成2018年区委全会、区委一届六次会议、区“两会”等区政府主要领导讲话文稿工作。服务全区中心工作，站在全局的高度和领导的角度，完成20篇区政府主要领导在教育、安全生产等全区条线工作大会上的讲话，以及在全区重大项目竣工、签约等重要活动的讲话文稿起草。圆满完成区政府主要领导的文稿保障工作。（曹　雨）

智库建设

【无锡国家高新区发展研究院】 无锡国家高新区发展研究院（以下简称研究院）成立于2004年12月，时为全国第一家国家高新区决策咨询智库。该院以服务无锡和无锡高新区科学发展为宗旨、以课题为龙头、以社会效益为目的、专兼职研究人员相结合的运行机制，组织协调区内外社科研究资源，对开发区改革发展稳定中的重大问题进行对策性研究，为各级决策层、管理层提供决策咨询和管理咨询服务。2016年7月，经无锡高新区党工委、管委会领导研究同意，在原来研究院与无锡市经济学会实行人员互兼、体制融合并合署办公的基础上，将研究院正式挂靠无锡市经济学会。2018年1月，研究院参与组织无锡和无锡高新区纪念改革开放40年大型研讨征文活动。2018年3月，研究院组织力量与无锡市经济学会共同承担并完成无锡市委改革办公室、市委研究室委托的《深化无锡市属国有企业改革的研究》的重大课题。2018年5月，研究院派出专家学者协助新吴区政府和梅村街道办事处开展江南水乡与人文陕西万里旅游线路的勘探和学术交流活动。2018年7月，研究院参与无锡市委、市政府委托的《无锡万亿GDP与经济高质量发展》的重大研究课题。2018年12月，研究院专家学者集体完成以吴泰伯“三让王位”为主要研究案例的理论著作《中华德文化研究》（古吴轩出版社，2018年12月出版）。（莫 怡 杜 亮 薛 森）

【《江南风》杂志】 《江南风》杂志作为由无锡高新区管委会和无锡国家高新区发展研究院、无锡市经济学会、江南大学联合举办的立足无锡、面向苏南，辐射全国的区域性、综合性宣传刊物，2018年，主要集中在贯彻中共中央提出的乡村振兴战略的宣传、无锡绿色金融发展的宣传、经济高质量发展、开发区人大工作以及吴文化的宣传。在乡村振兴方面，《江南风》杂志集中刊发江阴市周庄镇山泉村的典型经验和山泉村党委书记李全兴的事迹。在绿色金融发展方面，杂志社和中国人民银行无锡运支行联合编辑出版无锡实施绿色金融的系列研究论文集，以10万字的篇幅在2018年第2–3期合刊刊出，收到很好的社会效果。在经济高质量发展方面，杂志社组织刊发《无锡坚持高质量发展，努力建设国际化名城》《支持江苏经济高质量发展的“中行元素”》《制造业与互联网融合创新的江苏路径》等重要文章。在开发区人大工作方面，杂志社通过创新研究的栏目，刊发《重视我国开发区人大工作的研究与探索》《推进人民代表大会制度在开发区全覆盖》《开发区人大机构：法律地位与实际运行》《我国人大智库建设的机遇与挑战》《当好人民代表 履行社会责任》等重要文章，在吴文化方面，杂志社配合新吴区政府、梅村街道以及有关方面，联合在梅村举行吴文化与吴台文化高层论坛，编辑刊发《吴台文化与泰伯庙会》《故文台文化与吴地农耕文化》等20余篇各种题材的文章。截至2018年年末，《江南风》杂志已出版31期，约380万字。

（莫 怡 沈丽珍 薛 森）

【江南大学硕士工作站】 江南大学硕士工作站（原为江南大学无锡高新区硕士工作站，后升格为江苏省研究生工作站，以下简称硕士工作站），是2005年无锡新区与江南大学共建的马克思主义教学实践基地的基础上建立的，时为中国开发区系统首家国家211工程的高校人文硕士工作站。2018年，硕士工作站的研究生参与无锡市委改革办公室、无锡市委研究室委托的《关于深化无锡市属国有企业改革的研究》工作，先后参加市委召开的国企改革座谈会和无锡市区、宜兴市区以及基层国企改革座谈会，实地调研无锡市市政公用集团、无锡市排水公司、无锡照明公司、无锡高新水务公司、无锡新吴区交通集团公司等单位，并参与部分案例和文稿的整理起草工作，为该项课题的结项和出版付出劳动。同时，硕士工作站的同志还参与了新时代江南民办教育的重大典型——浙江省湖州市安吉县上墅教育集团的调研工作，并为《追踪孔子的平民教育家——汤有祥创办新中国第一所私立高中的故事》的出版做好编务工作。（薛 森 魏怡芳）

政府信息公开

【概况】 2018年，新吴区认真贯彻落实《无锡市全面推进政务公开工作实施办法》《无锡市2018年政务公开工作要点》等相关文件要求，本着服务大局、服务百姓的理念，加强组织领导，狠抓责任落实，完善工作机制，拓宽公开渠道，全面开展政务公开工作。研究并出台《新吴区2018年政务公开工作要点》，明确目标任务和责任单位，压实工作责任，及时更新完善政府网站政务公开内容，切实做到应公开尽公开。进一步规范政府信息公开发布程序，明确政府信息的公开原则、公开程序、公开平台、回应机制等相关内容，强化考核，坚持“以公开为常态、不公开为例外”原则，全力推动政府“决策、执行、管理、服务、结果”的五公开。按照国务院统一部署，认真开展“2018政府工作报告在线学习答题”活动，全区共有211个行政机关和企事业单位的5315人参与在线学习答题活动。认真开展政策解读工作，按照省里统一部署，重点开展江苏大学生新生入学相关政策指引、江苏省老年人照顾服务政策问答、江苏省社会艺术水平考级相关政策问答、江苏省异地就医直接结算办理指引、江苏省户政业务办理新政八问、群众办事开具户籍等“身份证明”政策问答、江苏省扩大科研人员自主权新政“速递”等相关政策解读工作，上线率和及时率都达到100%。（陈　良）

【政务信息公开】 2018年，新吴区在政府信息公开各类平台共发布各类信息8103条（不同渠道和方式公开相同信息的，计算为1条），其中政府网站公开7384条，政务微博公开797条，政务微信公开1201条，其他方式公开272条。全年回应公众关注热点或重大舆情数270次（不同方式回应同一热点或舆情计1次），其中微博微信回应235次，政策解读稿件发布22次，参加或举办新闻发布会2次，在线访谈次数10次，其他方式回应事件数1次。全区全年共收到政府信息依法申请公开数132件，其中当面申请数14件，网络申请数32件，信函申请数86件。全区全年信息公开申请办结数、答复数132件，办结率100%，其中属于主动公开范围数19件，同意公开答复数18件，同意部分公开数13件，不同意公开答复数16件，不属于本行政机关公开数23件，申请信息不存在数25件，告知作出更改补充数12件，告知通过其他途径办理数6件。全区没有发生因政府信息公开的收费情况。全区全年因政府信息公开申请行政复议数量1件，其中不予受理1件；行政诉讼数量7件，其中维持具体行政行为或驳回原告诉讼请求3件，被依法纠错1件，其他情形3件。（陈　良）

政务信息化

【概况】 2018年，新吴区政府办公室认真贯彻落实省、市关于政府网站建设管理工作新要求，在省政府办公厅、市政府办公室和上级部门的正确指导下，紧密结合新吴区实际，以政府网站集约化建设为目标，强化资源整合、提升内容质量，政府网站建设实现新提升。根据国务院办公厅、省政府办公厅和市政府办公室对政府网站集约化建设的要求，启动并完成新版区政府门户网站建设工作，并在全市各板块率先上线运行。对网站版面和栏目进行整体优化和提升。新建领导之窗栏目，整合《无锡日报》高新区专版、《无锡高新区》《创见》杂志、纪念改革开放四十周年特别节目《争渡——对话高新区》等内容，进一步充实网站内容，提高可读性，提升政府门户网站作为窗口和名片的良好宣传效应。（柳文思）

【网站建设】 2018年，新吴区政府办公室加强政务内网网站和区政府门户网站建设，以网站要闻栏目为载体，强化对党工委管委会、区委区政府中心工作、重大项目、重要活动的宣传报道，提高要闻的时效性、准确度和整体质量。贯彻落实上级要求，制定出台《关于严格我区机关、单位互联网网站信息发布管理的通知》《新吴区党政办公室网站信息发布保密审查制度》，为做好网站互联网信息发布安全工作提供制度保障。新版政务内网网站和OA办公平台顺利上线并实现平稳运行，为提升公文流转效率提供良好的技术支撑。（柳文思）

新吴区的公共道路建设

【概况】 2018 年，政协新吴区委员会以习近平新时代中国特色社会主义思想和中共十九大精神为指导，贯彻省、市、区委全会精神，聚焦“四个走在前列”目标定位，推进协商议政的规范化、民主监督的常态化、调查研究的实效化，有效凝聚各党派、各团体、各界人士的智慧和力量，为建设“强富美高”新吴区作出积极贡献。全年共召开常委会议 4 次、主席会议 13 次。扎实推进联系基层、联系群众，进园区促发展、进社区促和谐、进企业促转型“双联三进”大走访活动。全年共组织召开专题协商会 1 次，听取通报、对口协商 4 次，开展各类调研视察 16 次、研讨座谈 27 次，推动各类民主监督活动 36 次，报送综合简报、调研报告等 23 篇。编纂完成的《新吴区工业企业发展变迁史料》，用 61 篇文稿、31.4 万字和 650 多张照片勾勒蝶变轨迹，成为纪念改革开放 40 周年、记录新吴“创业史”“改革史”“开放史”的好教材。正式出版 30 余万字的《跟着楹联读新吴》。“新吴政协”微信公众号良性运行，推出解放思想大讨论和改革开放 40 年征文11 篇。（万　杰）

重要会议

【政协新吴区第一届委员会第三次会议】 1 月 16—18 日，政协新吴区第一届委员会第三次会议举行。出席大会的区政协委员应到 197 名，实到 188 名。中共新吴区委、区人大常委会、区政府全体领导，原新区政协工委领导，区人民法院院长、区人民检察院检察长，区机关各部门、直属单位主要负责人，区委各直属党组织书记，在区的全国、省、市政协委员列席大会开幕式。会议首次增加大会发言形式，进行建言资政。会议期间，委员们听取并讨论新吴区委书记王进健代表中共新吴区委所作的重要讲话，听取并审议区政协常委会工作报告和提案工作情况报告；列席区一届人大三次会议，听取并讨论区政府工作报告和其他报告；听取提案初步审查情况报告，审议通过区一届政协三次会议决议。会议期间收到委员提案 112 件，其中委员个人提案 85 件、联名提案 21 件、集体提案 6 件。增补选举平江、金燕为政协新吴区第一届委员会副主席，陶锡强、王佳为常务委员。（万　杰）

【新吴区一届政协常委会会议】 3 月 14 日，新吴区政协召开一届七次常委会议，集中学习全国政协十三届一次会议精神，协商通过区政协 2018 年工作要点和工作计划，协商通过 2018 年“同心共筑新吴梦、助力发展我建功”主题活动实施意见及有关人事事项。会议指出，要以中共十九大精神为统领，进一步强化思想理论武装；要以中共新吴区委总体工作部署为坐标，进一步提高履职尽责成效，狠抓调查研究，聚焦高质量产业发展、高效益科技创新、高层次对外开放、高水平产城融合“四个走在前列”新实践，围绕事关全局的重大问题做好战略性研究，围绕群众关心的热点难点问题做好对策性研究，围绕决策措施的贯彻落实做好跟踪性研究，努力形成有见地、可操作的调研成果；要以阵地建设为依托，进一步加快政协事业发展，扎实推进“委员之家”“委员工作室”建设，为倾听民意、服务民生、凝聚民心搭建好基层协商民主平台。

7月20日，区政协召开一届八次常委会议，听取区政府通报2018年上半年经济社会发展情况，协商通过组织开展习近平关于加强和改进人民政协工作的重要思想学习研讨活动相关文件《新吴区政协开展解放思想大讨论活动的方案》《关于开展深化“放管服”改革建设一流营商环境三级联动专题民主监督的实施意见》《新吴区政协关于开展水体治理专项民主监督的方案》及有关人事事项。会议指出，开展好习近平关于加强和改进人民政协工作的重要思想学习研讨活动、解放思想大讨论活动是政协当前重要的政治任务，全区政协组织和政协委员要结合活动的开展，进一步解放思想，在增进共识上担当作为；进一步发挥优势，在建言献策上担当作为；进一步提质增效，在自身建设上担当作为，不断推进政协工作提质增效，为推动高质量发展走在前列，建设“强富美高”新吴区贡献智慧和力量。

11月5日，区政协召开一届九次常委会议，听取区政府关于2018年政协提案办理情况的通报，听取区政协2018年提案分析报告，协商通过有关人事事项，协商通过《政协新吴区委员会关于进一步发挥委员主体作用的意见》，并书面通报区政协委员履职情况。会议指出，要强化政治引领，进一步提升政协组织和政协委员的政治意识、大局意识、核心意识、看齐意识，充分发挥党员委员的先锋模范作用，引领带动广大政协委员增强政治、思想、理论、情感认同，通过加强政协党的建设，强化使命担当，促进政协工作质量大提升；要突出履职质量，提升政协委员政治把握能力、调查研究能力、联系群众能力、合作共事能力，真正做到建言建在需要时、议政议到点子上、监督监在关键处；要统筹推进各项工作，进一步强化责任落实，带头强化“双主业”意识，正确处理好本职工作与政协工作之间的关系，在做好本职工作的同时，保持对政协工作的激情，用足够的精力干好政协事、履好政协责，为推动高质量发展走在前列，建设“强富美高”新吴区作出积极的贡献。

12月26日，区政协召开一届十次常委会议，传达全国、省、市政协系统党建工作会议精神和全省政协系统视频会议精神。听取区委组织部关于区政协委员、政协常委调整事项及大会临时党委成员名单的说明。会议协商通过关于调整区政协委员的决定、区政协一届四次会议议程（草案）、日程安排（草案）、秘书处及各组成员建议名单、区政协常务委员会工作报告、区政协常务委员会提案工作报告、关于召开政协新吴区第一届委员会第四次会议的决定。（万　杰）

参政议政

【提案工作】 2018年，提案者围绕聚力创新、聚焦富民、推动“四个走在前列”等重大战略和事关改革发展的热点、难点问题，认真开展调查研究，大多数提案做到选题准确、情况真实、建议具体、针对性强，凝聚广大政协委员的智慧。内容涵盖新吴区的经济科技发展、城建城管环境保护、文化教育卫生体育、社会综合治理等诸多方面。经审查立案86件，由29个承办单位办理，办复率为100%。根据对这些提案办理落实情况的跟踪汇总，已经解决或基本解决的34件，占办理提案总数的51.5%；正在解决或列入计划准备解决的25件，占办理提案总数的37.9%；因受条件限制或其他原因有待以后研究解决的7件，占办理提案总数的10.6%。提案提出的意见和建议大部分得到采纳和落实，提案办理获得委员认可和满意。（万　杰）

【新吴区重大科技创新平台建设专题协商会】 10月11日，新吴区政协组织召开新吴区重大科技创新平台建设专题协商会。区政府主要领导以及区经发局、科信局、招商服务局、科促中心、招商发展中心、各街道办事处、太科园投开公司、微纳园、中电海康等单位负责人到会听取意见建议。市、区两级政协委员从不同的视角、不同的层面，客观分析新吴区重大科技创新平台的建设情况，围绕其中的热点难点和关键性问题进行充分的协商讨论，提出针对性的意见建议。政协委员提出的意

见建议得到区政府主要领导的肯定。（万　杰）

民主监督

【长三角区域污染防治联动民主监督暨重点提案督办专题座谈会】 12月10日，区政协组织召开长江三角洲区域污染防治联动民主监督暨重点提案督办专题座谈会，区政府分管领导及区环保部门负责人参加会议。会议指出，新吴区生态文明建设工作要以生态环境高质量为目标导向，坚定走绿色发展之路；要进一步统一思想，强化责任意识和执行力；要发挥舆论宣传主阵地的积极作用，完善公共参与机制。（万　杰）

委员工作

【委员履职】 2018年，新吴区政协立案的86件委员提案选题准确、情况真实、建议具体，5件被列为重点提案，10件被评为优秀提案，提案办复率100%，办复满意率97%。上报社情民意，被市政协录用6篇，并呈送市政府阅处。此外，“关于加快引育新一代信息技术龙头企业的建议”还被省、市党政信息系统同时录用。围绕思想大解放的8个方面组织的8场研讨座谈，凝聚70多名委员的智慧，形成的150余条意见建议得到区委批示，以综合简报的形式转发区政府酌情吸纳。在无边界沙龙活动中，政协委员主动承担话题选择、经验分享、现场主持等工作。在黑臭水体民主监督活动中，委员自发邀约水体专家来区调研，问诊开方。（万　杰）

【优化基层履职阵地】 2018年，新吴区政协在全区6个街道分别设立“委员之家”，在6个社区和2个园区建立8个“委员工作室”。探索试行委员轮值机制，打造委员履职的基层阵地平台，重点围绕人民群众对生态环境、教育卫生、法治公平、食品安全、医疗养老、乡土文化等方面日益增长的需求，广泛听取民声、反映社情民意。（万　杰）

【产城融合专题研修班】 2018年，围绕新吴区委一届六次全会提出的作“城乡统筹、三生融合”领跑者的目标，区政协组织90余名政协委员、政协工作者参加产城融合专题研修班，邀请杭州城市学研究会理事长、原杭州市委书记王国平等实干型专家，就产城融合、城乡规划、综合交通布局、城市垃圾处置等问题进行专题辅导，丰富知识储备，完善知识结构，夯实为高水平产城融合建言献策的智力基础。（万　杰）

【专题调研】 2018年，新吴区政协坚持政协工作与区委中心工作同心同向、同频共振，充分发挥政协优势和职能作用。以“区委点题、政协开题、委员答题、政府破题”的形式，围绕重大科技创新平台建设开展专题协商，助推“高效益科技创新三年行动计划”的贯彻落实。组织委员对星洲工业园发展进行专题调研，在拓展发展空间、促进发展模式创新复制、提高管理服务效率等方面汇聚委员智慧。组织开展产城融合专题研修班，结合调查研究，开课题攻坚，就产城融合、垃圾处理等专题形成多篇有质量的调研报告。围绕长江三角洲区域污染防治开展省、市、区政协联动民主监督，助力打好污染防治攻坚战。以水体综合治理为主题，市区政协联动，助推黑臭水体的达标净化。按照市委要求，及时将城市精细化管理纳入市区政协联动民主监督内容，取得实效。围绕学前教育资源配置优化，形成以学前教育高质量均衡发展为主题的调研报告，在优化教育规划布局、探索民办幼儿园帮扶创新机制等方面提出针对性的建议。（万　杰）

新吴鸟瞰图

中共新吴区纪律检查委员会、新吴区监察委员会

【概况】 2018 年，新吴区纪检监察机关深入学习贯彻习近平新时代中国特色社会主义思想，以深化纪检监察体制改革为主线，抓住履好纪检监察两项职责这个重点，瞄准维护风清气正政治生态目标，全面履行党章赋予的职责，不断推动党风廉政建设和反腐败工作取得新进展新成效。2018 年，新吴区纪委监委共立案各类违纪违法案件 100 件，立案增幅 20%，位居全市第一。办理全市首起受贿犯罪留置案，全年累计办理留置案件 5 件 5 人，给予 56 人次党纪政务处分，其中，乡科级干部 10 人，给予开除党籍 15 人，政务开除 2 人，移送司法机关 5 人；挽回经济损失 280.98 万元。科学运用监督执纪手段。各级党委主要负责人谈话 28 人次，提醒谈话 48 人，诫勉谈话 25 人。梳理司法判决、行政处罚信息 2000 余条，对违纪线索进行跟进排查。接收来信来访 229 件，转立案 28 件。全年开展 4 轮巡察，发现问题 663 个，提出整改建议 86 条。6 月 15 日，市委常委、市纪委书记王唤春率市纪委副书记方力以及相关负责同志到新吴区调研，专题听取高新区（新吴区）动态管理平台的演示汇报，对新吴区依靠科技手段加强权力监管的创新举措表示肯定。10 月 31 日，省委常委、省纪委书记、省监委主任蒋卓庆到新吴区考察调研。调研期间，蒋卓庆一行先后考察鸿山遗址博物馆、鸿山物联网小镇客厅，听取新吴区债务动态管理平台的演示汇报。 （新悟记）

重要会议

【区纪委一届三次全会】 3 月 7 日，中共无锡市新吴区第一届纪律检查委员会举行第三次全体会议，深入学习贯彻习近平在十九届中央纪委二次全会上的重要讲话精神，全面贯彻落实中央纪委和省市纪委全会部署要求，总结工作，分析形势，部署 2018 年全区党风廉政建设和反腐败工作。无锡市副市长、高新区党工委书记、新吴区委书记王进健讲话，并与各园区街道党工委、各部门各单位党组主要负责同志共同签订党风廉政建设责任书。高新区党工委副书记、管委会主任、新吴区委副书记、区长封晓春，区人大常委会主任张明烈，区政协主席刘蓓红等出席会议。高新区党工委委员、纪工委书记、新吴区委常委、纪委书记、监委主任焦夕莲主持会议并作工

3 月 7 日，中共无锡市新吴区第一届纪律检查委员会举行第三次全体会议

作报告。会上，与会人员集中观看由区纪委制作的廉政警示教育片《贪欲之鉴》。（新悟记）

【2018年提任（调任）人员集体廉政谈话会议】 10月18日，新吴区召开2018年新提任（调任）人员集体廉政谈话会议，全区提任（调任）干部137人参加会议。高新区党工委委员、纪工委书记、新吴区委常委、纪委书记、监委主任焦夕莲出席会议并讲话，区纪委副书记、监委副主任殷璐主持会议。焦夕莲指出，在新的职位，提任（调任）人员要常存敬畏之心，坚持审慎用权；要常思担当之策，擎起肩头责任；要常怀律己之心，永葆清廉本色。（新悟记）

监察体制改革

【无锡市新吴区监察委员会揭牌成立】 1月22日，无锡市新吴区监察委员会正式成立。高新区党工委副书记、管委会主任、新吴区委副书记、区长封晓春，区人大常委会主任张明烈，区政协主席刘蓓红及区深化监察体制改革试点工作小组全体成员，区纪委、监委全体干部参加活动。高新区党工委委员、纪工委书记、新吴区委常委、纪委书记、监委主任焦夕莲主持揭牌仪式。深化国家监察体制改革，组建各级监察委员会，是以习近平为核心的中共中央作出的重大决策，是事关全局的重大政治体制改革。根据中央和省、市委的统一部署，新吴区顺利完成职能划转、机构设置和人员转隶等工作。1月19日，区一届人大三次会议选举焦夕莲担任区监察委员会主任，区人大常委会第十三次会议任命区监察委员会2名副主任和4名委员，区监察委员会的领导人员经法定程序配备到位，为改革顺利推进创造良好条件。新吴区监察委员会将担负起新形势下党赋予纪委、监委的新使命、新责任，着力构建“不敢腐、不能腐、不想腐”的长效机制，为全区经济和社会新发展、新跨越、新业绩保驾护航。（新悟记）

【体制机制改革】 2018年，新吴区监委揭牌成立后，通过梳理和明确领导分工、部门职责，促进人员融合、思想融合、流程融合。坚持一体贯彻纪检、监察两项职责，贯通纪法、衔接司法，推动执纪和执法相协调、监察法和刑法刑诉法相衔接，实现分工负责、相互制约、高效统一的工作格局。推动审查调查各项工作规范化、标准化、系统化，制定出台规章制度34项。与法院、检察院、公安部门分别建立委院（局）级和内设部门级双重双向沟通协调机制，形成监察调查与刑事诉讼程序有效衔接的工作机制。推动监察职能向基层延伸，增挂第一、第二派出监察员办公室牌子，分片联系所辖街道并驻点办公。组织“三转”（转职能、转方式、转作风）工作回头看，全面实现基层纪（工）委书记、副书记专职化。（新悟记）

【干部队伍建设】 2018年，新吴区纪委监委深化“打铁必须自身硬”专项行动，开展解放思想大讨论活动，持续加强业务培训，举办“新风清语”业务讲坛12期，参加省纪委深化纪检监察体制改革专题培训11期。抽调20余名干部到专案调查、巡察监督和专项督查工作一线，选派10名青年业务骨干参加上级办案、巡视巡察以及挂职锻炼。在巡察一线，专案组成立临时党支部，压实党建责任。（新悟记）

【“两个责任”考核制度】 2018年，新吴区纪委着力构建上下衔接的履责记实制度，实现主体责任和监督责任履责情况的实时记实上报，全年完成5192条主体责任履责记实、8707条监督责任履责记实。实现线上线下联动考责。健全完善“两个责任”网上考核系统，实现责任制落实的动态监督、动态检查、在线考核、在线评价和动态跟踪。（新悟记）

【容错纠错机制2.0版】 2018年，新吴区纪委进一步健全正向激励机制，制定出台容错纠错机制2.0版，推进容错纠错具体化、流程化、制度化、常态化，打造容错纠错功能“一体两翼”，与鼓励激励、能上能下机制形成叠加效应。全年共完成备案2项、纠偏1项、容错纠错2人。（新悟记）

廉政教育

【全市首家“VR廉政文化馆”】 5月4日，高新区（新吴区）第五届“新风清语”廉政文化宣传教育主题月启动，空港经济开发区“VR（Virtual Reality 虚拟现实）廉政文化馆”开馆。高新区党工委委员、纪工委书记、新吴区委常委、纪委书记、监委主任焦夕莲出席活动。启动仪式上，开展诵读经典诗词、聆听颂廉评弹、体味廉政小品、发放 3D 廉政戒尺、编印监察法宣传册、体验 AR 技术与“廉宝”互动、走进 VR 廉政文化馆等廉洁宣传教育活动，广大党员干部在寓教于乐中提升廉洁风险防范与廉洁自律意识。此次亮相的 VR 廉政文化馆是全市首家引入 VR 虚拟现实设备的智能型廉政文化教育示范点，已建成一个虚拟体验展厅，以惠山泥人“阿福”为原型设计 AR 廉政吉祥物，将模型、声像软件、图书音像资料等载体与色彩、音乐等表现形式相结合，使廉政教育更加生动。（新悟记）

【廉政文化宣传教育主题月活动启动】 5 月 4 日，无锡高新区（新吴区）第五届“新风清语”廉政文化宣传教育主题月启动仪式暨空港经开区（硕放街道）“5·10”思廉日活动在空港经开区（硕放街道）睦邻文化中心举行。市纪委常委、监委委员李晓，高新区党工委委员、纪工委书记、新吴区委常委、纪委书记、监委主任焦夕莲，市纪委、监委宣传部部长边静玉，区级机关党工委负责人，区纪委监委班子成员及各室、派驻组、区委巡察机构负责人，各园区、街道纪工委负责人，空港经开发（硕放街道）党政班子成员，人大、政协负责人，部门、村（居）社区负责人以及部分党员代表等 300 余人参加活动。（新悟记）

【营造思廉倡廉浓厚氛围】 2018 年，由区纪委制作的公益广告在“无锡·崇德倡廉”廉政文化微作品征集评选中获得视频类、平面类 2 个一等奖、1 个三等奖，获奖数位居全市第一。定制的“廉洁公交”，被中央纪委、国家监委官网报道。制作警示教育片《贪欲之鉴》，制作水平和数量均居全市前列。开发“3D”廉政戒尺等文创产品。在全省首创运用 VR、AR 技术开展廉政教育，开发 VR 廉政教育馆。全委及基层共被上级录用纪检信息 207 篇、外宣新闻 77 篇（中央级 7 篇），分别位居全市第二、第三名。（新悟记）

巡察工作

【查纠“四风”】 2018 年，新吴区纪委监委严格贯彻中共中央八项规定及其《实施细则》精神和省委、市委《具体办法》，定位向监督聚焦，责任向监督压实，力量向监督倾斜，聚焦重要时间节点，集中解决形式主义、官僚主义、享乐主义和奢靡之风这“四风”问题。组织开展明察暗访 58 次，检查餐饮场所 97 个，下发调查核实函 19 个。查处违反中央八项规定精神问题 10 起。组织开展“作风面对面”新吴区专场 4 次，现场解决群众反馈问题 18 个，督促问题整改 39 件。对全区科级以上干部违规借贷情况进行核查。集中组织开展教育、人防、扶贫、环保领域专项治理和“大棚房”问题专项清理整治行动。部署形式主义、官僚主义集中整治活动。（新悟记）

【巡视整改与区委巡察】 2018 年，新吴区纪委监委持续深入推进中央和省委巡视反馈意见问题整改工作，落实一体对照、一体整改要求，围绕中央巡视江苏反馈意见，细化 6 个方面 21 项任务 70 条整改措施。持续推进省委巡视整改工作，66 个具体问题已整改完成 63 个，整改率达到 95.4%。协助区委开展巡察，坚持巡审结合、巡察派驻联动，全年开展 4 轮巡察，发现问题 663 个，提出整改建议 86 条，向区委提交专题报告 2 份，移交问题线索 13 个，立案 3 起、党纪政务处分 1 人、诫勉谈话 1 人，督促相关被巡察单位完善制度 70 个。（新悟记）

公铁立交

中国国民党革命委员会新吴区基层委员会

【概况】 民革新吴区基层委员会前身是2008年11月成立的民革新区支部，当时拥有党员10余名，经过八年的不断发展，于2016年4月5日正式成立新吴区基层委员会。2018年，民革新吴区基层委员会有三个支部，拥有党员53人，平均年龄42岁，其中中高级以上职称35人，硕士以上学历5人，市人大代表1人，市政协委员1人，区政协委员10人。主委唐鹏，副主委李风、陆浩昱、俞知明、孙滟。（王 聪）

【参政议政】 2018年，民革新吴区基层委员会重点开展“一人一案”活动，每一位民革党员紧紧围绕新吴区经济社会发展中的难点、热点问题，认真做好提案工作，履行参政议政职能。无锡民革新吴区基层委员会《关于设立网格化社会管理学院的调研》的提案获得优秀调研成果奖；顾希红荣获优秀区政协委员称号，其提案《关于优化鸿山物联网小镇交通体系的建议》也荣获优秀提案奖。（王 聪）

【组织建设】 截至2018年年末，新吴区共有民革党员52名，设3个支部，年内新发展党员共计3人。参与举办“企业知识产权司法保护论坛”。组织大家一起学习习近平《为实现民族伟大复兴 推进祖国和平统一而共同奋斗》等重要讲话，并交流心得体会。（王 聪）

【社会服务】 2018年，民革无锡市委成立博爱志愿者法律服务团，法律服务团紧紧围绕参政议政、社会服务、祖国统一这三大中心工作，特别是在涉台公益法律服务方面，彰显民革党派特色。11月15日，民革新吴区基层委员会联合新吴区教育文体局、新吴区社区学院、无锡科技职业学院关工委共同举办“新吴区全民终身活动周茶道比赛”活动。（王 聪）

中国民主同盟新吴区基层委员会

【概况】 民盟新吴区基层委员会于2015年10月22日正式成立，前身为民盟无锡科技学院支部，于2006年6月成立，当时仅有盟员6人。2018年，已发展盟员累计95人（含退休盟员16人），100%拥有高等教育学历，50%以上拥有高级职称，内设4个支部，其中无锡科技职业学院支部与三高中支部主要是学校的高级职称教师与中层骨干管理人员；太科园支部与梁鸿支部主要是新吴区文化教育界、企业界高层次人才。（王 聪）

【参政议政】 盟员中有无锡市人大代表2人，新吴区政协委员14人（政协副主席肖伟明及政协常委3人），带领盟员每“一建议一点子”。2018年2月，被民盟无锡市委员会授予社情民意信息工作先进集体二等奖、参政议政工作先进集体二等奖、宣传工作先进集体三等奖。李华的《深化高等教育校企合作内涵式发展——建立“政府主导、产教融合、校企合作”紧缺人才培训基地》获第九届江苏教育发展论坛论文征文优秀奖，《建议将无证幼儿园改设为“学前儿童看护点”》获2018年度无锡市人民建议专题征集活动优秀奖。（王 聪）

【组织建设】 截至2018年年末，盟员总人数95人（含转入及新发展），下设4个支部：科技职业学院支部、三高中支部、太科园支部、梁鸿支部。其中无锡科技职业学院支部13人（正高1人，副高8人，中层3人），三高中支部21人（高级职称17人，中层2人），太科园支部28人，梁鸿支部33人。主委刘燕，副主委李华、董峰、彭静。 （王 聪）

【社会服务】 逐步推出形成“盟动心灵”“春联义卖”等盟动系列特色活动，播种文明慈善的种子。2018年，建设民盟新吴区—鸿山第一社区同心基地，形成社会服务阵地品牌。先后组织座谈交流、亲子手工、爱心义卖、专业讲座以及走访慰问活动共7次。2018年，支部设立“盟动关爱基金”，与爱满园3名自闭症家境贫困的家庭结对，于“六一”儿童节发放关爱基金3000元，并定期走访慰问，深入关爱和抚慰星星的孩子们及家庭。 （王 聪）

中国民主建国会新吴区基层委员会

【概况】 截至2018年年末，中国民主建国会新吴区基层委员会共有会员71名，在职会员平均年龄44岁，本科以上学历75%，省政协委员1名，市人大代表3名，市政协委员3名，区政协委员8名。 （王 聪）

【参政议政】 2018年，民建新吴区基层委员会递交调研报告2篇，涉及人工智能、网络安全等社会发展热点。共有24篇社情民意被录用，其中10篇被市委、市政协录用，会员冼薇的《一线城市抢人大战，无锡莫要被吸血》被省民建录用，在全市30个基层委员会和总支中名列前茅。民建新吴区基层委员会发挥民主监督作用，委派3名会员担任新吴区人社行风监督员，以群众办事的方式观察了解窗口单位工作人员的服务态度、工作作风和工作纪律等情况，将民主监督机制落到实处。 （王 聪）

【组织建设】 2018年，民建新吴区基层委员会围绕新会员，遵循“注重质量、兼顾数量、保持特色、改善结构”的工作思路，按照组织程序，批准吸收4名新会员（其中1人新调入）。会员年纪轻、素质高成为新吴区基层委员会的突出特点。 （王 聪）

【社会服务】 2018年，民建新吴区基层委员会开展户外徒步、书画鉴赏、三八节女性会员主题活动、会员联谊等各类活动10余次。进一步加强“思源工程”“同心实践基地”“同心学堂”等系列品牌建设，推动会员参与社会公益事业，做好扶贫济困、捐资助学、法律服务、创业励志、文化服务、微公益等活动。 （王 聪）

中国民主促进会新吴区基层委员会

【概况】 民进新吴区基层委员会成立于2015年11月26日，下设综合支部、机电高职支部、梅村高中支部、三高中支部。惠莲任新吴区主委，宋映红、吴素弘、金仲伯任副主委，宋映红兼任组织委员，钱雷任宣传委员，徐蕙任调研委员，张玉珍任社会服务委员。 （王 聪）

【参政议政】 2018年，民进新吴区基层委员会多篇社情民意被民进省委和市党政信息等采用，社情民意上报工作在全市民进各基层组织中名列前茅。被民进无锡市委评为“参政议政和宣传工作先进组织”。被中共无锡高新区工委（新吴区委）统一战线工作部评为统战社情民意、调研工作先进单位，优秀民主党派基层组织。 （王 聪）

【组织建设】 截至2018年12月，民进新吴区基层委员会共有会员63名，其中文化教育界会员37名，占比59%，40周岁以下会员20名，占比32%，在职教师会员29名，占比46%。市政协常委1名，区人大代表3名，区政协委员8名，其中区政协常委2名。 （王 聪）

【社会服务】 2018年，民进新吴区基层委员会依托新吴区旺庄街道敬老院“同心实践基地”，定期组织会员开展送亲情、送温暖、送欢乐的“三送”活动。依托“同心教育服务团”，持续开展“清风助教进社区”“到区内学校送教”“提升高中生薄弱学科成绩”“职业教育校企交流”等活动。以支部为单位建立“同心志愿服务组”，发挥会员自身优势，汇聚资源，开展阅读、保

健、律政、助困等各类小型公益活动，形成一支部一特色。（王　聪）

中国农工民主党新吴区基层委员会

【概况】 中国农工民主党无锡市新吴区基层委员会成立于2016年4月19日，当时有44名党员、3个支部。截至2018年年末，党员发展到57名。主委徐波，副主委孟玉琼、黄文成、周玲玲、庞正方，秘书长孟玉琼（兼）。（王　聪）

【参政议政】 2018年，农工民主党新吴区基层委员会认真履行参政议政、民主监督的职能；紧紧抓住新吴区社会事业发展和关系人民群众切身利益的热点、难点问题，深入调查研究，反映社情民意，积极建言献策；紧紧联系自身的优势和特点，把社会服务作为履行职能的重要工作，大力开展阳光助学、同心基地建设、送医送药、慈善捐助等活动；紧紧围绕加强自身建设，不断学习，提高履行参政议政职能的能力和水平。（王　聪）

【组织建设】 2018年，农工民主党新吴区基层委员会新发展3名党员。在农工民主党无锡市委开展的《创建示范支部，争当优秀党员》活动中，基层委员会的一支部和周玲玲、陈伟分别荣获2018年度“先进支部”和“优秀党员”称号，邹凌源、王鹏、杨骏宇、吴芳、冷扬芳、马小林等6名党员被评为基层委员会优秀党员。（王　聪）

【社会服务】 举办“急救知识培训”“植万棵树，回万般情”“阳光助学”等活动，2018年8月，农工民主党新吴区基层委员会在硕放香楠佳苑社区建立“同心基地”，并开展3次“同心”活动。9月5日，基层委员会联合硕放香楠佳苑、硕放中心小学的50名小学生及海力士博爱基金会开展“同心博爱筑梦计划”“我和大学有个约会”活动，陪伴同学们走进江南大学，参观大学图书馆、教室、与大学生近距离接触、对话、实地感受大学生活，帮助青少年树立学习目标、增加学习动力，在心中确立一个大学梦，希望通过这次活动，同学们在以后的学习中，能加倍努力，从小树立远大理想。11月6日，基层委员会和香楠佳苑社区党总支联合组织，由SK海力士幸福公益基金会赞助支持，在“同心基地”香楠佳苑社区开展弱势群体免费体检活动，120多名老人在农工党员的引导下，到不同的体检地方进行不同项目的体检，经过2个多小时的忙碌，体检工作圆满完成，获得老人们的称赞，希望明年还有此类活动开展。（王　聪）

中国致公党新吴区基层委员会

【概况】 中国致公党新吴区基层委员会更名于2016年3月。致公党新吴区基层委员会以新吴区素质高、学识广、有个性优秀人才为发展对象，截至2018年年末，党员人数从成立初期的6名发展到96名。2018年，致公党新吴区基层委员会下设5个支部，96名党员中，男性党员70名，女性党员26名，92%的党员具有本科及以上学历。主委余焱，副主委张昭、吴锴，组织委员聂荐蔚，宣传委员吴晓宇。（王　聪）

【参政议政】 2018年，致公党新吴区基层委员会不断健全组织学习制度，不断推进议事流程的科学化、组织发展的公开化、工作考核的民主化，提高党员政治理论素质和参政议政能力，使党派工作走上制度化、规范化的轨道，党员队伍建设保持旺盛的生机和活力。致公党新吴区基层委员会继承和发扬致公党“致力为公、参政兴国”的优良传统，深入开展调查研究，为服务全区经济社会发展积极贡献智力，发挥致公党的界别优势，投身公益事业，在服务社会上实现党派价值。（王　聪）

【社会服务】 2018年，致公党新吴区基层委员会党员钱华所办企业与致公党无锡市委会联合成立“钱汇一助学基金”，与江南大学多名贫困学生签约助学，每名受助生获助学金5000元，助学金现累计达到40万元，受助学生达60多名。致公党新吴区基层委员会通过党员自发捐款建立“春风行动”助学基金，先后募集基金数万元。基金会连续三年向鸿山街道东塘街村的两名贫困学生捐助共计9000元，帮助他们完成学业。基金会还向市福利院和硕放颐养院捐赠价值8000多元的物品，给他们带去致公党的问候和关爱。
（王　聪）

九三学社新吴区基层委员会

【概况】 九三学社新吴区基层委员会以九三学社无锡市委会直属二支社为前身，2008年正式成立新区基层组织，2013年年底升格为基层委员会。2018年，组织建设和人才队伍建设取得新突破。截至2018年年末有社员55人，其中高级职称11人，硕士学位15人，在成员构成上，逐渐形成体制内成员、外资企业高管、“两新”（新经济、新社会）组织代表三分天下的鲜明特色。基层委员会下设3个支社，领导班子设置为1个主委、3个副主委（各自担任1个支社的主委）、4个委员（组织委员、宣传委员、参政议政委员、社会服务委员）。基层组织有1名市人大代表、8名区政协委员，通过调研、提案、社情民意，建言献策、参政议政。（王　聪）

【参政议政】 2018年，九三学社新吴区基层委员会围绕新吴区实际，开展专题调研，为参政参到点子上、议政议到关键处做足功课。组织社员赴梅村二胡重点企业开展文化产业专题调研。九三学社新吴基层委员会拥有8名区政协委员、1名市人大代表，围绕服务中心、服务大局，在参政议政工作上发出属于九三学社的声音，为区域高质量发展做出重要贡献。（王　聪）

【组织建设】 2018年，主委王学用作为九三学社无锡市委会基层组织唯一代表，在九三学社江苏省委组织建设工作经验交流会上介绍工作经验，得到省委主要领导的高度肯定。同年，九三学社新吴区基层委员会被九三学社江苏省委第七届委员会评为组织建设优秀基层组织。（王　聪）

【社会服务】 2018年，九三学社新吴区基层委员会结对新安街道新安花苑第三社区共建“同心实践基地”，利用海力士公益基金的资金优势和社会组织的专业优势开展社会服务活动。组织社区青少年开展“阅读大运河”主题夏令营活动。
（王　聪）

新吴区工商业联合会

【概况】 2018年，新吴区工商联（总商会）严格按照全国“五好县级工商联”标准，务实抓强组织，推进党支部和党组的建立，以党建促会建、促发展，确保党的路线方针政策和新吴区委、区政府的决策部署得到有效贯彻落实。结合工作实际，助推非公企业健康发展，实施“民企活力创新计划”，打造“家+”模式，抓实服务，聚力发展。继续培养塑造新生代企业家典型，关注新阶层，通过传帮带，加强对企业后备人才和二代非公经济代表人士的培养工作，吸纳政治坚定、综合素质高、各方面表现优秀的非公有制经济代表人士到领导班子中，会员队伍扩大到191名。推进基层商会建设，严字当头，规范起步，夯实基层组织，街道商会除新安街道业态的特殊性以外，做到全覆盖。认真完成江苏省“五好”工商联互查工作，准备全国“五好”工商联申报，推荐梅村街道商会申报省级“四好”商会。组织企业参加党建联盟建立，推荐5家企业党委、党支部获得市联党建联盟示范点。迎七一歌咏比赛，并取得佳绩。组织6家企业申报唐翔千卓越工程师奖，文思海辉工程师成功入选。全年完成党政信息、统战信息录用稿件2篇，市级报纸杂志刊登稿件3篇，微信公众号录用稿件6篇，推送省工商联网站录用稿件180篇，征订80份《中华工商时报》分发给执委以上企业学习。
（肖　品）

【组织建设】 3月8日，新吴区工商联2018年新春恳谈会圆满召开。区工商联（总商会）第一届执行委员会委员（副会长）近70名企业家及非公经济综合评价相关部委办负责人、街道基层商会相关负责人及部分行业协商、商会代表应邀出席大会。高新区党工委委员、新吴区委常委、统战部部长匡辉出席会议并讲话。会议由新吴区人大副主任、工商联（总商会）主席、会长黄家传主持。会议首先向各位企业家通报2017年无锡高新区（新吴区）经济社会发展情况和2018年无锡高新区（新吴区）先进表彰大会期间工商联（总商会）会员企业获奖情况。会议认真传达近期全市工商联工作会议精神及市联2018年工作要点。大会通报工商联（总商会）一届二次主席（会长）会议审议通过的新吴区工商联（总商会）副会长、执委增补名单及2017年财务报告，并为新增工商联（总商会）4名副会长、15名执委授牌。10月31日，新吴区空港经济开发区商会成立，陆毅刚当选为会长。12月7日，新吴区江溪街道商会成立，无锡智能自控股份有限公司董事长沈剑标当选为会长。（肖　品）

【党的建设】 2018年5月，新吴区工商联开展“不忘初心，牢记使命”主题教育，坚持以习近平新时代中国特色社会主义思想武装头脑、指导工作、引领发展。为更好地学习贯彻习近平新时代中国特色社会主义思想，全面展开解放思想大讨论活动，推动新吴区高质量发展走在全市前列，组织全区50余家重点非公企业家聆听全国著名经济学家、清华大学魏杰教授作主题为《解放思想，当好高质量发展领跑者——十九大、全国“两会”后中国经济新布局解读》的专题讲座。7月31日，组织民营企业家参加“迎八一国防教育活动”，让企业家感受现代军人的英武豪气，增强企业国防观念。8月31日，中共无锡市新吴区委决定成立中共无锡市新吴区工商业联合会党组，沈琦任党组书记，肖品、史玛莉任党组成员。组织50名企业家们赴嘉兴南湖进行党建活动，将“红船精神”作为引领企业家们创业的思想建设的基石。（肖　品）

【服务非公经济】 2018年4月，新吴区工商联依托“纳税人之家”精准对接。配合区政协，联合多家工商联界别企业，听取区税务局关于国地税合并后的工作通报，围绕当前企业家所关注的环保税、个税，以及社保等问题进行座谈协商。会前，协同税务局设计调查问卷，收集企业关心的共同问题和需求。4月26日，依托“锡商法律服务之家”，联合江苏省知识产权（苏州大学）研究院、中国国民党革命委员会无锡市委员会、无锡市司法局、无锡高新区（新吴区）司法局、无锡高新区（新吴区）检察院、无锡市公安局新吴分局、海辉律师事务所及苏州分所举行“企业知识产权司法保护论坛”。5月16日，无锡市公安局新吴分局联合新吴区工商联（总商会）召开警企联系协作第一次联席会议。密切警企联系协作，提升公安机关服务企业能力水平，使打防涉企犯罪更具威力，为企业正常生产经营和转型升级提供更加良好的法治环境。6月2日，新吴区工商联（总商会）依托“体育服务之家”，联合区相关部委办局携手50余家区工商联重点企业举行峄嶂古道毅行活动。政企互动，以便搭建更好的建言献策的平台。

7—9月，依托“会员之家”聚力同行。围绕全区中心工作，服务经济社会发展，拜访物联网商会、软件企业协会、外企协会、异地商会等商（协）会组织，借助第三方优势与渠道，联动企业、配套产业，对接资金、共享资源，抱团发展，发挥集群效应。联合人社局举办“产业工人技能提升服务进社区”、组织企业“浙江高质量发展行”拜访阿里总部等。先后走访泓瑞航天、多友投资等非公企业，并走访阿里创新中心、微视传媒等众创空间，不断加强与非公经济代表人士联谊交流的形式，及时了解和掌握他们的思想状况、听取意见建议和诉求，引导他们增进政治共识，帮助协调解决他们所面临的实际困难和问题。组织台商企业走进民企，共议产业行业发展，促进企业互动与共赢。（肖　品）

【参观交流】 8月30—31日，新吴区工商联组织重点企业负责人及行业协会商会、基层商会负责人行赴杭州、嘉兴、乌镇参访交流。学习嘉兴南湖红船精神，促进非公企业党建与企业家精神更深的融合，学习浙江行业龙头企业的先进经验。中恒电气“自动化、信息化、智能化”的布局与运营，阿里巴巴“新零售、新金融、新制造、新技术、新能源”的战略与成就，互联网医院“互联网+”医疗改革的创新平台给大家留下深刻的印象，通过参观和交流，比对这些企业的战略高度、创新思维、前沿技术、责任担当，大家总结领悟到更多的经营理念。企业家们一致反映，参与这次活动受益匪浅，也期待后续区工商联能为他们提供更多的交流合作平台。此次活动通过各行业协会、基层商会及部分银行机构代表

的协同互动，增进区工商联的服务向横向纵向平台延伸，拓宽服务工作的路径与渠道。（肖　品）

【专题讲座】 6月15日，新吴区工商诚邀无锡市第十二届、第十三届政协副主席，无锡市城乡规划委员会副主任兼秘书长、无锡市工商联名誉主席孙志亮在无锡尚德太阳能电力有限公司生态大楼二楼培训室，为民营企业家们作“改革开放40年无锡民营经济高质量发展”——《回顾无锡民营经济发展历史的五点思考》专题讲座。区内近100家企业负责人、滨湖区工商联、梁溪区工商联等兄弟区（县）工商联负责人、无锡市相关行业协会负责人报名前来听取讲座。讲座后，部分企业家参观尚德太阳能电力有限公司生态大楼展示中心。（肖　品）

【企业家研修】 10月19日，高新区（新吴区）经济发展局联合新吴区工商联（总商会）举办的“无锡高新区（新吴区）企业家核心领导力高层次研修班（第一期）”研修班。研修班主题新颖，授课内容丰富；班级管理严格,学风纪律良好；学习成效显著、触动思想深刻。每位学员学有所思,学有所获,学有所用。研修班期间，学员们参访北京经济开发区的京东方科技集团有限公司和欧必翼科技集团。无锡新吴区人大副主任、新吴区工商联主席黄家传在结业典礼上讲话。清华大学继续教育学院华东区管理培训中心主任张忠义出席典礼。（肖　品）

【对口帮扶】 10月8—12日，新吴区人大常委会副主任、工商联主席黄家传带领无锡红湖消声器有限公司董事长王晓昱、无锡中天固废有限公司董事长陈琪、无锡新旺集团董事长唐国忠等企业家赴宜川县、互助县开展对口扶贫活动，捐赠帮扶资金，签订校企人才培养协议和农产品订购协议。在宜川，建立由两地工商联牵头，商会、企业等共同参与的新吴区、宜川县商会组织协作帮扶长效机制，并正式签署《新吴区工商联与宜川县工商联签订对口帮扶与合作协议》。宜川县委常委、宣传部部长陈顺，县人大常委会副主任周景山、副县长肖伟民参与活动。在互助，先后前往互助县小庄村土族盘绣工艺品加工扶贫基地项目、扶贫产业园粉条加工项目，考察对口帮扶互助林川乡中心学校办公设施及水洞教学点爱心食堂。实地考察结束后召开推进对口帮扶座谈会，会上两地工商联、残联负责人进行深入交流，签署两地工商联合作协议。举行无锡中天固废处置有限公司董事长陈琪捐助50000元资助丹麻镇10名贫困大学生仪式。互助县人大副主任赵元玺、副县长郑虎参加活动。（肖　品）

【民营企业家座谈会】 11月17日，无锡高新区（新吴区）民营企业座谈会召开。无锡市政府副市长、高新区党工委书记、新吴区委书记王进健出席会议并讲话，高新区党工委副书记、管委会主任、新吴区委副书记、区长封晓春主持会议。区领导吴胜荣、匡辉、黄家传、朱晓红、祝君乔、钱前出席会议。区机关各相关部门、各街道、部分驻区条线部门主要负责人参加会议。区内来自各行业的20多名民营企业家代表参加座谈。王进健在讲话中指出，高新区民营企业是实现高质量发展的发动机和增长极，高新区不仅要建成对外开放的高地，更要建成民营经济的高地。到2020年，超百亿的民营企业1家，超10亿元的15家，超亿元的力争200家，民营企业销售收入1000亿元，税收提高到40%。并向全区民营企业送出“五大政策红包”：快速贯彻降负政策，帮助申报支持政策，优化发展环境，着力创新融资方法，完善政策执行方式。发出“四大服务礼包”：建立政企挂钩机制，定期走访、直接服务；建立重点民营企业库，优先保障、优先服务；建立定期座谈制度，听取意见，强化沟通；建立民营企业表彰奖励制度，营造氛围、促进发展，创造出公平竞争市场环境、亲清和谐营商环境、简明有效政策环境和公正透明法治环境。各位民营企业家对习近平11月1日在全国民营企业座谈会上的讲话畅谈体会与感想，对新吴区进一步优化民营经济发展环境、支持民营发展提出意见。区市场监管局、安监环保局、税务局作表态发言。（肖　品）

新吴区总工会

【概况】 2018年，新吴区总工会以团结广大劳动者，为社会主义建设建功立业为核心，全面履行党的群团工作职能，广泛开展各项活动，通过《新吴区总工会改革实施方案》并全面推进，取得良好成效。8月31日，区委研究通过成立中共无锡市新吴区总工会党组，夏同军任党组书记，邵登云、王澄、丁昌明为党组成员。12月，根据中央、省委市委群团改革工作精神，配备兼挂职副主席，黄斌任兼职副主席、鲁晨黎任挂职副主席。2018年，全区新建独立工会21个，发展工会会员7449名，其中农民工会员3563人。截至12月底，全区共有基层工会1026个，其中独立工会953个、联合工会73个，涵盖单位4479个。工会会员36.25万人，其中女性会员10.83万人，农民工会员11.85万人。 （刘 叶）

【职工帮扶】 2018年，新吴区总工会精准帮扶困难职工和弱势群体，全年累计发放资助帮扶金100余万元。“冬送温暖”慰问区级困难职工129人、“金秋助学”47名困难职工子女、“夏送清凉”户外一线职工14000余人、特定（患癌症）困难职工130人，为246名劳模先进发放“四金”43万元、赠送生日蛋糕价值7.12万元，为1.4万余名职工发放高温“送清凉”防暑降温物品。春节前，高新区党工委副书记、新吴区委常委、组织部部长、工会主席吴胜荣和区总工会党组书记、副主席夏同军分别带队走访慰问困难职工家庭，送上慰问品及慰问金。 （刘 叶）

【职工维权】 2018年，新吴区总工会广泛开展广场宣传、送法进企业等普法活动15场，发放法律法规书籍8000多册，接待咨询职工300多人次。各街道、园区依托新吴区工会劳动法律三级预警平台的日常排查、重点节点排查、专项排查，排查出问题隐患6件，3件涉及群体性问题，3件为个体矛盾。8—9月，区总工会开展全区劳动法律监督联动活动，8月初指导企业工会开展自查自纠，8月下旬由辖区上级工会根据企业自查情况开展现场抽查。8月13—20日，区总工会联动区劳动监察大队赴美德造纸机械等12家企业开展工会劳动法律现场检查。9月，对开具意见单位进行跟踪回访，督促整改完毕，切实维护职工合法权益。 （刘 叶）

【工资集体协商】 2018年，新吴区总工会开展工资集体协商“春季要约行动”。3—4月下旬，各街道、园区工会集中时间、集中精力组织企业工会代表职工向用人单位发出书面要约。工资集体协商覆盖企业3795家，建制率98.8%。在江溪街道推进创建小微企业工资集体协商指导工作室，以方便区域工资集体协商。 （刘 叶）

【劳模创新平台建设】 2018年，新吴区总工会遴选出全国劳模、无锡物联网产业研究院院长刘海涛和省劳模、太湖花园二社区党委书记桑梅2名劳模设立劳模创新工作室，在建立劳模工作室的同时推动劳模党支部“双创双提升”行动，创建劳模党支部，推动党组织有效嵌入劳模创新工作室工作，吸收优秀职工，培养后备人才。

（刘 叶）

【区级职工综合服务平台建设】 2018年，建成集“救助、维权、服务”三位一体的区级职工综合服务中心，面积近2000平方米，中心内设服务大厅、劳动争议调解室、心理咨询室、阅览室、女职工健康服务室、培训室、舞蹈室、活动室等各类功能室，为工会会员提供工会组建、法律援助、就业援助、生活救助、教育培训、心理咨询疏导、女职工健康、文体活动等多项服务。经过两年多努力，区级、省级以上开发区、街道工会均拥有独立的多功能职工服务中心。（刘　叶）

【“安康·爱心驿站”建设】 2018年，新吴区总工会贯彻市总工会建设要求，发动辖区工会开展工作，精心选址，添置硬件，在新安街道和星洲园区新增2家“安康·爱心驿站”，为环卫职工、送餐员、快递员等户外劳动者搭建一片专属休息区。11月28日，无锡市总工会对2家户外劳动者“安康·爱心驿站”实地检查并现场授牌。（刘　叶）

【立功劳动竞赛】 2018年，新吴区总工会深化开展劳动和技能竞赛，激发职工创新能力。推荐SK海力士半导体（中国）有限公司二工厂一期工程入选为全市十大重点工程（项目）劳动竞赛项目。总工会举办数控、电工职工技能竞赛，旨在培养一批高素质岗位能手，28家企业100余名企业职工大比武。竞赛对前6名选手颁发证书和奖金，为第1至第3名选手授予“新吴区技术能手”称号。2018年，区总工会扎实开展“安康杯”竞赛，509家企业4.32万名职工参加“安康杯”竞赛，为企业发放安全生产等资料2320册。5月24日，无锡市总工会劳动和经济工作部领导赴无锡市松下冷机有限公司、无锡村田电子有限公司检查“安康杯”竞赛工作开展情况。

（刘　叶）

【首评“新吴工匠”】 4月27日，新吴区召开庆“五一”劳模先进表彰暨“新吴工匠”颁奖大会。市政府副市长、高新区党工委书记、新吴区委书记王进健出席会议并讲话。会上，高新区党工委副书记、新吴区委常委、组织部部长、总工会主席吴胜荣为10位“新吴工匠”颁奖，新吴区人大常委会主任张明烈、新吴区政协主席刘蓓红为10位“优秀外籍员工”颁奖，无锡市政府副市长、新吴区委书记王进健为市劳模候选人颁发新吴区“劳动贡献奖”。（刘　叶）

【工会干部培训】 5月21—22日，新吴区总工会在无锡市工人文化宫举办为期两天的新任工会主席培训班。来自全区各街道（园区）、直属单位工会中因近期新建、换届、调整的新任工会主席和新招录的工会工作者60名参加培训。培训邀请市总工会各相关部门领导，重点围绕《建职工之家、增工会活力》《企业民主管理实务》《工会财务管理实务》和《劳动用工纠纷预防调处》四项专题内容进行传授指导，新任工会主席分组讨论及经验交流。6月25—29日，区总工会中共十九大精神与工会业务知识培训班在厦门市总工会干部培训学校举办。各街道（园区）、直属单位、重点企业约30名工会主席、工会干部参加培训。培训班专门聘请福建省总工会、厦门市总工会拥有多年工会工作经验的专家讲师进行授课。以《十九大后工会面临新的形势》《厦门工会经验介绍》《职工之家建设》《基层工会如何开展工作》和《工会法律法规及维权》为课题，结合大量的创新工作案例，详细传授工作经验和心得，学员们还参观厦门工运史馆并进行分组交流学习体会。（刘　叶）

【安全教育培训】 6月15日，新吴区总工会举办为期一天的企业班组长安全教育培训班，来自80家企业的150余名班组长参加培训并取得安全培训合格证书。6月15—30日，在无锡华虹半导体有限公司、村田新能源（无锡）有限公司等企业巡回展出安全警示教育展板，展板涵盖建筑施工安全、安全生产、食品安全、消防安全等各个领域，用生动的图片文字案例警示和教育职工推动安全生产。7月，开展安全隐患随手拍活动，收集安全隐患随手拍作品98张。（刘　叶）

【企业星级职代会评选】 2018年6月，在全区300多家企业工会中开展星级职代会评选工作，通过培训、企业申报、街道（园区）推荐申报和现场检查，最终评选出五星级10家、四星级19家，推进和深化企业职代会制度规范化建设。

（刘　叶）

【街道、园区工会结对共建】 12月起，新吴区总工会在6个街道、5个园区中开展“结对共建、携手共进”活动，打造街道、园区“活力”工会典型，为结对双方取长补短、相互交流搭建平台，通过结对单位工会互相交流、资源共享、活动互融、信息互通，推进街道、园区工会基础建设、队伍建设和能力建设，努力建设为社会认可、企业欢迎、职工满意的活力工会。（刘　叶）

【市总工会领导调研基层工会工作】 7月26日，无锡市委常委、市总工会主席陈德荣，市总工会党组成员、副主席周国祥一行赴新吴区调研工会工作及解放思想大讨论情况，高新区党工委委员、新吴区委常委、组织部部长、总工会主席吴胜荣及区总工会相关人员参加调研。陈德荣一行实地走访调研无锡衍芝农业科技有限公司，与大学生村官、省劳模李晓峰亲切交谈，指导李晓峰劳模创新工作室建设工作。随后，陈德荣一行先后调研绿点科技（无锡）有限公司和无锡文思海辉软件有限公司，与企业管理层和工会主席进行座谈交流。随后，听取新吴区总工会关于上半年新吴区工会工作及开展解放思想大讨论的情况汇报，并听取区总工会对市总工会工作的意见建议。陈德荣对新吴区总工会2018年以来的工作给予充分肯定。8月17日，无锡市总工会党组书记吴涛到新吴区调研工会工作。区总工会领导陪同调研。吴涛一行实地考察SK海力士半导体（中国）有限公司员工文化中心，了解职工之家建设情况。随后，召开调研座谈会，听取新吴区工会工作情况及工会改革推进情况汇报。吴涛对新吴区工会工作给予充分肯定。12月11日，无锡市委常委、市总工会主席陈德荣赴新吴区调研学习贯彻落实市工会第十八次代表大会精神情况和工会创新工作开展情况。市总工会党组成员、副主席施宇星，新吴区总工会党组书记、副主席夏同军等陪同调研。陈德荣一行先后实地走访调研绿点科技（无锡）有限公司和银邦金属复合材料股份有限公司。随后，召开座谈会，听取新吴区工会学习宣传贯彻市第十八次工代会精神及工会特色工作情况汇报，陈德荣对新吴区工会学习宣传贯彻市第十八次工代会精神及工会特色工作做法给予充分肯定。（刘　叶）

6月15日，无锡市和新吴区总工会组织的“送关爱·送法律·送文化”活动

共青团新吴区委员会

【青创空间建设】 2018年，新吴区人才办、共青团区委向微视界创意空间等7家优秀众创空间授予新吴区“青创空间”荣誉称号，并成立青创空间联合团支部。与此同时，团区委推荐微视界、3W咖啡等单位申报“苏青C品牌”，协助做好盐城团市委等单位的参观推荐活动，同时，与青创营江苏孵化器有限公司签订协议，利用青创营在全国各高校基地宣传推广无锡市及新吴区青年创新创业政策；与高校青创营平台合作，鼓励新吴籍学子回家乡见习实习；双方将以青创营为平台，促进青创营孵化培育的无锡籍学子创业项目在新吴落地生根。（朱　淇）

【青少年权益保护】 2018年，共青团新吴区委常态化做好重点青少年群体监管服务，常态化举办青少年自护情景剧比赛、青少年禁毒宣传活动、模拟法庭。强化“12355青春加油站”和“青少年维权岗”建设。持续支持“小敏姐姐工作室”“法官阿姨进社区”“小绿芽成长营”等一批品牌项目建设。关爱贫困青少年，尤其是帮扶困境未成年人，持续整合资金、物资推进“共青团在你身边”暖冬行动。关爱贫困青少年活动，提供勤工俭学岗位。依托“希望来吧”、社区青少年服务中心等服务阵地，以暑期夏令营等形式，督促各级团组织、学校少先队、街道少工委，组织各单位少年儿童与新市民子女“手拉手交朋友”。（朱　淇）

【凝聚青年人才】 2018年，共青团新吴区委召开新吴区青商会筹备工作会议，引导并成立第一个街道青商会。根据时间节点助推新吴区第一届青年联合会成立，充分考虑统战工作部署，优化人员结构，吸纳全区各行各业青年典型交流互动。召开2019“共青团与人大代表政协委员面对面——关注快递从业青年”活动，邀请市区人大代表、政协委员，中通、顺丰、菜鸟、邮政等从业青年和相关部委办局同志面对面交流发声。针对新吴区“外来务工青年多、外来高层次青年人才多、外籍青年多”的“三外三多”特点，持续开展“新吴区斯巴克青年联谊会”等青年联谊品牌活动，开展联谊活动近10场次，解决“1+100”（每名团干部联系100名普通青年）活动中企业急需解决的青年交友联谊的需求。针对青年对创业扶持政策了解不够深入，青年创业扶持政策散见于各部门的政策文件中，创业青年难以把青年创业政策用好用足的情况，团新吴区委将青年创业过程中所遇到的“缺人、缺钱、缺场地、缺关爱”等创业困境，对接区人才办，服务青年人才。组织安排好香港大学生来新吴区暑期见习实习活动。见习实习期间，区委统战部、区人才办、团区委联合开展香港大学生新吴寻访活动，以做好香港大学生暑期见习实习活动为契机，推动区人才办与香港创业创新协会达成合作协议。（朱　淇）

【共青团改革方案征求意见座谈会】 1月5日，为贯彻落实市委党的群团工作会议精神，深入推进新吴区共青团改革工作，团区委邀请新吴区各界青年代表，就全区共青团改革方案召开征求意见座谈会。团区委向与会代表发放全区共青团改革方案（草案），并对方案进行解读。与会代表从各自工作角度，提出意见。按照团中央改革要求，新吴区召开新吴区第一次团代会；共青团无锡市新吴区第一届代表大会、委员会、常委会中基层和一线代表比例分别达到75%、50%、25%。3名同志担任团区委兼职副书记（其中外企青年代表人物1名）。（朱　淇）

【“共青团与人大代表政协委员面对面”活动】 2018年，按照团市委《关于组织开展全市“共青团与人大代表、政协委员面对面”活动的通知》要求，在深入推进共青团改革过程中充分发挥桥梁和纽带作用，做好协商代言工作，通过人大、政协等制度化渠道代表和反映青年普遍诉求，维护青年发展权益。1月10日，团区委举办以“构建新兴青年群体人才培养体系”为主题的“共青团与人大代表政协委员面对面”活动。区统战部、区人才办等单位有关负责同志及全区新兴青年群体代表、部分青年人大代表、政协委员等30余人参加活动。座谈会中，青年律师、青年独立撰稿人、海归青年等群体代表作交流发言。围绕与会青年代表提出的问题，与会青年人大代表、政协委员畅谈自身看法，并提出建议。（朱　淇）

【团市委书记俞政业带队赴新吴调研指导青年工作】 2月12日，团市委书记俞政业带队赴新吴调研指导新吴团青工作，团市委机关部门及兄弟县区团委负责人参加调研。俞政业一行先后调研新吴区大学生创业园、区青创空间、银邦科技有限公司青年之家，并参加梅村街道基层团支部“双述双评”活动。在银邦科技有限公司青年之家，俞政业了解新吴区在街道层级建立非公企业团建规范化阵地，推进街道非公团建规范化的有益探索；在梅村街道“双述双评”现场，俞政业一行听取梅荆一社区团支部作年度述学述职报告。调研组同时进行新吴区共青团工作青年满意度测评。（朱　淇）

【2018年新团员集中入团仪式在新城中学举行】 2018年，按照团中央“学习总书记讲话做合格共青团员”要求，引导广大青少年“不忘初心跟党走”，激励广大团员青年奋发学习、自强自立。5月21日，团新吴区委联合新吴区文明办、新吴区教育文体局共同举行全区新团员集中入团仪式。区教育团工委书记华荟宣读同意入团批复，高新区（新吴区）宣传部网宣中心副主任张鹏为新入团团员代表佩戴团徽，新团员面向团旗宣誓。（朱　淇）

【新吴区少先队第一届鼓号大赛】 5月31日，为迎接中国少年先锋队无锡市新吴区第一次代表大会，共青团新吴区委、新吴区教育文体局、新吴区少工委在新安实验小学举办“铿锵鼓号展风采，红领巾喜迎少代会”新吴区少先队第一届鼓号操大赛，全区7支代表队650余名少先队员参加比赛。无锡市少先队总辅导员、少工委副主任孙庭标，团区委书记缪建平、新吴区教育团工委书记华荟等出席活动。新吴区硕放实验小学、新吴区旺庄实验小学、新吴区后宅中心小学和新吴区南丰小学代表队夺得新吴区第一届少先队鼓号大赛“金号”奖。（朱 淇）

【新吴区第一次少年先锋队代表大会】 6月14日，中国少年先锋队无锡市新吴区第一次代表大会召开。全区400多名少先队员代表、少先队工作者代表和关心支持少年儿童教育事业的社会各界人士参加此次少代会。副市长、高新区党工委书记、新吴区委书记王进健，高新区党工委副书记、管委会主任、新吴区委副书记、区长封晓春，团市委书记俞政业，新吴区人大常委会主任张明烈，新吴区政协主席刘蓓红，高新区党工委委员、新吴区委常委、组织部部长吴胜荣，高新区管委会副主任、新吴区副区长李伟敏等领导以及区有关部门负责人、各街道分管负责人出席开幕式。开幕式上，王进健向全区少先队员致以亲切的问候，充分肯定新吴区少先队工作发展取得的新成绩，并寄语全区少年儿童。团市委书记俞政业向全区少先队员提出建议。区教育文体局党委书记、局长张英，团区委书记缪建平，“江苏好少年”朱羿蒙，“无锡市追梦少年”吴琼，代表第一届区少工委筹备组向与会代表作题为《高举星星火炬绽放少年风采 为打造“强富美高”新吴区时刻准备着》的工作报告。报告以视频展播、节目展演、PPT展示等多种形式，全面展示新吴区少先队工作取得的丰硕成果。开幕式表彰少先队工作实践中涌现的先进典型：“十佳优秀少先队员”“十佳优秀少先队辅导员”“十佳优秀少先队集体”“星星火炬奖章”获得者。大会审议通过中国少年先锋队无锡市新吴区第一届工作委员会筹备组工作报告，选举产生中国少年先锋队无锡市新吴区第一届工作委员会，缪建平、费玉峰当选第一届区少工委主任。（朱 淇）

【团干部培训】 6月20日，共青团新吴区委举办2018年新吴区专兼职团干部中共十九大精神培训班并启动“青年大学习”行动，来自全区各级团组织120余人参加培训。培训班邀请江南大学马克思主义学院副教授唐忠宝、市委党校骨干教师刘安伟授课。培训班同时发放《习近平的七年知青岁月》。11月6日，共青团无锡市新吴区委员会于无锡软件园凤凰座3W咖啡举办团工作业务培训。团区委班子成员、机关、园区企业团委、各街道、国资办、教育文体局团工委负责人，公、检、法团支部书记，科创中心团建联系人等23人参加培训。团区委副书记李晓峰（支持日常工作）就2018年9月团省委督查情况，对团系统主要存在着基层团干部普遍对团组织、团工作认识浮于表面、工作部署和信号传递不顺畅、基层团干部培训工作和青年之家工作不足的团内共性问题，李晓峰要求全区各级团委引起重视，在团市委组织部部长顾茜对新吴团干部进行专题基础团务培训后，用一个月时间进行全面整改，落实“从严治团”要求，举一反三，自查自纠，及时发现问题并作出有效整改，迎接11月中旬的第二轮督查。随后，李晓峰就如何做好整改工作，作专门的培训和部署。12月5日，新吴区团委又举办一次企业团干部基层组织建设工作业务培训。（朱 淇）

【全国政协共青团、青联界别委员调研苏南快递产业园共青团工作】 12月14日，全国政协共青团、青联界别委员一行到新吴区空港经济开发区调研苏南快递产业园共青团工作。团江苏省委副书记张迎春，团江苏省委统战部部长刘雯，团无锡市委书记、市青联主席俞政业，无锡高新区党工委副书记、新吴区委常委、组织部部长、区总工会主席吴胜荣陪同调研，无锡空港经济开发区、团新吴区委、无锡邮政管理局新吴分局相关负责人参与此次调研。调研组一行观摩空港经开区规划展示沙盘，听取空港区域规划、功能定位、产业发展战略等介绍，详细了解苏南快递产业园的总体规划和重点快递企业情况。随后，调研组一行参观无锡顺丰速运有限公司和在中国邮政速递物流长三角分拨中心，参观快递自动分拣流水线，听取公司的主要业务、战略布局以及青年工作情况介绍。调研组领导指出，要结合快递行业特点，将共青团融入关爱服务青年的具体工作中去，大力推进基层团组织建设，主动占领快递行业青年的思想主阵地，进一步提升共青团组织的凝聚力、号召力、战斗力。（朱 淇）

新吴区妇女联合会

【概况】 2018年，新吴区各级妇联组织立足当好党和政府联系广大妇女群众的桥梁和纽带，推进改革创新。重点开展“百团四送”送百家活动，将科技、教育、文化、服务送到百姓家中。持续开展“走进春天、玫瑰有约”行动、“三八架金桥、春风送岗位”女性专场招聘会、“三八维权周”法律宣传讲座等活动，开办新吴区妇联基层妇联主席能力提升培训班，走访调研女性社会组织。年内，“新吴巾帼”微信公众号正式上线。（姜伟玮）

【妇联组织建设】 2018年，成立国家税务总局无锡国家高新技术产业开发区（无锡市新吴区）税务局妇女联合会、无锡高新区（新吴区）行政审批局妇女联合会。在新经济组织和社会组织中新成立8家妇联组织：双象妇联、银邦妇联、科创中心妇女联合会、社区卫生服务中心、春丰员工楼妇女联合会、南府佳宴妇联、田华瑜伽妇联、优觅公益妇联。在妇联组织建设的过程中，通过组织覆盖将各行各业的资源与妇联工作有效链接，培育形成江溪长江路妇联服务联盟、梦溪小镇妇联服务联盟、梅村反家庭暴力联盟、新安网上妇联服务联盟、鸿山七房桥农村妇联服务联盟、区关爱妇女儿童服务联盟6个不同类型、各具特色的妇联联盟。全面落实妇联改革要求，完成社区妇联兼职副主席及执委的增补工作。（姜伟玮）

【新时代女性社会组织建设】 2018年，新吴区新增两家社会组织：无锡市新吴区万家惠家庭发展服务中心、无锡市新吴区爱成长家庭关爱中心。引导社会组织承接各级妇联公益创投、微创投等，共投得省级妇女儿童公益社工服务项目2个，无锡市妇联“苔花芬芳”公益创投项目5个，新吴区妇联微公益项目2个。（姜伟玮）

【家庭文明建设】 2018年，新吴区妇联常态化开展“寻找最美家庭”活动，挖掘家庭典型。截至2018年年末，共走访新吴区“最美家庭”50户。旺庄街道周卫东家庭荣获“全国最美家庭”称号，江溪街道董家麟家庭荣获“江苏省最美家庭”称号。发布《关于实施新吴区幸福家庭建设的意见》，以“五大行动”推进新吴区幸福家庭建设。区妇联牵头六个部门一起制定并发布《新吴区“十三五”家庭教育规划》，为推进科学的家庭教育提供指导。以“阅读”为抓手，开展一系列的活动，联合区纪委、区机关妇委会举办“一封家书”机关女干部品读会，开展“书香飘万家”亲子阅读活动，优选5家授牌区级亲子阅读示范基地。开展“聊聊我家这40年”故事比赛，宣传改革开放40年经济社会发展巨大成就，引导大家从家庭的变化中感悟时代发展和社会进步。（姜伟玮）

【妇女儿童合法权益维护】 2018年，新吴区妇联始终推进源头维权，拓展维权工作空间。建立区维护妇女儿童权益联席会议制度和联合调解工作机制，组建公益女律师顾问团，代理法律援助案件。通过开展法律服务社区行、《中华人民共和国反家庭暴力法》广场宣传、结对公益律师“咨询日”等形式多样的宣教活动，进一步宣传《中华人民共和国妇女权益保障法》《中华人民共和国反家庭暴力法》，加强妇女法制宣传教育，强化妇女维权服务。5月22日，召开维护妇女儿童权益工作座谈会。10月26日，面向居民群众开展“家有德法同行好故事”讲演活动。持续开展婚姻家庭纠纷排查化解专项行动，做到应排尽排，应调尽调。11月26日，召开维护妇女儿童合法权益联席会议暨“平安家庭”创建工作会议。（姜伟玮）

【“展巾帼风采、建时代新功”活动】 3月6日，新吴区举办“展巾帼风采、建时代新功”——纪念“三八”国际劳动妇女节108周年大会，活动现场对10位来自新吴区各行各业的优秀女性代表、2017年度新吴区“巾帼榜样”入选者进行颁奖。4家获得市妇联“苔花芬芳”公益创投项目的社会组织展示涉及妇女儿童服务、维权实事帮扶、巾帼志愿团队成长、人文关怀与社会家庭服务等的公益项目。（姜伟玮）

【街道妇联组织区域化建设推进会】 5月7日，新吴区妇联召开街道妇联组织区域化建设推进会，部署2018年新吴区妇联区域化组织建设工作任务。各基层妇联参观香梅一社区妇女儿童之家和梅村街道妇女儿童活动中心后，就如何打造特色新颖、内涵丰富的妇女儿童之家进行深入探讨。随后分别交流街道妇联组织区域化建设情况，并就2018年工作创新想法、工作难点及对区妇联工作的意见建议作详细的讨论和交流。

（姜伟玮）

【妇联“书香飘万家 阅读伴成长”暑期亲子阅读活动】 7月7日，“书香飘万家 阅读伴成长”新吴区妇联暑期亲子阅读启动仪式成功举办，区妇联主席袁秋明为5个区妇联亲子阅读体验基地授牌并赠书、为阅读推广大使颁发聘书。新安街道“净湖阅读空间”亲子阅读体验基地儿童绘本漂流举行开漂仪式。8月29日，新吴区妇联举办“书香飘万家 阅读伴成长”新吴区妇联暑期亲子阅读活动正式启动。启动仪式上，区妇联主席袁秋明为7户优秀家庭代表颁发荣誉证书并赠书，鼓励广大家长承担起家庭教育的主体责任，为孩子创设良好的阅读条件，真正让他们走进阅读。

（姜伟玮）

【女性创新创业】 11月30日，新吴区女企业家联谊会成立，鼓励带动女企业家抓抢机遇，深刻认识新吴区经济发展阶段正面临着从“高速发展”向“高质量发展”的重大转变，寻求发展新动能。2018年，获得江苏省“巾帼示范基地”荣誉称号2个、无锡市“巾帼文明岗”荣誉称号2个、无锡市“巾帼创业榜样”称号1人、新吴区“巾帼榜样”10人。（姜伟玮）

【全国“最美家庭”周卫东家庭】 周卫东家庭，居住在江苏省无锡市新吴区长江国际花园，2018年荣获全国“最美家庭”称号，曾获“江苏省最美家庭”“无锡市最美家庭”称号。2006年，周卫东离任亚洲开发银行，携妻女从菲律宾举家回国，定居在长江国际花园。丈夫周卫东现为中国少数民族经济研究会副秘书长，致力于国内少数民族地区发展和脱贫事业，并在无锡以国际化的视野为多个社会公益组织提供公益培训；妻子吴艳恒成立“U&I吴姐中外友谊之家”，多年来帮助外籍人士融入本地生活，充当中外文化使者的角色，被人们亲切地称为“社区女外交官Ms.吴”，并被评为江苏好人；女儿周亮从小耳濡目染，2岁起就跟随父母一起参加公益活动。如今，在加拿大上大学的她，已经是校园里的公益明星。周卫东一家，用爱心、用善行，带动许多中外家庭一起参与到公益活动中去，用行动诠释着“全家总动员，公益无国界”的公益精神。

（姜伟玮）

【江苏省“最美家庭”董家麟家庭】 董家麟家庭，2018年获江苏省“最美家庭”称号，曾获无锡市“最美家庭”称号，家住前进花园7号楼，是一个远近皆知的幸福的五口之家：退休的老两口依旧在社区发挥着余热，儿子是大统公司的项目负责人，儿媳是人民医院的护士，孙女是金桥初中品学兼优的学生。董家麟与妻子工作时是单位的先进典型，获得过不少的荣誉，退休后依旧热心公益。夫妻二人有广泛的爱好，可以熟练弹奏扬琴、二胡、葫芦丝等乐器，他们参加社区的“雅韵”器乐队、葫芦丝队、“红心·红歌”党员合唱团、太极队、“红袖标”巡逻队、“姝丽”爱心守护队、“幸福来敲门”公益团队。他的妻子还是社区青少年“善小”志愿者团队的发起人兼负责人，团队发展至2018年已有几十名成员。2016年，《婚姻与家庭》10月上半月刊杂志“家风”专栏刊登前进花园社区“最美家庭”的故事。（姜伟玮）

【江苏省“巾帼来料加工示范基地”鸿山玉芹编织站】 无锡市新区鸿山镇玉芹编织站始建于1989年。编织站长期与国内外多家外贸公司合作，专业生产各类针织帽子、围巾、围脖、手套、毯子、服饰等产品。2018年带动妇女就业100人以上，人均年增收5000元以上，无拖欠发放加工费等不良经营行为。生产资金全部由编制部负责发放。近年来，编织部时常免费为失业妇女举办编织技能培训班。带动妇女就业人数逐步扩大，人均收入也实现创收增收的目标。使得妇女在致富的同时也展示出她们的智慧与才华，让妇女们拥有独特、精美的手艺。（姜伟玮）

新吴区残疾人联合会

【概况】 2018年，新吴区残联坚持以残疾人需求为导向，以残疾人“人人享有康复服务”为目标，夯实基础工作，认真履行“代表、服务、管理”职能，圆满完成全年各项目标任务。全年开展小学五六年级学生及初中学生脊柱侧凸筛查1.43万人，初筛阳性29人，占比0.2%，对初筛阳性患者实施分级康复干预；846名残疾人得到精准康复服务，其中含未持证残疾儿童74名；完成免费白内障复明手术136例，向263名残疾人发放辅助器具，组织1038名残疾人免费体检，为64名残疾人适配电动轮椅，向100名有需求的残疾人配发电脑，127名残疾儿童持续得到康复救助，67名精神病人得到免费服药及救助；14户贫困残疾人家庭住房得到局部改造；1625名残疾人签约家庭医生；向全区103名残疾学生发放慈善助学金20.4万元，向99名残疾学生及残疾人家庭子女发放奖助学金14.05万元；审核926名困难残疾人生活补贴和1792名重度残疾人护理补贴，向626名老年重度残疾人生活补助；全区残疾人医疗保险、养老保险、商业保险参保率100%；开设残疾人生活技能、在岗技能、计算机组装及应用、面点、咖啡师、发型设计师及动漫设计等7类培训班，累计培训残疾人228名。（肖伟民 陈锡财 张春林 王 哲）

【残疾人康复养护中心建设】 康复养护中心项目是区重大民生工程，按“三位一体（残疾人康复养护中心+旺庄街道社区卫生服务中心+特殊教育学校）”功能定位。2018年，新吴区残联根据年度工作计划，紧盯目标，确保康复养护中心项目按时序推进。计划2019年6月竣工，9月特殊教育学校开学，10月康复养护中心启动运行。

（肖伟民 陈锡财 张春林 王 哲）

【残疾人之家建设】 2018年，新吴区建成6个街道级和6个社区级“残疾人之家”。旺庄、硕放两街道残疾人之家被省、市残联树为示范点，接待中残联、省残联、兄弟省市残联及无锡市领导考察参观24批次，旺庄街道“残疾人之家”建设经验在全省“残疾人之家”建设推进会上作交流发言。（肖伟民 陈锡财 张春林 王 哲）

【儿童康复中心建设】 2018年，新吴区残联投入30万元改造区儿童康复中心，增设室外运动场，改善智力障碍、自闭症儿童、发育迟缓儿童康教服务环境。运动场配有秋千、跷跷板、平衡桥等游乐设置，现中心占地面积800平方米，有90多名学生，近40名教师，基本解决新吴区小龄段特殊儿童康复需求。

（肖伟民 陈锡财 张春林 王 哲）

【残疾人辅助性就业劳动产品调配中心建成】 2018年5月，残疾人辅助性就业劳动产品调配中心建成，委托无锡市乐益社会创新中心运行管理。主要负责新吴区残疾人辅助性就业劳动产品市场开发、产品匹配、技能培训、统筹调配等服务职能，涵盖家纺、印刷、电子、文创等产品。借力“残疾人之家”云视频管理系统，实现全区6个街道“残疾人之家”和一个企业（隆玛科技）残疾人集中就业外挂车间联网运营管理，230多名残疾人在残疾人之家辅助性就业，人均月收入超过600元。

（肖伟民 陈锡财 张春林 王 哲）

【助残社会组织发展中心成立】 2018年6月，新吴区残联在民政部门的大力支持下，会同区社工协会在全市率先成立助残社会组织发展中心，培育具有创新性、发展潜力的助残社会组织，孵化助残服务项目，培养助残社会组织骨干力量。2018年，中心支持的8个助残项目入围市级公益创投，服务数量超1万人次。

（肖伟民 陈锡财 张春林 王 哲）

【残疾人就业供求服务中心成立】 2018年7月，残疾人就业供求服务中心成立，委托博凡企业管理咨询有限公司运行管理。主要为广大残疾人提供职业能力测评、职业介绍、就业指导，为企业提供招聘信息发布、岗位开发、用工指导等双向就业服务。完成新吴区未就业残疾人职业能力测评395人，2018年，实现正规就业75人；处理10起残疾人劳动争议（冲突1起、旷工5起、违纪4起）；举办2场残疾人专场招聘会。

（肖伟民 陈锡财 张春林 王 哲）

新吴区红十字会

【新吴区红十字会第一次会员代表大会】 12月27日，在科技商务中心召开一届二次理事会，区红十字会全体理事及监事会成员参加会议。高新区管委会副主任、区政府副区长、区红十字会会长李伟敏出席会议并讲话。会议审议通过《新吴区红十字会第一届理事会第二次会议工作报告》和《新吴区红十字会2018年备灾救助金财务收支情况的报告》。最后，监事长、审计局局长丁少春对2018年监事会工作作总结并提出明年工作思路。（吴　君）

【组织建设】 2018年，新吴区红十字会以打造“法制红会”“阳光红会”为目标，全面落实新修订的《中华人民共和国红十字会法》，健全内控机制，主动接受监督。全面融入“阳光扶贫”监管系统，推动红十字阳光运行。按相关标准扎实推进街道红十字会组织建设。各街道红十字会及时换届，建立以分管科教文卫工作的街道领导为会长，卫计科科长为副会长的基层组织，确定一名热爱红十字会工作、责任心强、富有爱心的兼职干部负责红十字会日常事务。（吴　君）

【红十字事业宣传】 2018年，新吴区红十字会广泛宣传新《中华人民共和国红十字会法》，紧紧围绕世界红十字日、世界应急日、世界艾滋病防治日等特定节日，深入街道、社区、企业、学校开展咨询服务、应急救护培训、健康讲座、生命体验教育等不同形式和不同主题的宣传服务活动。其间，组织18场义诊服务活动，举办一期基层红十字兼职干部培训班。在新安三社区举行以“人道——为了你的微笑”为主题的纪念“5·8”世界红十字日宣传活动。来自新吴区的红十字工作者进行宣誓，社区居民倾听新吴区外企80后造血干细胞捐献者为年轻重症血液病患者“生命接力”的故事，分享区盲协副主席蒋东永为红十字会撰写的楹联并参与红十字知识有奖问答。为弘扬“无偿献血，奉献爱心”的人道主义精神，做好无偿献血工作的宣传，结合红十字重点工作，区红会专门设计、印刷造血干细胞宣传折页2500份，造血干细胞宣传海报1500张，下发至辖区内6个街道，50余个社区。各街道、社区红十字会通过张贴宣传海报、发放宣传资料、电子屏、QQ群和微信推送等线上线下相结合的方式，宣传《无锡市献血管理办法》，普及无偿献血、捐献造血干细胞的基本知识、政策和法规。宣传活动引起社区居民的广泛关注，有些居民当场做登记，报名参加献血活动。世界急救日期间，区红会制作急救知识宣传视频，通过区行政服务中心广场电子屏和区政府电梯内的电子屏滚动播放，宣传急救知识，各街道和社区开设急救知识宣传栏，普及急救知识和技能。（吴　君）

【生命关爱行动】 2018年，新吴区红十字会坚持重点突出、分类推进、宣传优先的工作原则，协助卫生部门做好无偿献血的宣传发动；利用世界红十字日等重大活动开展遗体器官捐献工作宣传发动；重点做好造血干细胞志愿者的招募、知识的宣传以及后期捐献服务工作。全年完成造血干细胞血样采集入库52份，再动员24名，高分辨2名，体检2名，实现捐献1名。11月下旬与市红十字服务中心、民生银行新吴支行在软件园举办造血干细胞广场宣传，成功捐献者现身说法科普捐献知识，吸引软件园员工的驻足咨询，现场8名青年参与血样采集入库。为更好地宣传造血干细胞捐献工作，省红十字会在全省范围组织开展“见字如面”书信有奖征集活动，区红会认真组织发动，最终，成功捐献者家人查蔷、朱静娜的书信分获二等奖和优秀奖。（吴　君）

【救护培训】 2018年，新吴区红十字会扎实抓好公益性应急救护培训，以社工、教师、学生、职工为重点对象，增强服务社会的实效性。组织骨干人员参加省救护师资培训，为进一步提高培训质量提供师资保障。配合市红会在行政服务中心设置AED机，启动应急救护培训基地建设，完成救护基地的选址和场地整改方案。截至9月底，完成初级救护培训436名、普及培训4274名。（吴　君）

【红十字养老照护】 2018年，新吴区红十字会按照省红会《关于开展红十字养老照护志愿服务的通知》要求，扎实开展养老照护工作。选拔2

名社区及社区卫生服务中心的骨干参加省红十字会举办的养老照护师资培训。红十字养老照护志愿服务队以太湖花园二社区为主要阵地，开展生活照料、康复保健、文体娱乐、精神慰藉等养老照护志愿服务。截至10月底，普及养老照护知识512人，入户志愿服务85户，服务人数205人。养老照护志愿队队员定期参加业务培训，提高服务水平。（吴 君）

【博爱家园建设】 2018年，新吴区红十字会按照省红会《关于开展"红十字博爱家园"试点工作的通知》，建设有阵地、有项目、有牌子、有志愿服务队的红十字博爱家园。年初向各街道下达年内建立一个社区"博爱家园"的目标任务，区红十字会成立"博爱家园"工作指导小组，指导"博爱家园"所在社区成立由社区书记任会长的基层红十字组织；出台《关于开展"博爱家园"工作的实施意见》，提出"博爱家园"工作阶段目标、基本要求、组织保障及特色工作任务。组织各街道红十字干部及拟建博爱家园的社区负责人赴江阴君山社区、惠山钱桥社区参观学习，借鉴先行示范区的成功经验，进一步推动本地区博爱家园建设。各街道"博爱家园"社区利用原有基础条件，整合各类资源、滕拓办公场所，搭建以红十字文化宣传、红十字爱心服务、红十字救护培训为主要特色的服务阵地。并因地制宜开展以应急救护知识培训、红十字养老照护志愿服务、防灾减灾演练等为主要内容的活动。（吴 君）

【人道救助】 2018年2月，新吴区红十字会开展"红十字博爱送万家"活动，对因遭遇灾害、突发事件及意外伤害而陷入困境的家庭、因家庭成员患重症疾患而造成生活困难的对象和患有白血病的对象实施慰问救助。为288户贫困家庭发放一次性慰问补助金67.5万元。其中，博爱送万家救助款救助182户困难家庭，合计36.4万元（受灾家庭2户、患重大疾病180户）；白血病专项救助款共救助106名白血病患者，合计31.1万元。活动期间实地走访慰问许兰珍、王裕平等12户因病致贫的困难家庭。3月中旬，将救助对象信息整理并上传至阳光扶贫监管平台。（吴 君）

新吴区科学技术协会

【概况】 无锡市新吴区科学技术协会是区科技工作者的群众组织，是区委领导下的人民团体，是区委、区政府联系科技工作者的桥梁和纽带，是新吴区推动科学技术事业发展的重要力量。2018年，新吴区科协立足自身职责定位，强化工作职能，以"服务"为宗旨、以"活动"为载体、以"成效"为目标，在科普建设、科技交流、国际合作、人才服务等方面展开工作。以"产业强市 科技惠民"为主题，制定新吴区科普工作规划并组织实施，动员社会各方面力量，开展普及科学知识、弘扬科学精神，推广先进科学技术和开展青少年科技教育活动，提高全民科学文化素质；开展国际国内学术、科技交流与合作，活跃学术思想，发展同国内外的科技团体和科技工作者的友好往来，促进科学发展和科技创新；表彰优秀科技工作者，人才举荐，做好2018年无锡市首届百名科技之星暨无锡市十大创新争先科技人物选树等工作。2018年，"无锡新区海智基地"在江苏省海智基地建设综合评估中取得第4名的好成绩，被省科协予以通报表扬。（刘珊珊）

【全民科学素质工作领导小组成立】 2018年，新吴区科协为了做好《全民科学素质行动计划纲要（2006—2010—2020年）》的组织实施工作，切实增强公民科学素质，促进区域经济社会健康可持续发展，参照中国科协章程、省市科协指导意见，以及无锡市其他板块做法，拟定新吴区科学素质工作领导小组成员组成单位，经管委会批准后发文通过，成立高新区（新吴区）全民科学素质工作领导小组。领导小组成员单位包括区党政办、组织部、宣传部、经发局、科信局、教育文体局、财政局、人社局、各街道等31个部门。（刘珊珊）

【基层科协组织成立工作推进会】 10月8日，新吴区召开基层科协组织成立工作推进会议，高新区管委会、新吴区班子领导出席，区全民科学素质工作领导小组各成员单位分管负责人及联络员与老科协负责人等参加会议。充分发挥科协组织联系群众的桥梁纽带作用，推动科协组织向基层延伸，接长手臂，形成链条，不断扩大基层科协组织覆盖和工作覆盖。会议要求：一是思想上高度重视，建立基层科协组织是硬任务，各单位务必按照《关于设立新吴区基层科协组织的通知》要求，采取“一人多岗”方式选配专人负责科协具体工作，不折不扣完成既定目标任务。二是各街道、园区应立足自身优势，结合科技与经济工作，开发年度1~2项精品主题活动，形成特色和品牌。三是要群策群力，切实团结好、服务好科技工作者，提高科协认同度，发挥好新时期基层组织对群团工作的保障作用。（刘珊珊）

【科普日主体活动】 2018年，新吴区科协围绕科普宣传周、全国科普日等重要活动，开展各类知识讲座、竞赛、广场科普、科普参观活动。举办中老年健康知识讲座，举行义诊35次；针对消防安全举办安全知识培训和讲座，就疏散逃生常识、消防火灾的应急和预防、消防器材的使用方法进行培训和演练；针对群众关心的食品安全，开展广场宣传等活动，宣传食品安全知识、消费维权知识，倡导科学健康的饮食方式。街道开展各类广场宣传活动160余次，编印发放科普资料1.1万余份，展出各类科普知识板报80块，开展各类知识讲座、实用知识培训100余次，开放科普基地30个、科研院所2个，组织科普影视10场，科普周公众参与人数7000余人。更新科普橱窗、画廊宣传内容30个。（刘珊珊）

【科普工作获表彰】 2018年，针对科普月（周、日）主题活动、省市科技人物奖申报、省市科普教育基地申报、科普志愿者培训、科普电影系列活动、青少年科技大赛、科技项目交流会等工作，新吴区科协高度重视、精心筹划，及时总结上报，较好地完成各项任务。结合市科协年度工作计划、全区建设核心工作与街道重点任务，及时与各街道科协负责人联系沟通，商讨制定科学合理的新吴区及各街道全年科协工作计划与年度任务考核指标。对照年度工作计划与考核指标，按时保质保量地开展各项工作任务，取得良好的工作效果，荣获一批表彰奖励项目。如：江溪街道、鸿山街道获得市级科普周先进单位，无锡微纳产业发展有限公司、江苏百拓信息技术有限公司获得科普周先进集体，江溪街道春暖社区荣获2018年省级“基层科普行动计划”奖等。（刘珊珊）

【科普设施建设】 2018年，新吴区科协按照科普示范区的标准和要求，结合街道与社区现状，统一协调并有序投建科普信息屏。截至2018年，已经安装科普信息屏34块，另外又申请追加34块科普信息屏经费并已批复，为全面提高全民科学素质打下坚实的硬件基础。（刘珊珊）

【服务区域产业】 2018年，新吴区科协对接区内海外归国人才及科技型企业需求，举行各项活动，搭建沟通交流平台。策应2018年无锡市才交会，组织举办“人才+物联网产业”分论坛、“雏凤归2018无锡优秀学子家乡行”、2018首届江苏增材制造创新创业论坛等多项活动。承办第六届“创业江苏”科技创业大赛互联网行业赛，高规格举办“东方硅谷”集成电路人才发展战略高峰论坛、2018年“智汇新吴”海外高层次人才峰会、全国集成电路“创业之芯”大赛无锡分赛，深挖人才及项目，形成“以赛引才”“以赛促创”的良性循环，邀请美中高层次人才交流协会（UCAHP）创业中国行等海内外深度创业团队和近500名海内外高层次人才参会，有效促进高端人才的沟通交流、技术成果转化，成为新吴区荟萃智慧、广纳良策的重要平台。（刘珊珊）

【学术交流】 2018年，新吴区科协开展重点活动5项、各种交流会与沙龙等30多项。“智能制造新模式与新技术”报告会暨“百度服务进企业”启动仪式活动中，江苏百拓信息技术有限公司负责人就“百度服务进企业”活动做方案介绍，并举行“百度服务进企业”活动启动仪式。南京航空航天大学专家就面向个性化定制的智能制造新模式与新技术作专题报告，安排智能制造诊断咨询案例介绍与分析、基于机器视觉的产品表面质量自动化检测技术的项目推介。参加活动的企业代表兴趣十足，进行有益的互动与交流。通过举办“国际大咖秀”、建筑设计与新材料产业融合交流会、科技企业税收政策解读专题活动、“海智沙龙”之国际知识产权活动、2018世界物联网博览会BIM产业高峰论坛以及组织参加或承办各类学术路演、技术交流、行业沙龙等创新创意创业宣传展示活动，为各科技型企业拓宽交流平台。此外，还举办中国科协企业科协网研讨会，大力推进企业科协组织建设，把中国科协的优质创新资源引向企业。（刘珊珊）

新吴区关工委

【“党建带关建”】 加强关工委建设关键在于党建，“党建带关建”是关心下一代工作的重要经验。1月4日，区党政办印发《关于健全完善“党建带动关工委建设”机制的意见》。8月30日，区关工委在旺庄街道召开全区关工委工作例会，专题部署“党建带关建”督查指导工作，进一步明确“党建带关建”的任务、目的和方向。并与区委组织部联合下发《关于对贯彻落实“党建带动关工委建设”工作机制情况进行督查指导的通知》，要求各街道和直属单位加大“党建带关建”工作的落实力度，确保关工委有人干事、有钱办事、有场地开展活动。截至10月底，经过两个月的建设发展，新吴区6个街道、82个村居（社区），均建立以社区为最基层单位的关工委，并配备至少1名兼职关工委工作人员，覆盖率达到100%。旺庄、江溪、梅村、鸿山、新安等街道关工委领导班子也已经落实到位，硕放街道按照空港产业园体制架构也配强关工委领导力量。在活动经费方面，梅村街道关工委工作专项经费按照要求达到10万元，其他街道关工委则划入团工委核定年度专项经费，社区关工委核定专项经费均不少于1万元，实行实报实销模式，确保关工委有经费开展活动。（邓政清）

【民营企业关工委工作】 4月17日，新吴区关工委试点建立50家民营企业并举行集中授牌仪式。5月22日，新吴区组织部、“两新”工委联合下发《关于在全区非公有制企业和社会组织中推行“党群工作一体化”建设意见（实行）》，要求非公有制企业和社会组织建立健全工会、共青团、妇联、关工委等群团组织。7月12日，新吴区关工委组织30家民企、30家外企关工委负责人到江阴举行外资、民营企业关心下一代工作会议暨关工委主任培训班。8月30日，新吴区关工委在旺庄街道召开民企关工委集中组建工作专题部署会议，下发与区委组织部联合发布的《关于加快推进民营企业关心下一代工作委员会组建工作的通知》，并由区关工委常务副主任方锡明负责。从7月12日提出民营企业组建工作百日攻坚战，到10月底，每10天召开一次推进会议，前后共联合组织部门召开6次专题推进会，把工作落到实处。截至2018年年末，民营企业关工委数量达到175家。成立以后，各民营企业关工委开始发挥作用，开展多种多样形式的活动。鸿山街道组织三家民企关工委为当地学校捐赠价值9000元的物品。江溪街道举行“爱传江溪·共建园地”揭牌仪式，让五洲国际工博城与江溪小学的结成共建对子，通过阳光助学、红色传承、志愿服务等多种平台，充分发挥组织共建、资源共享、活动共建的作用，走出一条党建引领，企业发力，学校发展的关工委工作新路子。（邓政清）

【“传承红色基因”主题教育活动】 5月31日，新吴区关工委举行“传红色基因·共话新时代·放飞青春梦”主题教育活动启动仪式，要求全区各级关工委开展“传承红色基因”活动，引导广大少年儿童认清自己的“根”和“魂”。9月15—19日，新吴区关工委组织全区43名来自各街道、直属单位、基层社区、村（居）关工委的骨干工作者来到河南安阳林州市，举办“传红色基因·共话新时代·放飞青春梦”红旗渠精神培训班，传承红色精神，激励工作斗志。年末，区关工委专门组织对传红色基因主题活动进行总结交流，并将区各级关工委开展主题教育活动的经验材料和部分优秀案例汇编成册，展示成效。旺庄街道关工委结合传红色基因主题，开展100余场丰富多彩的青少年活动，服务青少年达3000余人次。新安街道充分利用辖区红色资源，依托校外教育辅导站，以改革开放40周年、建党97周年、建军91周年等时间节点为契机，开展形式多样、内容丰富的共学、共话、共讲、共赛活动。江溪街道关工委组织高泉生、肖娥两位老兵，与街道青少年面对面，为青少年讲述当年参军的故事。（邓政清）

【“五老”队伍建设】 2018年10月，新吴区关工委在梅村香梅国际大酒店举办全区老党员、老专家、老教师、老战士、老模范“五老”骨干成员培训班，100余名“五老”骨干人员参加培训，市关工委缪主任到场并作辅导报告。“五老”是关工委组织的主体，“五老”队伍的稳定是关工委工作立足新时代实现新发展的根本保证。梅村街道组织约100名“五老”骨干，常年开展工作。其中从事社区矫正工作的“五老”有7名，由关工委、司法局共同颁发聘书。梅村街道有宣讲员25名，主要是机关退休的老同志和老教师担任。优秀“五老”吕中南在家中开设海军历史展，展示海军发展史和物品，深受青少年喜爱；退休老党员朱荷珍驻点社区图书室，举办吴文化微课堂等活动，等等。梅村“五老”工作获得很好的社会评价。新安校外辅导站的钱志衡老师，带领10余名“五老”骨干成员，每周坚持备课，十年如一日；硕放、江溪、旺庄、鸿山、新安等街道组织“五老”工作者深入辖区营业性网吧开展监督工作，敦促业主遵守营业时间，坚持零点断线，监督网吧管理员严格核对身份，劝导上网人员文明上网，协助网吧防止未成年人窜入，对网吧运营情况进行一一登记，为促进未成年人健康成长营造良好环境。（邓政清）

【创建“互联网+关工委”】 “互联网+关工委”是在互联网上开展关工委工作，实现关心下一代工作的信息化。中国关工委对开展网上关工委工作高度重视，主任顾秀莲在2018年全国关工委工作会议上提出，要“形成实体关工委与网上关工委广泛覆盖、有效凝聚的新格局”。新吴区关工委在已有微信公众号的基础上，于4月17日开设“关爱明天”网站，开拓网上关工委工作阵地。区关工委主任冯惠兴就工作群的建立，向高新区党工委副书记、新吴区委常委、组织部部长吴胜荣请示，吴胜荣就工作群的建立作出批示：“建好微信工作群，用心关爱下一代”；11月27日，新吴区关工委举行“关爱明天”微信工作群建群仪式。仪式上，新吴区关工委副主任朱琰宣读《新吴区“关爱明天”微信工作群群规》。全区各级关工委工作者、“五老”成员、“微记者”、企业关工委成员、热心参与关心下一代的社会各界人士入群，沟通交流得以加强，工作效率得到提升。（邓政清）

【“微记者”队伍】 2018年，新吴区关工委从基层关工委择优选聘50名“微记者”，并鼓励在职教师、“五老”成员、大学生村官、青少年学生加入“微记者”队伍，组建新媒体信息报送团队，提高信息传递效率。此外，新吴区关工委连续两年举办“微记者”培训班，切实提高“微记者”的专业技能。2018年，新吴区关工委邀请无锡新媒体政务排行榜主编，无锡日报数字出版运营中心记者、编辑严琳为“微记者”讲授微信公众号运营技巧；还邀请无锡市党校行政学教研室李湘云教授，有针对性地以新吴区各街道的部分宣传文稿为案例，一一分析，提点信息和公文写作技巧等，为进一步做好微信公众号、网站的信息上报和宣传工作打下坚实的基础。新吴区2018年青少年教育刊物征订工作实际数量比2017年相比均有所增长。与此同时，新吴区关工委还向《大江南北》《关心下一代周报》、关爱下一代网站等媒体平台投稿，2018年全区20篇信息稿被中国关爱下一代网站录用，14篇被市关工委网站、《工作简报》录用。（邓政清）

太湖风光

法 治

综合治理

【概况】 2018年，新吴区认真贯彻落实中央和省、市关于扫黑除恶专项斗争的部署要求，坚持“有黑扫黑、无黑除恶、无恶治乱、无乱创安”的总体思路，切实提高政治站位，精心组织、周密部署、攻坚克难，坚持依法办案与深挖彻查、依法严惩与综合治理相结合，综合运用各种措施，依法严惩黑恶势力犯罪，在打击“套路贷”、巩固基层组织建设等方面取得一定成效。截至2018年年末，全区共摧毁恶势力犯罪集团2个，破获9类涉恶案件61起，抓获黑恶犯罪嫌疑人265人，其中公诉29人、判决14人。（周 欣）

【扫黑除恶】 2018年，新吴区召开全区扫黑除恶专项斗争会议、领导小组全体成员会议、全区扫黑除恶推进会等重大会议，区委常委会和区政府常务会议多次传达中央和省、市部署精神并听取全区扫黑除恶专题汇报，区委、区政府主要领导专门对专项斗争做出3次重要批示。成立全区扫黑除恶专项斗争领导小组，下设办公室，并组建实体化运作专班。制定印发工作方案和规章制度等配套文件，明确全区扫黑除恶专项斗争具体要求。同时，各街道和成员单位相继成立组织结构，制定本地本条线实施方案。专项斗争开展以来，新吴区组织召开村（居）民、行业会议、专项宣传会50余场次，制作扫黑除恶宣传标语、横幅2000余条，展板150套，印发海报6000余张，发放笔记本3000本、宣传手册12万余份，启用电子宣传屏600余块，举全区之力迅速掀起扫黑除恶集中宣传声势。将9月份定为扫黑除恶专项斗争主题宣传月，通过文艺汇演进街道和展播主题电影等形式切实增强群众对专项斗争的知晓度。广泛张贴《关于进一步敦促涉黑涉恶违法犯罪人员投案自首的通告》，充分展示区委、区政府扫黑除恶的决心。制作安装330余个举报箱，实现所有社区和重点行业、重点领域举报箱全覆盖。同时采取向社会公布24小时举报电话、设立举报电子邮箱等方式，充分畅通举报渠道，动员广大群众举报黑恶线索。坚持打早打小、打准打实、除恶务尽，始终保持对各类黑恶势力犯罪的严打高压态势。紧抓现行案件，对于现行发生的街头聚众斗殴、寻衅滋事等黑恶案件，坚持快字当头。梳理未破案件，对2017年以来未破的黑涉恶案件进行梳理和回头看，从中寻找突破口。开展在逃人员专项斗争，对在册涉黑恶在逃人员进行专业研判，逐一跟踪见底。强化专案侦办，4月25日，在市公安局扫黑办牵头下，区公安分局会同交通治安分局，在前期经营取证的基础上，打掉一个盘踞在硕放机场控制客运服务的黑恶犯罪团伙。（周 欣）

【化解矛盾纠纷】 2018年，新吴区法制办充分发挥行政复议化解行政争议的主渠道作用，着力提升行政复议公信力，推进行政复议专业化办案，落实重大复杂行政复议案件听证和专家论证制度，规范行政复议档案管理，完善档案管理相关制度。建立区政府行政诉讼首长出庭应诉工作机制，履行政府行政应诉义务。出台《无锡高新区（新吴区）网格化社会治理体制改革实施意见》，致力于打造社会治理的第一道屏障和基层社会治理的新吴品牌，实现共建共治共享的社会治理格局。扎实推进信访积案化解，全力做好各级“两会”、中国高新区国际马拉松赛2018年无锡高新区分站赛、上合组织青岛峰会、世界物联网博览会等重大活动和敏感时期的信访稳定工作，特别是全国“两会”期间，为确保社会稳定所做的专项工作成绩显著，依法办理信访复查案件31件，其中撤销下级信访答复6件。（陈　良）

【网格化社会治理机制建设】 自2017年9月新吴区承担省创新网格化社会治理机制首批试点任务以来，新吴区综治办坚持“资源整合、功能聚合、工作融合”的原则，建立相关运行机制，实现省委提出的有关总体要求，构建“四大”（大平台、大数据、大联动、大稳定）社会治理架构，于2018年7月顺利通过省考核组对试点区的验收，取得全省第1的佳绩，获省委政法委嘉奖表彰。成立由区党政主要领导挂帅的区网格化社会治理工作领导小组，抽调区相关部门组建工作专班实行集中办公，加强统一领导。区委主要领导开展网格化社会治理专题调研并研究部署推进相关工作。同时，制定出台《无锡高新区（新吴区）网格化社会治理体制改革实施意见》，明确全区统一要求。下半年经过调整，全区统一划分1023个全要素网格，其中综合网格753个，专属网格270个，配备1023名专职网格员，772名兼职网格员，并由区统一网格员标识、服装、装备，三级网格化服务管理中心标牌统一挂牌。健全完善网格共建、网格走访、网格巡查、首问跟踪负责等九大网格工作机制。新安街道和风社区智慧小屋项目、新吴区网格化社会治理可视化调度指挥系统完成公开招投标，即将进入实施阶段。2018年，网格化社会治理信息系统完成系统开发工作，并在全区推广使用，全区6个街道完成第五轮系统使用培训指导，系统已采集录入各类数据186.6万条，接入燃气报警840个，处理一键求助835个，推送至飞凤平台数据26.02万条，与检察院、国安、安监环保等部门对接开发专项特色应用功能，“新吴区公益诉讼网格化信息采集系统”投入实战应用，并筹备系统的二期建设相关事宜。（周　欣）

【国家安全主题公园揭牌】 8月21日，新吴区举行国家安全主题公园启动仪式，高新区党工委委员、新吴区委常委、组织部部长吴胜荣参加揭牌。利用新吴区国家安全主题公园建于区综治中心对面8000余平方米的草坪空间，主要通过《中华人民共和国国家安全法》《中华人民共和国反间谍法》及《中华人民共和国反恐怖主义法》等国家安全方面的法律法规介绍及案例教育，生动形象地向群众宣传习近平提出的总体国家安全观，提高公众维护国家安全的意识。吴胜荣在致辞中表示国家安全宣传工作是国家安全工作的重要组成部分，也是区国安办的重要职责之一。他要求国安办及全区各机关、团体的干部要以主题公园的落成为契机，进一步抓好区里的国家安全工作，要勇于解放思想，发挥好国家安全领导小组的协调联动作用，同时发动群众，把国家安全专门工作和群众工作结合起来，筑牢维护国家安全的人民防线，切实维护好国家安全及利益。（周　欣）

法治政府建设

【法治文化进社区】 2018年，新吴区广泛开展普法宣传，活动紧贴形势和群众需求。全区共举办法治讲座、广场法律法规咨询、法律法规培训、法治论坛、法治电影放映、法律知识竞赛、法治文艺演出等各类活动1500多场。连续6年开展覆盖全区中小学及广大师生的“法护蓓蕾德润童心”青少年系列法治实践活动，通过各种法治活动使10多万青少年接受法治教育。7月27日晚，高新区（新吴区）政法委、依法治区办公室、司法局在旺庄街道春潮花园春潮湖广场联合举办法治文化进社区大型文艺巡演暨首场启动仪式。通过喜闻乐见的方式，让现场的居民在欢歌笑语中学习到各种法律知识，并开展大型广场法律咨询活动，宣传法律知识，解答群众困惑，化解矛盾纠纷。《为祖国祝福》以载歌载舞的方式表达对美好生活的祝福；独角戏《真的不骗你》讲述老百姓身边的法律故事，宣传普及法律知识；街道自编自演的小品《黑暗世界的咖啡》

根据真实的人物故事原型改编，以情景再现的表现形式，让人们以全新的体验去感受这个世界，去理解尊重他人。（林　钢）

【科学民主决策】 2018年，修订《无锡高新区（新吴区）党政议事决策规则》，进一步规范重大行政决策程序。加强决策公开透明度，凡不涉及稳定和秘密的区政府常务会议的会议纪要，一律在政务外网上向社会公开。按照省政府统一部署，开展政策文件库入库工作，凡区政府出台的重大政策文件，一律纳入政策文件库以方便公众查询。出台《新吴区规范性文件管理规定》，规范文件制定和管理流程，确保规范性文件“应审尽审、应备尽备、应改尽改”。出台《关于在市场体系建设中建立公平竞争审查制度实施意见》，明确要求在政策文件出台前增加公平竞争审查环节，打破地方保护主义，规范行政权力，进一步打造公开公平的优质营商环境。（陈　良）

【管理监督】 严格行政执法资格准入，2018年，新吴区共有127名人员通过考试获得行政执法资格。对全区741名行政执法人员实施动态管理，不在实际行政执法岗位上的人员及时予以清理。组织开展全区行政执法案卷评查活动，推动全区各行政机关落实“行政执法公示、执法全过程记录、重大执法决定法制审核”三项制度和行政处罚自由裁量权基准细化工作，进一步规范具体行政执法行为。结合今年重点开展的非法码头整治、散乱污企业整治、“小园区、厂中厂”整治、农贸市场整治、打击和遏制固体废物非法转移专项行动、防范和处置非法集资等非法金融活动等工作开展执法监督和指导，防范执法风险。

（陈　良）

【畅通监督渠道】 2018年，新吴区政府就国民经济和社会发展计划执行情况、财政预决算情况、环境保护、鸿山物联网小镇和慧海湾小镇建设情况等重点工作，定期向区人大常委会报告，接受人大监督，按时办结人大代表建议。努力提升“12345”政府公共服务热线管理水平，围绕群众投诉举报的重点难点问题，认真研究并加以解决，各类热线工单按期办结率达到100%，群众满意率超95%，居全市第一。出台《关于积极支持检察机关依法开展公益诉讼工作的实施意见》，建立接受检察机关开展行政执法检察监督的工作机制，高度重视诉前检察建议，履行行政机关的法定职责，依法纠正违法行为，保障国家和社会公共利益免受侵害。认真研究并制定《新吴区2018年政务公开工作要点》，明确目标任务和责任单位，压实工作责任。出台《关于进一步规范政府信息公开发布的通知》，全力推动政府“决策、执行、管理、服务、结果”的五公开。组织全区各行政机关开展政府信息公开年报的统一发布工作，准时率和规范率为100%。（陈　良）

【学法普法】 新吴区政府常务会议专题研究部署2018年依法行政和法治政府建设工作，将法治建设纳入年度重点工作计划，明确目标、统筹推进、有效实施，认真落实党政主要负责人履行推进法治建设第一责任人的职责，严格实行新提任领导干部任前法律知识考试制度，全区新提拔领导干部全部参加考试并合格。认真开展领导干部学法活动，区政府常务会议专题学习新修订的《中华人民共和国宪法》《最高人民法院关于适用<中华人民共和国行政诉讼法>的解释》《苏南国家自主创新示范区条例》《江苏省开发区条例》。组织开展“万人学法”竞赛活动，全区各级党政机关和企事业单位共5919人踊跃参加。打造普法亮点品牌，力推“掌上普法”，开发全省首个青少年普法微信平台“法护蓓蕾·德润童心”公众号，呵护青少年健康快乐成长。

（陈　良）

【法治宣传教育】 2018年，全面落实“谁主管谁普法，谁执法谁普法”的普法责任制，高标准通过“七五”普法中期考核。利用“3·8”妇女节、“3·15”消费者权益保护日、安全生产宣传月、知识产权保护宣传月等时机，开展宪法主题宣传、广场宣传咨询、法治文化惠民活动40余场次，解答咨询约2000人次；邀请省委党校教授梁三利，为全区350余名领导干部举办“走向中国特色的法治之路——2018宪法修正案解读”专题讲座；组织全区6000多人参加江苏省机关第六届“万人学法”竞赛活动，为全市7个市（县）区之首；构建部门、学校、村（社区）、家庭“四位一体”的青少年法治宣传教育模式，组织准大学生参加法治夏令营、争当“遵纪守法好学生‘十不’承诺”签名活动、“宪法在我心中”主题班会等活动10余场次，4.88万名青少年接受教育；推出全省首个青少年普法平台——“法护蓓蕾 德润童心”微信公众号，关注量达2.3万人。2018年，全区已创建成56个“省级民主法治示范村（社区）”、4个“省级法治文化示范点”、23个“市级法治文化建设示范点”。（宋俊杰）

公安

【概况】 2018年，新吴区公安分局围绕“党委政府放心、人民群众满意、社会各界赞誉、工作业绩一流”的目标，主动融入全区经济社会发展大局，以升级完善立体化、信息化社会治安防控体系为牵引，大力实施基础强警、创新强警、素质强警“三大核心战略”，全力以赴当好维护稳定和平安建设主力军，圆满完成各项工作任务。分局整体绩效再次夺取优胜，实现“十连胜”，群众对新吴社会治安和公安工作综合满意度保持全市前列。分局获评“2017年度全省公安调研成绩突出集体”，坊前派出所获评省厅“先进基层党组织”，园区派出所获评省厅“基层警营文化示范点”，旺庄派出所获评市局“党建工作示范点”，有5名民警分别获得“江苏最美警察”提名奖、省“三八红旗手”“无锡市劳模”“无锡最美警察”“无锡市青春榜样”，5个单位荣获集体三等功，6个单位荣获集体嘉奖，1名民警荣立个人二等功，46名民警荣立个人三等功，66名民警受到市局嘉奖。（邹益锋 吴音月）

【维稳创安】 2018年，新吴公安把维护国家安全和社会稳定作为首要职责，打好政治安全、反恐防范、维稳处置攻坚仗，落实公共安全常态严管措施，确保全区社会大局平安稳定。组织开展中美经贸摩擦对社会安全稳定带来的影响等专题调研，全力疏导化解矛盾、防范风险隐患。在重大活动等时间节点，落实重点人员分级分类管控，筑牢属地、站车、驻京“三道防线”，最大限度地将重点人员吸附在本地，实现零登记、零非访、零滋事。连续打赢中国高新区国际马拉松首站赛、上合峰会、物博会、进博会、涉军维稳、专项维稳等系列安保维稳硬仗。2018年年内，配合党委政府妥善处置雷迪森酒店关停、新区凤凰医院股权纠纷等重大不稳定因素和群体性事件214起，全区没有发生有影响的重大涉稳事件。（邹益锋 吴音月）

【破案打击】 2018年，新吴区共接报各类警情20.96万起、居全市第二，其中违法犯罪警情2.26万起、居全市第三，共立刑事案件7555起、居全市第三。刑事案件同比下降13.4%，降幅全市最高，超过全市平均降幅（6.2%）7.2个百分点。区公安分局以开展扫黑除恶、打击涉枪涉爆犯罪、打击电信网络诈骗犯罪、整治治安热点、秋风行动、百日攻坚等重点工作和专项行动为抓手，保持主动进攻、严打严治，有力维护全区社会治安大局平稳。2018年，共破刑事案件1212起，破案率16%，刑拘1148人、逮捕782人、取保候审956人；公诉总数完成1187人，侵财犯罪公诉人员总数完成479人，超额完成市局目标任务。全区八大类案件立案101起，同比下降12.2%，破案87起、破案率81.1%；破获涉黑涉恶案件61起，抓获黑恶犯罪嫌疑人265名，打掉黑恶犯罪团伙25个、成员170人。园区“1·9故意杀人案”、梅村“1·16故意杀人案”等6起现行命案和旺庄“12·10”入室抢劫等重特大案件全部快侦快破。侦办经济案件281起，抓获犯罪嫌疑人122名，挽回经济损失2.1亿元。全年侵财案件同比下降14.7%，其中入室盗窃案件同比下降50.1%。（邹益锋 吴音月）

【治安整治】 建立社会治安常态化研判分析机制，密切掌握苗头性、倾向性治安问题，提早介入，打苗头、挖根源。2018年，在全区梳理治安重点地区12个，先后开展涉娼重点地区整治、赌博机治理、“禁毒2018两打两控”等专项行动和集中整治行动。2018年，共抓获黄赌娼违法犯罪嫌疑人员142人，捣毁涉赌团伙8个、涉娼团伙6个；破获食药环案件21起，抓获嫌疑人70名；破获毒品刑事案件91起，抓获涉毒人员660名，全区没有发生有影响的治安热点

问题。（邹益锋　吴音月）

【治安防控】 2018年，新吴区公安分局不断升级治安防控技术，扎实推进“三网三机制”建设。完成“慧眼360”智能视频监控汇聚平台项目建设，并顺利通过验收，共安装1338个高清监控、261只前端摄像机、427路智能车牌抓拍相机、10个点位47个车道的“320”卡口抓拍相机、25套智能人像识别系统。2018年，新吴区新增公安自建监控2885个，街道层面新增小区监控1020个、路面监控200个，已汇聚联网监控6675个，全区基本实现高清监控全覆盖。

（邹益锋　吴音月）

【实有人口信息采集】 2018年，为保证治安基础数据准确鲜活，新吴区公安分局将实有人口、房屋、单位、监控点位等基础要素作为采集攻坚的重点。从3月底开始，全警动员，组织开展为期三个月的实有人口信息采集攻坚会战。以“一标三实”平台对接导入实有人口数据为底数，以运用移动警务终端为主开展入户走访采集核对工作，采集数据全部进入“一标三实”系统进行交换、比对和核查，实现数据的实时采集、实时传输、实时比对，大幅提高人口信息采集录入效率和准确率。会战中，共访查25.8万余户，访查人员68.7万余人，访查率分别达93.7%和91.1%。新增寄住人口14.3万余人，新增暂住人口16.9万余人，注销暂住人口17.6万余人，核对修改人员信息69.9万余条。通过走访采集比对抓获在逃人员12名，抓获违法犯罪嫌疑人员10名。实现基础管控、服务实战、外部评价“三个明显提升”,先后获得新吴区法治建设实事工程一等奖、市法治惠民实事工程二等奖。

（邹益锋　吴音月）

【警务服务】 2018年，新吴区公安分局扎实推进公安改革和“放管服”改革，在户籍、出入境、禁毒、消防、危化品等行政审批窗口进驻区政务服务中心的基础上，将全国异地身份证、二代临时身份证办理窗口迁至区政务服务中心，并在全市率先启动区级政务服务中心交管业务便民服务。新增交管业务窗口2个，实现交通违法处理、车管业务等统一受理、集中办理。在出入境窗口增设2台港澳台自助签注一体机、2台自助发证机，在梅村、坊前各增设一台24小时港澳台自助签注一体机。在坊前新丰苑智慧警务室试点建设“24小时公安自助服务区”，内设多功能警务服务机，为群众提供身份证自主领取、居住证自助办理、出入境签注业务办理及查询等自助便捷服务。（邹益锋　吴音月）

【人口管理】 2018年，新吴区公安分局围绕“基层基础工作更牢、实有人口管理服务更强、行政管理服务更优、服务基层服务群众更实”的工作目标，以服务管理实有人口为基础，以信息化手段为依托，全力打造“质态更优、水平更高、人民群众更满意”的人口管理服务品牌。截至2018年年末，全区有户籍人口37.13万人，总户数13.07万户，其中男性18.27万人，女性18.86万人；外来暂住人口57.08万人，其中务工46.53万人，务农2403人，投资经商1.27万人，其他人员9.04万人。其中居住新吴区的少数民族流动人口1.82万人，涉及51个少数民族。年内，根据无锡市公安机关深化“放管服”16项改革举措的要求，开通“持有效居住证的非本市户籍人员居民身份证补领、换领业务全市通办”业务，在全区增设无有效居住证的非本市户籍人员补领、换领居民身份证业务受理点11个。9月，开通港澳台居民居住证申领发放业务，全年共受理省内异地办证5443张，跨省异地办证5485张，港澳台居民居住证59张。

（邹益锋　吴音月）

【出入境管理】 2018年，新吴区实际居住境外人员4552人，常住境外人员5339人（包含工作单位在新吴区），境外人员宾馆临住登记11.78万人次，派出所社会面临住登记1万余人。新吴区公安分局出入境窗口共受理3.13万张证件申请，其中境外人员各类签证（注）证件1009张，中国公民出国境护照1.62万张，往来港澳通行证1.15万张，往来台湾通行证件2684张。年内，共查处出入境违法案件305起305人，并立案侦查一起妨害中国边境刑事案件。完成不准出境人员和特殊身份人员报备792人次。

（邹益锋　吴音月）

【交通管理】 2018年，新吴区共受理交通事故3.23万次，致亡52人、伤168人，直接经济损失30.04万元，分别比2017年上升15.67%、下降1.89%、下降19.62%、下降53.48%，全区发生重大交通事故死亡人数实现“五年连降”。全年查处各类交通违法行为43万余起，其中查处酒后驾驶414起，违法停车7万余起，在“春雷行动”中查处绩效位列全市第二，在“夏安行动”中因成绩突出获省厅表彰。全年完成各类警卫保障任务158次，行政拘留152人，打击处理197人，查获批捕在逃、负案在逃、服刑或羁押在逃“三逃”人员4名，在全市公安机关重大安保活动、专项工作中获市公安局集体嘉奖。排查整改各类交通隐患226起，解决交通堵点、乱点突出问题9个。新增13套违停抓拍系统，实现24小时不间断违停抓拍，共抓拍违停3.35万起。推动交通违法处理、车管业务、警邮业务等交管业务进驻新吴区政务服务中心，方便群众集中办理业务，年内办理各类交管业务3600余件。

（邹益锋 吴音月）

【消防安全】 2018年，新吴区共发生火灾事故453起，死亡3人，受伤6人，直接财产损失217.2万元，同比分别下降3%、上升200%、上升20%、下降18.5%。消防部门以人员密集场所、化工生产企业、工业园区、群租房等为重点整治面，持续深化高层建筑、社会福利机构、劳动密集型企业、儿童活动场所、教育培训机构等各类专项治理。年内检查单位4189家，督改隐患4400余处，临时查封单位69家，责令“三停”单位53家，罚款346.5万元，对一起假冒消防产品案件立案调查。联合街道召开群租房消防安全隐患整治部署会，企业宿舍楼简易设施现场交流会，对接社区微型消防站实体化运行相关工作，对打工居住密集区域进行重点检查，清理电动车违规充电、违规停放等问题。年内推广安装电气火灾监控系统50套、电动车智能充电系统100套、简易喷淋125套、独立烟感1010只。开展消防安全宣传培训近200次，印制各类消防安全宣传资料10万余份，开放消防站21次。

（邹益锋 吴音月）

检察

【概况】 2018年，新吴区检察院认真履行审查逮捕、公诉职责，共受理公安机关提请批准逮捕案件447件622人，批准逮捕383件507人，受理移送审查起诉817件1280人，提起公诉766件1195人，其中，涉枪涉爆案件3件4人，涉毒品案件66件70人，抢劫、抢夺、盗窃、诈骗等多发性侵财犯罪318件515人，依法从快批捕、起诉故意杀人、故意伤害、寻衅滋事案128件168人。依法对在逃13年的强奸、抢劫、强迫卖淫罪犯邓某国批捕、起诉，该犯被判处有期徒刑12年。依法妥善办理涉企刑事案件30件，依法对6名涉嫌犯罪的民营企业经营者及时变更强制措施，对涉企的32件民商事案件依法进行检察监督。图1、图2分别为无锡市新吴区人民检察院审查起诉工作情况、审查逮捕工作情况。

（黄巧琳）

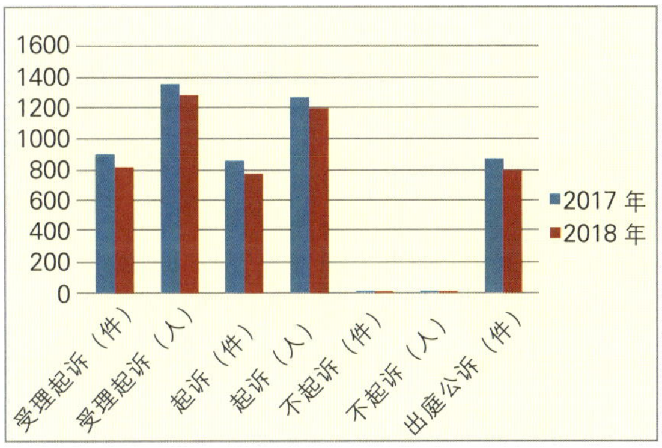

（注：2017年不起诉6件6人，2018年不起诉2件2人）

图1 无锡市新吴区人民检察院审查起诉工作情况

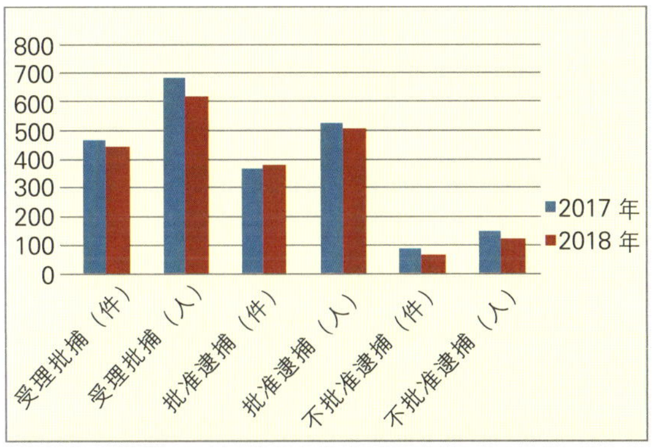

图2 无锡市新吴区人民检察院审查逮捕工作情况

【监察体制改革】 2018年，新吴区检察院建立健全审查逮捕、公诉与监察调查的高效衔接机制，组建办案团队专门对接，完善职务犯罪检察工作机制，协调统一案件移送的标准、程序。加强与监察、审判机关的联动协作，强化惩治腐败工作合力。依法办理区纪委监察委移送进入刑事诉讼程序的职务犯罪案件4件5人，决定逮捕3人，起诉4人。对新吴区首例留置案件，受理移送后2日内批捕，7日内起诉。（黄巧琳）

【刑事诉讼制度改革】 2018年，新吴区检察院落实重大疑难案件公安机关听取检察机关意见制度，提前介入刑事案件侦查活动105件，提出检察意见120条。强化证据复核，落实办案亲历性要求，复勘案发现场15次，询问证人72人次。主动适应庭审实质化要求，与法院共同落实庭前会议程序，推行“繁案精办”“简案快办”，对716件事实清楚、证据充分、被告人认罪的案件建议适用简易程序，有效节约司法资源。畅通检察机关与辩护律师沟通交流机制，主动听取律师意见。（黄巧琳）

【“审查逮捕、审查起诉一体”】 2018年，新吴区检察院坚持审查逮捕、审查起诉一人负责，有效缓解案多人少矛盾，2018年全年结案率97.8%。坚持“一体把握”，落实慎捕标准，在外来人员犯罪达80%以上的情况下，审前羁押率保持在37%以内，在确保诉讼正常进行的同时有力保障人权。发挥“一体化”优势，传导庭审标准、强化侦查监督，提升证明能力、强化庭审指控，捕后判缓刑率0.59%，有罪判决率为100%。2018年7月19日，全国人大监察和司法委员会副主任李钺锋、最高检察院副检察长童建明等领导来检察院视察调研，给予充分肯定。（黄巧琳）

【司法规范化】 2018年，新吴区检察院牢固树立惩治犯罪与保障人权并重、实体公正与程序公正并重的理念，发挥入额院领导带头办案示范作用，坚持非法证据排除、全程听取辩护人意见、专家论证指导等机制，以制度强规范。落实检务公开，通过网站、微信、微博等媒体公开各类法律文书789份，加强与人大代表的常态化联系，寄送工作资料1000余份，邀请代表、群众140余人次走进检察机关，以公开促规范。大力推进检察信息化建设，以科技助规范。（黄巧琳）

【核心能力建设】 2018年，新吴区检察院倡导践行“有激情、有办法、有担当”和“人人皆可成才”的理念，持续营造比学赶超的浓厚氛围。全院8人次荣膺全国、全省检察业务标兵，1人获能手，占在编干警的15.2%。孙宁在五年一度的全省检察机关“双先”表彰中荣获“全省检察机关先进工作者”，师夏继获全省刑事执行检察业务标兵后，再获“全省未成年人检察业务标兵”、无锡市“三八红旗手”。2名干警在全省检察机关第三次网信建设大会上分别荣获三等功和个人嘉奖。《检察日报》《无锡日报》《江苏法制报》等媒体对检察院培养造就检察业务标兵群体的做法相继予以重点报道。（黄巧琳）

【化解矛盾纠纷】 2018年，新吴区检察院全力做好重要会议、重大活动、重要节点检察环节的维稳工作，受理群众信访227件251人次，初信初访化解率达95%。建立启用“网格员”检察平台、涉检信访舆情分析系统，提高矛盾风险预测预警预防能力。主动邀请律师全程参与处理涉法涉诉信访案件40件，有效促进矛盾纠纷及时化解。落实刑事被害人特困救助，向4名对象发放救助金10万元，彰显司法人文关怀。（黄巧琳）

【依法办理知识产权案件】 2018年，新吴区检察院针对企业反映的知识产权被侵害后查处慢、维权难等问题，在全省率先建立涉知识产权刑事案件“立案同步审查”、知识产权刑事案件被害人诉讼权利义务告知制度。依法批捕假冒注册商标、侵犯著作权、侵犯商业秘密等犯罪4件5人，起诉11件33人，依法对涉案金额778万元的曾某超等5人假冒注册商标、非法制造注册商标标识案提起公诉，依法对省公安厅督办、涉案金额达130余万元、假冒知名品牌“雀巢咖啡”注册商标案林进荣等8名被告人提起公诉。

（黄巧琳）

【诉前督促整改】 2018年，新吴区检察院把握“诉讼不是目的、维护公益才是目的”的价值目标，工作重点放在诉前督促整改上，共赋予行政机关150件次纠错期，向行政单位及其上级主管部门提示诉讼风险155件次。针对办案中发现的瓶装液化气安全隐患问题，及时向市政园林局发出督促履职检察建议，推动全市开展瓶装液化石油气安全管理专项排查，责令2家储配站限期整改。通过办理非法行医案件举一反三，及时发出检察建议，督促职能部门对67人医师执业资格开展专项排查整改。（黄巧琳）

【检察监督】 2018年，新吴区检察院推进检察长列席审委会制度化、常态化，建立检察官联席会议集中审查制，审查裁判文书1000余份。全面推行刑事申诉案件公开审查机制，有效预防冤假错案。依法监督一起职务犯罪财产刑，执行到位50万元，对51名犯罪嫌疑人进行羁押必要性审查，建议对35人变更强制措施，公安机关、法院及时予以采纳。与司法行政机关共建全市首家社区矫正检察监督办公室，对420名社区矫正对象开展检察监督，依法督促对1名违规社区矫正对象收监执行。加强对民事、行政诉讼、执法活动的法律监督，办理案件119件，审结113件，向法院发出纠违检察建议7件、改进工作检察建议28件，均已采纳，法院再审改判1件。加大对恶意诉讼行为的监督惩治力度，促进社会诚信体系建设。依法支持67名劳动者追索劳动报酬240余万元，维护劳动者合法权益。对人民法院正确的民事行政裁判，耐心做好释法说理、服判息诉工作，共息诉35件。（黄巧琳）

【侦查监督】 2018年，新吴区检察院监督侦查机关应当立案而不立案2件2人，向侦查机关发出纠正违法通知书7份，要求说明不立案理由通知书2份，通知立案书1份，追捕4人，追诉9人。坚持以审判为核心的证据标准，对12件非法证据予以排除，对144件案件退回补充侦查，其中二次退回补充侦查35件。坚持谦抑原则，对犯罪情节显著轻微、危害不大和事实不清、证据不足的案件，决定不批捕122人。（黄巧琳）

【服务民营企业】 2018年，新吴区检察院落实中央关于依法保障和促进民营企业发展的部署要求，坚持精准服务民营企业法治需求、精准把握罪与非罪界限、精准改进办案方式方法、精准维护企业家合法权益。延伸服务链条，在全区企业设立检察法律服务点20个，开通检企联系“绿色通道”，提供法律服务140次，帮助建立法律风险防范化解机制34项。围绕民企广泛关注的加强知识产权管理、提升核心竞争力问题，专门邀请法律专家为民营企业提供面对面咨询服务，受到一致好评。（黄巧琳）

【保障民生民利】 2018年，新吴区检察院以守护“舌尖上的安全”为己任，加大打击危害食品药品安全犯罪力度，批捕5人，起诉27人。严厉打击群众反映强烈的电信网络诈骗等犯罪，共批捕47人，起诉134人，对涉案1000余万元、被害人达千余人、以销售破壁灵芝等“保健品”和美容化妆品为名从事网络诈骗的张某、江某等24名犯罪嫌疑人依法作出批捕决定。加强源头治理，对为网络诈骗提供软件等服务的刘某欢等6名被告人以帮助信息网络犯罪活动罪提起公诉。加强公民个人信息保护，依法办理侵犯公民信息案12件15人，涉及个人信息12万余条。（黄巧琳）

【维护未成年人合法权益】 2018年，新吴区检察院坚持“专业化办案、精细化维权、社会化宣教”，批捕侵害未成年人权益案件11件11人，起诉13件13人，确保罪犯及时受到法律严惩。落实“教育、感化、挽救”理念，对8名犯罪情节轻微且有悔罪表现的未成年人，依法适用相对不起诉、附条件不起诉，帮助其迷途知返、回报社会。探索设立驻派出所涉未成年人专门办案区，实行法律援助、特困救助、心理疏导、综合救助“一站式”办案救助，将未成年人保护链条延伸到刑事诉讼第一环节。持续开展“防治校园欺凌”等专项治理，注重发挥“小敏姐姐”青少年维权志愿者作用。“向阳花”青少年维权项目获评市“最佳志愿服务项目”“全省优秀法治实事项目提名奖”。（黄巧琳）

【公益诉讼】 2018年，中共新吴区委在全市率先出台《关于支持检察机关依法开展公益诉讼工作的意见》后，新吴区检察院切实抓好跟进落实，推动这项工作纳入全区法治建设、依法行政等年度计划，主动上门与11家行政执法单位建立工作协作机制，为全区50余家行政部门分管负责人、法制联络员、一线执法人员开展公益诉讼专题培训。紧盯生态环境和资源保护、食品药品安全、国有财产保护、国有土地使用权出让等重点领域。初查公益诉讼案件149件，立案141件，发出诉前检察建议124件，追回国有财产547.5万元，依法对一起销售有毒有害食品案件提起刑事附带民事公益诉讼。迅速落实区委要求，主动参与全区砂石码头和“散乱污”企业整治等。初查并立案审查行政执法监督案件27件，发出督促履职检察建议25件。围绕打好“蓝天、碧水、净土”三大保卫战，建立“专业化法律监督+恢复性司法实践+社会化综合治理”生态检察模式。强化国有土地使用监督，发出诉前检察建议8件，追回土地出让金365万元、土地租金182.5万元。（黄巧琳）

【查处侵权盗版案件】 3月13日，江苏省版权局评选出2017年度版权执法重大案件十大典型案例，新吴区检察院办理的蒋某、葛某明等4人侵犯著作权案入选其中。11月20日，国家版权局公布2017年度全国查处侵权盗版案件有功单位及个人，共对212家有功单位及249名有功个人给予奖励，无锡市新吴区检察院获全国有功单位二等奖，继2014年、2015年度该院获有功单位及有功个人后第三次获此殊荣。（黄巧琳）

【入选全国检察机关保护知识产权十大典型案例】 4月25日，最高检召开以“尊重知识产权、强化司法保护”为主题的新闻发布会，通报检察机关加强知识产权司法保护工作情况，发布2017年检察机关保护知识产权十大典型案例。新吴区检察院办理的张某兵等人假冒注册商标，洪某洲等人销售假冒注册商标的商品，黄某浩非法制造、销售非法制造的注册商标标识案入选十大典型案例。（黄巧琳）

【高检院转发推广新吴区检察院经验】 11月9日，最高人民检察院《检察工作简报》（2018年第23期）以《无锡市新吴区检察院充分发挥庭前主导作用推进庭审实质化改革》为题，对新吴区检察院探索创新特色亮点工作经验进行转载刊登，向全国推广经验做法。（黄巧琳）

法院

【概况】 2018年，新吴区法院紧紧围绕“让人民群众在每一个司法案件中感受到公平正义”目标，坚持司法为民、公正司法，忠实履行宪法和法律赋予的职责，各项工作取得新进展。全年共受理各类案件16983件，审执结14847件，解决争议标的额59.9亿元，同比分别上升8.1%、11.2%和24%，再创历史新高。法官人均办案数、结案率及执行综合质效领跑全市基层法院。年内荣获“全省优秀法院”和区“人民满意单位”称号。表2为区法院收结案率统计表，图3、图4分别为区法院调解率和撤诉率统计图。（李庆玲）

表2　　新吴区法院收结案率统计表（2017—2018年）

部门	往年旧存	收案			结案			未结			结案率		
		2018年	2017年	同比(%)	2018年	2017年	同比(%)	2018年	2017年	同比(%)	2018年	2017年	同比(百分点)
刑事	51	777	869	−10.59	797	853	−6.57	31	51	−39.22	96.26	94.36	1.90
民事	719	1902	2708	-29.76	2232	2753	−18.92	389	719	−45.90	85.16	79.29	5.87
商事	299	1037	1180	−12.12	1097	1200	−8.58	239	299	−20.07	82.11	80.05	2.06
知识产权	21	330	378	−12.70	311	371	−16.17	40	21	90.48	88.60	94.64	−6.04
执行	737	4686	3064	52.94	4804	2826	69.99	619	737	−16.01	88.59	79.32	9.27
行政	0	5	2	150.00	4	3	33.33	1	0	100.00	80.00	100.00	−20.00

续表

部门	往年旧存	收案			结案			未结			结案率		
		2018 年	2017 年	同比(%)	2018 年	2017 年	同比(%)	2018 年	2017 年	同比(%)	2018 年	2017 年	同比(百分点)
审监	4	29	12	141.67	31	11	181.82	2	4	-50.00	93.94	73.33	20.61
立案	229	1395	2354	-40.74	1541	2555	-39.69	83	229	-63.76	94.89	91.36	3.53
硕放法庭	273	1757	2020	-13.02	1754	2020	-13.17	276	273	1.10	86.40	88.09	-1.69
旺庄法庭	0	476	0		292	0		184	0		61.34		
江溪法庭	0	1001	0		802	0		199	0		80.12		
合计	2333	13395	12587	6.42	13665	12592	8.52	2063	2333	-11.57	86.88	84.60	2.28

注：不含诉前调数字

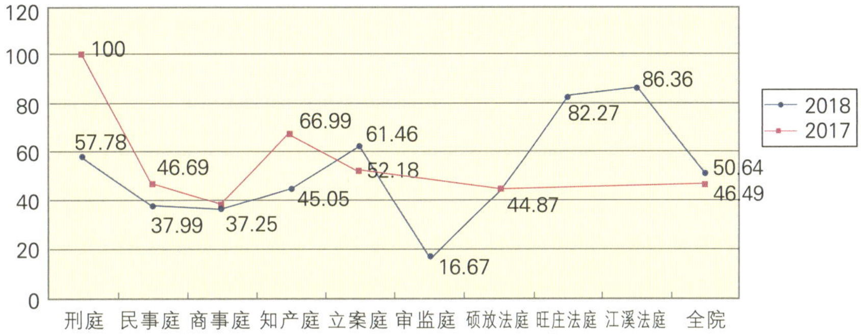

图 3　新吴区法院调解率统计图（2017—2018 年）

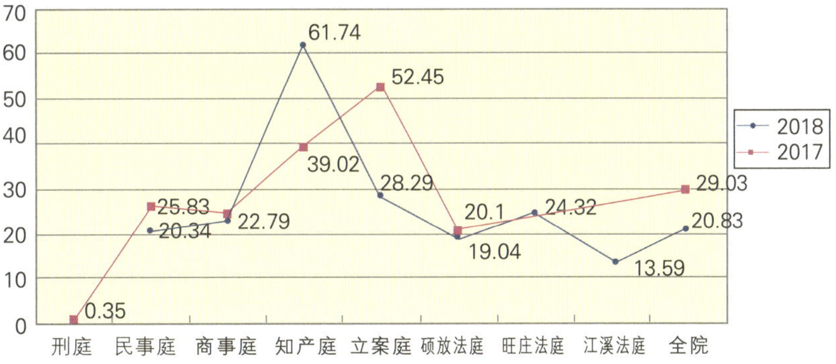

图 4　新吴区法院撤诉率统计图（2017—2018 年）

【惩治刑事犯罪】 2018 年，新吴区法院审结各类刑事案件 797 件，判处罪犯 1235 人。坚持“有黑扫黑、无黑除恶、无恶治乱、无乱创安”方针，在区委正确领导下，严惩涉众型经济犯罪，审结金融诈骗、非法传销等案件 9 件 29 人；依法审理谢某荣等 150 余名被告人利用现货交易平台从事期货交易、案值高达 11 亿元的非法经营系列案，有力打击扰乱市场秩序的行为。严惩破坏信息网络犯罪，审结非法获取计算机信息系统数据、侵犯公民个人信息等犯罪 8 件 19 人，审结各类电信网络诈骗犯罪 15 件 30 人。严惩危害食药安全犯罪，审结此类案件 16 件 33 人，有效保障人民群众生命健康权益。严惩职务犯罪，审结贪污贿赂、渎职犯罪 5 件 9 人，依法审理最高法院指定管辖的叶某青受贿案、葛某明行贿案，省高院指定管辖的李某受贿、行贿及滥用职权案。审结区监委立案调查的首例留置案件。强化协作配合，及时向区监委反馈审判中发现的辖区党员干部违法违纪情况，有力推动党风廉政建设和反腐败斗争。（李庆玲）

【打击黑恶势力】 2018年，新吴区法院审结强迫交易、非法拘禁、敲诈勒索等九类涉恶犯罪35件108人，审结“黄赌毒”案件103件188人。公开宣判省挂牌督办的张某等14人恶势力犯罪集团“套路贷”敲诈勒索案，依法审理王某松等9人垄断机场客运寻衅滋事案。召开扫黑除恶新闻发布会，邀请人大代表、政协委员专项评议，向金融及市场监管部门发出司法建议，充分体现扫黑除恶的强大声势和法治权威。（李庆玲）

【民商案件审理】 2018年，新吴区法院受理民商事案件9421件，审结8039件，解决争议标的额34.9亿元。强化民生权益保障，妥善处理人身损害、医患纠纷、劳动争议等案件3884件，有效保护人民群众切身利益。强化家事纠纷调处。精心审理家暴案件，推行人身保护令，引入心理辅导机制，审结家事案件497件，促进家庭和睦、邻里和气、社会和谐；强化交易秩序维护。应对因房价波动、房市新政、安居房上市引发的各种矛盾纠纷，打击、抑制黑中介、恶意毁约等不法行为，审结房地产案件237件，维护市场诚信，促进行业良性发展；强化纠纷联动化解。在政法委统一领导下，多方协同，多措并举，多点发力，维护一方稳定。如在雷迪森系列破产案酒店关停过程中，与江溪街道等部门形成合力，向业主发出公开信，有效控制不稳定因素，保证破产工作的顺利推进；树立尊重经营自由理念。审结买卖、承揽等合同纠纷案件1109件，有效规范交易行为，维护市场秩序；树立产权保护理念，审结股权转让、股东权益、投资者权益纠纷等案件41件，引导企业完善治理结构，提升市场主体的信心和活力；树立产业强区理念，准确把握保护金融债权与引导实体经济发展的关系，严格划清金融创新、合法借贷与非法集资等行为界限，妥善处理涉证券、期货、保险、金融借款等金融案件201件、民间借贷案件1348件，解决争议标的额10.3亿元，有效防范区域性金融风险；树立平等保护理念，审结涉外、涉港澳台民商事案件19件，培育法治化、国际化营商环境；树立“调解优先、调判结合”理念，民商事案件调解率达50.1%，同比上升4.3个百分点。（李庆玲）

【知识产权案件审理】 2018年，新吴区法院围绕知识产权强区建设目标，优化审理模式，受理知产民事、刑事和行政案件318件，审结298件。努力实现知识产权司法保护的“三个转向”：由事后保护转向全程保护。主动对接小天鹅、朗新科技、文思海辉等多家高科技企业，提供精准法律建议，助力企业优化知产保护；由常规保护转向深度保护。从保护商标、软件著作权等常规知产权益向保护商业信誉、公平竞争等更广领域拓展。如在审理睿健时代诉上海小腰不正当竞争案中，依法对外地企业攀附新吴区企业商誉的行为作出侵权认定和高额赔偿的判决，有效保护本地企业的科技创新；由高成本保护转向低成本保护。（李庆玲）

【行政案件审理】 2018年，新吴区法院支持行政机关依法作为，对行政机关申请的9件非诉行政处罚案件裁定准予执行。参与重大案件、重大项目纠纷协调，主动出谋划策，提出解决方案，有力推动苏南硕放国际机场扩建、地铁三号线硕放延伸段土地清理，顺利推进万科金域缇香、工博园、海尔物流园地块扫尾灭点，参与“263”专项行动及砂石码头整治，依法保障招商引资、市政工程重大项目顺利完成。（李庆玲）

【铁腕推进决胜执行难】 2018年，新吴区法院坚决打赢基本解决执行难决胜攻坚战，新收各类执行案件4686件，执结4804件，执行到位标的额12.3亿元，同比分别上升53%、70.8%和128%。各项核心指标全面达标，以优异的执行业绩通过社科院的评估验收。全力打击恶意逃避执行、公开阻挠执行行为，组织开展“夜战”“晨战”“节日战”等集中执行行动35次，强制拘传156人次，司法拘留102人次，限制出境46人次，纳入失信名单2445人次，限制高消费4254人次，移送拒执罪线索4件4人。努力实现执行效率最大化、权利兑现最大化，快速执结瑞仕得、富路通、嘉品快餐等一批涉民生案件，有效防止了群体矛盾的滋生蔓延，得到区委区政府主要领导的批示表扬。依法判决全聚德新区店跑路企业主拒不支付劳动报酬罪，有效震慑“弃企逃债”的违法失信行为。（李庆玲）

【执行大环境优化】 2018年，新吴区委专门出台文件，发动全区力量支持法院解决执行难问题。区委政法委组织20家相关单位会签《关于建立执行联动机制的实施意见》，综合治理执行难格局不断完善。升级与区公安分局的联动协作，查获并拘留长期隐匿行踪的被执行人46人，在破解“找人难”上实现新突破。推进执行指挥中心实体化运行，利用覆盖全国的网格化、自动化查控系统推动财产保全工作，办理执行保全案件1086件，保全率90.2%，排名全市第一，在破解“查物难”上实现新突破。推行议价询价评估机制，提升司法网拍成效，全年司法网拍245件，拍卖成交2.48亿元，同比增长52%，平均溢价率31.3%，实现资产变现的价值最大化，在破解财产“处置难”上实现新突破。拓展执行宣传渠道，开展“尽锐出击”“秋风扫赖”等专项执行，全程直播抓“老赖”，网民关注260万人次。以漫画、海报、微视频等形式，在社区、广场做宣传，在机场、高铁晒“老赖”，展示执行工作效果，推进诚信体系建设，提高社会对执行不能等现实情况的理解和认识。邀请全国人大代表监督见证执行，营造全社会关心支持执行的良好氛围。（李庆玲）

【执行规范化加强】 2018年，新吴区法院强化力量配备，人、财、物向执行一线倾斜，执行干警让出休息时间，8小时以外加班加点常态化，24小时值班实质化，全天候在岗履职。强化机制创新。创制执行管理相关规范，实现执行案件科学高效流转，受到省高院充分肯定。强化规范管理，设立执行事务大厅，推进执行公开化、标准化、规范化。执行案件实际到位率、执行完毕率、平均用时等六项指标排名全市第一，处于全省先进行列。区法院执行干警作为全国法院系统大力解决执行难的形象代表，入选央视《致敬改革开放40周年》大型纪录片。（李庆玲）

【服务区委中心工作】 2018年，新吴区法院及时出台《关于为实现高质量发展加快建设“强富美高”新吴区提供高水平司法服务和保障的实施意见》《关于依法保护企业家合法权益为加快建设“强富美高”新吴区营造法治化营商环境的实施意见》以及《为民营经济发展提供有力司法服务和保障的意见》，在化解阻碍新吴区经济发展疑难复杂问题上强化司法担当，得到区委主要领导批示肯定。依法选择继续履行、损害赔偿、金钱补偿等最优方案，促进合同履行和交易成功，让企业家专心创业、放心投资、安心经营。与当事人沟通，释明案情，提出双赢解决方案；与关联案件受诉法院沟通，主动对接，争取统一协调处置；与企业主管部门沟通，主动通报，合力解决涉企纠纷。突出服务延伸职能。回应企业需求，选派优秀法官，开展定点联系、定期走访，提供“点单式”服务，提升企业依法治企能力。

（李庆玲）

【加强破产审判】 2018年，新吴区法院依托府院联动机制，对“生病企业”进行及时梳理，分类甄别，厘清纠纷，精准施策，尽快释放经济活力。全年审理嘉熙公司、龙工公司、中益集团系列子公司等企业破产案件25件。强化破产重整，遵照经营性债权优先受偿原则，配合招商政策引进战略性买家，促成德鑫公司、佳泓公司等破产企业重整，资源得以优化配置，员工得以妥善安置，债权人利益得到最大保护。特别是德鑫公司案的解决，使国有资产得到及时止损，合资企业巨额租金得到有效清偿。强化破产清算，及时启动强制清算程序，多方协调，促成交大联云公司等破产企业资产有效拍卖，地方垫资安全收回，群体纠纷顺利化解，股东权益得到保护。强化“执转破”，对执行中发现的资不抵债企业依法启动破产程序6件，促使劳动力资源重回市场，闲置设备重新投入使用，彰显破产审判的社会责任。（李庆玲）

【加强基层基础建设】 2018年，新吴区法院顺应新时期加强基层基础建设的新要求，在区委、区政府和相关街道关心支持下，标准化建成启用旺庄、江溪两个人民法庭以及执行局新址，为加强基层审判、便利群众诉讼、妥善化解纠纷、全面参与综治营造良好环境，得到辖区群众和社会各界的广泛好评。硕放人民法庭立足执法办案，为服务保障辖区经济社会发展作出积极贡献，连续5年被空港园区党工委评为“优质服务先进集体”，2018年年内再次荣获“全省优秀人民法庭”称号。（李庆玲）

【以司法责任制为核心的基础性改革】 2018年，新吴区法院落实分类管理制度，坚持以案定额、突出能力和业绩导向，增补遴选员额法官7名，现有员额法官增至42人，实现“入额必办案，办案必担责”。推进与员额制相衔接的法官助理、书记员、司法警察等审判辅助人员改革，实现各类人员各归其位、各尽其责。落实司法责任，强化院庭长办案职责，院庭长全年审执结案件6488件，占全院结案总数的43.7%。坚持放权与监管并重，强化院庭长审判管理职责，严格审判责任追究，扎牢监督管理的笼子。加强职业保障，建立完善与各类工作人员职责、业绩紧密相连的绩效考核、职级晋升、薪酬待遇制度，不断激发改革内生动力。（李庆玲）

【以繁简分流机制为重点的配套改革】 2018年，新吴区法院推进繁简分流，创设速裁团队扁平化、类案审判专业化、考核考评精细化等新举措，全力打造纠纷化解“快车道”，努力实现“当简则简、简案快办、以简化多”的工作目标，全年速裁各类案件5523件。会同区司法局全面升级公益律师服务站和人民调解工作室“一站一室”功能，充分体现诉前调解定纷止争的效果，持续加强诉前调解力度，物业纠纷、消费者权益纠纷等事关民生的多发案件同比下降69.9%和46.7%。创设批量案件集约化处理、道交事故一体化处理、督促程序网络化处理等新举措，优化审判机制，压缩案件审理时限，提高审判质量效率，年内在新吴区法院召开的全市法院繁简分流工作现场会充分肯定该项工作经验，据此报送的《创新多元化解，打造新吴速度》项目荣获2018年全市政法工作创新奖、全市法治惠民实事工程项目二等奖，被省政法工作简报刊发推广。（李庆玲）

【以审判为中心的刑事诉讼制度改革】 2018年，新吴区法院推进庭审实质化。完善证人、鉴定人出庭作证机制，证人出庭作证案件数同比上升100%。推进裁判实质化。诉讼证据出示在法庭、案件事实查明在法庭、控辩意见发表在法庭、裁判结果形成在法庭已成为刑事审判常态，当庭宣判率同比上升32个百分点。推进控辩对抗实质化。在全市法院率先启动刑事法律援助全覆盖工作，全年普通程序刑事案件辩护率达100%，位居全市法院首位。贯彻修改后的刑事诉讼法，推进刑事速裁，落实认罪认罚从宽制度，努力实现减少社会对立面和提高审判效率的有机统一。（李庆玲）

司法行政

【概况】 2018年，新吴区司法局充分发挥法治宣传、人民调解、法律援助、社区矫正、律师管理等职能作用，围绕中心、服务大局、勤勉尽责，推进司法行政各项工作任务的落实，开创司法行政高质量发展的新局面，为建设“强富美高”新吴区和着力实现“四个走在前列”作出重大贡献。在省厅组织的司法行政工作满意度第三方调查和公共法律服务总体评价中，区司法局均名列全省市（县）区前10名。（宋俊杰）

【保障经济社会发展】 2018年，新吴区司法局全力服务保障经济社会高质量发展。开展“防范化解重大风险”专项行动和法治体检服务活动，成立企业法律服务团，研发“新吴企业法律护航”小程序，推进企业法律服务中心实体平台建设，走访重点企业300余家，开展“法律体检”430余次，帮助企业化解风险、解决问题581件，挽回经济损失5000万元，涉及交易总额3.57亿元；在精准脱贫攻坚战中，与法院签署并出台《关于联合开展“法律扶贫”案件“绿色通道”的工作机制》，成立由52名律师组成的法律扶贫专家库，为新吴区建档立卡的597户贫困人口聘请法律顾问，覆盖率达100%；在污染防治攻坚战中，开展“德法涵养文明·共建绿色生活”主题教育实践活动60余场，为全区400余家重点企业开展2期法治环保讲座，制作绿色微动漫2部，建立环境污染纠纷调解委员会。（宋俊杰）

【法律援助】 2018年，全区共办理法律援助案件1311件（其中民事案件1128件，刑事案件183件），比2017年增加132%。新增七项法律援助服务内容，进一步扩大法律援助服务范围，办理的“沈某某赡养纠纷案”被市局评为“2017年度全市法律援助十大优秀案件”；贯彻落实《关于进一步加强刑事辩护法律援助工作的意见》，推进刑事辩护法律援助全覆盖，组建20人的刑事辩护团队，建立健全规范化、制度化的刑事法律援助工作衔接机制；深入社区、企业、养老院等地开展宣传活动20余场次，现场受理法律援助案件30余件。（宋俊杰）

【人民调解】 2018年，全区共调解矛盾纠纷6770件，比2017年增涨110%，调解成功率100%，接到群众来访430批涉及1980人；全区现有各级各类调解组织131个，人民调解员484人，其中专职调解员161人。推进律师调解工作开展，建立律师调解室2个，电台调解室1个，加强与公安、法院、信访等部门的衔接协作，化解各类意外死亡纠纷31件；开展坚持发展“枫桥经验”坚持矛盾不上交暨人民调解参与信访矛盾化解和信访积案大突破大化解专项活动，全年共化解信访矛盾纠纷140件；创新调解新模式，利用QQ、“闻司晓法”微信平台等新媒体开展线上远程调解，着力打造新媒体矛盾纠纷调解平台，形成集案件分类、纠纷难易程度、纠纷处理、调解赔偿金额、纠纷化解等一体的人民调解大数据平台。（宋俊杰）

【公共法律服务】 2018年，制定《新吴区关于加快推进覆盖城乡的公共法律服务体系建设的意见》，规范区、街两级公共法律服务中心标准化建设，进一步完善法律咨询、矛盾调解、法律援助等窗口服务标准，三季度，省司法厅对区公共法律服务中心和旺庄街道公共法律服务中心进行考核验收，均顺利达标；出台《新吴区村（社区）法律顾问微信群管理办法（试行）》，加强对微信群的监督管理和引导。截至2018年年末，全区103个法润民生群共发布法治资讯数2.7万余条，提供法律咨询1.08万余次，提供司法鉴定、公证法律援助指引170余次，公布法律服务工作动态信息1100余条，提供线下法律服务600余次；落实司法行政法治惠民“十项举措”、解答群众法律咨询3000余人次，开展法治讲座50余场、法治文艺演出20场次；开展“减证便民”专项行动，梳理取消证明材料53件，将“减证便民”真正落到实处。（宋俊杰）

【“无人律所”建设】 9月3日，新吴区第一个“无人律所”进驻旺庄街道春潮花园二期，为辖区企业、群众提供在线、专业、精准的公共法律服务。“无人律所”也叫“互联网律师事务所”，主要是运用互联网、大数据、云计算等技术，针对律师资源短缺现象，搭建一个整合全省乃至全国律师资源的互联网法律服务平台，为用户提供在线服务信息展示、在线法律服务办理、在线服务预约登记，将群众急需的法律服务“送上门”。“无人律所”的建成使用，标志着新吴区公共法律服务建设将“互联网+法律”完美结合，开启全区公共法律服务建设提质增效的新征程，下一步，在全区重点场所，“无人律所”将增加3~5台，为全区企业、群众全天候、全时段提供线上法律服务。（司法局）

4月16日，全区区管以上领导干部宪法修正案学习讲座

军事

人民武装

【**思想政治建设**】 2018年，按照中央军委主席习近平关于军队要走在前列的要求，把学习宣传贯彻十九大精神作为首要政治任务和头等大事，加强党委中心组理论学习，认真参加省军区、军分区以及地方专题培训班，运用成果抓好两级人武部干部骨干理论轮训和民兵基层理论骨干培训，引导干部职工在新时代新起点开创人武部建设新局面。编印下发《十九大精神应知应会常识》口袋书60余册，保证干部职工能够随时随地学习十九大精神。7月10日，无锡科技职业学院复学军人党支部经验做法被《中国国防报》头版头条、《解放军报》三版要闻刊发，并被光明网、搜狐网、中国军网、中国民兵、国防部和退役军人事务部网站等几十家媒体转载。 （徐　锐）

【**军事斗争准备**】 2018年，新吴区人武部围绕“两个适应”，着眼“三时一体”，按照“编精、编强、编实”的原则，从3月开始，组织国防潜力调查，并在6个街道组织民兵开展紧急出动、应急处突训练。年初，在无锡先后遭受两轮强暴雪时，出动150余人次完成扫雪除冰任务。12月份，组织落实新大纲试训任务，与空军硕放场站进行联合专业对口训练。广泛开展征兵工作宣传发动，全民国防基地教育举办2018年度大学生征兵工作启动仪式，相关做法在无锡教育电视台播出。协调召开新吴区首次征兵宣传工作会议，创作新吴区特色征兵宣传片内容，开展“热血青春献军营”2018年度征兵宣传作品征集活动。层层择优选拔，全区18周岁男性青年实现100%兵役登记，超额完成新兵征集任务。 （徐　锐）

【**国防动员**】 2018年，新吴区人武部以应急作战准备为牵引，以提高民兵组织建设质量为核心，认真贯彻落实《民兵工作条例》和上级关于国防动员工作的一系列指示精神。落实制度、狠抓规范、突出重点，拓宽组建范围，优化组织结构，提高编组质量。2018年，按需抓建专业骨干力量，务实抓建特殊新质力量，编精编实应急、专业、特殊基干民兵力量，按照精准组建、精准抓训、精准使用、精准保障、精准管理“五个精准”模式，着力打造准军事化、专业化、有新吴特色的民兵骨干队伍，确保任何时候“经得起看，经得起查，经得起拉”。 （徐　锐）

【**基层武装正规化建设**】 2018年，新吴区人武部按照党管武装制度要求，会同地方相关单位组织全区人民武装基层建设调研，到各街道和院校听取各单位工作汇报，分层召开座谈会和进行实地检查。2018年10月24日，协调召开新吴区委常委议军会，在全省率先通过《新吴区委 新吴区政府 新吴区人武部关于加强新时代党管武装工作的意见》并下发执行，进而促进基层人民武装工作。 （徐　锐）

【**大学生征兵工作站**】 2018年6月，新吴区人武部在无锡科技职业学院“一路（强军路）一室（退伍军人荣誉室）一广场（国防教育广场）”全民国防教育基地，举办2018年度大学生征兵工作启动仪式，相关做法在无锡教育电视台播出，强军育人的氛围进一步浓厚，推动学校国防教育

工作向纵深发展，为党和国家、人民军队输送更多优质兵源。 （徐 锐）

人民防空

【概述】 2018年，新吴区加强社区民防工作站的平时管理，全面推动基层人防建设。大力培育基层人防工作人员，新吴区已实现民防工作的全覆盖。组织6个街道260余名基层社区人防工作人员、人防志愿者、楼道长进行集训，增强他们的应急应灾能力，提高人防业务知识水平。为各社区民防工作站配发装备5万余元，添置图书1200多册。为新吴区所有初二以及小学四年级学生配发民防知识读本。组织“5·12”防震减灾宣传周和“9·18”防空警报试鸣日相关演练活动，在尚泽社区、新丰苑社区、新吴区梅村实验小学和新安一社区组织区街两级防空袭疏散及重点目标防护演练活动，参练人员和居民群众共计2000余人。 （何 平）

【指挥通信】 2018年，新吴区人防办依据市政府要求按照标准完成修订防空袭预案。完成辖区内人防中继台组网覆盖。新采购并安装8台固定警报器，顺利完成“9·18”国家公祭日暨全省防空警报试鸣工作，警报覆盖率、鸣响率均达到100%。推进小型机动指挥所机动拉练演练工作，参加省民防局组织的跨区机动通信和保障活动，检验机动指挥车机动能力、通信保障能力和组织指挥能力。改造提升固定人防指挥所通信设备，为提升实战化能力奠定基础。 （何 平）

【人防专业队】 2018年，新吴区人防办按照人防专业队整组要求，继续汇总全区抢险抢修、医疗、防化防疫、交通运输、通信、治安、消防及心理防护等8支专业队伍和民防志愿者队伍情况，做好相关人员及装备器材登记整理，提高基层骨干队伍素质，有序推进人防队伍建设和业务训练，提高专业队伍的应急处突能力。（何 平）

【工程建设管理】 2018年，新吴区人防办完成全区新立项及在建项目的梳理审批，完成专项普查及信息汇总登记。年内新立项、新开工、新竣工项目，均超额完成市区两级既定目标。2018年全面实行市区网络化办公，严格按照省市标准要求施行新的人防审批细则，提高行政服务透明度及办事效率。 （何 平）

新吴夜景

综述

【概况】 “智慧新吴”建设自2015年启动以来，坚持以“智慧产业规模化、城市运行高效化、城市管理智能化、市民生活便捷化”为目标，强化以物联网为龙头的新一代信息技术在行政管理、经济发展、公共服务、社会治理和生态治理等领域的全面融合和创新应用，通过建立健全体制机制、细化优化实施方案、扎实推进项目建设，全面提升“智慧新吴”项目建设与新吴区物联网企业应用示范工作结合水平。2018年，“智慧新吴”建设扎实推进，完成国内首个城市基础传感终端部署规划；“全市首个视频监控汇聚共享平台慧眼360”智能视频监控汇聚平台项目建成验收；新吴区社区网格化社情汇聚智能研判反应系统项目通过省政法委和区验收，考核排名全省第一；智慧城管垃圾偷倒视频分析轨迹追踪项目在物博会期间展陈，反响强烈；公安大人口数据库项目基本建成。新吴区智能制造产业链初现雏形；建成智能车间46家，其中省级智能车间26家，创历年来新高，列全市第一；引育工业互联网企业30余家；完成智能化改造项目45个。

（张友伟　严卫中）

【智能制造工作推进大会】 8月24日，智能制造工作推进大会召开，副市长、高新区党工委书记、新吴区委书记王进健，高新区党工委副书记、管委会主任、新吴区委副书记、区长封晓春及区领导朱晓红、胡逸出席会议。高新区管委会副主任、新吴区副区长朱晓红对《无锡高新区（新吴区）关于加快推进智能制造发展的意见》进行详细解读，鼓励企业根据自身情况，以提升竞争力、增加效益为出发点开展智能化改造，采用相关政策模式，循序渐进地推进智能制造工作，计划到2020年普及智能制造生产线100条以上，推进智能化升级改造项目100个以上。王进健对全区智能制造发展情况进行回顾总结。他指出，在这一轮智能制造的竞争中，高新区在总体上见事快、行动早、有优势、有特色，取得积极进展。但新吴区的智能制造尚处于起步阶段，在推进过程中仍然存在思想认识存在误区、推进实施面窄量少、共振效应不够理想、要素保障不够有力四方面的问题。对于推进下一阶段全区智能制造工作，他要求：一要建好“样板间”，强化示范引领；二要切实“把好脉”，注重分类推进；三要培育“动力源”，突出创新驱动；四要立足“强保障”，落实资金支持；五要做好“服务员”，形成工作合力。会上还进行工业互联网联盟成立揭牌及智能制造重大项目签约仪式，并邀请华中科技大学无锡研究院博士浦栋麟等熟悉无锡智能制造情况的行业专家，威孚高科、小天鹅等典型企业代表进行智能制造方案交流。工业互联网产业联盟是由朗新科技、文思海辉牵头成立，致力于为工业互联网传感器、网络、云平台、工业机理、应用等相关产业建立有效运行的产学研合作新机制，其宗旨是以“开放共享，共生共赢”为方向，促进高新区工业互联网产业快速、健康发展。

（经发局）

【“飞凤数创”大赛】 9月16日，“飞凤数创”

2018全球物联网数据创新大赛决赛在丽笙酒店举行，副市长、高新区党工委书记、新吴区委书记王进健，高新区党工委副书记、管委会主任、新吴区委副书记、区长封晓春及区领导胡逸、石松哲、金燕出席活动。“飞凤数创”大赛是针对数据处理和行业运用进行的一次探索和实验，参赛选手根据飞凤平台的数据提出应用场景的解决方案，一方面展示飞凤平台在数据运用、融合和共享方面的作用和功能，另一方面也描绘智慧生活、智慧城市的美好图景。“飞凤数创”大赛自6月26日正式启动，以“飞凤览山海、数海汇新吴”为主题，招募全球数据建模团队，根据飞凤平台实时数据围绕智能城市建设出具相应的实景应用解决方案及报告，向世界展示阿里云与高新区政府联合打造的飞凤平台做为智能城市的基础设施，将城市的资产管理、数据融合应用互通，打造基于事件驱动的运营中心，展示无锡作为全球物联网产业中心和技术中心的优势地位，从而筑巢引凤，集聚更多的人才、技术、企业和资本。此次大赛奖金池43万元，单项奖金最高20万元，吸引636支队伍、1036名选手报名参赛。经过来自浙大和赛仕软件的评委团为期6天的严格评审后，最终50支队伍入围决赛，10支队伍进入决赛项目路演。决赛现场决出金奖、银奖、铜奖以及技术实力奖、最佳设计奖、媒体特别奖、商业潜质奖4个单项奖。活动上，SAS（无锡）创新中心暨江苏云脑数据分析公司揭牌成立，10家飞凤联盟金牌成员单位获得授牌。

（科信局　招商发展中心　智慧新吴公司）

【20个智能车间跻身市级示范】 2018年11月，市经信委发布无锡市智能车间（第二批）名单，经过形式审查、材料评审、现场核查和名单公示等程序，松下能源（无锡）有限公司锂电圆筒智能组装车间、无锡东元精密机械有限公司马达核心部件绿色智能制造车间等5家企业被评为2018年无锡市智能车间（第二批）。2018年高新区共有20家企业车间获评市级智能车间，占全市认定总数的三分之一，数量位列全市第一。新吴区已拥有省级智能示范车间26家，市级智能示范车间25家。2018年新吴区计划完成智能化改造项目投资50亿元，1—11月，完成实际投资48.5亿元，超时序进度5个百分点；其中市重点

景渎立交

智能化建设项目完成实际投资18.9亿元，超时序进度15个百分点。（智慧新吴）

【飞凤平台与“神经节”网关】 3月28—29日，2018云栖大会·深圳峰会召开，江苏智慧新吴信息科技有限公司在此次活动上展示飞凤平台和“神经节”网关。飞凤平台是一个解决物联网技术的统一性规则问题的能打通物联网云架构的基础平台，具有核心架构的自主知识产权，能够聚合物联网碎片应用，支持物联网创新应用，支持大规模的综合性系统级的物联网示范应用，能促进政府数据的融通和管理的创新。“飞凤平台”是智能城市建设的物联网基础设施平台。从功能上来说，“飞凤平台”包含从开发工具链到云计算、大数据处理等完整生态链，使不同行业的开发者能够在一个平台上集成整合资源，快速完成开发获取市场推广服务。同时，这个平台还支持城市一张图的管理和城市事件相应处理和调度，可有力提升城市各部门的协同办事效率。“神经节”网关可以像USB一样，实现传感器的即插即用、即连即用。此次展会的环境数据采集由“神经节”网关担当，场馆内布局神经节网关，通过温度、噪音、光照、湿度、PM2.5、二氧化碳传感器进行数据采集，数据采集后即时上飞凤平台，实时展示深圳云栖大会场馆环境数据。（智慧新吴）

【飞凤平台与“城市云脑”】 2018年，新吴区推进“城市云脑计划”建设，多渠道促信息化项目数据融合，启动信息化基础建设筑基工程。区住建交通局、区综合行政执法局的“智慧排水”“智慧城管”项目纳入“城市云脑计划”重点项目。城市云脑，是融合“云物移大智”等先进信息技术构建而成的新型智慧城市中枢系统。飞凤平台是一个解决物联网技术的统一性规则问题的能打通物联网云架构的基础平台，“飞凤平台”是“城市云脑”的顶层核心设计。截至2018年年底，完成1个项目数据无缝对接，促成6个项目数据对接有序开展并明确对接完成的时间结点，同时，实现对3个在建项目开展定期进度跟踪。完成Version1.2月度迭代、物联网神经节网关布设方案及地点勘查落实，将在鸿山物联网小镇和慧海湾小镇布设1000余个神经节、上万个传感器设备。（科信局）

智慧平台

【智慧燃气】 2018年，新吴区利用物联网、大数据、云计算、移动互联网等先进的技术手段，开辟全新燃气安全管理模式，率先实施“智慧燃气”项目。燃气在线监控系统由可燃气体检测仪、模拟量转换器、数据采集显示终端、数据传输模块等组成，主要针对燃气安全管理重点餐饮单位，实现可燃气体浓度在线监测、声光报警以及监控平台、微信、短信、电话预警等功能。年末，智慧燃气供应站监管系统已全覆盖，餐饮商户可燃气体报警器正在大力推广中，已签约商户258家，安装169家。（顾晨竹）

【智慧电梯】 借助新吴区物联网产业高地的优势，推进物联网技术在电梯上的应用，打造新吴区“智慧电梯”，更好地服务群众日常生活。2018年5月，召开电梯安全管理工作会议，对“智慧电梯”物联网监管系统进行详细介绍，对“智慧电梯”建设作出部署安排。起草《“智慧新吴”软件类项目建设方案》，将智慧电梯物联监管系统项目申报区政府立项，并选取部分电梯作为“智慧电梯”项目试点，稳步推动项目实施。（黄敢伟）

【智慧城管】 2018年，新吴区城管放眼未来，坚持创新驱动，融通科技、协同、数据和人文，打造法制、品质、智慧、创新“四型”智慧城管平台，提升城市管理水平。该平台包括空间资源管理、大数据智能分析和城管视频小能等基础平台以及部件管理、市政管理、环卫管理、绿化管理、照明管理、停车管理、广告管理、执法管理和精细化管理等多个示范应用。该平台自上线以来，应用成效显著。以175个网络为最小管理单元，定员定责定边界，工作痕迹全程记录，累计共处理各类问题10万余件，按期处置率、按期结案率、办结率和满意率均在95%以上。通过20余种传感器和1万多路视频的感知能力，对城市绿化、环卫、市政、停车、照明、广告等实施全要素、全覆盖、全天候监测监控，实现作业质量自主考核评价。提升城市管理决策水平。城管大数据平台对各类数据多维度分析与挖掘，提供事前预警、事中分析和事后预测能力，为领导决策提供重要依据。（智慧新吴）

【智慧公安】 2018年，无锡公安新吴分局以“智慧法治”建设为引领，不断推动执法规范化、智能化建设迈上新台阶。为进一步提高办案区智能化应用、提高审查工作效率、规范执法行为，新吴公安分局在基层派出所以物联网技术对办案区进行“信息化、智能化、流程化、人性化”的升级改造，将原来“人盯眼看”监控嫌疑人身体状况、人身检查、信息采集，讯询问、带出辨认等过程轨迹信息转变为“智能化”监督管理，并将智慧笔录和语音识别系统结合起来，转化为电子笔录、电子卷宗。为改变人工对案件后续办理予以催办的落后方法，新吴公安分局开发了“智慧”的执法办案环节提醒系统。2018年以来，为规范执法源头，有效解决接处警不规范、执法记录仪不及时上传系统、上传系统与警情不关联，以及从年均20余万起警情中筛选出警情案件有疑似问题的执法记录仪数据等问题，研发并于5月中旬应用执法记录仪数据核查系统，该系统自动筛选疑点问题，执法记录仪记录时间不足2分钟，执法源头问题明显减少。2018年年内，公安大人口数据库项目基本建成。（林 钢）

【智慧司法】 2018年，新吴区法院推进“智慧司法”建设，构建线上线下相互融合的诉讼服务体系，为当事人提供多渠道、一站式、智能化服务，实现网上立案、网上缴费、网上阅卷，全年电子信息送达16119次，通过12368司法热线为3219人次提供法律咨询和案件查询服务，打通诉讼服务的“最后一千米”。通过司法服务短信平台，实现诉讼全流程节点的即时告知。实行裁判文书上网，全年在中国裁判文书网公布裁判文书6151篇。实行网络庭审直播，全年在中国庭审公开网直播案件庭审2830次。（李庆玲）

【智慧人武】 突出“智慧人武、物联国动”，建成启用新吴区人民武装部新办公楼，开展“智慧人武”专项调研，持续推进软硬件开发建设，推动软硬件开发进度。按照军事机关建设要求，正规战备、训练、工作、生活秩序，推动人武部建设全面发展、全面过硬。（徐 锐）

【智慧体育】 参见无锡智慧体育产业园。

【智慧教育】 参见电信**【“智慧教育”平台启用】**。

【智慧社区】 参见鸿山街道**【社区智能网格建设】**；参见新安街道**【网格化治理】**。

新吴区汇融广场

综述

【概况】 2018年，新吴区物联网、集成电路、软件与信息服务、生物医药产业产值同比分别增长20%、12%、18%、15%，高新技术产业产值占规模以上工业总产值的64%，比2017年提高0.5个百分点，战略新兴产业对发展的支撑作用明显加大。以“6+1”产业为主攻方向，以“智能化、绿色化、服务化、高端化”为引领，引育工业互联网企业30余家，成功推进SK海力士、阿斯利康等50家企业实现“工厂总部化”，高端装备制造以及物联网、集成电路、软件与信息服务、生物医药等产业呈集群式发展的良好态势。（钱　进）

【国联集团多个子项目落户新吴区】 2月7日，副市长、高新区党工委书记、新吴区委书记王进健会见国联集团公司负责人一行，并参加旺庄街道与无锡国联集团、华光锅炉股份有限公司、国联江森自控公司的战略合作项目签约仪式。区领导封晓春、洪延炜、祝君乔出席仪式。此次签约的国联项目拟在旺庄新建研发中心、营销总部大楼，并计划建智能化工厂，助推“智能装备小镇”建设。项目计划2019年6月前启动新地块的开工建设，2021年6月前竣工投产。预计五年内年产值达100亿元，税收超亿元。新成立的国联江森自控绿色科技有限公司由无锡华光锅炉股份有限公司、TycoIrelandLimited、兴业银行股份有限公司南京分行、无锡地铁物业管理发展有限公司共同出资成立，项目落地后，预计未来五年内将投入30亿元进行国内商业及工业领域的节能改造，为绿色建筑贡献力量。（旺庄街道）

【百亿级项目落户新吴区】 2月8日，村田创新智造园新增11.1亿美元项目签约落户新吴区，这是2018年无锡首个超10亿美元的重大项目。村田创新智造园由日本村田集团投资建设，是村田集团打造的以产业资源集聚、行业引领和示范为一体的创新型园区。智造园将建设村田电子元器件新工厂和新能源锂电池新工厂两大全新的生产制造基地，整体投资规模从4.5亿美元增加至25.6亿美元。项目建成达产后，产值规模将从125亿元增加到200亿元。2018年，还有华虹无锡基地项目、SK海力士二工厂、中电海康无锡基地等多个超100亿元项目落户新吴区。（科信局）

【高端装备制造业重点项目签约】 5月21日，无锡万里轨道交通装备产业园、上海北特科技高精度汽车关键零部件、无锡朗贤汽车轻量化研发生产总部基地3个项目正式签约，涉及轨道交通、汽车零部件等领域，总投资近20亿元。项目建成后将为鸿山街道产业高质量发展注入新动能。无锡万里实业发展有限公司成立于1998年，是一家以轨道车辆核心部件研发和制造为主要发展方向的高新技术企业，拟在鸿山街道新增投资5.5亿元成立集团公司，实行总部企业管理，新增用地约90亩，预计项目建成后，年销售收入将在5年内翻三番达到20亿元人民币，实现年利税3.65亿元，5年内完成主板上市。上海北特科技股份有限公司成立于2002年，专业从事减震器活塞杆和转向器齿条、齿轮、蜗杆等汽车零部件的研发、生产和销售，拟在鸿山街道购置鸿运路以东、经十三路以南约 75 亩地块，设立年产 700 万件高精度汽车关键零部件项目，该项目总投资 5.3 亿元，注册资本 1.5 亿元，用工约 330 人，主要产品为减震器活塞杆和 VGR 齿条、精密加工件。预计建成达产后，可实现年销售收入 4 亿元，实现税收 5000 万元。无锡朗贤轻量化科技股份有限公司成立于 2013 年 6 月，是国内第一家以液压成形、热成形和铝镁压铸技术为龙头，全覆盖汽车轻量化金属成形技术的高科技企业。企业计划购地 120 亩左右，建设汽车轻量化研发生产总部基地，该项目总投资 7.5 亿元，注册资金 2.5 亿元，预计达产后可实现销售收入 12 亿元，实现纳税 1.3 亿元。（钱婷妍）

【“工厂总部化”建设】 2018 年，新吴区如期完成 50 家重点企业的“工厂总部化”。SK 海力士、旭友电子等 28 家企业设立区域总部；欧司朗、迪哲、布勒等 12 家企业成立研发中心；耐帆包装、统一实业包装等 5 家企业成立销售中心。为全区新增销售收入 250 亿元，带来新增税收 14 亿元，新增研发人员 785 人，有效推动全区总部经济集聚能力，提升国际竞争力。（王 鹏）

物联网产业

【海尔集团物联生态网基地项目落户】 5 月 10 日，新吴区与海尔集团签署合作协议，海尔集团物联生态网基地正式落户。省委书记娄勤俭会见海尔集团董事局主席、首席执行官张瑞敏一行并出席签约仪式。省委常委、市委书记李小敏，省委常委、常务副省长、省委秘书长樊金龙，市委副书记、代市长黄钦，副市长、高新区党工委书记、新吴区委书记王进健，副市长高亚光，高新区党工委副书记、管委会主任、新吴区委副书记、区长封晓春，区领导胡逸参加会见及签约活动。海尔集团物联生态网基地总投资约 50 亿元，是海尔集团在物联网时代商业模式的重要承载平台，项目围绕 COSMOPlat 物联网创新基地、海尔农联产业应用示范基地及海尔智慧供应链基地、海尔物联网社区三大板块的建设，共同打

5 月 10 日，海尔集团无锡物联生态网基地签约仪式

造以服装产业升级改造为切入点的高端工业互联网、智能制造集聚区和智慧生活、创新创业示范区。（科信局）

【中加物联网与区块链产业发展研究院无锡分院成立】 8 月 7 日，中加物联网与区块链产业发展研究院无锡分院正式成立。省委常委、市委书记李小敏会见加拿大联邦国会议员陈圣源一行，共同为研究院揭牌。中国科学院院士、中加物联网与区块链产业发展研究院中方名誉院长姚建铨，副市长、高新区党工委书记、新吴区委书记王进健，高新区党工委副书记、管委会主任、新吴区委副书记、区长封晓春及区领导胡逸参加会见。李小敏对陈圣源一行来访表示欢迎，对中加物联网与区块链产业发展研究院无锡分院揭牌表示祝贺。李小敏希望研究院按照既定的目标任务和年度计划，坚持公司化运作、实体化运行，加快打造产学研用一体的新型研究院。市委、市政府将进一步强化政策扶持、优化政务环境、实化工作举措，为研究院在锡发展创造最优环境。陈圣源表示，无锡雄厚的产业基础、优美的山水风光和深厚的人文底蕴给他留下美好印象。他希望通过研究院这个发展平台，推动两地在经贸、科技等领域开展深度交流与合作，在更广领域、更高层次上实现互利共赢。中加物联网与区块链产业发展研究院成立于加拿大多伦多，由来自中国、加拿大在物联网、区块链、金融等不同领域的专家院士联合发起创立。无锡分院成立后，将聚焦制定完善应用体系、开展行业应用赋能、构建产业生态等方向，重点推动七大重点领域的

“物联网+区块链”行业应用，包括智能制造、智慧城市、智慧农业、绿色能源、医疗健康、教育文化和数字版权，引导和激发500~1000家传统行业和企业上链应用。（科信局）

【阿里云（无锡）物联网技术有限公司开业】 8月15日，阿里云（无锡）物联网技术有限公司开业仪式在软件园举行，高新区管委会副主任、新吴区副区长胡逸出席。高新区已在物联网领域专注耕耘了9年，今后将进一步深化创新驱动和人才引领的发展战略，大力发展以物联网为龙头的新一代信息技术产业。阿里云致力于打造物联网开放平台，汇集阿里巴巴大数据、云计算、物联网多年的技术沉淀，阿里云（无锡）物联网技术有限公司开业将助力高新区以物联网为龙头的新一代信息技术产业蓬勃发展。阿里云（无锡）物联网技术有限公司现人员和职能分配，从业务输入到产品设计再到技术研发运维，基本形成产业闭环，人数达到50人左右，未来公司人数将达到约150人，对无锡物联网产业提升和人才储备将起到重要作用。（科技创新促进中心）

【三方跨国合作物联网健康产业】 9月15日，省长吴政隆会见阿斯利康全球CEO苏博科、剑桥大学副校长安迪·尼里一行，并出席签约仪式，见证剑桥大学、阿斯利康与无锡市政府签署谅解备忘录，开启政产学三方跨国合作。省委常委、市委书记李小敏，省政府秘书长陈建刚，省政府副秘书长王志忠，省经信委主任谢志成，省食品药品监督管理局局长朱勤虎，市委副书记、代市长黄钦，副市长、高新区党工委书记、新吴区委书记王进健，副市长高亚光出席活动。阿斯利康是全球领先的制药公司，致力于运用物联网技术，改进诊断和治疗模式，更好惠及广大患者。此次三方签署谅解备忘录，将携手打造健康物联网创新产业集群与健康创新生态，推动江苏生物医药和健康物联网产业实现更好发展。阿斯利康中国商业创新中心，由阿斯利康与无锡高新区共同打造，是全国首个推动健康商业创新与健康物联网的开放性战略平台。此次，阿斯利康与剑桥大学、无锡市政府三方签署谅解备忘录，明确在健康物联网产业技术研发、成果分享、实际应用等领域的合作意向，拉开政产学跨国合作序幕，将更好地助力无锡物联网健康产业发展和智慧城市建设。（招商发展中心）

【区块链“赋能实体经济”】 9月17日，由高新区管委会、中加物联网与区块链产业发展研究院共同承办的区块链与物联网融合发展峰会举行，无锡市副市长、高新区党工委书记、新吴区委书记王进健出席峰会并致辞，中国电子技术标准化研究院副院长孙文龙，工信部人才交流中心党委副书记陈新及区领导胡逸出席活动。无锡高度重视区块链和物联网的融合发展，区块链和物联网的相互融合产生的“可信数字”，是发展数字产业、进入智慧时代不可或缺的一环。随着区块链技术标准的制定，为区块链创新和应用落地提供保障，高新区将成为中国最适合区块链产业发展的区域之一，成为区块链与物联网融合发展最好的区域之一。峰会上，中国科学院院士、中加物联网与区块链产业发展研究院名誉院长姚建铨发表主旨演讲，深入阐述区块链和物联网两大前沿技术给未来社会带来的重大影响，并对区块链技术的融合发展与实际应用，提出专业的观点和建议。来自区块链和物联网行业精英和专家代表也分享他们的精彩观点，多位权威人士进行现场主题演讲，以市场角度剖析区块链的发展情况和未来的方向。会上，中国电子技术标准化研究院与高新区管委会签订合作协议，双方联合在无锡开展区块链地方标准、测试测评、人才培养和应用示范等工作。中加物联网与区块链产业发展研究院发布首个面向未来智慧城市的数据可信交换的区块链产品“城市链”和多维链。工业和信息化部企业经营管理人才素质提升工程骨干人才培养项目之区块链“赋能实体经济”专项人才培养计划也在此次论坛上正式签约发布。（党政办）

【西门子无锡创新论坛】 9月17日，2018西门子无锡创新论坛在高新区举行，论坛以“工业物联网与智能边缘设备”为主题。新吴区政府副区长田丰出席论坛。会上，西门子中国研究院无线通信和工业物联网技术总监MattiasLampe、西门子中国研究院研发项目经理段续、西门子工业软件亚太区MindSphere市场经理郭涛、江南大学科研院院长吴小俊、西门子中国研究院工业物联网分布式计算部门总监王超、中国移动通信集团江苏有限公司物联网智能终端业务经理吕严围参加论坛并先后作主题演讲。论坛上，西门子与江苏智慧新吴信息科技有限公司签署合作协议，在智慧城市领域展开合作。根据协议，西门子计划五年内为高新区提供100台嵌入式城市物联终端(ECB)，用于采集城市数据、感知基本环境和交通流量等情况。西门子嵌入式城市物联网终端(ECB)将部署于高新区城市功能和科技核心地带的国家软件园以及其他重要城市功能建筑周边，通过传感器实现交通信息的数字化、形成环境指数的热力分布图；西门子的超强计算能力还可以为设备提供人群流量、数字化双胞胎等信息以及APP应用。该终端对城市环境数据和其他城市基础设施运营数据进行采集，未来可以通过西门子基于云的开放式物联网操作系统MindSphere上的各类应用场景解决方案，结合数据分析和人工智能技术，为城市决策者提供有价值的数据服务，实现城市安全管理的快速反应和基础设施运营的智能优化。同时，终端上搭载的智能感知摄像头，可以实时监控路面车辆、人群和其他物体的位置及运动信息，并将分析过的结构化语义信息回传后台，在避免大体量图像数据传输的同时保护公众隐私。此外，基于数字化城市微服务平台和相关垂直应用为城市管理者提供丰富、开放和便捷的城市精细化管理服务。西门子互联城市解决方案融入物联网、边缘计算、机器视觉、大数据等先进技术，通过智能物联网终端精确感知环境信息，高效处理城市事件。

（科信局）

【全球首个物联网金融国际标准】 10月31日，从国际标准组织物联网标准分技术委员会(ISO/IECJTC1/SC41)传来捷报，由无锡物联网产业研究院、无锡物联网金融研究院联合中国电子技术标准化研究院主导，面向动产质押物监管的物联网金融服务系统国际标准提案，顺利通过国际标准组织投票，这标志着全球首个物联网金融标准正式立项。该提案立项后，将由无锡物联网产业研究院院长刘海涛带领该院及无锡物联网金融研究院团队专家研究物联网金融，并作为项目的主编辑单位，联合韩国、俄罗斯、日本、马来西亚等国的专家共同完成标准编制。 （科信局）

集成电路产业

【华虹集成电路研发和制造基地项目开工】 3月2日，华虹无锡集成电路研发和制造基地项目开工仪式隆重举行。省委常委、无锡市委书记李小敏，市领导黄钦、徐一平、周敏炜、周英、陈德荣、王唤春、柳江南、谢晓军、朱爱勋、刘霞、王进健，华虹集团董事长张素心、华芯投资公司总裁路军、十一科技董事长赵振元、上海建工集团股份有限公司总裁卞家骏参加集中开工仪式。参加活动的还有市各部门主要负责人、高新区（新吴区）全体区领导以及区各部门、各功能园区（街道）主要负责人。市委副书记、代市长黄钦主持开工仪式。华虹集团董事长张素心、国家集成电路产业投资基金股份有限公司华芯投资公司总裁路军、十一科技董事长赵振元分别代表项目投资方和设计施工方致辞。市政府副市长、高新区党工委书记、新吴区委书记王进健代表无锡高新区（新吴区）致辞。省委常委、市委书记李小敏在开工仪式上发表讲话并宣布开工。作为2018年无锡市首批重大项目集中开工仪式主会场，此次开工的华虹集成电路研发和制造基地项目总投资100亿美元，是无锡市最大单体投资项目。项目选址位于高新区锡兴路东侧、新洲路南侧、312国道西侧地块内，总用地面积约700亩。项目于2017年8月2日正式签约，分期建设数条12英寸集成电路芯片生产线。其中，一期项目总投资约25亿美元，新增注册资本18亿美元，新建厂房及配套设施总建筑面积约22.5万平方米，新建一条工艺等级90~65/55纳米、月产能约4万片的12英寸特色工艺集成电路芯片生产线。项目达产后，年产值50亿元。项目计划2018年3月开工建设，2019年上半年完成土建，2019年下半年完成净化厂房建设和动力机电设备安装、通线并逐步实现达产。华虹项目的启动建设将使无锡高新区成为全国集成电路高端生产线最密集的区域之一，也将进一步奠定无锡高新区在全国集成电路领域的领先位置。

（招商服务局）

【华虹半导体（无锡）有限公司一期桩基工程启动】 4月3日，华虹集团2018技术研讨会举行，华虹半导体（无锡）有限公司一期桩基工程同步启动。市委副书记、代市长黄钦出席研讨会并致辞。中国科学院院士邹世昌，中国工程院院士、中国电科第58所名誉所长许居衍，中科院微电子所所长叶甜春，华虹集团董事长张素心，副市长、高新区党工委书记、新吴区委书记王进健，市政府秘书长许立新，区领导封晓春、洪延炜出席活动。桩基仪式结束后，各企业负责人一同前往参观新吴区展示中心，了解新吴区投资环境和集成电路产业发展状况。华虹集团是一家以集成电路制造为核心主业的国有高科技产业集团，此次在高新区投资100亿美元建设的集成电路研发和制造基地是无锡迄今为止最大的单体投资项目。项目于2018年3月2日启动建设，计划于2019年9月完成建安工程，2020年3月竣工投产，项目建成后对提升无锡“国家南方微电子工业基地中心”地位有着推动作用。

（招商服务局）

【集成电路设计产业重大项目签约】 5月29日，高新区集成电路设计产业重大项目签约暨无锡集成电路设计产业高峰论坛举行，无锡国家集成电路设计产业园在会上揭牌。新吴区是无锡集成电路产业的主要集聚区，集中全市约80%的集成电路企业和70%的集成电路产业产出。项目签约仪式上，高新区管委会、无锡国家集成电路设计基地有限公司分别与全志科技、韦尔半导体、艾为电子、联曝半导体、IC咖啡等13家集成电路设计企业签约合作，进一步提升新吴区和全市集成电路设计产业水平，补足补强全产业链。签约完毕后，总规模50亿元的高新区新动能产业发展基金和总规模25亿元的无锡志芯集成电路产业基金发布，无锡国家集成电路设计产业园启动仪式也随之举行。启动仪式结束后，围绕集成电路产业发展，中国科学院微电子研究所所长叶甜春、清华大学微电子所副所长尹首一、上海集成电路行业协会秘书长徐伟等分别作主旨演讲。

（科信局 科创中心 基地公司）

【SK海力士中国销售总部落户】 9月3日，高新区与韩国SK海力士签署协议，SK海力士中国销售总部正式落户高新区。江苏省委常委、市委书记李小敏会见了韩国SK集团副会长、SK海力士（株）社长朴星昱一行并出席签约仪式，市委副书记、代市长黄钦，韩国SK海力士（株）经营支援副社长李明荣参加会见并在签约仪式上致辞，副市长、高新区党工委书记、新吴区委书记王进健，副市长陆志坚，市政府秘书长许立新，高新区党工委副书记、管委会主任、新吴区委副书记、区长封晓春及区领导朱晓红、金燕参加活动。2018年，在双方的共同推动下，SK海力士二工厂项目建设进展顺利，M8以及SK医院等项目也正在实施。一直以来，无锡高度重视并全力支持配合SK海力士在无锡总部化、基地化发展，推进SK海力士在无锡设立中国销售总部。此次中国销售总部正式签约，对双方都具有里程碑式意义，这不仅是量的增加，更表明双方合作有质的提高。经过14年的长足发展，无锡已成为SK集团和SK海力士在中国发展的重要基地。正是基于SK海力士在锡发展取得的成功，SK集团近年来一直强调并大力推进“根植中国”战略，以无锡为重点不断加大项目投入。SK海力士中国销售总部的落户，是双方全面战略合作的首个落地项目。项目的实施，将进一步优化整合SK海力士在中国的生产和销售资源配置，有机连接中国国内的生产和销售，预计年销售总额将超过100亿美元，使无锡成为SK海力士中国事业的战略基地。（招商发展中心）

【法国液化空气半导体用特殊气体项目落户】 9月7日，法国液化空气总投资1亿美元半导体用特殊气体项目签约落户无锡高新区。市政府副市长、高新区党工委书记、新吴区委书记王进健会见液化空气亚太区副总裁 Francisco Martins、华东区总经理姚焕超一行，并出席签约仪式。法国液化空气集团成立于1902年，是世界财富500强公司之一（2017年排名254位），全球最大的工业及医用气体供应商。此次签约是法国液化空气集团在无锡高新区综合保税区投资1亿美元，注册资本5000万美元的新项目，受让土地51.6亩，投资资本将全新购置各类工业气体制备装置，形成年输送93000万标准立方米工业氮气及相关特殊气体的生产能力。项目全部建成并投入运营后，预计年销售收入近10亿元，税收收入达到8000万元以上。法国液化空气新项目的签约，不仅更好地满足高新区半导体重点企业的本地生产要素需求，完善半导体支撑产业链。

（综保区管理局）

【“东方硅谷”集成电路人才发展战略高峰论坛】 3月28日，“东方硅谷”集成电路人才发展战略高峰论坛在新吴区举办。省经信委副主任龚怀进，副市长高亚光，高新区党工委副书记、管委会主任、新吴区委副书记、区长封晓春出席并致辞，区领导胡逸、樊晓华参加活动。此次论坛汇聚国家工信部、省、市、区领导，专家学者以及30所高校、20个招聘培训机构、近100家企业代表。专家和业界人士就如何引育集成电路人才发表言论，中国工程院院士、中国电科第58所名誉所长许居衍等6名国内知名专家学者作集成电路人才的主题演讲。此次论坛是一场政府、学界、产业界围绕集成电路人才培养的“三方”对话。论坛期间，工信部人才交流中心与无锡市人才服务中心、东南大学无锡集成电路技术研究所与高新区科技创新促进中心、南京大学现代工程与应用科学学院与SK海力士半导体（中国）有限公司三个有关集成电路人才培养合作协议签订，工信部人才交流中心“芯动力人才计划集成电路创新创业无锡基地”成功揭牌。无锡市集成电路人才蓝皮书首次发布。（科技创新促进中心）

生命科技产业

【药明生物抗体偶联药品研发中心落户】 6月14日，药明生物抗体偶联药品研发中心签约落户新吴区。副市长、高新区党工委书记、新吴区委书记王进健会见药明生物首席技术官、高级副总裁周伟昌博士一行并出席项目签约仪式。区领导洪延炜、袁小强参加活动。药明生物成立于2011年，是全球唯一一家提供涵盖生物制剂发现、开发及生产全价值链的综合服务生命科学公司，同时也是中国最大的生物制剂研发服务商。在新吴区投资设立药明偶联生物技术有限公司，注册资本2000万美元，将集聚高端研发人才200名以上，打造符合中国、欧盟以及美国GMP要求的国际一流的抗体偶联药物研发服务平台。

（科技创新促进中心）

【时代天使研发中心暨3D打印基地落户】 6月21日，时代天使研发中心暨3D打印基地项目签约落户高新区。副市长、高新区党工委书记、新吴区委书记王进健会见时代天使首席执行官李华敏一行并出席项目签约仪式，区领导胡逸参加活动。王进健首先对时代天使研发中心暨3D打印基地项目落户高新区表示祝贺。他表示，高新区产业层次高，区内已聚集360多家高新技术企业以及一批高科技领域的领军人才创业项目。时代天使注重技术创新，在口腔隐形正畸领域收获丰硕的科研成果，高度契合高新区战略新兴产业发展规划，希望时代天使落户后能在高新区推动更多科技成果转化，实现跨越式的发展，高新区将做好全方位的支持和服务工作。李华敏介绍时代天使的发展历程、行业地位与项目规划。她表示，依靠技术进步和产品迭代，时代天使从与首都医科大和清华大学的合作研发项目发展成为口腔隐形矫治行业的龙头企业。此次项目签约将助力时代天使加强口腔正畸领域的技术创新与科研成果转化，加快集聚中高端研发人才，全面提升研发水平与核心竞争力，让时代天使品牌从中国走向世界。时代天使是一家专业从事口腔隐形正畸技术研发、隐形矫治器生产及销售的高新技术企业。项目投资总额约10亿元人民币，计划设立新一代隐形矫治研发中心、3D打印基地以及产学研平台，主要包含软件系统研发、医生“智能辅助诊断”服务和3D打印一体化等内容。

（科技创新促进中心）

【创新型生物医药研发中心设立】 2018年，全球知名制药企业——阿斯利康与国投创新投资管理有限公司（以下简称“国投创新”）携手合作，在新吴区合资共建创新型生物医药研发中心，联合推动中国新药研发，这是世界500强跨国医药企业与本土基金开展新药研发的首个合作项目，是全球第一个中外合资1.1类创新药研发项目，其合作模式是合资成立股权均等、独立自主经营的合资公司迪哲（江苏）医药有限公司。合资公司专注于创新药的探索、研发和商业化，一期注册资金1.3亿美元，总投资4亿美元，将全面融合阿斯利康中国创新中心的科研实力，拥有开发和商业化阿斯利康产品线中三个潜在药物的权利，并启动新的新药研究项目。国投创新则提供资金和技术支持，并将依托在医药行业的一系列重点投资布局，拓展战略资源引入外部合作伙伴。世界500强企业阿斯利康是一家以创新为驱动的全球性生物制药企业，自1993年进入无锡以来已累计投资达5.55亿美元，累计纳税近100亿元。近两年，阿斯利康在新吴区植耕并大力实施总部化发展战略，中国物流中心项目、中国商业创新中心项目、小分子创新药物研发生产基地项目等接连落户。（科技创新促进中心）

新能源及新能源汽车产业

【瑞典里亚斯汽车传动部件项目签约】 3月19日，副市长、高新区党工委书记、新吴区委书记王进健会见瑞典里亚斯（LEAX）集团CEO Henrik Fagrenius先生一行并出席里亚斯汽车传动部件项目签约仪式。高新区党工委副书记、管委会副主任、新吴区委常委、常务副区长洪延炜参加会见并出席签约活动。会见结束后，双方举行里亚斯集团汽车传动部件项目签约仪式。洪延炜代表高新区与瑞典里亚斯集团签署投资协议，星洲股份与瑞典里亚斯集团签署厂房租赁协议。瑞典里亚斯集团成立于1982年，是业界知名的提供高精密部件的供应商，在细分领域居全球领先地位。此次投资2500万美元，在新吴区设立生产新能源车用传动齿轮及驱动轴工厂，项目达产后年销售额约1.2亿元。（招商服务局）

【博世集团首个电池产业化项目开工】 3月27日，世界500强企业德国博世集团在新吴区举行博世汽车系统（无锡）有限公司建设奠基仪式，其全球首个电池产业化项目——车用48V电池项目同步开工建设。省委常委、市委书记李小敏出席仪式并为项目奠基培土，博世动力总成事业部执行总裁伍弗盖克斯塔特，副市长、高新区党工委书记、新吴区委书记王进健分别致辞。高新区党工委副书记、管委会副主任、新吴区委常委、副区长洪延炜参加活动。此次开工建设的车用48V电池项目，是合作协议中首个落地建设的项目，也是博世汽车系统（无锡）有限公司首个产业化项目。博世汽车系统（无锡）有限公司是博世集团整合汽油事业部和柴油事业部后在高新区成立的唯一独资企业，将成为未来博世集团动力总成业务的中国总部和在华发展的重要基地。其生产的车用48V电池可广泛用于电动汽车和传统燃油汽车，预计2021年实现销售87亿元。

（招商发展中心）

【韩国LG化学汽车动力电池正极材料项目落户】 5月8日，韩国LG化学、浙江华友钴业公司与高新区签署合作协议，汽车动力电池正极材料项目正式落户。省委常委、市委书记李小敏会见LG集团副会长、LG化学株式会社CEO朴镇沫一行，并出席签约仪式。副市长、高新区党工委书记、新吴区委书记王进健，高新区党工委副书记、管委会主任、新吴区委副书记、区长封晓春，区领导洪延炜陪同会见并参加签约仪式。LG化学是LG旗下四大核心主力公司之一，新能源汽车动力电池全球领先，浙江华友钴业是全球最大的钴材料生产商和供应商，在锂电新能源材料制造、钴材料深加工等方面具有很强竞争力。两家公司成立合资公司，在新吴区投建汽车动力电池正极材料项目，总投资10亿美元，产能规划10万吨，年产值200亿元。其中一期投资4.8亿美元，注册资本2.85亿美元，产能规划4万吨，年产值约70亿元。项目2018年9月开工建设，预计2019年9月竣工投产，2020年5月正式量产。（招商服务局）

【隆盛科技与院士合建新能源汽车零部件生产基地揭牌】 6月21日，隆盛科技股份有限公司举办院士合作签约暨新能源汽车零部件生产基地揭牌仪式。高新区党工委副书记、管委会副主任、新吴区委常委、副区长洪延炜，高新区管委会副主任、新吴区副区长胡逸出席活动。隆盛科技依托现有技术基础与产品市场能力，与加拿大工程院院士姜晶教授合作，打造新能源汽车燃料电池核心关键零部件的战略研发平台，主要开展新能源汽车燃料电池关键部件制造、系统热管理及相关仪控技术等方面的研究，旨在为隆盛科技培养一批在新能源汽车燃料电池领域具备创新型高层次战略技术能力的人才，同时形成具有自主知识产权的燃料电池精密制造工艺与智能系统集成技术。（旺庄街道）

高端制造业

【日本航空电子新厂项目开工】 4月11日，副市长、高新区党工委书记、新吴区委书记王进健会见日本航空电子工业株式会社社长小野原勉一行。区领导洪延炜、严冬兴陪同会见。会见结束后，洪延炜、严冬兴参加日本航空电子无锡公司新工厂开工仪式。日本航空电子工业株式会社是全球连接器行业知名和领军企业。2001年，航空电子工业株式会社在高新区投资设立航空电子(无锡)有限公司，主要生产产业机械及汽车用接插件。经过10余年的发展，产品已从低端的家电接插件产品升级至产业机械、汽车部品用连接器。公司将通过新工厂迁建的实施，引入新的技术及自动化设备继续扩大产能规模，与新吴区实现共赢。计划2019年上半年完成搬迁，导入智能设备并扩充产品种类。（招商服务局）

【美科集团半导体设备再生制造项目签约】 6月19日，副市长、高新区党工委书记、新吴区委书记王进健会见韩国美科集团会长田善圭一行并出席美科集团半导体设备再生制造项目签约仪式。高新区党工委副书记、管委会主任、新吴区委副书记、区长封晓春及区领导石松哲参加活动。韩国美科集团半导体设备再生制造项目的落户，一方面将满足国内半导体生产企业发展的需求，另一方面也将对高新区在半导体产业的补链、强链做出贡献。王进健指出，此次签约的韩国美科集团半导体设备再生制造项目是双方合作的起点。高新区在新公司建设、运营过程中，将全力提供最便捷、最优质的服务。此次美科集团投资5000万美元、新增注册资本3000万美元进行新工厂建设，以应对中国区主要客户的增产投资规划。美科集团是韩国最大的半导体设备再生制造企业，成立于1996年，总部位于韩国京畿道安城市。美科电子（无锡）有限公司成立于2005年。美科集团主要客户包括三星半导体、英特尔半导体、SK海力士半导体、台积电、微软等全球前5大半导体巨头。在中国区，上海华虹半导体、西安三星半导体、无锡SK海力士半导体、北京中芯微、合肥京东方、深圳华星光电等均是美科的主要客户。美科集团旗下拥有2家上市公司（MICO株式会社、KOMICO株式会社），在美国、中国、新加坡、日本等地设立海外生产基地。2017年，美科集团的全球销售额超过2亿美元。（招商服务局）

【香港金拓集团TPO新材料项目签约】 9月26日，香港金拓集团TPO新材料项目签约仪式举行。副市长、高新区党工委书记、新吴区委书记王进健，高新区党工委副书记、管委会主任、新吴区委副书记、区长封晓春及区领导洪延炜、朱晓红参加活动。王进健表示，希望以此次项目签约为契机，推进香港金拓集团旗下意大利EGM公司的高性能铜合金项目早日落户，为实现“四个走在前列”添砖加瓦。在空港经济开发区投资的新型材料TPO (热塑性聚烯烃) 项目，是国际顶尖技术的防水薄膜材料，项目注册资本1.5亿美元，用于建筑厂房屋顶及地下室、机场、地铁、隧道等市政工程。投产后年产TPO新型材料1亿平方米，销售收入预计达30亿元，上缴税收预计可达1亿元以上。（硕放街道）

【中船海洋探测技术研究院有限公司研发中心奠基】 9月28日，中船海洋探测技术研究院有限公司研发中心举行开工奠基仪式。副市长、高新区党工委书记、新吴区委书记王进健及区领导洪延炜参加仪式。中船海洋探测技术产业园是2015年中船工业集团在新吴区投资设立的，自设立以来，先后投资建设水声换能器测试中心、总装集成联试中心、高端加工制造中心等。以海洋探测与信息技术工程为核心，致力打造海洋工程、海洋资源勘探、海洋信息服务与管控、水下工程装备、船舶运维保障等七大产业集群，形成科技创新研发、系统集成、产品生产及装配等五大中心，项目总投资约35亿元，建成达产后将形成100亿元产值。（商务旅游局）

【无锡村田电子第二工厂奠基】 11月9日，无锡村田电子有限公司第二工厂奠基仪式在综合保税区内隆重举行。市政府副市长、高新区党工委书记、新吴区委书记王进健出席仪式，高新区党工委副书记、管委会主任、新吴区委副书记、区长封晓春，区领导洪延炜、朱晓红参加活动。村田电子公司作为日本村田集团在中国的最大生产基地，20多年来，一直跟随和见证着高新区的快速发展。此次，村田集团进一步追加投资，在综保区内正式启动第二工厂项目，是对高新区良好投资环境的肯定，也将进一步深化双方合作，实现互利共赢，为高新区的高质量发展注入新的动能。无锡村田电子有限公司设立于1994年，总投资5.655亿美元，主要生产陶瓷电容器、滤波器、高频零件等，产品应用于PC、手机、汽车电子等领域，在全球市场占有率达到40%以上。2018年，公司年产值达68亿元，并已实现连续三年20%以上增长。此次在综合保税区启动的村田电子第二工厂项目，总投资6亿美元，分三期实施，新增用地11.8万平方米，建15万平方米厂房，实现月产400亿个贴片式陶瓷电容器，新增年销售40亿元。（综保区管理局）

吴都路银杏

鸿山物联网小镇

【概况】 2018年，鸿山物联网小镇建设取得阶段性成绩。3月和9月，省委常委、市委书记李小敏两次视察鸿山物联网小镇，提出“鸿山物联网小镇要把集成示范应用作为关键点，打造成为智慧城市建设的示范和样板”。4月，鸿山物联网特色小镇通过省发改委第一次特色小镇考核验收。12月，梁鸿国家湿地公园完成水鸟栖息地恢复建设工程。展开以道路畅化、净化、绿化、亮化、美化及文化展示为主要内容的专项整治及提升行动。对小镇道路、建筑立面、围墙围挡、路灯道旗、井盖、变电箱等进行改造更新和艺术处理，使物联网小镇和吴博园区域的城市风貌得以迅速提升。与此同时，根据特色小镇创建工作要求，邀请著名雕塑家团队设计、建造小镇新的地标建筑，以及与其相呼应的小镇入口主题景观，使鸿山物联网小镇具备最新的物理及精神地标。 (侯至清)

【物联网小镇展示中心】 为集中阐释小镇生产、生活、生态“三生融合”的发展理念，充分展现小镇愿景规划，多维度呈现物联网技术示范应用。2018年二季度以后，小镇全力打造鸿山物联网小镇展示中心（即小镇客厅）。小镇客厅以“物联网让城市更美好”为主题，以物联网示范应用为核心，设置古都新镇、三生融合、万物互联、智慧引擎等七个展区，并增加会议会务功能。自9月初对外开放以来，小镇客厅已接待前来参观的上级领导、兄弟省市、条线部门、大众媒体、企业团体等70余批次、2200余人次，极大地宣传鸿山物联网小镇，成为小镇对外展示的窗口和崭新的名片。 (侯至清)

【物联网小镇考核】 4月18日，省统计局副巡视员唐纪率省级特色小镇考核组一行到新吴区对鸿山物联网小镇2017年度创建工作进行实地考核，高新区管委会副主任、新吴区副区长石松哲陪同考察座谈。石松哲简要介绍鸿山物联网小镇的基本情况和特色小镇创建工作中取得的成绩。自鸿山物联网小镇入选江苏省首批特色小镇以来，全区高度重视，制定相关政策，发展物联网特色产业，深挖吴越历史文化底蕴，完善基础配套设施，小镇建设总体进展比较顺利。省考核组对小镇的创建工作总体上予以认可，认为小镇特色鲜明、成效显著。随后考核组一行参观小镇客厅，实地踏勘长乔海洋王国、吴越水街等四个亿元以上投资项目的工地。同时，考核组还详细查看小镇特色产业发展，项目投资，产、城、文、旅、智“五位一体”功能叠加以及体制机制创新等内容的工作台账。 (吴博园公司)

【物联网产业集聚区】 2018年5月，按照区委、区政府的决策部署，物联网小镇将赏石园交易区调整为物联网产业集聚区，同时加大项目招商力度，先后引进朗新科技“瀚云平台”、无锡农商行鸿山物联网小镇支行、博远新能源、圣民医疗、普莱菲等物联网骨干企业20余家，涉及智慧城市、智慧金融、智慧能源、智慧医疗、智慧工业等领域，产业集聚初具雏形。产业集聚区累计出租面积近万平方米，合同金额105万元。

(侯至清)

【物联网小镇创新创业中心】 2018年8月，以物联网产业集聚区A2馆为载体，成立小镇创新创业中心，计划通过引进、孵化、发展物联网种子企业，与科研院所、高校开展产学研合作等举措，吸附物联网产业上下游相关企业。同时，小镇创新创业中心与朗新科技“瀚云平台”工业互联网创新中心合作，成立“鸿智聚贤空间”，为小镇搭建人才、信息、技术、金融、市场等资源共享平台。 （侯至清）

【第一届全国医院物联网大会】 10月19日，无锡高新区与中国医院装备协会共同主办的第一届全国医院物联网大会暨中国国际医院物联网产品展览会开幕。副市长、高新区党工委书记、新吴区委书记王进健及区领导匡辉参加主题峰会。开幕式上，公布中国医疗物联网应用十大优秀案例、十大贡献人物获奖名单。同时设置专业展区面积近2万平方米，展位200余个，并专门布置以“时代轨迹”为主题的“庆祝改革开放40周年中国医院建设成就”展区。展会现场，阿里健康、阿斯利康、乐心、钛米、诺亚等一批医院物联网行业生产企业通过大会发布最新的健康物联网产品，涌现出一批“物联网+医疗应用场景”产品。大会以“物联无限、健康中国”为主题，被列为2018年世界物联网博览会系列活动之一，也是当前全国医院物联网领域规格最高、规模最大的行业盛会。大会通过20场主、分论坛及1场展会，展示当前医院物联网产业的最新创新成果，探讨行业未来发展方向。

（党政办 民政卫计局）

【鸿山物联网小学】 占地近6万平方米，建筑总面积2.5万平方米，智慧教育已融入校园学习生活的方方面面。基于云平台的校园智慧访客系统、区域识别门禁系统、智能办公系统以及智慧课堂，物联网技术使教师教学更多样、学生学习更高效。校园各项数据高度汇聚鸿山物联网小镇感知信息、校园内优质教育资源、管理平台以及区域内校外优质资源，给教育教学和安全管理带来更多的便捷。作为小镇精心打造的一个“智慧校园”新样板，2018年，鸿山物联网小学为新吴区信息技术与教育教学深度融合、率先全面实现教育现代化作良好的试点和示范作用。

（钱婷妍 林 钢）

旺庄智能装备小镇

【概况】 旺庄智能装备小镇(以下简称“小镇”)，东北方向以机场路为界，东南方向以新梅路为界，西南方向以京杭大运河为邻，总面积3.5平方公里。小镇空间与沪宁城际高铁无锡新区站站前商务区重叠。小镇交通网络发达。小镇建设的总体思路是：以产业强市、创新驱动为引导，以“智能装备”为入口，以“唤醒计划”为抓手，做优做特产业集群、做美做精人文生态，建设产业特色鲜明、创新能力强劲、产业配套完备、生态环境优美的物联制造先行区、产城融合样板区与智能工业示范区。小镇突出先导智能、奥特维两大龙头企业带动，充分发挥先导智能在装备智造技术方面的引领作用和奥特维在装备智造的集成创新和发展优势，加快人才、技术、资本等高端要素集聚。做大锂电池、光伏、石墨烯、半导体、电子元器件及消费电子、通用装备“六大”智能制造装备主导产业，着力集聚智能装备关键零部件企业，致力打造以新能源装备制造为核心的智能装备产业集群。 （曹炳文）

【智能装备小镇建设初见成效】 截至2018年年末，旺庄智能装备小镇建设日益完善，累计获批省、市级示范智能车间4家。小镇产出规模达到300亿元。9月，参加在市民中心进行的市级创建评审会议，获得专家评委好评。（林 钢 曹炳文）

江溪梦溪小镇

【概况】 梦溪小镇成立于2017年9月，是江苏省级现代服务业集聚区——中国（无锡）工业博览园向现代特色小镇的全面升级。“梦溪小镇”的基础是中国（无锡）工业博览园，规划面积5平方公里，核心区约3平方公里，现已建成五洲国际工业博览城、东方国际汽车城、南方国际不锈钢交易中心、新世界国际商贸中心、深港国际商务中心、总部经济园等六大服务业载体230余万平方米，入园企业、商户5800余家，成为江苏省级现代服务业集聚区、跨境贸易服务基地。小镇以“梦溪”为名，寓意一粒粒梦想的种子将在小镇生根发芽，一个个追梦筑梦圆梦的故事将在小镇成为现实。小镇包括创新创意动力区、商贸转型示范区、宜居宜业幸福区，其总体建设思路是以创新、创业、智能、智慧为主题，以新技术、新模式、新业态为特色，坚持生产、生活、生态融合发展，强力打造创新创意动力区、商贸转型示范区和宜居宜业幸福区，为无锡谱写工商名城新篇章提供有力支撑。（沈丽珍）

【无锡梦溪小镇创新中心开业】 6月27日，无锡市举行梦溪小镇创新中心开业典礼暨科技项目集中签约仪式。副市长、高新区党工委书记、新吴区委书记王进健，市科技局副局长徐重远，高新区管委会副主任、新吴区副区长胡逸，江溪街道党工委书记郭雪强，创始合伙人魏锋、苏宁环球集团副总裁张康黎等企业家代表出席活动。建筑面积达1.4万平方米的梦溪小镇创新中心是无锡市江溪街道重点打造的创新型孵化器，致力于为创业公司和成长型企业提供灵动办公空间、全程资本服务、深度创业辅导和全栖创业者社区等一站式创业服务。梦溪小镇创新中心包含独立办公、联合办公、活动路演、创业咖啡、餐饮、书吧、休闲等多种元素，以智能制造、信息科技、文化创意等产业为重点，以“+创业投资”“创业教练”“创业者社区”为核心价值体系。（林　钢）

硕放航空小镇

【概况】 硕放航空小镇规划面积约3.86平方千米，依托硕放独特的区位优势、产业优势、文化优势和苏南硕放国际机场的特色元素，其发展定位为：围绕“航空+”主题，以航空物流产业为主导，突出发展航空服务、航空制造、航空旅游等优势产业，实现通航全产业链发展，着力打造以“航空服务”和“航空产业”为核心的临空经济小镇，以“航空捷运”为目标的综合枢纽小镇，以“航空文化”为标志的魅力宜居小镇。

（硕放街道）

【无锡首条货运洲际航线通航】 苏南硕放国际机场与DHL敦豪全球货运、江苏佳利达国际物流签署合作协议，开通无锡—德国哈恩—韩国仁川—无锡和无锡—成都—比利时列日—无锡两条洲际货运航线。5月3日，省委常委、市委书记李小敏会见敦豪全球货运亚太区首席执行官梁启元一行并出席签约仪式。双方以此次签约为新的起点，展开全方位、更紧密的合作，推动新的国际快件转运中心等项目落户无锡，开通更多国际货运航线，把双方合作提高到新的水平，共享江苏特别是苏南地区对外开放的红利。5月19日，无锡—德国哈恩—韩国仁川—无锡航线首飞，结束无锡及其周边苏南地区的货物必须中转才能抵达欧洲的运输模式。（林　钢）

【天骄通用航空公司获得CCAR-145部维修许可证】 10月25日，硕放航空小镇“航空+”服务又添新技能。在小镇设立飞行基地的天骄通用航空公司获得CCAR-145部维修许可证（同时获得CCAR-135部运行合格证），可开展第三方航空器维修，成为“飞机4S店”。未来华东地区一些进口商用机型无需飞往国外，在无锡就可完成检修。随着“航空+维修”功能的实现，未来硕放航空小镇将对无锡周边的通用航空企业释放出更强的吸引力。天骄通航公司是国内首家赛斯纳奖状680A机型的运营及维修企业。赛斯纳奖状680A是目前全球最畅销的中型商务机型，已从欧美流行到国内。今后，该机型检修无需飞美国，就近就能完成，可节省大量时间和费用成本。天骄通航是硕放航空小镇引入的无锡首个公务航空运营项目，随着公司正式开始运营，无锡周边1000公里半径范围内的城市将实现2小时飞行圈。（林　钢）

新安慧海湾小镇

【概况】 慧海湾特色小镇坐落在素有“活码头”之称的新安地域。京杭大运河、沪宁铁路、苏锡公路，成“川”字形贯穿全境。南依太湖，北卧大运河。从1700多年前的静慧寺（现作净慧寺），到如今无锡物联网产业策源地、国家传感网创新示范区等，“慧”字贯穿古今，“海纳百川”，“湾”聚梦想，造就现代物联网产业高地。新安活水之地名不虚传。宋时在此置军司，立税卡，设驿站。元代文学家别号金粟道人的顾瑛曾夜泊新安驿站，并赋诗《晚泊新安有怀九成》一首：“夜泊新安驿，西风八月大；人家溪树里，晚饭柁楼前；水落星移石，云开月堕船；遥思佩韦者，痴坐不成眠。”康熙乾隆乘龙船沿京杭大运河南巡时，路经新安驿站下船察访，在此停留半个时辰，以至于后人一直将此地叫“黄登头”，慢慢变新安口音叫“黄墩头”，2018年，建为北京中关村软件园太湖分园。当今，慧海湾小镇崛起在活水之地的大运河、太湖之畔，天地人和，活力四射，激荡着与时俱进的旋律。（马胜泉）

【李小敏调研慧海湾物联网小镇建设】 9月11日，江苏省委常委、市委书记李小敏调研慧海湾物联网小镇建设，考察阿斯利康中国商业创新中心。副市长、高新区党工委书记、新吴区委书记王进健，高新区党工委副书记、管委会主任、新吴区委副书记、区长封晓春及区领导胡逸、石松哲参加调研。李小敏观看宣传片，先后来到德国博世、美国霍尼韦尔、日本欧姆龙、华为、极熵、飞而康、亚航科技、万里实业等企业展区，现场感受“科技之美”。在物联网产业集聚区，20多家物联网企业在此扎根。李小敏走进丰德信电力、农商行鸿山物联网小镇支行、小护智慧医疗等企业，详细了解物联网技术在能源、金融、医疗等方面的应用情况。他要求高新区搭平台、架桥梁，支持本地企业的技术和项目在无锡先试先用、开花结果，让新一代信息技术“叫好”又“叫座”。李小敏鼓励企业抢抓当前物联网产业难得的发展机遇，围绕目标定位，加大项目推进力度，加快构建物联网产业生态群。在创新中心展示区，李小敏鼓励企业继续以患者为中心，携手合作伙伴孵化更多疾病领域创新的健康物联网解决方案，加快各疾病领域诊疗一体化方案的孵化、落地和升级，造福更多患者。针对新一代信息技术的推广应用，李小敏指出，推广应用是新一代信息技术产业走向市场、长久发展的关键。各地各有关部门要抓住应用示范这个打通技术与市场的关键点，推动产学研结合，进一步扩大新一代信息技术在企业智能化改造和交通、环保、医疗健康、城市管理等领域的示范应用，促进新一代信息技术实现市场化产业化。对于蓬勃兴起的物联网特色小镇建设，李小敏强调“错位发展”。他指出，鸿山、雪浪、慧海湾3个物联网特色小镇，都是无锡发展物联网产业的重要平台。打造好这3个平台，要坚持加强目标的引领和政策的引导，走差异化、特色化发展道路，形成相互支撑、相互融合、共同发展的格局。鸿山物联网小镇要把集成示范应用作为关键点，打造成为智慧城市建设的示范和样板；雪浪小镇作为“唤醒计划”的发起者，要侧重于大数据和云平台的建设，促进物联网与制造业的融合发展，成为推进智能制造的重要平台；慧海湾小镇则要把技术研发和产业发展作为主攻方向，推动新一代信息技术产业集聚发展，进一步擦亮无锡物联网这张名片。（党政办）

【慧海湾智能传感高峰论坛】 9月16日，慧海湾智能传感高峰论坛在高新区举行，市委副书记、代市长黄钦，工信部电子信息司副司长吴胜武，省经信委副主任龚怀进，副市长、高新区党工委书记、新吴区委书记王进健，市政府秘书长许立新，高新区党工委副书记、管委会主任、新吴区委副书记、区长封晓春及区领导匡辉、胡逸出席论坛。物联网是新一轮经济和科技发展的重要方向，是无锡经济高质量发展的重要支撑。经过多年发展，无锡已成为全国第一个移动物联网连接超千万规模的地级市，智能传感产业集群成为全国首批创新型产业集群。此次无锡市与中电海康联合举办的慧海湾智能传感高峰论坛，致力于搭建物联网产业生态和行业发展的高端交流合作平台。论坛上，中国电科微系统技术中心海康无锡分中心、江苏省物联网产业技术创新中心微系统技术协同创新平台联袂揭牌，集聚慧海湾小镇的一批重大项目签署落户协议。签约项目涉及IC芯片设计企业、校企联合人才培养、公共技术平台合作共建等，覆盖技术产品、资本合作、人才培养等产业链各环节。这些项目的落地将丰富夯实慧海湾小镇产业链，也将极大完善本地的物联网产业生态。在合作项目和技术产品发布环节，中电海康无锡科技有限公司从规划布局、产业定位、核心能力构建等方面对慧海湾小镇启动区（中电海康无锡物联网产业基地）作介绍。中国电科集团信息科学研究院发布和中电海康合作的微系统平台1.0版本，这个协同创新平台将通过共享共建，共同支撑物联网产业的发展。活动中，中科院微电子研究所所长叶甜春，上海华虹宏力半导体制造有限公司副总裁徐伟，慧海湾小镇名誉镇长、浙江大学管理学院教授吴晓波分别发表主题演讲；一批来自国际知名机构、投资圈、媒体界、企业界、科研界的专家学者，从技术、资本、产业、生态、社会效应等方面探讨物联网的现状和发展趋势，为与会者呈现一场精彩的专业思想盛宴。（科信局）

【高新区物博会展厅开放】 9月14—16日，2018世界物联网博览会物联网应用和产品展览展示会期间，高新区作为物博会的重要承接地之一，同时开放六大物联网展厅，展示高新区物联网发展的成果与趋势。位于慧海湾小镇中心水广场的慧海湾小镇城市客厅，是高新区的第一个数字化展厅。慧海湾城市客厅是一个没有讲解员的展厅，参观者全程在智能机器人“小慧”的带领下，完成一次物联之旅。中电海康无锡公司展厅向社会各界展示中电海康乃至中国电科在智能传感、边缘计算、物联网应用等方向的产品及方案。区块链与物联网融合发展展厅由形象化描述和概念讲解技术特性构成，让访客感受区块链在日常生活中的功用，形成访客对区块链的初步认识。阿斯利康商业创新中心是由阿斯利康与无锡政府双方共同打造、推动健康商业创新与健康物联网的开放性战略平台，也是首个由制药企业设立的健康商业创新平台。中心致力于加速健康创新项目的孵化与实践，展现具有借鉴价值的疾病解决方案的创新范本，整合跨领域多方优势资源，共同打造以患者利益为核心的创新医疗生态系统，从而真正帮助更多患者实现更便捷、更精准的疾病管理。（张安宇　孙　权）

【高新区之夜——湖湾音乐节】 8月28日，由无锡高新区管委会主办，区委宣传部、万科房产承办的“高新区之夜——湖湾音乐节”在科研北路大草坪举行。音乐节主旨是迎接2018世界物联网博览会，以音乐的形式做好大会氛围渲染，更好地展示魅力湖湾未来。音乐节上杜怿超演唱了2017世界物联网博览会官方主题曲《WIOT》、肖斯塔创作并在锡首发的《无锡》，著名演员张韶涵演唱了《隐形的翅膀》《欧若拉》《淋雨一直走》，由企业高管、高工、音乐爱好者组成的高新区IT音乐联盟演绎《我是IT人》等。现场4500余名观众在大草坪中倾听“物联网旋律”。（林　钢）

梅村吴文化小镇

【概况】 2018年，吴文化小镇通过引入专业公司讨论研究，邀请专家人士座谈交流，持续推进梅里吴文化小镇“一区一核一带”建设，即：梅里古镇文化区、江南田园生态核和伯渎河传统体验带。1月3日，《新华日报》04版专版报道《梅村：弘扬至德精神　建设文化小镇》。5月23日，《无锡日报》头版报道《梅村牵手路劲集团打造梅里文化小镇》。6月5日，邀请市规划局新吴分局主要负责人对古镇二期项目进行专业性指导。6月28日，梅里古镇项目二期开工奠基。9月26日，中咨海外咨询有限公司副总经理刘建春、青旅城市商业管理（北京）有限公司董事、总经理顾速良等参加座谈，并提出“书香梅里”的规划设想。10月11日，中国工业设计协会会长刘宁及其团队参会，以江南传统文化吴歌为切入点，提出“吴歌里”这一新颖理念。10月23日，副市长、高新区党工委书记、新吴区委书记王进健到梅里古镇二期项目现场调研。11月30日，市人大常委会副主任魏多、市政协领导孙志亮调研指导梅里吴文化小镇建设工作。12月18日，中咨海外、青旅城市、路劲集团、协鑫集团、中国工业设计协会等单位参加会议，商议建立信息互通、资源共享、优势互补的工作机制，加快形成推进项目落地的强大合力，全力推动项目早落地、早建设、早见效。12月23日，教育部高等教育司原司长张大良，江南大学党委副书记戴月波调研梅里文化小镇规划建设工作。12月29日，梅里古镇二期项目推介会顺利举行。

（王晓文 邹 超）

【吴文化与吴台文化论坛】 4月9日，由江苏省吴越文化研究院、贵州省老吴台（集团）公司、泰伯吴氏宗亲联谊总会和无锡梅村商会等联合在无锡新吴区梅村街道举办“吴文化与吴台文化论坛”。从2017年下半年开始，常务副院长王国平和贵州老吴台酒业集团董事长吴学强就开始筹划吴文化与吴台文化论坛。研究院组织高校和地方专家学者撰写《吴台文化的延伸和发展》《古吴台文化与吴地农耕文化》《吴台文化与泰伯庙会》《吴台文化与梅村经济发展》《试论吴台文化在梅里文化小镇建设的愿景》等一大批高质量的学术论文和研究报告，约10万字，这些研究成果刊登在2018年第1期《江南风》杂志上。此次论坛的学术交流材料和资料文献内容丰富、形式多样，有论文，有诗歌，也有书法，作者或引经据典，或展望未来，或深研史献，对吴台文化进行深入研讨，较为完善地阐述吴台文化历经千年风霜，跨越时空，获得新时代生命力，有机地融入到人们各行各业的生产生活和学习中。论坛深入挖掘吴地历史上实际存在的故文台与老吴台酒等新史料、新素材，并进行实证研究和史学分析。论坛确认并恢复吴地文化发生和发展过程中故文台遗址。故文台是历史上吴泰伯用来祭祖祭天地的一块旧址，但是在改革开放中被开发区的推土机夷为平地，论坛开始之前有关人士专门到故文台原址进行勘察，寻找历史资料，对故文台进行多方面论证，然后专门购置石料，勒石铭文，同时向上级专门作汇报，得到支持。论坛确认并恢复故文台遗址，并由地方政府发文重新认定其为无锡市历史文化保护遗存，这是此次论坛的一大亮点。论坛披露作为吴台文化的重要物质载体——老吴台酒在历史上所显示的红色文化元素，这就是吴氏先人吴志云等在当年红军四渡赤水过程中向红军奉献吴台酒，用于御寒、消毒疗伤和壮胆杀敌的故事。

（莫 怡 沈丽珍 严 芝 高 华）

【“故文台”原貌恢复并揭碑】 4月9日，梅里“故文台”揭碑。“故文台”距离现在的梅村街道中心不到2千米，拔地高约10米，面积约1300平方米。据记载，泰伯定都梅里后，因“荒三千”是他的发祥地，就在中央筑一“文台”，占地2亩多，高10余米，是一孤立之土丘。每年春播第一天，泰伯就登台庆典，朝拜天地，祭祀祖先，检阅臣民，预祝年内风调雨顺、国泰民安。阖闾迁都姑苏后，亦筑一台，仍名“文台”。荒三千的文台逐渐荒芜，称“故文台”。2006年6月，无锡市文物管理委员会将“故文台”列为无锡市文物保护单位。后在高新区大开发建设中被推土机推平，在这次吴文化与吴台文化研究活动中，在市、区、街道领导的支持下，利用民间的力量，使故文台重新恢复原貌并正式揭牌。（高 华）

新吴区软件园

招商引资

【概况】 2018年，新吴区招商服务局紧扣“重大项目招引推进”和“园区企业服务保障”两大工作主线，大力实施产业链整合招商和产业集群招商，精准服务重点项目快速推进，不断优化企业服务，强化园区要素保障水平，推动区内企业转型升级和提质增效，同时，紧盯经济发展目标任务，切实抓好区本级经济运行监测。引进一批以LG化学、美科、日托、闻泰为代表的全新世界500强、行业知名企业入驻高新区，新签约一批重大内外资项目。推动新增11亿美元的村田创新智造园项目落户高新区，成为全市全年首个投资超10亿美元项目。各重点项目开（竣）工率达到100%，全年实际利用外资达到创纪录的7.1亿美元，占全区总量的54.6%，促成全区各街道板块50家企业完成“工厂总部化”。新增研发人员750人。开（竣）工及盘活利用各类工业标房、生产线服务用房达45万平方米，推进“金巢工程”，在优化营商环境中起到保障作用。（王　鹏）

【重大项目招引】 2018年，新吴区招商服务局新引进一批以LG化学、美科、日托、闻泰为代表的全新世界500强、行业知名企业入驻高新区，新签约一批重大内外资项目。外资项目方面，新签约总投资10亿美元的韩国LG化学正极材料项目，高度契合高新区发展新能源汽车战略，助力无锡打造汽车电池及材料产业链的核心城市。推动新增11亿美元的村田创新智造园项目落户高新区，成为全市全年首个投资超10亿美元项目，建成达产后将助推村田制作所在无锡的两家公司双双跨上百亿元销售规模的台阶。新增投资1亿美元的日本养乐多性乳酸菌饮料二期项目，计划新引进6条生产线，全部建成达产后将成为养乐多在中国最大生产基地。总投资6亿美元的夏普手机及车载高清液晶显示模块项目，有效提升无锡夏普次世代显示产品竞争力，项目投产后预计年新增销售约163亿元人民币。总投资5000万美元的美科半导体设备再生制造项目，有效弥补新吴区半导体设备制造短板，补链集成电路产业。投资5000万美元的威孚电驱电动汽车驱动系统项目、投资2500万美元的里亚斯汽车传动部件项目紧密布局于新能源汽车产业链，为新能源汽车产业提供配套的高精密部件，是新吴区重点发展的高端装备产业。还有总投资4000万美元的丰田化学资源再生利用项目、投资9000万美元的利纳马亚太区总部项目等一批高度契合新吴区产业定位、提升总部化发展的优质外资项目纷纷签约落地。内资项目方面，新签约总投资50亿元的闻泰科技智能终端和半导体研发制造项目，在无锡打造中国智能终端和半导体产业创新发展引擎。新签约总投资20亿元的南京日托2GW高效MWT电池及800兆瓦组件项目，为无锡高新区发展新能源产业增添新优势，为推动高质量产业发展注入新动能、开辟新境界。签约投资10亿元的无锡祥生医疗科技超声诊断医疗设备产业基地项目、投资3亿元的天铖星智能化凹版印刷及精密涂布设备项目等一批高端装备制造项目，进一步强化新吴区产业集群优势。（王　鹏）

【重大项目推进】 2018年，新吴区招商服务局共有10个项目列入全区重点投资项目，总投资267.68亿元。年内，各重点项目推进迅速，开（竣）工率达到100%，全年投资完成69.44亿元，计划投资完成率100.9%。开工项目方面，华虹、养乐多、航空电子、喜开理二期4个新建项目如约开工，其中省重点项目华虹集成电路研发和制造基地项目开工后推进迅速，各个工程节点均实现超前到位，创造“华虹速度”“无锡标杆”；另一省重点项目LG化学汽车动力电池正极材料项目完成土地平整和招拍挂，12月如期开工建设。竣工项目方面，村田新能源、理光四期等6个市、区重点项目进展顺利，均按计划竣工，部分项目已投产或试生产。其中理光四期项目实现量产，新增产值3亿元，新增税收4400万元；村田新能源新型锂离子电池及电极生产项目进入设备安装调试阶段，即将投入生产。（王 鹏）

【项目招商】 2018年，进一步完善招商政策，制定《无锡高新区（新吴区）招商工作组织架构优化实施方案（试行）》，明确招商组织架构和主攻方向。集中力量围绕发展现代服务业开展招商洽谈，吉宝瑞锋项目完成到位外资4.2亿美元并开工建设，中电二公司无锡总部基地落户，中船探测研究院、华锐海归人才子女学校、金桥高新区外国语学校开工建设，市食品检测中心、宏仁电子、华林证券、广州计量、太科园商业综合体等项目相继签约，开展苏宁云商、京东电商营业中心、盒马鲜生等现代服务业项目的招商洽谈。做好宏义高分子、统一马口铁、绿点科技、江扬科技等台商投资项目的服务指导，帮助企业解决建设、经营过程中遇到的问题。（朱 芸）

【组织全区重大招商活动】 2018年年初，投资100亿美元的华虹半导体、11亿美元的村田智造园等一批超大体量项目相继开工落地，在3月全市首批重大项目集中开工仪式上，新吴区新开工项目达到45个，总投资超过千亿元，赢得首季“开门红”。在“春季行动”“红五月”系列专场活动中，新吴区各招商部门、各街道共举行各项招商活动26场，累计新签约及开（竣）工项目近70个，总投资超700亿元，海尔、LG化学、纽迪希亚、中加物联网研究院等一批战略性产业项目纷纷落地生根。“金秋经贸节”期间，百企重大项目集中签约仪式上一次性集中签约项目112个，签约总金额776亿元；街道集中开（竣）工活动4场次，累计签约项目27个，投资总额90亿元；在以色列、韩国、日本等国家，以及中国香港地区的重大经贸招商活动中，无锡高新区与华润、SK海力士、LG化学、养乐多、捷太格特、夏普等全球知名企业就相关项目的合作签署合作协议。（王 鹏）

【恳谈活动】 作为全区专项招商活动的重要一环，招商服务局推动各招商部门、各街道用活国内国外两手资源，在北京、上海、中国香港地区、欧美、日韩等境内外产业高地大力开展推介恳谈活动。特别是紧密配合无锡市、高新区开展2次日韩大型经贸招商活动：7月17—24日，高新区对日韩招商引资开启“夏季攻势”，辗转大阪、东京、首尔三地，拜访松下、旭化成、普利司通、索尼、三星SDI、LG化学、现代摩比斯、LS产电、美科集团等日韩知名跨国企业总部，围绕重点项目合作细节和扩大双方合作进行洽谈和推进；11月20—29日，配合无锡市赴以色列、韩国、日本的大型经贸招商活动，走进日韩跨国企业总部最前沿，参加首尔现代产业合作恳谈会、东京智能制造合作恳谈会、京都地区企业高层恳亲会等多场盛会，组织韩国乐星集团ESS储能电池项目等5场单独签约活动，取得丰硕成果，持续巩固和扩大高新区“日资高地”“韩资板块”产业集聚优势。（王 鹏）

【推进“金巢工程”】 2018年，拟定三年行动计划，谋划好未来目标和工作蓝图，同时，充分利用载体资源引育管理平台系统对已租用标房企业开展资源利用绩效评价，促进“金巢工程”推进到位。全年开（竣）工及盘活利用各类工业标房、生产线服务用房达45万平方米，超额完成目标任务，为全区重大产业项目的有效招引承接、招商引资的可持续发展提供精准、有效的载体资源供给。（王 鹏）

【区本级固定资产投资】 2018年，新吴区本级固定资产投资完成105.5亿元，同比增长25.1%，持续保持 20%以上高速增长，增幅高于全区 20 个百分点，列全区各板块第二位；其中工业投资同比增长 19.2%，增幅高于全区 9.9 个百分点，列全区各板块第二位，为全区投资增长发挥重要作用。华虹、村田、联合汽车、亚太航空等重大投资项目支撑有力，成为投资稳定增长的“压舱石”。（王　鹏）

【区本级规模以上工业产值】 2018 年，新吴区本级各部门加强对关键时点、关键企业、关键问题的预测预警，强化走访指导，全力冲刺全年目标任务。全年，区本级规模以上工业产值完成 1913 亿元，同比增长 7.6%，总量占全区的 45.9%。夏普、博世、小天鹅、阿斯利康 4 家企业产值破百亿，三星、村田新能源、华润上华等重点企业保持高速增长，为全区工业产值稳健增长起了“稳定器”的作用。（王　鹏）

【以服务促招商品牌】 2018 年，新吴区招商服务局对招商项目实施“全生命周期管理服务”，落实项目专员负责制，完善项目审批代办体系，针对项目谈判、项目审批、项目建设各个阶段不同特点，制定分阶段精准服务方案，主动为企业联系对接国土、规划、住建、供电、环保、水利等部门，提供“一站式”“保姆式”服务，有效促进华虹、LG 化学等一批重点项目超时间节点推进，创造一个又一个“高新区速度”。在优化企业服务上，建立健全园区重点企业的定期走访服务机制和重点企业矛盾排查早期预警机制，落实园区企业分工责任制，强化部门间沟通、联络、议事的机制，帮助企业排忧解难，协助解决夏普股权变更、养乐多废水处理、普洛斯用地调整、村田电子索赔维稳事件等各类型问题百余起。发挥好企业与政府联系的“桥梁”“纽带”职能作用，配合管委会对园区入驻企业认真落实产业政策、人才政策，定期推动召开项目协议会签及政策兑现评审会，2018 年全年，完成 33 个产业项目的协议评审、42 个项目的协议政策兑现，营造高新区务实、诚信的营商环境。同时，开通“高新区招商服务在线”微信公众号，搭建政企沟通交流平台，及时将最新产业政策、信息传递到企业。（王　鹏）

【培育“精益智造联盟”】 新吴区招商服务局着眼信息化与工业化的融合及智能制造发展趋势，牵头推动园区骨干企业成立“高新区精益智造联盟”，并从多方面支持引导联盟充分发挥平台作用，高标准推进“精益智造”，实施“产业唤醒”计划，推动希捷、村田、通用等具备条件的企业实施智能化改造和精益化生产。2018 年，联盟开展高管论坛、双月一访、专家讲座，改善大赛等互动交流活动 10 余场次，打造全区精益生产学习交流的互动平台，联盟企业已从成立之初的 29 家拓展到 36 家，康明斯发电机、捷普、阿里斯顿、苏伊士等企业纷纷申请加入，为打造智能制造品牌、助推产业优化升级起到积极作用。（王　鹏）

对外及港澳台贸易

【概况】 2018 年，新吴区进出口总额 508.46 亿美元，同比增长 17.4%，排名全市第一，高于全市平均 2.4 个百分点，实现全区外贸的稳定增长。对港澳台进出口总额 79.93 亿美元，同比增长 5.3%，其中，出口 66.49 亿美元，同比增长 7.9%。进出口总量占比为全市的 54.4%，比 2017 年同期增长 1.2 个百分点，其中，出口完成 276.08 亿美元，同比增长 16.6%，进口 232.39 亿美元，同比增长 18.3%，出口总量、进口总量与增幅也均在全市各板块中排名第一。鼓励企业开拓新兴市场，1—2 月对新兴市场进出口 93.24 亿美元，同比增长 17.8%，其中出口 59.7 亿美元，同比增长 24.1%，进口 33.6 亿美元，同比增长 7.9%。圆满完成首届进博会各项工作，区内 269 家企业，734 名专业观众报名参会，成交额达 6 亿美元，排名全市第一。另外，在商务和外经贸发展专项资金上，对开拓新兴市场国家的项目给予更高比例的补贴。（张　帆）

【服务贸易】 2018 年，新吴区完成服务外包合同金额 34.24 亿美元，执行金额 21.5 亿美元；离岸外包合同金额 24.9 亿美元，同比增长 23.3%；离岸执行金额 12.86 亿美元，同比增长 12.8%；全市位居第三。完成省商务发展专项资金（服务外包类）、省级服务外包经营业绩资金申报工作，

入围申报企业16家，占全市超过60%，申报资金近2300万元。（朱 芸）

【提升出口信用保险】 2018年，新吴区有197家企业加入出口信用保险平台，支持出口贸易16.59亿美元，一般贸易渗透率24.72%。其中，享受省级小微平台政策企业94家，享受市级统保平台政策企业68家。新吴区在继续推动无锡"外贸小微贷"政策实施的基础上，还配合推动江苏省"苏贸贷"融资平台在全区企业中的推广，极大拓展中小微出口企业融资渠道。（张 帆）

利用外资及港澳台资

【概况】 2018年，新吴区完成到位外资及港澳台资13亿美元，同比增长2.71%，其中制造业到位外资及港澳台资8.49亿美元，同比增长3.28%，蝉联全市开发区第一，再次刷新建区以来最佳业绩，在全省各开发区、县市区实现"三连冠"；战略性新兴产业到位注册外资及港澳台资7.74亿美元，占外资及港澳台资总额比重59.5%。外资及港澳台资备案项目522个，其中新设项目81个，新增协议注册外资25.18亿美元，同比增长38.89%，位居全国各高新区前列。新批协议外资超3000万美元项目17个，其中超亿美元项目4个（乐友新能源、SK海力士系统集成电路、华虹半导体、SK海力士半导体），超3亿美元的项目2个（华虹半导体、SK海力士半导体），超5亿美元的项目1个（SK海力士半导体）。重大项目储备方面，新吴区外资及港澳台资重大项目约30个，项目投资总额超200亿美元，项目涵盖先进制造业、高端商业中心开发、现代物流业、健康医疗等多个领域，储备项目数和项目质量始终处于较高水平。（吴 敏 朱 芸）

对外及港澳台投资

【概况】 2018年，新吴区新批境外企业（机构）17个，协议投资额7027.6万美元，同比增长344.3%。主要投资国（地区）既有中国香港、欧美、日本、澳大利亚等发达国家（地区），也有柬埔寨、新加坡、泰国等"一带一路"国家。其中，对香港地区投资项目最多，共计5个项目，累计投资近500万美元。投资领域主要有计算机服务业、研究与试验发展、零售业、设备制造业等，单个项目最大投资额3000万美元。（张 帆）

无锡高新技术产业开发区

【概况】 2018年，无锡高新技术产业开发区（以下简称"高新区"）地区生产总值预计完成1750亿元左右，同比增长8%以上，增速位列全市第一。一般公共预算收入完成198.6亿元，同比增长12.8%，占GDP比重的11.3%，其中税收收入完成185亿元，同比增长13.7%，税收占比达到93.1%，两项占比指标位列全市第一。规模以上工业产值突破4000亿元，完成4150亿元左右，同比增长8%。固定资产投资同比增长5%，其中工业投入同比增长9%。进出口总额突破500亿美元，预计完成505亿美元，同比增长16.9%，其中出口预计完成277.5亿美元，同比增长17.4%，四项指标均列全市第一。到位外资完成13亿美元，蝉联全省各开发区、县市区"三连冠"。社会消费品零售总额预计完成339亿元，同比增长9%。城镇居民人均可支配收入预计增长8.3%左右；城镇居民登记失业率在1.75%以内。主要污染物化学需氧量、二氧化硫、氨氮和氮氧化物持续削减；全国高新区排名上升4位，位列第一方阵。（吴 敏）

【产业建设】 2018年，高新区强化顶层设计，制定产业高质量发展3年行动计划，确定"6+1"产业主攻方向。以"智能化、绿色化、服务化、高端化"为引领，深入推进"产业唤醒计划""两化"融合、智能制造、"工厂总部化"，引育工业互联网企业30余家，完成智能化改造项目45个，新增省市智能车间24家、列全市第一。推进SK海力士、阿斯利康等50家企业实现"工厂总部化"。规模以上工业企业实现利润340亿元左右，占全市总额的三分之一。服务业增加值占地区生产总值比重达到35.5%，比2017年提高1.5个百分点。物联网、集成电路、高端装备制造、生物医药、软件与信息服务等主导产业呈现集群式发展的良好态势。上市工作积极推进，金城幕墙获得纳斯达克上市批文，新增新三板挂牌企业4家、全市第一，新增江苏股交所挂牌企业35家。出台支持科技创新创业以及以物联网为龙头的新一代信息技术、生命科技、集成电路产业发展等精准扶持政策。苏南国家自主创新示范区无锡高新区一站式科技服务中心揭牌运行，获批建设国家“芯火”双创基地。新型科技金融体系不断完善，新增企业新型银团20家，201个科技项目获得风险补偿贷款超6亿元，组建50亿元新动能产业发展基金，为战略性新兴产业发展提供更多金融支持。（吴　敏）

【招商引资】 2018年，高新区保持战略定力，坚定不移走产业强区之路，以产业振兴带动经济高质量发展。紧紧围绕全区产业发展战略布局，举办“开门红”“春季行动”“红五月”、金秋经贸节等系列招商活动，LG汽车动力电池、海尔物联生态网基地、村田智能制造园、SK海力士M8等4个单体投资超50亿元重大项目签约落地，新批总投资超亿元重点产业项目109个，涵盖集成电路、电子元器件、新材料与新能源、高端装备、生产性服务业等多个现代产业领域，为新吴区产业集聚集群发展注入新活力。108个重点项目完成投资408亿元，其中21个省市重点项目开（竣）工率和投资量均列全市第一。华虹半导体、海力士二工厂等一批超大体量项目进展超过预期，村田新能源锂电池新工厂、科玛化妆品等39个重大项目竣工投产，成为拉动产业高质量发展的新引擎。（吴　敏）

【科技创新】 2018年，高新区深入实施创新驱动核心战略，召开全区科技创新和人才大会暨苏南国家自主创新示范区建设发展大会，大力推进创新创业人才、高新技术企业、重大创新平台和科技创新效益4个倍增计划，区域创新发展水平不断提高。全年招引各类科技企业605家，物联网产业彰显行业引领，特康科技、美国赛仕等一批重特大科技项目签约落户。集成电路产业突出强链补链，无锡国家集成电路设计产业园揭牌，韦尔半导体、艾为电子等10余家知名企业签约入驻。生命科技产业加快布局，药明偶联、合全药业等成功落户。国家物联网创新中心、PNP全球创新加速器等新型研发机构、重点创新加速器签约落地，新增省级众创空间3家，成功获批省首批苏南国家自主创新示范区科技成果产业化基地，软件园获评A类国家级科技孵化器、入围全国火炬计划软件产业基地十强，深港国际等4家园区分别获批省级孵化器、加速器、示范园区。产学研平台签约专家2400余人，公布技术成果近5000项。万人发明专利拥有量达到125件，空港经济开发区通过省知识产权试点园区验收。（吴　敏）

【城市建设】 2018年，高新区坚持生产、生活、生态“三生融合”理念，城市布局持续优化，城市功能逐步增强，城市形态有效提升。制定高水平产城融合三年行动计划，谋划高新区分区发展战略，规划京杭运河—长江路、伯渎河、新华路三大功能发展轴，全力打造“产城人文绿”五位一体示范区。完善慧海湾小镇、旺庄路第一岗片区、工博园片区等5个区域城市设计和规划研究。“智慧新吴”建设扎实推进，完成国内首个城市基础传感终端部署规划。鸿山物联网小镇通过省级特色小镇考核，旺庄智能装备小镇成功申报市级特色小镇。泰伯大道等一批工程开工建设，飞凤路跨沪宁高速大桥等项目完工通车，干城路等5条断头路得以打通，佛奥支路、锡钦路等支路网全面完善。房屋征收拆迁完成105万平方米，棚户区改造完成2.6万平方米，新开工建设安置房3000多套。（吴　敏）

【电力保障】 2018年，高新区强化以供电为重点的园区生产要素保障，配合供电部门规划并启动50万伏锡南变电站、22万伏太科变电站等重大电力设施建设，确保海力士、M8、华虹等重特大项目用电。推进成立供电服务中心为园区提供“一站式”服务和用能整体解决方案。在全市率先出台《无锡高新区（新吴区）优化电力接入营商环境实施办法》，实施以并联审批为重点的电力审批改革，将电力接入时间从4~6个月大幅压缩到不超过35个工作日。在全省首创管廊代建模式，推动增量配电业务打造全国领先的示范性项目，推进高新区与无锡供电多方位合作，就构建无锡样板高端电网、高品质服务企业、增量配网建设、绿色能源推广等方面开展多方位合作，推进高新区电能替代示范区建设，共同营造优良的电力设施环境。悉心做好企业限电避峰服务和推出惠企政策，保障企业生产，降低企业成本，在年初全省电力供应出现较大缺口的情况下，制定预案，做好部门和企业的联动协调，实现重点企业错峰不停产、限电不限产。同时，服务指导企业用好直购电等惠企政策实施，扎实推进平安电力建设工作，优化园区营商环境，提升企业满意度。（王　鹏）

【社会文化事业】 2018 年，高新区坚持以人民为中心，投入 16.2 亿元全面推进 10 大类 53 项民生实事工程，切实增进民生福祉。深入实施就业优先战略，举办中高级预约式人才交流会、“就业援助月”等招聘活动 20 余场。新城中学等 14 个教育项目进展顺利，区青少年活动中心正式开办，6 所新幼儿园开园，成立“区优质教育发展共同体”，着力提升教育发展质量。区域三级医疗卫生体系建设全面拉开，市人民医院新安分院揭牌，瑞金医院无锡分院竣工试运行。建成适老社区 2 个，全区养老机构实现医疗服务全覆盖，老年人“安康关爱”保险覆盖率达 80%。优化公交线路 14 条。社区综合性文化服务中心建成率达 100%，组织开展二胡文化国际交流、“白玉兰”文化艺术节等各类文化活动 94 场。成立区足球、篮球、健身气功协会等社会团体，举办中国高新区国际马拉松首站赛，开展“乐动新吴”大型体育活动 36 场次，省运会取得 10 块金牌，创历史最佳成绩。（吴　敏）

【民生服务】 2018 年，高新区全面推进社保扩面和断保压降，本地户籍断保接续人数 9471 人，企业职工养老保险参保率达到 100%。以“阳光扶贫”为抓手，开展特困家庭深度救助，全区三分之一贫困人口顺利脱贫。开展全国农村留守儿童关爱保护和困境儿童保障示范区建设，区残疾人就业供求服务中心工作得到中残联充分肯定。实施食品药品安全战略，食品药品保障水平明显提高。推动社区治理社会化，大力促进社区、社会组织和社会工作深度融合，探索社区协商新模式，实现省级和谐示范街道全覆盖。深入开展扫黑除恶专项斗争，在打击黑恶势力、“套路贷”等方面取得成效。完成省创新网格化社会治理机制试点任务，调解矛盾纠纷 4949 件，积案化解稳定率 97%，成功创建省级和谐劳动关系示范园区。大力推进双重预防机制和安全标准化建设，开展涉爆粉尘作业、电子及危险化学品等专项整治，有效防范各类安全事故发生，群众安全感达 97%，法治建设满意度达到 99.76%，位居全市第一。（吴　敏）

综合保税区

【概况】 2018 年，综合保税区（以下简称“综保区”）主要经济指标实现两位数增长，其中，外贸进出规模、区域贡献份额、投资建设总量三项指标再上新台阶。完成规模工业总产值 511.51 亿元，同比增长 19.3%；完成进出口总额 241.4 亿美元，同比增长 35.5%；完成财政总收入 16.97 亿元，同比增长 51.4%；完成一般预算收入 7.82 亿元，同比增长 53.3%；完成保税物流进出库金额 274.3 亿美元，同比增长 38.96%；重点建设项目 3 个，完成当年固定资产投资 146.63 亿元，同比增长 17.7%。园区经济整体呈现“速度质量双提升”发展态势，主要经济指标增幅在全国海关特殊监管区域位居前列。（陈　兰）

【产业投资】 2018 年，综保区内集聚一批总投资超亿美元的重大项目、国际知名品牌项目和世界 500 强投资项目。注册企业 53 家，其中生产型企业 26 家。规模以上生产企业 17 家。从业人员 3.9 万人。形成三大支柱产业，分别是以 SK 海力士半导体、英飞凌科技、海太半导体等为代表企业的集成电路产业，以希捷国际、捷普电子、村田电子、威峰科技等为代表企业的电子信息产业，以菲尼萨光电、理波光电等代表企业的光电通信产业。累计吸引外商投资 88.7 亿美元，协议注册外资 39.4 亿美元，到位外资 36.05 亿美元。（陈　兰）

【招商引资】 2018 年，综保区提升零距离服务意识，以“求质效、招好商”为工作目标，创新招商思路，有力推动综保区“产业链招商”和“驻点式招商”，实现存量扩产和增量落地“双线突破”。一方面，通过强化企业服务，推动重点生产企业的增资扩产。启动建设新增投资6亿美元的村田二工厂和新增投资1亿美元的法液空三期项目。另一方面，通过“产业链招商”推动新项目入驻。引进唯科半导体创新服务中心，投资2500万美元；美国应用材料半导体备件中心、东风股份澳洲尼平河品牌中国销售总部完成签约。招商引资产业扩展至半导体、云计算、保税仓储物流、精密机械、高端电子等多个领域，每个项目投资体量较大、经济效益较好，累计总体投资额达到50亿元（不含SK海力士二工厂项目），新增项目日后产出销售预计能达到100亿元。在项目开拓方面，“走出去”“请进来”，区分管领导带队赴新加坡、日本、韩国以及中国香港开展招商活动，密集拜访推动一批重点企业及项目，同时，积累包括QRT增资、唯科二期、铂恩施特中国区制造基地，以及美国AWG航空零部件等一批高质量项目信息。（陈　兰）

【综合保税改革试点】 2018年，综保区提升零距离服务意识，以“求质效、招好商”为工作目标，改革创新扎实推进，探索转型升级新模式。增值税一般纳税人资格试点开展。佳利达电子、SK海力士、康奈可、液化空气等5家企业开展试点，在区域高效配置产能、优化产业结构、加快新旧动能转换等方面有新的突破。全球维修检测业务试点实现新突破。综保区企业捷普电子成为江苏省重点推荐的唯一一家入选单位，并先期开展全球维修检测试点业务。非保税货物分类监管顺利试点。综保区内7家制造业企业（SK海力士、捷普电子、村田电子、希捷国际、海太、菲尼萨、英飞凌）和2家物流企业（中外运富昌、佳利达供应链）先后开展非报关货物进出区改革试点，全年保税货物分类监管进出库货值达到21.8亿元，进一步打通内外贸易业务壁垒，业务量在江苏省内海关特殊监管区域遥遥领先。

（陈　兰）

【重点项目建设】 SK海力士二工厂厂房主体完成，机电装修进入收尾阶段，并于11月16日首台设备入区安装；菲尼萨三期90%工程竣工，停车楼提前启用；新聚思厂房上半年全部竣工，提早一个月，于8月正式投产生产；威峰科技完成前期筹备工作，已在动工建设中；亨沃二期完成前期手续及准备，10月中旬已开工建设；液化空气完成旧地块二期扩建工程，并启动新工厂的购地建设；村田二工厂11月上旬启动建设，预计2020年前完成一期建设。（陈　兰）

【口岸通关改革】 2018年，综保区以国家机构改革为契机，加快推进关检融合，高新区口岸改革纵深推进。全面启动金关二期工程试点工作，通过前期协调对接，于2018年4月底，综保区率先完成南京关区内首票金关二期海关特殊监管区域系统下进出卡口货物扫描二维码自动验放，并核发首本保税仓库专用账册，整个系统已在下半年试点运行，进一步助力通关提速。有序推进全国通关一体化改革，真正做到“多关如一关”，现场接单比例下降三分之一，扩面工作正在逐步推开；全面推进税收征管制度改革，“自报自缴”报关单月均1万票，列南京关区前列。千方百计压缩整体通关时间，推广提前申报、采用口岸海关与企业联动方式，多措并举推进高新区口岸整体通关时间压缩，10月单月进口整体通关时间为43.05小时，压缩比40.85%，口岸通关效率再提升。（陈　兰）

【园区管理】 2018年，综保区落实市、区创建优美环境的要求，出台《综保区管理局关于提升园区精细化管理水平建设优美环境合格单元的实施方案》，全力组建城市管理工作站，对园区物业保洁、三乱整治提出新标准，落实新措施，全面推进园区精细化管理。此外，加强项目施工方案的审核和协调，强化在建工地的管理和服务，帮助企业做好管线迁移、车辆协调、配电供应等工作，保障SK海力士二工厂、法液空、亨沃机械、威峰科技的水、电、气等生产要素100%到位。完成启动三期行政卡口建设及道路、绿化、路灯、监控、道闸的维护修缮，为企业提供更多优质公共服务。（陈　兰）

【企业文化】 2018年，综保区组织开展丰富多彩的园区工会活动，丰富职工业余生活的同时，进一步增强团队凝聚力和战斗力。其中，SK海力士始终坚持“以人为本”的发展观，关注着职工的劳逸结合，一年一度的文化大庆典和幸福运动会，着力增强职工的自觉参与意识和团队合作意识。村田电子全体员工上下齐心，团结一致，深入开展具有外企特色的精神文明创建活动，荣获全国文明单位。11月，综保区基层联合工会第四次代表大会顺利举行，更大程度地团结动员广大职工，丰富业余生活，为推进社会经济高质量发展做出新的更多贡献。（陈　兰）

无锡空港经济开发区

【概况】 2007年，市委、市政府决策成立无锡空港产业园区（以下简称“经开区”），实行与硕放工业园、新区硕放街道港区街合一的管理体制，保留硕放街道党工委、办事处“牌子”。其中硕放工业园2002年被江苏省乡镇工业开发区命名为“江苏省首批乡镇工业小区”之一，2006年经国家发改委、江苏省人民政府审核，正式升格为省级开发区，是当时江苏省第一个在乡镇工业园基础上成立的省级开发区。2017年5月，经省编办、市委、市政府批准同意，在空港产业园区基础上更名为无锡空港经济开发区，与无锡市新吴区硕放街道党工委、办事处实行“区政合一”的管理体制，进一步理顺经开区、街道之间的关系。经开区下辖3个国资公司，分别是无锡空港园区发展有限公司、无锡市硕放经济发展有限公司、无锡市新区硕放城市投资有限公司。截至2018年年末，经开区（街道）下辖25个村（社区）居委会，常住人口约13万人（其中户籍人口5万人）。规划面积55.88平方千米，实际管辖面积为26.21平方千米，辖区内拥有全国文保单位——昭祠堂。2015年苏南快递产业园区被国家邮政总局授予“全国快递产业集聚发展示范园区”，2016年被评为全国智慧物流配送示范基地，成为全国唯一一个入选的快递产业园。在江苏省所有开发区综合排名中，无锡空港经济开发区从2014年的第123位上升至2016年的第85位。2015年被授予“中国曲艺之乡”荣誉称号，2016年在省级开发区土地集约利用综合评价中排名第一。2018年，空港经济开发区充分发挥“区政合一”管理体制叠加优势，围绕优质量、调结构、惠民生的总思路，进一步提升“争先进位”的责任感和使命感，全力冲刺千亿空港，切实完善惠民工程，大力提升生态环境，经济社会各项工作取得一定进展。（唐钰倩）

【产业结构】 2018年，航空先进制造业增势强劲，深南电路、航亚科技、汉和航空、腾达地勤等重点项目发展迅猛，力特半导体、格林美、华东重机等龙头企业带动强劲，高端集聚优势愈加明显。现代物流服务业成为新的增长点，2018年，服务业继续保持增长，三产营业收入实现306亿元，占经济总量的61.1%。不锈钢电子交易中心营收接近100亿元，基本实现翻番；百联奥特莱斯业绩不断创新高，现代商业氛围更加浓厚。（唐钰倩）

【项目引进】 4月25日，举行10个重大项目的开（竣）工仪式，其中深南二期、复星国药、华东重机、江松科技、特恒科技、会通新材料、航亚二期、科里斯特二期8个项目开工，菜鸟网络（5月已全面投运）、丰泰电商（主体工程完成并进行设备安装）等2个项目竣工，总投资达48.15亿元，涵盖微电子、新材料、航空制造、智慧物流、精密制造等多个产业领域，全部建成达产后预计产值将达180亿元，有望实现利税约8个亿。完成航亚二期、会通新材料、新林五金、特恒科技、华东重机、昶生塑业6个地块的挂拍，出让土地244亩；亮嘉新材料、莲岩二期、先通影像、芳磊航空4个项目正在办理挂拍前期手续，计划用地63亩；另有一个134亩的商住地块已完成手续，等待挂拍。（唐钰倩）

【企业上市】 2018年，经开区推进金城幕墙2019年在美国纳斯达克上市和祥生医疗IPO报会工作。支持会通新材料做好上市前期工作，完善上市后备企业库，加强对完成股改的博宜莱、文琪、泓丰国际等企业的上市服务辅导。（唐钰倩）

综述

【概况】 2018年，新吴区经济社会保持稳定向上的良好态势，实现高质量较快增长。2018年，地区生产总值完成1800.8亿元，同比增长8.1%，增速位列全市第一。一般公共预算收入完成198.64亿元，同比增长12.8%，占GDP比重11%，其中税收收入完成185亿元，同比增长13.7%，税收占比达到93.1%。规模以上工业产值突破4000亿元，完成4165.97亿元左右，同比增长7.8%。固定资产投资同比增长5.1%，其中工业投入同比增长9.3%。进出口总额突破500亿美元，完成508.46亿美元，同比增长17.4%，其中出口完成276.08亿美元，同比增长16.6%，四项指标均列全市第一。到位外资完成13亿美元，蝉联全省各开发区、县市区“三连冠”。社会消费品零售总额完成338.62亿元，同比增长8.8%。城镇居民人均可支配收入同比增长8.6%；城镇居民登记失业率1.53%。（翁希浩）

【统筹经济社会发展】 2018年，新吴区制定《无锡高新区（新吴区）2018年国民经济和社会发展重点工作目标责任分解方案》《无锡高新区(新吴区) 2018年国民经济和社会发展计划》，采取各项措施落实全区国民经济和社会发展重点工作50项。研究出台《无锡高新区（新吴区）乡村振兴战略实施规划（2018—2022）》《无锡高新区关于深化招商引资体制改革促进产业高质量发展的实施意见（试行）》《无锡高新区重大项目考核办法（试行）》等系列政策文件，全年主要产业实现两位数增长，基本完成全年重点指标目标计划。扎实推进高质量发展考核工作，对接落实、分解下达2018年度市县区高质量发展考核年度目标任务，出台《关于改革完善园街区域特色化发展考核体系的实施意见》《无锡高新区（新吴区）2018年度街道（功能园区）高质量发展考核实施办法》，明确街道板块的考核体系及具体要求。聚焦幸福民生工程，印发《无锡高新区（新吴区）2018年为民办实事重点工作计划》，包含10大类53项（个）民生项目，全年安排预算资金约16.2亿元，较2017年增加16.5%。

（杨翔博）

【发展规划引领】 2018年，新吴区经济发展局牵头做好“十三五”规划纲要中期评估工作，制定出台中期评估工作方案，明确评估内容和流程，开展专题调研，广泛征求意见，编制完成规划纲要中期评估报告，对规划两年多来的实施情况进行全面回顾和总结，对“十三五”规划确定的指标进行分析和研判，并结合市委、市政府“四个走在前列”要求，明确规划中后期的重点工作和目标任务，聚焦高质量产业发展、高效益科技创新、高层次对外开放、高水平产城融合、高标准民生改善、高品质生态环境、高效率服务品牌七大重点领域，确定重点工作，明确目标任务，成为高质量发展的标杆、示范和领跑者。牵头组织编制并实施无锡高新区（新吴区）乡村振兴战略实施规划（2018—2022），聚焦以鸿山片区为主体的重点乡村区域，实施有关行动计划，加快建设重点工程，加快推动全区农业农村现代化，奋力开创新时代新吴“三农”工作新局面，推动农业农村高质量发展走在全市前列。履行区经济体制改革专项小组办公室职能，牵头相关部门，做好全区经济体制改革重点工作推进。从致力推动产业高质量发展、持续深化供给侧结构性改革、纵深推进行政管理体制改革、深入推进科技体制机制改革、深化招商体制机制改革、深化国企改革、深化财税体制改革、完善产城融合发展体制机制、健全开放型经济体制机制等多个重点改革领域，完成经济体制改革重点工作任务。（翁希浩）

【重大项目招引】 2018年，新吴区经发局坚持项目为王，按照市级下达的重大项目招引目标任务，结合新吴区实际，制定并下达全区重大项目目标任务，落实责任部门，明确项目招引任务。牵头梳理并建立全区在谈重大项目库，对于条件成熟的项目，督促项目招引单位加快签约、加快报批，促进项目落地。2018年，全区108个重点项目进展顺利，完成投资409亿元，超目标计划8.8个百分点。21个省市重点项目，完成投资311亿元，超额完成全年计划25.8个百分点，开（竣）工率和当年投资总额均位列全市第一。利用好重大项目服务动态管理平台，将所有项目一个不漏纳入项目库，实现重大项目签约、审批、建设、投产、达产全过程监控，稳固投资对经济增长的支撑作用。密切跟踪重点项目开（竣）工，协调解决项目推进中遇到的问题和困难，省市历次项目督查会、重大项目观摩推进会，均得到省市相关领导和部门的充分肯定。（胡　晨）

【经济转型升级】 2018年，新吴区强力推动经济转型升级，强化绿色集约发展，增强转型发展后劲。起草出台《无锡高新区（新吴区）促进土地高效利用工作意见》《无锡高新区（新吴区）工业企业资源利用绩效评价办法（试行）》《无锡高新区工业用地供应管理指导意见（试行）》《无锡高新区街道工业集中区提档升级高质量发展三年（2018—2020年）工作方案》等系列文件，对项目用地、产出贡献、资源利用、土地盘活等各个环节进行全方位监管服务，有效提高土地开发质量和产出效益。通过完善智能制造政策体系，全力推进智能制造项目，完善区域智能制造生态。2018年，新吴区智能制造产业链初现雏形，从系统方案集成商、智能装备供应商到智能制造需求方的全产业链已初步形成。截至2018年年末，建成智能车间46家，其中省级智能车间26家，创历年来新高，列全市第一。新吴区共有9家企业的10个类别入选江苏省工业互联网服务资源池（第一批），入围数占全市第一。申报省首台（套）重大技术装备及关键部件项目，认定8家，列全市第二。（刘家祺）

【高质量发展考核】 2018年，新吴区经发局牵头组织高质量发展年度考核，明确市县区综合考核区分管领导和责任部门，印发《无锡高新区（新吴区）2018年度街道（园区）高质量发展考核实施办法》。启动招商引资体制改革，编制《无锡高新区关于深化招商引资体制改革促进产业高质量发展的实施意见（试行）》《无锡高新区重大项目考核办法（试行）》，确保在市县区高质量考核中取得领跑的优异成绩。（杨翔博）

财政

【概况】 2018年，新吴区财政局围绕全区“四个走在前列”战略目标，坚持稳中求进工作总基调，自觉践行新发展理念，以供给侧结构性改革为主线，实施积极有效的财政政策，统筹做好稳增长、促改革、调结构、惠民生、优生态、防风险各项工作。全年完成一般公共财政预算收入198.6亿元，同比增长12.8%，一般公共预算收入增幅在苏南各开发区中保持第一，增幅位居全市第二，对全市财政收入贡献份额由上年的18.9%提升至19.6%。其中，税收收入完成185亿元，同比增长13.7%；税收占比93.1%，一般公共预算收入占GDP比重11.3%，亩均税收产出15.57万元/亩。一般公共预算收入占GDP比重、税收占比、亩均税收产出3项财税高质量发展指标均位居全市首位，为全区经济社会健康发展提供有力的财力支撑。（徐　彬）

【优化区对园街财政管理体制】 2017年，新吴区以下财政管理体制作较大幅度的调整，新的财政体制对调动园街发展经济、培育税源积极性，促进园街基本公共服务均等发挥重要作用。为进一步加大财力下倾力度，2018 年对现行财政管理体制作进一步优化，主要做法是将区本级近千户中小企业按属地原则下放园街，园街在可用财力增加的同时，腾笼换凤使资源空间进一步加大。（顾　晓）

【预算管理监督】 2018 年，新吴区预算管理体系不断深化，一般公共财政预算、政府性基金预算、国有资本经营预算等综合预算体系日益健全，合理保障财政支出重点领域和关键环节的财政支出，不断创新财政支持方式，综合资金来源形式，提高财政资金支出绩效。根据《关于人大预算审查监督重点向支出预算和政策拓展的指导意见》，人大预算审查监督重点将由是否实现收支平衡拓展到支出预算和政策上来，同时人大将逐步通过预算联网平台实现对国库资金的动态监督，不断提升预算管理的严肃性和科学性。

（顾　晓）

【专项资金管理】 2018 年，对全区政府专项资金目录进行全面梳理、整合，并出台《无锡市新吴区本级政府专项资金管理办法》，对管理部门职责分工、专项资金设立调整撤销、预算编制、预算执行、绩效管理、监督检查、信息公开等内容予以明确。（顾　晓）

【综合保税区增值税一般纳税人资格试点】 2018 年年初，国税总局、财政部、海关总署发布 2018 年第 5 号公告，决定扩大赋予海关特殊监管区域企业增值税一般纳税人资格试点，综保区在列。截至 2018 年年末，在财政局、综保区管理局、税务局、海关等部门的合力推动下，共有佳利达、SK 海力士、康奈可、液化空气 4 单位纳入试点，新增税费超 6 亿元。此外，捷普电子、英飞凌、村田、希捷等一批试点意向企业正在有序推进中。（顾　晓）

【建筑业协税护税】 2018 年，新吴区财政局继续配合税务局做好建筑项目的税收征缴及税源流失排查工作，引导建筑税收留在本地。一方面与各街道、国控公司会商，督促建设单位及时办理项目登记、施工单位及时办理施工登记，并确保凭税票支付工程款；另一方面将已办理项目登记、合同金额较大项目，与住建部门办理的施工许可证信息进行比对，查漏补缺，督促企业及时办理登记手续并预缴税款。（顾　晓）

【“两低企业”服务】 2018 年，新吴区财政局会同税务、招商部门对利润率和税负率长期低于行业平均水平的重点企业，做好企业服务工作，一方面查找原因帮助企业解决经营困难，另一方面结合管委会实施的“销售总部化”战略，与企业协商，提高属地销售比例，扩大企业销售收入及利润。对部分列入省税务系统反避税目录的重点企业，通过自行纳税调整、预约定价安排等方式，达到“增销售、增利润、增税收”目标，实现政府与企业的双赢。（顾　晓）

【服务重点产业】 2018 年，新吴区财政局围绕区高质量产业发展 3 年行动计划，主动研究新一代信息技术产业、高端装备制造业、新能源及新能源汽车产业、生命科技产业等重点产业，梳理行业发展现状和产业、财税政策，深度分析产业链各环节中的龙头企业发展状况和财务数据，形成行业数据库。着力解决财政人员只懂经济数据、不懂行业发展的短板问题，为项目招商引资和政策支持提供数据支撑和决策依据。找准服务招商引资的切入点和着力点，参与华虹、SK 海力士二工厂、慧海湾小镇、海尔物联网生态基地等重大项目商务谈判，对 33 个产业项目和 35 个科技项目进行投入产出平衡测算，为项目落地和政策支持提供数据支撑。配合开展用地提质增效工作，参与土地预评估项目 33 个，其中区本级项目 10 个、街道项目 23 个，涉及土地面积近 2000 亩，同时按照“双合同”管理要求，审核产出监管协议项目 14 个，涉及土地面积 1004 亩。

（李冠兰）

【科技企业“三期”认定】 2018 年，新吴区财政局开展科技企业“三期”认定工作，认定创新业务，对事务所项目人员进行认定业务考核测评，提高项目人员执业能力。制定《科技企业“三期”认定工作指引》，将认定工作流程规范化、底稿格式化，成立“三期”认定工作小组，指导、管理、复议和监督具体认定工作，通过动态平台实现集中申报、统一审核，严格把关“三期”认定质量。全年新认定企业378家，认定面积达31.63万平方米，根据企业所属阶段配置精准扶持资金4.5亿元。同时，以认定工作为抓手，摸查企业经营进展，反馈主管部门和招商部门挖掘发展潜力大、增速快、市场前景好的企业，跟进、深耕细作、重点扶持，助推企业更好更快发展。（李冠兰）

【企业“三争取”工作】 2018年，新吴区财政局加强与上级沟通联系，配合主管部门对上争取，做到“吃透政策争资金、优化项目争资金、团结协作争资金”三争取，强化为企业服务意识，帮助企业争取发展资金支持。2018年，全年申报上级专项60余批次，申报企业近千家，涉及支持工业和信息产业发展、物联网产业扶持、技术升级改造、科技成果转化等多个方面，累计获得上级资金8.58亿元，其中部省级资金2.6亿元、市级资金6亿元，惠及企业1030家，充分地发挥上级财政资金扶持区域经济创新发展的积极作用。（李冠兰）

【债务风险管控制度体系建设】 2018年，经交叉审计，新吴区全面摸清隐性债务底数，锁定隐性债务风险，并在财政部监管系统内进行同步填报。同时针对隐性债务底数，经区委、区政府审核同意，制定新吴区中长期隐性债务化解方案，严格落实压债计划，超额完成当年压债目标。为进一步规范新上政府项目资金来源，制定出台《新吴区城市建设创新发展基金实施方案》等制度文件。强化对政府性债务信息化系统提档升级，在市财政、市纪委各部门指导协调下，形成无锡市债务管理信息化建设方案，在报省纪委领导同意后，全面推进系统开发，争取全省推广。（朱文婷）

【财政保障民生】 2018年，新吴区财政部门加大民生领域财政投入。总投入超16亿元，兴办10大类53个民生实事项目顺利推进，全区教育、科学技术、文化体育、社会保障和就业、医疗卫生与计生、节能环保、城乡社区事务、交通运输、住房保障等各类城乡公共服务支出占一般公共预算支出比重达76%，民生投入占比逐年提升。不断强化民生保障力度，区本级财政统筹安排3亿元用于城镇居民医疗保险、养老保险、城乡低保、尊老金支出和促进就业创业专项支出；安排近1500万元用于残疾人教育就业及康复扶持支出；投入近800万元用于青少年活动中心日常运营；投入约1800万元用于两馆免费开放、街道文化站全年无休开放、图书馆、文化馆运营、博物馆委托运营和开展群众文化体育活动。区财政投入近2200万元用于防洪排涝水利支出，投入超1700万元用于地方粮食储备、生态补偿和租地绿化补助支出，投入近2000万元用于保障消防基本业务支出和消防车购置更新等。大力推进义务教育均衡发展，加快建立“以区为主”的义务教育管理体制，安排义务教育及高等教育支出约4.7亿元，并按照省义务教育现代化标准投入约1.7亿元专项资金用于春阳路小学、春星路小学、太科园配套小学等学校新建和改扩建。区财政用于固定资产投资方面的资金28.7亿元、轨道交通方面的资金5.22亿元、补贴公交运营方面的资金1.1亿元、城市维护方面的资金4.5亿元，全年实施项目120个，其中社会民生类项目36个。（许　龙）

【厉行节约】 2018年，修订下发《无锡高新区（新吴区）行政事业单位财务管理暂行办法》，转发执行《财政部、外交部关于调整因公临时出国住宿费标准等有关事项的通知》及《省委省政府关于公务接待和商务接待禁止饮酒相关事项的通知》等有关文件，确保各项财经制度严格执行到位，严控行政事业单位公用经费支出，特别是“三公”支出。2018年全区“三公”经费支出连续五年保持下降，确保中央、省、市和新吴区厉行节约各项制度规定贯彻落实到位。（许　龙）

国资

【概况】 2018年，新吴区属直管国有企业合并总资产649.25亿元，净资产259.24亿元，全面实现营业收入34.45亿元，净利润2.79亿元。根据区国资国企改革实施意见，完成新新人力、公交公司等企业股权调整，国有企业股权架构及管理架构进一步理顺，为企业下一步改革发展打好基础。制定出台《无锡高新区（新吴区）国有企业投资监督管理办法》《无锡高新区（新吴区）企业国有资产交易监督管理办法》《无锡高新区（新吴区）企业国有资产评估管理办法》，重新明确区投资决策委员会议事范围及议事规则，完成国资办监管责任清单，国资监管重点回归到战略定位、投资方向、投资计划管理和国有企业规范运行上来，将主业资产经营、竞争类项目投资等企业经营权放权至企业，推进国资管资本、企业管资产运营的落实。（张 蕊）

【区域产业服务支撑】 2018年，新吴区属国有企业围绕产业项目招引落户的实际诉求和产城融合发展的思路，整合优势资源，加快产业园区从单一的生产型园区经济向综合型城市经济转型。太科园慧海湾小镇规划工作顺利推进，小镇客厅对外展示。物联网小镇以物联网技术与区域旅游、教育、医疗、社区管理相结合为重点思路，策划示范应用项目，附有智慧示范应用设施的鸿山健康步道内环线率先建成使用；吴越水街等小镇形象工程加快实施，2.5万平方米科技载体建设有序推进。（张 蕊）

【国企金融助力企业发展】 2018年，新吴区属国企保持战略发展定力，根据企业成长阶段和生产经营周期，开展业务创新，创造宽松的金融投资环境，为驻区企业开辟与其配套的融资渠道，千方百计助力全区企业发展。创友担保针对科技型企业轻资产的特征，联合政、银、省再担保集团共同推出能灵活设置反担保措施的“新创贷”业务；针对处于供应链中上游的中小微供应商推出“订单融”，帮助企业加速资金周转，提升供应链整体竞争实力。区属三大国有企业共同组建的总规模50亿元的无锡高新区新动能产业发展基金正式运营，中电海康等一系列项目日应声落地；种子资金通过众创空间、创投大赛、主题沙龙等多形式活动为区内百余个初创期项目提供不同程度的资本服务；高新风投发挥区域品牌效应，投贷联动服务创新，搭建信息沟通平台，多对多服务初显成果。（张 蕊）

【国企自主创新】 2018年，新吴区属国有企业深耕主业，以市场化、专业化为导向，通过原始创新、集成创新和引进吸收再创新等多种途径，自主创新能力进一步增强。其中，智慧新吴主导的飞凤平台城市运营中心成功接入新吴区智慧城管、智慧环保、智慧排水等建设项目；飞凤联盟成员超30家，实现以行业协会、联盟为纽带，与全市众创空间、孵化基地建立起渠道合作；“飞凤数创”2018全球物联网数据创新大赛吸引全球600多支队伍1000余名选手报名参赛，形成10个奖项的数据报告成果。高新水务占地面积88.29亩、总投资8.1亿元的新城二厂17万吨/日再提标工程和10万吨/日扩建工程开工，设计出水水质为当前国内同类城镇污水处理厂最优质的准三类地表水质，实现全国首例。（张 蕊）

【国企给力民生】 2018年，新吴区用新人力应对区域结构性用工短缺的矛盾，坚持诚信规范专业服务，顺应“互联网+”人力资本服务的发展，利用新上线的新世纪人才网、微信移动端和新新人力资源市场打造线上线下融合的三位一体区域人力资源主渠道平台，注册企业用户和个人用户分别超2万户和60万户，为高新区“四个走在全市前列”提供更为坚实的才智保障，也为全社区的诚信体系建设发挥推进作用。星洲股份响应精准扶贫号召，与宜川县建立结对帮扶关系，充分发挥业务优势，投资建设规模141千瓦峰值的屋顶光伏扶贫电站，正式并网发电后，每年净收益可达10万元，助力35户家庭实现脱贫。

（张 蕊）

金融

【概况】 2018年，新吴区有银行类金融机构26家、融资担保公司1家、融资租赁公司3家、保理公司1家、股权投资基金达86家、证券营业部4家，其中，新增7家创投机构、1家证券营业部、1家融资租赁公司。辖区银行业本外币存款余额突破1400亿元大关，达1451.27亿元，同比净增147.95亿元、增幅11.35%；银行业金融机构本外币贷款余额为824.06亿元，同比净增105.69亿元、增幅14.71%，新增贷款增幅全市

第一；不良贷款5.4亿元，不良贷款率0.66%，不良贷款率全市最低；新吴区获2018年度无锡市金融环境奖。（何琳玲）

【金融机构支持实体经济】 2018年，联合驻区金融机构实地走访企业100多家，对接58笔企业融资需求，金额5.96亿元；引导科技型企业组建新型银团20家，授信金额3.82亿元；支持201家科技企业获得信用贷款超6亿元；探索推进物联网金融业务，为100多家企业提供贷款近20亿元；帮助航亚科技、佳利达等企业获得市场化投资6.05亿元；联合功能园区、街道组织召开不同主题的政银企业对接活动5场，重点围绕企业融资需求、资本市场热点等展开，对接企业超过200家。（何琳玲）

【化解金融风险】 2018年，按照省、市、区处理非法集资（处非）工作要求，发布专项行动实施方案、制定领导小组工作机制，对违法违规金融活动保持的高压态势。先后出台《新吴区持续打好防范和处置非法集资等非法金融活动风险攻坚战专项行动实施方案（2018—2020年）》等文件；落实会商机制，严把金融准入，会商企业102家，其中新设登记投融资企业20家，存量投融资企业变更登记82家；联合政法委、公安分局、市场监管局梳理下发关注企业名单近600家，并于9月末录入江苏省非法金融活动监测预警系统83家企业；联合市场监管局、公安分局约谈优泓咨询负责人并根据实际发现问题移交公安处置，采取相应措施促使无锡银河文化迁出新吴区，并与公安等部门保持联系处置德信众创等风险企业，处置各类涉非举报投诉超过10起；联合各街道、社区开展形式多样的防范非法集资宣传活动，发放宣传资料3000余份。（何琳玲）

【上市挂牌工作】 2018年，金城幕墙在纳斯达克主板通过美国证券委员会审核，股票代码WALL，首期募集资金1500万美元，新吴区时隔11年又一家企业登陆美国主板上市，也是新吴区第6家境外上市企业，至此全区主板上市公司突破20家。证监局辅导企业3家；新增新三板挂牌企业4家，累计77家；新增江苏股交所挂牌企业56家，累计138家。签约后备企业11家，初步排定20家重点关注主板后备企业，其中，证监局辅导企业3家，报会后终止审核企业3家。同时，推动创达新材等重点新三板挂牌企业向主板靠拢。（徐　彬）

【上市公司评选】 9月12日，2017年度无锡市上市公司评优发布会召开，对全市30家A股，香港上市公司的获奖结果进行发布，在十大奖项中新吴区小天鹅、威孚高科、先导智能、朗新科技、隆盛科技、亚太科技、华光股份7家公司累积获得20余个分奖项，获奖数全市第一。2017年度优秀A股上市公司中小天鹅斩获最佳上市公司、市值规模、盈利能力、税收贡献、投资者回报、科技创新、信息披露7个奖项；先导智能斩获最佳上市公司、市值规模、盈利能力、科技创新、资本经营5个奖项；威孚高科斩获最佳上市公司、盈利能力、税收贡献、投资者回报4个奖项；朗新科技和隆盛科技斩获科技创新奖，亚太科技斩获信息披露奖，华光股份斩获资本经营奖。在最重要的奖项中：综合奖最佳上市公司奖评选中，新吴区小天鹅、威孚高科、先导智能等5家企业上榜，入选占比全市第一。（何琳铃）

【协调解决企业上市问题】 2018年，联合中介服务机构重点走访对接200多家企业，帮助企业解决相关问题50多项。重点协调解决金城幕墙涉诉事宜，帮助威峰科技、中感微、奥特维等在会、在辅导企业按时开具各类守法证明，帮助祥生医疗科技做好募投项目的土地置换，推荐中感微科技纳入工信部重点支持上市企业后备名录，推动外资企业宏仁电子、强茂电子、光群镭射、思柏精密等与券商中介机构对接，完善架构设置，明确上市计划，协调和烁丰税务、朗贤科技土地、天云数据投资机构、德科立和三联生物消防、林泰克斯安监等事宜。（徐　彬）

税务

【概况】 2018年，国税地税征管体制改革，合并组建高新区税务局。全年征收各项收入481.59亿元，同比增长11.4%。其中，税收收入363.66亿元，同比增长13.02%，社保费及非税收入

117.93亿元，同比增长6.6%（社保费107.61亿元）。完成一般公共预算收入185.13亿元，增幅13.7%；税收占新吴区一般公共预算达93.1%，居全市第一；一般公共预算收入占新吴区GDP比重的11.3%，居全市第一。提升企业所得税汇缴准确度，补税净入库23.38亿元，同比增长42.39%。年度所得12万元以上自行申报人数近3.9万人，申报总人数位居全市第一；全年个人所得税入库32.5亿元，总量位居全市第一。

（童晓文）

【组建高新区税务局】 9月21日，省税务局正式批复无锡市县级税务局的“三定”暂行规定，批准成立高新区税务局党委，接受地方党委和上级税务局双重领导。国家税务总局无锡国家高新技术产业开发区（无锡市新吴区）税务局于9月30号正式挂牌，10月25日，举行内设机构与人员的“三定”宣布仪式，完成科长任命和一般干部的调配安排，10月29日，实现同址办公，人员全部到位，高新区税务局正式以全新的机构对外履行职能。局内设立14个内设机构，其中法制科、征管科、纳税服务科等业务职能科室负责主要税收业务工作统筹管理。5个税源管理科按街道实施属地基础上的税源专业化管理，负责辖区内纳税人（缴费人）的基础税（费）源管理和低中等风险应对工作；1个税源管理科，承担大企业和国际税收的集中化、专业化管理。其余设办公室，党建、纪检、信息中心等职能科室负责相关工作。高新区税务局正式成为除稽查职能以外的全职能税务局，负责全区范围内有税务登记3.1万户企业和1.5万户个体工商户的税收、社会保险费和有关非税收入的征收管理和税收服务工作。

（童晓文）

【涉外税收】 2018年，新吴区税务局创新开展涉外税收工作，在风险应对、日常管理中关注对外支付大金额疑点，应对企业可能存在的税基侵蚀和利润转移风险。以税收日常管理为载体，搭建以总局立案调查为主与企业自行调整申报为辅相结合的转让定价调查调整框架，2018年反避税成效达2.22亿元。加强非居民管理和对外支付备案事项的事中事后管理，防范涉外税收风险，2018年非居民所得税9.51亿元，增值税2.67亿元，非居民税收占全市的44%。帮助4家大型企业加入特殊监管区域企业增值税一般纳税人资格试点，增加调库资源5.63亿元，取得全省第二批5个试点地区中最突出的改革成果。

（童晓文）

【税收管理改革】 2018年，减税降费政策落地落实，作为全年税收工作的重中之重，实行“一把手”负总责、分管领导直接负责、相关部门各负其责的责任制，在绩效管理中专列单项进行考核，并作为督查、纪检监察的重要内容督促落实。开展线上线下相结合的政策宣讲辅导，让纳税人了解政策适用的条件、范围、减免流程等，做到应知尽知、应享尽享。个人所得税改革平稳有序，先后参加总局、省局和市局组织的20余次个税改革工作推进、专项调度、专题研讨和视频培训等会议，并将会议精神落实到位。对6000余户重点扣缴义务人实行“点对点”政策辅导，实现“三个100%”全覆盖。开展自然人身份数据清理，通过率超99.7%。手机APP下载实名注册达到16.66万人，采集专项附加扣除信息人数达12.11万人，采集量位居全市第三。推进金税三期系统并库，做好管户清理、初始化参数设置、数据清理、小双轨测试等工作，实现“两库并一库、两户并一户、两套并一套”，实现初始化数据、管户对照和数据迁移“三个到位”，实现新旧系统操作顺利衔接以及金三与个税、社保系统顺利衔接。社保费和非税收入职责划转扎实推进，依靠政府主导的统筹机制，强化与财政、人社等部门协作，创新缴费便利化措施，坚决守住“总体上不增加企业负担”的底线，确保“既接得住、接得稳，更征得好、服务优”，划转过渡平稳有序。

（童晓文）

【税收优惠政策】 2018年，新吴区税务局为企业办理税收减免45亿元，出口退税144.51亿元，其中落实新政减税11.9亿元。研发费加计扣除金额21.58亿元，位全市第一。其中，科技型中小企业认定户数419户，享受优惠户数389户，享受优惠金额6.61亿元，优惠面达92.8%，超过全市平均值。享受高新技术企业优惠的有163

户，涉及减免税额 13.93 亿元；享受软件企业优惠的有 30 户，涉及减免税额 5673.59 万元。2018 年落实 13910 户企业享受增值税优惠政策，其中享受软件产品等即征即退政策有 630 户，共计退税 1.3 亿元；享受小微 13144 户，减免销售额近 5000 万元；享受增值税留抵退税 198 户，退税额 6.68 亿元。（童晓文）

“减税降费”在行动受到市民欢迎

【提升纳税服务能力】 2018 年，新吴区税务局坚持“机构改革、服务先行”，推进线上办税，推出一次申请、一窗通办、一键咨询、一网办理、一事不二罚“五个一”服务。推进“最多跑一次”服务承诺，一次性告知纳税人业务办理所需资料；推进容缺管理，实行承诺办税。110 项税收业务实现“全程网上办”，不见面业务量占涉税业务 90%以上，线上办税率各项指标在全市名列前茅。深化“放管服”改革，向企业提供政策清单化服务，深入了解企业在合并、分立、划转、上市公司收购、股权重组、投资等各个环节上的涉税需求，构建分类化宣导体系，因企施策，使服务更具指向性和有效性。设立专门的 3550 小组，专业应对各类登记问题，推进新办纳税人套餐。在优化注销工作推进中，高新区设立注销专窗，在全市率先实现优化注销办结。取消所得税优惠备案，全面改为优惠自行申报、资料留存备查制度。宣传各项减税降费政策，确保纳税人第一时间知晓，应享尽享各类优惠政策。区税务局获得新吴区政府授予的“2018 年度服务地方发展优胜单位”荣誉。（童晓文）

【法治税务】 2018 年，新吴区税务局将法治税务建设与绩效考核、地方政府依法行政考核有机整合，形成统一的考核评价机制。加强对区局风险管理任务的计划统筹，构建税收风险状况预分析平台、优化完善自主推送风险指标体系，全年风险应对成效 3.86 亿元。巩固完善以“源头实名采集、事中以票控险、事后快速查处以及中介黑名单制、税收联合惩戒”为核心的防范打击虚开骗税监管体系，始终保持打击虚开增值税发票的高压态势，2018 年处理接受失控发票 1798 份，同比下降 78%。推行说理式文书，借鉴证据采集规则，进一步规范行政处罚相关文书及归档案卷资料。规范税收执法行为，提升应对精细化程度，重点规范纳税辅导和到户调查，做到“无需求不打扰”。组建“政策税援团”，依托网站、纳税人学堂、微信公众号、专项培训辅导等，打造线上线下立体宣传辅导平台，累计培训人次超过 2 万人次，发放税收知识相关材料 3 万余份。

（童晓文）

统计

【概况】 2018 年，新吴区出台全区《深化统计管理体制改革提高统计数据真实性的实施方案》，推进全区统计管理体制改革相关工作，各街道和相关开发区及园区健全明确承担统计工作职责机构，各专业统计职能得到完善和提高，统计数据质量进一步提高。2018 年，无锡新吴区（高新区）统计职能，由新吴区经济发展局下属综合抽样调查队履行，并由经济运行科、综合统计 2 个科室具体负责。新吴区统计部门以委托街道管理的方式明确高新区本级及原太科园所辖区域的统计工作管理机构，解决多年以来区本级无独立统计机构的问题，首次真正实现区—街道（园区）—企业三级统计管理体系，形成责任明确、分工合作、高效通畅的工作机制，从科学发展的角度补齐短板，形成合力，为全区更好开展各项统计工作提供体制机制保障。（徐伟恩　孙士怡）

【管理体制改革】 在国家深改组于 2016 年 10 月审议通过《关于深化统计管理体制改革提高统计数据真实性的意见》，并在省、市陆续出台实施方案和实施意见后，新吴区统计部门于2018年7月牵头出台全区《深化统计管理体制改革提高统计数据真实性的实施方案》。在方案出台前，多次对接区组织、编制、纪检、财政、科技等部门，并向区委、区政府主要领导做好汇报沟通工作，前后历时5个多月。方案从完善组织领导、责任问责、机构队伍、法治惩戒、部门管理和业务建设体系六个方面对推进统计管理体制改革相关工作进行明确，成为指导全区统计改革工作的一个重要文件。（徐伟恩）

【首聘兼职统计协管员】 为加强全区统计对象相对集中的社区、工业集中区和综合市场等地的统计工作力量，发挥统计基层人员的工作积极性，2018年，新吴区统计部门创新统计工作用人机制，在全区首聘140名兼职统计协管员，主要承担所辖区域内的各项统计调查任务并配合做好大型普查、专项统计调查等工作。全区统计协管员逐步成为全区基层统计的中坚力量，尤其在第四次全国经济普查中，全体协管员作为统计骨干发挥重要作用。（徐伟恩）

【申报试点项目】 2018年，新吴区统计部门为拓展“三新”（新产业、新业态、新商业模式）统计调查领域，配合省市统计部门“三新”统计改革和探索，在全区开展“众创空间产业统计监测研究”，被省统计局列入“新兴经济统计改革地方试点项目”。申报成功后，按照试点方案要求，相继完成企业排查、报表设计、调查摸底、数据汇总等大量工作。通过此次试点，一方面对全区众创行业的发展现状有全面了解，另一方面对如何改革现有统计方法制度做好新经济统计工作有更好的认识。（徐伟恩）

【制度建设】 2018年，新吴区统计部门陆续出台《关于印发2018年全区统计工作要点的通知》《关于印发2018年新吴区统计法治工作要点的通知》《关于印发2018年新吴区统计宣传工作要点的通知》《关于印发2018年新吴区统计基础建设工作要点的通知》《关于印发2018年新吴区统计行政指导工作计划的通知》等文件。通过制度建设提高统计工作管理水平，使全年各项重点工作有的放矢、目标明确、计划得当，工作实效提高。（徐伟恩）

【基础管理】 2018年，新吴区统计部门在省、市统计部门的指导下，进一步加强基层基础建设、提高基层统计水平。所属硕放街道获得省统计“百佳”单位，奕淳社区等7个村（社区）获得省统计“千佳”单位等称号，全区通过省级统计规范化建设的村（社区）比例超过35%，进一步加强基层统计基础。同时，结合第四次经济普查清查摸底，做好“四上企业”（规模以上工业企业、资质等级建筑业企业、限额以上批零住餐企业、限额以上服务业企业）新增工作。通过召开专题会议、加强业务指导等各种有效途径，全面排查准四上单位。在核查中，着重转变原来各板块“重工业、轻第三产业”“重传统产业，轻新兴产业”的观念，强化限额以上批零住餐及规模以上服务业等第三产业、文化及高新技术产业等企业的核查工作。全年，共新增四上单位340家，为各项经济数据能真实反映全区产业转型、科技创新、文化产业等发展情况奠定更扎实的企业基础。（徐伟恩）

【依法行政】 2018年，新吴区统计部门创新行政指导工作方式，在全年完成全区55家单位行政指导的基础上，区局联合市局首次开展异地行政指导工作。针对区部分外资企业统计报表由企业所属总部负责报送，且大部分企业总部属地在外地的情况，联合市统计局工业处、法规处专程赴上海对阿斯利康制药有限公司和通用电气水处理技术（无锡）有限公司进行行政指导，这是全市及全区首次赴异地开展相关工作，为提高此类企业数据质量提供有效经验。开展统计执法“双随机”检查。根据《江苏统计局统计执法“双随机”抽查办法（试行）》《无锡市统计执法监督检查制度》，通过“江苏省统计依法行政管理系统”随机抽取江溪街道10家企业进行2018年度全区统计执法“双随机”检查，对企业存在的问题进行全面指导并督促企业做好相关整改，帮助企业更好地履行各项统计规章制度。主动接受上级统计数据质量检查。10月，省统计局投资处对旺庄街道10个项目进行数据质量检查。经检查，省局对新吴区投资数据质量给予充分肯定，认为新吴区投资数据“总体质量较好、数据真实性有较高保障”。认真开展专项整治。6月中旬，组织全局人员以及科信局、综保区管理局、星洲股份、各街道统计办等相关单位和人员收看市统计局召开的视频会议，并在会后全面开展全省统计系统“代填代报、违规入库、违规文件等专项整治工作”，并将此项工作作为全区防范统计造假弄虚作假的抓手之一。（徐伟恩）

【统计法治宣传培训】 2018年，新吴区统计部门利用季度例会、半年度培训会议等各种机会，继续对全局及所辖板块所有统计人员做好《关于深化统计管理体制改革提高统计数据真实性的意见》及《统计违纪违法责任人处分处理建议办法》的学习，尤其对2018年颁布的《关于印发防范和惩治统计造假弄虚作假督查工作规定的通知》《关于统计机构负责人和统计人员防范和惩治统计造假弄虚作假责任制规定（试行）》及《关于建立领导干部违规干预统计工作记录制度的办法》进行深入的学习，提出贯彻落实的相关要求，要求全区统计机构所有统计人员切实履行统计工作职责，做到依规依法统计。在全区营造“阳光”统计的氛围。对国家及省市出台的统计政策和相关规定，尤其是统计法治方面的规定和文件，及时在区政务网进行转发，做好相关政策规章的宣传工作。12月4日，结合“12·4”国家宪法日和“12·8”统计法宣传日活动，参加新吴区组织的大型法治宣传广场咨询活动。在活动中，结合第四次全国经济普查工作，发放《中华人民共和国统计法》及《实施条例》等法律法规宣传手册和第四次经济普查宣传资料等300余份，并在现场接受群众咨询。（徐伟恩）

【提高投资数据质量】 2018年，新吴区统计部门面对国家投资方法制度变化，投资专业直面压力和挑战，应对各种复杂情况和变化，投资数据质量稳步提高。基数调整是投资专业的重点难点工作，投资专业根据上级统计部门的调整额度，做好行业代码比对、投资结构分析、园区街道及企业的说明解释工作，为稳步提高投资数据质量奠定扎实基础。通过与发改条线的对接和沟通，及时了解项目进展，对满足入库条件的项目，做到应统尽统。全年，共入库5000万元以上重大项目154个，重大项目投资额占比达到71%，比2017年高30个百分点，比2016年高50个百分点。针对投资方法制度变化及重大项目占比明显提升的情况，组织多场街道园区和企业的投资专业培训会议，从源头提高数据质量。每月开网后，随报随审，密切跟踪数据上报情况，并每日形成专报报局领导及区政府。同时，对照重大项目年初预排进度，定期做好进展跟踪，对未达到序时进度要求的项目，做好进度预警。此外，新吴区全区各项农业数据已基本能做到数出有据、有源可查，各项数据的稳定性得到大幅度提升，数据质量明显提高。（徐伟恩）

【规范统计数据口径】 2018年，新吴区统计部门坚决贯彻上级部署，进一步对集团捆绑上报现象进行清理和规范，严格按照统计方法制度，利用经济普查解决“四上”单位捆绑上报的问题。通过多次与企业沟通协调，区内最后两家未解绑的规模以上工业企业：无锡华润微电子有限公司和无锡华光锅炉股份有限公司，在年内完成集团解绑工作。解绑后，符合转“四上”要求的，利用年度新增单位的机会，进行新增入库，对应该变更专业的，进行专业变更，基本实现企业和数据的平稳过度，规范统计数据口径。（徐伟恩）

【第四次经济普查】 2018年，新吴区统计部门高度重视机构、人员、经费“三落实”工作，确保各项前期准备尽早到位。8月1日，区政府下发《关于做好新吴区第四次全国经济普查工作的通知》，成立以25个部门为成员单位的新吴区第四次全国经济普查领导小组，标志着全区第四次全国经济普查全面启动。8月8日，区经济普查领导小组办公室正式组建，具体负责经济普查的日常组织和协调工作，人员以区统计局为主，同时从工商、税务、无锡科技职业学院等单位抽调业务骨干。8月21日，印发《关于做好新吴区第四次全国经济普查指导员和普查员选调工作的通知》。9月12日前完成全区822名“两员”选调工作，其中指导员208名，普查员614名。2018年，全区共安排经济普查专项经费538万元，其中区本级125万元。同时，全区各普查机构及时做好普查员手册、普查告知书、普查员证件、清查表等物资发放工作，确保各项准备及时到位，保证清查入户工作按时开展。（徐伟恩）

审计

【概况】 2018年，新吴区审计局围绕改革发展大局，加强审计监督、强化自身建设，主动适应新常态，加快推动审计转型升级。全年，完成财务审计项目25项，共查出不规范金额36.69亿元，发现各类问题106个，提出意见和建议41条，向新吴区纪委移送线索3件；开展投资审计526项，累计核减工程款7.67亿元。（肖 霞）

【预算执行审计】 2018年，新吴区审计局完成2017年度本级财政预算执行情况审计、3个部门预算执行审计、科技创新基金专项审计调查，发现三大类共14个问题，提出审计意见建议3条，推动财税管理不断完善，提高财政资金使用绩效。先后向区政府常委会、区人大常委会报告同级审计报告情况，审计工作受到区领导的充分肯定。（肖 霞）

【经济责任审计】 2018年，新吴区审计局贯彻党管干部原则，推进“三责联审”“党政同审”，共审计领导干部15名，涉及2个街道党政主要领导6人、2个机关部门主要负责人2人、7家区属国资公司负责人7人。查出各类问题63个，提出审计意见、建议24条，在强化权力运行监督、推进依法行政、促进廉政建设等方面发挥积极作用。（肖 霞）

【农村“三资”审计】 2018年，新吴区审计局根据市审计局的统一部署要求，对旺庄、鸿山街道35个村级“三资”（资金、资产、资源）管理情况进行审计，发现村级资产管理、财务收支和管理、集体债权管理、对外投资管理、工程管理方面及相关制度执行情况六大方面21个问题，提出意见和建议6条，向纪委移送案件线索3件。（肖 霞）

【政府固定资产投资审计】 2018年，新吴区审计局共开展政府投资审计526项，项目总金额为86.43亿元，累计核减各类不合理款项7.67亿元。其中单项工程结算审计项目367项，送审金额42.11亿元，审定金额34.62亿元，核减金额7.49亿元，平均核减率为17.79%；项目竣工决算审计27项，项目金额7.27亿元；完成非住宅拆迁评估复核51项，涉及拆迁评估金额3.09亿元，评估核减0.18亿元；同时还对81个新开工重点建设项目实施跟踪审计，涉及工程投资41.46亿元。（肖 霞）

【财务收支审计】 2018年，对公安局、检察院、法院3家独立核算单位2016年、2017年的财政收支情况进行审计，对新发集团、吴博园公司、太科园公司、星洲股份、城投公司5家区属国资公司2016年度财务收支情况进行审计。查出各类问题39个，提出意见和建议16条。（肖 霞）

【规范社会力量参与政府投资审计行为】 2018年，新吴区审计局在全面复审的基础上，引入第三方复核机制，对重点关注、特殊专业等项目通过公开抽签的方式随机确定复核单位，对初审机构出具的咨询报告进行质量复查审核。2018年初，区审计局与社会中介机构签订2018年度廉政建设责任状，从12个方面规范协审行为。2018年，共对15个政府投资建设项目实施第三方复核，初审审定金额9.40亿元，第三方审定金额9.29亿元，复核核减金额0.11亿元，审减率为1.17%。根据复核结果，区审计局严格按照《无锡新吴区政府性投资项目委托社会中介机构审计质量考核办法》对中介机构进行质量考核，实行动态管理，对年度考核为优秀的机构予以表彰，对考核较差的机构取消其下年度入选资源库名录的资格。（肖 霞）

【审计整改】 2018年，新吴区政府常务会议讨论通过《关于加强审计整改工作意见》《关于新吴区审计发现问题整改销号的实施意见》，从制度建设入手，强化审计整改工作。政府主要领导专题听取审计局关于2017年度审计发现问题及整改情况汇报，召开区政府常务会议专题研究审计整改工作。对同级审计报告批示整改意见，扎实推进整改落实。落实整改销号跟踪机制。对审计报告反映的119个问题进行分类梳理，明确责任单位和整改时限、目标和结果。采取向被审计单位送达审计“发现问题整改持续跟踪督查单”、实地检查或审阅相关书面资料等方式，核实被审计单位的整改情况。全年共整改销号 91 个问题。通过上缴国库、补征税款、收回借款、归还原渠道资金、调整账户等手段整改问题金额 16.77 亿元，出台或完善相关制度 16 项。（肖　霞）

【审计移送问题线索处理情况】 2018 年，新吴区审计局严格贯彻落实省纪委、省审计厅《关于纪检检察机关与审计机关进一步加强协作配合的意见》，密切与区纪检监察机构工作沟通和协调，主动到相关单位跟进了解线索处置情况。区审计局向区纪委移送的 2017 年的问题线索中，已立案 2 件，其中给予党内警告处分 2 人，诫勉谈话 1 人，收缴小金库 1 个。同时对 2018 年移送的 3 件问题线索也在实时跟进中。（肖　霞）

土地资源管理

【概况】 2018 年，新吴区国土分局在区委、区政府和市局的正确领导和关心支持下，应对国土部门职能调整形势和深化改革任务，主动围绕新吴区“四个走在前列”发展定位和高质量发展要求，坚持“规划+集约”路径，全力服务地方发展；坚持“监管+激励”举措，严格保护国土资源；坚持“改革+创新”理念，切实服务社会民生；坚持“智慧+精细”目标，夯实国土资源基础；坚持“突破+提升”思路，全面加强队伍建设，努力争当服务发展的“实干家”、保护资源的“守护神”、服务群众的“贴心人”，为新吴区构建高质量发展新格局提供强有力的资源支撑。（王　铮）

【保障重大项目用地】 2018 年，新吴区国土分局围绕区委、区政府“三个新高地”的发展定位以及“产业强区主导战略”，以低于省级占补竞买平台的价格，与徐州丰县、睢宁县签订 2800 亩占补平衡指标协议，为新吴区节省近 2 亿元的财政资金，保障慧海湾小镇、中电海康、SK 海力士 M8、博世等重大产业项目和吴博园、鸿山新城镇路网等基础设施项目用地，并为未来 1~2 年预留项目建设占用耕地补充指标。建立新增资源台账，绘制全区新增资源分布图，严控增量资源的使用条件，建立全区层面的统筹机制，把有限指标用在“刀刃”上。全年共计上报建设用地总面积 2905 亩，其中新增建设用地面积 2251 亩；累计供地 159 宗，总面积 6394.36 亩，出让金总额 44.12 亿元；22 个市重点项目，20 个保障到位；108 个区重点项目，完成供地 103 个。（王　铮）

【节约集约用地】 2018 年，新吴区国土分局通过对长期低效地块收储前期开发，保障占地面积 700 亩，总投资达 100 亿美元的华虹项目用地，新吴区节约集约用地经验先后被《无锡日报》、人民网、中新网等媒体报道；新吴区被评为“2017 年度省高标准厂房与使用先进地区”和“2017 年度省国土资源节约集约利用模范县（市、区）”，获奖励新增建设用地面积计划 500 亩；《国家级开发区土地集约利用评价情况通报（2017 年度）》显示，无锡高新区综合保税区在国家级开发区中位列全国第一；2018 年 11 月，自然资源部发布《关于城镇低效用地再开发工作推进情况的通报》，新吴区宝通科技入选全国 12 个城镇低效用地再开发典型案例。（王　铮）

【“1050 工程”建设】 2018 年，新吴区国土分局系统按照“54321，我要争第一”的工作路径与工作目标，在市局下达 80%目标任务上，形成“1050 工程”（10 大方面、50 条具体细则）标准化建设 30 份清单，打造 6 个国土所建设品牌，编制 5 套手册资料，实行“一所两部”组织架构改革试点和基层所档案实行集中化、专业化管理。全面建成环境整洁、功能齐全、管理规范、运转顺畅的基层国土服务环境，取得党建引领作用进一步彰显、干部队伍活力进一步增强、内部管理水平进一步提升、民生服务品牌进一步亮化、改革创新动能进一步激活、国土工作实绩进一步突显的“六个进一步”工作成效。（王　铮）

【科技创新】 2018 年，新吴区国土分局以相关服务平台和慧眼守土建设成果为基础，开发“国土资源视频智慧监管平台”，通过引入 AI 智能分析模块，初步实现对重点地块的全天候无人值守，全面提升土地执法监管水平和效能，该科技项目获省厅验收专家组一致好评，将申报自然资源部科学技术奖；同时，还研发党建工作信息化管理系统和“地块招商”推介系统，上线“新吴区征地管理系统”，开发“新吴移动执法平台”。（王　铮）

【改革不动产权登记流程】 2018年，新吴区国土分局通过增设三联办窗口、分点受理、集中审核、异地领证等举措，实现不动产登记非涉税业务全区通办。商品房首次登记纳入5个工作日办结范畴，存量房转移登记业务由24小时内登簿提速到当日办结，实现当日办结率100%。持续压缩办结时间，立等可取业务种类增至18项，结合证书邮寄服务，全面实现全业务“只跑一次”目标。“不动产交易登记”窗口社会认可度和群众满意度也持续提高，新吴区被评为江苏省2017年简政放权创业创新环境评价先进地区，新吴区国土分局被区政府评为服务地方先进单位。（王　铮）

市场监督管理

【概况】 2018年，新吴区市场监督管理局围绕新吴区委、区政府提出的“四个走在前列”的总体目标，以推动经济社会高质量发展为导向，以推进供给侧结构性改革为主线，全局上下齐心协力，干部职工履职尽责，全面完成市场监督管理各项工作，为建设“强富美高”新吴区作出积极贡献。研究制定《新吴区创建江苏省食品安全示范区实施方案》及《新吴区〈食品安全城市创建考评指标（2016版）〉对照分解表》，细化区分任务，压实创建责任，夯实食品药品安全基础，争创省级食品安全示范区。根据无锡市盐业监管体制改革要求，9月1日，区食盐质量安全监管职能划入新吴区市场监督管理局。（黄敢伟）

【规范食品药品经营许可行为】 2018年，新吴区市场监管局把好市场准入关口，认真开展食品经营许可合规性督查，对是否存在擅自增减许可条件、许可过程是否符合法定程序、许可文书档案和现场核查是否规范等内容进行督查，对食品生产企业许可审查过程进行监督，做好企业后期整改核实，促进食品经营许可规范化、制度化。做好药品医疗器械经营许可。与市行政审批局快速对接，对新开药店、变更药店、医疗器械经营企业进行现场检查，同时配合市食药局对医疗器械生产企业进行体系核查。（黄敢伟）

【食品药品监管】 2018年，新吴区市场监管局加大食品生产、食品流通、餐饮服务等环节的日常监管力度，先后组织检查食品生产经营企业1778家次，下发责令整改通知书30份，督促企业整改问题62个。以基药、特药、高风险类药品为重点，推进药械企业常态化监管。实施药品零售企业远程在线监管，共检查125家次，远程监管在线率由原来的46.5%提高至81.2%；将31家医疗器械生产企业划分四个级别，实施分级分类监管，其中对12家尚未达到器械GMP规范的企业开展重点监管；应对长春狂犬疫苗突发事件，对省、市专项排查中提出的14项一般不合格项，全部按要求整改到位；加大对过期疫苗的销毁处理力度。（黄敢伟）

【食品药品抽验检测】 2018年，新吴区市场监管局周密制定食品药品抽检监测方案，以技术手段保障食品药品质量安全。2018年，共开展区级抽检2130批次，合格率98.1%；开展区级食品安全快速检测3943批次，合格率99.9%；监督指导大型超市食品快速检测1.77万批次，合格率99.9%；完成药品国家抽验8批次，监督抽验任务补充抽验30批次，省级抽验100批次，委托送检21批次。完成医疗器械国家级抽检10批次，省级监督抽检3批次。推进食品安全责任保险。2018年，以农村聚餐为重点，开展食品安全责任保险试点。研究制定《新吴区农村集体聚餐食品安全管理办法》，明确对农村集体聚餐举办者、承办者、民间厨师的责任及管理要求，细化行政部门的管理职责，全面实施食品安全责任保险。（黄敢伟）

【建立食品电子追溯系统】 2018年，新吴区市场监管局鼓励并指导食品生产加工企业建立食品电子追溯体系，让食品从农田到餐桌留下电子脚印，实现“来源可追溯、去向可追查、责任可追究”。2018年，新吴区共有8家食品生产经营单位建立食品安全电子追溯系统，生产环节完成食用植物油生产企业电子追溯全覆盖，肉制品、包装饮用水生产企业达到按比例覆盖的要求。

（黄敢伟）

【实施质量奖励制度】 2018 年，创设“区长质量奖”，实施质量奖励制度。研究制定《关于加快推进质量强区工作的政策意见》及《无锡市新吴区区长质量奖评定管理办法》等重要文件，在全市五区中首先创设“区长质量奖”，组织指导企业申报“区长质量奖”“市长质量奖”，鼓励企业实施卓越绩效等先进的质量管理方法。2018 年，新吴区无锡先导智能装备股份有限公司荣获“区长质量奖”“市长质量奖”；英飞凌科技（无锡）有限公司、无锡华光锅炉股份有限公司荣获“新吴区质量管理优秀奖”，同时荣获“市质量管理优秀奖”，实现申报数量及企业类型的双突破。

（黄敢伟）

【品牌建设】 2018 年，新吴区市场监管局完善商标品牌培育计划，加大对新兴产业和重点企业的品牌建设和商标培育力度，鼓励支持企业注册“三名”（中国驰名商标、江苏省著名商标、无锡市知名商标）商标，争创名牌产品，提升企业核心竞争力，助推企业从产品竞争、价格竞争向质量竞争、品牌竞争转变。开展以“三走三路”为基本内容的“商标品牌心连心”活动，即“走进制造业，共谋发展路”“走进企业家，共创品牌路”“走进新农村，共商致富路”。2018 年，申报市名牌产品企业 36 家，申报省名牌产品 12 家，申报江苏“双百品牌”7 家。（黄敢伟）

【信用等级评价】 2018 年，新吴区市场监督管理局把质量信用建设作为质量强区的基础工作抓紧抓实，动员重点企业参与质量信用等级评价，先后组织 30 多家企业参与省工业企业质量信用等级评价申报，其中 7 家企业正式进行申报。尚德太阳能、小天鹅 2 家企业申报 AAA 级，宝通科技、亚太科技等 5 家企业申报 AA 级。通过质量信用等级评价，促进企业的质量管理，进一步提高企业的质量诚信意识。（黄敢伟）

【标准化战略】 2018 年，新吴区市场监管局引导企业采用国际标准和国际先进标准，鼓励企事业单位参与制修订国家标准和行业标准，制修订省、市级地方标准，争取产业发展“话语权”。2018 年，全区主导制订国际标准 1 项，参与制修订国家、行业标准 14 项，其中 11 项进行政策奖励申报，预计企业获奖 140 余万元。组织各类相关企业 460 多人次参加标准化培训，为企业查询新标准 1.07 万条，发放标准查询卡 900 多张。接收 38 家企业 80 份企标制修订，2 家诚信计量示范单位获得省级奖励。（黄敢伟）

【保障特种设备安全】 2018 年，新吴区市场监管局承接市质监局下放的特种设备行政许可，共办理特种设备开工告知 2449 台，注册登记 1608 台；强化日常监督检查，现场检查特种设备使用单位 242 家次、生产单位 10 家，开具监察指令书 8 份，整改隐患 29 起；实行特种设备操作人员岗前考核、持证上岗制度，先后完成 7770 人的特种设备作业人员考核发证工作；开展“2018 年度特种设备安全月”活动，组织辖区内企业开展特种设备应急演练；在宝龙城市广场开展自动扶梯应急救援演练，增强公共场所电梯使用单位的应急处置能力；开展压力管道专项整治。（黄敢伟）

【“双随机一公开”抽查】 2018 年，新吴区市场监管局根据抽查平台转换情况，同步调整随机抽查事项，建立包括 6 万多个市场主体的检查对象名录库，完善由执法干部组成的检查人员库。先后组织开展综合抽查和定向抽查四批次，检查金融、教育培训、医疗美容、环保、知识产权代理等领域的企业 142 家，并对外公示所有检查结果。首次实施“双随机一公开”（随机抽取检查对象，随机选派执法检查人员，抽查情况及查处结果及时向社会公开）年报综合抽查工作方案，探索实现“一次上门、全面体检”工作目标。2018 年完成省工商局“双随机”抽查企业 1625 家。（黄敢伟）

【商标广告监管】 2018 年，新吴区市场监管局开展打击侵犯知识产权专项行动，加大对民生领域商标侵权行为的打击力度，共查处各类商标侵权案件 20 件；强化对教育培训、金融、房地产广告管理，清理整治含有“特供”“专供”国家机关等内容的广告；突出抓好互联网违法广告整治，由消保科、监管科、执法大队联合开展对互联网广告进行专项整治。2018 年 5 月，组织全区 130 余家重点企业开展广告风险防范专题培训，实施第三方服务模式对辖区的互联网广告进行全面摸排。共筛选发现问题广告页面 1860 个，视频取证 205 个，责令整改企业 469 家，进一步规范广告市场秩序。（黄敢伟）

【经济违法稽查】 2018 年，新吴区市场监管局依法严厉打击扰乱市场秩序的各类经济违法行为。2018 年，先后开展“质量利剑”“净网雷霆”“地条钢”整治、酒类产品质量安全、儿童用品等多个专项执法行动，查处各类违法案件 169 件，罚没款入库 490 余万元，维护公平竞争的市场环境。（黄敢伟）

【“菜蓝子”工程】 2018 年，新吴区市场监管局把农贸市场作为百姓“菜蓝子”建设的重要场所，对辖区 17 个农贸市场持续开展综合整治，落实长效管理措施，稳步推进管理制度公示、经营户星级评比、消费维权服务站建设等各项工作。着力抓好食用农产品快速检测。完成前进农贸市场快检实验室设备购置，更新泰伯、梅里、坊前 3 个农贸市场的快检设备，辖区 17 个农贸市场已达到快检实验室全覆盖。2018 年，全区农贸市场累计完成快速检测 7.78 万批次，检出并下架不合格农产品 482 批次，检测合格率 99.38%，保障新吴区群众吃上“放心菜”。（黄敢伟）

【“明厨亮灶”工程】 2018 年，新吴区市场监管局推动实施“明厨亮灶”工程，使餐饮安全透明化、可视化。首批以学校食堂、养老机构食堂、集体用餐配送单位、城市综合体餐饮单位为重点，深入推进“明厨亮灶”建设。2018 年，全区共有 200 家餐饮单位签订意向书，已有 104 家单位完成硬件设施安装，实现“互联网+”形式的“明厨亮灶”。（黄敢伟）

【消费维权】 2018 年，新吴区市场监管局根据市工商局部署上线运行“智慧 3·15”平台，进一步拓展消费维权快速通道。回应消费者各种诉求，2018 年，共处理各类投诉举报和咨询 4362 件，检定 15 个农贸市场的电子秤 2225 台，发现不合格电子秤 119 台，全部依法进行处理。（黄敢伟）

物价管理

【概况】 2018 年，新吴区物价局以深化价格改革、强化价费监管、优化机制平台、完善惠民工程、促进降本减负为五大导向，圆满完成全年度工作。降本减负持续发力，更新公布新吴区 4 个涉企收费目录清单，预计为企业年减负 1000 万元。服务民生持续拓展，对新吴区新建商品住房继续落实价格备案，对全区物业收费、电信资费、社会培训收费专项整治中涉案的单位，集中经济制裁共计 105.39 万元。取消泰伯庙门票，使之免费向社会开放。2018 年，区内共开办 13 家平价商店，较 2017 年新增 2 家，平价商店全年惠民节支 942 万元，受益者达 765 万人次，2 万条价格监测数据上线发布。结合新吴区“阳光扶贫”政策，率先在全市试行平价商店优惠券制度，实现对新吴区低保户的精准帮扶全覆盖。启动新吴区公平竞争审查工作，汇总增量文件 468 份，存量文件 82 份，开展公平竞争审查文件 49 份。价格监管持续加码，3 个行业 100 余家单位接受重点检查，40 余起价格违法行为被严肃查处，违法所得退还消费者。自身建设持续强化，310 件价格举报、投诉和咨询，保持 98.5%的办结率和 100%的回复率，价格行政复议零变更率。优化信用红黑名单，助推三家单位创建“2017—2018 年度江苏省价格诚信单位”，这是自 2016 年以来，新吴区第二批获得此殊荣的单位。完成首例申请法院强制执行的价格案件，实现强制执行在新吴区价格执法中的“零突破”。（李　赟）

【服务价格调控】 2018 年，新吴区物价局完成停车收费备案 77 个，前期物业收费备案 7 个，幼儿园收费调整备案 18 家，医疗机构收费调整备案 4 家，民办养老机构收费调整备案 2 家，完成 1 家公办养老机构床位费和护理费成本调查，核定政府指导价。全区共计 13 家平价商店，日均销售平价品种 20 个，通过考核评分发放考核奖励补贴共计 47.5 万元。发放平价商店优惠券两期共计 5.38 万元，回收 4.9 万元，惠及低保困难家庭 538 户次，回收率均达 90%以上，优惠对

象满意度100%。（李 阳）

【商品房价格调控】 2018年，新吴区物价局根据市政府房价调控要求，对全区商品房价格进行备案，截至2018年年末，6家企业近23万平方米商品住房落实价格备案。（李 阳）

【价格诚信建设】 2018年，无锡市新安实验小学等新吴区13家企事业单位被授予“2017—2018年度无锡市新吴区价格诚信先进单位”称号，其中无锡市新吴区坊前实验小学等3家企事业单位被命名为“2017—2018年度江苏省价格诚信单位”。（李 阳）

【价格调控监管】 2018年，每月定期对农贸市场和超市采集价格信息，全年共计开展价格监测81次，编印《新吴区价格简报》12期，编辑《新吴区价格简报增刊》4篇，提供周边地区生产资料要素价格，为招商部门服务。（李 阳）

【监督检查维权】 2018年，受理12358举报件380件、12345政务热线诉求件313件，办结率和回复率100%；查处价格违法案件49件，实施经济制裁105.39万元，退还多收价款50.09万元，上缴新吴区财政56.10万元。（李 阳）

安全生产

【概况】 2018年，新吴区安全生产监督管理局按照中央、省市关于安全生产工作的决策部署，牢固树立红线意识和底线思维，深化责任体系完善，狠抓重点工作落实，全面压降生产安全事故起数和死亡人数，有效杜绝较大事故。全年，未发生较大以上生产安全事故，安全生产事故总起数和总死亡人数比2017年下降25%，消防安全事故死亡人数为0，道路安全事故死亡人数比2017年下降1.89%。（耿 迪）

【安全生产工作机制建设】 2018年，高新区党工委（新吴区委常委会）专题听取安全生产工作汇报2次，区政府常务会议每季度研究安全生产工作。8月、9月分别召开安全生产半年度工作会议和安全生产警示教育大会，在全区历史上属首次。主要领导召开安全生产专题会议4次，区领导在节假日前夕和重要时段带队开展安全大检查20次，召开全区安全生产工作会议5次。年初向各街道（园区）和各行业主管部门下达安全生产责任书，将安全生产工作分解到各街道和各部门。4371家企业上交安全生产告知承诺书。制定印发《中共新吴区委新吴区人民政府关于全面深化安全生产领域改革发展的实施方案》和《无锡高新区（新吴区）2018年安全生产领域改革发展五大任务33项重点工作》。（耿 迪）

9月6日，无锡高新区（新吴区）召开安全生产警示教育大会

【安全生产专业委员会实质化运转】 2018年，新吴区召开2次安全生产专委会会议，定期分析和通报全区安全生产形势，研究解决难点问题，推动重点工作落实。区商务旅游专委会、文教卫体专委会、建筑施工专委会等也根据各自行业领域特点，通过召开成员单位会议、组织联合检查等方式，推动各自工作实质化开展。（耿 迪）

【专项整治】 2018年，新吴区安全生产监督管理局组织开展全区“厂中厂、小园区”、木制家具企业、危化品、涉爆粉尘、电子及危险化学品等行业领域的专项整治。全面完成23家涉爆粉尘（含12家金属涉爆粉尘）企业整治任务，仅有1家预计至2019年6月底完成整改。全年关闭危险化学品生产企业2家，组织专家对12家重点化工企业（构成重大危险源、重点危险工艺、使用重点监控危险化学品参与反应）进行专项检查，对12家危险化学品生产企业换领证或变更进行安全评价报告专家复核和现场审核工作。完成3家重点化工企业安全标准化升二级的申请。完成所有危险化学品生产企业、使用危险化学品从事生产的化工企业、带储存的危险化学品经营单位的关键岗位应急处置卡推广工作。组

织化工企业主要负责人参加市级培训，并经考核全部合格。在“厂中厂、小园区”和木制家具专项整治工作中，取缔非法储存生产危险化学品行为2起。作出处罚决定30起，处罚金额178.05万元，没收违法所得3.4万元。对木制家具企业立案处罚4家，处罚32万元。完成“厂中厂、小园区”整治验收企业数为396家，关闭取缔321家。103家电子企业和36家化工企业完成一企一档建设及隐患自查报送工作。结合2018年冶金等工贸条线“双控机制”建设工作，46家单位通过双控机制验收。（耿　迪）

【强化执法力度】 2018年，新吴区安全生产监督管理局对涉爆粉尘企业、有机溶剂使用企业、金属冶炼企业、危化企业、特种作业持证上岗等领域开展专项执法行动，加大行政处罚力度，提高安监执法的震慑力。2018年，区安全生产监督管理部门共检查生产经营单位411家，查处隐患1398项，完成整改1335项，整改率95%，检查企业数比2017年增长57.02%。责令企业停产停业整顿44家，取缔非法储存生产危险化学品行为2起，移交其他部门4起，关闭企业5家。事前处罚立案173起，立案数比上年增长53.1%，立案率达39.77%；其中处罚金额5万元以上的重大案件共94起，占作出决定的事前处罚案件数的55.62%，重大案件数比上年增长100%；单个案件处罚最大金额为18万元。处罚总金额比上年同期增长146.3%。事前立案数、事前处罚金额、事前查处率、事前处罚金额5万元以上的案件数、案均值继续保持上升的良好势头。在无锡市安监系统案卷质量评比中，新吴区选送的3个案卷均被评为“安全生产行政执法优秀案卷”。（耿　迪）

【安全生产宣传培训】 2018年，新吴区安全生产监督管理局开展“安全生产月”活动，在2018年安全生产宣传咨询日活动中，共征订、编印、分发各类宣传品1万余份。结合2018年典型事故案例，专门制作警示教育片《生命之鉴》，在全区的千人宣教大会上进行警示教育，并刻录4000张光碟发放给全区工业企业进行员工安全教育。制作安全知识挂图、安全生产常用法律法规汇编、落实企业安全生产主体责任倡议书发放给全区企业。利用道路、楼宇电子屏、公交车身、公交站台、网站进行安全理念和安全知识宣传教育。加强安全培训，提高企业从业人员安全素质，全年举办企业负责人培训班16期，2987名企业负责人参训，比上年同期增长37%；安全员培训班16期，3968名安全员参训，比上年同期增长68%。组织安全巡讲28期，涉及机械、化工、电子、服装、家具、物流、材料等多个行业，近3000人接受培训。（耿　迪）

【基层安监机构建设】 2018年，新吴区6个街道在上半年按照有关要求配齐专职安监执法人员和专职安全员，并对基层执法人员开展专题业务培训。探索并率先在全市推行驻点执法，落实属地监管责任，由区安监大队执法人员与街道安监人员联合组成执法中队，部分中队驻点街道办公。驻点执法推行以后，各中队迅速适应新的工作环境，全力以赴开展工作，应急响应能力进一步提高。（耿　迪）

【安全生产标准化建设】 2018年，新吴区安全生产监督管理部门针对安全标准化建设中存在的照抄模板、应付检查、验收后废弃的情况，继续深入推行3年换证现场审核的方法，把企业开展风险辨识、风险管控情况作为安全标准化评审的重要内容，引入存在重大隐患一票否决的评审规则，严把安标评审关，引导企业真创建、真运行。全年累计528家企业完成安全生产标准化达标创建，其中一级1家，二级7家，三级202家，小微企业326家，达标创建工作重点向提高安全标准化运行质量，引导小微企业创建安全生产标准化方向转变。（耿　迪）

【综合监管】 2018年，通过划分6个片区分别动员部署，在全区规模以上和危化、冶金、人员密集等重点企业中开展企业安全风险分级管控和隐患排查治理双重预防机制建设，全年全区800余家生产企业开展双重预防机制建设，通过验收785家，超额完成全年目标任务。在宝龙城市广场，组织开展自动扶梯应急救援演练，促进公众聚集场所安全管理水平的提高，增强电梯使用单位安全责任意识和应急处置能力。全年全区工贸行业中涉及有限空间作业企业257家，其中含污水处理有限空间48家。区内各街道共组织对企业有限空间作业情况检查115次，发现企业存在重大安全隐患2起，均责令整改完毕。区安全生产监督管理部门共开展有限空间执法检查28次，对3家存在安全隐患企业罚款7.5万元，对1名直接责任人罚款0.35万元。全年涉及危化品生产许可证换证企业9家，已完成8家。完成4家危化品生产企业变更换证。全年完成危化品经营企业换领证99家，其中区安全生产监督管理部门发证56家。全年烟花爆竹零售许可换发证39家。全年危化品建设项目安全条件审查完成3项，安全设施设计审查完成2项并报市安全生产监督管理局。（耿　迪）

新吴区新城中央公园夜色

农 业

综述

【概况】 新吴区区域面积33万亩，全区共有6个街道，其中4个涉农街道，耕地统计面积5.228万亩（其中永久基本农田6265.8亩），林地面积7.15万亩，林木覆盖率达23.34%。全区实际可耕种农田面积约1.3万亩，其中茶果种植面积0.35万亩，蔬菜0.14万亩，水稻、小麦等粮油大田作物0.81万亩；鸿山街道飞凤路以东地区是农业核心区，鸿山生态园、省级现代农业产业园、梁鸿国家湿地公园皆位于该地区。全区共有农业龙头企业10家。2018年，全区10家农业发达企业实现营业收入12.39亿元，实现销售利润1.15亿元；农业电商产业营销额1.08亿元，同比增长25%。2018年是实施乡村振兴战略的开局之年，先后制定出台相关政策文件，成立新吴区乡村振兴工作领导小组，出台《关于深入实施乡村振兴战略推动农业农村高质量发展的意见》，制定《新吴区乡村振兴战略实施规划（2018—2022）》《新吴区乡村振兴战略实施两年实施计划（2019—2020）》，为率先基本实现农业农村现代化制定任务书、线路图和时间表。乡村发展格局持续优化，明确七房桥村、大坊桥村、东塘街村、后中村四个规划发展村庄，作为推进乡村振兴战略的主战场。新吴区农业农村条线围绕乡村振兴“产业兴旺、生态宜居、乡风文明、治理有效、生活富裕”二十字方针，以实施乡村振兴战略为主方向，以加强农村集体“三资”（资金、资产、资源）管理为主阵地，以推进城乡发展一体化为主抓手，因地制宜、探索符合新吴实际的乡村振兴之路，为全区高质量发展提供强大助力。（李 钧 武清华）

【粮食储备】 2018年，完善粮食应急预案、粮食收购方案。继续探索地储粮收购与轮换服务外包的运作模式，委托江苏无锡国家粮食储备库代收本地地产粮，全年共收购本地地产小麦2300吨。通过与国储库的合作，全区地产粮烘干率也较以前有大幅度提升。在地方储备粮轮换过程中，全部实现网上交易平台在线交易，共轮换小麦3053.99吨、粳稻5498吨，实现粮食轮换的透明化、市场化。（华 嘉）

【“三资”监督管理】 2018年，把“三资”管理作为农村治理工作的重中之重。按“应进必进”要求，强化规范交易，2018年度上线交易360笔，交易金额8205万元。强化专项治理，制订《2018年度新吴区农经水利局开展扶贫助困领域腐败和作风问题专项治理工作方案》，重点针对资产管理、财务管理和财务公开方面进行专项治理，排查风险隐患。强化审计整改。对鸿山和旺庄涉农村（社区）经济运行及“三资”管理情况进行专项审计，对旺庄街道22个股份合作社进行巡察，采取整改销号办法，限期完成整改工作，并建立长效管理机制。推行村集体经济组织“村务卡”全覆盖，实行非现金结算制度。

（武清华）

【农业安全生产】 2018年，共组织参加各类执法培训活动5次，抽检农资样本15个批次，共查处违法违规事件26个，查处涉案人员38人

江南粮仓——鸿山大坊桥

次，维护了农、渔业秩序。加强农畜产品质量安全监管。完善农产品质量安全三级监管体系建设，在街道成立农产品质量安全监管站，从源头控制农产品质量安全，通过加大宣传、专项检查、抽查力度，全区农产品质量安全和食品安全得到稳步推进。推进粮食安全生产工作。做好粮食收购政策宣传、仓容准备，落实资金，完成2.7万吨地方储备粮保险投保工作，完成储备小麦轮换3054吨，出库粳稻5498吨。非洲猪瘟病情等重大动物疫病防控工作有力落实。出台应急处置方案，成立应急领导小组，召开专题部署防控会议，对农贸市场、动物诊疗机构、兽用疫苗企业进行全覆盖检查和整治。共投入消毒药品2.8吨，对规模养殖场、畜禽及其产品交易市场等重点部位进行反复消毒，预防重大动物疫病的发生、发展和蔓延。森林防火、农机安全、农业保险工作扎实有效。建设完成防火物资储备库，防火预警播报器的安装到位，森林防火力度得到进一步加强。开展农机年检、农机安全生产检查工作，完成鸿山街道粮食生产全程机械化创建工作。由区、街两级财政完成小麦、水稻、设施农业的投保工作。菜篮子区长负责制工作稳步推进。全面对菜篮子区长负责制各项目标任务进行分析，菜篮子考核获良好评分。（李　钧）

农业改革

【农业供给侧改革】 2018年，推进“百企建百园”和“两区划定”工作，稳步推进农业龙头企业、互联网加农业、生物农业、生态旅游农业等优势农业产业发展。完成市级安利文化园二期扩建项目任务。推动正大生物、太阳绿宝等10家农业龙头企业继续加快转型提升步伐；互联网加农业继续快速发展，完成漕湖沿线村道提升改造为观光道路工程、葡萄观光长廊建设，葡萄产业与旅游观光、休闲消费得到融合。按照突出优质产业思路，围绕优质稻米培育目标，启动粮食功能区和重要农产品保护区划定工作，为新吴区优质稻米产业进一步发展夯实基础。（王桂春）

【农村集体产权制度改革】 2018年，成立由新吴区委、区政府主要领导任组长，分管领导任副组长，各相关部门主要负责人为成员的新吴区农村集体产权制度改革工作领导小组。出台《新吴区农村集体资产清产核资实施意见》，提出《新吴区农村集体产权制度改革实施计划》，加强督导推进。区委常委会专题研究清产核资工作，区、街共召开各类专题部署会、推进会20余次，印发《农村集体产权制度改革百问百答》《新吴区农村集体资产清产核资工作手册》1000余本，组织培训近1000人次。以周周有行动、月月有进展为要求，建立工作例会机制、信息通报机制、问题清单机制、调研督导机制。2018年年末全区96个村级集体经济组织全面完成清产核资工作，基本摸清、理清、算清资产、土地和社保“三本账”，全区农村集体经济总资产、经营性资产和净资产实现核增，为下一步推进产权制度改革打下基础。（武清华）

农业发展

【农业优质品牌创建】 2018年，荣获省级“一村一品一店”“三化”示范村、休闲农业示范村、创意农园各1个；创建粮食生产全程机械化示范镇；从心越光米、梁鸿生态米在市级好大米评比中双获佳绩，绿色稻米基地通过省级评审。农业特色产业发展质量快速提升，农业龙头、互联网加农业产业、生物农业产业等发展质量得到提升；农业生态建设成效不断凸显，创建绿色生产示范区2个，实施“绿肥加水稻”轮作休农业生态建设稳步推进；完成政产学研项目签约3个；农产品质量安全水平继续提升，粮食、蔬菜、果品三个基础产业提质增效取得新的进展，确保食品的安全。把高标准农田建设、林木覆盖率、绿色农产品占比、受污染耕地安全利用率等作为农业高质量发展的重点，按照高标准农田建设目标任务，开展“大棚房”专项清理整治行动，健全耕地保护监管长效机制；2018年全区林木覆盖率达23.34%；注重湿地保护力度，全区自然湿地保护率达到82%，位列全市第一。在分析全区绿色农产品占比现状的基础上，开展绿色示范区建设和绿色农产品申报，5000亩绿色基地顺利获批。（李　钧）

【富民强村工程】 2018年，以乡村振兴战略的实施带动富民强村工程建设，以乡村百姓富、经济实力强助力乡村振兴。稳步推进经济薄弱村脱贫转化工作，争取市级专项资金和区级配套资金136万元，实施人居环境整治行动，改善环境面貌。对上争取村级公益事业建设“一事一议”财政奖补资金和农村公共服务运行维护资金415万元，用于道路修建、文化体育场所建设、环境卫生设施建设及环境整治等民生实事建设。制定《无锡高新区（新吴区）城乡发展一体化示范镇建设项目管理办法》《无锡高新区（新吴区）村级公益事业建设一事一议财政奖补项目管理办法》《无锡高新区（新吴区）帮扶经济薄弱村发展项目管理办法》，规范农村发展项目建设程序，提高项目建设质量，强化资金使用监管力度，提升资金使用综合效益。（武清华）

昭嗣堂外观

服务业

【概况】 2018年，新吴区服务业总体呈现平稳向好的运行态势，各项指标协调发展，为国民经济持续、健康、稳定增长提供支撑。1—12月，全区服务业增加值629.52亿元，同比增长10.2%，占GDP比重达35%，较2017年全年提高1个百分点，增速比地区生产总值和第二产业增加值分别高出2.1个和3.1个百分点；规模以上服务业实现营业收入302.28亿元，同比增长4.7%；社会消费品零售总额338.62亿元，同比增长8.8%；限额以上社会消费品零售额174.41亿元，同比增长2.0%；限额以上批发零售销售额1318.67亿元，同比增长14.3%。分行业情况看，信息传输、软件和信息技术服务业，租赁和商务服务业，科学研究和技术服务业，文化、体育和娱乐业这4个行业的增加值实现较快增长，增加值分别同比增长14.1%、12.7%、12.5%、11.7%；交通运输、仓储和邮政业，居民服务、修理和其他服务业增加值增长缓慢，增加值分别同比增长4.6%、3.8%。 （张 骁）

商贸流通

【概况】 2018年，商务旅游局紧紧围绕“四个走在前列”和建设“强富美高”新吴区的目标要求，深入贯彻落实区委、区政府各项决策部署，以思想解放带动改革发展，突出优化质量效益、强化项目服务、实绩惠民便民，主要经济指标和重点工作均取得良好成效。商务旅游局牵头出台《无锡高新区（新吴区）推进高层次对外开放三年（2018—2020年）行动计划》，进一步明确新吴区对外开放发展的战略布局和目标任务，健全工作机制，为全区当好高层次对外开放引领者奠定基础。全年，完成社会消费品零售总额338.6亿元，同比增长8.8%，其中限额以上社会消费品零售总额174.4亿元，同比增长2%，位列全市第6位，相比2017年排名有所进步。百联奥特莱斯、欧尚超市等龙头企业实现增长，重点行业中，汽车销售同比下降0.11%，近年首次负增长，民营加油站销售同比增长38.8%，餐饮行业同比增长11.6%。 （朱 芸）

【市场流通】 2018年，新吴区政府成立区农贸市场建设和管理工作领导小组，出台《新吴区农贸市场长效管理考评办法》，并每季度进行检查、考评并通报。制定《新吴区农贸市场新建改造提升奖补资金实施办法》，对全区农贸市场新建改造提升和肉菜追溯体系建设项目进行奖补。加快推进农贸市场改造提升工作，春勤市场完成土地拍卖，梅里市场改造提升项目按期完工。标准化菜市场达标率80%，位列全市第二。指导、论证、批准设立香梅集贸市场和阿里二手车智慧市场，进一步丰富区域市场业态和消费供给。组织开展消费促进月、金秋购物节、新吴商贸节等消费促销活动，印制《新风吴韵》新吴商贸旅游宣传书册，推介提升新吴商贸行业形象，进一步释放消费需求，努力营造浓厚的商贸发展氛围。推荐指导企业创建“老字号”，鸿山张阿培肉庄、梅村蔡阿水羊肉入选第二批“无锡老字号”，硕放杨和尚列入培育企业。依托区餐饮协会和“舌尖新吴”微信公众号平台，发行《寻味新吴》明信片，组织开展“走进春天”新吴名优食品展销会、餐饮技能大赛、餐饮企业座谈会、赴青海对口帮扶等活动。做好再生资源回收备案和行业管理工作，组织编制新吴区再生资源回收网点规划。根据生态文明建设、污染防治攻坚战工作要求，开展成品油市场整治规范，针对固定加油点、流动加油车开展联合检查，油气回收治理率达到100%，双层罐改造完成18家。（朱　芸）

【电子商务】 2018年，新吴区电商企业实现大宗商品线上交易额超6千亿元，其中电商销售及服务收入约100亿元，贝贝帕克、天下网商等骨干电商企业销售收入达到70亿元，同比稳定增长。组织机场公司跨境监管平台等3家企业项目申报并获得省商务发展专项资金（电子商务类）、市跨境电商扶持资金共195万元。紧抓无锡市入围跨境电商综试区的有利时机，开展跨境电商走访调研，形成专项发展调研报告，推进跨境电商相关项目招商和集聚区筹建。（朱　芸）

【无锡高新物流中心有限公司】 无锡高新物流中心有限公司（简称“公司”）由无锡高新区（新吴区）2000年投资设立，注册资本5.46亿元，总资产10.59亿元，主要开展现代第三方物流、保税、监管场站、仓储、物流增值服务等现代物流业务。公司资产主要分布在综保区和空港物流园区两大区域。公司围绕多式联运等物流新业态开发，认真研究运河二类水路口岸的发展，大力打造“海河陆”“江河陆”联运业务。其中“无锡—上海港”公共内支线项目运营愈发成熟，全年完成进出箱量13000TEU，同比增长23%。根据海关政策变化和区政府的相关要求，探索通关场站的业务和功能布局规划调整，突出场站的功能类作用，提效降费，优化通关环境，高效服务好SK海力士、捷普、“一纳”等重点项目，助力区外向型经济的发展。场站2018年实现货物吞吐量1074738.26吨、核放单数415546票、通关车辆211265次，较2017年有一定幅度的上升。2018年8月，高新物流通过江苏省经信委复核，继续被评为“江苏省重点物流基地”。2018年实现营收10095万元，同比增加198万元，增长2%。利润方面，全年实现利润3008万元，同比增加1854万元，增长161%。净资产收益率方面，全年实现净资产收益率4.6%。（范子杰）

9月16日，2018全球物联网数据创新大赛决赛

【澳洲“尼平河”品牌中国区跨境销售总部项目签约】 9月21日，澳洲“尼平河”品牌中国区跨境销售总部项目签约落户无锡高新区。无锡市政府副市长、高新区党工委书记、新吴区委书记王进健会见东风股份执行董事兼总裁王培玉一行，并出席签约仪式，区领导洪延炜、朱晓红参加活动。王进健希望公司能紧抓无锡获批跨境电商综合试验区的契机，以进口乳品业务为核心，打造以“尼平河”品牌为引领的进口消费品跨境销售平台。同时，希望项目尽早实施，并做出品牌示范效应，成为综保区乃至高新区服务贸易转型升级、培育新动能的重要抓手。此次签约，东风股份将整合全国业务及资源，在高新区设立澳洲“尼平河”品牌中国区跨境销售总部，开展该品牌系列产品销售的同时，充分利用中澳自贸协定进口关税优势，扩大保税仓储、跨境贸易、冷链分拨等业务，力争在高新区综保区打造以“尼平河”品牌为引领的澳洲进口中高端消费品的跨境销售平台。项目总投资首期1亿元，并于2019年1月正式启动总部化运营，计划3年内实现年销售收入4~6亿元，并保持年均20%以上的增长。（综保区管理局）

会展

【金秋经贸节】 11月7日，2018无锡高新区金秋经贸节百企重大项目集中签约活动举行。市委副书记、代市长黄钦，副市长、高新区党工委书记、新吴区委书记王进健，市政府秘书长许立

新，高新区党工委副书记、管委会主任、新吴区委副书记、区长封晓春，新吴区人大常委会主任张明烈，新吴区政协主席刘蓓红及高新区党工委（区委）、管委会（区政府）全体领导参加活动。此次集中签约的112个项目中，先进制造业50个，现代服务业17个，科技类45个，在776亿元的签约总额中，先进制造业及科技项目占比72.2%，现代服务业占比27.8%。签约项目涵盖集成电路封测、新型液晶显示、新能源及新能源汽车关键零部件、高端智能装备制造、新材料等高新区核心支柱产业和重点发展的未来产业。

（招商服务局）

11月7日，2018无锡高新区金秋经贸节暨百企重大项目集中签约仪式

【物联网应用和产品展览展示会】 9月14—16日，2018世界物联网博览会物联网应用和产品展览展示会在太湖国际博览中心举行，高新区（新吴区）参加物联网应用和产品展览展示。省委书记娄勤俭，工信部部长苗圩，省长吴政隆，省委常委、市委书记李小敏，副市长、高新区党工委书记、新吴区委书记王进健先后参观考察高新区参展企业的高新科技展示。此次高新区特装展主要分为国家传感网示范区展区、飞凤平台赋能展区（含城市云脑计划和产业唤醒计划）、鸿山物联网小镇展区、慧海湾小镇展区四大核心板块，展示新吴区60多项具有国际领先水平的物联网新产品。物联网应用和产品展览展示吸引来自近20个国家和地区的526家单位参展，其中世界500强公司35家。5万平方米的展览展示区，包括物联网通信与平台支撑企业、智能制造与传感器、智慧生活、智慧交通与车联网、智慧城市五大主题馆以及智慧社区、农用无人机等室外展示体验区。高新区有50余家企业参展，占全市参展企业总数的30%以上，申请参展面积约5000平方米，充分体现高新区物联网产业的核心区地位。

（科信局）

软件园二期

邮政

【概况】 截至2018年年末，新吴区邮政服务网点17个，邮乐购加盟店265个，拥有邮惠万家、邮惠金融、微商城等线上平台，构建线上线下立体化、多功能邮政综合服务网络体系。2018年，开展“放管服”走访活动，走访政府单位11家，73人次。警邮合作项目实现突破，在全省范围内率先与医院对接，实现远程体检服务功能。全区警邮合作网点5个（其中开通远程体检及照相的网点3个），代办交管业务8514笔，代理金额22.4万元。 （陶 荣 杨文强）

【“普遍服务专题教育月”活动】 2018年，新吴区邮政分公司扎实推进服务质量三年提升工程，开展普遍服务三年计划，推动“普遍服务专题教育月”活动。利用“普遍服务专题教育月”活动契机全面提高服务质量，开展平信条码化试点工作，平信丢损率明显下降，全区党报当日见报率100%，机要通信保持全红。邮政服务综合满意度82分，邮政通信服务质量各项KPI指标继续保持全市领先。鸿声支局获“江苏省工人先锋号”称号。 （陶 荣）

【推进寄递翼改革】 2018年，新吴区邮政分公司按照上级统一部署，精心组织，整合资源，完善运营机制，提高生产效率，顺利完成寄递翼整合工作。9月28日，成立中国邮政集团公司无锡市寄递事业部，增强竞争能力，为邮政寄递翼高质量发展，打造行业国家队奠定坚实的基础。改造梅村投递网点，全区新增电动三轮车24辆，有效提升投递段道的运载能力。 （陶 荣）

电信

【概况】 2018年，新吴电信区局以发展为要务，以效益为中心，以用心服务为宗旨，进一步强化业务拓展、团队建设，努力实现业务收入、客户服务满意度双达标。全年完成收入近5亿元，实现倍增长。各类业务发展良好，其中，天翼4G用户近30万户，百兆家庭宽带近15万户，天翼高清电视用户超11万户。全局工作实现“三个扩展”：在业务范围的扩展方面，商机和项目覆盖智慧教育、智慧车间、机房代维、智慧水利、安全生产等领域，充分发挥云计算、大数据和物联网等技术的优势；在客户对象的扩展方面，从原先项目主要集中在驻地网、政府项目，扩展到国企、外企、学校、酒店；在服务部门的扩展方面，原有政府服务主要专注于公安、教育、建设等，2018年年内，将服务延伸到安监、城市管理等，服务范围进一步拓宽。 （邹莉莉 丁 阳）

【提速降费】 4月1日，无锡电信公司推出全国畅享套餐，大幅降低流量资费。7月1日，无锡电信公司全面取消手机流量漫游费。9月，无锡电信公司对全国畅享套餐的宽带策略进行进一步优化，从而大幅降低宽带资费。2018年，新吴电信区局开展“送员工福利进企业”活动，累计500余场，服务企业员工数十万户，得到企业员工及企业的一致好评。 （丁 阳）

【服务门店全覆盖】 2018年，新吴电信区局增强对长江路沿线、新安、鸿山公众门店的覆盖，提高对公众用户的通信便民服务能力。截至年底，新吴电信区局公众渠道覆盖门店100多家，覆盖新吴区各个角落，为新吴区人民提供便利。

（夏 威）

【“全光提质”工作】 2018年，新吴电信区局推进“全光提质”工作，截至4月底，新吴电信区局完成所有全光镇的光网建设；提前完成ISDN剩余用户退网工作；加快推进少铜用户设备迁改、存量铜用户清理、公众B类宽带迁改等工作。至此，全光网工作全面完成。（夏 孟）

【驻地网工作】 2018年，经过协调供电公司解决上层技术问题后，新吴电信区局与各街道村电办充分沟通，远程抄表问题得到解决，新的驻地网小区签约工作顺利开展。2018年，完成叙康家园、丽景佳苑三期等两个安置房小区驻地网签约，完成鸿山奥体项目、旺庄彩虹城项目等两个商品房项目签约。（夏 孟）

【新吴区电子政务网建设】 2018年3月起，新吴区政府开始进行所有社区及外设部门、事业单位的电子政务外网改造工作。新吴电信区局签约此次项目，并联合无锡电信公司各专业部门，紧急协调公司资源，在1个月左右的时间完成整个项目的大网建设、客户终端部署，项目共计投资500余万元。根据区政府要求，需要调试到用户桌面，经无锡电信公司协调，新吴电信区局及时部署安排完成好，得到各个街道、社区的满意和认可。（夏 孟）

【物联互通项目建设】 2018年，新吴电信区局以无锡电信建设部、物联网中心、ICT中心、智慧家庭中心作为坚实后盾，开展一系列示范项目的建设，先后助力建设智慧路灯、物联网洗衣房、鸿山物联网小镇等项目，均体现电信的过硬实力和优质的通信保障能力。2018年，新吴电信区局继续加强与小天鹅物联网洗衣机的合作，NB物联网洗衣机存在的信号问题已全部解决，11月，新吴电信区局中标小天鹅对NB模块和NB卡的招标，迎来全国第一个白色家电大批量NB应用。新吴电信区局和无锡苏南硕放机场合作NB智能锁项目，也是全国第一个机场的NB业务产品。NB业务的大力发展为新吴区物联网应用的发展打下坚实基础，为新吴区产业的发展助力。

（丁 阳）

【助力“企业上云”】 2018年，新吴电信区局立足于新吴区域，助力本地企业实现“企业上云”，2018年，共为200多家当地企业实现上云要求，共提供云主机近700核；同时开展形式多样的云推介会，为企业“上云”提供知识引导。（周 江）

【服务“智慧新吴”建设】 2018年，根据新吴区政府“智慧新吴”项目建设情况，新吴电信区局密切关注，提前做好方案支撑与配合工作。主要集中在智慧燃气、智慧水利、智慧物业、明厨亮灶、智慧教育、智慧城管等项目。新吴电信区局于2018年7月29日中标智慧燃气项目，中标后由电信各分局配合街道进行落地推进，本项目采用NB技术，体现新吴区作为全国传感网示范高地的优势。截至2018年年底，智慧燃气项目已完成商户签约682户，形成较好的社会影响，体现电信作为国企运营商的企业社会责任。另外，新吴电信区局于12月5日中标区智慧水利项目。

（夏 孟）

【“智慧教育”平台启用】 2018年，新吴电信区局配合新吴区教育局，在2018年5月11—13日期间参与市教育成果展，展会现场启用了电信承建的新吴区智慧教育平台，进行了大数据展示；协调厂商资源布置鸿山物联网小学展区，丰富了展台内容，展示了技术优势。活动现场接待了市各区教育局代表团、其他地市教育参观团、各学校的参观交流，有效地宣传了电信在智慧教育上独特的平台整合能力。（夏 孟）

旅 游 业

综述

【概况】 新吴区地处长三角“大交通”汇集处，是吴文化的发源地，历史文化深厚，区位优势明显，品牌基础雄厚。区内拥有国家AAAA级景区3个（鸿山遗址博物馆、中华赏石园、鸿山泰伯景区）、AAA级景区2个（钱穆钱伟长故居、新洲生态园）、AA级景区1个（泰伯庙），国家级湿地1个（梁鸿国家湿地公园），江苏省四星级乡村旅游点1个（鸿山都市农业生态园）。此外，区内还拥有四星级酒店2个（中益国际酒店、香梅国际酒店）、三星级酒店1个（欣旺大酒店）。每年举办的泰伯庙会、吴文化节、吴地风韵大型展览、鸿山葡萄文化旅游惠民月活动，以及中华赏石园、二胡文化园、中华德城等特色文化载体的打造，构筑新吴区发展旅游产业的完整体系。2018年是新吴区全域旅游的启动年，是贯彻落实市委、市政府加快建设国家全域旅游示范区，打造“省内领先、全国一流、世界知名旅游目的地城市”的攻坚之年。新吴区委、区政府及主管部门对照市政府下达的创建“国家全域旅游示范区”工作任务，严谨制定计划，认真部署落实，各项工作有序推进，形成全民动员、全员参与、全域创建的局面，促进全区旅游从“景点旅游模式”向“全域旅游模式”转变，推动旅游业与其他产业深度融合发展。新吴区编制完成《新吴区全域旅游发展规划》初稿，明确新吴全域旅游空间布局；完成鸿山旅游度假区申报，省政府于2018年10月18日批复同意设立江苏省无锡鸿山旅游度假区，为开展全域旅游创建工作奠定良好基础；梅里古镇二期、吴越水街、丽笙酒店二期等重点项目稳步施工，预计2019年年底竣工验收。 （李定运）

【全域旅游创建】 2月24日，在国家级非物质文化遗产2018泰伯庙会暨新吴区全域旅游启动仪式上正式宣布启动全域旅游创建工作。成立由区委、区政府主要领导任组长的全域旅游创建领导小组，扎实有力推进各项全域旅游措施高效落实。结合新吴区独特的资源特点和发展特色，邀请北京巅峰智业旅游文化创意股份有限公司按照“全域旅游 全景新吴”建设要求，高起点编制《新吴区“全域旅游”发展规划纲要》，明确全域旅游资源开发、产业融合发展、基础设施建设等方面的发展思路和方法。落实国家乡村振兴战略，加强全域旅游示范街道建设，梅村街道被市旅游局认定为“无锡市全域旅游示范镇（街道）”创建单位。 （李定运）

【旅游项目建设】 2018年，吴越水街项目稳步施工，完成投资2亿元左右，招引专业商业运营团队参与运营管理。丽笙酒店完成投资6000万元左右，2018年年底二期地下室及一层结构施工完毕，二层结构施工过半，其他相关设备招标工作有序进行。吴博园海洋王国项目首批大型海洋动物正式入住暂养中心。梅里古镇二期项目全面启动建设，规划占地面积116亩，总投资约10亿元，项目结合梅村悠久的历史文化底蕴，融入生产、生活、生态文旅理念，打造“宜游、宜居、宜业”的一站式文化旅游休闲生活区。鸿山泗洲寺正式开工重建，开展途居露营地、多利农庄生态园等优质项目洽谈。新安净慧寺二期改扩建项目全面启动，以“一湖（环太湖湿地）、一游（新吴区科技游）、一文化（太湖渔文化）”的全域旅游推进思路，引入太湖渔文化、富氧健康湿地、太湖最佳智慧露营地、净慧观音道场、最美航道线等主题内容元素，开展环太湖湿地一体化开发。（李定运）

【旅游管理】 2018年，制定旅游市场综合监管责任清单，把旅游市场环境治理纳入城镇综合治理范畴，形成管理联动机制，提高旅游市场综合治理效能。实施旅游服务标准化工程，全面执行国家及行业服务标准，鼓励旅游企业制定个性化管理服务规范。实施文明旅游素质提升工程，加快完善旅游相关企业和从业人员诚信记录。（李定运）

旅游活动

【旅游宣传推介】 开通“梅村—岐山”寻根线路，举办2018年华东旅行社巡游新吴活动，邀请华东地区共计35家旅行社集体走进中华赏石园、鸿山遗址博物馆、梁鸿湿地公园等代表性景点，了解新吴区丰富且独特的旅游资源。指导相关街道、景区组织“春在梅里”2018泰伯庙会等旅游活动。（李定运）

【“人文陕西·水韵江南”泰伯故里寻根旅游首发团】 5月10日，50人首发团成员齐聚苏南硕放国际机场，搭乘航班前往陕西，正式开启这一场“人文陕西·水韵江南”泰伯故里寻根祭祖的旅程。这是无锡泰伯旅游文化发展有限公司泰伯故里寻根线路的首发团，游客多以梅里周边民众为主，作为泰伯后裔，此次赴陕西泰伯故里寻根，了解陕西深厚的历史文化，体验当地民风民俗。梅里名特优农品展同样是泰伯旅游探索以旅游助贫扶贫的一次全新尝试，也是帮助对口扶贫地区相关农副产品打开华东市场的一个优质展示平台。无锡泰伯旅游文化发展有限公司对旅游文化扶贫的探索定将有效加深区域间旅游、农贸、文化等方面的交流与融合。（陆　婷）

【全域旅游】 参见新安街道**【全域旅游活动】**；参见群众文化**【梅村庙会】**。

鸿山旅游度假区

【概述】 10月25日，省政府下发《关于设立江苏省无锡鸿山旅游度假区和江苏省连云港大伊山旅游度假区的批复》，同意设立江苏省无锡鸿山旅游度假区。鸿山旅游度假区规划面积17.25平方千米，区内旅游资源丰富，有着3200年历史的古运河泰伯渎穿境而过，既有国家级历史文化资源，如“三泰一址”，钱穆、钱伟长故居等诸多历史遗迹，又有自然资源，水资源比例较高，有梁鸿湿地公园、万亩良田等游览地，规划打造成为“物联网+全域旅游”小镇和以吴文化、休闲农业、山水生态为特色的休闲度假区域。无锡鸿山旅游度假区申报工作历时两年，获批后，度假区将按照省政府批复要求，践行新发展理念，以利民、惠民、富民为目标，健全管理机构，完善旅游度假设施，开发休闲旅游度假产品，提升综合实力和服务水平，为全面推进“全域旅游”创建作贡献。（商务旅游局）

【鸿山十八景】 鸿山自古就有“鸿山十八景”，多数与泰伯和梁鸿的遗迹有关，最有名的景观是泰伯墓、鸿隐堂等，明朝文徵明有诗：“梁鸿宅里寻高迹，泰伯陵间看德碑”。泰伯墓是全国重点文物保护单位，东汉永兴二年（公元154年），吴郡太守糜豹奉旨修建。1999年扩建，内有御碑亭、仰止阁、“三让高踪”御匾、至德墓道、泰伯墓茔。鸿隐堂在鸿山南麓铁山岭下，相传是东汉高士梁鸿的故宅，堂上塑有梁鸿与孟光夫妻像。“鸿隐堂”堂匾，是文徵明题写的。1989年江苏省太湖风景区建设委员会，无锡县人民政府拨款修葺。随着时间的推移，十八景中的一些古迹历经沧桑，无从寻找，但有关十八景的故事和传说却一直在流传。经过修缮、重建，2016年鸿山街道又重新发布“鸿山十八景”，除泰伯墓和鸿隐堂外，还有望虞亭、梁鸿墓、香宝堂、鸿泉井、涤砚池、洗心轩、朱砂潭、石滩、月影石、试剑石、白龙洞、眼空台、天泉池、龙娘庙、石壁、放鹤台灯等景点。十八景绝大部分在鸿山的山道上，有的景点很隐蔽，为此，街道制作“鸿山十八景”地图，为前去游玩的游客提供方便。2018 年，“鸿山十八景”以全新的面貌迎接八方来客。（钱婷妍）

【梁鸿国家湿地公园】 梁鸿国家湿地公园以吴地文化为内涵，以江南农耕湿地为依托，集聚湿地生态资源保护、科学研究、科普展示、艺术创意和旅游休闲度假等功能。梁鸿国家湿地公园水鸟栖息地总面积约 4.41 万平方米，其中耐湿乔灌木 2100 平方米，水生植被约 1.08 万平方米。近千只灰头麦鸡、青脚鹬、白鹭、灰背鸫、红肋蓝尾鸲、黄腰柳莺、猛禽日本松雀鹰等 50 多种鸟类栖息在此。根据 2018 年 11 月鸟类调查报告，在保育区内共发现 51 种鸟类，其中留鸟 24 种，冬候鸟 24 种，夏候鸟 1 种，过境鸟 2 种。进入 11 月，冬候鸟种类大幅增加，日本松雀鹰是一种猛禽，属国家二级重点野生保护动物，出现在公园内可能是过境期短暂停留。保育区内的冬候鸟种类非常丰富，出现斑嘴鸭、绿头鸭、鸳鸯、绿翅鸭等野鸭。梁鸿国家湿地公园的生态环境监测系统，除了对气温、湿度、风速、气压、PM2.5 浓度和负氧离子浓度的实时监测外，还能够对湿地水系里的总磷、总氮、COD（化学需氧量）等进行实时监测。（钱婷妍）

吴文化博览园

【生活配套设施建设】 2018 年，作为园区最重要的商业综合体项目，吴越水街完成投资 2.65 亿元，正进行主体施工，同时已开始征集和招引专业的商业运营团队。丽笙酒店二期工程完成投资 0.66 亿元，部分裙楼结构封顶，正实施主体五层结构施工。作为小镇今后重要的观光及锻炼设施，鸿山健康步道的内环线已于 8 月底建成使用，沿途尝试性地实施智慧公厕、智慧体检屋等智慧示范应用设施，增强群众在运动、养身时的互动体验感，成为吴博园区域一道独特的风景线。（侯至清）

【区域路网体系建设】 2018 年，吴博园启动泰伯大道（鸿山新城镇段）、飞凤路、三让路、鸿庆路等 11 条道路新建或扩建工程，构建出行便捷的交通网络体系。已投资 1.9 亿元（不含拆迁），飞凤路改造工程（丽笙酒店—锦鸿路段）提前完工，于 8 月底建成通车；泰伯大道（鸿山新市镇段）南面半幅道路已经通车，走马塘大桥正实施灌注桩作业。（侯至清）

【景区基础设施建设】 2018 年，吴博园以国家湿地公园复检和修编为契机，对梁鸿国家湿地公园实施道路、凉亭等基础配套设施改造工程，堤岸加固、覆土覆绿、河道清淤等综合环境整治工程，启动水鸟栖息地恢复建设工程，并引入物联网技术，建设导览导视系统、生态监测监控系统和智慧票务系统等。以 AAAA 级景区复核为契机，对中华赏石园的亮化美化、景区绿化、标识标牌、承载量公示等基础设施实施改造提升，并利用微信公众号、微博等平台开展游客线上互动活动。（侯至清）

【鸿山遗址博物馆】 2018 年，吴博园以数字博物馆建设为抓手，增补鸿山遗址博物馆的数字化实体展项，丰富吴文化科普内容，并与南京博物院合作，引入具有吴文化特色的“博苏堂”文化创意商店，进一步完善博物馆的商业配套功能。（侯至清）

【无锡吴越文化研究中心】 2009 年 7 月，经无锡高新区党工委、管委会与江南大学党委研究同意，无锡国家高新区发展研究院与江南大学人文学院共建“无锡吴越文化研究中心”，对外挂牌“江苏省吴越文化研究院”（以下简称“研究中心（院）”）。合作双方承担的事项是以无锡国家高新区发展研究院为主，每年提出研究课题项目和培训计划等，经协商、论证后，由研究中心（院）组织力量分别承担。以江南大学为主组织力量，承担研究、编纂、讲课等工作。无锡国家高新区发展研究院承担研究中心（院）的日常管理工作，为研究中心（院）的工作提供办公条件、政策支持和运行经费，并通过共同申报课题等方式向相关部门争取课题经费或争取政府、社会、企业购买服务。2018 年 3 月，研究中心（院）协助新吴区政府和梅村街道与贵州省吴氏文化研究会，在梅地举办吴文化与吴台文化论坛。4月，研究中心（院）协助无锡市台办和新吴区政府在新吴区图书馆和梅村二胡文化园举办两岸传统文化学术交流会，研究中心（院）参加整个活动的组织策划、专家邀请、活动指导和对外宣传。2018年，研究中心（院）全年集中主要时间和精力与新吴区档案馆（史志办）合作开展以组织编撰出版新吴年鉴为主的史志工作。研究中心（院）利用自身文史研究的资源优势，组织专家学者和相关人员成立新吴年鉴编辑部。2018年以来，在新吴区委、区政府和有关职能部门的指导下，研究中心（院）与区档案馆（史志办）通力协作抢抓机遇，探索创新，使《新吴年鉴2018》公开出版发行，从而实现新吴区年鉴作品出版的零的突破。研究中心（院）还根据区档案馆（史志办）的工作计划，组织编辑设计印制《无锡市新吴区纪念改革开放40年》彩色画册。研究中心（院）有关人员接受区档案馆（史志办）的推荐，撰写《走向成熟的无锡国家高新技术产业开发区》《参天大树是如何长成的——忆无锡乡镇企业发展与苏南模式的形成》2篇重要文稿，并被无锡史志办采用，编入《见证辉煌——无锡改革开放亲历者述忆》（凤凰出版社2018年12月出版）一书。

（莫怡 杜亮 沈丽珍 严九媛）

梁鸿湿地公园

公共交通

【概况】 2018年，无锡新区公共交通有限公司（下称“新区公交”）始终以“十米车厢情”党建特色主题活动为主线，开展“基础管理年”和“道交事故压降年”两个专项建设活动，强化党建主题活动，强化道交事故压降，强化意识形态引领。年内围绕高新区（新吴区）民生幸福工程目标，结合地铁建设、各功能园区和街道社区发展情况，结合大走访活动及人大建议、政协提案情况，共举办“公交优先，绿色出行”走访宣传活动10多次，优化公交线路14条，购置更新新能源公交车50辆，新建公交候车亭80个、电子站牌80个，对公交候车亭进行玻璃化视窗升级改造共计126个，区内公交出行环境进一步优化，全年实现运营总里程2439.6万千米，日发班次1256次，日均客流量超过7.1万人次。（顾雨荷）

【优化14条公交线路】 2018年，新吴区公交始终坚持公益类服务型企业定位，在服务园区、服务街道、服务市民中，较好完成公交运营任务，全年优化公交线路14条，完成运营里程2442万千米，客流2627.72万人次。其中为满足城铁新区站乘客在站前广场的接驳换乘需求，4月20日起，对751、753、755、761、769、788路6条线路实施优化绕行；5月30日起，结合鸿山新场站启用，对鸿山街道751、752、763、768、772、775、781、782路8条线路进行统筹优化和延伸，同时解决鸿山实验小学师生公交出行需求。8月28日起，对旺庄江溪微循环771路进行局部走向和班次优化，解决东鼎家园、瑞城国际至江溪幼儿园的公交出行需求。（顾雨荷）

【50辆新能源公交车投运】 2018年，新区公交在报废部分老旧柴油公交车的同时，更新50辆新能源公交车（包括10辆纯电公交车、30辆油电混合动力公交车、10辆气电混合动力公交车）。纯电动公交车以电力为驱动能源，不仅具有噪音小、行驶稳定性高等特点，车辆安全性和驾驶员操作的舒适度也均有明显提升。此次投运的纯电动公交车整车电池总容量大于162千瓦时，在城市道路实载、启动空调的情况下，可续航180千米，且实现零排放。油电、气电混合动力公交车配备油电、气电混合系统，在公交车时速低于22千米的情况下采用纯电驱动模式，在时速较快时，通过发动机运转对储电系统进行充电，避免普通柴油公交车起步过程造成的七秒钟油耗流量消耗，可降低30%以上的燃耗，且车辆排放标准可达到国Ⅳ水平，有效改善城市环境和空气质量。（顾雨荷）

【鸿山公交场站启用】 6月8日，新区公交鸿山公交场站正式启用。新建完工的鸿山新场站坐落于无锡新吴区新宅路以南、飞凤路以西路段。总用地面积2.02万平方米，建筑面积4165.41平方米，总投资2500万元。2018年，鸿山公交场站内共有公交车辆停车位121个，其中充电区域停车位36个，地下停车位63个，场站具备综合办公、员工就餐、健身娱乐、会议综合厅、车辆综合调度、公交车辆停车、维修车间、车辆加油、专业自动洗车、雨水回流、车辆进出启停装置等基础设施。场站共有3个车队8条公交线路（其中区内线路5条、跨区域线路3条）、公交车辆97辆（其中柴油公交车57辆，纯电新能源公交车10辆，混合动力新能源公交车30辆。（顾雨荷）

【第二届“三个最”劳动竞赛】 9月1日—12月10日，新区公交开展第二届“人保财险杯”“安全最重要劳动最光荣奉献最真诚”百日劳动竞赛。劳动竞赛紧紧围绕党建引领、道交安全、机务保障、运营管理、文明服务等“五项整改”有序展开。劳动竞赛期间，“道交安全、运营管理、文明服务、成本压降”等各项指标完成情况良好。此次劳动竞赛参与评奖的人数共计569人，占员工总数的90.46%。竞赛活动期间共涌现出好人好事60件，较2017年同期增长27.7%；发生有责投诉4起，较1—8月平均下降25.5%。竞赛活动期间日均运营里程6.9万千米，较1—8月平均增长4.37%；班次完成率100.14%，较1—8月平均增长2.1%；日均客流7.24万人次，较1—8月平均增长2.66%。竞赛活动期间百万千米行车有责事故1.95起，较上年同期下降14.8%，较1—8月平均下降9.3%；车厢事故起数3起，与去年同期持平，较1—8月平均下降10%；重点线路766、763、765、760合计有责事故数5起，与去年同期持平；违法违章起数1.91起，较2017年同期下降11.16%，较1—8月平均下降2%；每千千米事故费用78元，与2017年同期持平，较1—8月平均下降56%。竞赛活动期间外修费315万元，较2017年同期下降17%，较1—8月平均下降18%。（顾雨荷）

交通基础设施建设

【清源路（净慧西道—华谊大道）建成通车】 2018年3月，清源路（净慧西道—华谊大道）工程建成并通车，西至华谊大道，东至净慧西道，道路全长784.61米，红线宽34米，设计标准为城市支路，工程总投资约3000万元，于2017年9月开工建设，同步建设雨污电力等综合管道，并与现状河道车尚浜相交，现状河道口宽约40米，采用三跨桥梁跨越车尚浜。该段道路建成通车后，提高道路的通行能力，完善周边区域路网，为太科园配套小学、波士顿国际学校等提供便捷的交通出行环境。（邵檬丹）

【修齐路（清源路—弘毅路）建成通车】 2018年8月，修齐路（清源路—弘毅路）工程建成并通车，该道路起于清源路，终于弘毅路，红线宽为16米，双向四车道，断面功能划分为：2米人行道+12米车行道+2米人行道，实施段全长224.06米，内含3跨现浇拱桥（10米+12.5米+10米）一座，全线同步敷设雨水、污水、自来水、电力、燃气等管道，工程总投资约800万元，该道路于2017年10月开工建设，道路的建成提升周边北洋清安、统力、中船等企业的通行能力。（邵檬丹）

【三让路（锡东大道—鸿庆路）建成通车】 9月25日，三让路（锡东大道—鸿庆路）工程建成并通车。该工程位于无锡市新吴区鸿山新城镇范围内，西起锡东大道，东至鸿庆路，道路全长约367米，红线宽度24米，设计标准为城市支路，工程总投资约1205.9万元。三让路属新建道路，同步建设雨水管、污水管、上水管、燃气管、电力管、综合信息管等。三让路的建成通车完善鸿山街道的路网，为两侧地块出行提供便利。（邵檬丹）

【鸿庆路（锡贤路—三让路）建成通车】 9月25日，鸿庆路（锡贤路—三让路）工程建成并通车。该工程位于无锡市新吴区鸿山新城镇范围内，西起锡贤路，东至三让路，道路全长约266米，红线宽度16米，设计标准为城市支路，工程总投资约1306.4万元。鸿庆路属新建道路，同步建设桥梁、雨水管、污水管、上水管、燃气管、电力管、综合信息管等。鸿庆路的建成通车完善鸿山街道的路网，为两侧地块出行提供便利。（邵檬丹）

【锡协路（薛典路—锡通高速）改造工程建成通车】 10月31日，锡协路（薛典路—锡通高速）改造工程建成并通车。该工程西起薛典路，向东跨越河道走马塘后，依次与经一南路、新鸿路、中通工业园区道路、现状支路相交，终点至锡张高速跨线桥下，道路长约1496米，红线宽度为19米，规划为城市支路，工程总投资约2700万元。锡协路于2017年12月22日开工建设，在老路的基础上对路基、路面进行改造，局部对雨水支管及雨水口进行改造，对交通设施进行补充完善。锡协路建成通车，提升道路的通行能力，完善路网结构，满足路网整体出行效率的需要。（邵檬丹）

【宁泰路（宁乐路—运河西路）建成通车】 2018年11月，宁泰路（宁乐路—运河西路）工程建成并通车，该道路是无锡市新吴区内一条东西走向的城市支路。项目起于宁乐路，向东延伸，与浪新路相交后，终于运河西路，全长0.483千米，道路红线宽度为24米，工程总投资约1200万元，该道路于2018年5月开工建设，全线同步敷设雨水、污水、上水、综合信息等管道，并配套实施监控信号和照明工程，道路的建成通车，为朗诗地块周边居民的通行提供便利。（邵檬丹）

【宁乐路（宁和路—清晏路）建成通车】 2018年11月，宁乐路（宁和路—清晏路）工程建成并通车，该工程位于无锡（太湖）国际科技园清晏路以北，是一条南北走向的城市支路。道路断面组成为：2×4.5米（人行道）+2×7.5米（行车道）红线宽24米，配套绿化面积980平方米，工程总投资约1200万元，该道路于2018年5月开工建设，全线同步敷设雨水、污水、上水、燃气、综合信息等管道，并配套实施绿化、信号和照明工程，道路的建成通车，完善朗诗地块、新安安居房地块的路网，为地块居民的通行提供便利。（邵檬丹）

【飞凤路（锡宅路—泰伯大道）改造工程建成通车】 12月15日，飞凤路（锡宅路—泰伯大道）改造工程建成并通车。该工程位于新吴区东南角的鸿山片区。起点为泰伯大道，终点为锡宅路，路线全长约4.37千米，是一条南北走向的城市次干路。路基总宽44米，设计速度40千米每小时，工程总投资约1.98亿元。飞凤路（泰伯大道—锡宅路）改造工程于2018年3月10日开工建设，是在老飞凤路基础上进行拓宽改建，两侧新建辅道，同步建设雨水管、污水管、电力管、信息管、燃气管、给水管线、交通标志、交通监控、照明工程、绿化工程、无障碍设施等。根据飞凤路的现状交通情况，施工分为二个阶段：一期实施飞凤路道路两侧管道及路基、路面、桥梁，工期4个月。二期实施飞凤路主车道病害修复及沥青面层摊铺，工期2个月。工程于2018年12月15日完工。飞凤路的建设能够提高路段通行能力和服务水平，显著提升东部鸿山片区南北向快捷通行能力，满足物联网小镇的交通出行需求，改善无锡市新吴区的路网通行条件，是新吴区东南片区功能布局以及物联网产业发展的重要支撑。（邵檬丹）

【春海路（春合路—金城路）建成通车】 12月31日，春海路（春合路—金城路）工程建成并通车。该工程位于新吴区江溪街道，实施起点与春合路相交，南延后与金城东路相交，道路长约359米，红线宽度为18米，规划为地块内部支路，工程总投资约1138万元。春海路属新建道路，同步敷设雨水、污水、上水、燃气、综合信息等管道。春海路建成通车，完善地块内路网，为周边居民出行提供便利，为地块价值的提升、地块建设发展提供保障。（邵檬丹）

【港口工程】 2018年，新吴区完成港口工程项目投资6156万元。高浪大桥作业区粮食专用码头通过竣工验收；新安大桥作业区码头二期工程码头主体工程已完工，完成建设8个1000吨级泊位、1.6万平方米集装箱货场、1.5万平方米仓库以及1500米园区道路。全区共完成港口货物吞吐量564.8万吨，同比增长38.7%，二类口岸集装箱吞吐量6.8万TEU，同比增长8.7%。（王　璟）

【苏南硕放机场升格】 2018年，民航华东地区管理局正式换发硕放机场使用许可证，飞行区指标由“4D”升为“4E”级，标志着苏南硕放机场已具备保障E类航空器的条件和能力，综合保障能力进一步提升。此前由于机场等级限制，大型飞机无法起降，一定程度上制约苏南硕放机场国际航线的开拓。升级为“4E”级机场后，苏南硕放机场可对波音747-400同类及以下机型进行保障，将进一步加大“大飞机”引进力度，提升苏南地区对外互联互通能力。（硕放街道）

交通行业管理

【危险货物运输管理】 2018年，通过日常检查、许可证年审、双随机抽查、第三方辅助检查、重大活动督查等方式全面监管危险货物运输行业。逐步加强对企业动态监控工作的监督检查力度，共发起292次查岗并定期抽查电子运单填报情况，全区道路危货运输车辆安全智能防控系统终端安装率超过九成，在道路危险货物运输行业主要负责人、安全管理员安全生产知识和管理能力考核试点工作中，所有人员均通过考核，通过率在全市排首位。（秦佳泽）

【维修行业VOCs整治】 2018年，开展“263”专项整治工作，推进机动车维修行业绿色经营，联合区安监环保局、区综合执法局、区市场监管局以及各街道组建治理工作小组，采取联动机制，累计出动人员300多人次，对全区维修企业进行拉网式排查，将问题比较突出的28家企业纳入重点治理名单，并在期限内完成对这28家企业的相关整治工作。通过及时解决投诉举报案件，发挥行业协会优势作用，新吴区机动车维修行业的信用建设得到加强。（邹春燕 叶燊辰）

【驾培行业管理】 2018年，新吴区6家驾校参加2018年度驾驶培训信誉考核，其中4家AA级，2家A级。无锡阳光驾培有限公司11名教练员荣获2018年度AAA级教练员。推进“预约培训，先培后付”的新驾培模式，培育“诚信乐驾”品牌，促进企业规范发展，全区新模式培训驾校7家，教练车360辆。（王 晨）

【交通运输监管】 2018年，根据简政放权政策要求，注销全区蓝牌车辆523辆，减少两证年审材料提交数量，力争实现“进一次门、办一次事、一次完结”。全面推行“双随机、一公开”监管工作，对142家企业开展检查。查处各类交通运输违法案件261起，其中涉及非法营运车辆案件37起，轻微违法行为免于处罚教育放行17起。共接受投诉举报125起，提供便民、为民、高效的一站式服务。（薛钰涵 曹卉丹）

水利

【概况】 新吴区南临太湖贡湖湾，其河网水系格局以区域、无锡市水网为基础，依托外围河网水系发展，区内形成“两纵两横”的骨干水系框架。“两纵”即走马塘与望虞河，“两横”即京杭运河与伯渎港，内部水网以此为框架，主要包括夹蠡河、西仓浜、旺庄港、周泾浜、香泾浜、梅花浜、马桥港、大溪港、新开港、三河港等主要河道。新吴区水系受流域性河道影响较大，主要受运东大包围、太湖新城大包围分割，京杭运河穿境而过、望虞河引江清水通道及望虞河西控工程影响。境内现有大小河道、湖泊308处，其中区级51条、镇级64条、村级193条。水域面积（不含太湖）8平方千米，水面率4%，其中太湖岸线6.935千米，京杭运河15千米，望虞河18千米，走马塘河道13.1千米，伯渎港22千米。区级防汛泵站49座，全区农村固定泵站80余座，总装机功率1805千瓦。农田灌溉渠道总长154.8千米，小型灌溉排水泵站19座。（胡道文）

【水利工程建设与管理】 2018年，新吴区完成望虞河除险加固工程、冷渎港清淤、凤凰浜沟通、坊桥港驳岸修复工程、同心闸移建工程、面杖港沟通工程等水利工程。全面实施望虞河西控工程、周泾河沟通工程。6个街道实施20余条河道清淤整治，鸿山街道、硕放街道对望虞河沿线支浜投入约4000万元实施综合治理。通过除险加固、泵闸站大修改造、新建等工程措施对新吴区55处区属泵站、水闸工程实施标准化创建；通过政府采购的方式统一外包泵闸站等水利工程运行管理，对闸站建筑物确权划界范围内的水工建筑物、机电设备、上下游引河、引河堤防、办公生活设施实施全面规范管理，形成全区统一的管理、运行、调度模式。利用信息化手段科学决策、科学管理，最大化发挥防洪保安、常年不间断生态调水的经济、生态、社会效益。全面完成太湖、京杭运河、望虞河、伯渎港、大溪港5条骨干河道确权划界年度工作任务中的划界工作；将区属64条（不含新安街道）河道纳入统一规范化管理，通过政府采购确定长效管护单位，管护内容包括河道日常巡查，岸脚、岸坡垃圾清理，确保河道水面无漂浮物，堤防、岸线管护，栏杆零星维修管护等工作，全面打造水清岸绿、整治有效的新吴区河道管理体系。（胡道文）

城镇规划

【新一轮无锡市城市总体规划编制】 2018年，无锡市规划局新吴分局结合总规编制工作组对新吴区再调研的对接工作内容情况，综合考虑新吴区的发展实际和控规全覆盖情况，对接全域数字化现状数据、三区三线划定方案、空港战略枢纽地位的规划构思、区域绿地系统、重大基础设施布局和公共服务设施等内容。（谢勇军）

【分区战略（产城融合）发展规划】 2018年，无锡市规划局新吴分局落实市委、市政府提出建设“四个走在前列”的总体要求，统筹推进高水平产城融合发展战略，完成高新区（新吴区）分区战略发展规划编制工作，规划科学谋划高新区（新吴区）发展目标定位，在全区战略引领上实现整体布局和结构的优化，优化提升民生、生态、交通等方面的服务水平，加快补齐“短板”，推进高水平产城融合。（谢勇军）

【高水平产城融合发展三年（2018—2020年）行动计划】 2018年，以分区战略（产城融合）发展规划为引导，按照“产城联动、融合发展”的工作思路，充分征求各条线、各版块的意见，编制完成高新区（新吴区）推进高水平产城融合发展三年（2018—2020年）行动计划，提出“五大策略”，实施“八大工程”，确定重点建设地区和重点实施项目，统筹建设时序，制定促进规划实施的举措和机制。（杨瑞华）

【镇村布局规划修编和村庄规划编制】 2018年，无锡市规划局新吴分局响应全市城市现代化与城乡发展一体化工作会议的会议精神，加快推进规划发展村庄的改造提升，努力建设历史记忆深刻、地域特色明显、现代设施完善、环境面貌优美的新型镇村，更好展示出无锡农村的田园风光、山村风貌、水乡风韵。结合新吴区乡村地区发展实际，扎实推进乡村振兴战略，完成新吴区镇村布局规划修编工作，加快推进七房桥村庄规划编制。（杨瑞华）

【重点片区规划研究】 2018年，无锡市规划局新吴分局为进一步落实重点区域开发建设新要求，加强与各街道、各版块的对接工作，指导实施主体完成慧海湾小镇概念方案设计、鸿声老镇区改造方案等规划设计。以“三廊”战略空间结构为引领，陆续开展泰伯广场地区、鸿山新市镇地区、旺庄路地区等重点片区的规划研究工作，制定相应的规划引导和实施措施，进一步完善城市功能，塑造良好的空间特色风貌。（蔡　雷）

【科学规划实施评估和动态更新】 2018年，无锡市规划局新吴分局为进一步完善城市功能，促进土地的合理集约利用，优化公共服务和市政配套设施布局，结合各功能板块实际发展诉求和城市建设发展需要，适时启动相关管理单元的控规动态更新调整工作。年内，完成江溪三—坊前北、梅北—新镇南、梅南—联北、A南—光伏4个管理单元的控规动态更新。加快推进江溪—旺庄、鸿南—后宅北、梅北—工业区三个管理单元的控规动态更新。（张　清）

【重点项目规划审批】 2018年，无锡市规划局新吴分局核发“一书两证”（选址意见书、建设用地规划许可证、建设工程规划许可证)，规划核实661件。批准各类建设用地规划面积434万平方米，同比增长91%；核准建设工程规模总量870万平方米，同比增长155%；建设工程竣工验收321万平方米，同比增长24%。完成华虹半导体、海辰半导体、亚太轻合金、先导燃料电池、固废综合处置项目等重点项目的规划审批。坚持以人为本，完成鸿山颐养院、鸿山社区卫生服务中心、江溪睦邻中心、春勤农贸市场、春城、南丰、坊前小学扩建、金桥实验学校高新区校区、丽景佳苑小学、旺庄中学、吴风实验学校、鸿声家园一期、鸿运苑六期五区、梅荆花苑五区三期等项目的相关规划许可，保障民生项目顺利实施，提升城市公共服务水平。推进道路交通和市政公用基础设施规划建设，推进新光路上跨桥工程、菱湖大道跨桥工程、飞凤南路快捷化工程等项目建设；加快落实312快速化改造、雪梅路快速改造方案；对上争取地铁3、4号线二期，5号线、8号线纳入第三轮建设规划，使之早日提上建设日程；开展为重大项目的各类配套管网规划建设，提升区内电力、燃气、污水等各类基础管网服务水平。（刘　宇　张国毅）

城市建设

【概况】 2018年，新吴区住建交通局全面聚焦高水平产城融合，争当城乡统筹、生产生活生态融合领跑者。加快生态保护和修复，实施区域水质提升、工地扬尘防控、非法砂石码头整治等攻坚克难工作，推进蓝天碧水保卫战；实施生态景观工程，打造美丽乡村、建设海绵城市，构筑生态景观带；推进城乡融合发展，加快政府投资项目建设进度，项目开工率及投资完成率创三年新高；增进民生福祉，加强房地产调控，促使全区房地产市场持续平稳健康发展。推进棚户区改造、安置房综合改造提升、农房翻建等群众关注的热点工作，着力办好民生实事；稳控安全生产形势，持续关注建筑工地安全文明施工管理，燃气安全以及交通运输行业安全等重点行业管理领域安全生产工作，营造和谐稳定环境。（朱冯佳）

【基础设施建设】 2018年，新吴区住建交通局推进产城融合发展，抓住项目建设攻坚克难，城市功能品质优化提升。2018年，全区共实施基础设施项目59个，项目开工率及投资完成率均

高浪路高架

创近三年新高，其中，飞凤路跨沪宁高速大桥、飞凤路（锡宅路—泰伯大道）改造工程等项目完工，干城路、清源路、江溪路等一批断头路全面打通，佛奥支路、锡钦路等支路网得以完善，新城污水处理厂提标扩建项目落地实施。（邵檬丹）

【房屋征收拆迁】 2018 年，新吴区累计完成房屋征收拆迁总量 109.745 万平方米，完成年度目标任务 90 万平方米的 122%，相比 2017 年同期增长 15.2%；累计完成房屋征收拆迁项目 39 个，约完成年度目标任务 30 个的 130%，相比 2017 年同期增长 34.5%。2018 年区政府作出两个国有土地上房屋征收决定，即地铁三号线其他配套工程项目及旺庄中学易地新建工程项目房屋征收决定，2018 年以上两个征收决定征收范围内的房屋全部签约补偿、搬迁拆除完毕。（盛　帅）

【建设工程交易项目】 2018 年，新吴区共计完成建设工程交易项目 1089 宗，交易金额 103.62 亿元，其中，建设工程项目交易 336 宗，交易金额 99.54 亿元，节约资金 9.45 亿元，微型工程项目交易 753 宗，交易额 4.08 亿元，节约资金 0.62 亿元。完成建设工程电子招标标段总数 344 个，远程评标项目 53 个，全年实施“二合一”评标法项目 77 个，“三合一”评标法项目 10 个。（陶燕芳）

村、街道建设

【概况】 2018 年，新吴区住建局开展村庄环境改善提升行动，通过资金保障、广泛开展宣传，完善管理机制等举措继续大力实施村庄环境综合整治，进一步强化村庄环境长效管理。推进鸿山街道农房建设，成立区农房建设领导小组，编制建设管理意见，初步建立农房建设机制，理顺农房建设审批建设流程。（顾晨竹）

【村庄环境长效管理】 2018 年，各街道共计开展宣传活动 10 余次，发放宣传材料 1000 余份。解决村内废品收购点以及垃圾偷盗等日益突出的问题，共整治 20 余处非法废品收购站，拆除废品收购站以及临时建筑 1000 余平方米。改造硕放村雨污管道 900 余米。各街道共计清理村巷面积 92 万平方米。对镇级、村级河道开展拉网式排查，打捞河道水面漂浮物、清理堤岸垃圾 53 吨。引导外来人口转变观念，建立科学文明健康的生活方式和生活习惯，为村庄长治久洁打下基础。（顾晨竹）

【农村住房建设】 2018 年，新吴区住建交通局着力推进鸿山街道飞凤路以东规划发展农村范围的农房建设，成立区农房建设领导小组。编制《关于加强新吴区农村居民住房建设管理的方案意见》，确定改造试点村，初步建立农房建设机制，理顺农房建设审批建设流程。（顾晨竹）

城市管理

【概况】 2018 年，新吴区围绕全面提升城市精细化管理水平，坚持“问题导向、系统思维、综合施策、长效管理”理念，做到规划在前、制度在先、齐抓共管、把握规范、全面覆盖、达标创优。确立联席会议机制、协同工作机制、相互通报机制、监督考核机制。夯实“1+11+1+1”制度基础，即 1 个实施意见——《提升城市精细化管理水平　建设优美环境合格区的实施意见》；4 个行动方案——城市精细化管理提升三年行动计划、城市交通文明专项整治方案、村庄环境整治工作三年行动方案、市民文明素质提升行动方案；7 个具体标准、办法——优美环境合格区验收标准（试行）、城市管理“721”工作法、建设管理单元绩效考核办法、执法与管理队伍融合方案及绩效考评办法、政府职能部门评誉评价办法、市场化作业单位绩效考核的意见（暂行）、奖补资金筹集使用管理暂行办法；1 个工作细则，高新区（新吴区）建设优美环境合格区工作细则；1 个纲领性考核办法，高新区（新吴区）建设优美环境合格区考核办法（试行）。进一步完善“两级政府、三级管理、四级网络”体制，科学确定市、区、街三级管理职责与职权，区城管委统抓全区精细化管理工作；街道领导小组开展本区域各项重点工作；单元长落实单元内部城市管理问题的发现和处置。同时，高新区在市数字城管监督指挥框架内，完成区、街二级数字城管监督指挥（分）中心组建，实现175个管理单元专网接通，搭建起市、区、街、单元数字城管监督指挥“四级网络”。在每个单元内部设立单元长1名，由村（社区）书记或主任担任；城市管理处置员5名，其中3名为社区工作人员兼任，2名为街道协管队员派驻。单元长负总责，沟通、协调、处置单元内日常城市管理工作。单元处置员巡查、处置单元内日常城市管理工作。统一办公场所布置设置，统一办公设备配套，统一巡查工具配备，统一工作台账样式，统一人员培训上岗。协同单元处置员队伍，政府职能部门联络人队伍，市场化管养单位责任人队伍，执法管理应急机动队伍，社区志愿者队伍。（顾晨竹）

【八大专项整治】 2018年，新吴区开展八大专项整治行动。即：环境卫生专项整治行动；市容秩序专项整治行动；街景出新专项提升行动；交通文明专项整治行动；高速公路出入口专项整治行动；散乱污企业、非法砂石码头整治行动；亮化提升专项行动；文明素质提升专项行动。全年，清理各类暴露积存垃圾17.5万吨，生活垃圾分类设施覆盖率达到50%，新改建公厕21座。新增垃圾转运车22辆，改造提升转运车30辆。查处无证摊贩（占道经营）6978起，查处工程车违规运输、偷倒建筑垃圾279起，查处道板违停9200起，拆除违法建设600处、面积20余万平方米，拆除各类别墅违建4000余平方米。道路包装出新12条，背街小巷治理18条，示范路建设4条，实现区域户外广告详规覆盖率50%，创建市级“三乱”治理示范小区2个，新建公园游园18个，查处违停5.1万余起，清障拖车848辆，查扣“小飞龙”300辆，查处非机动车违法4.35万余起，查处行人违法3987余起，增设大型停车场6处，新增拖移车辆停车场5处，划定违停严管路段10条。清理各类暴露垃圾和非法堆积600余平方米，拆除违法户外广告400余平方米，拆除违法建设500余平方米。整治泊渎河及43条支流岸线沿线环境整治，整改关停“散乱污”企业270余家、废旧物资回收站点139家、非法砂石码头33家。实施亮化新建、改建项目23处，完成绿色照明改造小区4个、道路2条，参与完成商业项目亮化设计40个，统一控制新建商业项目23个。公益广告覆盖率达到50%以上。（林　钢）

【燃气管理】 2018年，新吴区成立三级燃气管理网络，开展日常燃气安全检查，智慧燃气供应站监管系统已全覆盖，在全市率先开展燃气安全进校园宣讲活动；联合公安办结全省首例追究“黑气点”刑事责任案件；制定并出台新吴区《关于加强新吴区餐饮场所公共安全管理通知》。（顾晨竹）

太湖湿地

房地产业

房地产开发

【概况】 2018年，新吴区商品房新开工245.92万平方米，同比增长16.55%；销售新建商品房面积234.84万平方米，同比增长237.76%，其中新建住宅销售面积208.50万平方米，同比增长320.29%；新建商品房销售额233.25亿元，同比增长252.61%；新建商品住宅成交均价9924.46元/平方米，同比增长2.33%。（潘文彬）

【物业示范项目创建】 2018年，强化物业示范项目引领作用，指导优秀物业项目进行示范创建工作。全年共完成创建“一宜居、五示范”的良好成绩。即“金科米兰花园”1个省级宜居示范居住区创建；“金科米兰花园”和“吴月雅境”2个省级物业示范管理项目创建和“奕翔公寓”“梅村生活购物广场”“中国传感网国际创新园二期、三期”3个市级物业示范管理项目创建工作。其中金科米兰花园小区成为新吴区首个省级“双示范”的宜居小区。（陆晓芳）

【二次供水改造】 2018年，启动推进新吴区普通居民住宅二次供水改造工作。普通居民住宅二次供水设施改造是一项利国利民的民生工程，是改善民生，解决好城市供水“最后一千米”水质安全问题的有效途径。2018年，完成对37个小区的二次供水改造的立项、可研、招投标等前期准备工作，拟投入资金约1.2亿，实现居民住宅二次供水改造工作早领跑、早受益的工作目标。（张佳义）

建筑业

【概况】 2018年，新吴区累计监管建设项目339个，面积约1318万平方米，新开工项目179个，新开工面积约547万平方米。全区共开具整改单992份，要求整改安全隐患5784余条，全年区内共备案31个超过一定规模的危险性较大的分部分项工程，均已通过专家论证。监督区属建筑业企业156家。2018年，获得首次申报建筑业资质的企业共计31家，其中获得总承包资质的10家，获得专业承包资质的企业21家；获得申报建筑业资质增项的企业共计15家，其中获得总承包资质增项的5家，获得专业承包资质增项的10家；获得申报建筑业资质升级的企业共计3家。共计45家企业进行资质变更申请并通过审核。建筑业企业新申报获得安全生产许可证企业49家。共申报优质结构工程项目17个，省市标准化工地14个。（吴　敏）

【建设工程月度检查】 2018年，制定《2018年无锡新吴区建设工程建筑安全和文明施工专项整治工作方案》，3—4月，开展春季复工专项检查；5月份抽查在建工程项目8个；7—8月，督抽查在建工程项目175个，发现安全隐患1056条，签发安全生产隐患限期整改单170份；9—11月，专项检查抽查项目20个，安居房项目10个，市政工程项目11个；11—12月，对全区79个项目开展信用考核，开具整改单10份，停工单4份。（吴　敏）

【第三方专家抽检】 2018年，引入第三方服务，邀请有资质的专家每周定期监督抽查大型机械设备的实体安全，同步检测安装单位、维保单位、检测单位的工作质量。2018年，通过70次第三方抽检方式，对区内安装单位进行16次行政处罚。通过一系列举措确保新吴区起重机械设备的安全使用。申请经费与第三方工程质量检测机构合作，对在建工程的砼强度、钢筋保护层、楼板厚度等进行现场抽测工作。通过现场随机选择抽测的形式，督促参建各方质量意识的提高，有效提升工程质量。新吴区建设领域结合市质量监督站共抽测59批次砼强度、楼板厚度、钢筋保护层，其中7个批次不合格，已按照相关措施整改完毕。（吴　敏）

【建筑原材料和构配件质量监督】 2018年，新吴区建筑业领域继续开展抽检工作，建筑原材料和构配件是建设工程质量的保证。根据日常质量监督的需要和各检测中心的检测能力，材料抽检工作从常规的钢筋、墙体材料发展到现在的预制管桩、保温材料、防水材料等。2018年，新吴区在建项目共抽检材料115批次，其中5组材料不合格，已全部处理完成。（吴　敏）

【质量投诉处理】 2018年，新吴区共受理各种形式质量投诉268起，其中涉及房屋质量处理、质量问题咨询、要求经济赔偿等多种诉求。工作人员均耐心地与投诉人联系，协调参建各方人员共同踏勘现场，根据现场和相关法律法规协调处理，主动联系建设单位邀请相关市级专家进行分析论证处理，确保房屋质量问题及时整改。

（吴　敏）

【在建项目关键岗位人员人脸识别考勤】 2018年，利用人脸识别考勤督促关键岗位人员到岗履职，取得初步成效。新吴区126个项目，117名项目，99名总监，共计1865名关键岗位人员执行人脸识别考勤，考勤到岗率由最初的20%上升到90%以上。（吴　敏）

新吴区一隅

【概况】 2018年，新吴区科学技术和信息化局坚持创新驱动为核心、产业强区为主导的产业发展思路，大力推动苏南国家自主创新示范区和无锡国家传感网创新示范区建设。高新技术产业产值为2692亿元，占规模以上工业产值比重64.6%；有效期内高新技术企业总数437家；新增科技企业605家，同比增长50%，为历年新高；万人发明专利拥有量达到126.39件；物联网、集成电路、软件与信息服务、生物医药产业产值同比分别增长20%、12%、18%、15%。

（张友伟　杨　凯）

科技管理

【高新技术企业认定】 2018年，新吴区高新技术企业申报227家（新申报企业129家），通过认定205家（新认定企业114家），同比增长72.3%，申报数、通过认定数、增长幅度均创历史新高。2018年净增高新技术企业73家，有效期内高新技术企业总数437家，占全市的21%，列全市第一。（张友伟　龚一峰）

【众创空间建设运营管理】 2018年，加强各众创空间创新创业活动开展和创新孵化工作指导，新增阿里创新中心、中航联创、太湖国际人才港3家省级众创空间。众创空间全年共组织开展各类创新创业活动200多场，在孵企业超260家，累计“毕业”企业25家。（张友伟　徐宏浩）

【科技企业孵化器创新平台建设】 2018年，深港国际（研祥）获批省级科技企业孵化器，中关村软件园获批省科技企业加速器。全区6家国家级科技孵化器参加科技部绩效考核，国家软件园成为无锡市唯一一家获评优秀的孵化器。13家省级以上科技孵化器参加省级绩效评价，获评优秀4家，占无锡全市获优数量的近一半。

（张友伟　徐宏浩）

【新型研发机构建设】 2018年，新吴区认定市级以上研发机构20家，郝跃院士工作站、聂祚仁院士工作站获得江苏省科技厅授牌，江苏省产业技术研究院深度感知技术研究所签约。

（张友伟　钱庆庆）

【重大创新平台建设】 2018年，江苏省物联网研究发展中心体制机制完成调整，载体资方通过挂牌转让顺利过户，为充分调动和利用中科院微电子所创新资源奠定坚实基础。江苏物联网研究发展中心、中电海康无锡公司等单位共同组建“无锡物联网创新中心有限公司”并获批省物联网创新中心；江苏省物联网产业技术创新中心首批微系统技术协同创新平台等3个公共技术平台项目经过专家论证；无锡医疗物联网产品评测中心、国体智体检测（江苏）有限公司等重点支撑平台启动。（张友伟　李振东）

【科技创新创业政策体系建设】 2018年，出台《无锡高新区科技创新创业政策实施细则》《关于支持集成电路产业发展的政策意见》《无锡高新区（新吴区）以物联网为龙头的新一代信息技术产业和生物医药产业政策实施细则》《无锡高新区科技企业孵化器认定及管理办法》《无锡高新区众创空间管理办法》《无锡高新区（新吴

区）专利资助与奖励资金管理暂行办法（试行）》等一系列精准扶持政策文件。（张友伟　杨　凯）

【重点企业梯队培育体系建设】 2018年，建立新吴区“雏鹰”企业、“瞪羚”企业、“独角兽”企业等重点培育企业库，进行跟踪和精准服务。在全市公布的5家“独角兽”企业培育首批入库企业榜单里，易视腾科技股份有限公司入围，另有79家企业、37家企业分别入选市“雏鹰”“瞪羚”企业培育入库名单；7家企业入列省“最具发展潜力科技人才创业企业”，占全市的35%；全市入选苏南自主创新区潜在“独角兽”榜单的企业由新吴区易视腾科技股份有限公司、曲速教育科技有限公司包揽，26家企业入选苏南自主创新区“瞪羚”企业榜单，占全市的72%。（张友伟　安　乐）

【科技金融协同发展】 2018年，中小科技企业创新型银团、投贷联动、创新引导基金等新型科技金融体系不断完善。推荐201个科技项目获得风险补偿贷款超过6亿元，4家天使投资机构完成江苏省天使投资风险补偿资金入库。组建新动能产业发展基金，其中高新区母基金50亿元，推动成立中电海康、海尔物联网、华云数据、朗新、特康无锡等7个企业产业基金。2018年年内，新吴区新增企业银团15家，新增新三板企业4家。（张友伟　安　乐）

【研发投入持续加大】 2018年，全社会研发投入占GDP的比重达到3.8%，位列全市第一，比上年度增加0.36个百分点。2018年，全区市级以上研发机构累计308家，位居全市第一；全区研发机构累计拥有研发人员30622人；全区研发机构研发投入达到68亿元。（张友伟　徐宏浩）

【统筹协调高新区“争先进位”】 2018年，围绕“高效益科技创新走在前列”发展定位，研究和明确无锡高新区“争先进位”工作目标和任务分工，努力在创新能力和创业活跃度、结构优化和产业价值链、开放创新和国际竞争力、生态环保和宜居包容性、创新驱动和高质量发展五个方面形成新突破，构筑新优势。2018年，无锡高新区在国家高新区评价排名由34名提升至30名。（张友伟　张　翔）

科技成果

【重大科技项目】 2018年，新吴区推荐省科技计划项目44个，共立项14项，其中科技成果转化项目5项，科技成果转化项目入围率达50%。组织申报市级科技计划项目141个，共58个项目（其中储备项目9个）立项。小天鹅股份有限公司获批江苏省高价值专利培育计划项目。央视国际网络无锡有限公司“央网舆情大数据平台”作为无锡市唯一项目入选“2018年大数据产业发展试点示范项目”。江苏极熵物联科技有限公司“动力设备智能服务（DbPE-CPS）云平台”入选工信部2018年“制造业与互联网融合发展试点示范项目”，成为江苏省重点工业产品和设备上云方向的唯一获选企业，实现无锡市在国家级制造业与互联网融合发展试点示范项目领域零的突破。（张友伟　过雪东）

【科技企业省市创新大赛】 2018年，新吴区11个项目在无锡市科技创新创业大赛中获奖，其中，无锡智伴物联网有限公司、“高精度地图”团队获得企业初创组和团队组一等奖。4个项目入围“创业江苏”科技创业大赛，江苏艾尔康生物医药科技有限公司获得二等奖。8个项目获省推荐参加中国创新创业大赛行业总决赛，占全市四成以上。（张友伟　金　兰）

【构建“互联网+产学研+众创空间”平台】 通过“互联网+产学研+众创空间”平台的构建，引导高校专家及其成果与区内企业技术需求无缝对接，2018年产学研线上平台累计有839家企业、87所高校院所注册登陆，企业与高校院所达成合作意向、签订技术合同并完成线上备案流程的共76项。（张友伟　钱庆庆）

【物联网标准化基础理论研究】 2018年，新吴区物联网标准化基础理论研究取得重大突破，无锡医疗物联网研究院承担12项标准制订工作，物联网产业研究院牵头起草ISO/ISO 30141:2018物联网参考架构国际标准正式发布，《信息技术 变电站传感器网络系统架构》国际标准提案获得立项。（张友伟　赵　静）

【物联网产业集群效应】 2018年，智能传感系统创新型产业集群通过验收。新吴区全区纳入全市考核的重大项目均按时序进度稳步推进，华勤通讯技术有限公司长三角研发中心、江苏恒云太信息科技有限公司数据中心项目等重点项目按时序进度稳步推进。 （张友伟 丁 强）

【中科西北星入选“2018中国智慧养老十大品牌”】 3月15日，2018中国国际养老产业发展高峰论坛在北京召开，活动发布“2018中国智慧养老十大品牌”，新吴区企业江苏中科西北星信息科技有限公司入选。江苏中科西北星信息科技有限公司是中国科学院物联网研究发展中心在国内孵化的第一家关注养老的科技型公司，是国内最早研究物联网技术在养老管理服务应用的国家科技队,也是国内“智慧养老”最早倡导者和践行者。公司系统平台是全国唯一一家在市级范围内落地应用的智慧养老平台，唯一一家在区县级范围实现养老智能化服务全覆盖的平台。该公司同时是2015年“智慧新吴”重点项目“新吴区智慧养老项目”的实际承建单位，2016年该项目入选“无锡市‘十二五’智慧城市应用示范项目”。 （科信局）

【江苏省示范博士后科研工作站】 2018年11月，省人社厅下发《关于公布第三批江苏省示范博士后科研工作站名单的通知》，公布10家第三批江苏省示范博士后科研工作站名单，无锡国家高新技术产业开发区博士后科研工作站榜上有名。无锡国家高新技术产业开发区博士后科研工作站于2002年获批设立，为区域性总站，下设16家分站，分站规模位居全省前列。设站以来，通过与复旦大学、东南大学、南京航空航天大学、江南大学等高校流动站构建博士后联合培养机制，先后引进培养42名高水平、高层次、高质量的博士后进站工作。设站单位涵盖国有大中型企业、规模以上民营企业、科技型创新企业、科研型事业单位等，产业类型聚焦高端装备、新能源、新材料、生物医药、物联网等地方主导和战略性新兴产业。各分站共申请和获得专利111件，在核心期刊、权威杂志和SCI等发表论文28篇，带动产值近30亿元。博士后先后申报“省创新团队”“企业博士后集聚计”“333工程”“六大人才高峰”“国家博士后基金”“国家自然科学基金”“国家自然科学基金青年基金”等项目，争取近1.5亿元的资助。 （王学用）

知识产权

【概况】 2018年，新吴区新增专利申请11436件，其中发明专利申请3971件；新增授权专利7143件，其中发明专利1444件；新增PCT申请专利177件，万人发明专利拥有量达到126.39件。2018年，新吴区获得“江苏省2017年度知识产权工作成绩突出单位”“知识产权宣传培训工作成绩突出单位”和“江苏省知识产权试点示范园区工作成绩突出单位”3项省级表彰。

（张友伟 李 双）

【第十一届知识产权宣传活动周】 4月26日，新吴区举办第十一届知识产权宣传活动周主题活动暨启动仪式。活动通报新吴区知识产权工作的有关情况，并就如何把知识产权工作与新旧动能转换相结合、有效发挥知识产权对创新和高质量发展的支撑作用进行探讨。研讨会上，专利代理人、国家注册IPMS审核员就如何更好发挥知识产权对科技创新和高质量发展的支撑作用分享见解：无锡市大为专利商标事务所所长对中共十九大以来最新国家和地方知识产权工作导向和政策进行解读；无锡市艾克特电气股份有限公司相关负责人围绕世界知识产权日主题“变革的动力：女性参与创新创造”做交流发言。 （科信局）

教 育

【概况】 2018年，新吴区有独立设置的中小学、幼儿园73所，其中初中7所、小学16所、九年一贯制学校2所、公（民）办幼儿园48所，还有外籍人员子女学校3所，在校（园）学生7万人、教职工5688人。成人教育阶段有区社区学院1所、街道社区教育中心（成教中心）6所，并有区老年大学1所。驻区学校主要有无锡科技职业学院、东南大学无锡分校、江苏省梅村高级中学、无锡市第三高级中学、无锡机电高等职业技术学校、无锡卫生高等职业学校、无锡爱儿星早教园等，在校学生约3万余人。 （陈 龙）

教育管理

【教育经费投入】 2018年，新吴区国家财政性教育经费投入2.08亿元，同比增长32.6%（其中按教育经费统计及省厅要求，2018年计中一般公共预算教育经费扣除教师社保、公积金、文化类支出、街道代列支出等，按9.92亿元上报，比2017年增长16.98%），区财政教育经费投入呈加速增长态势。2018年全社会教育投入4.51亿元，同比增长33.24%，较2017年有大幅提高。表3为近三年新吴区教育经费投入情况。 （张志宇）

表3 2016—2018年新吴区教育经费投入情况一览表

	2016年	2017年	2018年
全社会全教育总投入	9.16	10.89	14.51
1. 财政性教育经费	7.48	9.11	12.08
1.1 财政预算安排的教育经费	7.48	8.48	9.92
1.2 其他财政预算安排	0	0.63	2.16
2. 民办学校举办者投入	0	0.01	0.03
3. 捐赠收入	0	0	0
4. 事业收入	1.62	1.75	2.33
4.1 学费收入	1.55	1.66	2.33
5. 其他教育经费	0.07	0.02	0.07

【基础教育布局规划】 2018年12月，新吴区进一步完善基础教育布局规划，研究出台《无锡市新吴区基础教育设施提升三年行动计划（2018—2020年）》，明确近期共规划幼儿园37所，其中已建6所、在建11所、拟建20所；规划中小学24所（含九年一贯制学校），其中在建13所、已立项待建1所、已列入“十三五”项目4所、规划新增6所。规划建成后，全区基本满足每万人配置1所幼儿园，每1~2万人配置1所小学，每2~4万人配置1所初中的江苏省基层基本公共服务功能配置标准的要求，并逐步化解超规模、大班额问题，实现基本公共教育服务对辖区所有适龄孩子的机会公平。 （张志宇）

【学校建设】 2018年，新吴区全年完成学校建设工程投资7.2亿元，春阳实验小学、新吴实验小学、新吴区特殊教育学校主体工程基本完成，春星小学、后宅中学、新城中学等8个改扩建项目顺利推进，梅里中学二期行政楼处于施工总包招标阶段，鸿山实验小学二期完成项目建设，高浪小学及南丰小学改扩建处于办理前期手续阶段。新开办6所幼儿园，其中3所为公办园，2所为民办普惠园，新增学额3413个。（朱春伟）

【各级各类教育协调发展】 全面推动《关于推进教育体制改革和运行机制创新的实施意见》等教育改革文件的落地见效，教育事业发展集聚动能、焕发生机。落实义务教育“以区为主”管理体制，到2018年年底，全区中小学全部收归区级统一管理，打破条块分割的壁垒，实现学校建设标准、经费保障力度、教育装备水平、师资力量配置、校级领导任免、教学业务管理“六个统一”，为义务教育优质均衡发展奠定坚实基础。2018年，新吴区特殊教育学校主体工程建设年内全面竣工，预计2019年9月正式开办；开展“普特融合”教育，全区21所普通中小学、幼儿园建立资源教室，5所小学建成融合教育资源中心，扎实开展随班就读、送教上门工作，累计发放残疾学生慈善补助经费21.4万元。波士顿外籍人员子女学校、华瑞海归人才子女学校，以及2所普惠性民办幼儿园、2所营利性民办幼儿园正式开办，金桥双语实验学校开工建设，有效满足本地居民、科创人才和外籍人士的多层多元教育需求。联合市场监管、公安、消防及各街道开展校外培训机构专项治理行动，累计检查各类校外培训机构200多家，规范校外教育培训机构办学行为。进一步营造“全民教育、终身学习”的社区教育氛围，建成区社区教育成果展示中心以及1200平方米的教学专用场地，完成10所省级居民学校创建；新吴区社区学院先后被评为“全国优秀成人继续教育院校”“江苏省成人教育改革发展40周年40佳社教单位”。研究出台《新吴区民办教育贡献奖奖励办法》，区政府设立民办教育专项奖补资金，加大财政扶持力度，累计发放民办教育奖补资金200多万元，促进民办教育健康有序发展。2018年，共有62家民办教育机构获得办学许可证。（陈　龙　浦毓敏）

【教育督导】 2018年，研究制定《关于印发无锡高新区（新吴区）初中小学幼儿园综合督导方案的通知》《关于印发新吴区中小学校综合督导工作规程（试行）的通知》，在此基础上，编印《无锡市新吴区中小学综合督导工作手册》《无锡市新吴区幼儿园督导评估工作手册》，开展综合督导评估11次。开展春季开学暨学校安全风险防控、城乡义务教育一体化改革发展、中小学生欺凌综合治理、义务教育国家课程教材使用情况、中小学教育技术装备等十余项专项督导。挂牌督导工作发展态势良好，正式获评2018年度“江苏省中小学校责任督学挂牌督导创新县（市、区）”，启用全国督导平台，整合利用现有“智慧教育”平台网络督导信息资源，发挥多元优势，强化挂牌督导工作信息化管理。（陆　洁）

【教育教学质量】 实施内涵发展战略，加强教育管理和质量指导，省教育现代化建设监测得分突破90分，通过“省中小学校责任督学挂牌督导创新区”“省示范性县级教师发展中心”两大创建评估，区域教育优质化水平跨上新台阶。出台《消除大班额行动计划》，通过资源调整及全区统筹安排，2018年秋学期全区消除大班额现象。以小学“两新”（新素养、新课堂）、初中“双实”（落实课程标准、落实核心素养）课堂教学改革和幼儿园课程游戏化改革为抓手，推进学校内涵建设，南星小学被评为省特色文化建设学校，旺庄实验小学被评为市基础教育前瞻性教学改革实验学校，全区新增省优质幼儿园4所。实施教育信息化2.0战略，完善区智慧教育云平台功能，推进智慧校园建设，承办全市智慧校园建设推进会和智慧教育工作推进会。各校以“体教结合”“一校一品”建设为抓手，实施素质教育，体育和艺术比赛成绩屡破记录，获省中小学生艺术展演活动一等奖2个，省运会金牌10枚。争创全国首批义务教育优质均衡发展县（市、区），与国家教育行政学院，梅村高中、锡师附小、大桥实验学校等市区优质公（民）办学校、国际学校等39所学校建立跨区域、跨类别的优质教育发展共同体。出台《区优质教育发展共同体建设实施意见》及合作办学、课程开发、教研互助、教师发展4个支持计划，全力打造基础教育开放融合、优质发展的新格局。（陈　龙）

【安全法治】 2018年，研究出台《关于印发新吴区学校财务工作常规检查实施方案的通知（锡新教〔2018〕29号）》，严格遵守《无锡市新吴区教育文体局所属单位财务管理暂行办法》《新吴区教育文体局内部财务与会计管理控制制度》，落实政务、校务公开制度，推进教育民主化进程，自觉维护法律法规权威。2018年初，新吴区教育局和瑞莱律师事务所签订合同书，明确服务范围、服务方式、服务期限、法律责任等，确保教育系统各项工作有法可依、有法可循。15所中小学聘请法律顾问，广泛开展普法教育活动，其中，梅里中学联合神阙律师事务所通过微信小程序“校园法律通”帮助解法律法规小常识、法律风险提示、以案释法典型案例，针对性、专业性强，受到全体师生的广泛好评。全面开展法治教育活动，组织机关工作人员参加省机关第六届“万人学法”竞赛活动；围绕“国家宪法日”开展全区“2018教育系统国家宪法日主题教育活动”；联合司法局举办“校园法治歌曲编创评选及演唱竞赛活动”；以“法护蓓蕾·德润童心”微信公众号为载体，不定期推出与青少年成长成才相关的社会热点、难点问题大讨论，吸引广大家长群策群力，提升机关工作人员、全区师生的法治理念和水平。学校坚持法治文化与学校文化有机融合、体验教育与法治教育有机融合，全区各学校在抓青少年学生的法治教育过程中，重视法律常识课程建设“四落实”，做到人员配备到位、落实经费保障、组织网络完善、教材配置合理。在区政法、公安部门的协助下，全区各中小学都聘任公检法的专业人士担任法制副校长。2018年，无锡市泰伯实验学校等2所学校创建成“无锡市依法治校示范校”。加大安全投入，暑期投入资金逾600万元，对学校技防、消防、供配电设备进行改造。加强校园安全教育，做到2018年全年无安全、稳定严重责任事故发生。2018年，10所学校新创建年度“平安校园示范校”。图5、图6分别为学校党组织数量和平安校园示范学校数量。

（万晨洁　陈　龙）

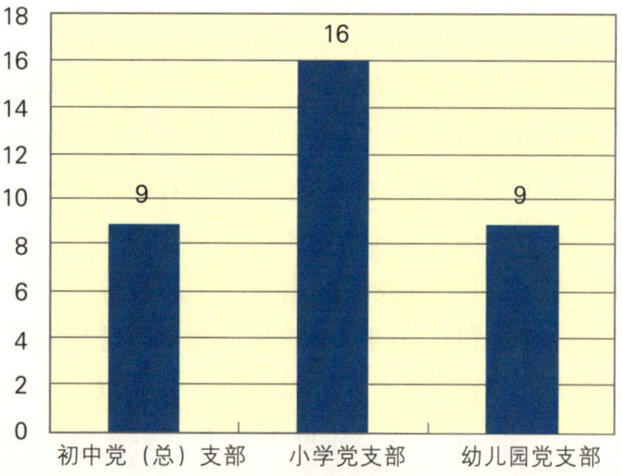

图5　学校党组织数量

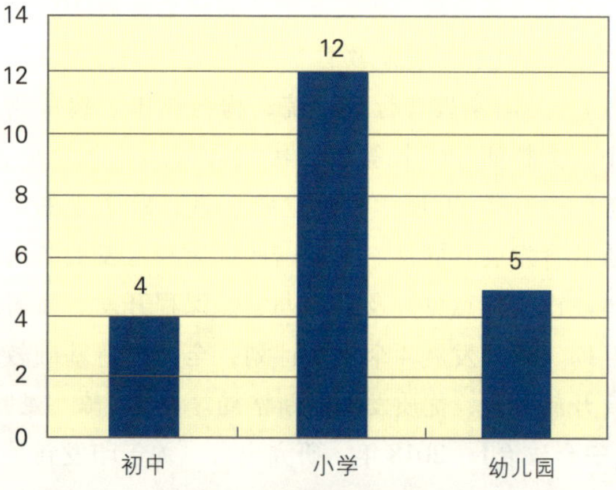

图6　平安校园示范学校数量

教师队伍

【概况】 2018年，加大教育人才引育力度，新吴区义务教育阶段教师队伍总体发展水平不断提高，教师队伍整体素质稳步提升，骨干教师梯队建设不断加强。加强教育系统干部队伍建设，扎实提升干部队伍能力水平。加快推进人事制度改革，强化区级统筹，在岗位设置、职称评聘、人才奖励等方面加强探索。（龙　菲）

【师资队伍建设】 2018年，分批次招聘和引进各类教师共计331人，为历年最多。其中，中小学新教师277人，免费男幼师3人，会计3人，骨干教师34人，成熟型教师14人。2018年，招聘和引进各类教师331人，为历年最多，其中中小学新教师277人，骨干教师34人，成熟型教师14人。落实《区教育人才“3551人才计划”实施办法》，设立950万元的人才专项资金，引进和招聘省特级教师2人、省名师1人，大市级能手11人，骨干教师引进力度全市领先。加快区域内骨干教师培养，新增省特级教师1人、大市级能手27人，区级能手59人。截至2018年年末，新吴区中小学在编教职工共计2763人，其中初中897人，小学1866人；全区有中小学骨干教师771人，其中区能手及以上称号394人（初中145人，小学249人）。强化教育主管部门统筹管理，启动13所街管小学纳入区级统筹管理的准备工作，实现全区中小学统筹教师队伍招聘及分配、统筹教师队伍管理、统筹校级领导选任及调配。完成公办幼儿园独立设置工作，共设置13所全额拨款事业性质的幼儿园，为新吴区学前教育事业发展提供强有力的支撑。以“区管校聘”为制度保障，按照“两个15%”且交流轮岗教师中骨干教师占比不低于20%的要求，2018年暑期继续推进教师校长定期交流轮岗制度，重点引导优秀校长和骨干教师合理流动，充分发挥辐射引领作用，教师交流比例达到19.79%，其中骨干教师交流比例达到46.43%。2018年评选“教书育人·模范人物”10名、“优秀教育工作者”51名。图7、图8分别为中小学数职工、中小学骨干教师统计表。（龙　菲　陈　龙）

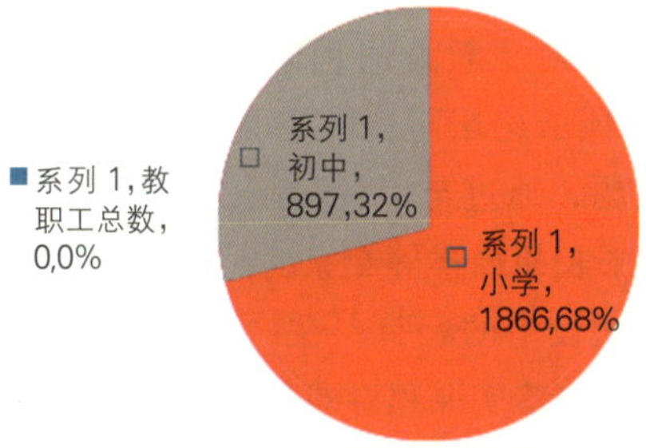

图7　　中小学教职工统计表

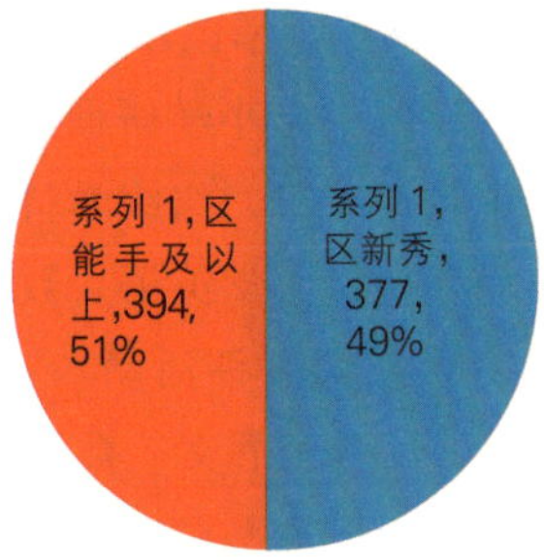

图8　　中小学骨干教师统计表

【干部队伍建设】　出台《新吴区教育“卓越人才”培养方案》，通过实施“雏鹰”计划、“三提高”计划、“双培带”计划、“卓越”计划，采取多层次、多渠道、多方式的培养模式，建成一支层次分明、数量充足、结构合理、素质优良的教育干部队伍。先后组织60名校园级正职、80名校园级副职、100名雏鹰青年干部开展培训；10月份选派12名校级领导赴北京四中、北京实验学校等名校开展为期一个半月的跟岗研修。加大年轻校级领导选拔培养力度，2018年新提任9名校级副职，充实校级领导干部队伍；加快教育系统青年干部培养，按照“选拔一批、培养一批、储备一批”的工作要求，继续开展挂职锻炼“雏鹰项目”，2018年选拔18名优秀教师赴区内外挂职、上下挂职，扎实提升干部队伍的能力水平。（龙　菲）

【教师资格认定、注册】　因区划调整，从2017年起，无锡市教育局将新吴区幼儿园、小学、初中教师资格认定工作权限下放，新吴区教育文体局负责认定户籍或人事关系在新吴区范围内申请人的初级中学教师资格、小学教师资格、幼儿园教师资格。2018年春季和秋季共完成297名社会人员教师资格认定工作，完成280多名教师定期注册工作。（龙　菲）

【人事制度改革】　根据《关于推进教育体制机制改革和运行机制创新的实施意见》及配套文件要求，加快推进人事制度改革，强化区级统筹，在岗位设置、职称制度、人才奖励等方面进行探索，取得较好的成效。2018年，在高级职称评审中倡导师德为，突出能力业绩导向，推荐9名青年教师参加市级评审，通过率达全市平均值。岗位设置实施全区统筹，根据事业发展，对各校进行动态管理，充分调动广大教师教书育人、岗位成才的积极性、主动性。对班主任、年级组长等根据考核结果，发放岗位贡献奖励，提升一线教师的职业成就感。根据《新吴区教育人才“3551计划”实施办法》文件精神，对班主任、年级组长等进行考核后发放岗位贡献奖励，2018年发放奖励共计680万元，进一步调动广大教师的积极性。（陈　龙　龙　菲）

【教师培训】　2018年，无锡市新吴区教师培训工作，本着提高教师培训质量、服务教师发展宗旨，根据规划，切实履行工作会议制度，广泛征集中小幼学校和老师意见及建议，从“机制完善”“项目推进”和“新规划制定”三方面落实，推进以“三航工程”（新教师“起航工程”、青年骨干教师“远航工程”、中老年教师“引航工程”）为统领的层级式教师培训工作任务。区校两级纵向联动，开展青年教师各项培训，年度新教师成长营暨岗前岗位培训班结业 378 名 2017年新教师，启动 382 名 2018 年新教师新一轮培训；240 余名青年教师参与物联网特色信息技术培训，219 名青年教师三年达标考核合格并获得证书。“三航工程”层级落实，以学年度推进“新教师起航工程”，上下合力推进“骨干教师领航工程”，全科纵深推进中小幼“全员教师远航工程”。基于教师培训“纵横有序、落实高效”的有力推进，2018 年，新吴区 2.7 万余人次参与各级各类培训，共计约 325528 培训学时，实现教师培训的全覆盖，新吴区中小幼教师继续教育学时年达标率为 100%，满足新吴区各类教师发展需求，教师专业能力和素养得到有效提升，为保障区域教育质量和教育事业发展提供有力保障。（马　兰）

教育研究

【概况】 2018 年，新吴区教育管理部门完成区“十三五”科研评估五年规划，编制下发《新吴区科研管理白皮书》，出台“十三五”期间新吴区学校科研工作考核细则，指导中小幼学校“十二五”课题中评结题工作与“十三五”课题申报、开题论证工作。完成新吴区省市规划课题、学会陶研会课题开题 21 项，中评 2 项，结题 3 项；完成“十三五”第二批省、市立项课题 37 个，其中省立项课题 7 个、市立项课题 28 个。截至 2018 年 12 月，全区中小幼“十二五”省市规划课题与学会陶研会课题全部完成结题工作；全区中、小、幼教共有省、市“十三五”规划与学会陶研课题 72 个，其中省规划课题 17 个，市规划课题 36 个，省市学会陶研会课题 19 个，圆满完成全区所有中学、小学、幼儿园“校校有课题”的阶段性目标。2018 年全年，送评无锡市教育学会论文 3661 篇、市科研论文 800 篇、省师陶杯论文 23 篇、省行知杯论文 435 篇。其中 11 篇论文在省师陶杯获奖，1 篇获省特等奖。申报省市精品课题，获得省市课题成果 8 项，并获得省科研先进集体、科研先进个人 6 项。全区各类赛课获奖人次创新高，1 人获全国一等奖，4 人获省一等奖，26 人获市一等奖。2018 年 12 月，创建省示范性教师发展中心，将进一步促进中心以后教科研训工作的高质量发展。

（郁天兰　顾　裕）

【幼教研训部打造区级展示平台】 2018 年，新吴区教师发展中心幼教研训部继续与市教育学会合作，开展第二届“吴韵新声”幼师讲坛系列活动。以“看见儿童的成长”为主题，通过寻找和发现发生在幼儿园共同生活中的故事展现孩子和教师们的成长。从 2 月到 6 月，陆续开展成长故事评选、成长故事专题培训等活动。6 月 14 日，举行幼师讲坛现场活动，市区专家、领导、其他区姐妹园园长、教师，以及新吴区幼儿园的园长、教师 200 余人参加讲坛活动，与专家们展开现场对话，畅谈对于教育的理解。8 月，开展“吴韵新声——园长论坛”，以“园本课程的创生与发展”为主题，通过与市教科院副院长李俐、市教育学会秘书长胡麟祥等专家的对话，分享各园在园本课程建设中的经验，在“共融、分享、互生”中，进一步落实课程游戏化精神，正确认识课程建设的重要意义。（陶　颖）

【小学研训部教科研训工作】 2018 年，根据《关于深化中小学课堂教学改革的指导意见》要求，新吴区教师发展中心小学研训部推进“新素养新课堂”课堂教学改革，组织学科研训活动共计 110 余次。承办全市小学英语、数学、道德与法治、小学体育优质课展评活动。开展“两新”（新素养、新课堂）小学语文、数学、英语、音乐课堂研讨活动，组织新教师、“起航班”青年教师开展“两新”课堂专题学习研究。开展“两新”区小学智慧课堂研讨活动、省“十三五”小学音乐课堂教学研讨等活动。全区各学科小学教师参加省、市竞赛，18 人获市级赛课一等奖，3 人获市级教学基本功竞赛一等奖，2 人获省级赛课一等奖，1人获二等奖。原创舞蹈《奚语》和《鸿雁》分获市百灵鸟比赛金奖。《弦语吴韵》获市第六届中小学生艺术展演第一名、省第六届中小学生艺术展演一等奖，语言类节目《等》获省第六届中小学生艺术展演一等奖，工作坊项目《“新雅”版画艺术工作坊》获省第六届中小学生艺术展演学生艺术实践工作坊评比一等奖，工作坊项目《扎染艺术工作坊》获无锡市一等奖。学生金钥匙科技竞赛分获省、市特等奖，一、二等奖。优秀案例《出租车超速了吗》《小台灯》在江苏省首届STEM教育优秀教学案例评选中获一、二等奖。（刘　芸）

【初中研训部立足课堂提升质量】 新吴区教师发展中心中学研训部立足课堂，推进“两新”品质课堂建设。9月27—28日，举办初中语文、数学“两新”课堂教学现场研讨活动，活动共邀请5名特级教师前来献课，安排2场高质量的专题讲座，新吴区两名优秀的青年教师同台献课，展示新吴区中学教研成果。活动吸引来自江阴、宜兴、滨湖区、梁溪区、新吴区近700名一线教师参加，同时实施网络直播，在线观看达1700人次。活动推高新吴区初中“两新”课堂教学研究热情，抬升全市各区对新吴区中学研训的认知度，推进了初中教育教学质量的提升。同时，中学研训部助力学校提炼课堂教学主张，结合日常教学调研，指导、帮助学校梳理教学想法，提炼教学主张，打破中学课堂教学的沉寂，重新点燃课堂教学改革的热情，旗帜鲜明地推动课堂教学改革。新城中学的小组合作学习、第一实验中学的同伴互助项目式学习、梅里中学的基于极课大数据的精准评价教学、泰伯实验学校的“二环五步四强化”教学、旺庄中学的“四环节”教学、硕放中学的智慧型课堂等教学方法改革，使新吴区课堂改革样态得到丰富，为质量提升铺设健康地基。（过同俭）

教育国际化

【概况】 2018年，新吴区新增无锡波士顿外籍人员子女学校、无锡高新区华锐海归人才子女学校，两所国际学校的开设，为新吴区国际教育社区注入新的动力和活力。新吴区在原有国际教育交流的模式基础上，构建优质教育发展共同体新格局。共同体成员单位包括新吴区所有中小学、华锐海归等民办国际学校，以及梅村高中、市三高中、锡师附小、连元街小学、大桥实验、金桥双语、外国语学校、吴风实验8家优质教育资源校，以及国家教育行政学院。共同体致力打造更大范围、更宽领域、更高层次、更高质量的教育合作机制与平台，突破封闭的区域教育发展模式，实现新吴教育开放融合、优质均衡、充满活力、人民满意的发展新样态，同时，也给新吴区国际教育带来新的模式和机遇。（浦毓敏）

【与区内国际学校沟通与衔接】 截至2018年年末，春城实验小学、硕放实验小学、新安中学等8所公办中小学都和无锡韩国人学校联谊，开展“弘扬传统文化、增进国际交流”“中外互动交流、走进‘非遗’文化”等丰富多彩的主题活动，还举行篮球、足球、羽毛球等友谊赛；后宅中心小学与新吴区波士顿国际学校举行剪纸文化交流；新安实验小学和新区国际学校开展“I love my mother!”“九九重阳节、浓浓敬老情”主题交流。（浦毓敏）

【公办学校开展国际理解项目研究】 2018年，新吴区推进教育国际化工作，以国际理解研究为抓手，通过聘外教学、国际课堂、课程建设、对外合作交流等形式，发展学生核心素养，大力提升区域教育国际化水平。申报省教育科学“十三五”规划课题《基于物联网的国际生活社区课程开发研究》被立项；做好市第二批国际理解项目学校后宅中学和梅村实小的验收工作，启动第三批学校春城实小和新城中学国际理解项目申报工作，旺庄实小国际教育成绩突出，获得市首批国际交流合作先进学校荣誉称号。同时，开展新吴区国际理解或双语论文评比活动，组织开展新吴区“我与世界”学生征文比赛，提升师生国际理解素养。组织开展“苏教国际杯”第三届新吴区外语节活动，区所有中小学800多名学生和12名专职外教参加汇报演出，进一步锻炼学生英语才艺，体现新吴区中小学师生对教育国际化的文化理解。12月，组织区21个中小学参加无锡市中小学生英语口语大赛，成绩优异，区教师发展中心获得无锡市中小学英语口语大赛优秀组织奖。（浦毓敏）

【无锡波士顿外籍人员子女学校开班】 1月5日，无锡波士顿外籍人员子女学校开办仪式在学校大礼堂举行。市长汪泉，省教育厅副厅长王成斌，市领导袁飞、华博雅、韩晓枫，区四套班子领导出席活动。无锡波士顿外籍人员子女学校由新吴区投资建设,坐落于净慧西道9号，由无锡波士顿国际教育投资有限公司办学，面向外籍及中国港澳台人士，招收18个月—18周岁的学生。学校占地面积8.62万平方米，建筑面积3.4万平方米，可容纳1500名学生就读，拥有无锡国际学校中最大、最专业的剧院、室内游泳馆，无锡首个物联网应用的智慧教室，以及专业的室内体育馆和田径场、篮球场、网球场，是无锡地区唯一配备学生公寓的国际学校。学校得到美国康涅狄格州知名学校——圣约瑟夫高中的支持，双方将实现优质教育资源共享，以美式教育为特色，开设国际文凭教育（IB）课程以及融合美国圣约瑟夫高中课程体系的美国大学先修课程（AP）。（教育文体局）

【中锐和金桥两所新校落户】 3月29日，新吴区分别与知名教育集团——中锐教育集团、金桥教育集团签约，两所民办学校落户。市委副书记、代市长黄钦会见中锐教育集团董事长钱建蓉一行，副市长、高新区党工委书记、新吴区委书记王进健会见金桥教育集团董事长马自雄一行，副市长刘霞，市政府秘书长许立新，区领导洪延炜、李伟敏出席有关活动。根据协议，中锐教育集团将在泰山路南侧、锡兴路西侧建设无锡高新区华锐海归人才子女学校，主要为海归人才、华裔华侨及有意接受国际教育的家庭子女服务。学校采用中西融合的课程，提供中英双语教育。9月正式招生，初期将举办小学、初中学历教育，2019年以后逐步拓展至幼儿及高中教育。金桥教育集团在新吴区创办一所9年一贯制、涵盖小学和初中教育的民办学校，计划2019年秋季招生。（商务旅游局 教育文体局）

基础教育

【概况】 2018年，新吴区教育事业规模有序扩大。截至2018年年底，中学有9所，在校生为10832人，其中非户籍学生数5775人，占53.31%；小学有16所，在校生为37963人，其中非户籍学生数20690人，占54.50%；幼儿园48所，其中公办幼儿园25所（含分部），民办幼儿园23所（含分部），在园幼儿数为21298人，其中非户籍学生数9422人，占44.24%。优质资源持续增加，中小学按照《江苏省义务教育学校标准化建设》要求，坚持推进优质均衡发展。（浦毓敏）

【学前教育】 2018年，新吴区幼儿园坚持普惠优质发展，截至2018年年末，省优质园有27所，占比为56.25%，市优质园有11所，占比为22.92%，在省、市优质园就读幼儿数为1.84万人，占比为86.18%。民办幼儿园中有15所普惠性民办幼儿园，在公办和普惠性民办幼儿园就读幼儿数为1.83万人，占比为86.04%。2018年新吴区完成3所省优质园创建、2所市优质园创建，指导3所幼儿园进入省优现场评估。（华 佳）

【义务教育】 2018年，贯彻落实《新吴区初中教学质量提升工程三年行动指导意见》《新吴区小学教育改革创新内涵发展实施意见》的精神要求，加强对中小学教学指导和质量监控。继续围绕“两新”（新素养、新课堂）课堂建设，推进“新素养 新课堂”的教学实践，提高课堂教学效率。坚持以课题引领教科研，精心组织“十三五”课题申报、开题论证工作，全年完成省级立项课题7项、市级立项课题28项。“一校一品”“体教结合”办学理念持续推进，实施素质教育，田径、羽毛球、轮滑、跆拳道、棒垒球项目在无锡市小学生运动会中获得第1名，中学生田径比赛中获男子组第2名、女子组第4名。全区小学毕业生全科合格率基本平稳，达94.74%，全区中学中考一次性全科合格率同比增长4.5个百分点，达77.79%，区中考均分稳步提升。（浦毓敏）

【特殊教育】 2018年，新吴区特殊教育保障得到强化。全年，对全区108名学生发放残疾学生慈善助学金 21.4 万元，对区外特殊教育学校发放公用经费补助 24.3 万元；对全区 99 名残疾学生及残疾人家庭子女发放奖助学金 14.05 万元。加强随班就读学校专业社工入校指导工作，对重度残疾学生开展送教上门工作，并完成学籍录入。（周志明）

9 月 10 日，无锡市高新区（新吴区）庆祝第 34 个教师节大会暨区域优质教育发展共同体签约仪式

职业教育与社会教育

【概况】 2018 年，新吴区域内有机电高职、卫生学校两所中等职业技术学校，均为驻区学校，在校学生 8656 人，教职工 694 人，专职教师 531 人。全区有社区学院 1 所，街道社区教育中心 6 所，各社区均建立社区居民学校。全区多方联动，进一步建造“全民教育、终身学习”的良好社区教育氛围。2018 年，新吴区社区学院先后被评为“全国优秀成人继续教育院校（培训机构）”“江苏省成人教育改革发展 40 周年 40 佳社教单位”。（华 佳）

【社区教育】 2018 年，完成建成面积 190 平方米的新吴区社区教育成果展示中心，以及 1200 平方米的屋顶农场及园艺教学专用场地。完成 10 所省级居民学校创建，全区省级居民学校覆盖率超过 90%。鸿山街道申报为无锡市唯一一家“江苏省游学基地”。新安街道“垃圾分类项目”被评为省级社区教育品牌项目，江溪街道“蚕桑文化和蚕桑文化体验馆”被评为无锡市终身学习品牌，《吴韵鸿山》《吴地系列读本》等 3 个作品获评无锡市社会教育（教学）成果奖。2018 年，新吴区社区教育课题结题 14 项，完成中期汇报 3 项，新立项 3 项。组织开展 2018 年新吴区社区教育工作者培训班，邀请省成协孙会长作《江苏省社区教育特点与成效》专题报告。开展以“推动全民终身学习 服务新吴高质量发展”为主题的全民终身学习活动周，在全区开展系列终身教育宣传展示和学习培训活动 300 余项。（华 佳）

【新吴区少年宫（青少年活动中心）启用】 2018 年 11 月，按照新吴区委、区政府确定的 2018 年度重点民生实事项目的要求，投入 4400 多万元，经过 2 年改造的新吴区少年宫落成启用。根据少年宫公益性、系统性、专业性的服务原则，通过整体托管运营管理的方式，基本实现运营管理平台化、教务管理规范化、场馆管理智能化。金色大厅、非遗展厅、音乐中心、舞蹈中心、书画中心、悦读中心、STEM 中心、棋弈中心、信息中心、培训中心等 2 厅 8 中心的 10 大功能布局，首期招引并开设 5 个大类 11 个项目，在确保少年宫开设的培训项目品质的同时，少年宫还定期策划组织开展面向全区青少年儿童家庭的各类公益活动，充分发挥少年宫的校外教育主阵地作用。（华宇清）

高等教育

【东南大学无锡分校建设】 3 月 6 日，东南大学新一轮市校合作共建无锡分校框架协议签约仪式举行。省委常委、市委书记李小敏，东南大学校长张广军出席签约仪式并讲话，副市长刘霞，副市长、高新区党工委书记、新吴区委书记王进健，高新区党工委副书记、管委会主任、新吴区委副书记、区长封晓春出席仪式。根据协议，在新一轮合作中，市校双方将按照高端化、国际化、本土化、特色化发展要求，发挥东南大学人才培养、科学研究、国际交流合作等方面优势，对接无锡市微电子、集成电路、物联网等产业发展需要，在位于无锡新吴区的东大无锡分校重点建设国家示范性微电子学院、国际联合学院、国际工程师学院等多个二级学院，以及微纳加工与测试公共平台等若干个适应无锡重大产业发展的开放共享科技教育研发公共平台，组织优势学科专业与行业龙头企业在锡合作建设产业研究机构，在无锡

聚集一批海内外拔尖、领军人才,为无锡实施创新驱动核心战略和产业强市主导战略、实现经济社会高质量发展提供有力的科技、人才和智力支持,为东南大学加快建设国际知名高水平研究型大学提供支持和保障。(高美梅)

【清华大学研究生社会实践活动】 2018 年，共吸引 25 名来自清华大学的博士研究生，分赴卡特彼勒、同步电子、祥生医疗等 9 家企业的 17 个项目，开展为期 6 周的暑期社会实践活动，参与人数再创历史新高。新吴区蝉联清华大学三星级研究生社会实践基地称号。新吴区从 2007 年开始与清华大学开展研究生社会实践基地共建活动。截至 2018 年年底，共吸引近 200 名清华大学的博士研究生，参加 60 多家单位提供的 100 余个科研实践项目，在推进企业科技创新、开展科技攻关的进程中发挥重要作用。(张芹芬)

无锡科技职业学院

【概况】 无锡科技职业学院（以下简称“学校”）创办于 2003 年，是一所由无锡市人民政府举办的普通全日制国有公办高等职业技术学院。学校建筑面积 21.75 万平方米，固定资产总值 5.34 亿元，纸质图书 61.52 万册。学校下设物联网与软件技术学院、电子技术学院、中德机电学院、国际商学院、文化创意学院、外语与基础教育学院和继续教育学院 7 个二级学院，共开设 33 个专业。学校拥有 2 个中央财政支持专业、1 个省级 A 类品牌专业、3 个省级高水平骨干专业、3 个省级重点专业群、1 个省级特色专业、6 个市级专业群、14 个市级重点（示范、品牌、特色）建设专业、2 个国家级实训基地、3 个省级实训基地、2 个无锡市产教融合实训基地。学校现有专任教师 327 名，其中副高以上职称 118 人，中级职称 159 人，“双师”素质教师 197 人，全日制在校学生 5962 人。(田　甜)

【省级示范性高职院校项目建设】 2018 年，全校上下协力同心，全面推进 4 个重点建设专业、4 个特色建设项目的攻坚建设，资金投入达到预期目标。办学理念和定位更加明确，内部治理体系更加合理，主动服务地方和校地合作更紧密，专业建设成效更显现。人才培养模式改革不断深入，实训条件不断改善，师资队伍结构更加优化，活力更强。社会服务及辐射能力有效提升，学校整体内涵建设实现新的跨越。(田　甜)

【专业建设】 2018 年，推进校级专业教学资源库建设，移动互联应用技术专业教学资源库入选国家资源库备选库，电子商务专业获评市现代化品牌专业，智能控制技术获市高等院校“以物联网为龙头的新一代信息技术”新设专业奖励 80 万元。(田　甜)

【师资队伍建设】 2018 年，学校新增高级职称人员 12 名，培养博士 2 名。组织 342 人次教师参加国（境）内外进修、培训和交流。强化“双师”培养，选派近 80 名教师进企业一线实践锻炼。选派校级访问学者 8 名，选聘校外兼职教授 10 名。学校申报获得教师专业省级培训项目 1 个，项目教师培训满意度全省排名第二。完成第二批青年教师业务能力达标考核，青年教师教学能力有效提升。获选省“青蓝工程”中青年学术带头人 1 名、优秀青年骨干教师 1 名，新增市名师工作室 1 个。开展校级教学名师、师德先进及优秀教师、优秀教育工作者的评选工作，4 名教师获评市、区优秀教育工作者。(田　甜)

【教学改革】 2018 年，学校广泛实施学做一体、工学交替、顶岗实习、订单培养、创新实验班等人才培养模式，推进教学改革项目与成果的培育建设。34 门课程投入使用，《电工电子技术》获评国家精品在线开放课程；获评省重点立项教材 2 项；扎实推进校级现代学徒制项目培育建设，《跨境电子商务学徒制应用》获评市现代学徒制典型项目；获“踏瑞杯”全国人力资源管理技能大赛总决赛特等奖 1 项、省高职院校技能大赛一等奖 1 项、省大学生职业生涯规划大赛专科组一等奖 1 项；《木材剪切机设计》获得省信息化课堂教学赛项一等奖。(田　甜)

【产教深度融合】 2018 年，学校开展与园区、企业的合作，坚持科技工作与区域创新服务任务紧密结合，与高新区（新吴区）地校联合组建科技合作委员会，推进校地协同。“杭州朗迅科技有限公司创新实训工程中心”入选教育部产学合作协同育人项目，“智能制造应用”入选省高职院校工程技术研究开发中心，学校再度获评“无锡市职业院校促进产业发展贡献突出单位”，“校企共建航信学院协同共育会计服务外包人才”获评市校企合作示范组合。（田　甜）

【科技服务】 2018年，学校申报获得市厅级以上课题27项，其中立项国家青年基金项目1项；申报获得实用新型专利34项，发明专利授权16项，专利成果转化2项；立项71项校级科技项目；立项校级科技创新团队3个；完善6个校级协同创新中心管理委员会建设，进一步健全协同创新工作联合管理体系。全年技术服务综合到账经费（含奖励）519.26万元。（田　甜）

【社会服务】 2018年，学校紧缺人才实训学院落实政府专项补贴资金近100万元，全年长短训规模1200人，引进无锡物联网产业发展研究院实训平台，学员当地初次就业率超80%；完成各类考证培训和社会培训12523人次，校内外考工考证4068人次；实现成人学历在册2010人，成人学历新招生录取1427人；继续教育与培训年度创收到账经费826.24万元。社区学院获评省“优秀成人继续教育院校”“三大中心”投入运行，建成社区教育展示体验中心、大师工作室、综合报告厅，开发社区教育特色微课10门、读本2门，举办各类特色培训班4门。（田　甜）

【国际交流】 2018年，学校圆满承接“一带一路”项目东盟师生团队、台湾龙华科技大学师生团组、台湾树德科技大学师生交流团组共计56人次；加强师生境外交流与培训力度，拓展台湾龙华科技大学师资培训基地、韩国亚洲大学学生研修基地，选派13名教师赴境外研修，组织10名学生境外交流。（田　甜）

【创新创业教育】 2018年，学校出台《关于进一步加强创新创业教育的实施意见》，加大政策与资源扶持；加快构建“一引领、两体系、三平台”的创新创业培养体系，注重创业文化引领，健全创新创业资金、制度扶植体系和教学课程体系，打造校院两级创新创业教育、实训、孵化平台，探索“教育+实践+孵化”创新创业型人才的培养模式；大学生创业园获批市大学生创业园资质，注册学生企业53家；获“挑战杯”省职业学校创新创效创业大赛一等奖1项，学生周飞获中国大学生“自强之星”大学生提名奖，学校被授予高新区“人才创新创业活力单位”称号。（田　甜）

【党的建设】 2018年，学校坚持和完善二级学院党政联席会议制度，加强党政协同，开展党委书记抓基层党建述职评议考核，充分发挥二级党组织政治核心和保证监督作用。提升基层党支部战斗力，修订学校《党支部建设目标管理实施意见》，推进党支部组织设置、班子建设、组织生活、党员教育管理监督、活动开展、基础保障等方面的标准化规范化建设，对支部达标建设开展专题验收及优秀复核工作。进一步将党员教育融入日常、抓在经常，推动“两学一做”学习教育常态化制度化。落实“双带头人”教师党支部书记培育工程系列文件精神，启动实施教师党支部书记“双带头人”培育工程。做好党费的收缴、使用和管理工作，做好党员发展和教育管理工作。校企党建联盟实现向政、产、学、研、社“五位一体”转型升级，新增联盟单位8家。开展“七一”系列活动、展微党课竞赛，选拔树立和表彰党内先进，有效引导激励广大党员立足岗位创先争优。（田　甜）

【宣传思想工作】 2018年，学校坚持正确舆论导向，着力做好理论武装、媒体融合、文化建设、精神塑造等各方面工作，切实加强网络舆情监管。坚持外塑形象、内聚人心，加强校内外宣传工作，在《新华日报》《中国教育报》刊发文章5篇，市级以上媒体发表各类新闻作品292篇，校园网主页发布新闻300篇。加强宣传阵地建设，成立科院人新媒体运营工作室，打造全国高职院校最有温度的微信公众号，运行二级网站。完善宣传载体建设，完成宣传册、宣传橱窗及道路、景观、楼宇铭牌等的设计更新。召开年度党建和思想政治工作会议，开展党建课题研究，强化成果转化及实践指导，2018年立项校级课题11项。（田　甜）

【概况】 2018年，围绕新吴区委、区政府中心工作部署和人民群众对美好生活需求，推进文化产业事业的发展，组织开展“白玉兰”文化惠民幸福工程综合文艺巡演、艺术普及成果巡演、锡剧、相声、评弹进社区巡演等94场文艺演出活动。举办各类全民艺术普及免费公益培训班37期。加强优秀历史文化资源保护传承。新建少儿图书馆分馆和两个“吴韵书香”24小时图书驿站，建设7个城市阅读联盟点，梅村街道图书馆开馆运营，全区新增图书5.3万册。建立区、街道、社区图书室、阅读联盟点四级通借通还体系，居民综合阅读率位列全市前茅。新吴区图书馆获得“2018年县级图书馆总分馆制建设先进单位”称号。小品《老荣德》获表演艺术类铜奖，评曲《一碗阳春面》获表演艺术类银奖。“无锡市高新区（新吴区）吴文化传习学校”项目获得公共文化服务创新项目奖。传习、培训、普及、交流、服务“五位一体”文化惠民工程项目入选2018江苏省公共文化服务体系建设创新示范项目。 （刘保宏）

群众文化

【完善公共文化服务体系】 2018年，新吴区图书馆、区文化馆、各街道文体服务中心、社区（村居）综合文化服务中心等单位，加强公共文体设施全年无休免费开放工作，开展各类培训、讲座、演出等活动，加强微信公众号等网络传播，充分发挥公共文化服务阵地的作用。制定基层综合文化服务中心服务测评考核办法，推进社区综合性文化服务中心建设，社区（村居）综合性文化服务中心达标建成率完成100%。成立新吴区全民阅读活动领导小组，推进书香城市建设。 （刘保宏）

【“五位一体”文化惠民工程项目】 新吴区“五位一体”文化惠民工程项目是新吴区文化馆长期以来坚持的服务品牌，集非物质文化遗产“传习、培训、普及、交流、服务”五大功能于一体，主要内容是依托各基层服务点和辖区各学校共建的吴文化传习学校，以传习为目的，以培训为手段，在南丰小学、新安实验小学采用系统性、计划性、标准性、持久性教学模式，开展少儿泥人、少儿锡剧、民族乐器等非物质文化遗产传承和传统文化课程，组织锡剧和泥人学员带着自己的作品（节目）走进新吴区辖区内各中小学进行交流展示，带动全区各学校交流互动，推广普及做到区域性全覆盖，让非物质文化遗产有机融入青少年日常的学习生活。依托基层服务点和中小学校，开展非物质文化遗产文化普及推广与展示服务，通过展览、演绎和送戏等形式，为全区老百姓提供文化惠民服务产品，助推传统文化的传承和保护。12月12日，省文化和旅游厅公布全省11个2018年度公共文化服务体系建设创新示范项目，新吴区“五位一体”文化惠民工程项目入选。 （刘保宏）

【一街一品牌】 2018年，各街道文化站结合自身实际，依托各自区域的资源禀赋，打造各自的品牌和亮点，形成一街一品牌。旺庄街道以“智悦”“智融”为主题的文化活动、江溪街道“悦·江溪”公共文化服务、梅村街道的梅里文化、硕放街道的曲艺文化、鸿山街道的院士文化、新安街道心和文化，各有特色，充分展现街道文化工作的活力，增强群众获得感。（刘保宏）

【传承优秀历史文化】 广泛开展优秀传统文化宣传普及活动，优秀传统文化成为鼓舞人民前进的精神力量。2018年，各街道文化站（文体中心）挖掘民族传统节日文化内涵，以“我们的节日”为主题，举办“迎新春、送春联”“泰伯庙会”送福迎春、“我们的节日”清明前夕包团子、端午前夕裹粽子、中秋前夕做麦饼等活动，在“三八”妇女节、“五一”国际劳动节、“六一”儿童节、“七一”建党日、中秋节、“十一”国庆节等节日举行专场节日演出。（刘保宏）

【新吴区美术家协会成立并举办首届美术作品展】 1月20日，新吴区美术家协会成立暨首届迎春美术作品展活动在新吴区东方美术馆举行。无锡市原副市长吴建选，新吴区人大常委会副主任、新吴区工商联主席黄家传，高新区管委会副主任、新吴区副区长李伟敏，无锡市文联、无锡市美术家协会、新吴区教育文体局、惠山区美术家协会、各街道文化部门负责人及美术爱好者等300余人参加。新吴区美术家协会专注于新吴区美术事业发展，将发现和培育新吴区美术人才作为重要使命。协会会员来自新吴区各街道、各企事业单位，人数有80多人，其中不乏中国美术家协会会员及省市美协会员。协会通过举办大型活动、组织会员写生采风、定期举办各类学术研讨及展览等方式，激发新吴区美术创作活力，为推动新吴区文化大繁荣作出贡献。此次画展共展出作品105幅，主要由协会会员创作，包括山水、人物、花鸟等主题，涵盖国画、油画、版画等多种绘画形式。现场还邀请市、区书法家写春联，为观展群众送上节日祝福。画展持续至3月20日结束。（刘保宏）

【泰伯庙会】 2月23—3月2日（正月初八至正月十五）期间，举办泰伯庙会系列活动。2月23日，吴氏宗亲在至德殿举行虔诚、隆重的祭祖仪式，来着世界各地的吴氏宗亲以及吴文化研究爱好者、游客参加祭祖活动。2月24日，在城墙广场举办“融吴地·逛庙会·最江南”2018梅里全域旅游文化惠民月启动式。由会标、舞龙舞狮队、非遗队、高跷队、花篮队、花轿队、船蚌队等团队组成的18支民俗表演团队、500多名民众参与的巡游队伍，从城墙广场出发，沿梅里路、新华路、泰伯大道、新友路开展民俗巡游活动，展示梅里群众文化风貌，营造欢快、热烈、和谐的喜庆氛围。2月23—25日，在梅里中路南侧地块，举办吴地民间艺术展演，各间艺术家现场表演各类绝技。2月24—3月2日，在二胡文化园、城墙广场举办市民文化周活动，开展锡剧、滑稽戏、灯谜会、文艺演出等活动。其间，还举办吴地民间艺术与绝活展演和梅里名特优农品展，展出内容包括无锡泥人、宜兴紫砂、锡绣、留青竹刻、桃木雕刻、无锡纸马、梨膏糖等无锡地区的非物质文化遗产和面塑、撕纸、连环锁等民间绝活，以及50余家优质展商提供的千余种年货商品，本地非物质文化遗产产品和对口扶贫县优质农副产品成为一大亮点。

（刘保宏　高　华　陆　婷　方　璐）

【净慧寺庙会】 参见新安街道**【净慧寺庙会系列活动】**。

【吴文化惠民月暨“白玉兰”文化惠民月活动】 4月10日，2018新吴区吴文化惠民月暨新吴区“白玉兰”文化惠民月活动启动式在鸿山街道吴文化广场举行。启动式上，由新吴区各街道带来的二胡独奏《在水一方》、舞蹈《黄梅花鼓唱江南》《清秋荷影》《采薇》《十里桃花》歌曲《不忘初心》、琵琶古筝合奏《凉凉》等节目以“吴文化”为主题，贴民心、接地气、迎时代，把吴文化精髓融入艺术表演，同时也契合新时代的氛围背景，受到现场嘉宾、各界群众以及前来祭祀泰伯的海内外宗亲的热烈欢迎。“白玉兰”文化惠民月，坚持“文化惠民，服务群众”的原则，经过多年的持续举办，已经打造成为新吴区促进社会和谐的特色文化品牌，获得群众的广泛认可。由新吴区各街道带来的以“吴文化”为主题的各类群众性文艺节目精彩纷呈，把吴文化精髓融入艺术，具有鲜明的地方特色，迎合新时代的氛围背景。此次活动旨在通过开展以吴文化为主题的群众性文化活动，以艺术的方式弘扬真善美，传递正能量，满足广大群众多样性文化需求，营造“弘扬至德精神，传承吴地文明”的浓厚氛围。（刘保宏　钱婷妍）

【南丰小学被授予无锡首个“中国楹联教育基地”称号】 4月19日，中国楹联学会会长蒋有全到南丰小学，以中国楹联学会的名义授予该小学“中国楹联教育基地”称号，这是该学会设在无锡的首个基地。南丰小学于2011年9月成为无锡市首个楹联教育基地，于2013年11月成为江苏省楹联教育基地。多年来，在无锡市楹联学会领导的悉必指导和学校领导支持下，全校师生共同努力，按照中国楹联教育基地标准努力创建，组织教师编写教材，学习其他楹联教育基地先进经验，建成楹联长廊、楹联走廊、楹联教室。（教育文体局）

【“吴韵书香”全民阅读系列活动启动式暨“品味吴韵精髓传承文化经典”两岸传统文化交流活动】 4月21日，2018新吴区“吴韵书香”全民阅读系列活动启动式暨“品味吴韵精髓传承文化经典”两岸传统文化交流活动在梅村二胡文化园举办。活动由新吴区委宣传部、新吴区教育文体局、新吴区台办联合主办，无锡市文广新局副局长过丹，无锡市台办副主任张曙峰，高新区党工委委员、新吴区委常委、宣传部部长刘霞，高新区管委会副主任、新吴区副区长李伟敏，教育文体局局长张英出席活动。启动仪式上，梅村实验小学学生们表演的国学吟诵、梅村街道文化站组织的二胡表演、相声名家常贵田的《戏说国学》等一系列精彩节目引起嘉宾与读者的阵阵掌声。安仁读书会宣读全民阅读倡议书，各参会领导共同启动2018新吴区“吴韵书香”全民阅读系列活动。在同步启动的两岸传统文化交流活动中，来自北京、台湾、无锡三地的曾昭旭、赖锡三、李克、庄若江、汤可可等传统文化专家学者，围绕儒家文化的当代发展、传统文化的创造性转化和创新性发展等主题开展交流，共同探讨两岸青少年国学教育推广，阐释儒家文化和吴文化对当代社会发展的作用。结合两岸民俗文化展览活动，新吴区还举办多场国学体验课程，让新吴区群众在4—5月享受一场丰盛的国学文化大餐。2018新吴区“吴韵书香”全民阅读系列活动自4月开始，持续至8月底，共开展读书交流活动、汉字听写大赛、书香校园行等各类主题活动76场，通过区街联动、校企互动，增强全民阅读活动影响力，助力书香城市建设。（刘保宏）

【庆祝“七一”主题歌会】 6月26日，新吴区召开庆祝中国共产党成立97周年大会暨“不忘初心、牢记使命”主题歌会，回顾党的光辉历程，缅怀党的丰功伟绩，传承党的优良传统，表彰党内先进典型。副市长、高新区党工委书记、新吴区委书记王进健出席会议并讲话，代表党工委（区委）向全区各级党组织和广大党员致以节日的问候。高新区（新吴区）四套班子党员领导出席会议。会上，王进健为外资企业“党建之友”颁奖，与高新区党工委副书记、管委会主任、新吴区委副书记、区长封晓春共同发布无锡高新区党建标识。高新区党工委委员、新吴区委常委、组织部部长吴胜荣宣读《关于推荐评选“2015—2017年度优秀党务工作者”情况的通报》。新吴区人大常委会主任张明烈，高新区党工委副书记、管委会副主任周振宇，新吴区政协主席刘蓓红，高新区党工委副书记、管委会副主任、新吴区委常委、副区长洪延炜分别为优秀党务工作者代表颁奖。正式上线无锡高新区（新吴区）党建网和手机党校。主题歌会分星火燎原、改天换地、春天的歌、梦想起航4个篇章，各直属党（工）委经过精心排练，表演大合唱《太阳最红，毛主席最亲》《长征组歌》、歌伴舞《书记的泪光》、大合唱《我们的生活充满阳光》、诗朗诵《堂堂中华立东方》、大合唱《在希望的田野上》《走向复兴》《共筑中国梦》，全场合唱《歌唱祖国》等节目，精彩演绎中国共产党星火燎原、走向复兴、不忘初心的光辉历程，向党的生日献上珍贵的礼物和衷心的祝福。（刘保宏）

【第四届国际竹笛箫节】 8月17日，由中国音乐家协会竹笛学会、中国音乐家协会排箫艺术研究会等联合主办，无锡市文化馆、梅村街道、无锡江南笛文化研究院等承办的2018第四届国际竹笛箫节——吴韵梅里闻天籁活动在梅村二胡文化园举办，活动吸引辖区内近200名群众前来欣赏。演出在激情欢快的《小步舞曲》中拉开帷幕，随后，刘晓婉的《云雀》、梅村实验小学的笛子合奏《扬鞭催马运粮忙》、孙楚泊的《hello》、无锡排箫艺术研究会的《半个月亮爬上来》、多吉旺堆的《野蜂飞舞》等精彩的表演让听众耳目一新。整场演出精彩纷呈，给观众带来一场盛大的视听盛宴。此次笛箫演出，演员阵容强大。刘晓婉是中国东方歌舞团青年竹笛演奏家、中国音协竹笛协会排箫艺术研究会副秘书长，多次获国内外比赛金奖。孙楚泊是中国歌剧舞剧院民乐团团员、青年竹笛演奏家，屡次获青少年器乐大赛金奖、一等奖。（刘保宏）

【国务院参事室一行调研新吴区全民阅读工作】 9月26日，国务院参事樊希安、张抗抗一行赴新吴区调研全民阅读工作开展情况。市文广新局调研员汪庆和、新闻出版处处长吴昌应，高新区管委会副主任、新吴区副区长李伟敏，新吴区教育文体局局长张英及相关人员陪同调研。调研组一行实地调研吴韵书香阅读联盟点——3W创客空间，详细询问企业联盟点图书藏有量、阅读环境以及图书借还量等情况，并对新吴区实现区、街道、社区的全区域图书通借通还，建设24小时无人图书馆，以及区图书馆采取服务外包的创新模式等工作给予充分肯定。两名参事指出，新吴区要加大与企业、社会组织的合作力度，扩展全民阅读活动的广度和深度。（刘保宏）

【枫叶流丹——朱枫百岁绘画艺术展】 10月17日，农历九月初九重阳节，由中共无锡市委宣传部、无锡市文联、新吴区人民政府主办，无锡高新区（新吴区）委宣传部、新吴区梅村街道、江南晚报社、无锡博物院承办的枫叶流丹——朱枫百岁绘画艺术展开幕式在无锡博物院举行。朱枫原名朱建昌，字秋鸿，号野禅，是土生土长的无锡人，居于梅村。在国内书画界，朱枫虽为人低调，但作品被钱绍武、冯其庸、吴为山等多名艺术大师推崇备至。我国著名雕塑家、画家钱绍武称赞朱枫："你是真正能深刻理解艺术真谛的人！你的画是真正的民族艺术，每一笔都是人格和学养的全部体现，你是世界级的艺术大师。"国学大师冯其庸看过朱枫先生的画作后，专门赋诗一首："平生参透笔头禅，墨阵纵横已忘筌。悟到狂花本禅意，出门一笑大河前。"（方　璐）

【改革开放40周年中国画联展】 10月20日，无锡市政府副市长、高新区党工委书记、新吴区委书记王进健出席第20届上海国际艺术节无锡分会场"情系江南"改革开放40周年中国画联展活动。市政协副主席、市文联主席金元兴，市台办、市文化广电新闻出版局、市社会福利中心、市美术家协会、新吴区委宣传部、新吴区教育文体局、惠山区文体局、惠山区美术家协会、梁溪区美术家协会、新吴区美术家协会等单位相关负责人参加活动。此次活动由无锡东方美术馆举办，惠山区美术家协会、梁溪区美术家协会、新吴区美术家协会联办。共展出画作100余幅，以中国画的形式展示改革开放40周年和社会主义现代化建设新时期的辉煌成就，还举办以无锡美术的现状与发展为主题的研讨会。各参会嘉宾、学者分析无锡美术的现状与问题，明确新时代无锡美术发展的主要任务和主要方向，为繁荣无锡市文化艺术事业起到积极作用。（刘保宏）

【文化和旅游部公共服务司调研新吴区公共文化服务社会化工作】 12月27—28日，国家文化和旅游部公共服务司副司长陈彬斌，江苏省文化和旅游厅公共文化处副处长顾海军，北京大学国家现代公共文化研究中心主任李国新，华东师范大学教授金武刚等一行10人，调研新吴区公共文化服务社会化工作并召开座谈会。市政府副市长刘霞，市文广新局副局长高燕，高新区管委会副主任、新吴区副区长李伟敏，区教育文体局负责人及相关工作人员陪同调研并参加座谈会。调研组一行实地调研新吴区图书馆和文化馆，了解两馆社会化运行现状，陈彬斌对新吴区公共文化服务社会化工作给予高度评价。座谈会上，陈彬斌充分肯定新吴区公共文化服务社会化取得的进步。他强调，公共文化服务社会化政府采购工作要认清历史定位及发展趋势，要培育、推动、扶持服务外包企业，通过规范企业进驻标准，优化政府职能部门的管理与监控，全面推广社会化运营工作。他希望新吴区持续创新，在新时代背景下为全国公共文化服务社会化工作提供样板。

（刘保宏）

文化场馆

【新吴区图书馆】 鸿山图书馆鸿山图书馆占地约350平方米，馆藏图书3万余册，馆内实现WIFI全覆盖以及24小时监控管理。馆内设有“阳光阅读沙龙”“电子阅览区”“静吧阅读区”以及“开放式借阅管理平台”。2018年，新吴区图书馆主馆接待到馆读者15万人次，街道联盟馆合计到馆读者23.5万人次。读者新增注册人数3437人，其中新增外借办证近1600人。全年预计主馆图书外借量达5.5万册，年平均每册图书外借1.34次。新吴区图书馆开展讲座培训76场次、阅读推广活动53场次、展览5场、针对特殊群体活动2场，组织开展两园区活动96场、街道及社区活动57场。新吴区图书馆加大与报刊电视、网络等媒体的对接力度，畅通宣传渠道。搭建由移动阅读APP、图书馆官网、官方微信、官方微博4种方式组成的“吴韵书香”新媒体阅读推广互动平台，拓宽宣传载体，让阅读推广活动家喻户晓。相关媒体报道新吴区全民阅读工作共计41篇，其中省市报道7次，为书香新吴建设工作营造浓厚的舆论氛围。新吴区图书馆探索和培育第三方阅读模式，鼓励和邀请更多的志愿者和第三方团体参与书香城市的建设和全民阅读，建立200多人的志愿者团队，其中志愿服务3年以上的50多人，少儿志愿者32人，专家志愿者5人，专业志愿者77人，参与阅读志愿活动200多场。3月17日，鸿山图书馆荣获“无锡市首批家庭亲子阅读体验（示范）基地”称号。

（刘保宏）

【新吴区图书馆少儿分馆开放】 2018年11月，新吴区图书馆少儿分馆开放运营。少儿分馆位于江溪路15号新吴区青少年活动中心内，场馆面积800平方米，设计藏量3万册，作为首个独立的少儿图书馆，服务3~15岁青少年读者，计划年接待读者4万人次。在设施设备上，少儿馆配备各类图书馆智能化设备、智能机器人、虚拟图书和光影投幕互动等先进的交互体验设备，寓教于乐，让小读者在学习知识的同时，互动体验感大大提升。同时在服务品质和效能方面，少儿馆也完全按照新吴区图书馆的模式运营，确保读者的服务体验。

（刘保宏）

【东方美术馆】 无锡东方美术馆是由热爱国画的民营企业家周胜荣利用自家厂房建成的，坐落在珠江路50号，拥有3000平方米专业展厅。馆长周胜荣自幼热爱国画，习画30余年。致力于中国传统艺术的发展和研究是东方美术馆的主旨，也是周胜荣的梦想。东方美术馆的建成使新吴区有一方难得的文化舞台，无锡的美术家们也多了一处交流切磋的场所。东方美术馆于2013年10月正式挂牌，开馆以来举办过当代中国画名家作品邀请展、“写生与现代——中国画名家作品邀请展暨学术研讨会”等活动。2018年1月20日，无锡市新吴区美术家协会成立暨首届迎春美术作品展在无锡东方美术馆开幕。

（林　钢）

文物保护

【概况】 2018年，新吴区有4处全国重点文物保护单位、1处省级文物保护单位、11处市级文物保护单位、20余处市级控制保护单位和一般不可移动文物点。完成编制全区文物保护单位记录档案工作，完成第五批文物保护单位、第三批文物遗址控制保护单位建筑测绘与标牌安装，完成国家文物保护单位本体单体构成和省级文物保护单位基础信息上报。持续开展全区文物安全巡查管理，与消防大队联合组织开展文物消防安全大检查，排查并整改安全隐患28项。梅村泰伯庙戟门修缮项目方案获国家文物局批复，修缮工程基本完工。完成2014—2016年度鸿山国家考古遗址公园评估和省局检查工作。推进鸿山遗址智能安防工程，完成设计思路论证和安防方案设计单位竞争性谈判。制定2018年鸿山遗址博物馆馆藏文物绘图清单，开展绘图服务采购。长乔海洋公园和西气东输项目的前期考古勘探均已完成并获省文物局确认，完成梅里古镇项目二期的考古发掘，发现梅村重要商周遗址和鸿山尤家

弄—梅村顾更上土墩群。（刘保宏）

【鸿山遗址本体保护】 无锡鸿山墓群遗址，于2004年入列全国十大考古新发现，与圆明园、良渚、殷墟、大明宫等12处遗址一起，跻身中国首批国家考古遗址公园行列；鸿山遗址“遗产保护+生态修复”的模式，更成为中国文物保护典范。鸿山遗址博物馆东南侧，有一个长方形土墩和不规则形墩体，是鸿山遗址两座古墩本体保护示范点。市文化遗产保护与考古研究所称，鸿山遗址在2015年选定两座不同形态的墩体进行试点保护，旨在为大遗址公园本体保护提供样本。这两个试点样本，长方形的称獾墩，不规则形的称秆稞墩。其中，獾墩为春秋战国时期土墩，面积为475平方米，长方覆斗形封土带圜壕；秆稞墩，同为春秋战国时期土墩，面积为260平方米，不规则形封土无圜壕。两座墩体均处于鸿山遗址核心保护区域，与大名鼎鼎的邱承墩不同，邱承墩在保护过程中纳入鸿山遗址博物馆，成为博物馆组成部分，采取室内保护模式；獾墩、秆稞墩地处野外，其保护模式对于鸿山遗址本体保护，更具有借鉴与指导意义。根据考古资料，獾墩采取“归安”方式复原，即将墩体坍塌四周的泥土复归土墩，秆稞墩则采用“原状”方式保护。自鸿山国家考古遗址公园挂牌、鸿山遗址博物馆建成后，对于鸿山遗址的考古研究与保护，始终在进行。身为国家考古遗址公园，占地面积7.5平方千米的鸿山遗址保护范围广，遗址内墩体情况各异，所以，无锡市对遗址本体保护始终本着“慎重落笔”的谨慎态度。（钱婷妍）

【鸿山遗址博物馆精品陈列和文物保护数字化项目竣工】 8月29日，全新的鸿山遗址博物馆数字化精品（http://www.hsyzbwg.com）正式上线运行，标志着鸿山遗址精品陈列展览及文物保护数字化项目已实现“线上”“线下”的全面运行。全新的鸿山遗址博物馆数字化精品网站，提供中、英、日、韩4种语音讲解词，可实现118件馆藏精品文物模型的在线展示浏览。同时，除提供万家坟等鸿山遗址土墩常规展示外，网站还提供邱承墩墓坑原址的全景展示，打破现场参观墓坑时的空间限制，可以实现墓坑内部的参观视觉，并实现遗址墓坑内出土文物的原始位置和虚拟再现，形成虚实结合的参观体验。鸿山遗址精品陈列展览及文物保护数字化项目的“线下”部分，主要包括中央大厅L型电子沙盘及触摸一体机、衍生纪念品售卖区、展厅新设精品文物互动展示系统等。其中，中央大厅新建设的L型电子沙盘，可全面介绍鸿山遗址的开发与保护的整体情况；电子沙盘后面的触摸一体机能让游客现场登录精品网站进行线上浏览；衍生纪念品售卖区为游客提供江苏全省精选的文创产品的展示与售卖。展厅内新建设的10组精品文物互动展示系统，通过触摸一体机方式进行小游戏、小动画、讲解词等互动展示，让游客更更好的参观学习。通过三维虚拟漫游、三维展品展陈、文博知识传播推广、网上公众数字文化服务、现场观众数字文化服务、用户管理、文物搜索引擎、文物精品检视等功能，促进博物馆陈列展览的质量提升，实现博物馆的智慧服务、智慧保护和智慧管理。

（刘保宏）

【鸿山墓群本体保护展示工程施工方案通过省文物局专家组评审】 12月4日，江苏省文物局组织专家到新吴区对鸿山墓群本体保护展示工程施工方案进行审核论证。高新区管委会副主任、新吴区副区长祝君乔出席省文物局专家评审会。市文广新局文化遗产处、考古研究所，区教育文体局、农经水利局、国土分局、规划分局、鸿山街道、吴博园建发公司及施工方案设计单位中建院历史所相关负责人参加会议。会议当天，省文物局带队领导及专家一行首先到鸿山墓群进行实地勘察，了解试点保护墩和考古工作情况，踏勘二期工程BH3、BH4、BH5地块现状情况。论证会由省文物局文保处调研员盛志伟主持，各专家通过听取汇报、提问、评审等环节，经充分讨论，形成一致意见。专家组认为，鸿山墓群本体保护展示工程施工方案基本符合国家文物局相关批复意见，保护原则和思路科学合理。与会专家还就方案如何吸纳考古成果、加强文旅融合、发掘核心价值等方面提出意见和建议。（刘保宏）

【梅村伯渎河畔发现重要商周遗址】 12月13日，省文物局组织文物考古专家组在新吴区梅村街道召开梅里古镇二期项目遗址考古发掘验收会，市文化遗产局文化遗产处处长宋保舵、市考古研究所所长刘宝山、区教育文体局副局长罗生根、梅村街道办事处主任吴炜及相关负责人参加会议。验收会确认梅村伯渎河畔新发现的古遗址为商周时期遗址，这是新吴区除鸿山彭祖墩之外新发现的又一处商周遗址，在无锡地区极为罕见。梅里古镇项目二期是新吴区2018年启动的以展示、体验吴文化为主题的特色文旅项目，是梅里文化小镇建设的核心。鉴于梅里古镇项目二期建设用地超过5万平方米，地理位置又紧靠泰伯庙、伯渎河，新吴区教育文体局迅速向省、市文物主管部门汇报，并协调推动梅村街道和项目实施单位落实项目前期考古工作。项目遗址的考古工作由无锡市考古研究所负责实施，从2018年6月底开始，考古工作人员历经考古调查勘探、发掘两大阶段，在梅村街道和项目实施单位的通力配合下，于11月底基本完成田野考古发掘工作，发掘面积近1500平方米，发现从商、西周、春秋战国到汉代、宋元明清各个时期的灰坑、河沟、井等古代历史遗迹，出土大量陶瓷文物标本。省、市文物部门多次到考古现场考察指导。省文物局考古专家验收组在踏勘遗址现场、观摩遗址出土文物标本、听取无锡市考古研究所工作汇报之后，一致认为该遗址为重要的商周时期遗址，年代最早可到商代晚期，说明3000多年前就有人类在梅村居住、生息繁衍，并提出在泰伯庙、伯渎河这样关键的地点发现关键时间的历史遗迹，这为泰伯奔吴、泰伯居梅里等文献记载和历史传说提供前所未有的考古依据和研究线索，考古价值意义十分重大。但由于几千年历朝历代的人类活动，商周时期的遗址文化层已被严重扰乱破坏，可供考古发掘的区域捉襟见肘，当前的考古收获也仅是阶段性成果。专家组建议通过进一步的考古工作，了解梅村古遗址的遗迹分布和性质内涵，探明遗址与伯渎河的关系和时代早晚，并从更大区域范围的考古学视野，研究梅村古遗址与彭祖墩等无锡地区乃至太湖流域商周时期遗址的关系，进一步揭示还原江南地区青铜时代吴越文化的历史面貌。省文物局专家组最后表示，希望在进一步加强考古研究的基础上，相关各方能统筹兼顾，结合梅里文化小镇的文旅项目建设，推动考古研究成果的转化，做好考古遗址的现场保护和文物展示，将3000多年前梅村的真实历史文化面貌生动地展现在世人面前。

（刘保宏）

【泰伯庙修缮】 泰伯庙是全国重点文物保护单位，自1985年对外开放以来，从未进行大规模维修。1月9日，街道召开泰伯庙修缮、保护、展示项目推进会，决定建立泰伯庙修缮、保护、展示项目领导小组，并就工程前期考古勘探、抢修方案的落实等事项进行部署。5月30日，邀请梅村本土文化专家论证泰伯庙展示策划方案。专家提出，泰伯庙是古代先贤留下的瑰宝之作，在修缮过程中要秉承修旧如旧的原则，展示方式要符合泰伯庙深厚质朴的文化气息，要突出“古色古香”，更要凸显泰伯“德让天下”“功辟江南”的历史意义和丰功伟绩，为子孙后代守好这一文化瑰宝。6月13日，街道获“国家文物局关于泰伯庙戟门维修项目”的批复。8月，“泰伯庙保护规划方案”“泰伯庙维修方案”“泰伯庙展示策划方案”通过国家文物局审定，并上报江苏省文物局等待批复。10月22日，泰伯庙戟门正式开始维修，计划2019年元旦再次开放。

（王晓文　高　华）

非物质文化遗产保护

【概况】 截至2018年年末，新吴区有国家级非物质文化遗产项目1个：泰伯庙会；省级非物质文化遗产项目3个：二胡艺术、清水油面筋、搯石锁（无锡花样石锁）；市级非物质文化遗产项目8个：蔡阿水羊肉、小阿姨甜酒酿、钱氏古法酿酒、梁孟传说、三馅团子、净慧寺庙会、张中丞庙会、唐调；省级非物资文化遗产传承人1名：陆林生（二胡）；市级非物资文化遗产传承人7名：万其兴（二胡）、强金波（二胡）、周敏妹（宣卷）、徐忠宪（唐调）、蔡阿水（蔡阿水羊肉）、吴祖福（清水油面筋）、阚国祥（搯石锁）。对全区非物质文化遗产项目开展数字化保护，完成区 13 个非物质文化遗产项目数字化保护拍摄记录工作。区文化馆以吴文化传习学校为平台，保护和传承非物质文化遗产项目。举办非物质文化遗产主题类活动 7 次，吴文化传习学校锡剧成人班、少儿班、泥人体验每周都开课。（刘保宏）

【第九届无锡市“非遗”项目“三馅团子”制作比赛】 3 月 24 日，鸿山街道第九届无锡市非物质文化遗产项目“三馅团子”制作比赛在双象大酒店举行，共有 22 组家庭报名参加此次活动，评委们根据团子外形是否圆润美观、团子的色泽是否瓷白翠绿、口感以及制作熟练程度依次打分。鸿山百姓常用糯米碾成粉做白团子，用青翠的麦叶碾成汁，和着糯米粉做成青团子。青、白两色寓意泰伯清清白白做人做事的高尚品质。三馅，即肉馅、萝卜馅、豆沙馅。因“馅”与“让”在吴语方言中发音相同，当地百姓就用“三馅”来赞扬泰伯“三让王位”“至德”的崇高品质。此活动不仅有效保护鸿山非物质文化遗产，而且进一步扩大市级非物质文化遗产保护项目的影响力。（钱婷妍）

文化市场管理

【文化市场单位年检换证工作】 2018 年，新吴区完成文化体育类许可 44 个。完成全区 130 家印刷企业、70 家出版物零售单位年检工作，完成 80 家歌舞娱乐场所换证工作。对 130 多家印刷企业进行法律法规、安全、环保等方面的培训。（刘保宏）

【“扫黄打非”工作】 9 月 28 日，2018 年新吴区“扫黄打非”工作推进会在新吴区科技商务中心 208 会议室召开。会议紧紧围绕全国宣传思想工作会议作出的战略部署，推动全省、全市“扫黄打非”会议精神落地生根、落地见效。高新区管委会副主任、新吴区副区长李伟敏出席会议。区“扫黄打非”工作领导小组各成员单位分管负责人，各街道分管领导、“扫黄打非”工作负责人参加会议。会上，区“扫黄打非”工作领导小组办公室主任、教育文体局局长张英传达全市“扫黄打非”工作推进会会议精神，通报新吴区“扫黄打非”工作推进情况和下阶段工作计划。制定印发《新吴区 2018 年“扫黄打非”行动方案》《关于推进全区“扫黄打非”基层站点规范化标准化建设的实施方案》，开展“清源”“净网”“秋风”“护苗”“固边”五大专项行动，开展宣传活动，推动“扫黄打非”工作取得实效。协助市执法支队查办 1 起利用网络版权侵权案件。区、街道“扫黄打非”领导小组各成员单位联动巡查出勤 432 人次，检查经营单位 720 家。开展“4·26”世界知识产权日广场活动、2018“绿书签”活动、青少年网络安全宣传视频和漫画进校园等宣传活动。发放“扫黄打非”专题宣传手提袋 2000 个、“绿书签”1.9 万张、宣传漫画 800 份、宣传海报 350 份。“扫黄打非”信息管理系统和手机 APP 的推广应用，在全市率先实现在各街道、社区站点 100%覆盖。完成“扫黄打非”基层站点达标建设，达标率 20%以上。（刘保宏）

文化产业

【文化产业重点工作】 2018 年，组织企业申报无锡市文化产业专项资金、省现代服务业（文化）发展专项资金、省现代服务业（新闻出版广播影视）发展专项资金，经审核资料与现场勘查，共上报各类项目 13 个，5 个项目获得产业资金共 404 万元。组织申报省文化产业示范基地，无锡艾德无线广告有限公司获评省文化产业示范基地。组织申报 2018 年唐鹤千创意人才奖，微视传媒总经理高彤获无锡市唐鹤千创意人才奖。鼓励企业申请无锡市“文旅贷”，审核同意微视传媒、艾德无线、德飞科技等 3 家企业入库“文旅贷”中小文化企业贷款项目。会同区委宣传部、区统计局联合开展第四次全国经济普查文化单位专项核查工作。（刘保宏）

【首届无锡文化企业系列评选】 8 月 15 日，无锡日报报业集团于正式启动首届无锡文化企业系列评选活动。新吴区教育文体局组织推荐企业参加首届无锡文化企业系列评选活动。央视国际网络无锡有限公司、无锡艾德无线广告有限公司获评无锡市文化融合发展十强企业，微视传媒负责人高彤获评无锡文化创新创业十大青年人物。

（刘保宏）

【第八届无锡文博会】 10月11日，由江苏省文化厅、无锡市人民政府主办的第八届中国（无锡）国际文化艺术产业博览交易会在无锡太湖国际博览中心开幕。新吴区组织园区和企业参加，新吴区环球天成、水之源影视、锡马之魂等3个项目在文博会开幕式上集中签约。10月12日，组织无锡国家软件园、中关村软件园、中广传媒无锡文化产业园等3个园区与多家企业参加第八届文博会无锡市文化产业项目洽谈会。新吴区作为代表在项目洽谈会上进行招商宣讲，介绍区文化产业发展状况、代表企业、发展载体和产业政策。

（刘保宏）

【2018“新吴杯”文化创客大赛暨“感知吴韵爱在梅里”文创设计大赛】 6—9月，新吴区举办2018“新吴杯”文化创客大赛暨“感知吴韵爱在梅里”文创设计大赛。这届文创设计大赛作为无锡市第四届文化创意设计大赛子赛事之一，旨在为梅里文化小镇设计出一批富有鲜明地域历史文化特色、结合时代需求、为人们喜闻乐见的文创产品。同时，通过设计梅里文化精品游线路，扩大梅里文化小镇在长三角乃至全国范围内的影响，彰显梅村街道独特文化魅力。赛事包括梅里文化小镇随手礼、梅里文化抖音宣传小视频、梅里文化精品游线路手绘地图、泰伯庙整体视觉传达设计、二胡产业园外立面设计等五大赛题。赛事吸引104人（组）来自高校、文创企业的设计者报名，其中39件兼具创意性、实用性和艺术性的作品进入评奖角逐。经专家组评委三轮评审，最终18件作品择优胜出。梅花燕首饰等3件作品获得二等奖，江南风公交站等5件作品获三等奖，推酥麦饼外包装等10件作品获优秀奖。一等奖空缺。优秀作品参加无锡市第四届文创设计大赛评选。

（刘保宏）

【央视国际网络无锡有限公司入选工信部大数据产业示范项目】 工信部公示2018年大数据产业发展试点示范项目名单，高新区重点企业央视国际网络无锡有限公司的“央网舆情大数据平台”项目入选。“央网舆情大数据平台”是央视国际网络无锡有限公司大数据品牌“博闻大数据”的拳头产品，通过自然语言处理算法、语音/图片/语义等智能识别技术，实现对电视直播信源的实时解析、实时监测预警及自动剪辑推送，具备多维度、多层次的数据分析能力，可为广大政企客户提供电视端的实时舆情监测和分析服务。该项目产品广泛应用于电视媒体宣传评估、政府信息惠民、企业舆情应对、口碑监测、竞品分析、行业研判等多个方面，具有领先的产业示范效应。

（刘保宏）

鸿山考古遗址公园

【概况】 2018年，新吴区把增进人民福祉、促进人的全面发展作为体育工作的出发点和落脚点，实施全民健身战略，完善公共体育服务，加快青少年体育发展，打造特色鲜明的智慧体育产业。组织申报2018年省体育产业发展专项资金，2个项目获得150万元扶持资金。编写省体育产业发展报告蓝皮书（2018）新吴篇章。全面贯彻落实《无锡高新区（新吴区）全民健身实施计划（2016—2020年）》，对实施情况开展中期评估。全年共开展200人以上规模以“乐动新吴”为主题体育活动40场次，举办全民健身讲座培训24次，开展1万人体质测试，举办2018年三级社会体育指导员培训班。新增健身路径43套，室外乒乓桌7个，篮球架5.5套。2018年，创建为江苏省青少年校园足球试点区。举办新吴区第三届中小学生运动会。在无锡市小学生运动会中，新吴区取得田径、羽毛球、轮滑、跆拳道、棒垒球项目第一名的成绩。旺庄实验小学、梅村实验小学被评为江苏省示范性体育传统项目学校。新吴区输送的梁永旺入选羽毛球国家青年队，输送的许诚子成为第十八届亚运会上收获金牌的首个无锡重剑运动员。 （刘保宏）

群众体育

【第六届新吴区职工体育大联赛足球比赛】 4—10月，由新吴区教育文体局主办，新吴区足球协会、新吴区文化体育协会承办，本地头条（无锡）客户端做媒体支持的“乐动新吴”全民健身系列活动暨第六届职工体育大联赛七人制足球比赛在坊前实验小学、江溪小学举行。比赛共吸引新吴区机关事业单位、功能园区、国控公司、园区企业、教职工等28支队伍、数百名足球爱好者报名参加。其中20余名球员是外籍员工，分别来自日、韩、德、美等不同的国家，他们同场竞技，也是一场盛大的“世界杯”。该比赛是无锡市范围内以职工为主体的规模最大、参赛资格审核最为严格、代表性最广的一个赛事，已经成为新吴区体育的一个标杆。 （林 钢）

【“乐动新吴”全民健身系列活动暨第六届新吴区职工体育大联赛】 4月中旬—11月底，组织举办“乐动新吴”全民健身系列活动暨第六届新吴区职工体育大联赛。项目含毅行、七人制足球、五人制篮球、羽毛球、瑜伽展示、健美操展示和水上冲关赛7个大项共11个小项的比赛，全区56个企、事业单位报名参加，参与人数近5000人。近年来，职工体育大联赛已成为新吴区的一项品牌赛事。 （刘保宏）

【举办江苏省老年人体育节新吴区分会场活动】 4月25日，2018年江苏省老年人体育节新吴区分会场暨“乐动新吴”全民健身系列活动柔力球、太极拳（剑）、健身球操比赛举行。全区6个街道选派优秀运动员参与比赛，经过友好又激烈的角逐，柔力球项目第一名花落江溪街道，梅村街道、新安街道分获第二、第三名。旺庄街道夺得太极拳（剑）、健身球操的“双料冠军”，梅村、江溪街道在两个项目中均位列第二、第三名。此次活动为全区柔力球、太极拳（剑）、健身球操爱好者提供交流和展示的平台，弘扬“我运动、我健康、我快乐”的全民健身理念，为推进新吴区精神文明建设发挥了积极作用。

（刘保宏）

【区健身气功协会成立】 5月7日，新吴区健身气功协会成立大会在新吴区科技交流中心举行。无锡市体育局副局长汪克强、市健身气功协会会长朱荣海、市体育总会相关领导及区教育文体局副局长卞惠忠与会并讲话。参会领导向6个街道健身气功站点服务中心授牌。区健身气功协会的成立，使新吴区健身气功项目开展有了健全的组织保障，为健身气功更加深入居民群众、为健身气功爱好者学习交流搭建更为广阔的平台。

（刘保宏）

【区社会体育指导员健身气功培训班开班】 5月18日，由新吴区教育文体局主办、区健身气功协会承办的第一期社会体育指导员健身气功骨干及教练员培训班开班，来自全区各街道的100多名注册健身气功协会会员参加培训。培训班以规范健身气功“五禽戏”普及功法的动作要领，讲解动作规格新要求和健身气功理论知识为主要内容，将理论学习和技能训练相结合。为提升培训质量，促进各学员的指导能力，协会邀请江南大学教师张彤为培训班授课。5月25日，第二期健身气功培训班在旺庄街道健身气功站点服务中心圆满结束。

（刘保宏）

【老年太极拳（剑）队参加省级比赛获佳绩】 5月20日，以旺庄街道为班底的老年太极拳（剑）队代表无锡市赴苏州参加江苏省老年人太极拳（剑）展示交流活动，取得优异成绩。新吴区共派出10名运动员代表无锡队，经过2天半的比赛，无锡代表队获得42式太极剑规定套路第二名，42式太极拳规定套路第三名。在个人赛当中，康元桂获得42式太极拳规定套路和42式太极剑规定套路2个第一名，杨琴新和陆永乐分别获得自编太极器械套路和42式太极剑规定套路第一名。

（刘保宏）

【“舞动新吴”广场舞大赛】 10月20日，“舞动新吴”广场舞大赛在梅村街道新梅广场举行，由此拉开新吴区纪念改革开放40周年群众文化活动的序幕。高新区党工委委员、新吴区委常委、宣传部部长刘霞，区委宣传部、教育文体局负责人，各街道分管领导和文化站负责人出席活动。大赛由区委宣传部、区文明办、区教育文体局主办，20支团队经过各街道层层选拔，入围此次大赛，为现场观众献上一场锦绣绚丽的文化盛宴。最终，溪之韵舞蹈队、群英舞蹈队、叙之梦舞蹈队、天使之心舞蹈队、梅荆三社区瑜韵舞蹈队、彩虹舞蹈队、和风善舞舞蹈队、心和舞蹈队、梅里炫舞队、新洲紫蝶舞蹈队等10支队伍获评优秀团队，鸿运苑一社区舞蹈队、星韵舞蹈队、吴之韵舞蹈队、和风锦韵文艺队、婵之梦舞蹈队、欣悦舞蹈队、太阳城舞蹈队、吉祥姐妹舞蹈队、英姿舞蹈队、春辉文艺团队等10支队伍获评优胜团队。

（刘保宏）

【全国百城千村健身气功交流展示系列活动大赛暨新吴区第一届健身气功站点联赛】 10月27日，全国百城千村健身气功交流展示系列活动大赛暨新吴区第一届健身气功站点联赛在泰伯体育公园举行。市、区“610”办公室负责人、区教育文体局相关负责人、健身气功爱好者近300人参加活动。活动现场，为新建的24个健身气功站点进行授牌，6个街道24个站点的健身气功爱好者进行“八段锦”和“五禽戏”的集体展示，18个站点进行团队以及个人的比赛。

（刘保宏）

竞技体育

【中国高新区马拉松赛2018无锡高新区首站赛开跑】 5月6日，中国高新区国际马拉松赛2018无锡高新区首站赛鸣枪起跑，来自全国国家高新区的政府管理人员、企业高管、科技工作者等3600余人激情开跑。科技部火炬高技术产业开发中心主任张志宏，省科技厅副厅长蒋洪，《中国高新区》杂志社社长项耀汉，新吴区四套班子领导出席开幕式。无锡市副市长、高新区党工委书记、新吴区委书记王进健为比赛鸣枪发令，高新区党工委副书记、管委会主任、新吴区委副书记、区长封晓春致辞。开幕式上，由图林机器人引道，代表科技的6名国家高新区科技局负责人火炬手和代表希望的2名小学生陪跑员，组成“2+6”火炬接力长阵，象征无锡高新区成立26周年。火炬手从科技商务中心起跑，穿过168面国家高新区旗帜飘扬的火炬传递之路，完成科技火炬的接力，将科技火种交到张志宏手中，由他点燃首个3D打印的科技火炬台。此次首站赛由中国高新区杂志社和无锡高新区管委会共同主办，以“创无界，凤飞翔，跑出无锡高新区创新‘加速度’”为主题，分为半程马拉松和5千米创客狂欢跑，两条赛道均经过无锡高新区的核心区，半程马拉松赛道穿越无锡国家软件园、传感网国际创新园、中国传感网大学科技园、中关村科技创新园、天安智慧城5个科技园区，参赛选手在奔跑中就能充分感受无锡高新区浓厚的创新创业氛围。智能计时芯片、智能检测细菌的运动毛巾、智能监测心率手环系统等多种科技产品与技术运用于此次赛事，为选手们创造更好的参赛体验。与此次赛事同步开展的还有创客狂欢跑集市、科技嘉年华草地音乐会等系列创新主题活动，来自无锡高新区企业的数十个创新科技产品集体亮相，IT企业音乐联盟乐团奏响科技强音嗨翻全场。一场科技与运动深度融合，科技与音乐激情碰撞的马拉松盛宴，展示着无锡高新区人的创新创业风采。（刘保宏）

【高新区少年棒球队获得2018海峡两岸城市棒球交流赛冠军】 9月17—9月24日，高新区管委会副主任、新吴区副区长李伟敏率领新吴区少年棒球队（梅村实验小学代表队）参加在台北市举办的2018海峡两岸城市棒球交流赛。比赛由8支成年棒球队、4支青少年棒球队和4支少年棒球队组成，中国大陆派出4支成年棒球队、2支青少年棒球队及2支少年棒球队参赛。作为中国大陆队之一，无锡高新区少年棒球队获得此次比赛的唯一冠军。比赛成绩得到国家体育总局棒垒球管理中心领导的高度认可。（刘保宏）

【2018—2019年度“安踏杯”无锡市小学生校园足球超级联赛】 10月23日，2018—2019年度“安踏杯”无锡市小学生校园足球超级联赛在无锡市春城实验小学开幕。高新区管委会副主任、新吴区副区长李伟敏出席此次活动并致欢迎词，无锡市教育局副局长许敏致开幕词，无锡市体育局局长黄浩然宣布开幕。联赛从2018年10月至2019年1月，共18轮，每周2轮比赛，共计72场比赛，所有参赛运动员都是2006年9月1日以后出生，共近200名小球员参赛。新吴区春城实验小学、南丰小学代表新吴区参赛。足球联赛首创主客场双循环赛制，让更多的校园少年们能观赏并参与进赛事中，以弘扬足球运动为推手进一步推进校园足球文化教育和优质人才培养。赛事规定男女混合组队，每场比赛分3节，每节20分钟，每节比赛都需有女队员上场，每个队伍要完成18轮比赛，组委会根据积分排名设冠军、亚军、季军等集体奖项，设金、银、铜靴等个人奖项。（刘保宏）

【新吴区第三届小学生校园足球联赛】 11月20—23日，新吴区第三届小学生校园足球联赛在南方球馆举行。比赛设男子甲组、乙组和女子组，全区15所学校、30支队伍，近400人参赛，共进行66场比赛。比赛采用室内五人制竞赛规则，队员们发扬团结协作、奋勇拼搏的精神，展现出较好的运动水平和自信自强、积极向上、顽强拼搏的体育精神风貌。最终，春城实验小学、南丰小学、坊前实验小学夺得女子组前三名，春城实验小学、坊前实验小学、南丰小学夺得男子组前三名。通过此次校园足球联赛的开展，提高了校园足球运动的水平和普及率，为学生创造学习与交流的机会，丰富孩子们的课余生活。

（刘保宏）

【省十九届运动会获得10块金牌】 2018年，新吴区组织辖区职工参加省十九届运动会，获得10块金牌，超额完成市政府下达的5块金牌任务，成为无锡市各板块竞技体育夺金最多的地区。（刘保宏）

【梅村实验小学棒球队夺得全国棒球锦标赛八连冠】 2018年，梅村实验小学棒球队取得全国青少年棒球锦标赛学校组U10、U12双冠军。其中，高年级参与的U12组是八连冠，低年级U10比赛为首次举办，棒球小队员第一次参加比赛就获得冠军。（刘保宏）

无锡智慧体育产业园

【概况】 无锡智慧体育产业园（以下简称“智体园”）是全国首个智慧体育产业园，该产业园是由无锡高新区管委会和无锡市体育局共同向无锡市政府申请，并于2015年6月30日正式获批成立。2016年3月20日，智体园正式开园，江苏省体育局和无锡市人民政府在感知博览园正式签约共建智体园，并将智体园建设纳入江苏、无锡体育“十三五”规划。同年世界物联网博览会上，国家体育总局体科所与无锡市人民政府签订《关于共同推进国家体育物联网应用示范项目建设合作框架协议》。2017年8月国家体育总局局长苟仲文与江苏省委常委、无锡市委书记李小敏、江苏省副省长王江等先后考察智体园，了解园区建设和智慧体育企业发展情况。同年9月在由智体园承办的世界物联网博览会智慧体育高峰论坛上，国家体育总局体育器材装备中心、江苏省体育局、无锡市人民政府正式签署“共同建设无锡市国家级智慧体育产业园合作协议”，并在无锡共建智慧体育（无锡）创新研究中心。汇跑赛事、睿健时代、原力棒球等行业知名企业均陆续将总部从北京、上海迁来无锡，其中汇跑赛事每年举办近20场马拉松赛，其举办的无锡马拉松获评中国田联金牌赛事、国际田联铜牌赛事，每年为无锡拉动消费近2亿元。芬兰瑞帕拉体育、澳大利亚佳伯马术、泰山体育科技等企业陆续落户智体园。智体园荣获长三角健康服务产业集聚区、江苏省特色体育产业基地、新华社智慧城市建设特别案例奖等称号。2018年，经市体育局、智体园协调，促成国务院国资委旗下央企中商国财与无锡新投共同成立总规模达3亿元的中商新投智慧体育产业投资基金，着力打造“IS-PARK”“无锡智慧体育产业园”品牌。国家体育总局国体智体检测认证中心落户智体园并正式运营，该项目总投资3000万元，智体园参与投资并出资占股10%，检测中心承担智慧体育产品检验鉴定、委托检测、质量仲裁等业务，推动开展体育物联网标准建设、运动大数据技术研发、智能化场馆建设、智能装备检测（智能穿戴设备、智能体育器材、VR/AR设备、无人机等）、高分子材料检测、体育运动营养食品检测、参与制定智慧体育国家标准、参与制定电子竞技国家标准等，为政府部门支持智慧体育产业发展提供更加科学的依据。2018年6月，智体园与高新区共同投资建成国内首家智慧体育众创空间，吸引30余家初创企业入驻，其中无锡跑吧智能科技有限公司获得江苏省创新创业大赛三等奖，业务快速覆盖江苏、山东、福建、安徽等省份。截至2018年年末，智慧体育产业园区企业数达80家，其中新增企业25家。（张经济）

【国体认证智慧体育（江苏）检测中心落户】 3月30日，市政府副市长、高新区党工委书记、新吴区委书记王进健会见国家体育总局国体认证检测中心总经理张春强一行，并出席“国体认证智慧体育（江苏）检测中心”签约仪式。国家标准化管理委员会专业评审张爱亮，高新区管委会副主任、新吴区人民政府副区长胡逸，无锡市体育局副局长汪克强，无锡市经信委副主任吴建平，无锡市质监局副局长于文霞，区科技信息局、无锡市电子竞技协会、智慧体育产业联盟及智慧体育众创空间主要负责人参加会见和签约仪式。国家体育总局国体认证检测中心总经理张春强、无锡智慧体育产业园管理有限公司董事长朱墨、贝尔实验室装备江苏有限公司执行董事华明分别代表各方签订协议。签约仪式上，张春强介绍国家体育总局国体认证中心于2002年经国家认证认可监督管理委员会批准，由国家体育总局同意组建的具有独立法人地位、负责体育用品质量认证的第三方专业产品认证机构。国体认证智慧体育（江苏）检测中心主要承担智慧体育产业产品检验、检测；智慧体育新产品鉴定检验、质量仲裁检验、委托检验；承担智慧体育产业产品有关标准的制定、修订技术工作；开展智慧体育产业产品检验技术、检验方法的研究工作；智慧场馆设施、电子竞技赛事的设备检测、环境检测、物理检测；智能装备检测（智能穿戴设备、智能体育器材及装备、传感器设备、VR/AR设备、无人机、电子竞技类、便携式单体产品等）；军民融合设备检测(特种兵训练智能兵器、防爆设备等)；高分子材料检测（碳纤维)；体育运动营养食品检测（蛋白粉、运动饮料等)。（刘保宏)

【“智未来”智慧体育众创空间启用】 6月29日，“智未来”智慧体育众创空间启用仪式在创业广场举行。国家体育总局体育器材装备中心副主任王平、省体育局副局长王志光、副市长刘霞、区领导李伟敏出席启用仪式。“智未来”是智慧体育产业园为了更好地培育孵化智慧体育领域初创项目而运营的众创空间，是全国第一家面向全球体育创业人才的创业孵化平台，空间面积900多平方米，提供13个独立工作室、60个工位，入驻智慧体育初创企业8家。该众创空间结合无锡物联网产业的优势和传统体育的深厚积累，推进体育事业与信息技术深度融合，吸引全国乃至全球智慧体育创业者落户，从而为智慧体育产业发展储备“新鲜血液”。

（科技创新促进中心)

【2018智慧体育产业发展峰会】 9月16日，由市体育局、高新区管理委员会承办，智慧体育产业园等单位协办的2018智慧体育产业发展峰会在希尔顿逸林酒店举行，国家体育总局体育器材装备中心副主任王平、副市长刘霞分别致辞，区领导李伟敏出席峰会。作为全国唯一的国家传感网创新示范区、江苏省首个智慧城市和智慧体育发展先行城市，无锡大力发挥物联网等新技术对体育产业发展的推动作用，打造体育大数据、“互联网+体育”等多方面智慧城市和体育行业亮点工程，在智慧体育发展中取得显著成效。自2017年世界物联网博览会智慧体育高峰论坛后，国家体育总局体育器材装备中心、江苏省体育局、无锡市人民政府共建无锡市国家级智慧体育产业园初见成效，吸引国内一批智慧体育企业落户无锡。峰会上，新工科产学研用、智慧体育综合体、中商新投无锡智慧体育产业投资基金等5个智慧体育项目集中签约。中国科学院院士姚建铨、北京大学教育学院副院长尚俊杰等6名业内专家围绕“物联网+体育”“智慧体育信息软件质量安全保障”“体育+区块链”等专题进行主旨演讲。峰会期间，无锡智慧体育综合服务平台上线运行，当天还举行了国体智体检测认证（江苏）中心揭牌仪式。（科信局)

鸿山鸟瞰图

【概况】 2018年，新吴区卫生计生系统紧紧抓住全年目标任务要点，构建与高水平全面小康社会、高质量发展要求相适应的卫生健康服务体系，各项工作取得突破。2018年全区卫生健康支出4.15亿元，同比增长29.8%，卫生健康资源供给进一步优化。全区医疗卫生机构184个，卫生技术人才2476人，医院床位2572张，每千常住人口拥有医疗机构床位数4.55张、执业（助理）医师数2.06人、护士数2.32人。新瑞医院顺利完成执业许可开业在即，无锡“府院合作”典型——无锡市人民医院新安分院正式挂牌，各街道社区卫生服务中心的异地新建和提档升级有序推进，区级公卫机构组织框架、人才队伍、运行管理机制进一步完善，医疗卫生服务能力进一步提升，建成市级基层特色科室6个，省级3个，建成省级示范基层妇幼健康门诊1个。圆满举办第一届全国医院物联网大会暨中国国际医院物联网产品展览会，形成无锡高新区（新吴区）物联网产业发展的又一张靓丽名片。 （谢珊山）

体系建设

【区域医疗体系建设】 2018年，新吴区统筹推进区域医疗体系建设，新瑞医院获得医疗机构执业许可证，承担区级综合医院功能。与无锡市人民医院签约共建“府院合作”紧密型医联体，以新安街道社区卫生服务中心为紧密型医联体基层试点单位，并挂牌新安分院。鸿山后宅社区卫生服务中心、新安街道社区卫生服务中心分别与无锡市儿童医院签订协议，加入无锡市儿科医疗联盟建设。区政府与人民医院正式签订眼科医疗联盟暨糖尿病视网膜病变和糖尿病并发症立体化综合防治项目协议，共建三级医院—内分泌基层特色专科—糖网/糖并基层筛查网点的立体化防治体系。区级公共卫生大楼获批立项。稳步推进基层医疗机构提档升级，结合区域专科发展需求，对当前设备条件不能满足诊疗需求的进行升级改造。旺庄、梅村、鸿山街道社区卫生服务中心启动异地新建，硕放街道社区卫生服务中心、江溪街道第二社区卫生服务中心异地新建完成设计论证。 （谢珊山）

【SK海力士医院签约】 4月18日，SK海力士医院项目签约，SK海力士将在新吴区新建一家高水准的三级综合性医疗机构SK海力士医院。省委常委、市委书记李小敏会见SK集团副会长、SK海力士社长朴星显一行并出席签约仪式。副市长、高新区党工委书记、新吴区委书记王进

4月18日，无锡高新区-SK海力士38亿元医院项目签约仪式

健，高新区党工委副书记、管委会主任、新吴区委副书记、区长封晓春，区领导李伟敏参加会见及签约仪式。SK 海力士医院项目总投资 6 亿美元，一期计划 700~800 个床位，二期计划增加至 1500~2000 个床位，将建成一个集医疗、教学、科研于一体的医疗综合体，重点打造微创中心、内镜诊疗中心、肿瘤治疗中心、透析治疗中心等。（招商发展中心）

【上海交通大学附属瑞金医院无锡分院揭牌】 8 月 8 日，上海交通大学附属瑞金医院无锡分院揭牌。上海交通大学附属瑞金医院无锡分院又称新瑞医院，位于无锡市新吴区鸿山文化新城核心地块，西临锡东大道，北临至贤路，项目一期总投资约 19.3 亿元，核定床位数 600 张，用地面积约 100 亩，总建筑面积 15.55 万平方米。新瑞医院由 4 栋大楼构成，最高的病房楼地上 19 层、地下 2 层。新瑞医院秉承“仁心仁术、传承卓越”的办院理念，以“精诚、正己、明理、慈济”为院训，为群众打造一个“生态化院容、人性化服务、数字化医疗、现代化管理”的大型综合性医院。新瑞医院由无锡高新区管委会与上海交通大学医学院附属瑞金医院共同建设。为把新瑞医院打造成辐射长三角地区、国内一流的综合性医疗机构，瑞金医院从总院抽调选派近 40 名临床专家、学科负责人到新瑞医院参与筹备工作，并担任新瑞医院各学科科主任、执行主任。新瑞医院将于 2019 年 3 月正式对外开放。（钱婷妍）

【无锡市人民医院新安分院揭牌】 12 月 13 日，无锡市人民医院新安分院揭牌，紧密型医联体建设迈出实质性步伐，分级诊疗制度不断完善。新安群众通过医联体信息平台能够直接预约市人民医院的检查。市人民医院学科带头人、技术骨干定期到新安巡诊、坐诊、教学查房带教。新安社区卫生服务中心稳定开设 13 类专家、专科门诊，就诊人数较以往大幅跃升。加入市儿科医疗联盟，市儿童医院在新安开设儿科专家门诊。加入市人民医院眼科专科医疗联盟，创建省基层糖尿病并发症筛查基地、糖尿病眼底视网膜病变筛查市级特色专科。神经内科创建省级基层特色专科，通过省级评审并挂牌。新瑞医院加强中医门诊建设，增加针灸等 6 类诊疗项目。（新安医院）

公共卫生

【疾病预防控制】 2018 年，新吴区人均期望寿命达 82.98 岁。全区甲乙类传染病发病率为 10 万分之 84.52，控制良好。开展预防接种门诊建设，评定一级狂犬病暴露处置门诊 1 家，成人预防接种单位 1 家，并申报三级一般接种单位 1 家，二级狂犬病暴露处置门诊 1 家，全区 1 岁以内适龄儿童基础免疫接种率均在 97%以上。加强疟疾监测，全年完成疟疾镜检 1353 例。完善艾滋病检测网络，强化抗病毒治疗和全面推行 PITC（临床艾滋病检测咨询），符合治疗条件的感染者和病人接受抗病毒治疗比例达 78.93%。加强重点慢性病监测与管理，累计管理高血压患者 4.89 万例，管理糖尿病患者 1.3 万例，完成恶性肿瘤患者随访 4397 例。提升严重精神障碍患者管理质量，管理患者 2043 人，全区 6 个街道都完成神康复站“心灵家园”建设并投入运行，江溪街道“心灵家园”被评为无锡市优秀社区精神康复站。全区建立统一的食源性疾病监测体系，共有 8 家监测哨点医院，覆盖所有街道。（谢珊山）

【健康城市建设】 2018 年，新吴区将“健康细胞”建设工作列入政府为民办实事项目，申请专项经费用于创建奖励。全年共建成省级健康社区 6 个、省级健康单位 6 个、市级无烟单位 6 个、健康家庭 12 个，新建健康主题公园 1 个、健康小屋 1 个、健康步道 3 条、健康教育基地 2 个，江溪街道社区卫生服务中心创建成为省级健康促进医院。巩固发展创建成果，旺庄、硕放、鸿山街道通过国家卫生镇（街道）复审，梁鸿村、七房桥居委通过省卫生村复审；梅村、鸿山街道完成辖区 15 个社区灭鼠点规范化建设，全区 6 个健康社区创建单位开展 PCO（有害生物防治）专业消杀。（谢珊山）

【妇幼保健】 2018 年，新吴区区、街两级妇幼保健和计划生育资源整合率为 100%。梅村街道社区卫生服务中心被确认为省级基层医疗卫生机构妇幼健康规范化门诊建设单位。辖区分娩量

3196例，可避免孕产妇死亡率为0，婴幼儿死亡率为1.20‰，出生缺陷率为2.82%，住院分娩补助335人，补服叶酸3866人，乳腺癌筛查7107人，宫颈癌筛查7064人，乙肝、梅毒、艾滋病检测和随访率、孕产妇保健和儿童保健管理率均达标。计划生育服务总数9303例，无手术并发症和不良反应。孕前优生健康检测1994人次，孕前风险评估4382人。（谢珊山）

【中医药服务】 2018年，新吴区进一步完善中医药服务体系，江溪、梅村街道社区卫生服务中心完成省级“中医馆”建设项目。举办大型义诊及中医药体验日活动，全年开展健康讲座36场，惠及居民1297人次，组织中医养生功法教学356人次，印发中医药宣传材料4000份。开展《中华人民共和国中医药法》培训9场，组织中医药法知识竞赛，共191人参赛。（谢珊山）

生命在于舞动

医政管理

【卫生应急】 2018年，新吴区健全突发公共卫生事件应急组织体系，完善应急预案，建立和完善各项应急预案和应急处置办法。对全区卫生人员开展应急知识培训，区级共举办培训9期，培训人员300余人次，辖区各级各类医疗机构共开展培训15次，培训人员702人。联合鸿声社区卫生服务中心开展卫生系统突发事件应急处置模拟演练，增强应急工作实战能力。全年未发生较大以上安全生产事故。做好卫生应急处置工作，对87起预警疫情进行及时有效处置，处置突发公共卫生事件5起。（谢珊山）

【依法行政】 2018年，依法开展行政许可工作，进一步规范审批流程，加强对社会办医的审批指导和服务，全年新设置医疗机构11家，执业登记11家。推进证照分离试点，逐步试点公共场所卫生许可告知承诺制，发放公共场所卫生许可证533张，其中承诺制办证219张。全面落实相关制度，优化执法流程，规范执法行为。强化综合监管，加强事中事后监管，开展打击非法行医、消毒产品生产企业、医疗机构消毒质量、医疗废弃物、预防接种、二次供水单位、游泳场馆、集中空调使用单位等30个专项检查。开展大型法制宣传8次，接受咨询3200余人次，发放宣传材料1.14万余份。（谢珊山）

【职业卫生监管】 2018年，扎实推进职业卫生监管工作，结合新吴区实际，对区汽车维护保养、铅蓄电池生产、水泥行业、近2年内新发职业病病例企业，以及以往开展过专项治理的铸造冶炼、陶瓷生产、耐火材料、电动自行车车架生产等86家企业进行专项整治。全年岗前职业健康体检3.05人，岗中职业健康体检3.78万人，离岗职业健康检查2841人。健康监护建档企业1861家，定期检测1732家，现状评价企业86家。全区新发职业病人从年均17例下降至10例以下，尘肺病病例从8例下降到1例。（耿　迪）

【人口计生】 2018年，新吴区共受理一孩生育登记服务3334例，二孩生育登记服务2994例，再生育审批62例，出生人数2769人，出生政策符合率达到100%，出生人口性别比为105.21。开展“妈妈的背包”“把健康带回家”“送清凉送健康”“有爱，有健康”等母婴、妇幼健康、心理健康关爱活动；落实“奖扶特扶”两项制度，全年共计发放计划生育农村奖扶资金962.38万余元，受益人数1.05万人，发放特别扶助资金464.18万余元，受益人数706人；绿点科技获评省级流动人口健康促进示范企业；坊前小学获评省级流动人口健康促进示范学校；梅村街道入选江苏省“新家庭计划——家庭发展能力建设”项目试点单位；鸿山街道入围全省“连心家园——关爱失独家庭行动”提名项目。组织部分服务人员开展服务能力培训5场次，举办全区计生干部业务能力培训

1 场次，举办计生条线行政服务能力竞赛 1 场次，编印下发新吴区计划生育和家庭发展工作手册，提升计生干部队伍服务能力。（谢珊山）

【基层卫生人才队伍建设】 2018 年，新吴区制定下发《关于新吴区基层卫生人才队伍建设与管理的意见》，进一步加强人才队伍建设，全年共开展 5 次编内外人员招聘，招录各类人员 146 人。开展农村订单定向医学生免费培养招录工作，共招录 34 名应届高中毕业生。落实 2018 年度卫生人才专项基金奖励政策，奖励金额共计 113 万余元。落实全科医师与住院医师规范化培训制度，加强带教师资培养，新增省级全科规范培养带教师资 5 名，选送 12 名医生参加全科或住院医师规范化培训，2018 年，全区注册全科医师 229 名，每万名常住人口全科医师数为 4.05 人。科研能力进一步增强，新增市级课题 1 项，全年发表论文 30 余篇，其中核心期刊 5 篇。（谢珊山）

【首届医师节庆祝大会】 8 月 16 日，首届“扬高尚医德护人类健康——新吴区首届医师节庆祝大会”召开，区人大、政协、农工党代表，各街道分管负责人、卫计条线相关负责人，新瑞医院、社区卫生服务中心主任和民营医院负责人和代表，新入职医生代表，定向医学生代表近 300 人参加大会。市卫计委，区人大、政协、民政卫计局领导向“十佳优秀医师”和“杏林奉献之星”代表进行授奖。现场还播放 10 名优秀医师工作事迹，激励和号召全区广大医务工作者不忘初心牢记使命，以更加振奋的精神面貌，以更加扎实的工作作风，为人民的健康和生命保驾护航。20 名新入职的医师代表及“杏林奉献之星”代表共同庄严宣誓。2018 年新招录的农村定向委培医学生代表，作为新吴区健康和卫生事业补充的新鲜血液，也对将来从事这一神圣伟大的事业，表达自己的心声。新瑞医院小品《365 个祝福》、鸿声卫生中心朗诵《今天念你的名字》、江溪第二卫生中心小品《家庭医生》等节目，生动形象地展现新吴区医务工作者医者仁心、尊重生命、爱岗敬业、无私奉献的精神风貌。（林　钢）

梁鸿晨光

综述

【概况】 以习近平新时代中国特色社会主义思想为指引，以贯彻落实十九大精神为核心，以推进高质量发展为抓手，2018年，在新吴区委、区政府统一部署和安排下，人力资源和社会保障工作取得较大突破，亮点频现。新吴区人社局代表高新区参加2018中国高新技术产业人力资本创新论坛，交流人才和人力资源、工作的经验，研讨创新发展中出现的问题与解决途径，代表高新区获得“中国高新区人力资本创新示范区”“中国高新区国际人才社会保障发展专项基金项目管理办公室工作组”两项殊荣。 （李茂华）

【出台人力资源服务产业园政策】 2018年，经过近1年时间的调查研究、意见征询，出台《关于进一步扶持江苏无锡高新区人力资源服务产业园发展的意见》，对产业园的指导思想、目标任务、工作机制、服务内容、资金保障、政策措施、兑现的条件和程序等进行进一步的明确，为产业园科学、高效运营提供制度和政策保障。 （张芹芬）

【“人社红五服务月”活动】 2018年5月，新吴区人社局组织力量开展涵盖“人才服务嘉年华”“专业服务走基层”“政策法规公开课”“执法检查在行动”4大专题18项活动。通过举办各类交流论坛、招聘会、座谈会、培训班，深入基层宣传走访等形式，累计服务企业785家，服务群众4000余人次，面向社会发放各类政策法规宣传材料千余份。 （李茂华）

【对口帮扶】 2018年，新吴区经发局履行区对口支援办公室职能，贯彻落实省、市东西部考核办法33项指标要求，落实全年工作计划，筛选对口帮扶项目，组织、协调全区对口帮扶陕西省宜川县、青海省互助县日常工作，携手帮扶地区共同打赢扶贫攻坚战，全区对口支援工作及成效走在全市前列。2018年，新吴区经发局赴宜川互助两地推进帮扶工作4次，组织对口支援联席会议6次，策划组织宜川县、互助县大型招商活动2次，组织并落实2018—2020年计划外帮扶项目19个、计划外援助资金2950.2万元。 （吴云倩）

创业就业

【就业援助】 2018年，新吴区聚焦就业优先，实施就业优先战略，着力增强就业成效。全年城镇新增就业1.74万人，期末企业就业42.99万人、全年援助就业困难人员再就业7046人，其中援助重点就业困难人员再就业2491人。多元化搭建供需平台，通过“春风行动”、就业援助专场、民营企业专场、高校毕业生专场及街道社区专场等主题招聘会，对就业困难对象、登记失业人员、低保家庭失业人员和家庭困难的未就业高校毕业生等实施再就业援助，开发公益性岗位80个。 （宋伟红）

【扶持创业】 2018年，新吴区贯彻落实创业扶持政策，加大创业政策宣传力度。全年共计扶持自主创业3005人，实现创业带动就业11048人。区、街道、社区三级联动，每周进驻区行政审批中心、每月进驻街道、社区为创业者提供政策咨询服务。持续落实各项创业补贴政策，2018年共计发放创业补贴90余万元。推进创业型街道、社区创建工作，旺庄街道、江溪街道鼎城社区等单位受到省人社厅工作组肯定。紧抓大学生创业工作，无锡科技职业学院获批市级大创园。做好省级大学生优秀创业项目、市级大学生创业项目无偿资助申报推荐工作，共获批省级大学生创业项目5个、市级无偿资助项目3个。完善创业孵化基地相关制度，无锡五洲国际梅村孵化基地获批市级创业孵化基地。（沈颖妮）

【引进大学生就业】 2018年，共引进高校毕业生8595人，较2017年度增长12.7%，创历史新高，在全市七个板块中位居第一。开展春秋两季校园招聘。其中春季招聘带领近百家次企业分赴江南大学、南通大学、常州工学院开展专场招聘活动，需求人数2300多人，吸引1700多名大学生参加，达成初步意向700余人。秋季校招从9月18日第一条线路出发，至11月16日最后一条线路收官，在为期2个月的时间里共带领560家次企业分赴南京线、安徽线、西部线等地11条线路，奔赴全国15个城市40余所高校开展招才引智活动，提供岗位2800个，累计吸引8000人次高校毕业生入场交流，达成初步意向2200余人，带回有效简历3500份。在电子科技大学、江南大学、武汉理工大学、合肥工业大学等高校建立新吴区人才分市场、大学生就业创业站，通过市场前置和招才引智触角的延伸，最大限度提升人才配置效率。发挥区人力资源服务产业园的市场力量，鼓励入驻机构为高校毕业生就业搭建平台，分别在无锡、南京举办2场高校毕业生专场招聘会，共有180家知名企业提供高效毕业生岗位600余个，吸引2600余名高校毕业生入场交流。（张芹芬）

【领军人才创业】 2018年，3人入围第三批“万人计划”科技创业领军人才，占全市的60%；5人获推荐申报2018年度科技部创新人才推进计划，占全市的55%；2人入选2017年科技部创新人才推进计划，占全市的40%；3人入围2017年第二批市新兴产业创业领军人才，累计入围16人，列全市第一。（张友伟　安　乐）

【大学生创业园项目获批】 无锡科技职业学院创建市级大学生创业园并获批，进一步扩大市级大学生创业园版图。截至2018年年底，新吴区共有1家省级大学生创业示范基地——物联网大创园、2家市级大创园——传感网大创园和无锡科技职业学院大创园。大创项目累计超150个，实现创业带动就业1000人以上，成为无锡市重要的高校毕业生就业创业平台和集聚高地。同时，做好市大创项目无偿资助申报和江苏省优秀大创项目申报评选工作。全年共指导6个大学生创业项目申报省级优秀大创项目，获批5个，入选率达83%。（张芹芬）

【就业援助月首场招聘会】 1月24日，2018年首场就业援助月专场招聘会在区人力资源市场举办。此次招聘会共有村田新能源、养乐多乳品、捷普绿点精密电子等58家企业参会，提供就业岗位1600余个，涉及电子信息、装备制造等多个行业领域，进场求职300余人次，初步达成意向80余人。2018年就业援助月自1月2日—2月2日结束，在这一个月中，人力中心、劳动保障中心开展多场专项活动，利用各种渠道宣传和落实就业政策，开展就业政策服务宣传日活动，让政策走进群众，为各类就业困难人员提供就业服务，增强人民群众的获得感。（人社局）

【软件园获“2018年全国十佳创业园区”称号】 12月5日，由创业邦主办的创业邦100未来领袖峰会暨2018创业邦年会在国家会议中心举行，会上发布中国2018十佳创业园区榜单，无锡软件园首次获得“全国十佳创业园区”称号。创业邦是中国领先的专业创业服务平台，为

9月29日，无锡市新吴区（新吴区）职工职业技能大赛数控车工操作技能竞赛

创业者提供高价值的资讯与服务，推动创新创业，旗下拥有媒体互动、创业孵化、融资服务等业务。峰会的主题是“突破与变革”，此次评选工作主要从园区的产业聚集、配套服务、支持政策和创新资源聚集 4 个方面进行综合考评。无锡软件园是首批江苏省软件和信息服务示范园区、省高层次人才创新创业基地，园区响应国家“大众创业、万众创新”号召，集聚创新资源，孵化创新企业，引育创新人才，汇聚创新资本，优化创新环境，奋力打造研发创新、人才集聚、成果转化和新兴产业的高地。（刘保宏）

劳动权益保护

【治理欠薪】 2018 年，新吴区人社局针对上年度市政府考核反馈结果，强化问题导向，充分发挥人社部门在治欠保支工作中的调度作用，新吴区人社局牵头建立健全区治欠保支联席会议制度，下发治欠保支行动计划和目标责任书，开展治理欠薪联合专项行动，向社会公布典型欠薪案件 1 起，治欠保支工作成效明显。全区未发生因拖欠农民工工资引发 50 人以上群体性事件和极端恶性事件。在市政府对全市各区 2018 年治欠保支考核中，新吴区被评为 A 级。（周　婷）

【劳动监察】 2018 年，立案 1101 起，办结案件 987 起，其中受理投诉案件 1035 起，受理举报案件 66 起，结案率达到 100%。调处各类劳资矛盾纠纷 878 起，调处成功率达到 100%。接收并办结“12333”投诉举报平台案件 1111 起，“12345”政府服务热线和信访转办案件 551 起，结案率 100%。作出行政处罚案 6 起，涉及处罚金额 17.475 万元。移交公安部门疑似欠薪逃逸案件 2 起，涉及员工 75 人，涉及金额 80 余万元。移交法院审理欠薪案件 4 起，涉及员工 850 余人，涉及金额 500 余万元。狠抓农民工工资治欠保支工作，于 2018 年 10—11 月开展建筑行业农民工工资支付专项工作检查,检查在建工地 95 家，要求逐一签订工资支付承诺书,保障工人的合法权益。开展清理整顿人力资源行业专项行动、禁止使用童工专项检查、规模企业春节国庆期间加班加点及节后复工情况调查、用人单位遵守劳动用工和社会保险法律法规情况专项检查等。（黄　斌）

【劳动人事争议仲裁】 2018 年，受理案件 1233 起，结案率 99%，各类调解组织调处争议占区劳动人事争议总量的 85%，调解成功率 100%，一裁终局率 45%。省平台案件信息系统运行率 100%。办理省人社厅调解平台推送案件 590 起，受理 578 起，不予受理 12 起，其中调解成功 523 起，调解成功率达到 91%。在抓好处理案件第一要务的同时，总结过往案例，其中 2 个案例入选无锡市十大典型案例，被国家级刊物《中国劳动保障报》和新媒体《中国劳动人事争议调解仲裁》公众号录用。“红五月”期间推进“仲裁开放月”活动，邀请区人大代表、政协委员、企业人事经理、工会委员等参加庭审现场观摩等活动。9 月，组织各街道人社所所长、调解员和部分重点企业的人事经理、工会主席 20 余人，赴苏州工业园区娄葑街道劳动人事争议调解中心现场观摩调研。11 月，联手区人力资源服务协会在新吴区人才大厦举办劳动人事争议调解仲裁培训班，对全区 200 余名基层劳动人事争议调解员和企业人事进行培训。（石　磊）

【劳动关系管理】 2018 年，规模以上企业劳动合同签订率 99.9%，已建工会集体合同签订率 99%，工资集体协商制度覆盖企业 3800 家。各项行政权力事项均依法规范运行，完成特殊工时制行政审批 231 项，其中综合计算工时工作制 127 项，不定时工作制 104 项，涉及单位 180 家，涉及职工 7 万余人；审查工资集体协商协议 882 份；规范有序接收工伤认定申请 2178 件，结案率 100%，确保新开工项目工伤保险参保率持续保持 100%，全年无一起针对窗口服务的举报投诉。（周　婷）

【创建省级和谐劳动关系示范园】 2018 年，建立健全新吴区协调劳动关系三方委员会机制，明确由人社局负责全区和谐劳动关系工作的组织实施；以区政府办名义出台《无锡高新区建设省级和谐劳动关系示范园区实施方案》，大胆探索创新，率先使用大数据分析监测全域劳动关系运行，聚焦重点问题、防范劳动关系异常，凸显新吴区和谐创建工作“智慧型治理”的优势，创建省级和谐劳动关系示范园区。同时由新吴局培育申报的SK海力士公司创建全国模范劳动关系和谐企业也已通过国家协调劳动关系三方委员会的公示。（周 婷）

人事管理

【人事录用调配】 2018年，新吴区公开招录公务员22人、事业单位人员84人（其中上半年36人、下半年48人），总数达106人。全年招录医疗卫生技术人员101人、招聘教师330人。安置军转干部43人。安置落实随军随调军人家属进社区工作。办理机关事业单位人员正常调动手续。（高前锋）

【岗位聘任】 2018年，新吴区人社局严格执行《无锡高新区（新吴区）事业单位岗位设置管理（暂行）办法》文件精神，注重原则性和灵活性相结合，全面完成事业单位岗位聘任工作。全区6个街道共计聘任362个岗位，区本级调整聘用53家事业单位近300个岗位，高质量完成岗位设置和调整聘用工作。（高前锋）

【考核培训】 2018年，新吴区人社局组织开展第三期全区事业人员初聘培训班，新招录事业人员参培；组织全区400名公务员开展网上自主选学培训；组织全区120余名机关人员参加党员宗旨信念教育培训。完成机关事业人员平时考核基础工作；完成试用期考核和转正工作；开展机关事业人员年度考核，全区共计159名公务员或参公人员、145名事业人员被评为年度考核等次为优秀。（高前锋）

【综合管理】 2018年，新吴区人社局完成127人公务员登记报批手续，分别为原缓登记公务员登记5人，新调任区管领导公务员登记63人，军转干部公务员登记28人，选调生公务员登记6人，新招录公务员登记25人；完成26人公务员调任审批手续；对档案专审工作进行全面部署，完成审核300余份，其中选调生、新招录公务员档案专项审核39人、参公人员76人、其他人员210余人；按照省、市统一部署，扎实开展退役军人信息采集等工作。（高前锋）

【工资福利】 2018年1月起，新吴区人社局在各街道、机关事业单位全面执行公务员职级工资和事业单位岗位绩效工资，同时将无锡市科技职业技术学院纳入新吴区“阳光工资”工作范畴。完成2018年机关公务员滚动升级和事业单位工作人员正常晋升薪级的审批工作，共有366名公务员调整职级工资，4236名事业人员调整薪级工资。完成机关事业单位工作人员职务、技术等级变动、岗位调整增降资和重新确定工资工作，共有26名原事业单位领导调任公务员调整工资，46名公务员完成职务职级并行调整工资等。配合机关事业单位人员养老保险改革，完成退休人员预发生活费审核107人，并完成411名2014年10月1日以后退休人员的一次性退休补贴的审批。（华 健）

【事业单位参公管理】 2018年，新吴区人社局按照区委、区政府的总体部署，2017年年末，向省、市公务员管理部门申报部分事业单位参公管理，区政府口有6家事业单位获批参公管理，共74人。其间，对参公管理人员的档案以及各种申报材料进行全面审核，在获批后，及时组织参公人员参加培训及考试，并进行全面登记。截至2018年年末，全区参公单位总数达14家，实行参公管理的人员总数147人，占区级机关下属事业单位人员总数的20%。（高前锋）

【企业用工服务】 2018年，新吴区人社局多途径宣传稳岗补贴政策，申请受理审核企业稳岗补贴5095家，共计发放补贴7063万元，受惠职工22.9万人。贯彻落实有关补贴政策，2018年，共计发放社保补贴和公益性岗位补贴4619.17万元，惠及用工单位2458家。对接苏陕劳务协作工作，为海东市互助县带去工作岗位5000余个，提高苏陕两地协作工作成效。（沈颖妮）

【优秀村（社区）书记（主任）选任街道事业单位负责人】 2018年，新吴区人社局研究制定《无锡市新吴区优秀村（社区）书记（主任）选任街道事业单位负责人操作办法》，做好选任优秀村（社区）书记（主任）任街道事业单位负责人工作。经过民主推荐初步人选、资格审核审查、确定考察人选等环节，最终确定10名优秀村（社

区）书记（主任）进入任用阶段。（高前锋）

社会保障

【社会保险扩面征缴】 2018年，新吴区人社局全面推进社保扩面工作和断保压降工作，对全区重点用工企业节前节后用工情况进行摸底调查，充分了解辖区内企业用工情况，掌握社保扩面底数。通过案件检查与专项活动，严查企业劳动用工特别是企业员工的参保情况，以点带面开展社保扩面工作，完成企业职工养老保险净增缴费17688人。全面推进和实施全民参保登记计划，定期开展全民参保登记入户核查，实施动态和精准管理的长效机制。5月和10月开展两轮非本地户籍人员的入户核查3628人、核查率100%，有效采集3040人、采集率达85%。充分运用核查信息，针对断保人员，提供就业服务促进实现就业，加强参保益处宣传，努力提升其参保意愿。在辖区六个街道社区巡回开展“社会保险政策宣传进社区”活动，设咨询台，向社区居民发放各类社会保险宣传彩页，并就居民关心的居民参保补贴、异地就医政策、全民参保登记等问题给予解答，普及社会保险知识，拓宽宣传覆盖面，提高辖区居民政策知晓度和参保积极性，完成本地户籍断保接续人数9981人。（宋伟红）

【社会救助】 2018年，新吴区人社局印发《无锡市新吴区特困家庭深度救助实施意见（试行）》，为实现精准救助目标予以政策保障；临时救助、医疗救助、慈善救助、助学救助、住房救助等救助制度无缝对接，全年累计发放各类救助资金800余万元，惠及困难群众3500余户，13000余人次；援引各类社会资源，广泛开展公益慈善活动，全年举办各类慈善公益活动21场，从扶资、扶志、扶智多个角度帮助困难群体，“善居工程”社会救助项目取得较好的社会反响。在全市范围内率先启动全国首批困境儿童保障示范区创建工作，引入专业机构开展19名中高危困境未成年人个案帮扶项目，大力宣传“双保险”制度，为全区245名困境儿童落实各项保障政策。充分发挥无锡市救助家庭经济状况核对系统作用，全区低保、医疗救助对象全部进入比对系统，通过自查自纠、交叉检查以及区级组织入户抽查的方式，开展民政救助对象专项治理工作，确保对象符合要求。加大救助信息核对工作，确保“阳光扶贫”系统正常运营。（王娟娟）

【养老事业】 2018年，新吴区人社局加大养老事业投入力度，加快养老机构社会化运作步伐，推进旺庄、鸿山、梅村养老院异地新建和提档升级工作，大力支持民营资本参与养老事业发展，全力推进养老服务与医疗卫生融合发展，全区实现养老机构医疗卫生服务覆盖率100%。强化居家养老服务能力，规范居家养老服务标准，探索“养老机构延伸服务社区”新模式，推进居家养老机构社会化运营改革，全区71家居家养老服务站已有37家完成社会化改革的任务，引进浙江椿熙堂、康乐年华、净慧养老等专业化团队对居家养老服务机构进行市场化运营管理。区域老年人助餐中心实现街道全覆盖，日均服务达到500余人次，建成街道级日间照料中心5家，开展老年人“安康关爱”专项行动，累计6.14万名老人购买“安康关爱”意外伤害险，实施养老机构心灵关爱和老有所为“众创空间”打造项目，暖心提供心理疏导、安抚等个性化服务内容。举办新吴区养老管理人员培训和第四届护工节，努力提升养老管理服务水平，提高养老护理员的社会地位和专业化服务水平。（殷　婷）

民政工作

【概况】 2018年，新吴区民政系统紧紧围绕高质量发展、年度重点工作、为民办实事等领域重点目标，构建与高水平全面小康社会、高质量发展要求相适应的现代民政服务体系，各项工作取得突破。兜底保障体系不断完善，“善居工程”靶向帮困项目获得无锡市民政系统创新创优成果奖；“三社联动”特色成效进一步凸显，通过区街两级孵化园，搭建资源链接网络，108个项目入围市、区和街道各级公益创（招）投，总金额累计约407万元；养老改革进程加快提速推进，养老“安康关爱”保险工作连续四年蝉联全市第一；维护涉军群体平稳态势，全年双拥优抚工作被省委、省政府、省军区授予“全省双拥模范单位”光荣称号；社会事务管理能力显著增强，全市范围内率先启动全国首批困境儿童保障示范区创建工作，在省级评估中从全省25个县市区范围脱颖而出。（王娟娟）

【基层自治】 2018年，新吴区全面发挥村（居）自治基础作用，用好自治章程、村规民约、居民公约，鼓励引导村（居）民共治、善治；推进村（居）务公开和民主管理监督。发挥村（居）务监督委员会功能，推进村（居）务公开和民主监督工作。探索三社联动机制下的社区共建，通过“益行动·社区创享计划”“议治江溪”“微爱旺庄”“新安品牌战略计划”等项目的实施，鼓励社工、社会组织、居民等各类主体参与社区建设，编印“蓁蓁新吴”社区微自治项目手册。（王娟娟　殷　婷）

【社工队伍建设】 2018年，新吴区出台《无锡市新吴区关于加强社区工作者队伍建设的实施意见（试行）》等文件，从继续教育、激励机制、人才奖励、组织保障等方面为社工提供保障。加大社工人才培养力度，以党建为引领，搭建线上线下教育平台，形成社工人才培养、社工人才评价、社工人才激励等三大机制，构建一支数量足、结构优、能力强、素质高的社工人才队伍。（殷　婷）

【社会组织】 截至2018年年末，新吴区共有在册登记的社会组织290个，其中社会团体90个、民办非企业单位200个，备案组织达到830个，社会组织数量稳步增长。规范管理，完善综合监管机制，依法依规开展社会组织年度检查、抽查，执法监督力度不断加大。加强三级联动，打造区、街道、社区三级社会组织孵化基地。探索公益创（招）投，将公益创投逐步引导走向公益招投，2018年联合区司法局、区财政局，发布《2018—2019年度公益创（招）实施意见》。推进跨界合作，协同社会力量参与共建共治。编制《无锡市新吴区公益项目汇编》《新吴区承接社区服务项目第一批推荐社会组织目录》和《新吴区社区治理与服务需求目录》，为新吴区社会组织工作提供更多的机遇。建立联合支部，推动社会组织党建工作，通过“党建+服务”“党建+公益”等方式，进一步推动社会组织党组织在引领政治方向、发展社会公益、团结群众力量等方面的战斗堡垒作用，社会组织服务质量不断提升。（王娟娟　殷　婷）

【优抚安置】 2018年，新吴区民政部门完成8000多条涉军人员信息采集任务。动员和组织2017年退役士兵免费技能培训和学历教育。落实符合政府安置条件的退役士官岗位。通过“优抚之家”为优抚对象解难事、做好事。军地双拥共建活动得到上级肯定，区民政和卫生计划生育局获得“江苏省双拥模范单位”荣誉称号。（王娟娟　殷　婷）

【婚姻登记】 提高婚姻登记、收养登记服务质量和成效，2018年，新吴区民政部门累计办理婚姻登记4200多件，收养登记52件，登记合格率达100%，实现婚姻登记及收养登记“零投诉、零差错、零违规”。克服困难补录1970年至1979的婚姻历史档案4828条。（王娟娟　殷　婷）

【区划地名工作】 2018年，新吴区推进第二次全国地名普查成果转化，启动《新吴区地名录》编撰工作，完成21条道路命名申报工作。（王娟娟　殷　婷）

【“双千行动·无锡种子社区”公益慈善】 2018年，为更好地倡导公益慈善，新吴区参与社区创新发展联合行动项目——“双千行动·无锡种子计划”。“双千行动·无锡种子社区”计划是灵山慈善基金会在市民政局的指导下，基于“双千”行动的大背景，与全市多个社区和社会组织共同发起的社区创新发展联合行动项目。年内，新吴区有16个社区和12家社会组织加入“种子社区计划”，申报的18个项目涉及社区营造、新市民融入、老年人服务、青少年服务等多个类型。此次参与“双千”行动的社区和社会组织会同灵山慈善基金会共同参与2018年“99公益日”活动，以互联网公益的形式，激发社会爱心。在9月7—9日三天时间内，这18个项目总计筹得爱心款项12.9万余元，这些爱心捐款用于推动社区项目的落地与执行，更好地服务社区居民。（民政卫计局）

【军民融合专项引导基金项目】 2018年，新吴区配合市委、市政府建设无锡市军民融合公共服务平台，全力做好15000平方米平台载体、2个投资额合计8000多万元的军融产业项目落户以及3个项目信息源的引进配合工作。组织3家新吴区企业获省军民融合专项引导基金546万元，完成2016—2017年3个省军民融合专项引导基金项目的验收，向省军融委办上报区内15家军民融企业与平台项目建设信息，组织4家园区企业申报江苏省2019年度军民融合重大项目计划。稳步推进蓝鲸军民融合创新园建设，将其打造为多个军融项目。 （吴云倩）

中华赏石园

综述

【概况】 2018年，新吴区贯彻落实十九大关于加强生态文明建设的决策部署，根据省、市统一安排，以中央环保督察“回头看”为契机，以实施“263”专项行动为抓手，全面打响污染防治攻坚战。中央、省环保督察反馈意见和环保部太湖督导意见整改工作和“回头看”取得实效，一批突出环境问题得到有效解决，环境信访量明显减少，环境安全形势显著改善。贯彻落实《关于建立生态补偿机制的意见》，2018年度安排生态补偿区级配套资金525万元。落实地方环境保护和生态建设专项补助资金，拨付省、市上级太湖水等专项治理资金4830万元。及时向社会公开全区385家企业环境信用评价结果，并与银行、银监等部门实行信息共享，推动绿色信贷，为先导智能、隆盛科技、朗新科技等绿色企业提供贷款超12亿元。推进环境污染责任保险，累计参保企业130家。全年共审批各类建设项目环评617个，国家排污许可证核发7家，完成清洁生产审核企业15家。 （惠 尉 尤佳梁）

【生态保护】 2018年，新吴区集中力量打造太湖生态保护圈，确保区域生态环境状况指数和绿色发展指数同比提升。加快推进城乡绿化体系建设，新增城市绿地面积43万平方米，完成造林绿化面积353.7亩，开展防护林建设工程和重点公益林地保护工程。建设太湖生态保护圈，实施湿地保护修复工程，启动实施河道生态修复一期工程，推进河道清淤、水生态修复。严格按照《无锡市主要污染物排污权有偿使用和交易管理暂行办法》，推进排污权有偿使用和交易工作。做好企业排污权的核定以及排污权有偿交易费的征收工作，完成有偿使用和交易共323家。

（尤佳梁）

【环保宣传】 2018年，新吴区环保部门发挥“环境月”“世界环境日”“世界水日”“世界地球日”“生物多样性日”等重大环保纪念日的独特平台作用，开展环保宣传“四进”“公众看环保”等系列活动。开展“环境守护者”行动，发挥社会环保公益组织的积极作用。2018年，新吴区各中小学开展各类宣传教育活动，环保知识教育面覆盖比例达到100%。严抓培训，营造环保宣教舆论氛围，组织开展2期全区范围重点企业环保培训班，对环保重点工作和“263”专项行动进行宣贯和业务培训，参与培训的企业达1000余家次。 （陈 怡）

【“绿色系列”创建】 2018年，新吴区实验幼儿园获得第十七批“省级绿色学校”命名，全区共创建国家级绿色学校3所、省级绿色学校26所、市级绿色学校36所。旺庄、江溪、新安街道创建省级生态文明示范街道，全区6个街道实现全覆盖。空港经济开发区创建省级生态工业示范园区。2018年，全区造林绿化面积完成353.7亩，完成年度目标任务的117.9%，绿化示范村全面完成，林木覆盖率达23.34%，自然湿地保护率达到82%。 （沙 腾）

【企业环境安全达标建设】 2018年，新吴区开展企业环境安全达标建设活动，确定重点环境风险企业名录106家，达到较大等级以上风险企业30家中完成专家核查27家，完成率90%（年度目标为50%）。制定印发《突发性环境事件应急预案》和《无锡市新吴区饮用水源地突发环境事件应急预案》。（崔凤莲）

3月2日，全区生态文明建设暨“263”行动、河长制工作推进会

环境质量

【水环境质量】 2018年，新吴区列入全市整治计划的9条河流中，达标河流为6条，达标率为66.7%，较2017年上升22.3个百分点，优Ⅲ类水体比例为55.6%，较2017年上升22.3个百分点，其中望虞河312国道桥断面、古市桥港古市里桥断面、大溪港桥断面、承泽坎桥断面、张塘河新造桥断面水质符合Ⅲ类标准，京杭大运河望亭上游断面水质符合Ⅳ类标准，均已达到2020年水质目标。区级河长制监测断面，年平均断面达标率35.3%。（顾雷霆）

【空气环境质量】 旺庄站点是新吴区境内唯一国控点。2018年，旺庄站点PM2.5年平均浓度为43微克/立方米，比2017年上升2.4个百分点，细颗粒物的污染情况较2017年同期有所恶化；优良天数占比为70%，比2017年上升8.1个百分点。2018年，新吴区所属区域内的5个空气质量监测点位（旺庄站、吴博园站、科技园站、梅村水厂站和硕放站）PM2.5累积平均浓度为42微克/立方米，较2017年下降4.8个百分点，空气质量优良天数占比为77.8%，比2017年上升9.3个百分点。（顾雷霆）

【声环境质量】 2018年，新吴区昼间区域环境噪声等效声级为58分贝，夜间区域环境噪声等效声级为49.7分贝，城市区域环境昼夜噪声质量等级均为三级，对应评价等级为一般。65分贝以上高声级覆盖面积比为零，与2017年相比，各项指标保持稳定。（顾雷霆）

土地资源保护

【耕地资源保护】 2018年，面对新吴区“后备资源匮乏、人均耕地少、土地开发强度高”的严峻地情，按照高质量发展的要求，科学把握经济发展和生态保护的关系，在坚守耕地保护红线的前提下，充分运用规划管控、永久基本农田保护区建设、政策激励、联动执法等手段，进一步优化农村生产生活生态空间，促进农村产业融合发展，让人民群众享受到更多的生态红利、绿色福利。按照多规融合的要求，加大土地利用总体规划与城市总体规划在布局上的融合力度，推动建设性规划向保护性规划的转变，高质量完成新吴区土地利用总体规划调整完善工作。2018年8月，在全市率先实现区、镇（街道）两级国土、城管联动机制全覆盖，通过国土、城管联合巡查，全年整改拆除违法用地项目18个，面积38.02亩，共拆除地上建（构）筑物约5000平方米。鸿山街道梁鸿村、七房桥村获“无锡市村级耕地保护激励单位”称号，各获得50万元奖励资金。（王　铮）

【政策保障】 2018年，新吴区下发《关于切实加强耕地与基本农田保护工作的通知》，与各街道签订耕地保护责任状，压实各级保护责任；下发《无锡市新吴区建设占用耕地耕作层剥离和再利用实施意见》，扎实开展耕作层剥离再利用工作。（王　铮）

水资源保护

【水资源管理】 2018年，开展区级水功能区水质监测工作，并每月发布水质监测通报。无锡市下达2018年度重点水功能区达标率考核指标为

74%，根据水功能区水质监测年报，区重点水功能区达标率100%，超过考核目标26%。全年共征收水资源费31.36万元，合计使用水量53.49万立方米，其中，地表水50万立方米，地下水3.49万立方米。年内创建省级节水型企业1家（无锡市锡飞工贸有限公司）、省级节水型单位1个（新区科技商务中心）、省级节水型社区1个（新安街道和风社区）、省级节水型学校1个（无锡市新吴区高浪小学）、市级节水型学校1个（新吴区南星小学）、节水减排示范项目2个（格兰富水泵（无锡）有限公司雨水收集利用项目、松下能源有限公司中水回用项目）。对辖区内入河排污口实现规范化整治，所有规模以上入河排污口均树立入河排污口标志牌，开展行政监督检查、第三方核查等工作，并在检查核查中核减规模以下入河排污口7个（6个排入市政雨水管网，1个因生产线拆迁）。2018年年末，全区共有7个入河排污口，其中规模以上6个。（王金娥）

【河湖环境治理】 新安街道组织开展新安农场土地使用权回收工作，通过各项工作开展，截至2018年9月16日，已全部平复79.2亩葡萄园，所有水源地范围内的葡萄园土地已全部清理完毕，顺利完成水源地环境整治任务。对于三条受污染河道，通过现场整治推进，制订整改举措，制订“一河一策”方案，落实整改措施，逐步提升河道水质。2018年，由新安街道农业服务科牵头，联合城市管理科、环境保护科开展“河湖三乱”治理，累计出动人员250余人次，拆除乱搭建（临时棚、违章建筑）6户共计100平方米，搬离杂物15车，回土覆绿700余平方米，协调安置船只20余条，清除港口木桩30余根，有效保障河湖环境整洁。8月，完成袁塘桥河6500立方米的河道清淤工作；10月，高墩港东浜斗浜段河道开始施工；12月，三房桥河、三河港河、太湖六步港口清淤工程开工，计划2019年年末前完工。（周　倩　惠新建）

【河长制管理】 按照省、市河长制工作要求，召开新吴区河长制工作推进会，明确各级河长制工作的目标任务，要求各级河长主持制定整治方案、主抓方案组织实施、主动协调解决问题和主导督查考核工作。2018年，组织区级河长353人次、镇级河长1414人次，开展巡河工作。全面完成区级和镇村河道的“一河一策”编制工作，各河长牵头组织方案论证；审查通过《新吴区畅流活水规划》并启动年度建设项目。区河长办公室每月编制1期河长制工作相关情况通报。2018年3月，新吴区农经水利局与新安街道共同主办“新吴区首批‘民间河长’聘任暨河长APP启动仪式”，聘请12名社会人士分别担任民间河长、民间巡河员，通过加强队伍建设，实现对行政河长的有效补充，发挥好河道治理中参谋、监督、联络的相关职能，通过优势互补，形成合力治水新局面。全市161条综合整治河道涉及新吴区的9条河道水质达到或优于Ⅲ类的达到5条，较2017年增加2条。（刘　天　惠新建）

【蓝藻打捞】 2018年，新吴区完善健全太湖、内河蓝藻水草打捞体制机制。根据蓝藻分布情况，在大溪港、六步港、新开港设置吸藻平台，配备吸藻艇8条、运输船12条、巡查快艇3艘，新增大型自动割草船1艘，进一步提高打捞效率。强化监测预警，建立蓝藻打捞日报制度，动态掌握蓝藻实际状况和变化趋势。强化应急工作，新安街道建有合计8万立方米的蓝藻应急临时堆场2个，日处理藻水1000吨移动式藻水分离车1辆。按照“往最坏处打算，向最好处努力”的思路，修订完善蓝藻爆发应急处置预案，完善应急处置设施，提高应对突发事件的能力和水平。2018年，共出动蓝藻打捞人员1.45万人次，出动打捞船1650艘次，运输船1231艘次，累计打捞蓝藻1.02万吨，漂浮物1.28万吨。（惠新建）

污染防治

【污染源普查】 2018年，新吴区全国第二次污染源普查办公室建立，组织开展全区污染源普查工作。全区共落实普查经费803万元，选聘普查员85人、普查指导员24人，分阶段开展新吴区名录库校核、清查建库、全面入户调查工作，共对5143家单位开展全面入户调查及空间信息采集，其中工业源4968家、生活源锅炉6家、集中式处理设施18家、入河排污口15家、移动源36家。开展污染源普查宣传培训，悬挂污普宣传横幅60余条，张贴污普宣传海报30余张，发放宣传资料2000余份，组织普查技术专题培训班2期，召开污普工作推进会13次，转发上级污普文件90余份，印发区级污普文件15份，编制污普简报3期。（殷松江）

【水污染防治】 新吴区制定《新吴区2018年度水污染防治实施计划》，列入年度计划的5个重点项目全部达到年度考核要求。按照“一个水源地、一套方案、一抓到底”原则，全力推进并提前完成锡东水源地环境问题整治，锡东饮用水源地水质达标率保持100%。推进加油站地下储罐防渗改造，督促民营加油站落实防渗改造要求，杜绝环境风险，累计改造民营加油站9家，共计39个油罐。（赵春晓）

【大气污染防治】 制定《新吴区2018年度大气污染防治计划》，落实重污染天气应急预案，开展重点行业VOCs治理，确定VOCs重点管控企业名单，完成97个挥发性有机物治理项目。推动实施重要区域餐饮业油烟治理试点工作，完成餐饮油烟治理项目29个。制定《推进挥发性有机物清洁原料替代工作三年行动计划》，明确重点企业清洁原料替代工作推进步骤方案，8家企业已全部完成整改。加强对28个汽车维修业VOCs污染控制项目监管治理。（王　宁）

【土壤污染防治】 2018年，新吴区土壤质量总体保持稳定，未发生因疑似污染地块或污染地块再开发利用不当，而造成不良社会影响的事件。制定《新吴区重点行业企业土壤污染状况调查实施方案》，启动113家重点行业企业用地调查，完成基础信息采集和系统录入工作。开展调查评估试点示范工作，启动并完成5个典型行业遗留地块的调查评估工作。组织土壤污染重点监管企业对土壤及地下水进行监测并向社会公示。有效防控历史遗留污染地块环境风险，完成丰硕化工遗留场地污染堆土治理修复工程和效果评估，确定恒方不锈钢污染土壤治理修复技术方案。（殷松江）

【重金属污染防治】 2018年，印发《无锡高新区（新吴区）重金属重点防控区专项整治实施方案》，启动重点重金属防控区整治。印发《无锡高新区（新吴区）电镀行业环保整治工作方案》，组织全区25家电镀企业开展规范化整治工作。排查、建立涉重金属重点行业企业全口径清单，全区共38家涉重企业纳入国家排污许可证系统。落实涉镉污染源排查，全区共排查出2家涉镉企业。实施重金属减排工程，关停涉重企业3家。严格环境准入管理，落实新改扩建涉重金属建设项目总量替代要求。（殷松江）

监督执法

【环境监管】 2018年，新吴区环境监察大队获得“江苏省生态环境系统先进集体”荣誉称号，获得无锡“绿刃2018”蓝天保卫第一战表现突出单位、无锡“绿刃2018”蓝天保卫第一战信息报送优秀单位等多项表彰。环境监管上创新执法模式，将多项工作合并开展，以此提高行政执法效能。结合新吴区“厂中厂　园中园”、砂石码头治理等全年重点工作，协同各部门开展“散乱污”企业和违法砂石码头专项检查，立案处罚违法砂石码头5个次，查封扣押16个次。将“双随机”（随机选派执法人员、随机抽取检查对象）执法和监督性监测同步结合进行，两者相辅相成、互促互进，达到执法为监测做好保障，监测为执法提供依据的实效。（严　荔）

【环境信访投诉】 2018年，通过开展13家工业废气扰民典型企业专项整治，完善相关信访制度流程，涉及相关企业的投诉同比下降约30%。全年区级共受理环境信访1386件，较2017年同期减少196件，同比下降12.39%，环境信访总量及省部级环境信访量同比实现双降，完成完成同比压降10%的目标任务。中央环保督察“回头看”期间共接交办信访件41件，其中涉及环保的信访件34件，已全部办结，立案处罚29起，决定处罚金额902万元，责令整改34家，查封扣押19家，约谈34人，移送公安机关行政拘留3人。（严　荔　刘　燕）

“两减六治三提升”专项行动

【概况】 “两减六治三提升”简称“263”行动，由江苏省委、省政府于2016年底部署启动，以弥补生态环境这个江苏发展中的突出短板。2018年2月27日，新吴区委、区政府印发《无锡市新吴区“两减六治三提升”专项行动实施方案》，要求在实现“十三五”生态环境保护目标的基础上，到2020年，全区PM2.5年均浓度比2015年下降22%，城市空气质量优良天数比例达到70%，国考断面水质100%达到考核要求，地表水丧失使用功能（劣于Ⅴ类）的水体基本消除，土壤环境质量总体保持稳定。2018年，区委、区政府主要领导10次专题研究部署，召开区级专题会议60余次。8月30日，根据省、市统一部署，成立新吴区污染防治攻坚战指挥部，封晓春区长任总指挥，4名副区长任副总指挥，各单位主要负责人任成员，指挥部下设办公室，与区“263”办公室合署办公，实体运作。新招聘的10名专业技术人员全部到岗，强化区攻坚战指挥部办公室力量，还招聘10名网格员充实基层环保队伍，进一步完善人员结构。各街道（功能园区）也全部相应设立攻坚战指挥部，上下联动协同作战。 （尤佳梁）

【煤炭消费总量减少】 制定《2018年新吴区削减煤炭消费总量专项行动工作方案》，2018年累计用煤量同比减少1万吨，较2016年累计减少14万吨，超额完成无锡市下达的目标任务。全区规模以上用煤企业只有煤电企业友联热电公司，用煤量142644吨，同比减少3508吨。全区已实现非电规模以上工业企业无煤化，电煤占比100%。推进清洁能源替代，推进蓝天燃机公司达产，2018年清洁能源发电量约为18亿千瓦时，年供热量达30万吨以上，有效替代燃煤发电和供热范围内燃煤锅炉，减少煤炭消耗，实现节能减排。发展分布式光伏电站，出台相关扶持政策，设立现代产业发展专项资金，引导鼓励有条件的企业利用闲置厂房屋顶资源建设分布式光伏电站，2016年以来，全区累计并网发电分布式光伏项目66个，装机容量约70兆瓦，总投资4.9亿元。建立减煤长效工作机制，加强源头管理，严格新项目审批，停止对非电行业新建、改建、扩建耗煤项目审批、核准、备案。 （尤佳梁）

【落后化工产能减少】 制定《2018年无锡高新区（新吴区）减少落后化工产能专项行动工作计划》，重点抓好化工企业“四个一批”专项行动，建章立制，确定责任主体，摸清家底，确定整治范围，区街联动，强力推进。全区“关停一批”完成关停12家，停产1家，“升级一批”完成20家。 （尤佳梁）

【太湖水环境治理】 制定《新吴区2018年度水污染防治实施计划》，推进太湖水环境治理及河道环境综合整治工程。15项太湖治理重点工程全部完成，完成投资约5.62亿元。以“四位一体”排查整治、流域同步治理为抓手，编制“一河一策”整治方案，遵循先岸上、后水体的整治原则，以控源截污为核心开展小流域整治工作。截至2018年年末，新吴区小流域综合整治共1459个，已完成整改1233个。 （尤佳梁）

【生活垃圾治理】 2018年，持续加快垃圾分类收集、中转和处理处置体系建设，对全区6座生活垃圾中转站沉淀池、渗滤液池和车辆清洗点进行升级改造，新增垃圾转运车22辆，达标改造转运车30辆，实现垃圾分类设施覆盖率50%，新增46个分类小区，已完成建设工作。50万立方米建筑装修垃圾消纳场规划建设完成，一期工程投入使用。益多电厂停产大修改造工程结束，两炉两气正式运行。新建成1座大件垃圾分拣中心。 （尤佳梁）

【黑臭水体治理】 2018年，梅西河、庙下浜、梅东河全部整治完成，辖区内全面消除黑臭河道。新城水处理二厂一至四期17万吨/日再提标工程处于土建收尾阶段，设备陆续进场，五期10万吨/日（设备5万吨/日）扩建工程处于土建施工阶段。新吴区污水管网工程新建7千米。各街道消除黑臭、劣Ⅴ类河道任务共73条，完成整治60条。 （尤佳梁）

【农业污染防治】 2018年，新吴区畜禽规模养殖场治理率达到100%，治污设施配套率达

100%，粪便综合利用率达98%，建章立制，推进养殖回潮防控力度；生态环境治理工作推进顺利，完成市级下达的300亩造林任务和1个省级“三化”示范村建设，推进梁鸿国家级湿地规划修编工作。推进实施从心农业、梁鸿农场绿色防控示范点建设，覆盖面积1200亩，覆盖面达到10%以上。推动商品有机肥、专用复合肥、高效低毒低残留农药的施用及绿色防控技术等的示范推广，完成年度目标任务的334.11%和260%。全区秸秆还田综合利用达到95.71%。落实贡湖长效管理制度，强化执法巡查检查，提升渔业生态环境。（李 钧 周金明）

【挥发性有机物污染治理】 制定《新吴区2018年度大气污染防治计划》，确定VOCs重点管控企业名单，市下达区重点行业VOCs治理的27家目标任务全部完成，下达街道35家目标任务全部完成。推动实施重要区域餐饮业油烟治理试点工作，12家市级任务全部完成，17家区级任务全部完成。制定《推进挥发性有机物清洁原料替代工作三年行动计划》，明确重点企业清洁原料替代工作推进步骤方案，完成8家企业挥发性有机物清洁原料替代和综合整治并通过专家验收。对28个汽车维修业VOCs污染控制项目治理着重加强监管，全部完成整改。（尤佳梁）

【环境隐患治理】 2018年，新吴区建成年处理能力3万吨的废铅酸蓄电池收集体系。走马塘拓浚延伸丰硕化工厂段地块工程完成修复工作并完成验收。建立专业团队全力推进年处理能力2万吨的危废焚烧新型技术处置设施建设项目，截至12月底，主体厂房等离子熔融车间混凝土结构封顶，钢结构屋顶制作完成。整治完成洗车站点162个，整治废旧回收点139家，开展相关行业示范路建设，完成梅村街道梅西路、江溪街道南丰路、旺庄街道锡士路等示范街建设。（尤佳梁）

【环境执法检查】 制定新吴区“绿刃2018”环保专项行动工作方案，加大加密对企业的检查力度和频次，2018年，共出动环境执法人员2268人次，检查企业907家次，立案处罚192家，决定处罚金额3046.2万元，查封扣押68起、停产限产4家、移送行政拘留2件、移送刑事拘留2件、按日计罚1件。（尤佳梁）

【“散乱污”企业专项整治】 2018年，新吴区委主要领导专门部署“散乱污”企业整治，制定《新吴区“散乱污”企业专项整治工作方案》，对照区域地块图和小流域整治网格图，对全区“散乱污”企业全面深入排查，边排查边整治，抓典型抓成效。全区排查并整治完成1485家问题企业，其中列入关停取缔771家，列入治理改造714家，关停取缔项目占比52%。第一批“散乱污”整治典型示范共涉及57个点位183家企业，全部完成整治，总体整改进度名列全市前列。中央环保督察、环保部太湖督导意见、集中式饮用水水源地环境问题、部省级挂牌固废问题整改工作全面完成。中央督察“回头看”信访问题41个，已整改完成40个。省环保督察交办信访问题177个，已整改完成175个。江苏卫视新时空“263在行动”曝光的1个问题和无锡电视台新闻综合频道“263无锡在行动”曝光的38个问题，全部整改完成。“263”转办信访问题省级26件、市级15件、区级6件全部办结。（尤佳梁）

【“263”监督监管平台建设】 2018年，新吴区建成“263”监督监管平台，一期以“专项行动”“信访问题”“巡查督办”“散乱污整治”“小流域整治”五大内容为框架构建，整合“263”专项行动工程项目、各级交办问题、省市“263”曝光问题、“散乱污”企业整治情况等内容。二期建设以地块为接合点，实现区域内“散乱污”企业、水体治理、四小行业整治情况等内容的信息整合，更为直观地展示区域内环境现状。依托平台建设，落实各板块和各相关部门责任，充分利用信息化手段，整合各类整治内容，打通各层网格，实现生态环境重点工作的信息共享和处理反馈，用上下联动、部门协同的环保工作新方法、新机制，推动各项工作开展，提升全区监管效能。（尤佳梁）

硕放街道

【概况】 2007年，市委、市政府决策成立无锡空港产业园区，实行与硕放工业园、新区硕放街道港、区、街合一的管理体制，保留硕放街道党工委、办事处牌子。2017年5月，经省编办、无锡市委、市政府批准同意，空港产业园区更名为无锡空港经济开发区（简称“空港经开区”），与无锡市新吴区硕放街道党工委、办事处实行区政合一的管理体制，进一步理顺空港经开区与街道的关系。2018年，硕放街道下辖25个村、社区，常住人口约13万人（其中户籍人口5万人）。规划面积55.88平方千米，实际管辖面积26.21平方千米。

2018年硕放街道社区（村）居委基本情况见表4。（唐钰倩）

表4　　2018年硕放街道社区（村）居委基本情况一览表

村居社区名称	地址	负责人	户数	户籍人口
大墙门居委	硕放街道经发七路17号	周品华	853	2593
东新居委	硕放街道薛典路东150米	吴福民	263	758
香楠居委	硕放街道香楠村裕安一路北	曹建军	348	1287
安桥居委	硕放街道经一路延伸段旁毛家浜22号	曹建丰	322	1512
建丰居委	硕放街道经发三路16号	过洪祥	187	611
秦村居委	硕放街道经一南路与锡勤路交叉口北200米	张　明	421	1384
溇金居委	硕放街道经九路西	王　伟	498	1868
墙联居委	硕放街道北新公寓小区	浦国栋	905	3532
墙裕居委	硕放街道墙宅路与裕丰路交叉口南100米	王纪国	219	685
黄家门居委	硕放街道长江东路251号	俞菊明	286	1038
硕放居委	硕放街道华友中路高速路出口南侧硕放村厂区内	黄建平	59	149
杨家湾居委	硕放街道墙宅路802号	杨　勇	234	872

续表

村居社区名称	地址	负责人	户数	户籍人口
新梅路居委	硕放街道新梅路村俞家里 1 号	邹贤伟	410	1142
合新居委	硕放街道丁更上 44 号	方　浩	558	1576
振发社区	硕放街道振发路 116 号	戴　敏	768	2508
润硕苑社区	硕放街道润硕苑 44 号	徐海邦	769	3011
新锦园社区	硕放街道盈发路南	吴　帆	1232	2934
咏硕苑社区	硕放街道咏硕苑 156 号	朱明晓	1720	4687
硕放街道社区	硕放街道墙门西路 37 号	薛政一	768	2209
南星苑一社区	硕放街道南星苑三区	朱梅生	1524	3800
南星苑二社区	硕放街道南星二路 101 号	周家明	3765	4602
丽景佳苑一社区	硕放街道丽景佳苑 31 号	张辰奇	404	1234
香楠佳苑社区	硕放街道香楠佳苑 7 号	朱　明	578	1581
锦硕苑社区	硕放街道锦硕苑 37 号	朱佳昌	274	437
吉祥社区	硕放街道通祥路 19 号	李　萍	621	1760
丽景佳苑二社区	丽景佳苑二期 172 号旁	韩晓邦	331	1032
丽景佳苑三社区（筹建组）	丽景佳苑 238 号 101 室	曹建军	9	21

【经济发展】 2018 年，硕放街道认真落实省、市、区决策部署，着眼全局、精准定位，围绕“现代物流服务业、临空先进制造业、生物医药产业”三大主导产业，实施创新驱动核心战略和产业强区主导战略，紧扣转型升级主线，持续优化产业结构，经济发展势头强劲。2018 年，完成技工贸总收入 1016.88 亿元，比 2017 年增长 20.3%；其中工业销售收入 403.38 亿元，同比增长 16.7%；完成规模以上工业总产值 344.13 亿元，同比增长 16.3%；完成财政总收入 24.6 亿元，同比增长 28.2%，其中一般预算收入完成 13.3 亿元，同比增长 26.2%；完成全社会固定资产投资 56.76 亿元，比 2017 年同期实际投入增长 5.2%；完成进出口总额 12.44 亿美元，同比增长 29%；完成到位外资 1.0066 亿美元。技工贸、规模以上工业总产值及外贸等主要经济指标均实现两位数增长，增幅走在全区前列。提前两年实现技工贸总收入超千亿元。空港经开区已经连续三年在江苏省开发区综合排名当中实现争先进位。2018 年，空港经开区在全市 8 个省级高新区（开发区）的综合考评中位列全市第一。不锈钢电子交易中心入选 2018 年中国互联网百强企业，深南电路被认定为江苏省工业互联网发展示范企业（四星级），航亚科技列入“无锡市高成长创新型 50 强”企业。（唐钰倩）

【项目建设与招商引资】 2018 年，硕放街道坚持项目为王，牢牢把握投资的带动作用，完善招商工作激励机制，在项目体量上比大比强，在建设速度上比先比快，招商引资和项目建设在新吴区各版块排在前列。以提高发展质量和效益为中心，拓宽思路、创新举措，延伸招商渠道，提升招商层次和水平，围绕开发区的产业定位和发展方向，实施精准招商，切实引进一批符合经开区主导产业的重大项目。2018年，累计引进和签约TPO新材料、交通工程集团等19个重大项目，其中1亿~5亿元项目11个，5亿~10亿元项目4个，10亿元以上项目2个，协议注册外资超亿美元项目1个，计划总投资90亿元。项目信息库不断充实，拟签和在谈项目10余个，为增强经开区经济发展后劲奠定良好基础。2018年，经开区完成会通新材料、华东诚栋等9个地块的挂拍；先后有复星国药、深南二期、航亚二期等10个重点项目开工建设，全部建成达产后预计年产值超160亿元，有望实现税收6亿元。菜鸟网络中国智能骨干网项目全面投入运行，丰泰电商、民生电商、江松科技、建铝科技项目竣工。力特二期于2018年上半年正式投产。这些重大项目的建设和投产将为空港经开区高质量发展增添新活力、注入新动能。（唐钰倩）

【科技创新】 2018年，硕放街道通过省知识产权试点园区验收，并以此为契机，坚持高效益科技创新，加强研发企业培育，加大高层次人才引进力度。企业新增专利申请、新增发明专利申请、新增PCT申请等均超额完成年度目标任务。金城幕墙公司在美国纳斯达克上市，祥生医疗公司IPO报会。2018年培育市级以上科技创新人才19人。同时，空港经开区围绕"四提升一优化"的工作要求，提升基础设施、提升服务水平、提升企业质量、提升园区效益，优化环境整体形象，着力推动主导产业提升和传统企业整合。截止2018年年末，盘活存量土地203亩。为集约利用土地，提高单位面积产出率，试点建成5层标准厂房4栋，共4.6万平方米，2018年全部投入使用。（唐钰倩）

【社会事业】 2018年，硕放街道在抓好经济发展的同时，重视解决教育、医疗、养老等社会问题。2018年，丽景佳苑幼儿园建成投入使用；完成丽景佳苑小学腾地拆迁任务；硕放消防站建设完成并投入使用；推进硕放卫生服务中心选址和建设前期规划工作。推进公益性骨灰堂新建、翁氏义庄原址复建工作。依托养老机构颐养园，成立硕放街道社区居家养老服务中心，将社区居家养老服务站打造成嵌入式养老服务机构，确保养老和医疗资源辐射到更多的居家老年人。

（唐钰倩）

【民生事业】 2018年，硕放街道坚持以人民为中心的发展思路，专注于推进一批打基础的实事、补短板的难事、利长远的大事，持续改善民生福祉，使改革发展成果更多更公平地惠及人民群众。围绕"聚焦富民"方针，推进以创业带动就业、"大众创业、万众创新"工作，重点扶持高校毕业生、残疾人和被征地农民等特殊就业困难人员创业就业，城镇新增就业再就业人数2900人，实现零就业家庭就业援助率和动态清零率两个100%。推进房权换股权工作，全年发放分红约9935万元，群众得到更多实惠。2018年，经开区完成住宅拆迁205户、非住宅拆迁52户，共计15万平方米。竣工交付安居房1223户17.7万平方米。大力构建以最低生活保障为基础，各类专项救助和临时救助为补充，社会力量共同参与的社会救助综合体系，推进精准扶贫、"阳光扶贫"，全年发放各类补贴700余万元。

（唐钰倩）

【文体工作】 作为全国曲艺之乡，2018年，硕放街道成功承办新时代讲好中国故事鼓曲创作研讨会暨原创中篇评弹《郑和下西洋》文本专家论证会。对经开区12个社区综合文化服务中心进行改造，街道居委会和润硕苑建成独立完善的文化服务阵地，高质量满足社区居民文化活动需求。成立健身气功协会，发展健身气功爱好者60余人，通过新吴区健身气功协会的指导培训，参加"百城千镇健身气功展示"。组织"硕放足协杯""羽你有约——硕放街道羽毛球团体赛"。举办经开区（街道）广场舞比赛，依托文化站各功能活动室，举办丰富多彩的活动，如"猜灯谜""科学实验站""乡音乡情""攀登读书会"、户外参观等。"大墙门书场"全年无休，成为经开区（街道）特色文化服务项目。吉祥、新锦园、香楠佳苑新增室外健身路径。重视曲艺工作中节目、人才的挖掘，加大硕放实验小学曲艺传承基地建设，锡剧、无锡评曲传承工作有条不紊，初显成效。在文化市场的监管工作中，专人负责日常巡查工作，建立长效监管制度，发挥好区级触角作用，先后完成规模以上企业统计工作，文明城市复检工作，建成“扫黄打非”工作站3个。推进“翁氏义庄”修复项目，昭嗣堂保护规划已和相关部门协调，正在有序推进中。完成占地面积10万平方米的华友中路地景绿地休闲公园建设。（唐钰倩）

【环境保护】 2018年，硕放街道完成省级生态工业园区验收，围绕“263”专项行动目标任务，重点抓好化工企业“四个一批”“散乱污”企业和黑臭河道、大气、固废、小流域、砂石码头等专项整治工作。2018年，完成“散乱污”企业整治277家；完成列入关停计划的4家化工企业和列入提升整改的5家企业的整治工作；推进砂石码头整治工作，全部完成并通过验收；攻坚克难，完成历史遗留问题，妥善处置好固废垃圾；系统推进小流域及农村水环境综合整治，完成率达61.39%。狠抓专项整治，营造城乡发展新环境。开展以“五项行动”综合整治为重点的交通干线沿线环境提升，共计清理各类垃圾1000余吨；以“单元格”管理为抓手，开展辖区内市容重点、难点、热点区域集中整治和城市环境综合整治，完善市容长效管理机制，建立城市管理新格局。狠抓违章建筑拆除不放松，2018年共拆除各类新增违建149起，拆除违建面积3.1万平方米。（唐钰倩）

【社会稳定】 按照新吴区区社会治理“一体四翼”的架构部署，全面推行网格化管理，通过科学合理设置居民区综合网格，重点整合完善商业片区、工业园区等专属网格，实现经开区社会治理“一张网”全覆盖。线上线下联动打通政府联系服务群众的“最后一千米”，真正做到“小事不出社区，大事不出街道，重大疑难区里解决”。开展“2018年度全市集中化解信访积案活动”，全力做好重要敏感时期安保维稳工作，重点做好涉军维稳工作。（唐钰倩）

【精神文明建设】 2018年，硕放街道把增强“四个意识”、践行“两个维护”作为加强政治建设的主题主线，坚持把学习宣传贯彻落实中共十九大精神作为首要政治任务，发挥好墙门大讲堂、《新空港新硕放》报纸、“空港硕放”公众号等阵地作用，线下精心组织“学习十九大，拥抱新时代”主题宣讲，举办主题讲座5场，举办“不忘初心跟党走，牢记使命勇担当”主题知识竞赛，举行邹碧华先进事迹专场学习会，开展“心中有信仰，脚下有力量”主题大讨论活动等，弘扬社会正能量。扎实开展建党97周年系列活动，举行“逐梦前行新空港、青春建功新硕放”微党课比赛，营造浓厚氛围。谋划“书记项目”，在全体党员中开展争当先锋工程活动，在基层党组织中组织党建创优实践项目申报，两个项目已在区级层面立项公示。（唐钰清）

【党的建设】 2018年，硕放街道干部队伍建设不断优化。加大年轻干部培养选拔力度，坚持好干部标准选人用人。2018年，共调整配备干部88人次，其中提拔干部60人，40周岁以下44人，占比73.3%，以“老带青”“传帮带”激发基层干部队伍活力。以打造“五强”型书记队伍为目标，实施村、社区党组织带头人队伍建设工程，加强对村（居）、社区党组织书记队伍基本情况的调查摸底。强化干部教育培训，举办中青年骨干培训班，提高干部履职能力。成立空港经开区党的建设领导小组，建立《“三会一课”报备和督查制度》，出台《关于规范空港经开区（硕放街道）“党组织活动日”制度实施方案》，强化基层党组织标准化规范化建设工程，分类召开基层党组织专题推进会，走访29个基层党（总）支部，印发党支部标准化规范化建设具体要求。创新廉政教育平台，建设“VR廉政文化馆”，先后有1000余名党员干部群众进馆参观体验。通过举办廉政书画摄影作品展、观看廉政教育警示片、赴无锡监狱开展现场警示教育等活动，提升党员干部廉洁守纪意识，强化执纪，保持惩治腐败高压态势。（唐钰倩）

旺庄街道

【概况】 旺庄街道区域面积43平方千米，位于新吴区核心地带。街道下辖16个社区（筹建组），户籍人口6.8万人，常住人口22万人。2018年，街道紧紧围绕高质量发展要求，扎实推进解放思想大讨论活动，主动对标找差距，聚焦重点补短板，经济社会发展呈现“稳中求进、稳中奋进”的良好态势。全年完成公共财政预算收入12.4亿元，同比增长14.2%，完成规模以上工业产值280.96亿元，同比增长12%；进出口总额达到20.78亿美元，同比增长20.3%。旺庄街道先后获得全省出租房屋安全隐患集中整治先进集体、省级创业型街道、江苏省健康单位等荣誉。

2018年旺庄街道社区居委基本情况见表5。

（马　晶　华晓鹏　陈　超）

表5　　2018年旺庄街道社区居委基本情况一览表

社区名称	地址	户籍户数	户籍人口
新光社区	新光嘉园8-11	2106	6517
春雷社区	荷花井1号	1519	4502
红旗社区	大尤巷一号旁	1616	4788
春丰社区	春潮花园二区187号	1127	3627
群星社区	群星社区鲍庙桥108号	1131	3557
高浪社区	高浪嘉园80号	840	2380
联心社区	联心嘉园5号	685	1639
长欣公寓社区	长欣公寓159号	1723	5275
春潮园第一社区	春潮园一区70-2号	2068	5768
春潮园第二社区	春潮园一区253号	2071	5812
春潮园第三社区	春潮花园二区43号	1412	4247
春潮园第四社区	锡士路468号三楼	1974	5414
长江社区	长江北路11-37	987	2443
新洲社区	高浪东路25号	1619	4375
尚泽社区	湘江路6号三楼	1460	3753
嘉城社区筹建组	正大万物城42号三、四楼		

【工业集中区建设】 2018年，旺庄街道制定实施街道工业集中区提档升级三年计划，启动腾退工业集中区一期低效厂房8000平方米，有序推进环境和绿化改造提升工作，完成外下甸工业园区整理性规划方案并上报市规划局待批，拆清拆平住宅207户，启动拆除低效企业14家并完成签约4家，启动腾退同心股份合作社工业园区低效企业7家，全年腾出土地约150亩，盘活闲置

厂房近 3.4 万平方米。（汪敏南）

【招商引资】 2018 年，旺庄街道引进重大项目 9 个，其中超 10 亿元重大项目 2 个，超额完成全年任务的 200%。重点建设项目推进有序，先导等 8 个项目开工建设、美航科技等 4 个项目竣工投产，国联江森项目实现当年签约、获批、运营和资金到位，全年完成区百个重点项目投资 26 亿元，超额完成全年任务的 2%。（高理燕）

【国联集团、国联江森及华光股份战略合作项目签约】 2 月 7 日，无锡市副市长、高新区党工委书记、新吴区委书记王进健亲切会见国联集团高层一行，并参加街道与无锡国联集团、国联江森自控、华光锅炉股份有限公司举行战略合作项目签约仪式。高新区党工委副书记、管委会主任、新吴区委副书记、区长封晓春，高新区党工委副书记、管委会副主任、新吴区委常委、常务副区长洪延炜，高新区管委会副主任、新吴区副区长祝君乔，区住建交通局、国土分局、规划分局负责人，街道党政领导严冬兴、陆军等出席仪式。国联集团与街道的合作投资项目，契合高新区产业发展方向，特别是对于高新区进一步优化产业结构，成为全市发展高新技术产业、先进制造业和未来产业的"代言人"具有重要意义。高新区将全力支持企业发展，提供优质服务，努力营造有利于企业运行的良好环境。此次签约的国联项目拟在旺庄新建研发中心、营销总部大楼，并计划建智能化工厂，预计五年内年产值达 100 亿元，税收超亿元。项目落地后，预计未来五年内将投入 30 亿元进行国内商业及工业领域的节能改造，为绿色建筑贡献力量。（高理燕）

【重大项目集中开（竣）工】 5 月 17 日，旺庄街道举行 2018 年重大项目集中开（竣）工仪式，市政府副市长、高新区党工委书记、新吴区委书记王进健，高新区党工委副书记、管委会主任、新吴区委副书记、区长封晓春，高新区党工委副书记、管委会副主任、新吴区委常委、副区长洪延炜，区相关部委办局、街道领导和相关单位、集中开（竣）工企业、媒体代表出席活动。街道以此次重大项目集中开（竣）工为契机，瞄准高新技术产业、先进制造业和现代服务业，加大招商引资力度和项目建设攻坚力度，促进更多更好的重大项目签约落地、投产达效，为高水平全面建成小康社会、加快建设"强富美高"新旺庄蓄积更加强大的发展后劲。此次集中开（竣）工的 7 个项目，涵盖先进制造业、现代服务业、高新技术产业等诸多领域，总投资 61.7 亿元，全部建成达产后，预计总销售将达 100 亿元，有望实现税收 9.7 亿元。（高理燕）

【先导集团总部大楼及半导体和燃料电池装备制造基地奠基】 7 月 27 日，先导集团总部大楼及半导体和燃料电池装备制造基地奠基仪式在旺庄街道隆重举行。江苏省委常委、无锡市委书记李小敏，无锡市政府副市长、高新区党工委书记、新吴区委书记王进健，高新区党工委副书记、管委会主任、新吴区委副书记、区长封晓春，高新区党工委副书记、管委会副主任、新吴区委常委、副区长洪延炜，区相关部委办局、旺庄街道党政领导班子，以及来自先导集团的企业代表和媒体出席活动。先导智能项目是旺庄街道近年来引进的重大项目，于 2016 年 12 月 15 日正式签约落户。此次奠基的先导集团总部大楼及半导体和燃料电池装备制造基地，总投资约 50 亿元（含工程建设费用约 10 亿元），其中半导体装备项目投资 15 亿元，致力于半导体、新能源、传感器、柔性电子材料以及纳米材料等尖端领域的研发和产业化，项目达产后，预计可实现年销售收入 15 亿元、利税总额 4 亿元。燃料电池装备制造项目，投资 25 亿元，致力于新能源汽车氢燃料电池生产装备与核心零部件的研发及产业化，项目投产后，预计可实现年销售额 10 亿元、利税总额 3 亿元。（高理燕）

【新吴区延安苹果专卖店揭牌】 11 月 8 日，新吴区延安苹果专卖店在新光嘉园正式揭牌营业。市政府副市长、高新区党工委书记、新吴区委书记王进健，延安市宜川县委书记左怀理，区领导吴胜荣、袁小强、钱前、肖伟民，宜川县领导陈顺，两地相关部门，街道党政主要领导陆军、黄锡渭出席仪式。揭牌仪式前，宜川县党政代表团参观街道科创中心，观摩"融智空间"党建联盟线下服务中心，并实地调研街道科技企业无锡芯朋微电子股份有限公司、电商企业江苏百拓信息技术有限公司，就后续在品牌推广、电商销售等方面合作进行探讨。在随后举行的揭牌仪式上，高新区管委会副主任、新吴区副区长钱前与宜川县委常委、宣传部部长陈顺分别发表热情洋溢的致辞。王进健与左怀理共同为延安苹果专卖店进行揭牌，并共同参观店内形象设计和产品展示。延安苹果专卖店的揭牌，标志着两地对口帮扶与经济合作跨出一大步。（陈　超　季要芳）

【科技人才工作】 2018年，旺庄街道完成高新技术企业认定31家、培育入库17家，完成国家科技中小型评价入库企业59家，获批省级以上研发机构4个、市级以上研发机构3个；新增省科技小巨人企业3家，新增省市级各类人才29人，新增科技小巨人企业3家、区领军人才3人。孵化和培育科技创新创业企业加快发展成效初显，晶众信息在无锡科技创新创业大赛决赛中，获得团队组冠军，为新吴区街道板块唯一1家入选单位；践行中欧公司成为首批无锡市雏鹰企业培育入库企业；芯朋微电子公司获得“江苏省最具发展潜力科技人才创业企业”称号。

（赵丽华　陈　超　季要芳）

【棚户区（城中村）改造】 2018年，旺庄街道棚户区（城中村）改造工作总量占全区工作总量的40%。街道棚户区（城中村）改造三年计划正式出台，2018年共启动11个自然村庄、788户住宅的拆迁工作。其中，完成签约256户。2018—2020年，街道计划启动安置房建设项目4个，其中新光嘉园15#、16#、21#已开工建设，新光嘉园二期安置房建设项目、春丰苑安置房建设项目、红蕾佳苑安置房建设项目被列入省棚户区（城中村）改造计划。（宣云峰　秦振兴）

【环境保护】 2018年，旺庄街道完成上级交办环境问题整改26件。关闭和整治“散乱污”企业113家，小流域整治、化工企业“四个一批”、重点行业挥发性有机物（VOCs）整治、黑臭河道达标等任务均全面完成。全面落实河长及河道巡查工作，完成“一河一策”方案编制工作，河道清淤长度约2.8千米，清理淤泥量约39000立方米。（陈　超　邵国柱　邓　威）

【城市管理】 2018年，旺庄街道全面推进优美环境合格区建设，数字化城管综合执法系统平台正式启用，以春潮园第三社区为试点的安置房小区封闭式管理初显成效。全年开展背街小巷、主次道路和农贸市场周边环境整治30余次，新增绿地约6.4万平方米，查处各类显见性市容问题2150个，15个A类管理单元的合格率达73%。圆满完成7家非法码头的关停取缔和其中4家码头的整治提升工作，为全区完成非法砂石码头整治任务作出重要贡献，并被通报表扬。有效解决民生热点问题25个，拆除各类历史违章建筑2.7余万平方米，完成8个小区生活垃圾分类实施工作。街道城管大队被评为市“2018年城市管理行政执法队伍规范化建设优秀中队”。（华伏兵）

【民生事业】 2018年，旺庄街道投入2.14亿元实施8大类20项民生实事项目，民生事业投入创历史最高。街道“残疾人之家”二期以及红旗社区“残疾人之家”建成并投入使用，椿熙堂居家养老服务中心揭牌运营，春星小学改扩建、高浪小学扩建工程有序推进，春潮幼儿园、春星幼儿园（含长欣分园）分别实现独立法人建制，27个社区基础设施工程和22个安置房小区改造工程全面完成。创口碑和品牌双效精品建设初显成效，16个“微爱旺庄”社区微治理项目全面结项，并获得区级及以上优秀奖4个，“全年无休+公益培训”群众文体品牌得到群众认可并在全区推广，六年间参与人数累计超12万人次。围绕实施乡村振兴战略，大力推进阳光扶贫和就业创业工作，累计脱贫41户74人，街道荣获“省级创业型街道”“市退管工作先进集体”称号，春潮园第三社区等4个社区荣获“省级创业型社区”称号。

（鲍佩萍　朱国清　朱　明　过敏洁　徐国兴）

【“残疾人之家”建设】 11月29日，全省“残疾人之家”建设暨辅助性就业推进会在无锡召开，旺庄街道“残疾人之家”负责人以《解放思想开拓创新，全面推进“残疾人之家”高质量发展》为题作交流发言。他从“服务功能系统化、运营模式社会化、就业岗位个性化、发展方向社会化”四个方面入手，全面介绍街道“残疾人之家”的服务功能和运营情况。街道“残疾人之家”利用高新区资源优势，打造符合残疾人个性化需求的辅助性就业特色服务，被评为市助残先进集体。（朱国清）

【社会稳定】 2018年，旺庄街道创新开展全要素网格化社会治理工作，全年排查化解矛盾纠纷265个，其中涉众型矛盾纠纷21件，化解信访积案及常态化化解共42件。实施法治惠民工程，大力推动七五普法“进机关、进社区、进校园、进企业、进网格”，开展法治宣传活动90余场次，发放宣传材料10万余份，切实增强干部群众的法律素质和学法用法能力。

（胡敏洁　朱建良　沈政榜）

【出租房屋整治】 2018年，旺庄街道推进出租房屋排查整治工作，成立工作领导小组，抽调相关部门业务骨干组成工作专班，实行集中办公、实体化运作，加强统筹推进，从长效管理着手，全面推行网格化管理。划分128个综合网格和39个专属网格，设立网格长和专职网格员145名、兼职网格员100余名。共排查出租户2.35万户、出租房间6.54万间、流动人口9.30万人，排查各类隐患2.93万起。开展联合整治52次，出动人员3000余人次，整治违规出租房屋3005套，其中自行整改2164套，集中整治841套，消除安全隐患6500多起。输入网格化平台1.85万套，采集各类人员信息9.68万条。街道紧紧依托社会治理社区网格化体系建设，充分运用社情汇聚智能研判反应系统，加强大数据技术运用，实现流动人口管理可查询、可追踪，彻底扭转流动人口管理难的局面，强化出租房屋网格化管理，使出租房屋管理转入规范化、制度化、信息化轨道。2018年，街道荣获“全省出租房屋安全隐患集中整治先进集体”荣誉称号。（朱建良）

【安全生产】 2018年，旺庄街道落实安全生产监管责任，有效开展安全生产工作，全年培训559人次，宣传受众达1.5万余人次，开展企业执法检查130家，整改隐患538个，“双控机制”建设、安全生产标准化、涉爆粉尘专项整治等任务均全面完成，实现重、特大安全事故零发生。加强食品安全监管，检查食品企业1284家，整改隐患162个，取缔无证照黑作坊15家，有效防范重、特大食品安全事故的发生。（章斌斌）

【精神文明建设】 2018年，旺庄街道筑牢舆论宣传阵地，打造街道、社区“两级双微矩阵”，全年推送微信171条、政务微博240条，处理网络舆情信息5起，发表省市级新闻媒体报道139篇次。强化正面宣传引导，举办“千问百答”学思践悟中共十九大手册发布活动，开展献礼改革开放40周年系列活动20余场次，推选“最美人物”“无锡好人”等3人，荣获江苏“最美巾帼人物”1人，荣获全国学雷锋志愿服务“四个100”先进典型1人，切实推动社会主义核心价值观更加深入人心。对标上海等先进地区，以“5+2”模式部署推进解放思想大讨论活动，开展座谈、访谈等活动50余场次，梳理意见建议103条，为推动街道高质量发展凝聚强大的思想动力。（蒋以恒）

【党的建设】 2018年，旺庄街道围绕提升基层党组织的组织力，强势推进基层党建“三项工程”（党组织带头人队伍、党支部标准化规范化和基层党建工作指导站建设），成立街道党建工作指导站，升级社区党群服务中心15个，举办“小巷论坛”3场次，推动23个机关、直属单位党支部标准化规范建设100%达标，65个社区党支部90%达标，60个“两新”（新经济、新社会）党支部50%达标，“五强”型社区书记比例达40%。围绕提升基层党建品牌影响力，量身定制“三融三促”书记项目，推动实施基层党建创新项目25个，其中，入围区党建创优实践项目4个。制定出台街管干部选拔任用文件3个，全年完成人事调整41人，新提任干部18人，同时，加强后备干部人才库建设，通过自下而上、民主推荐的方式，储备105名街管正、副职后备干部，街道干部队伍的结构更加优化、活力更加焕发。“两个责任”压实压细，逐级逐层逐人签订“两个责任”“三书一状”，并对党风廉政建设责任制履责进行全程纪实、督查考核。巡察整改推进有力，成立领导小组，印发实务手册，对照巡察反馈意见，督促各社区、股份合作社落实意见整改工作，其中15个社区的整改率达100%，22

个股份合作社的整改率达93.75%。

（赵丽华　谢　瑶　鲍佩萍　陈丹艳）

【锡洲电磁线公司被市委组织部评定为“两新”党组织“雁阵计划”5A级单位】 2018年，锡洲电磁线公司被市委组织部评定为“两新”党组织“雁阵计划”5A级单位。“雁阵计划”是市委组织部贯彻落实习近平全面从严治党的重要举措，5A级则是该项目的最高荣誉。锡洲电磁线公司是新吴区唯一一家获此殊荣的民营企业党支部。锡洲电磁线党支部作为街道首批“雁阵计划”培育对象，规范党支部工作，发挥“领头雁”作用。“雁阵计划”实施三年来，锡洲电磁线公司党支部始终秉持“围绕发展抓党建，抓好党建促发展”的理念，发挥党员的先锋模范作用，为企业凝心聚力开展各项工作提供组织保障。（赵丽华　谢　瑶）

江溪街道

【概况】 江溪街道位于无锡市东南、新吴区北端，东接梅村街道，南与旺庄街道相邻，西隔古运河与梁溪区相望，北与锡山区东亭街道、梁溪区广益街道和江海街道交接。沪宁铁路、京沪高速公路、312国道以及太湖大道、金城东路均穿越本街道。广南立交、景云立交、景渎立交和金城路公铁立交亦在本街道境内。街道总面积25.37平方千米。2018年辖区有社区居委会26个、行政村2个、社区筹建组1个，辖区总人口数28.92万人，其中户籍人口11.48万人，外来流动人口17.44万人。2018年是江溪街道新一轮十年发展的第一年，全街上下紧紧围绕高质量发展要求，以“中心突破、两翼齐飞”为战略路径，以“发展城市产业、打造品质街道”为努力方向，在对标领跑中精准发力，在解放思想中攻坚克难，全面从严治党纵深推进，经济社会发展日新月异，城市环境面貌持续更新，人民生活水平显著提高，区域竞争力不断增强，综合实力始终位居全市街镇“第一方阵”。2018年，江溪街道完成财政总收入26.3亿元，同比增长22%；地方一般公共预算收入15.3亿元，同比增长21%；规模工业产值200.5亿元，同比增长8.2%；固定资产投资73.1亿元，同比增长6%，其中工业投入9亿元，同比增长18.1%；社会消费品零售总额154.5亿元，同比增长8.7%，主要经济指标继续保持高位稳定增长。

江溪街道社区（村）居委基本情况见表6。

（钱春苑）

表6　　2018年江溪街道社区（村）居委基本情况一览表

序号	村居社区名称	社区性质	管辖范围	社区所在地	辖区住宅、住户、户籍和人口情况							备注
					小区住宅总套数（套）	已入住套数（套）	常住总户数（户）	常住总人数（人）	户籍数（户）	户籍人口（人）	居民小组数（个）	
1	太一	纯社区	太湖花园一期、三期、万科东郡	新吴区江溪街道太湖花园一期160号	4322	4285	3849	10236	2034	6320	58	
2	太二		太湖花园二区、三区、宝盛花园	新吴区长江北路78号	3958	3930	3386	11707	2547	6993	82	
3	叙康里		叙康里社区，春城家园B区	新吴区江溪街道叙康里112号	5179	4952	4952	14860	3055	6781	84	
4	奕淳		奕淳公寓一、二、三期，景南苑，多友大厦，叙康里272号-290号、天悦华府	新吴区江溪街道奕淳公寓二期16号	5243	3970	3970	11912	1617	4243	48	

续表

序号	村居社区名称	社区性质	管辖范围	社区所在地	辖区住宅、住户、户籍和人口情况							备注
					小区住宅总套数（套）	已入住套数（套）	常住总户数（户）	常住总人数（人）	户籍数（户）	户籍人口（人）	居民小组数（个）	
5	叙丰里		叙丰里、叙成里、广南里、锦江苑	新吴区江溪街道叙丰里社区叙丰里5号	3730	3625	3625	9508	2549	6448	77	
6	缇香社区	纯社区（新建）	万科金色家园、金色商业广场	万科金色家园101号缇香社区服务中心	5052	2516	2139	6417	742	2025	20	
7	卫星社区		长江国际雅园、泓园、臻园	长江国际泓园58-2	4756	3653	3548	9458	1201	2915	30	
8	春暖社区		国信世家、美信玫瑰庄园、金峻苑	春华路8号国信世家璞园116号1楼	7185	3567	3567	10701	1672	4240	28	
9	鼎城社区		瑞城、东鼎、鑫明新村、银禧家园	东鼎家园18号1楼鼎城社区居委	3899	3478	2611	9250	1421	3909	26	
10	春阳社区		中邦城市花园、花样年花郡家园、华宇观澜	花郡家园1号楼3楼	4669	2939	2498	7678	1152	2949	31	
11	景渎	安居房社区	欧典家园一期、二期、三期、欧典南区、景西苑、首创悦府、奕翔国际	欧典家园146号	5369	4984	4984	14874	2788	5650	40	
12	前进花园		前进花园A区、B区、C区、星光名座	前进花园社区278号	4132	4032	4032	13386	1442	4294	36	
13	叙丰家园		叙丰家园、铭城花园、朗诗天萃	新区江溪街道叙丰家园B区265号	4463	3500	3500	10300	1521	3780	49	
14	春城家园		春城家园A区、博客公寓、香溢紫郡	春城家园社区2号二楼大厅	4538	4419	4419	12886	2067	5947	39	代管金科米兰、融侨观邸、富力城
15	东风家园		东风家园	长江北路东风家园59号	4282	3780	3780	7685	2087	4135	34	
16	万一		万裕苑一区、三区、邮电新村	万裕苑一区190号	3339	3224	3224	13527	2193	5222	29	
17	万二		万裕苑二区、和睦家园	万裕苑二区68号	3958	3529	3529	13321	1542	4517	19	

续表

序号	村居社区名称	社区性质	管辖范围	社区所在地	辖区住宅、住户、户籍和人口情况							备注
					小区住宅总套数(套)	已入住套数(套)	常住总户数(户)	常住总人数(人)	户籍数(户)	户籍人口(人)	居民小组数(个)	
18	新一		新丰苑一区西区(101–194)、新三	新丰苑三区 19 号	3840	3132	3132	12633	642	1819	24	
19	新二		新丰苑二区 1–179 新丰苑一区 201–291	新丰苑二区 57 号	3128	3050	3089	11917	1438	3867	34	
20	坊前社区	撤村留居	朝阳新村、新丰新村、教师新村、第一国际、锡甘路、新芳路相关路段	坊前新芳路 32 号	4410	4360	3250	10178	1435	1650	11	
21	风雷社区		谢巷、王巷、前杨巷、后杨巷、陈巷、云巷、宋巷、棚户、许巷	井亭路陈巷 10–1	480		664	2656	494	1978	9	
22	东风社区		小王巷、邓周巷、包巷、张巷、东风公寓、东风苑	新吴区江溪街道永乐东路底东风菜场旁	880		892	3500	309	1050	6	
23	兴竹社区	安居房社区	秦巷、俞巷、孙惠巷、大竹园巷、松坟头、马巷、高绛上、兴竹家园、财富商业广场（金科中心）、福润轩	永乐东路 211 号	3141	1952	1751	6506	316	701	11	
24	曙光社区		寺北、邱巷、马陆巷 1、马陆巷 2	塘南路 118–1 号	160	160	160	480	417	1185	4	
25	塘南社区		东柴巷、花园里、泥水匠后巷、永胜桥前巷、永胜桥中巷、寺前街、喻松桥、南都花园、凯悦公寓、银行家舍锡甘路	锡甘路 8 号	244	172	172	331	81	185	6	
26	春明社区		空壳	新丰苑三期 21–203–204								空壳
27	景渎村委	村委	空壳	陶典桥 108 号								空壳
28	永丰村委		空壳	新二 95–101								

【项目建设】 2018年，江溪街道应对国内外严峻复杂的经济形势，坚持经济发展第一要务不动摇，统筹抓好经济结构调整、产业转型升级各项工作，坚定不移做好城市产业发展高质量文章。举办“江溪红五月”、COCOSPACE梦溪小镇创新中心开业、联掌门户开业、智能自控梦工厂一期项目投产等重大活动，吸引优质服务业、先进制造业、金融机构等共计63个项目落户江溪，市、区14个重大项目完成投资26.85亿元。统筹推进提质增效、转型升级、科技创新，率先在全区制定工业集中区提档升级指导意见和评价办法，与村级股份经济合作社签订合作协议14份，清理亩均税收低于15万元的租赁到期企业，共计完成提质增效厂房面积2.5万平方米，腾出厂房面积1.2万平方米，新入驻的5家企业亩均税收均达到街道考核标准。收购占地98亩的益群动力公司，拆迁收储占地72.5亩的南方钢管厂，回购调剂土地42亩作为智能自控梦工厂项目发展用地。各大商贸市场制定“一企一策”方案，导入高新优业态，盘活闲置资产10万平方米，五洲国际阿里二手车市场开业，新世界国际智能家居馆启动招商，南方不锈钢市场以“电商平台+信用评级”走出商务诚信实践新路。2018年新增科技企业64家，累计认定科技企业89家，无锡市“瞪羚”企业入库2家、“雏鹰”企业入库6家，苏南国家自主创新示范区瞪羚企业入库3家，入选区领军人才创业项目2个，高新技术企业研发机构建有率、内资大中型工业企业研发机构建有率、外资大中型工业企业研发机构建有率均达到100%。研祥深港科技园获批2018年省级科技孵化器。 （钱春苑）

【智能自控科技中心智能梦工厂一期项目投产】 11月7日，智能自控科技中心智能梦工厂一期项目投产仪式举行。高新区党工委副书记、管委会主任、新吴区委副书记、区长封晓春及区领导朱晓红出席投产仪式。朱晓红在仪式上致辞，企业代表对智能梦工厂项目作详细介绍。参加活动的区、街领导共同启动智能自控科技中心智能梦工厂一期项目投产仪式。无锡智能自控工程股份有限公司是江溪街道4家主板上市的企业之一，是工业过程控制领域专业从事全系列智能控制阀研发、制造、销售、服务于一体的国家火炬计划重点高新技术企业。智能自控多年来保持良好的发展态势，销售纳税逐年递增，2017年完成销售3亿元，纳税3100万元。此次增资建设的智能梦工厂一期项目占地面积67亩，投资2.8亿元，预计新增销售3.5亿元，税收4000万元。智能梦工厂的增资扩能，用来发展智能化的产品，实现产品制造的智能化，将为街道经济高质量发展注入新动能。 （江溪街道）

【城市建设与管理】 2018年，江溪街道贯彻征收、管理并举的方针，征收工作开展“百日攻坚战”“扫尾灭点战”两大活动，全年完成拆迁总量16万平方米，其中住宅拆迁1.7万平方米，非住宅拆迁14.3万平方米，全面完成IC园B、塘南路增拆、商贸区配套中学、F4—7、F4—8、广南路西侧、钢铁厂7个地块的“扫尾灭点”工作。棚户区改造完成签约345家，叙丰家园D区296套安置房完成安置。开展优美环境合格区建设，配备城管工作站单元长27名、处置员143名，完成数字城管监督指挥中心建设，签收案件3330件，按时处置率99.8%，基本实现“小事不出单元，大事协同处置”目标。开展“百日攻坚”和“百日会战”两大专项行动，重点遏制占道经营、无证摊贩、违规灯箱广告等27个热点难点问题。11个小区1.2万户家庭垃圾分类工作顺利推进，垃圾分类收集设施覆盖率达52%，生活垃圾无害化处理率达100%。22条“三乱”道路、223条背街小巷环卫实施市场化管理。13个安置房小区全面开展创优达标活动，春城家园和万裕苑一期安置房物业管理实行市场化运作，国有企业职工家属区“三供一业”物业管理完成移交。城市精细化管理推进过程中，总结提炼出一批基层先进经验。其中太湖花园二社区妙用加法巧解管理难题。“1+2”强队伍，以城管处置员队伍为主力，以平安志愿者巡逻队伍、“两新”组织物业党支部巡逻队伍为辅助，建立建强城市精细化管理三支队伍。实现城管处置及志愿者巡逻无缝对接，对单元格内无证摊贩和乱扔乱堆垃圾、乱倒污水、乱张贴广告、乱停车等进行有效监管。“2+X”扩宣传，以居民小组长和党支部为依托，借助每月广场为民服务、“四方+”联席会议、大型文体活动、志愿者会议等各种社区活动，以及社区网站、宣传栏、电子屏、微信、微博等多渠道进行广泛宣传，实现城市精细化管理宣传广覆盖。“5+2”抓落实，一周5个工作日和2个休息日，通过错时值班的方式实现一周7天全天候精细管理。城管处置员和巡逻志愿者每天定点定时巡查，时刻关注“无锡数字城管”APP上的案件，处置率达100%，无过期工单。（钱春苑）

【环境保护】 2018年，江溪街道23个小流域216个街区控源截污完成整治205个，剩余11个进入施工扫尾阶段。8家重点企业、5家汽修行业、4家餐饮店完成VOCs整治。关停化工企业1家、提升2家，“散乱污”企业完成整治271家，其中治理改造164家，关停取缔107家，削减化学需氧量4.3吨，削减挥发性有机物1142.5吨。完成南丰路餐饮示范街整治，完成37家废品站、59家洗车场整治任务以及8个河道岸角整治。制定22个“一河一策”方案，对梅东河等10条黑臭河道以及虹桥浜等10条劣五类河道进行整治，委托第三方对35个断面开展定期监测。梅东河、七房桥浜、界泾浜实施“四位一体”生态系统治理，辖区环境质量得到改善，切实以生态的“含绿量”提升江溪街道发展的“含金量”。（钱春苑）

【社会稳定】 2018年，江溪街道坚持问题导向和底线思维，着力破解重点人群服务管理、重点行业安全监管、重点领域矛盾化解等难点问题。推进生产、消防、燃气、防汛、建筑、校园、食品药品等领域的安全检查，实现“源头严防、过程严管、风险严控”。完善社区“一委一居一站一办”服务管理架构，全面实行综治中心、调委会、治保会、警务室一体化运行。两级网格化服务管理中心正式挂牌，配备专职网格员208名，配齐各类装备，指挥平台采集信息数超5万条，联动指挥处置2800多件，办结率达98%。开展“扫黑除恶”专项斗争活动和重点地区整治行动，持续推进法律顾问进社区、法官进社区活动，江溪街道荣获“2015—2018年度江苏省社会治安综合治理先进集体”称号。（钱春苑）

【社区治理】 2018年，“居站分设”扩面提速，建立健全社会组织准入机制，严格对标“居务公开”工作要求，全面推进“居站分设”标准化建设。重点实施“议治江溪”社区议事创优实践项目，形成21个议事案例集，“金香邻”微自治、“进言堂”协商民主议事厅项目获得新吴区城乡社区微治理项目示范奖，温情“奕”站楼道改造项目获得优秀奖。实施“菁英计划”社工骨干培训、“最强社工”实务技能大赛、社工人才训练营三大核心项目，推动社工培训机制从“大而全”转为“细而精”，社工能力从“理论派”转为“实践派”、社区工作从“有办法”转为“有方法”，形成一条“精英团队高阶培育、骨干社工示范引领”的社工培力新模式。社创园是无锡首家基层社会组织培育发展聚集地。通过“党建+公益”“党建+品牌”“党建+骨干”“党建+共建”，推动社会组织党建工作；投入资金34.1万元，实施“益聚江溪”社区参与式治理项目，联动专业组织支持与本土既有资源结合，带动一批内生性、互助性本土社会组织的建立，“益聚江溪”荣获全市社区治理创新实践项目示范奖。（钱春苑）

【民生事业】 2018年，江溪街道始终把保障和改善民生放在突出位置，启动新吴区江溪都市生活中心建设，完成第二社区卫生服务中心异地新建的规划选址，推进春城实验小学、坊前实验小学扩建，完成东风幼儿园建设。社区停车位、电梯、二次供水等工程完成改造，6个小区增设高清监控，居家养老服务中心社会化运营。落实14大类55项基本公共卫生服务，开展人口计生系列主题项目。打造“悦·江溪”公共文化服务品牌，开展公共文化服务活动200余场次。指导省级创业型社区建设，新增就业3005人，自主创业181人，创业带动就业721人，开展创业培训170人，落实创业政策711人，帮助申领创业资金107.2万元，街道和下属鼎城、坊前、新一、卫星、缇香、春阳等6个社区分别被评为省级创业型街道（社区）。为辖区各类困难人员发放救助、补助款1200余万元，与宜川县集义镇确立

“五大帮扶工程”，选派2名人员提供涉农技术支援，六月红无刺花椒示范基地项目带动25户农户每年增收6万元，切实打好精准扶贫攻坚战。

（钱春苑）

【聪明屋——适老化改造项目建设】 2018年，由江溪街道总工会牵头，江溪街道卫生计生科、长江路党建服务联盟、新世界国际家居建材城、华润燃气公司液化气管理党支部协同配合，历时4个多月，帮助辖区20户困难家庭完成老年家居环境的改造，主要包括为老年人家庭的厨房、卫生间进行适当改造，并加装扶手、进行防滑改造、设置呼叫铃等。该项目形成党委、政府、群团、社会组织、国企、外企、民企、志愿者团队通力协作，共献爱心的局面，成为党群融合、关注民生，多方协力、共促和谐的试点项目。

（钱春苑）

【瞿秋白精神传承教育】 瞿秋白是中国共产党早期的主要领导人之一，伟大的马克思主义者，卓越的无产阶级革命家、理论家和宣传家，中国革命文学事业的重要奠基者之一。1916年2月至7月，瞿秋白在无锡江陂小学（后改名为江溪小学）任教，传授国文、乡土、算术、书法、图画、唱歌和缀法（即写作）等好几门课程，每天上、下午各上三节课。由于课程内容极其丰富，所以备受学生们的拥戴，瞿秋白在回忆文章中，多次满怀深情地讲述这段经历。江溪小学充分利用瞿秋白这一独特的红色人文资源，以江苏省“十二五”重点资助课题《瞿秋白精神引领下的校园文化建设研究》和无锡市重点规划课题《瞿秋白精神引领下的教师文化发展研究》为抓手，紧扣“培养具有瞿秋白精神的人”为目标，将秋白精神之精华——“自觉”与“校园文化”建设结合起来，全面打造育人文化。

江溪小学设有秋白铜像、秋白图书馆、秋白亭、秋白文化墙等，营造良好的秋白文化氛围。坚持从校本课程文化入手，进行瞿秋白精神引领下的校本课程研究，编写《瞿秋白英雄故事与诗歌精读》校本教材，获得无锡市校本教材评比一等奖，舞台剧《少年瞿秋白》获得市一等奖。《瞿秋白精神引领下的校园文化精神研究》作为江苏省教育规划重点资助课题已圆满结题。《瞿秋白精神引领下的教师文化发展研究》成为江苏省“十三五”教育科研立项课题，并完成开题报告，延伸教师发展研究。（钱春苑）

【党的建设】 2018年，江溪街道全面贯彻落实新时代党的建设总要求，以强化政治功能为核心，以提升组织力为重点，系统推进基层党建“三项工程”（党组织带头人队伍、党支部标准化规范化和基层党建工作指导站建设），推动全面从严治党工作向基层延伸，切实以高质量党的建设，引领和保障经济社会的高质量发展。制定社区党组织书记职业生涯规划、三年成长计划，对24名书记进行“政治体检”，让他们至少认领一个“书记项目”，按30%比例遴选“五强”型书记9名。打造街道党群服务中心，建设基层党建工作指导站、桑梅书记工作室“一中心双引擎”书记项目，入围区级党建创优实践项目7个。举办《中国共产党支部工作条例》知识竞赛，实施“金牌党务”养成计划，编制党支部、党小组标准化手册，开展党支部“政治画像”工作，167个党支部完成标准化规范化建设。高水平制定“擎炬江溪”组织力提升计划，开展“红色溪引力”基层党建品牌建设，重点打造“小个专商圈市场”五洲国际工博园、社会组织社创园、非公企业智能自控3个党群服务中心。

（钱春苑）

【党建工作指导站】 江溪街道党建工作站，位于街道党群服务中心二楼，面积133平方米，分为展示、学习、实践三大区域，承担区域内各领域基层党建工作的指导、推进、检查、落实等职能，共设站长1名、副站长1名、常务副站长1名、专职党务工作者2名、专职党建指导员3名。2018年，指导站实行兼职指导员轮值制度，首创“望闻问切”四诊法，对辖区25个社区党组织、24个直属单位党支部、56家“两新”党组织进行2轮摸排指导，形成社区党组织、直属单位党支部、“两新”党组织4篇调研报告，策划启动“金牌党务”养成计划，指导成立6个“两新”党组织，召开22次主题分享交流会，解决基层党组织建设瓶颈，提升基层党组织达标

效率。（钱春苑）

【桑梅书记工作室】 桑梅书记工作室是江溪街道2018年重点打造的党建品牌。书记桑梅从事党务工作30余年，从事社区工作18年，有着丰富的基层工作经验。她坚持“党建引领、一核多元、协同治理、服务居民”的工作理念，首创“长江路党建服务联盟”“长江路妇联联盟”“长江路团建联盟”和离退休党员干部“特设党支部”，实现社区组织共建、资源共享、活动共办、事务共商、党员共管、人才共育；她牵头成立“草根（法治）宣讲团”，建立“妇女议事会”、未成年人“第三空间站”、党员“爱心基金”，打造出多个社区党总支引领下的特色品牌，率领社区全体党员和居民群众先后荣获国家级荣誉32项，省级荣誉47项，市级荣誉94项，使社区各项工作成为市级领头雁。工作室旨在密切党和人民群众的血肉联系，拓宽基层党组织服务党员、党员服务群众途径，构建起以基层党组织为核心、党员服务工作站为平台、各类自治组织、社会组织和党员群众广泛参与的区域化党建工作新格局，成为基层党建工作的“智囊团”，年轻干部的“孵化地”，经验成果的“分享堂”。桑梅书记工作室与基层党建工作指导站协同开展工作，通过指导站制度优势和书记工作室资源优势的深度融合，进行党建主题分享沙龙、党课培训、党建共建等业务指导，助力基层党建工作精耕细作、落到实处。（钱春苑）

【党建赋能工程】 首创党建赋能工程，将民企党建纳入整体工作部署和党建总体规划，引导党组织发挥战斗堡垒作用；将信仰、正能量、价值观注入企业肌理，为企业管理提供抓手，带去政治引领和先进文化；将党的各项方针政策贯彻到企业决策中，跟随党的脚步，发展与履行社会责任并行。2018年，党建赋能工程在帮助民企方面取得显著成效，帮助无锡美石润滑油有限公司报名参加第二届中国国际进口博览会，并成功与瑞士一名企牵手合作；帮助解决无锡智能自控工程股份有限公司垃圾场“拦路”问题，新建一条300米长的绿化景观带，实现“智能梦工厂”、无人化FMS生产线与环境配套相得益彰；整合发挥无锡建仪仪器机械有限公司党员攻坚克难作用，派驻党员赴印度、巴基斯坦等国家近10个站点的技术服务，获“一带一路”倡议沿线国家用户的好评。（钱春苑）

梅村街道

【概况】 梅村位于无锡市新吴区，南临苏南硕放国际机场，北枕京沪高速铁路，沪宁高速公路、312国道、锡太路穿境而过，江南第一条运河——伯渎河贯穿全境。梅村街道现有区域总面积15.5平方千米，下辖15个村（居）委、10个社区，另有一安置房社区在筹建之中。辖区内户籍人口4.51万人，外来新市民11万余人，人口总计15.51余万人。梅村是吴文化的发源地，自古便是诗书礼乐之邦，人文荟萃、书香传家。“江苏省吴文化研究基地”“江苏省吴越文化研究院”落户梅村。泰伯庙列全国重点文保单位，被评为国家级风景名胜区、中国旅游文化示范地，是无锡十八景之一。梅村街道申报成功国家级非物质文化遗产项目——泰伯庙会。2018年，全街道规模工业总产值339.21亿元，同比下降3.8%。公共财政预算收入12.77亿元，同比增加22.67%。城镇居民人均可支配收入5.55万元，同比增长8.4%。农村居民人均可支配收入2.82万元，同比增长8.5%。梅村现有10家上市企业，产品涉及机械设备、电子化工、自动化等多个领域，具体情况见表7。2018年，梅村街道先后获评省生态文明建设示范乡镇（街道）、省基层党员冬训工作示范街道、省体育工作先进单位、省级创业型社区（村）；法治无锡建设工作先进单位、无锡市科普示范街道；2018年度区高质量发展考核综合奖、区高质量发展考核生态文明奖，入选市全域旅游示范镇（街道）创建名单。2018年梅村街道社区（村）居委基本情况见表8。（谭园园　华红梅　计月芳）

表 7　　2018 年梅村街道上市企业一览表

序号	证券代码	证券简称	企业名称	企业地址	注册资金（万元）	上市日期	所属行业	主要产品
1	300031	宝通科技	无锡宝通科技股份有限公司	新吴区张公路 19 号	39676.79	2009.12.25	信息传输、软件和信息技术服务业	橡胶制品
2	430526	丝普兰	无锡精业丝普兰科技股份有限公司	新吴区锡达路 267 号	3200	2014.1.24	专用设备制造业	喷气织机
3	430397	金帆股份	无锡金帆钻凿设备股份有限公司	新吴区锡泰路 221 号	3000	2014.1.24	专用设备制造业	工程钻机
4	430602	腾旋科技	江苏腾选科技股份有限公司	新吴区新都路 6 号	3257.68	2014.1.24	通用设备制造业	旋转接头
5	430514	速升装备	江苏速升自动化装备股份有限公司	新吴区新华路 121 号	6425	2014.1.24	专用设备制造业	自动化装备
6	837046	亿能电力	无锡亿能电力设备股份有限公司	新吴区锡达路 219 号	5010	2016.3	电气机械和器材制造业	变压器
7	838104	万吉科技	无锡万吉科技股份有限公司	新吴区新都路 10 号	2576	2016.8	计算机、通信和其他电子设备制造业	电子元器件
8	870123	安邦电气	无锡安邦电气股份有限公司	新吴区群兴路 26 号	2200	2016.11	电气机械和器材制造业	LED 产品
9	871670	兰桂医疗	无锡兰桂医疗股份有限公司	新吴区新洲路 210 号	540	2017.6.27	专用设备制造业	药房自动化设备
10	872761	永基物业	无锡永基物业股份有限公司	新吴区金城东路 9 号	500	2018.3.23	物业	物业管理

表 8　　2018 年梅村街道社区（村）居委基本情况一览表

村居社区名称	户籍人口（人）	常住人口（人）	书记（主任）	地址
梅村居委	1171	2310	吕锡润	梅荆花苑五期 700–16
梅北居委	1180	1591	高国军	泰伯五期北门 708–1
梅新居委	689	809	方益民	泰伯五期北门 708–1
永新居委	1104	1230	罗　虎	泰伯五期北门 708–1
新宅居委	480	1708	顾　佳	泰伯花苑五期 708–1
协丰居委	513	1440	许　璋	锡义路香熙苑店面 1–28

续表

村居社区名称	户籍人口（人）	常住人口（人）	书记（主任）	地址
南石园居委	388	0	高　龙	泰伯花园 103-102
泰伯一社区	5629	12853	陈晓红	泰伯花苑一期 185 号
泰伯二社区	2545	10945	沈彩霞	泰伯花苑 399 号
泰伯三社区	3500	16000	吴　豪	泰伯三期 515 号
梅荆一社区	4322	9320	吕　轩	梅荆花苑 65-1
梅荆二社区	3798	12000	黄一峰	梅荆花苑二期居委会
梅荆三社区	940	11252	朱淑芳	梅荆花苑 477 号
香梅一社区	7957	20957	陈宇锋	香梅花园二期 290-2-3
香梅二社区	4861	21543	曹海洪	城色佳园 50 号
香梅三社区	1650	10000	沈文海	清风华景园 8-38-40
梅里社区	5895	8782	季江震	泰伯西路 104 号
梅村社区（筹建）	337	3281	吕锡润	荆花苑五期 700-16 号
新南实业公司	370	1450	陆采萍	新华路 101 号
新北实业公司	164	195	朱国宏	泰伯二期 483-102
东园实业公司	18	35	黄　珅	泰伯花苑二期 317-101
群力实业公司	357	0	朱　军	泰伯花苑 398-2
张公桥实业公司	28	48	黄　珅	泰伯花苑 140-102
荆心实业公司	302	0	吕　轩	梅荆花苑 118-101
茅塘桥实业公司	45	0	黄一峰	梅荆花苑二期 256-102
繁荣实业公司	51	0	朱淑芳	梅荆花苑 203-102

【经济发展】 2018 年，梅村街道有规模工业企业 103 家，其中内资 58 家、外资 45 家，年末从业人员 3.69 万人。2018 年工业销售收入超亿元企业 46 家，其中超百亿元企业 1 家，10 亿~20 亿元企业 4 家，1 亿~10 亿元企业 41 家。全社会固定资产投资 44.26 亿元，同比增长 1.4%；其中工业投资同比下降 11.5%。梅村街道现有限额以上社会消费品零售列入统计企业 8 家，全年完成社会消费品零售总额 11.66 亿元，其中限额以上社会消费品零售 5.16 亿元，同比增长 12.66%。规模以上服务业营业收入同比增长 10%，规模以上服务业新增入库 5 家，现有规模以上服务业 28 家，包含新增入库 5 家，其中 50% 为物流企业，总营业收入完成 11.75 亿元，同比增长

11.33%。外贸进出口总额 21.7 亿美元，受中美贸易战的影响，全年完成进出口总值 19.72 亿美元，其中出口总值全年完成 11.92 亿美元，同比下降 9.2%。（计月芳 谢 薇）

【产业强镇】 2018 年，梅村街道围绕建设“强富美高”新梅村的总体目标，街道坚定“产业强镇、实干立身”理念不动摇，引进一批重大内外资项目，为街道经济的可持续发展储备强劲的动力。2018 年引进重大产业项目 7 个，其中，超 10 亿元项目 1 个，即海天智能化注塑机生产基地项目；5 亿~10 亿元项目 1 个，即宝通智能化产业集群生产基地项目；1 亿~5 亿元项目 5 个，即佛吉亚汽车座椅调高器及碰撞实验室项目、得宇激光切割设备制造项目、欧诺迪商用军用成套厨房设备生产项目、新中瑞婴儿喂养产品生产基地、奥联大金谊智能装备生产基地。推进辖区内民营企业与跨国公司、上市公司、央企开展多种形式的股权合作。继比利时马科托收购永鑫实型铸造、中船重工收购三元燃机等项目后，上市公司南京奥联参股大金谊，在梅村街道工业集中区建设新能源汽车零部件智能装备，海洋智能测试设备（军工）生产制造基地，利用已有产业开发新的产业领域。（华 艳）

【科技创新】 2018 年，梅村街道创新能力不断提升。全年发放第二批专利资助资金 15.74 万元，发放 2017 年度省高新技术企业培育资金 18.52 万元，蓝天燃机、新华起重、德纳科技等 12 家科技企业获得 214.92 万元的资金奖励。全年累计新增科技企业 54 家，累计科技企业认定 57 家，科技型中小企业评价入库数 50 家，申报高新技术企业 22 家，其中新申报 16 家，重新申报 6 家，共通过 21 家，申报省高企培育入库 22 家，其中已通过入库 19 家。2018 年全年申请专利 1305 件，发明专利申请 389 件，授权专利 753 件，其中 PCT（国外）专利 47 件，超额 740%完成年度目标任务。辖区现有规模以上工业企业中本科以上学历人员有 3656 人，研发人员 1527 人，规模以上民营工业企业研发活动覆盖率 67%，高新技术企业研发机构建有率 100%；内资大中型工业企业研发机构建有率 100%，外资大中型工业企业研发机构建有率 67%。在产学研平台上，新增企业注册数 35 家，累计发布需求 63 个，新增产学研项目备案数 6 家，新增科技小巨人企业 1 家，实施产业唤醒计划 1 家。2018 年，入选省“333”工程培养对象 2 人。

（谢晓倩 高 洋 陈嘉怡）

【布赫液压（中国）制造基地开工】 8 月 22 日，布赫液压（中国）制造基地开业活动在梅村工业集中区举行。梅村街道推进辖区内民营企业与跨国公司、上市公司、央企开展多种形式的股权合作，通过强强联合培育经济新动能，努力构建现代化产业新模式。继比利时马科托收购永鑫实型铸造、德国蒂森克虏伯投资金帆钻凿、中船重工收购三元燃机、上市公司南京奥联参股大金谊等项目后，此次全球液压巨头瑞士布赫工业集团投资 4500 万美元收购无锡市德力流体科技有限公司 70%的股份，并逐步把布赫苏州工厂搬迁至无锡，从欧洲引入新技术新产品，在梅村建设布赫集团液压系统中国区总部。项目建成运营后，将与德力流体股权转让收益再投资形成的产能叠加，预计年销售 9 亿元，税收约 8500 万元。

（王晓文 华 艳）

【海天智能制造基地奠基】 11 月 27 日，海天智能制造基地开工奠基活动在梅村街道工业集中区隆重举行。海天集团自 2004 年在新吴区设立无锡公司以来，一直致力于新科学、新技术在制造业的全面渗透、综合集成和深度融合，现已成为新吴区首屈一指的省级高新技术企业、市级工程研发中心。此次无锡海天中大型注塑机智能制造基地项目，总投资 10 亿元，将建造 3 幢标准厂房及辅助用房，总建筑面积约 8.5 万平方米。项目建成全部投产后，年销售额将增加 20 亿元，年创利税约 6 亿元，将成为宁波之外中国最大的智能注塑机制造基地，对推进重点制造业在新吴区发展、提升区域综合竞争力、加快打造现代产业发展新高地具有重要意义。（王晓文 华 艳）

【永基物业登陆新三板】 6 月 11 日，无锡永基物业股份有限公司登陆“新三板”，成为无锡市首家登陆“新三板”的物业管理服务企业。该公司在全国中小企业股份转让系统挂牌，证券简称为永基物业，证券代码为872761，总股本为500万股。无锡永基物业管理有限公司成立于2003年11月，位于无锡市新吴区梅村街道新洲路210号。2016年10月，公司整体变更为无锡永基物业股份有限公司，主要从事公共场馆、大型商业综合体、写字楼、机关事业单位、住宅小区等提供专业的综合物业管理服务。（华　艳）

【安全生产】 2018年，梅村街道按照区“双控机制”任务要求，共计检查企业792家，其中，已通过安全标准化企业318家，落实开展安全标准化企业244家；落实开展双控机制企业397家，已完成170家，已验收通过130余家；落实开展应急预案审定（或备案）企业299家；配合散乱污整治，共计清理企业120余家。在各类专项整治行动中共查出隐患569处，整改到位555处，上报协查企业9家，关停2家。投入资金29.72万元在梅村实验小学和锡梅小学推广安装“灭弧式电气保护装置”和“智慧电气在线监测装置”。在重要节点，开展安全大检查45次，出动检查人次145人次，检查重点企业及重要场所88家，发现并整改安全隐患225处。截至2018年年末，安全生产已连续16个月“零”死亡。

（周　雷）

【农业水利建设】 2018年，梅村街道农业参保小麦1080亩、水稻668.15亩，参保率100%。农业支持保护补贴（耕地地力保护）专项资金直接补贴到户8.02万元。夏、秋季秸秆机械化还田作业补助专项资金直接拨款到户分别为0.86万元和1.67万元。针对550亩特色小镇储备用地、航道及重要道路周边，强化秸秆禁烧巡查制度，累计田间巡查180人次。完成“绿色无锡”建设租地绿化项目涉及的绿化造林地块现场GPS复核，结算用地面积共计871.17亩，两级下达配套补助资金64.28万元。完成梅东河、夹蠡河、石园里浜清理淤泥约1.5万立方米。完成河段拓宽及生态驳岸建设480米。完成6条街道级河道栏杆修缮工程300米。全年累计打捞各类漂浮物、水生植物2000余吨。完成市水利项目伯渎河两岸水土保持工程、区水利项目凤凰浜沟通工程。街道还召开多轮会议研究部署推进“大棚房”问题清理整治工作，经街道农口、国土、各村等部门排查，完成“大棚房”排查工作。（季小方）

【环境保护】 2018年，梅村街道坚持绿色发展理念，以“生态文明建设”和“两减六治三提升”专项行动为主线，加大环境整治力度，筑牢生态环境屏障。2018年共受理信访124起，涉水29起，涉气72起，噪声投诉5件，其他18起，做到件件有处理，宗宗有回复。完成中央环保督查“回头看”交办问题整改2.5件。推进大气污染防治，全面治理VOCs，6家企业全部完成整改，废气收集率、处理率达到“双90”的治理目标。开展餐饮行业环境专项整治，检查餐饮店260家，督促推动78家小餐饮店安装油烟分离设施，5家重点餐饮单位安装油烟在线监控装置。按照化工行业“四个一批”及“263”专项行动要求，加快淘汰落后化工产能，关停取缔4家化工企业。开展印刷包装行业专项整治行动，督促落实13家印刷包装企业废气设施整改提升。有序开展污染源普查工作，完成清查1009家。开展“散乱污”企业专项整治，排查定性散乱污企业363家，其中完成关停取缔238家，完成治理改造125家。全年下发巡查交办单139件，其中，垃圾倾倒93件，河道黑臭4件，畜禽养殖污染5件，公共设施损坏1件，违章搭建5件，其他31件，出动巡查人次310余人次。2018年，完成梅东河沿线28家企业的“四位一体”排查工作，完成梅东河沿线3个小区的排查、整改工作，完成梅东河河道扩宽疏浚工作，河岸景观提升、河道生态修复等工作也基本完成。聚焦小流域综合治理，完成6个整改标段生活小区的验收排查工作。（须　叶）

【城市建设】 2018年，梅村街道以科学规划为龙头，进一步调整和优化城镇区域布局，初步形成城乡一体、产城融合、景街互动、舒适宜居、人文宜游的新型城镇格局。2018年累计完成新签约88户，拆除新签及已签未拆130户；完成非住宅签约25家，拆除8家；拆除面积共计11.67万平方米。为妥善安置拆迁居民，街道全年共完成建设安居房9.2万平方米，在建安居房18.1万平方米，包括梅荆花苑五区二期B地块

3.6 万平方米，梅荆花苑六区二期续建 1.6 万平方米，梅荆花苑五区三期 A 地块 12.9 万平方米。推进各类基础设施建设，包括梅村实验小学、锡梅小学、幼儿园（中心、梅荆、泰伯）等 5 个学校的暑期改造工程、安息堂土建、装饰及市政工程、梅里菜场环境提升改造工程、泰伯一社区装饰工程、综治中心装饰工程等；市政工程包括梅村街道道路改造工程（梅西路、锡义路、梅里中路部分路段）、梅村街道道路绿化景观改造工程（梅西路、锡义路、梅里中路部分路段）、新华路（夹蠡河至梅育路）环境提升改造工程、梅东河景观提升改造工程等。加大政府投入力度，提升社区建设管理水平，2018 年投入社区改造经费 700 余万元，重点对泰伯片区和梅荆片区 6 个安置房社区，进行不同程度的软硬件升级改造。

（王金霞　胡珊珊　王　燕）

【城市管理】 2018 年，梅村街道构建城市优美环境合格区建设新格局，全街道成立 18 个优美环境合格区管理单元，全部是 A 类管理单元。全年向 9 个 A 类单元网格派送案件 686 件，超期案件 5 件，返工、督办案件无。2018 年 A 类管理单元合格率达 70%，案件处置率和结案率达 95%，市民投诉办结率 91%以上。完成梅里东路（新锦路—新韵路）段店招牌、路灯、两侧绿化美化工程建设，完成新友路至新锦路环境综合提升工程，完成 3 条背街小巷提升工程和锡义中路市店招牌规范化示范道路任务。2018 年全年完成 15 家废品回收点整治；拆除 125 处“散污乱”企业违建厂房，面积达 4.5 万平方米；2 处图斑案件已拆除完成。22 家洗车店已全部整治完毕。路灯设施亮化率达 99%，路灯设施亮灯率达到 99%，设施完好率达 98%。完成市级数字城管平台交办各类事件问题处置率达到 96%。车行道、人行道完好率达 97%。全年新增绿地面积 3.2 万平方米。

（张晓锋）

【社会保障】 2018 年，梅村街道全面落实惠民政策，增进民生福祉。2018 年，街道城镇新增就业人数 2793 人，登记失业率低于 2.80%，城镇失业人员再就业人数 1222 人，城乡就业困难人员再就业人数 231 人，扶持自主创业 185 人，实现带动就业 867 人，发放创业担保贷款 30 万元，创业培训人数 170 人。全年养老保险净增缴费人数 1339 人，本地户籍断保压降人数 814 人。组织开展两次企业退休人员健康体检工作，参加体检人数 930 人。发放 2018 年度灵活就业自由职业者参保补贴 190 余万元，发放 2018 年被征地农民居民养老金约 7984 万元。全年累计为低保户、残疾人、优抚对象、孤儿和老年人等发放补助救助金 735.5 万余元；为 60 周岁以上世居户老年人发放一次性春节尊老金 535.36 万元；为 0~59 周岁世居户居民购买意外死亡伤残险，计 35.65 万元；为 60 周岁以上老年人购买“安康关爱行动”意外伤害保险，计 47.538 万元。实施残疾人精准康复服务，落实辖区内 100 名残疾人体检工作，完成白内障复明手术 25 例，完成残疾人职业技能培训 20 名，新增残疾人实名制就业 11 名、辅助性就业 18 名，残疾人信息动态更新准确率 100%，持证残疾人年度各类需求建档率 100%，持证残疾人康复服务建档率及更新率 100%。

（金　圣　周金峰）

【社会稳定】 为推进社区治理模式创新，位于梅西路的综治中心于 8 月正式启用。按照“合力、务实、便民”的方针，街道综治中心整合综治调解科、司法所、信访科等部门集中办公，实行一站式服务，让群众“进中心一家门，办部门多家事”，形成党政领导、中心协调、部门配合、群众参与的大综治工作格局。深入村（居）、社区排摸矛盾隐患，完成社会风险评估工作 26 项。全力开展出租房整治工作，摸排登记出租房 1.65 万户，涉及出租房流动人口 7.24 万人，其中人均租住面积低于政府规定最低标准 981 户、居住人数 10 人（含）以上 1106 户、改变房屋性质的 315 户。2018 年，共完成接待法律咨询 345 人次，完成无遗嘱安置房继承更名协议见证 13 件，无遗嘱银行小额存款取现证明 5 件。举办社区法治讲座 12 场。调处人身损害赔偿、合同纠纷、工伤待遇等各类纠纷共 147 起，共涉及金额 564.65 万元。2018 年，街道扎实推进“扫黑除恶”专项斗争工作向纵深发展。先后 3 次专题研究讨论部署专项斗争工作，在各村（居）、社区安装扫黑除恶举报箱25个，在人流密集区、重点领域、农贸市场开展图文、标语等宣传30余场，发放宣传资料3万余册，悬挂宣传横幅500余条，电子屏滚动播放1000余次。截至2018年年末，共排查线索13条，捣毁涉黑涉恶团伙4个，破获9类涉恶案件8起，抓获涉嫌敲诈勒索、寻衅滋事、开设赌场等涉黑涉恶犯罪嫌疑人29人，公诉11人。（倪肖鋆　徐海燕　莫明鑫　王晓文）

【物业管理】 2018年，梅村街道商品房住宅小区18个，占地面积88.64万平方米，建筑面积213.48万平方米，总住户1.56万户。全年受理商品房小区物业纠纷投诉475件，“12345”公共服务热线80件，来访及电话投诉400多件，均已协调处理。全年备案登记房屋租赁1544件。街道下属梅泰物业按时、优质、高效完成居民反映的房屋质量问题调处和日常水电维修等工作，全年处理日常维修等8500余次，调处房屋质量问题380余户。全年共清理建筑装潢垃圾5800余车，完成296台电梯年检工作，完成锡梅花园、梅荆六区二期、梅荆增补房、泰伯三区消防设施维修工作。2018年全年共建设停车场13041平方米，共增设停车位370个。（束长松　陈　旦）

【卫生计生工作】 2018年，全街道户籍总人口4.51万人，流动人口3.24万人，其中户籍育龄妇女1.89万人，已婚育龄妇女1.18万人，流动育龄妇女1.25万人，已婚育龄妇女7217人，全年共出生760人，其中女孩214人，性别比105.6‰，一孩316人，二孩439人，再生育5人，出生率达10.07‰，自然增长率达8.16‰。街道发放各类奖励金和扶助金150余万元，走访慰问单亲家庭、困难家庭和重病家庭共计34户，发放慰问物资、慰问金累计18.5万余元，为梅荆一社区1183名居民开展“胃癌筛查”惠民活动。

（蔡李红）

【教育工作】 2018年，秋季入学入园工作平稳有序。其中梅村实验小学招收一年级新生15个班，659人。锡梅实验小学招收一年级新生11个班，515人。吴风实验学校招收一年级新生4个班，200人。中心幼儿园招收小班16个班共460个新生。大地幼儿园招收小班5个共150个新生。上品幼儿园招收小班4个共125个新生。弘德幼儿园招收小班9个共270个新生。（王　燕）

【“德心梅里”党建展示会】 1月4日，“奋进新梅里、开启新征程”梅村街道“德心梅里”党建展示会在梅村二胡文化园隆重举行。“悦音梅里”环节表彰“巾帼梅里”等一批优秀公众APP、《我想要的一切，都在梅里》等一批最佳视频和《诗·话·梅里》最佳音频。“播客梅里”环节表彰媒体记者好新闻奖、基层干部领雁奖、基层优秀宣传员奖。“吴韵梅里”环节分“光影”“书香”“乡愁”三个层次对积累梅里文化资料的文化人士颁奖。梅村的繁荣发展，离不开老一辈梅村人穷其一生的辛勤付出，“感动梅里”将奖项献给两位已故老人，陈泉华为梅里古镇的建设做出卓越贡献，钱耀明为无锡方言和习俗的研究和传承呕心沥血。“风华梅里”奖项由《人民论坛》全文刊载的《“大走访”金钥匙开启街道经济社会发展新动能》作者章晓明获得。

（方　璐）

【梅村庙会系列活动】 参见群众文化**【梅村庙会】**。

【省级“新家庭计划”试点项目】 2018年4月，梅村街道被江苏省选定为“新家庭计划”项目试点单位，街道以“组织有保障、宣传有载体、项目有支撑、服务有内涵”为基础，强化“1+3+5”的工作模式。同时启动“新家庭计划——家庭发展能力建设”暨“家在梅里”宣传月活动。推进项目落实搭建“梅好益站”“健康教育基地”“健康步道”和“健康小屋”等健康载体。通过整合创建“心灵家园”和“连心家园”服务阵地，实施开展“梅里小脚丫”“爱的梅里”和“先进家庭评选”等特色活动，并联合各成员单位组织开展家庭保健、科学育儿、青少年健康、养老照护、家庭文化五个方面的项目活动。进一步增进家庭发展能力、提升家庭幸福指数。（蔡李红）

【梅里古镇二期项目启动】 6月28日，梅里古镇二期项目举行盛大开工奠基仪式。梅里古镇二期项目作为“梅里文化小镇”启动项目，2018年3月6日完成土地招拍挂，4月4日通过概念规划方案初步汇报，5月22日签订合作协议。12月29日，梅里古镇二期项目推介会暨合作品牌

6 月 28 日，梅里古镇项目二期举行盛大开工奠基仪式

签约仪式在新吴区铂尔曼酒店举行。博纳影业、星巴克、胡桃里、几何书店等多个知名品牌与梅里古镇二期项目进行集中签约，品牌涵盖“吃、住、行、游、购、娱”各个领域。项目规划占地面积 116 亩，总建约 9 万立方米，投资约 10 亿元，计划于 2019 年 12 月开街迎客。（王晓文 邹 超）

【“小茉莉花奖”二胡大赛】 7 月 15 日，2018 江苏省青少年音乐“小茉莉花奖”二胡大赛颁奖音乐会在梅村二胡园举行。大赛由江苏省音乐家协会、无锡市文学艺术界联合会、中共无锡市新吴区委宣传部主办，由无锡市音乐家协会、中共无锡市新吴区梅村街道工作委员会、无锡市新吴区梅村街道办事处承办。来自全省各地的“小茉莉花奖”二胡比赛获奖选手及家长、新吴区各街道的文艺爱好者、梅村地区业余民乐团成员等 400 余名观众观摩演出。经过两天的激烈角逐，三个组别最终决出金奖 7 名、银奖 8 名、铜奖 15 名，并评出优秀指导老师奖、优秀组织奖若干名。大赛挖掘出一大批来自民间的二胡演奏新生后备力量，为二胡艺术的传承、发扬搭建平台、积聚人才。在此次大赛中，梅村街道组织有力，成绩斐然，荣获“优秀组织奖”。（方 璐）

【梅村中心幼儿园建园 90 周年】 12 月 25 日，梅村中心幼儿园“我和我的幼儿园”纪念建园 90 周年主题活动暨第三届微信故事颁奖活动在新吴区梅村街道二胡文化园举行。从 1928 年创建迄今的 90 年间，从最初的一间地板房、一个复式班到现在的一园三部，办学规模不断壮大，梅村幼儿园始终秉承“尚德、务实、开拓、创新”的梅里精神，在“人事相善”园训的引领下，坚守初心，努力寻找适合儿童发展、教师成长的课程，在前行的路上不断积累、不断跨越，呈现出“有内涵、有品质、有活力、善生长”的特色，已发展成为具有鲜明文化特色、深厚文化底蕴的现代化幼儿园，跻身全省学前教育先进行列。（曹玉兰）

【党的建设】 2018 年，梅村街道开展元旦、春节、“五一”、端午、中秋、国庆等节日期间作风建设专项督查活动 8 次。开展人员到岗、工作纪律和工作精神状态监督检查 15 次，开展重大活动、重要会议会风会纪专题督查 11 次，编写督查简报 4 期。围绕“三大攻坚战”，开展扶贫领域各类检查 11 次，随机抽查扶贫助困对象 25 个。在污染防治方面，开展“263”整改督查活动 9 次，督办“263”交办单 100 余份，编写督查简报 2 期。在防范化解重大风险方面,配合综治、安全等部门做好扫黑除恶、安全生产等工作。全年查处案件 6 件、给予党纪处分 3 人、查处群众身边腐败问题 2 个、党内问责 1 起。牢固树立“抓党建是第一任务”的意识，建立全区第一家党建工作指导站，打造“书记工作室、党代表之家、微党校、组织生活情景模拟室”等专项性功能室，为街道 125 个党支部，2526 名党员开展党日活动、组织学习、参观交流提供新的场所。组建 35 人兼职党建工作指导员队伍，开展专题讲座培训 21 场次，举办“小巷书记论坛”4 期、“情景模拟”3 次。协助 17 家党组织重新调整组织设置、完善班子建设；新成立非公企业党支部 1 个，撤销 10 个，调整 28 个；指导 12 家党支部打造党建活动室。完成村居、社区、机关、直属党支部双百达标，两新党支部 50%达标。2018 年，街道“七彩光芒”青少年帮扶项目、“陌上花开”巾帼志愿者心灵成长项目、“聚光灯”新市民家庭社区融入项目等三个项目分别被省、市、区有关单位立项并实施。

（朱宸锋 钱晓晓 朱董杰）

鸿山街道

【概况】 鸿山街道位于无锡市新吴区东南部，地处长江三角洲腹地，东起漕湖西底，南接苏州高新技术开发区，西靠无锡苏南硕放国际机场，北依锡东新城，312 国道、沪宁高速公路、锡张高速、望虞河穿境而过，水陆空立体交通方便快捷。鸿山有着深刻的历史记忆和深厚的文化内涵，以人工运河——伯渎河为主轴，形成一个吴文化资源的集中带。鸿山人杰地灵，不但是至德名邦，还是“院士之乡”。鸿山气候四季分明、雨水丰沛、日照充足，绿化面积达到 49732 亩。2016 年 11 月，鸿山成为江苏首个物联网特色小镇。2017 年，一大批数字智能项目正式入驻鸿山物联网小镇。2018 年 10 月 25 日，经省政府批准，正式成立江苏省无锡鸿山旅游度假区。鸿山街道有 6 家企业在中小板、创业板、新三板挂牌（见表 9）。

鸿山街道面积 58.46 平方千米，其中陆地面积 52.69 平方千米。鸿山街道下辖大坊桥、东塘街、南塘、建新、后中、大新、梁鸿、鸿山、鸿西、马桥、鸿新、鸿声、七房桥 13 个村委，鸿声居委、后宅居委 2 个居委，及鸿运苑第一社区、鸿运苑第二社区、鸿泰苑第一社区、鸿泰苑第二社区 4 个社区。2018 年，街道户籍人口共 59330 人，常住人口 113081 人。

表 10 是 2018 年鸿山街道社区（村）居委基本情况。

（钱妍婷）

表 9　　2018 年鸿山街道挂牌企业一览表

序号	企业名称	法人代表	类型	挂牌时间	股票（权）代码	股票（权）名称
1	无锡双象超纤材料股份有限公司	唐炳泉	中小板	2010.4.14	002395	双象股份
2	银邦金属复合材料股份公司	沈健生	创业板	2012.7.18	300337	银邦股份
3	无锡威唐工业技术股份有限公司	张锡亮	创业板	2017.10.10	300707	威唐工业
4	无锡巨力重工股份有限公司	王凤良	新三板	2015.1.08	831617	巨力重工
5	无锡亚夫农业科技股份有限公司	郝晓海	新三板	2015.7.10	832732	亚夫农业
6	无锡日联科技股份有限公司	刘　骏	新三板	2015.11.24	834204	日联科技

表 10　　2018 年鸿山街道社区（村）居委基本情况一览表

序号	村居社区名称	居民小组数（个）	居民户数（户）	常住人口（人）	户籍人口（人）
1	大新村	5	14	55	3422
2	大坊桥村	33	1210	6985	4750
3	梁鸿村	4	23	86	2856
4	南塘村	10	101	229	1978
5	后中村	23	745	12156	3573
6	建新村	10	63	248	2320

续表

序号	村居社区名称	居民小组数（个）	居民户数（户）	常住人口（人）	户籍人口（人）
7	东塘街村	20	616	2812	2217
8	后宅居委	21	1950	19987	5890
9	马桥村	2	62	444	1364
10	七房桥村	22	742	3212	4409
11	鸿山村	8	50	300	1234
12	鸿西村	15	196	780	2486
13	鸿声村	22	886	3100	2325
14	鸿新村	4	53	212	2146
15	鸿声居委	7	1017	5101	1559
16	鸿运苑第一社区	24	1938	15215	7219
17	鸿运苑第二社区	12	4150	14300	1196
18	鸿泰苑第一社区	25	7317	16359	7573
19	鸿泰苑第二社区	15	2850	11500	813

【经济发展】 2018 年，鸿山街道主要经济指标全面完成预期目标，规模以上工业总产值完成 141.1 亿元，同比增长 13.1%；公共财政预算收入完成 6.77 亿元，同比增长 38.1%；到位外资完成 2393 万美元，同比增长 130.4%；社会消费品零售额完成 2.15 亿元，同比增长 13%。签约总投资超 35 亿元的北特科技高精度汽车关键零部件等 5 个重大项目，总投资超 40 亿元的威唐二期等 8 个项目顺利竣工，总投资超 20 亿元的万里轨道交通等 4 个项目顺利开工建设，万里集团等 3 家企业完成“工厂总部化”。2018 年，街道在高新区（新吴区）高质量发展考核中被评为 A 档。（钱婷妍）

【重点项目集中签约】 参见新兴产业**【高端装备制造业重点项目签约】**。

【重大项目集中开（竣）工】 10 月 19 日，鸿山街道举行 2018 年度重大项目集中开（竣）工仪式，项目涉及物联网、轨道交通、汽车零部件、新材料、民生工程等众多领域，包括北特科技、万里集团、宝湾智慧物流园、朗贤汽车、腾达机械、多伦多汽车内饰、大利邦、诺飞科技、飞而康、鸿运苑五二期、佳凡科技、威唐工业、鸿山颐养院、后宅中心幼儿园、鸿泰苑 A 区二期等 15 个重点项目，项目总投资近 50 亿元。鸿山街道党工委书记张文荣为集中开（竣）工仪式致辞，开工企业代表北特科技集团总裁、江苏北特汽车零部件有限公司董事长靳晓堂，竣工企业代表飞而康快速制造科技有限责任公司董事长沈于蓝，投产企业代表威唐工业技术股份有限公司副总经理薛向东分别进行发言。高新区党工委副书记、管委会副主任、新吴区委副书记、副区长洪延炜宣布项目集中开工。（钱婷妍）

【北特科技汽车轻量化铝合金项目签约】 11 月 22 日，北特科技汽车轻量化铝合金项目签约仪式在鸿山举行。该项目是北特科技在鸿山街道投资的第二个项目，该项目的落户，符合无锡高新区高质量发展的定位要求，为无锡高新区高端制造业项目发展贡献重要力量。上海北特科技股份有限公司成立于2002年，是上海证券交易所A股上市公司，主要从事汽车转向器齿条、减震器活塞杆等高精度汽车零部件研发、生产和销售的高新技术企业。该项目总投资15亿元，注册资本2亿元，一期用地面积100亩，项目建成达产后将形成年产150万套汽车轻量化铝合金底盘型材的能力，预计年销售收入18亿元，实现税收6000万元以上。（钱婷妍）

【新一代信息技术产业政策解读和智能制造论坛】 7月26日，鸿山街道携手无锡企业创新服务协会举办新一代信息技术产业政策解读和智能制造论坛活动。无锡市经信委、新吴区科信局、鸿山街道主要领导以及鸿山街道近百家企业高层管理人员参加。活动中，鸿山街道与无锡企业创新服务协会签订《科技引领发展合作框架协议》，更好地开展智能制造引领企业科技全面升级。成立“无锡鸿山街道科技产业创业中心”，对相关企业和人员进行授牌、发放聘书。无锡市经信委物联网产业发展处领导对新一代信息技术产业政策进行宣讲和解读，为参会企业理清政策认识和项目申报思路。哈工大机器人集团的技术专家也以实际机器人案例为大家作智能制造应用实例讲座。活动有助于促进企业高层管理人员的理念转变，使他们认识到智能制造对于企业科技进步的重要性。（钱婷妍）

【信息云平台项目启动】 2018年，鸿山街道启动建设信息云平台，为企业提供诸如厂房租赁、人才招聘、采购销售等亟需的资讯；提高政府部门服务效率，打破政企间信息壁垒，简化公开办事流程，营造友好的经商环境，为招商引资带来极大便利；能够使街道更加全面地了解辖区内企业运行状况，有效支持重大项目建设，促进战略性新兴产业更好的落地。平台计划2019年正式上线运营，在促进政企间政策和资讯互通、推动政务管理信息化、增强政府整体服务能力等方面发挥作用，成为促进街道经济发展的新基石和鸿山物联网特色小镇的新标志。（钱婷妍）

【社区智能网格建设】 2018年，鸿泰苑第一社区探索“智慧+服务”的社区治理新模式，将辖区划分为11个网格，配备11名专职网格员采用随手拍、随手报的方式，把小区的问题、群众的诉求实时反馈到各个职能部门，一大批涉及居民的热点难点问题在第一时间得到解决。依托区网格化智能研判反应系统，鸿泰苑第一社区对辖区人、物、事、组织等要素开展分类管理，对各类信息进行汇聚、分析、研判，及时掌握社区动态。在此基础上，通过智能系统与相关部门联动融合、协同共治，实现智能网格化联动式管理。社区智能网格化管理还包括智能硬件，“智能门禁”装置、电动车智能充电桩及火灾探测装置、非机动车库电子智能防盗门禁装置、户内燃气泄漏报警装置等的陆续推广，也让越来越多居民感受到社区智能化管理服务给生活带来的便捷。

（鸿山街道）

【对口帮扶】 2月1日，鸿山街道经贸办组织企业参加“2018宜川县苏陕扶贫协作暨招商引资项目推介会”，恒达筑路、森隆家具、康晖机械等10余家企业参加。推介会上，宜川县委副书记、县长任建新，宜川县副县长陈顺，新吴区委副书记李建秋分别做精彩汇报。新吴区、宜川县两地各条线代表、街道与镇代表共同签署扶贫协作框架协议，希望两地政府能相互学习、相互帮助、共谋发展。6月，街道商会17家企业代表等赴陕西省延安市宜川县云岩镇、青海省海东市互助土族自治县丹麻镇考察扶贫协作项目，同时对15个扶贫协作项目进行集中签约。6月1日，街道商会爱心企业家共同商定并签署共建13个鸿云幸福院、救助6名贫困学生、开设苹果直销窗口等协作协议，共同走出一条“政府搭台、企业唱戏”的苏陕扶贫协作新路子。9月，由鸿山街道商会企业家出资援建的鸿云幸福院正式启用，解决44户73人安全住房问题，村民喜迁新居，协作项目进展顺利。（钱婷妍）

【企业青年“彩鸿人才计划”】 2018年，鸿山街道紧紧围绕人才工作年度目标，依托“彩鸿人才计划”进一步聚才用才，高筑平台“引人才”，深挖资源“聚”人才，创新形式“用”人才，让企业青年人才在鸿山的舞台上“红”起来。成立人才工作领导小组，提升党管人才工作格局，建立街道党工委统一领导、组织部门牵头抓总、相关部门各司其职密切配合的人才工作运行机制。定期召开人才工作例会，健全机制形成合力。通过党委牵头、政企合作的模式，建立银邦党建活动阵地，成立“青年学习社”，为企业青年人才交流提供平台和渠道。开展企业青年人才摸底调查，按照高学历型、专业技术型、经营管理型、生产开发型人才等进行分类，建立“企业青年人才库”，涵盖273名企业青年才俊。对全街道范围内国家、省认定的具有一定资质的高新技术企业进行排摸走访，了解企业人才工作需要以及对街道人才工作的意见建议，覆盖规模以上企业50余家，通过一线走访企业，动态了解需求，深入挖掘人才。在此基础上，召开“飞凤人才”计划暨科技政策宣讲会，组织街道重点企业与区人才工作相关部门面对面，详细了解各项人才政策，打通政策宣传“最后一千米”，辐射50余家规模以上企业，真正让政策利惠“红”起来。依托“三进三促——架起党群连心桥”活动，街道党政领导深入企业一线，及时关注企业青年人才成长，坚持精准调研，突出问题导向，实施更加有效的人才工作办法。注重“用感情留住人才”，开展企业青年活动，促进人才互动和情感交流，让人才深植本土情怀，在情感上愿意“留下来”，在岗位上更好的被“用起来”，在人生舞台“红”起来。

（钱婷妍）

【环境保护】 2018年，鸿山街道全面落实“263”专项行动各项要求，进一步强化系统思维，对“散乱污”企业、河道污染、固体废弃物、非法码头等环境突出问题进行铁腕治理，全力守住生态环境底线，严格落实“两断三清一拆”“散乱污”企业整治工作要求，通过“以拆迁促整治、以整治促拆迁”、重整配强“263”专项行动整治队伍、“五加二、白加黑”全天候巡查等方式，“散乱污”企业整治取得明显成效。完成“散乱污”关停取缔213家，整治非法码头14处，启动24条支流清淤及39个小流域整治工作，全力确保承泽坎等考核断面水质达标。

（钱婷妍）

【社会稳定】 2018年，鸿山街道围绕“平安鸿山”“法治鸿山”建设要求，全面落实安全生产、综合治理、信访稳定、依法治街等各项责任制度，强势推进安全生产、社会稳定等工作。全面落实社会治理各项创新机制，按照“网格化管理、一体化联动”的社会治理“一体四翼”架构要求，建立鸿山街道、鸿泰苑一社区两级综合治理中心，完成网格划分、网格人员配备、工作体系建立等工作，基层社会治理“一张网”初具雏形。扎实做好安全生产监管和业务培训工作，全年累计开展各类安全检查近100场次，整改各类安全隐患325条，开展安全生产培训班8场次，近1500人次受训。做好突出不稳定因素的化解和稳控工作，注重初信初访工作，通过领导包案、畅通信访渠道、重点人员精准稳控等措施，加强化解矛盾攻坚力量，按照控制增量、减少存量的要求，化解3件信访积案，确保社会稳定大局。

（钱婷妍）

【网格化社会治理】 2018年，根据省创新网格化社会治理机制工作要求，鸿山街道综治科稳步推进网格化创新创优工作，按照“五统一”即网格统一划分、人员统一配备、资源统一整合、信息统一采集、服务统一标准的要求，努力打造基层社会治理的第一道屏障。对标网格创建达标率指标内涵和计算方案，鸿山街道共划分为141个网格，其中综合网格113个，专属网格28个。配网格长38名，网格员总数259名，其中专职网格员141名，兼职网格员118名。2018年，鸿山街道共采集信息9.43万条，其中采集户籍数5.69万条，人房关联率达94.21%，完成达标创建要求；事件处置、联动办理等总数4566件（含测试阶段），办结4489件，办结率98.31%，涉及环境卫生、小区绿化、安监环保、隐患排查等各个方面；网格员巡查走访数据为1.96万条。对照“五无”网格标准与测算方法，鸿山街道网格化服务管理中心自运行以来，没有发生重点人员漏管失控、民转刑命案、恶性刑事案件、违法犯罪活动聚集场所、生产安全事故等情况。网格员签到率、人房关联率、信息采集率、巡查走访率、联动处置率等各项考核指标均名列全区前茅。

（钱婷妍）

【七房桥美丽乡村建设】 2018年，鸿山街道编制《鸿山街道七房桥村美丽乡村建设规划设计方案》，重点突出钱氏家训家风文化和现代设施农业两大特色，打造七房桥村为全区“农业强、农民富、农村美”的乡村典范。重点做优一产鸿山葡萄，做实二产集体经济，创新三产乡村旅游，拓宽增收渠道。重塑“钱氏家风传天下，家和村美七房桥”的乡村记忆，挖掘院士文化和新乡贤文化“两部文化经”丰富七房桥村文化内涵。总投资900万元，重点建设“两点两线”项目，即村委会周边环境整治工程、双水沟整治提升工程、连接村委和双水沟的村道拓宽工程、葡萄长廊和伯渎港边小游园改造工程。经过近半年的建设，七房桥村环境明显改善，面目一新，美丽乡村氛围浓厚，创建为无锡市美丽乡村示范村。

（武清华）

【七房桥村建成“省级法治文化建设示范点”】 3月21日，由省文化厅法制处处长曹蕾率检查考核组一行赴七房桥村考核验收“省级法治文化建设示范点”。市司法局副局长刘益良、市司法局副调研员陈官广、市司法局法宣处副处长陆祥舫、区司法局局长李建平等陪同检查。检查组实地考察七房桥村的法治宣传窗、法治文化廊，以及位于钱穆钱伟长故居内的爱国教育基地，并听取相关介绍。考察组对七房桥村在法治文化建设方面所做的工作给予肯定，并提出在以后的法治建设过程中，要在现有的基础设施上，进一步结合七房桥村特色，把法治元素融入千家万户，将“遵学守用”普及到每一位村民。（钱婷妍）

【泗洲寺举行大雄宝殿上梁法会】 6月9日，无锡市泗洲寺举行大雄宝殿上梁法会。法会恭请中国佛教协会副会长、江苏省佛教协会会长心澄大和尚，江苏省佛教协会副会长、无锡市佛教协会会长能开大和尚，江苏省佛教协会副会长、无锡佛教协会副会长玉平大和尚，江苏省佛教协会副会长、无锡佛教协会副会长普俊大和尚，上海龙华古寺世炫长老、传德法师等6人为法会主法，僧俗四众1000余人共襄盛举。泗洲寺历史上位于新吴区鸿山街道大坊桥村，寺院始建于北宋，相传为圆照宗本禅师所建。后毁于兵，元大德十年重建，不久就废弃了。明洪武二十三年修复。永乐十二年鼎新殿宇，隆庆四年重建又毁。万历年间复修。清乾隆年间重修。道光初年建大悲阁，旧有净因堂、环翠园、望湖亭、清风阁诸景修葺一新。香火鼎盛，远近朝拜礼佛信众踊跃。泗洲寺明清时期最为兴盛，规模宏大、江南闻名。为“江南十大古刹”之一。自宋朝至今，已有1000多年的历史。（钱婷妍）

【钱俊瑞院士诞辰110周年纪念活动】 6月20日，鸿山籍院士钱俊瑞诞辰110周年纪念活动在鸿山丽笙酒店举行。钱俊瑞生前单位代表、嘉宾、宗亲代表，以及本地有关部门、院校和文史单位的代表70余人参加活动，此次共同缅怀钱俊瑞院士的卓越贡献和崇高品德。活动由新吴区委宣传部和鸿山街道党工委办事处共同主办。活动中，高新区党工委副书记、管委会副主任周振宇和鸿山街道党工委书记张文荣先后致辞，回顾和总结钱俊瑞在经济学领域所取得的伟大成就，赞扬他孜孜以求、兢兢业业，以及为党和国家事业贡献一生、不计名利的伟大品格和精神，向他表达崇高的敬仰之情。原社科院世界经济与政治研究所副所长王德迅、原中国美术学院院长肖峰、江苏新四军纪念馆馆长卞龙等嘉宾和亲属代表纷纷致辞，追忆钱俊瑞在不同时期、不同岗位上，对党、对国家、对教育和经济事业作出的重大贡献，表达深切的敬仰和缅怀之情。原中国美术学院院长肖峰和亲属代表钱文忠向活动主办方赠送贺词，表达对钱俊瑞的敬仰和追思之情，亦向主办方表示感谢。鸿山街道向钱俊瑞家属代表钱凌白、钱微珠赠送鸿山画册和纪录片。钱俊瑞出生于鸿山一个农民家庭，鸿山的好山好水养育他，崇文重教的良好风尚教育他，鸿山三千年的优良文化底蕴培育他，他正是从鸿山出发，不忘初心，遵循理想，坚持信仰，开始其光辉而又奋斗的一生。1955年，当选首届学部委员（院士），成为家乡人民的楷模和鸿山的骄傲。

（钱婷妍）

【庆祝中国共产党成立97周年大会】 6月29日，鸿山街道在鸿山物联网小学报告厅召开庆祝中国共产党成立97周年大会，进一步激励街道广大党员“不忘初心、牢记使命”，继承和发扬党的优良传统，投身街道经济社会各项事业建设。会上，全体党员重温入党誓词，观看《退休不褪色，为党谱新篇》老书记精神微视频和“三进三促”活动专题片《初心·回归》微视频，会议表彰2015—2017年度新吴区优秀党务工作者5名、2017年度鸿山街道优秀共产党员48名和优秀老支书4名。 （钱婷妍）

【鸿山葡萄文化旅游惠民月活动】 7月28日，“圆梦乡村振兴 相约葡萄盛宴”2018鸿山葡萄文化旅游惠民月开幕。无锡市、新吴区、鸿山街道及吴文化博览园建设开发有限公司相关领导，《江南晚报》总编辑及区、街相关部门负责人出席活动。现场还有本地市民、外地游客代表及通过线上线下渠道参与开幕式的各群体代表数千名。活动现场进行“互联网+”葡萄线上销售签约仪式和优质葡萄树认领仪式，有民乐合奏、花旦舞、男声独唱等表演以及花样葡萄比拼。舞台边设有大众评审品尝区和葡萄农产品展销区。大美鸿山摄影作品展、视频展示，向大家展示鸿山美丽乡村建设、改革开放40年、“三进三促”活动的成果。此次惠民月打造一场全民葡萄盛宴，以乡村振兴为出发点，进一步提升鸿山葡萄的品牌影响力，拓宽葡萄销售渠道，为农民增收提供平台，真正做到“惠泽于民”。活动同时获得广大媒体的关注，《新华日报》《无锡日报》《江南晚报》、无锡交通广播、无锡新传媒、无锡电视台、无锡教育台、无锡经济台等10余家主流媒体齐聚现场，助力2018鸿山葡萄文化旅游惠民月。 （钱婷妍）

【新吴区首个政协委员工作室挂牌】 2018年8月，新吴区首个政协委员工作室——鸿山街道政协委员工作室挂牌。鸿山街道政协委员工作室位于鸿泰苑第一社区睦邻中心四楼，面积约70平方米，工作室内桌椅、电子设备、投影仪等办公用品基本齐全，软硬件设施配备到位。工作室内制度齐全，使政协工作做到有章可循。鸿山街道政协委员工作室自2018年5月开始筹备，是新吴区首个投入使用的基层政协委员工作室。鸿山街道政协委员工作室现有驻室委员5名，其余委员以轮岗形式开展群众接访、察访、座谈等日常工作。8月23日，新吴区政协主席刘蓓红、副主席平江等10名政协委员来到委员工作室，与20多名居民代表开展座谈交流，充分听取基层群众的声音，共收集问题、意见10多条。 （钱婷妍）

【第四届“素书堂”开蒙礼暨家风家训传承课堂活动】 9月1日，第四届“素书堂”开蒙礼暨家风家训传承课堂启动仪式，在钱穆钱伟长故居举行，为65名即将升入一年级的鸿山学龄孩童开启人生第一课。活动由无锡高新区（新吴区）宣传部、新吴区鸿山街道办事处主办，鸿山街道宣传统战（工商联）科承办，钱穆钱伟长故居（怀海义庄）、一格书院协办。“开蒙礼”既是祖国传统的礼仪习俗、礼仪文化，也是孩子一生传统文化教育的开篇之笔，仪式包含“正衣冠”“行拜师礼”“诵读经典”“朱砂启智”“击鼓明志”“开笔破蒙”等内容，分别从触觉、视觉、听觉等各个方面带领学龄前孩童体验传统文化、感受“礼”的神圣。活动中，街道党工委书记张文荣、办事处主任宋志明共同为家风家训传承课堂揭牌。“素书堂”开蒙礼自2015年开始举行，2018年是第四届，已经成为一个品牌活动。通过“开蒙礼”仪式，为即将升入一年级的孩童进行一场身心的洗礼，让孩子们充分接受传统文化的熏陶，从启蒙阶段就把认真学习、明德知礼等良好的观念深深刻入心中，继续传承院士之乡的深厚文化。 （钱婷妍）

【大坊桥创建省级创业型社区工作】 10月12日，江苏省人社厅委托第三方评审机构对大坊桥社区创建省级创业型社区开展验收评估工作，市就管中心、新吴区人社局劳动保障中心及街道人社科负责人陪同检查。考核组一行听取创建工作情况汇报，对照各项创建标准，认真审阅创建工作台账和资料，并对大坊桥创业型社区进行现场考核评估，验收合格。创业型社区是提升基层人社平台创业服务功能，营造全社会关心支持和服务创业浓厚氛围的关键举措，对

营造“大众创业、万众创新”的良好环境有积极的促进作用。（钱婷妍）

【“秋收看鸿山 美丽乡村行”千人徒步活动】 10月28日，由中共无锡国家高新区工委（新吴区委）宣传部、新吴区鸿山街道办事处、无锡吴文化博览园建设发展有限公司、《江南晚报》社联合主办的“秋收看鸿山 美丽乡村行”2018年千人徒步活动举行，2000余名来自社会各界的热情市民参加活动。千余名市民朋友同行健康步道，共赏秋收美景，齐享物联科技，细品吴地文化，再观小镇新貌。整条徒步线路集自然、生态于一体，全长6.8千米，呈现出纯正自然的农村田园风光。活动现场的秋收集市汇集大米、鸡头米、五谷杂粮、土鸡蛋、青白团子、推酥麦饼、茶叶、茅塘桥猪头肉、豆腐花等各类鸿山乡村特色农产品和特色美食。《改革开放40年，砥砺奋进新时代——图说鸿山改革开放40年巨变》图片展及《见证鸿山之改革开放40年》纪录片充分展示鸿山改革开放40年的巨大变化和实施乡村振兴战略的丰硕成果。在“笑语欢歌进美丽鸿山”2018秋季文艺晚会上，鸿山本地文艺爱好者和专业演员联袂献上形式多样、内容丰富、精彩纷呈的舞蹈、歌曲、小品、杂技、戏曲演出。此次千人徒步活动，受到市民朋友们的广泛关注和支持，进一步展示鸿山田园风光、人文历史和发展成果，凝聚乡村振兴力量。活动受到媒体的强烈关注，无锡电视台、《新华日报》《无锡日报》《江南晚报》、无锡新传媒等10余家主流媒体齐聚现场，助力千人徒步活动。（钱婷妍）

【国家卫健委卫生发展研究中心调研后宅社区卫生服务中心】 12月6日，国家卫健委卫生发展研究中心专家宋文舸一行5人莅临后宅社区卫生服务中心开展分级诊疗、医联体、整合型一体化医疗卫生服务体系建设调研工作，此次调研采取召开座谈会、实地调研和收集书面材料的方式进行。通过实地察看中心医联体办公室、门诊部、住院部、放射科、手术室等科室，听取分级诊疗工作推进情况汇报，并对完善分级诊疗体系，优化医疗资源配置，以及分级诊疗制度建设提出建议。（钱婷妍）

【鸿山泰伯墓被授予“江苏省华侨文化交流基地”称号】 2018年12月，鸿山泰伯墓被江苏省归国华侨联合会授予“江苏省华侨文化交流基地”称号。“华侨文化交流基地”是侨联组织对承载中华文化、富有侨的特色、广大侨胞向往、社会广泛好评，旨在弘扬中华优秀文化、促进中外文化交流的各类文化场所予以确认的展示窗口，是侨联组织整合社会资源、推进优势互补、合力开展海内外文化交流活动的重要平台。（钱婷妍）

【“百姓大舞台”演出】 2018年，鸿山街道利用“百姓大舞台”的平台，加大群众性文化需求供给，以物联网小镇建设、“263”专项行动、安全生产等内容为主题，举办自编、自导、自演的各类文艺演出50余场次，参演群众达1000余人次。5月23日，“百姓大舞台”走进大坊桥村，为当地居民群众带去263专场文艺演出，为打好“两减六治三提升”专项行动攻坚战，提高“263”群众知晓度和参与度，培植绿色发展共享理念，形成共建共享宜居宜业美丽新鸿山的良好氛围。10月9—11日，“情暖重阳 让爱常在”百姓大舞台重阳节文艺专场系列演出分别走进后中村拆迁安置点、鸿声拆迁安置点和大坊桥拆迁安置点，为老年朋友送去节日的问候。整场活动贴近生活、贴近群众，表现鸿山老年人活力向上、健康积极的精神风采，在送上文艺大餐的同时营造敬老爱老的良好氛围。12月22日，“百姓大舞台、有才（艺）你就来”2018年度鸿山街道庆祝改革开放40周年暨“百姓大舞台”文艺作品汇报展示活动在鸿运苑第一社区四楼精彩上演，35支特色文艺团队报名参赛。活动当天，上午14支综合类团队参演，包括大合唱、器乐、三句半、小品、诗朗诵；下午21支舞蹈团队参演，表演形式丰富多样，展示2018年度街道群众文化工作成果。（钱婷妍）

【党的建设】 2018年，鸿山街道纪检监察科对照“打铁必须自身硬”和深化“三转”（转职能、转方式、转作风）的要求，先后开展《中国共产党章程》《关于新形势下党内政治生活的若干准则》《中国共产党纪律处分条例》《中华人民共和国监察法》、江苏监察工作运行“1+N”制度体系等法规制度学习，开展解放思想大讨论活动，全方位查找问题差距，有针对性地探讨破解问题的方法和途径。把压实“两个责任”贯穿工作始终，通过专题召开党风廉政建设责任制大会，个性化制定2018年党风廉政建设责任书，进一步完善“党政主导、部门主抓、责任到人、纪委监督”的领导体制和工作机制。严密组织廉政主题教育，认真筹划开展“5·10”思廉日系列活动，广泛开展廉政文化宣传，通过“德韵鸿山、勤廉领航”千人徒步廉政教育、“重阳书廉洁、金秋话家风”“童眼看廉洁”“廉政书画展”等活动，进一步扩大廉政教育的覆盖面和影响力；指导村、社区创办《廉政文化报》，开设“廉政读书角”，扎实推进廉政文化建设，召开新提任干部集体廉政座谈会，观看廉政教育警示片《贪欲之鉴》，开展廉政知识测试，签订廉政承诺书。先后组织6次工作纪律和会风会纪检查抽查，集中组织3次节日期间作风专项督查，开展作风建设自查自纠和违规借贷专项清理等活动，先后下发4期《督查通报》，通报检查中发现的少数人员上班迟到、工作秩序不正规、个别人员缺会未履行请假手续或请假手续不正规等情况。畅通信访渠道，规范信访查办工作程序，及时处理群众的来信来访问题，确保各类矛盾问题化解在萌芽状态。（钱婷妍）

【机关党总支换届】 12月14日，鸿山街道举行机关党总支换届选举大会，170余名党员参加此次活动。大会按照选举程序，采取差额选举的形式，与会党员充分行使选举权，在监票人的严格监督下，经过计票人的认真统计，大会选举产生新一届党总支委员会委员。随后，新一届党总支委员会召开委员会议，选举产生党总支书记，并对委员进行工作分工。会后，新一届的支委成员在党旗下合影，并就今后工作的开展思路进行交流。机关党总支换届选举大会的顺利举行，既是对过去工作的总结、回顾；也是对今后工作的规划、展望，有利于机关党总支进一步“明目标、立任务、担责任”，为党政工作增添新活力，开创新局面。（钱婷妍）

新安街道

【概况】 新安街道南濒太湖，运河穿境而过，是无锡的南大门，也是太湖新城东部产业区、高新区（新吴区）行政中心所在地。土地资源丰富，自然条件优越。环太湖高速公路、312国道、京杭大运河和运河西路、菱湖大道、净慧东西道、震泽路、吴都路、具区路、观山路贯穿新安，距无锡机场3.4千米，距新建的城际高铁新区火车站不足1千米，环太湖高速新安入口就在境内，距无锡市中心10千米。截至2018年年末，辖区面积24.27平方千米，有7.8千米长的太湖湖岸线。辖区户籍人口3.3万人，常住人口6.4万人，下辖沙墩港社区、李东社区、新庄社区、净慧寺社区、中华社区、新安社区、华联社区、新虹社区、新安花苑第一社区、新安花苑第二社区、新安花苑第三社区、和风社区等12个社区（含留守村），新安花苑第五社区筹建组、净湖社区筹建组2个社区筹建组。2018年新安街道社区居委基本情况见表11。2018年，街道完成全部工业总产值3.41亿元，完成全部工业销售收入3.22亿元；完成服务业总收入32.03亿元，社会消费品零售额完成8.69亿元。（郑周岚）

【城市管理】 2018年，新安街道严格履行部门责任人“一岗双责”职责，严格落实三会一课、民主生活会、民主评议等制度，开展走访活动，走访辖区群众、商户，解决群众反映的各类问题。完成统一换装，完善各项规章制度，实施管理全过程记录等制度，开展业务技能培训，切实提高城管队伍的政治素质和管理水平。在辖区内全面开展户外广告安全、建筑工地安全排查32次，整改问题132个。大力开展垃圾分类、市容环境卫生责任区制度等宣传工作，营造良好的共建共治氛围。对所有养护单位开展月度、季度作业质量检查工作，累计发现问题45处，扣除养护作业质量履约保证金4.5万元。新增绿地面积8万余平方米，补植绿化面积10000余平方米，实现绿化面积达720万余平方米，占全域面积的四分之一。建成耘林生命公园、净慧雨水公园、三社区街边体育公园等。排查出42家废品回收站，取缔32家，10家规范经营。10家洗车点完成整治，每天一巡查，发现问题及时纠正。8处非法码头全部完成整治。协助安监、农业办等相关部门，做好“散乱污”企业整改、黑臭水体治理等环境保护工作。做好清明祭祀、净慧寺庙会、高新区马拉松赛事以及省市区领导的视察等市容保障工作，集中整治各类显见性市容问题3400余处，确保各项活动有序开展。（邹　峰）

【网格化社会治理】 2018年，新安街道在配齐配强网格员队伍的基础上，以信息技术为支撑，科学划分网格，进一步对责任部门工作职能进行合理划分，提升管理效率，侧重以人为本，从“管理型”向“服务型”转变，更加注重社会综合治理的“常态化、创新化、特色化”。新安街道坚持“源头治理、标本兼治、重在治本”的原则，以网格化治理、社会化服务为方向，健全基层综合服务管理平台，以及时反映和协调人民群众各方面各层次利益诉求为街道网格化治理的目标。实现网格化以来，通过多部门联动解决重点疑难事件109件，事件联动办结率97.9%，排查发现和整改重点场所隐患101处、消防隐患226处，依托社区网格为群众及时办理民生服务事项1824件，受理率、办结反馈率均为100%，收集社情民意170余件，确保民生服务事事有回应、件件有落实。街道利用“大数据+云计算”，强化“互联网+政务服务”，将网格化社会治理与大平台、大数据、大系统有机融合。在全省率先实施“党员远程教育”站点进楼栋工作，把学习教育与志愿服务有机结合，把党员志愿服务延伸到基层楼栋。为进一步延伸网格化工作触角，街道运用微信载体，开发建立一个集民生诉求、政府服务、社会治理融为一体的“慧通新安”平安服务平台。（吴雪峰）

【市容环境整治】 以“百日攻坚”为载体，按照《新安街道“百日攻坚”市容环境专项整治方案》，各单元联合开展整治。2018年，新安街道共开展整治10次，查处占道经营（夜排档）620余起，暂扣经营车辆23辆、各类经营工具（物品等）127件；查处“小飞龙”15辆，查处道板违停117起，强制拖车18辆；查处工程车违规运输、偷倒垃圾行为74起；拆除违法建设31处，面积1540平方米；拆除违法广告（店招）21处，面积1300余平方米。坚持宣传先行，加强民情收集和反馈。截至2018年年末，街道城市精细化管理宣传员14人，义务监督员23人，志愿者102人，开展各类宣传活动60余处，系列主题志愿活动48次，形成对影响城市人居环境的热点、难点问题以及不文明行为、不作为现象共同参与、齐抓共管的良好态势，和社会各界广泛参与城市管理的良好氛围。（邹　峰）

【水环境整治】 参见水资源保护**【河湖环境治理】【河长制管理】【蓝藻打捞】**。

【健康城市建设】 2018年，新安街道常态化做好国家卫生城市创建、健康单位创建工作，举办健康教育知识讲座24次、广场宣传活动12次，完成65岁以上老人免费体检3903人次、早期胃癌筛选1505人、家庭医生签约1654人。建成街道级健康主题公园，新安花苑第二社区、新安养老服务中心创建成省级健康单位。实施“温暖的力量”计划生育特殊家庭关爱项目、“新家庭计划——家庭发展能力建设”项目、“慧爱培婴”计生服务项目，赋予传统计划生育工作新的内涵。新安街道红十字会获“2013—2018年度无锡市优秀红十字基层组织”称号，完成普及性救护培训679人。（邹丹华）

【政务服务】 2018年，新安街道政务服务中心位于新安花苑第二社区主邻里中心内，建筑面积近2000平方米，服务大厅约500平方米，服务大厅办公设施智能化，设有民政、残联、计生、劳动保障、燃气缴费、不动产证办理等16个窗口。始终围绕“便民、高效、廉洁、规范”的服务宗旨，坚持以“依法行政、办事高效、服务优良、群众满意”为工作目标。2018年，共受理各类为民服务事项4.18万件，办结4.17万件，办结率99.6%，其中即办件4.15万件，即办率99.4%，按时办结率100%。接待各类咨询1.12万人次，发放各类宣传资料6000多份，在窗口办理过程中，无错办、漏办、延办、误办，没有一起非正常投诉和群众不满意的事发生。公共服务事项和办事指南标准化入库，按照要求理清街道级公共服务清单 93 项，社区级公共服务清单 41 项，并做好政务服务网基础信息维护工作和公共服务事项的认领及其办事指南维护工作，确保按计划上线试运行。（史锦菊）

【物业管理】 2018 年，新安街道严格依法办事，关注居家安全，在为民办实事，提高居家生活品质方面稳步前进。截至 2018 年年底，处理“12345”工单投诉 112 起、信访转办单 2 起，及时处理服务投诉、邻里物业矛盾、房屋质量、业主房屋违建等各类问题，以物业法规条例为基准，普法讲法，避免发生大规模上访事件。组织并指导完成协信天骄名邸首届业主大会及业主委员会选举，有序推进琥珀澜湾首次业主大会。协同茂源物业办理民生实事，为安置房小区共增设消防通道安全警示牌 400 块，车库围栏禁止翻越警示牌 400 块；污水管道疏通 42 千米，约 320 只集水井得到清淤、排查，完成社区灭火器更换、维护，电动车充电装置提升、更换 1000 只，老镇区住宅修缮。关注房屋安全，保证居民居家安全，完成新睦园两幢安置房安全鉴定工作。推进和风家园安置房不动产权证衔接推进事项。

（袁纯钢）

【社区新平台建设】 2018 年，委托无锡市乐助公益发展中心托管运营街道级公益创新孵化园——新益度·社区创新发展中心，形成提供专业服务、助力社工发展、培育社会组织、推动创新治理、研发公益项目、链接社会资源等“六大平台”。内培 11 家草根社会组织、23 个社区项目，街道“社区平台项目化、社工队伍专业化、社会工作多元化”联动发力创新之路走在全区第一方阵。同时无锡科技职业学院文化创意学院社会实践基地、江苏师范大学社会工作专业创新创业实训基地落地新安。实施“公益新干线”服务计划，开展专业服务 130 场次，累计服务人数 2.2 万人。（冯雅洁）

【社会组织】 2018 年，新安街道吸引周边高校、企业、银行、社会组织、社会团体参与到社区建设中来，挖掘并培育新安本土的志愿者等力量有序参与社区建设。引进永明女书文化研究中心等 7 家外部专业社会组织入驻，同时内培出“同心源服务社”等 11 家自组织，打造出“公益新干线”“和风·星空计划——居民参与式治理”“蜂巢治理”等多个社区服务项目。“蜂巢治理”创新实践项目获 2018 年无锡市社区治理创新实践示范项目优秀奖。“我们的家”社区家庭融合计划获得新吴区城乡微治理项目示范奖，“小和之美”等 5 个项目入选新吴区“益行动·社区创享计划”。

（冯雅洁）

【拆迁安置】 2018 年，新安街道累计完成 16.17 万平方米拆迁任务，超额完成区年初下达目标。完成 10 家历史遗留的应拆未拆企业；完成 7 个项目范围内的签约工作，打通华谊路等三条道路；签约拆除新安佳苑 B 地块的腾地区域；完成新泽苑、海力士医院地块的腾空拆除；完成规划中海力士学校地块的签约；有序推进棚户区改造和工业集中区提档升级。街道棚户区改造计划拆迁总数 743 户，将按三年分步实施。2018 年计划完成 102 户，已签约 75 户。成立新安街道工业集中区提档升级高质量发展工作领导小组，由街道党政主要负责人担任双组长，相关分管领导担任副组长，相关科室、社区负责人任组员，统筹推进全街道工业园区提档升级工作。结合“263”专项行动和“散乱污”企业整治，以钉钉子的精神推进华谊路东侧、沙墩港工业集中区 104 家企业拆迁，2018 年年内签约 57 家、拆除 47 家。

（唐伟德）

【民生事业】 2018 年，新安街道以民生实事项目为重点，完成湿地公园景观维修改造、亮化工程、新增新安街道主题健康公园建设，实现新吴区新安街道（东至京杭运河、南至太湖岸线、西到华谊路、北至高浪路）范围内的非核心地块实施绿化，全面复绿总面积 1740910 平方米。“瓶改管”项目实现安装申请达 100%，圆满完成智慧燃气建设。配合实施社区充电桩安装、消防设施改造等民生实事项目。切实贯彻落实控源截污项目，实施街道小流域整治工程，截至 2018 年年末，新安花苑一区、二区、五区，已基本完成管道修复。老镇区范围内的污水管道修复工作已完成并验收。实现小流域整改计划 85%，完成考核任务。根据上层规划，围绕产城融合发展方向，融入新安片区发展大局，统筹研究街道城市发展规划，完成新安街道老城区更新方案概念设计。（袁纯钢）

【社会救助】 2018年，新安街道坚持精准施策，规范低保救助、医疗救助、临时救助。2018年，清退低保户21户47人，发放低保金52.78万元；发放临时救助10.38万元、涉及102户；发放重症病人救助12.4万元、涉及34人；发放残疾人两项补贴99.78万元，安排15名就业年龄段的残疾人参加街道残疾人之家辅助性就业，人均月收入增加500元。多举措提高优抚对象获得感，切实维护社会稳定。接受退役士兵6人、退役士官1人，发放自谋职业一次性经济补偿金50.01万元，为18名义务兵发放优待金48.16万元。采集退役人员和其他优抚对象信息757条。完成转业志愿兵（士官）“一对一”关爱联系制度结对15人，帮扶就业2人，为81人发放重点优抚对象生活补助、农村籍退伍士兵补助金、医疗门诊补贴101.62万元。（王文婷 邹丹华）

【养老事业】 2018年，新安街道深化养老服务社会化运作，更好地满足老年人需求。街道级居家养老服务中心启动建设，引进椿熙堂公司实行专业运营。新安花苑第一、三社区居家养老服务站结合智慧养老要求，完成标准化建设，通过政府购买服务方式实行社会化运营。养老服务中心完成护理院改造工程，设立护理床位150张。落实65周岁老人安康关爱行动参保全覆盖机制，收益人群达6200余人。（王文婷）

【卫生健康】 2018年，新安街道按国家基本公共卫生服务规范，对辖区内65岁以上老人进行免费体检，完成3903人次；配合无锡市人民医院对新安花苑第二社区40~69岁户籍人员进行早期胃癌筛选工作，对2500人进行问卷调查。2018年，新安街道持续加大健康知识宣传，在老镇区、新社区等主要路面设置大型公益性宣传广告7块、道旗356面；用好市民学校、微信课堂等阵地，共举办健康教育知识讲座24次，其中，卫生主题日宣传12次，卫生主题日宣传达100%，发放健康资料8508份，受益人次1.5万人；各社区慢病自我管理小组开展活动13次，使国卫创建工作家喻户晓、深入人心。围绕健康城市建设主题开展广场宣传活动12次，设置主题宣传栏28处，开展爱国卫生月活动，投放鼠药360公斤，发放灭蟑药51公斤，灭蝇药水24瓶，新增毒饵点147只，更新破损、陈旧毒饵点300只。（邹丹华）

【全域旅游活动】 2018年是新吴区全域旅游的开启元年。通过对辖区旅游资源的整合、嫁接，以“慧聚梦想湖韵新安”为主题，推动全域旅游快速发展。5月，新安街道配合区委、区政府在辖区内举办中国首场高新区科技马拉松（草坪音乐节）以及湖湾大型草坪音乐会，吸引近万人次参加。与辖区内旅游科技公司合作，代表新吴区参加2018南京国际度假休闲及房车博览会，正式推出以新安环太湖湿地为基础、以物联网科技为依托的“新安智慧露营”体验项目。春夏之交，新安街道辖区内近万亩花海引爆微信朋友圈，成为网红旅游目的地。新安街道利用这一契机，通过“新吴旅游”“智慧新安”等新媒体，有序组织瑜伽队等进行宣传，为网红花海站台造势。一期花海100万平方米，二期130万平方米，筹备中的三期将覆盖辖区内剩下的所有荒地，约80万平方米。9月，邀请无锡电视台方言节目《扯扯老空》栏目组到新安街道，以麦饼为媒，开展“乡里乡亲、香味乡情”最具乡土情面点的宣传推广活动。此外，栏目组还以净慧寺素面、太湖湖鲜等为素材，分5个专题制作了5期、每期10分钟左右的专题片，并于10月陆续播出。10月，新安街道在太湖码头饭店举办新安湖鲜美食品鉴会暨新安湖鲜美食地图发布会，首次向市民展示将新安地标性建筑与太湖渔家特色相结合的手绘地图，并现场连线“2018中国（无锡）旅游产业博览交易会”，推出新安旅游的新名片，进一步扩大新安旅游的影响力。（陆彩萍）

【净慧寺庙会系列活动】 4月4日（每年农历二月十九）是净慧寺庙会日。净慧寺坐落在新吴区新安街道南的净慧村，为无锡十大名刹之一，也是江南十大名刹之一。2003年净慧寺由无锡市人民政府公布为无锡市文物保护单位，2014年净慧寺庙会被列入无锡市第四批非物质文化遗产名录。2018年，净慧寺庙会以宣传净慧寺丰富的历史文化为主旨，将净慧寺传统文化故事通过图文结合的形式展示出来。这些历经千年的历史文化吸引大批游客驻足观看，共同见证和感悟净慧寺千百年来的历史沿革和社会变迁，也促使越来越多的人崇敬历史，增强保护传统文化的意识。2018年净慧寺庙会期间，新安街道共出动安保人员850余人次，有效应对6万人次的人流量，未发生交通拥堵、秩序混乱、意外事件、治安事件、食品安全事件。（周　倩　刘书新）

【净慧寺祖师塔奠基仪式】 6月15日，新安净慧寺隆重举行祖师塔奠基仪式，现场梵音缭绕，钟鼓齐鸣，法喜充满。新吴区统战部侨联副主席荚厚成、新安街道党工委副书记徐福伟、新安街道党工委委员鲍宇红、无锡市佛教协会副会长颜冬宝居士，与十方信众一同见证庄严时刻。这标志着净慧寺二期改扩建工程正式启动。奠基洒净仪式，由江苏省佛教协会副会长、无锡市佛教协会副会长、无锡市灵山祥符寺方丈普俊大和尚，无锡市佛教协会副会长、江阴市佛教协会副会长、江阴市君山寺方丈和融大和尚，无锡市佛教协会副会长、梁溪区佛教协会会长、无锡市永兴寺住持觉宏大和尚主法。洒净仪式结束后，主法和尚、净慧寺住持传德法师、与会领导以及功德主代表为祖师塔奠基培土。净慧寺传临济禅宗法脉，祖师塔兴建是为缅怀历代祖师的恩德，重振临济宗风，再现寺院雄姿。（周　倩）

【公共文化服务】 2018年，新安街道与辖区企业、学校、文化艺术培训机构等共建共享，以多元主体、多样资源打造公共文化服务精品。2018年，举办文化活动164场次、体育活动11场，开设公共文化艺术普及培训班32期。街道原创舞蹈《勾吴至德》获2018年江苏省第六届社会舞蹈大赛社会组创作类和表演类双料银奖和第四届无锡市“群芳奖”的舞蹈类铜奖。（张　芸）

【教育工作】 2018年，新安街道统筹配置全域教育资源，和风幼儿园建成启用，善德幼儿园完成加固改造并启用，启动建设新吴实验小学、太科园配套幼儿园。提升整体办学条件，新安实验小学完成食堂、篮球场地面安全改造以及新安中学办学过渡点改造，增设校园文化墙，实现校园千兆网线全覆盖；新安中心幼儿园完成室内外环境设施重组改造。幼儿教育坚持保教并重，大力推进“课程游戏化改革”项目。小学教育狠抓课堂教学质量，发挥“朱春雷智情数学”名师工作室引领作用，推进青年教师专业化发展。社区教育突出居民素养提升主题，垃圾分类培训项目入选2018年省级“社区教育品牌项目”，省级居民学校创建实现全覆盖。开展校外培训机构整治工作，落实管理责任。排查校外培训机构25家，其中学科类12家，非学科类13家。经过整治，已有2家准入，4家关停，5家收缩经营范围。（惠琴华）

【党的建设】 2018年，新安街道以“行远计划”作为党工委书记项目，着力推行“党员远程教育”站点进楼栋工作，并与江苏有线无锡分公司共同策划建设“行远计划”云频道，设有新安党建、先进典型、警示教育、行远课堂、今日新安、群众评议、党员签到、家庭影院8个特色栏目。截至2018年年末，各站点累计开展活动200余次，涌现出一批理论学习先进典型，街道计划利用3年时间，逐步实现站点全覆盖。新安街道坚持打造“一支部一特色”的基层党建格局，“流动大篷车”“幸福传感网”“1平方米和风空间”3个社区党建项目入选2018年新吴区党建创优实践项目。强化纪律规矩保障，严格执行领导干部“一岗双责”制度，协助街道党工委制订个性化党风廉政建设责任书，明确党组织书记和科室负责人对职责范围内的主体责任和具体要求，责任书签订率达100%。（陆志军　陆晓君）

【党建工作指导站】 2018年，新安街道党建工作指导站本着“把指导站建设好、把作用发挥好”的基本原则，坚持高标准指导、严要求推进，站稳立场、积极行动，激发基层党建工作新活力。2018年，赴杭州、成都现场学习各1次，开展业务能力专题培训5场、主题学习课1次，线下专题交流6次。建立起“三个1”基本工作制度，即“每周1次线上或线下例会、每月1次全覆盖走访、每季度1次问题分析”；建立与街道党群部门的例会共同机制、定向汇报和反馈制度、线上联络指导制度，构建起基层党组织间的全方位联系通道。指导站深入辖区内已建有党组织的25家单位，以阵地建设察看、台账资料查阅、现场问题抽检、突击书面测试等方式，通过2次交叉检查、2次定向检查、1次临时抽查的形式，全面提升党支部标准化规范化建设水平。2018年年末，机关事业单位党支部合格率达100%、社区党支部合格率达80%、“两新”组织党支部达50%、机关（事业单位）党支部全覆盖。针对各基层党组织特色项目建设需要，指导站推出上门个性指导、对接定点资源服务。截至2018年年末，提供包括行远计划、楼栋共同体等在内的党建新项目的培育，指导完成楼栋站点指导手册、行远计划云频道等工作；提供包括青年学习社、“5W”微信工作法等在内的群团工作新载体的运行指导，帮助完成“Up and Go”等项目的落地。（王洁宇）

表11　2018年新安街道社区居委基本情况一览表

序号	村居社区名称	地址	居民户数（户）	居民小组数（个）	常住人口（人）	户籍人口（人）	备注
1	新安街道新安花苑第一社区	无锡市新吴区新安花苑一区160号	3141	55	13000	9157	实际存在
2	新安街道新安花苑第二社区	新安街道清源路288号	4098	47	10850	7221	实际存在
3	新安街道新安花苑第三社区	新安街道清源路6号	2155	67	10500	6038	实际存在
4	新安街道新安社区	新安街道振新路33号	617	21	2500	1539	实际存在
5	新安花苑第五社区筹建组	新安花苑第五社区30号	302	/	1250	464	实际存在
6	新安街道和风社区	和风家园5号（华清大道与和风路交界处）	625	19	3300	1642	实际存在
7	新安街道净湖社区筹建组	朗诗绿色家园社区服务中心（浪新路22号）	3756	24	9779	3342	实际存在
8	新安街道华联社区	新安花苑一区343-102	132	/	/	386	空壳社区
9	新安街道沙墩港社区	新安花苑二区15-101	91	/	/	183	空壳社区
10	新安街道新庄社区		80	/	/	165	空壳社区
11	新安街道李东社区		166	/	/	374	空壳社区
12	新安街道中华社区		218	/	/	653	空壳社区
13	新安街道新虹社区		54	/	/	111	空壳社区
14	新安街道净慧寺社区		64	/	/	148	空壳社区

人物和荣誉

新任中共新吴区委领导人

洪延炜

◆洪延炜，男，汉族，1969 年 8 月出生，浙江乐清人，1991 年 8 月参加工作，1997 年 1 月加入中国共产党，大学学历。

1987 年 9 月　东南大学机械工程系学习；

1991 年 8 月　无锡华光电子有限公司技术部工作（其间：1993.6—1994.3 赴日本 SMT 生产技术培训研修）；

1994 年 12 月　无锡华光电子工业有限公司购买部部长（其间：1997.9—1998.3 赴日本光洋精工株式会社企业管理研修）；

1998 年 5 月　无锡新区招商局副局长；

1998 年 9 月　无锡新区招商局（商务中心）局长（总经理）、兼经贸科技局副局长（正科级）；

2001 年 11 月　无锡新区管委会主任助理、招商一局局长；

2002 年 8 月　无锡新区管委会党工委委员（兼）、招商一局局长，无锡市政府驻日本商务代表处首席代表；

2002 年 11 月　无锡新区管委会副主任、招商一局局长，新区经济发展总公司副总经理，无锡高新技术产业开发区管委会副主任，无锡市政府驻日本商务代表处首席代表；

2003 年 12 月　无锡新区管委会副主任，新区经济发展总公司副总经理，无锡高新技术产业开发区管委会副主任，无锡市政府驻日本商务代表处首席代表；

2004 年 6 月　无锡新区管委会副主任，无锡高新技术产业开发区管委会副主任，无锡市政府驻日本商务代表处首席代表（其间：2004.12 明确正处级）；

2005 年 9 月　无锡新区管委会副主任，无锡高新技术产业开发区管委会副主任（正处级）；

2012 年 9 月　无锡新区党工委副书记、管委会副主任，无锡高新技术产业开发区党工委副书记、管委会副主任；

2015 年 12 月　无锡高新技术产业开发区党工委副书记、管委会副主任，中共无锡市新吴区委委员、常委，区人民政府筹备组副组长；

2016 年 6 月　无锡高新区党工委副书记、管委会副主任、新吴区委常委、副区长；

2018 年 7 月　无锡高新区党工委副书记、管委会副主任、新吴区委副书记、副区长；

2018 年 12 月　无锡高新区党工委副书记、管委会副主任、新吴区委副书记。

各类荣誉

表 12　　2019 版《新吴年鉴》省条线以上先进集体名录

获奖单位	荣誉（全称）	授予单位（全称）	授予时间	备　注
无锡邮政新吴区鸿声支局	江苏省工人先锋号	江苏省总工会	2018.5	
安监环保局	全省冶金等工贸行业安全生产工作先进集体	江苏省应急管理厅	2019.1	苏应急〔2019〕12 号
安监环保局	全省安全生产监管监察系统先进集体	江苏省人力资源和社会保障厅、江苏省安全生产监督管理局、江苏煤矿安全监察局	2018.1	苏人社发〔2018〕18 号
无锡微视传媒有限公司	省级巾帼创业创新孵化示范基地	江苏省妇女“双学双比”竞赛活动领导小组	2018.8	
无锡市新吴区鸿山镇玉芹编织站	省级巾帼来料加工示范基地	江苏省妇女“双学双比”竞赛活动领导小组	2018.8	
周卫东家庭	全国“最美家庭”	全国妇女联合会	2018.5	
董家麟家庭	江苏省“最美家庭”	江苏省妇女联合会	2018.10	
高新区税务局	模范职工小家	江苏省总工会	2018.4	
高新区税务局	2017 年度江苏省五四红旗团支部（总支）	共青团江苏省委	2018.5	
无锡市公安局新吴分局	省厅 2017 年度公安调研成绩突出集体	江苏省公安厅	2018.6	
无锡市公安局新吴分局旺庄派出所	省厅全国“两会”安保维稳工作成绩突出集体	江苏省公安厅	2018.6	
无锡市公安局新吴分局坊前派出所党支部	省厅先进基层党组织	江苏省公安厅	2018.6	
鸿山街道鸿山村	2018 年江苏省休闲农业精品村	江苏省农业农村厅	2018.12	
鸿山街道七房桥村	江苏省生态文明建设示范村（社区）	江苏省环境保护厅	2018.2	
鸿山街道七房桥村	江苏省第十三批省级“民主法治示范村”	中共江苏省委全面依法治省委员会	2018.11	
鸿山街道大坊桥村、建新村、大新村、马桥村、鸿声村、鸿新村、鸿山村	第二批省级创业型社区（村）	江苏省人力资源和社会保障厅	2018.12	
鸿山街道办事处	江苏省第三次全国农业普查先进集体	江苏省第三次全国农业普查领导小组办公室	2018.3	

续表

获奖单位	荣誉（全称）	授予单位（全称）	授予时间	备　注
七房桥村法治文化公园	江苏省第六批“省级法治文化建设示范点”	中共江苏省委宣传部、江苏省依法治省领导小组办公室、江苏省法制宣传教育工作领导小组办公室、江苏省司法厅、江苏省文化厅、江苏省新闻出版广电局	2018.6	
鸿山街道“连心家园”	2018 年全省“连心家园——关爱失独家庭”提名项目点	江苏省卫生和计划生育委员会、江苏省计划生育协会	2018.9	
鸿山街道办事处	2018 年江苏省绿色优质农产品基地	江苏省民政厅	2018.12	
江溪街道人力资源和社会保障所	江苏省级创业型街道	江苏省人力资源和社会保障厅	2018.12	
江溪街道综合调解科	2015–2018 年度全省社会治安综合治理先进集体	中共江苏省委、江苏省人民政府	2018.12	
江溪街道科协	2018 年江苏省“全国科普日”优秀活动（活动主题“科技创新 智慧生活”）	江苏省科学技术协会	2018.12	苏科协发〔2018〕272 号
江溪街道办事处	《聚合联盟微服务，齐抓共管见实效》评选为创新优秀案例	江苏省委宣传部	2018.12	
江溪街道卫星社区	第二批省级创业型社区	江苏省人力资源和社会保障厅	2018.12	
江溪街道东风家园社区	省民主法治示范社区	中共江苏省委全面依法治省委员会	2018.11	
江溪街道太二社区	《我和我的祖国》荣获全国社区网络春晚“入围节目奖”	全国社区网络春晚组委会	2018.4	
江溪街道太二社区	《正能量之歌》荣获全国社区网络春晚“入围节目奖”	全国社区网络春晚组委会	2018.4	
江溪街道太二社区	《子弟兵和老百姓》荣获全国社区网络春晚“入围节目奖”	全国社区网络春晚组委会	2018.4	
江溪街道太二社区	江苏省健康社区	江苏省爱国卫生运动委员会办公室	2018.1	
江溪街道太二社区	江苏省老年人体育节健身秧歌展示交流活动规定套路“优秀奖”	江苏省老年人体育协会	2018.5	
江溪街道太二社区	江苏省老年人体育节健身秧歌展示交流活动自选套路“优胜奖”	江苏省老年人体育协会	2018.5	
江溪街道太二社区	省级先进电子阅览室	江苏省关心下一代工作委员会	2018.8	

续表

获奖单位	荣誉（全称）	授予单位（全称）	授予时间	备　注
新吴区科协	2018年江苏省公民科学素质大赛优秀组织单位	江苏省科学技术协会	2019.1	
新吴区科协	2018年度省级“海智基地”优秀单位	江苏省科学技术协会	2018.12	
无锡空港经济开发区	省级生态工业园区	江苏省生态环境厅	2018.12	
无锡空港经济开发区	江苏省知识产权试点园区	江苏省知识产权局	2018.9	
无锡空港经济开发区经济发展局经济统计科	2018年度江苏省乡镇（街道、园区）统计规范化建设“百佳单位”	江苏省统计局	2018.12	
硕放街道	江苏省生态文明示范乡镇（街道）	江苏省环境保护厅	2018.6	
硕放街道文体服务中心	中国曲艺家协会2018通联工作先进单位	中国曲艺家协会	2018.10	
硕放文化（睦邻）中心	江苏省健康单位	江苏省爱国卫生运动委员会	2018.2	
硕放街道社区居委	2017年度全省和谐社区建设示范社区	江苏省民政厅	2018.1	
南星苑二社区	江苏省健康社区	江苏省爱国卫生运动委员会	2018.1	
南星苑二社区	江苏省创业型社区	江苏省人力资源和社会保障厅办公室	2018.12	
新吴区水利监察大队	2018年度团结管湖先进集体	江苏省渔业管理委员会办公室	2019.1	
旺庄街道	省级创业型街道（乡镇）	江苏省人力资源和社会保障厅	2018.12	
旺庄街道	全省出租房屋安全隐患集中整治先进集体	江苏省社会治安综合治理委员会	2018.6	
无锡市新区旺庄工业发展有限公司	模范职工之家	江苏省总工会	2018.4	
无锡新区旺庄科技创业中心	2017年度国家级科技企业孵化器考核评价良好单位	科技部火炬中心	2018.10	申报时未变更名称
红旗社区	省级创业型社区	江苏省人力资源和社会保障厅	2018.12	
新洲社区	省级创业型社区	江苏省人力资源和社会保障厅	2018.12	

续表

获奖单位	荣誉（全称）	授予单位（全称）	授予时间	备　注
高浪社区	省级创业型社区	江苏省人力资源和社会保障厅	2018.12	
春丰社区	江苏省第十三批省级“民主法治示范社区”	中共江苏省委全面依法治省委员会	2018.11	
春潮园第三社区	2018年江苏省创业型社区	江苏省人力资源和社会保障厅	2018.12	
春潮园第三社区	2018年江苏省健康社区	江苏省爱国卫生运动委员会	2019.1	
尚泽社区	江苏省档案工作三星级单位	江苏省档案局	2018.1	
尚泽社区	江苏省“民主法治示范社区”	中共江苏省委全面依法治省委员会	2018.11	
尚泽社区	江苏省和谐社区建设示范社区	江苏省民政厅办公室	2018.12	
无锡市新吴区旺庄科技发展有限公司	2017年度省级科技企业孵化器考核评价优秀单位	江苏省科学技术厅	2018.6	
旺庄中心幼儿园	第十三届“当代杯”全国幼儿教师职业技能大赛先进单位	《幼儿教育导读》杂志社、当代学前教育研究会、当代学前教育网全国幼儿教师职业技能大赛组委会	2018.12	
春潮分园	获世界华人幼儿创意美术教育成果特等奖	国际幼儿教育协会、中国教育基金会、中国幼儿美术教育网、童画之星世界华人幼儿创意美术大赛组委会	2018.12	
春潮幼儿园	在第二十五届省青少年科技模型竞赛（无锡赛区）“幼儿搭搭乐”项目中获幼儿组团体二等奖	江苏省教育厅、江苏省科学技术协会	2018.12	
新安街道	江苏省生态文明建设示范街道	江苏省生态环境厅	2018.12	
新安街道垃圾分类项目	2018省级社区教育品牌项目	江苏省成人教育协会	2018.9	
新安街道新安花园第一社区	江苏省档案工作三星级单位	江苏省档案局	2018.6	
新安街道新安花园第一社区	2017年度江苏侨务工作示范单位	江苏省人民政府侨务办公室	2018.1	
新安街道新安花园第一社区	省级创业型社区	江苏省人力资源和社会保障厅	2018.12	

续表

获奖单位	荣誉（全称）	授予单位（全称）	授予时间	备　注
新安街道新安花园第二社区	2018 年江苏省健康社区	江苏省爱国卫生运动委员会	2019.1	
新安街道新安花园第三社区	省级创业型社区	江苏省人力资源和社会保障厅	2018.12	
新安街道新安社区	省级创业型社区	江苏省人力资源和社会保障厅	2018.12	
新安街道和风社区	江苏省和谐社区建设示范区	江苏省民政厅	2018.12	
新安街道和风社区	省级创业型社区	江苏省人力资源和社会保障厅	2018.12	
新安感知农贸市场	江苏省市场管理协会会员单位	江苏省市场管理协会	2018.6	

表 13　　2019 版《新吴年鉴》省条线以上先进个人名录

姓名	单　位	荣誉（全称）	授予单位（全称）	授予时间	备　注
吴　军	无锡市新吴区安全生产监察大队	安全生产监管监察先进个人	国家安全生产监督管理总局、国家煤矿安全监察局	2018.1	安监总人事〔2018〕21 号
陈奇新	无锡市新吴区安全生产监察大队	全省安全生产执法工作先进个人	江苏省应急管理厅、江苏煤矿安全监察局	2019.1	苏应急〔2019〕7 号
王海滨	无锡市新吴区安全生产监察大队	全省安全生产执法工作先进个人	江苏省应急管理厅、江苏煤矿安全监察局	2019.1	苏应急〔2019〕7 号
石玉贵	无锡市新吴区安全生产监察大队	2018 年度危险化学品安全生产先进个人	江苏省应急管理厅	2019.1	苏应急〔2019〕13 号
张雯斌	新安街道新安花苑第三社区	江苏省“最美妇联干部”	江苏省妇女联合会	2018.12	
邹　彦	无锡市公安局新吴分局政治处	民警的“贴心人”省厅记个人三等功	江苏省公安厅	2018.12	
杨　阳	无锡市公安局新吴分局交警大队	省厅 2018 年度“春雷行动”成绩突出记个人嘉奖	江苏省公安厅	2018.9	
钱红军	无锡市公安局新吴分局园区派出所	省厅 2018 年度全国“两会”安保维稳工作成绩突出个人	江苏省公安厅	2018.6	
邬晓文	无锡市公安局新吴分局硕放派出所	省厅 2018 年度全国“两会”安保维稳工作成绩突出个人	江苏省公安厅	2018.6	
杨丹丹	无锡市公安局新吴分局长江路派出所	江苏省“三八”红旗手	江苏省妇女联合会	2018.3	

续表

姓名	单　位	荣誉（全称）	授予单位（全称）	授予时间	备　注
蔡晓饴	无锡市新吴区鸿山街道	“青春建功新时代 七彩志愿社区行”志愿服务主题月活动“七彩志愿服务之星”	共青团江苏省委、江苏省志愿者协会	2018.6	
张小龙	无锡市新吴区鸿山街道	基层武装工作先进个人	江苏省军区	2018.2	
万晓红	无锡市新吴区鸿山街道	2018 年人口变动情况抽样调查先进个人	江苏省统计局	2018.12	
邹新宇	无锡市新吴区鸿山街道	第三次全国农业普查省级先进个人	江苏省第三次全国农业普查领导小组办公室、江苏省统计局、国家统计局江苏调查总队	2018.4	
桑　梅	无锡市新吴区江溪街道	全省基层理论宣讲先进个人	中共江苏省委宣传部	2018.1	
顾陆炜	无锡市新吴区江溪街道	全国青少年毒品预防教育“6•27”工程优秀校外辅导员	国家禁毒委员会办公室、中国禁毒基金会	2018.6	
姚海峰	空港经济开发区	2018 年度江苏省知识产权试点示范园区成绩突出个人	江苏省知识产权局	2019.2	
吴建妹	空港经济开发区	第三次全国农业普查省级先进个人	江苏省统计局、国家统计局江苏调查总队	2018.4	
杨鹏程	空港经济开发区	2018 年度江苏省开发区统计工作先进个人	江苏省商务厅	2018.12	
胡敏洁	旺庄街道司法所	全省“法润江苏”系列专项行动先进个人	江苏省司法厅	2018.9	
吴艳恒	旺庄街道长江社区居民	2018 年度全国学雷锋志愿服务“四个 100”先进典型	中央宣传部	2019.2	
严三媛	无锡市好轻松盲人推拿按摩有限公司	江苏“最美巾帼人物”	中共江苏省委宣传部、江苏省妇女联合会	2019.3	
张雯斌	新安街道办事处	江苏省最美基层妇联干部	江苏省妇联办公室	2018.12	
赵冬云	新安街道办事处	基层统计岗位标兵	江苏省统计局	2019.1	

组织机构和负责人名单

1. 新吴区六套班子

无锡高新技术产业开发区党工委

书　记　王进健

副书记　封晓春

　　　　李建秋（2018.6 止）

　　　　洪延炜

　　　　吴胜荣（2018.8 起）

委　员　吴胜荣

　　　　匡　辉

　　　　戴　泉（2018.2 止）

　　　　余银龙（2018.12 起）

　　　　焦夕莲（女）

　　　　刘　霞（女）

　　　　胡　逸（2018.12 起）

　　　　褚　建

中共新吴区委员会

书　记　王进健

副书记　封晓春

　　　　李建秋（2018.6 止）

　　　　洪延炜（2018.7 起）

常　委　洪延炜（2018.7 止）

　　　　吴胜荣

　　　　匡　辉

　　　　戴　泉（2018.2 止）

　　　　余银龙（2018.12 起）

　　　　焦夕莲（女）

　　　　刘　霞（女）

　　　　褚　建

　　　　胡　逸（2018.12 起）

无锡高新技术产业开发区管委会

主　任　封晓春

副主任　洪延炜

　　　　胡　逸

　　　　朱晓红

　　　　李伟敏（女）

　　　　祝君乔

　　　　钱　前

新吴区人民政府

区　长　封晓春

副区长　洪延炜（2018.12 止）

　　　　胡　逸

　　　　朱晓红

　　　　李伟敏（女）

　　　　祝君乔

　　　　钱　前

副区长提名人选　丁旭东（2018.12 起）

新吴区人大常委会

主　任　张明烈

副主任　刘　骁

　　　　何雪清

　　　　黄家传（兼）

　　　　严冬兴

党组成员　杨　牧

政协新吴区委员会

主　席　刘蓓红（女）

副主席　沈雪芳

施庆伟（2018.2 止）
肖伟民（兼）
平　江
金　燕（女，兼）
党组成员　陶锡强

2. 新吴区纪律检查委员会

无锡高新区纪工委
书　记　焦夕莲（女）
中共新吴区纪委
书　记　焦夕莲（女）
副书记　殷　璐（女）
欧　华
常　委　周　辰
朱　鼎
张汝洋
新吴区监察委员会
主　任　焦夕莲（女）
副主任　殷　璐（女）
欧　华
委　员　周　辰
朱　鼎
许富伟
王国柱

3. 新吴区委工作机构及直属单位

区党政办公室
主　任　钱国新
副主任　李桂林
吴建华
王　佳（女）
任　璐（女，兼，2018.12 起）
区级机关工委专职副书记　邵登云
区委组织部
部　长　吴胜荣
副部长　吴俊芬（女）
孙　昊
王志军（兼）
区委老干部局
局　长　王志军
区委宣传部
部　长　刘　霞（女）
副部长　钱　韵（女）
万　江
区委统一战线工作部
部　长　匡　辉
副部长　范忠良
沈　琦（女）
区委政法委员会
书　记　戴　泉（2018.2 止）
余银龙（2018.12 起）
副书记　封　雷
任　璐（女）
区机构编制委员会办公室
主　任　李桂林
区委“610”办公室（挂牌机构）
主　任　杨永康

4. 新吴区人大常委会工作机构

区人大办公室（挂研究室牌子）
副主任　钱　洁（2018.6 起）
区人大人事代表联络工作委员会
主　任　周卫明
区人大内务司法工作委员会
主　任　成　英（女，2018.7 止）
郭雪强（2018.7 起）
区人大财政经济工作委员会
（挂农业农村工作委员会牌子）
主　任　陆　侃
区人大环境资源城乡建设工作委员会
主　任　周群威
区人大教育科学文化卫生工作委员会
副主任　朱中群

5. 新吴区人民政府工作机构及直属单位

区经济发展局
局　长　吴　易
副局长　陈伟良
王黎明
邵　丹（女）

区科学技术和信息化局
局　长　桂　涛
副局长　李敏芸（女）
　　　　刘　燕（女）
　　　　黎鸿飞
区教育文体局
局　长　张　英（女）
副局长　罗生根
　　　　卞惠忠
　　　　邹　萍（女）
区财政局
局　长　丁洪军
副局长　汪雄飞
　　　　吴宏达
　　　　雷老闲
区人力资源和社会保障局
局　长　冼　薇（女）
党组书记　张晓松
副局长　郭会文
　　　　朱　斌（2018.1 止）
　　　　荣福年
　　　　张　轶（2018.1 起）
区住房和建设交通局
局　长　黄海清
副局长　陈伟文
　　　　邵志忠
　　　　黄　嵩
区商务旅游局
局　长　王新华
副局长　王光远
　　　　孟　军
区司法局
局　长　李建平
副局长　毛　卫
　　　　黄　娅（女）
　　　　唐　鹏
区农经水利局
局　长　张顺根（2018.8 止）
党组书记　张顺根（2018.8 起）
副书记　曾益明
副局长　吴治军
　　　　张国芬（女）
　　　　邓　峰
区民政和卫生计划生育局
局　长　杜　斌
副局长　吴　琪
　　　　卢军英（女）
　　　　吴宝龙
区综合行政执法局
局　长　洪　斌（2018.8 起）
副局长　洪　斌（主持工作，2018.8 止）
　　　　朱　康
　　　　张国强
　　　　倪　震
区市场监督管理局
局　长　郑　虎
副局长　许　杰
　　　　包旭东
　　　　周建忠
　　　　孙志立
区行政审批局
局　长　史志琴（女，2018.8 止）
党组书记　张继鸿
副局长　庞建新
　　　　丁　伟
　　　　王晓彦
区安全生产监督管理和环境保护局
局　长　王立新
副局长　庞正方
　　　　顾东方
　　　　焦柯寒
区招商服务局
局　长　华艳红（女）
副局长　陆鸿燕（女）
　　　　蔡佶靓
高新区综合保税区管理局
局　长　孙　磊
副局长　郁　江
　　　　徐勇坚
　　　　邱瑞华

区审计局
局　长　丁少春（2018.8 起）

6. 新吴区政协工作机构

秘书长　曹泉源
区政协办公室
副主任　周学芳（2018.6 起）
区政协提案委员会
副主任　朱宏军（2018.6 起）
区政协经济科技委员会
主　任　袁泳娟（女，2018.12 止）
区政协人口资源和城乡建设委员会
主　任　诸国强
区政协文教卫体委员会
主　任　杜　旎（女）
区政协学习文史和社会法制委员会
（挂港澳台侨和民族宗教委员会牌子）
主　任　曹泉源

7. 新吴区纪委监委工作机构

纪委监委办公室
主　任　刘绪中（2018.2 起）
党风政风监督室
主　任　王夜明（2018.2 止）
　　　　史文群（2018.2 起）
信访室
案件审理室
主　任　庞建国（2018.2 起）
干部监督管理室
主　任　刘晴奇（2018.2 起）
案件监督管理室
主　任　马　骏（2018.2 起）
第一纪检监察室（监委第一派出监察员办公室，2018.12 挂牌）
主　任　鲍　波（2018.2 起）
主　任　鲍　波（2018.12 起）
第二纪检监察室（监委第二派出监察员办公室，2018.12 挂牌）
主　任　徐　胜（2018.7 起）
主　任　徐　胜（2018.12 起）
第三纪检监察室
主　任　钱　旸（2018.2 起）
第四纪检监察室
主　任　张　锋（2018.7 起）
区纪委派驻第一纪检监察组
组　长　朱　鼎（2018.2 止）
副组长　李敏杰（2018.2 起）
区纪委派驻第二纪检监察组
组　长　朱志宏（2018.2 起）
副组长　王　挺（2018.2 止）
　　　　马宇红（2018.2 起）
区纪委派驻第三纪检监察组
组　长　黄锡渭（2018.8 止）
副组长　朱志宏（2018.2 止）
　　　　邱凯凯（2018.2 起）
区纪委派驻第四纪检监察组
副组长　朱臣海
区纪委派驻第五纪检监察组
副组长　鲍　波（2018.2 止）
　　　　王　挺（2018.2 起）
区委巡察工作办公室
主　任　杨　牧（2018.1 止）
副主任　刘绪中（2018.2 止）
　　　　王夜明（2018.2 起）
区委巡察一组
组　长　陶锡强（2018.1 止）
副组长　马宇红（女，2018.2 止）
　　　　窦兴龙（2018.2 起）
区委巡察二组
组　长　陈志高
副组长　殷　翔（2018.2 止）
区委巡察三组
副组长　庞建国（2018.2 止）
　　　　王智明（2018.2 起）
　　　　殷　翔（2018.2 起）

8. 新吴区人民法院

无锡高新区（新吴区）人民法院
院　长　叶志浩
副院长　蒋少文

刘　伟
陈津波

9. 新吴区人民检察院

无锡高新区（新吴区）人民检察院
检察长　苟小军
副检察长　徐子良
　　华　军
　　杨一峰（2018.5 起）

10. 新吴群众团体及工商联

区总工会
主　席　吴胜荣
副主席　夏同军
党组书记　夏同军（2018.8 起）
共青团无锡市新吴区委员会
书　记　缪建平（2018.8 止）
副书记　李晓峰（主持工作，2018.8 起）
区妇女联合会
主　席　袁秋明（女）
区归国华侨联合会
（与区统一战线工作部合署办公）
主　席　赵文斌
副主席　荚厚成
区科学技术协会
主　席　郭中华
区残疾人联合会
理事长　肖伟民
副理事长　陈锡财
区红十字会
会　长　李伟敏（女）
常务副会长　季　茗（女）
区工商业联合会
主　席　黄家传
党组书记　沈　琦（2018.8 起）（兼）
副主席　肖　品

11. 街道（园区）党工委、人大工委、办事处、纪工委

（1）中共江苏无锡空港经济开发区工作委员会
书　记　曹建兴
副书记　朱冬青
　　邹　峰（2018.8 起）
委　员　金晓忠
　　殷晓军
　　陆　斌
　　陆有恒（2018.8 起）
无锡空港经济开发区管理委员会
主　任　曹建兴
副主任　朱冬青
　　金晓忠
　　殷晓军
　　陆　斌
　　陆有恒（2018.8 起）
无锡市新吴区硕放街道
党工委
书　记　曹建兴
副书记　朱冬青
　　邹　峰（2018.8 起）
委　员　金晓忠
　　殷晓军
　　陆　斌
　　周书林（2018.7 止）
　　陆有恒（2018.8 起）
纪工委
副书记　张　锋
人大工委
主　任　陈　琼
办事处
主　任　朱冬青
副主任　金晓忠
　　殷晓军
　　陆　斌
　　陆有恒（2018.8 起）
（2）无锡市新吴区旺庄街道
党工委
书　记　严冬兴（2018.7 止）
　　陆　军（2018.7 起）
副书记　陆　军（2018.7 止）
　　庄　晖（2018.6 止）

黄锡渭（2018.8 起）
陆　云（女，2018.2 起）
委　员　钱敏锋（女）
许　瀛
束国军（2018.2 起）
周晓斌（2018.2 起）
浦咏贤（女）
宣传统战委员　朱　威（2018.1 起）
纪工委
书　记　周　芳（女，2018.6 起）
人大工委
主　任　何兴南
办事处
主　任　陆　军（2018.7 止）
黄锡渭（2018.8 起）
副主任　庄　晖（2018.6 止）
钱敏锋（女）
许　瀛
束国军（2018.2 起）
周晓斌（2018.2 起）

（3）无锡市新吴区江溪街道

党工委
书　记　郭雪强（2018.7 止）
陈卫红（2018.7 起）
副书记　陈卫红（2018.7 止）
吴立新（2018.8 起）
徐福伟（2018.8 起）
王　松
邹　峰（2018.8 止）
委　员　鲍燕敏（女）
钱振宇
朱跃新（2018.2 起）
周　栋（2018.6 起）
薛智娟（女）
朱　杰
郭　健
徐之武（2018.8 起）
组织委员　李　彬（女，2018.1 起）
纪工委
书　记　蔡唯一（女）
人大工委
主　任　杨小栋（2018.7 起）
副主任　杨小栋（2018.7 止）
办事处
主　任　陈卫红（2018.7 止）
吴立新（2018.8 起）
副主任　鲍燕敏（女）
钱振宇
朱跃新（2018.2 起）
周　栋（2018.6 起）

（4）无锡市新吴区梅村街道

党工委
书　记　章晓明
副书记　吴　炜
张业生
袁乃佳（女）
委　员　贾敏东（2018.12 止）
阮　杰
马伟华（2018.7 起）
曹石韵（女）
浦立军
赵　俊（2018.6 起）
王　岳（2018.12 起）
组织委员　韩　理
胡　健（2018.2 起）
纪工委
书　记　陈加佐
人大工委
主　任　俞小菲（女）
办事处
主　任　吴　炜
副主任　贾敏东（2018.12 止）
阮　杰
马伟华（2018.7 起）
曹石韵（女，2018.7 起）
浦立军（2018.7 起）
赵　俊（2018.6 起）
王　岳（2018.12 起）

（5）无锡市新吴区鸿山街道

党工委

书　记　张文荣
副书记　宋志明
　　　　李　铭（2018.7 止）
　　　　方　军（2018.6 起）
委　员　贾敏东（2018.12 起）
　　　　惠　明
　　　　黄锡渭（2018.8 止）
　　　　朱春华（2018.6 起）
　　　　陈国伟（2018.6 起）
　　　　潘　明（2018.6 起）
　　　　费　贤（2018.7 起）
　　　　方　军（2018.6 起）
组织委员　张　艳（2018.12 起）
宣传委员　吴喜明
纪工委
书　记　邹小英（2018.7 起）
人大工委
主　任　李　铭（2018.7 起）
办事处
主　任　宋志明
副主任　贾敏东（2018.12 起）
　　　　惠　明
　　　　方　军（2018.6 起）
　　　　朱春华（2018.6 起）
　　　　陈国伟（2018.6 起）
　　　　潘　明（2018.6 起）
　　　　费　贤（2018.7 起）
(6) 无锡市新吴区新安街道
党工委
书　记　尤　伟
副书记　吴立新（2018.8 止）
　　　　徐福伟（2018.8 止）
　　　　缪建平（2018.8 起）
委　员　陆有恒（2018.8 止）
　　　　肖雅平（女）
　　　　鲍宇红（女，2018.2 起）
　　　　郘学爱（2018.6 起）
　　　　陆　炎（2018.6 起）
　　　　谢　彬
　　　　蔡国新（2018.8 起）
纪工委
书　记　邹文伟
宣传委员　钱月霜
政法委员　陈光银（2018.7 起）
人大工委
主　任　华立明
办事处
主　任　吴立新（2018.8 止）
　　　　缪建平（2018.8 起）
副主任　陆有恒（2018.8 止）
　　　　肖雅平（女）
　　　　鲍宇红（2018.2 起）
　　　　郘学爱（2018.6 起）
　　　　陆　炎（2018.6 起）

12. 新吴区直属单位

无锡高新区科技创新促进中心
主　任　王　红（女，2018.6 止）
副主任　阙尧尧（主持日常工作，2018.6 起）
　　　　王　澄
　　　　王建青（2018.7 起）
无锡高新区招商发展中心
主　任　金　燕（女）
副主任　孙　妍（女）
　　　　玄英子（女）
中共无锡市新吴区委员会党校
副校长　汪　英
新吴区土地储备中心
主　任　王里成
副主任　贺　音
　　　　谢　艳（2018.7 起）

软件园风光

重大课题调研报告

高质量发展时代背景下高质量项目招引建设的路径探析

——以无锡高新区高质量项目招引建设的实践为例

邢鹏云

建立国家高新技术产业开发区（以下简称“国家高新区”），是党中央、国务院为发展我国高新技术产业、调整产业结构、推动传统产业改造、增强国际竞争力作出的重大战略部署。无锡高新区（新吴区）成立于1992年，是国务院批准的首批国家级高新区。1995年，根据省政府批示精神，在无锡高新技术产业开发区、无锡新加坡工业园的基础上成立无锡新区。2015年经区划调整撤销无锡新区成立无锡新吴区，采用行政区与开发区“一套班子、两块牌子”的运作模式，辖区面积220平方公里。30多年来，无锡高新区取得了不凡的成绩，地区生产总值从1992年的2.7亿元，增长到2017年的1618亿元，一般财政预算收入占GDP比重从1992年的1.5%到2017年的10.9%，一般预算收入由1992年的0.04亿元到2017年的176.08亿元。30年大开发大建设历程，靠元素投入驱动的高速增长阶段基本结束，亩均产出由2000年的186万元到2011年的405万元仅十年时间，而2011年到2017年亩均产出仅增长了50万元。亩均投入2000年为92万元，2011年达到400万元，2017年则达到了445万元，这也说明要素投入带来的高增长难以为继，必须要实现内涵式高质量发展。

一、高质量项目的现实需求

高质量发展是我们贯彻落实习近平新时代中国特色主义思想和十九大精神，贯彻新时代发展要求、全面建成小康社会、实现两个“一百年”目标和中华民族伟大复兴的必然选择。新时代背景下，只有推进高质量发展，才可能实现可持续发展，才能赢得新的竞争力，才能再创一个发展黄金期。

高质量发展不是空喊出来的，关键要看高质量的项目。只有高质量项目才能实质推进高质量发展，这是由经济高质量发展的性质和内涵决定的。一是经济高质量发展的主要目标是战略性新兴产业。对于高新区来说，高质量发展主要是要从以传统产业为主导的经济转向以战略新兴产业为主导的经济，这是高新区的发展定位和产业定位内在要求，也是高新区区别于其他地区经济和产业的显著特征。致力于高质量发展首先是新兴产业的大发展，从当今世界产业革命趋势和先进地区竞争的重点看，主要是信息产业、新能源、新材料、新医药、生物医药、节能环保、电动汽车等为代表的一批前景无限广阔的新兴产业。无锡高新区把产业发展重点牢牢锁定在以物联网为龙头的新一代信息技术产业、新能源及新能源汽车、生命科技等新兴产业领域。由此可见，传统产业领域一般化项目不是无锡高新区的目标和追求，任何一流科技园区都以新兴产业为追求并付诸实际行动。上海张江集聚了各类生物医药企业、科研院所及配套服务机构400多个，汇聚集成超过70个技术平台，生物技术和医药产业领域创新企业超过600家，在研创新药物品种超过200个，成为了中国的“药谷”；北京中关村培育了314家上市企业，总市值已接近5万亿，其中大部分与移动互联网紧密相连，成为了中国移动互联网中心。无锡高新区就是要汇聚新兴产业领域的高质量项目，打造新兴产业发展的高地。二是经济高质量发展的重要任务是向微笑曲线高端延伸。经过20年多的开发建设，无锡高新区已经具备了科技创新和产业升级的坚实基础。装备制造业已经发展为千亿级规模的主导产业，新能源和大规模集成电路产业全国领先。在物联网产业领域，无锡高新区是国内开发区的先行者。同时，无锡高新区是全国开发区中的开放型经济高地之一，已建有80余家世界500强跨国公司投资项目120余个。在这样的基础上，无论是打造全产业链，还是推进创新型产业集群，以及占据产业链微笑曲线高端，都已经具备了相当的基础，在特定领域甚至享有独特竞争优势。推进项目的方向之一就在这里，这也是无锡高新区转型发展的现实路径。要在以往基础上挖掘、培育、集聚一大批属于微笑曲线高端环节的高质量项目，停留于加工制造不能实现转型发展。三是经济高质量发展的目的之一是构筑新的区域竞争优势。我国改革开放经历了40年，跨国公司对我国的投资布局开始调整，根本原因是先发的东南沿海地区和后发的中西部地区的比较优势已经变化。就传统产业领域的一般化项目，甚至是信息产业领域的重大制造项目而言，东南沿海地区已经丧失早期比较优势。以芯片制造为例，中西部地区已经成为跨国公司芯片制造投资布局重点，韩国三星电子投资70亿美元的存储芯片项目布局在西安高新区就是一个例证。新的优势从哪里来？希望在于高质量发展，关键在于高质量项目，摆脱低成本竞争的路径依赖，在更高的发展平台上再次先人一步。除此之外，别无选择。

二、高质量项目的显著特征

高质量项目主要是指高新技术产业项目和科技创新项目。以全球统一标准、先进地区标杆来界定，把全球产业趋势、国家战略要求和自身资源禀赋结合起来，形成了对高质量产业的基本界定，它至少包括以下四个效应特征。一是显著的集群带动效应。对于无锡高新区这样产业层次比较高的开发区来说，衡量高质量项目，不仅包括投资体量指标、税收贡献指标、就业效应指标，我们还要看项目能够带来多大的集群效应。高质量项目必须能够推动区域创新型产业集群的加速形成，或者有助于奠定区域主导产业地位，或者有助于占领产业链关键节点，或者有助于带动各种高端生产要素和创新资源的集聚。所以，要重点抓重大单体投资项目、技术领先的标志项目、成长性强的科技项目、弥补产业链空白的关键节点项目。2018年，总投资约100亿美元的华虹集团集成电路研发和制造基地项目落户无锡高新区，结合之前SK海力士半导体前期105亿美元的投入以及近期投资86亿美元建设的二工厂，集成电路产业形成了良好的集群效应，无锡高新区成为全国集成电路高端生产线最密集的地区之一，也将进一步奠定无锡高新区在全国集成电路领域的领先地位，也必将为我国集成电路产业实现高质量发展作出突出贡献。二是显著的产业规模效应。符合高质量发展要求的产业规模，不仅仅是指规模增大带来的经济效益提高，更要体现产业发展的层次，不能是产业链低端产品的规模效应，必须是全球技术领先、面向全球市场的产业规模效应。比如，博世柴油燃油喷射系统技术位居全国第一、世界领先水平；海力士12英寸晶圆生产线技术升级至1y纳米级，全球顶级；尚德太阳能冥王星系列产品的光电转化率达到21%，转化效率行业领先。三是显著的创新示范效应。对于科技创新和人才创业，要尊重规律，判断它的质量主要看创新示范效应，包括产业化前景、技术创新水平以及科技创新的旗帜作用，看它能否对我们的科技创新、人才创业起到示范乃至探索的作用。落户无锡高新区的中国科学院物联网研究发展中心，紧紧围绕打造中国物联网技术集成创新中心、行业应用示范中心、产业培育中心的目标任务，广泛整合研发和产业化资源，已经成为全国最具规模的物联网专业研发机构之一，已转移转化科研项目近70项，投资、孵化42家物联网科技企业，相关企业销售达到60多亿元。无锡高新区的企业更是创造了许多物联网的奇妙应用。小天鹅的物联网洗衣机能自动感应衣物重量、水量及环境温度，计算出合适的洗涤方案，自动添加洗涤剂和柔顺剂。品冠物联科技有限公司为海澜集团实施的“RFID流水化读取系统”，实现了成箱服装商品信息的批量扫描、实时上传、比对与分类处置，原先需要6个员工操作的一条流水线，现在只用1个人就能完成一天3000箱的收货量。曼荼罗软件股份有公司自主研发的便携式诊疗仪器，不仅能为病人当场测量，而且数据结果马上能传送到他的电子医疗档案，真正实现了“医院医生进社区、社区医生进家庭”。坚定支持科技创新领域具有重大示范效应的科技企业做大做强，使得它们成为无锡高新区提升创新增效能力的典型。四是显著的资源集约效应。无锡高新区土地开发强度已经接近70%，区域环境容量也接近极限，在此背景下，资源集约水平是判断项目质量的基本前提。不仅要看项目产出规模，还要看单位面积产出强度；不仅要看产品技术水平，还要看企业环保水平。招引的高质量产业项目必须是经济效应、生态效应和创新效应的综合体。实行“企业亩产效益综合评价”，强化“以亩均论英雄”的发展导向，在全区工业企业和规模以上服务业企业，以及经济开发区、街道工业集中区试行“亩产效益”综合评价，同时，按照“利用效率高、要素供给多”的原则，探索配套用地、用电、用水、用气、排污等资源要素差别化激励约束政策，倒逼园区、企业提升资源要素利用效率。

三、高质量项目的重大举措

抢抓高质量项目主要是与先进地区的竞争和比拼，必须要有创新的举措和务实的行动。

一是率先探索发展创新型产业集群。以创新型产业集群为目标和标准，抓高质量项目，我们重点发展以物联网为龙头的新一代信息技术产业、新能源及新能源汽车、生命科技。无锡高新区是全国第一个把物联网技术及应用作为战略性新兴产业的开发区，物联网已经上升为首批国家级创新型产业集群，全区物联网科技型企业和相关配套企业达到1000余家，物联网产业年产值达到1350亿元，同比增长17.4%，物联网创新示范先进制造业基地被认定为“十三五”首批省级先进制造业基地，智能传感系统产业集群被认定为全国首批、全省唯一的创新型产业集群，成为全网知名的“感知中国中心”。新能源产业发展起步较早，有着非常良好的产业发展基础，光伏产业一直走在江苏省乃至全国的前列，形成了较完整的产业链；打造新能源电池产业集群，区内已聚集松下能源、村田新能源、杰士汤浅、三星SDI等一批日韩知名动力电池制造商，新引进了年产值均将超200亿元的联动天翼新能源电池及动力系统项目和LG汽车动力电池正极材料项目，形成了正极材料、动力电池芯、电池组件组成的较为完整的产业链布局。生命科技产业主要以生命传感器、创新生物医药制剂、医疗器械(含诊断试剂)、生物治疗与健康服务产业为主导，形成了以阿斯利康、纽迪希亚、百时美施贵宝制药、安利等“跨国巨子”以及和邦生物、杰西医药、大周生物等“内资明星”为主体的生物医药产业集群。

二是把系统推进科技企业上市放在优先位置。科技创新领域，推进高质量项目的关键举措就是推进科技企业上市。多年来，无锡高新区积极引导科技含量高、增长潜力大、在细分市场领先的企业谋划好适合自身的上市目标与上市路径，开展好推进企业股改、挂牌、上市等各项工作的谋划，在资本市场不断演绎“高新区板块”的神话。2017年5月份位于无锡高新区的智能自控、隆盛科技、朗新科技三家企业连续通过发审会审核，并于年内成功上市，掀起了企业IPO的热潮，目前主板上市企业15家，新三板挂牌企业73家，位列全国高新区第一梯队。形成这样的良好局面，主要得益于无锡高新区提前布局，积极谋划、厚积薄发，逐渐形成“改制一批、储备一批、辅导一批、上市一批”的梯次格局，积极发展利用多层次资本市场，同时创新工作举措，比如，完善服务支撑，构建企业上市服务联动机制，明确相关职能部门职责，围绕上市过程中历史沿革、合规证明、要素保证等共性问题，打造绿色通道，提升服务效率，为企业上市保驾护航；建立董秘联盟，着力打造信息对接交流平台，成为拟上市公司的培训课堂、发挥上市公司属地发展的纽带，有效调度政府、上市公司、拟上市公司以及金融机构各方资源，打造区域发展新引擎；出台《关于更大力度推动企业上市挂牌的实施意见》对境内实现IPO成功上市的企业奖励资金由300万提升到500万，新三板挂牌奖励资金从150万提升到200万。

三是大力发展跨国公司区域性总部经济和独立研发中心。开放型经济是无锡高新区重要的基础和优势。发展高质量项目不是撇开开放型经济另起炉灶，而是要实施开放创新。在开放型经济领域挖掘高质量项目，采取的主要手段有引进跨国公司区域性总部，建立跨国公司独立研发集群以及企业技术改造。着力引进总部项目，把深挖园区重点制造企业的潜力作为推动招商工作创新的重要抓手，通过加大和细化对企业的服务，积极引导园区企业朝“销售总部化”方向发展，全力推动区内具备条件的重点制造企业通过实施企业销售总部化来实现“增盈利、增营销”的双增目标，2017 年高新区引进了 LG Hausys 中国区销售总部项目、养乐多华东区销售总部项目、欧司朗 LED 产品应用研发中心等项目，促成跨国公司实施总部化改造近 40 家，以“存量”“撬动”“增量”，提升产出能力和产品技术水平，强化技术研发能力，向产业链、价值链、创新链的中高端延伸。建立跨国公司研发集群。近年来，美国卡特彼勒公司在无锡新区建立了仅次于其美国本土的、亚太地区最大的研发中心；博世公司在新区的研发中心已集聚研发人员近 500 名，成为集团在亚太区最大的研发中心；GE 医疗在无锡高新区设立研发中心，到境外生产，已成为整个美国通用集团反向创新的典范。目前，高新区已经集聚各类企业研发中心超过 300 家，正朝着规模以上企业研发机构全覆盖目标推进。推动跨国公司实施技术改造。实践证明，高质量项目带来的高端技术才有高端市场。围绕装备制造、IT 等主导产业，我们积极推动一大批骨干企业实施了技术升级、产品线换代，SK 海力士启动总投资 36 亿美元技术升级（SK 海力士六期）项目，普利司通、普洛非斯、江森自控、约克空调等国际龙头在区企业也纷纷开展技改。通过鼓励存量企业增加科技创新、技术升级投入，着力把区内原有项目提档升级，实现整个产业集群的提质增效。

四是大力创新具有时代特征的招商引资新模式。招引高质量项目是推进经济推进经济高质量发展的重要手段之一，如何创新招商引资模式，在日趋激烈的招商引资中脱颖而出，就成为了各地普遍的关注点和着力点。无锡高新区进行了一些有益探索。创新实施“百渠工程”。无锡高新区以专业招商部门为核心，大力实施推动了招商引资的“百渠工程”，与近百家国内外知名投资咨询机构、律师及会计师事务所、行业协会、银行以为代表的中介机构建立起了广泛和牢固的战略合作关系，不但使这些国内外知名投资中介机构对无锡高新区的发展现状特点有了更清晰直观的了解，而且也使相关机构在推荐项目信息时更能结合高新区的实际和针对性，一批品牌知名度高、投资体量大、社会效益好的优质项目信息纷至沓来。创新实施“云海计划”。立足互联网思维，通过新媒体、新渠道，构建精准、高效的全球招商推介服务平台——“云海计划”招商平台，对无锡高新区的投资环境和投资优势进行深度播报剖析，对重点产业、园区和项目展开专题化介绍和推广，同时定期开展专题策划，根据不同的目标受众、不同的终端设备，进行定制化精准推广，力争实现推广效果最大化，积极营造招商引资的网络知名度和美誉度。创新实施“金巢工程”。着眼于集聚区内资源，实施了“金巢工程”，积极招引国际一流的工业地产开发商入驻，发挥工业地产开发商资金成本低廉、客户资源丰富、建设进度高效等优势，加快优质招商载体建设，持续推动先进制造业发展；加快建设生产性服务业载体。加快引进服务外包、研发设计、金融保险、第三方仓储物流、商贸服务等高档生产性服务业项目，促进产业服务化和高附加值化。积极建设科技创业企业产业化载体，集中新建一批集研发、办公、测试、精细组装加工多种功能于一体的载体，迎合科技孵化项目快速产业化实际需求，实现科技项目从孵化到产业化的无缝对接。

（作者单位：无锡高新区（新吴区）发展研究中心，本文为 2018 年国家高新区发展战略研讨会暨国家高新区（合肥）创新高层论坛交流论文）

新发展理念与无锡国家高新区的成长

——略忆无锡高新区设立与发展中几件有重大意义的事

黄胜平

党的十九大报告根据我国生产力发展水平、人民生活需要层次和影响满足人民生活需要的主要因素，对我国社会主要矛盾作出了新判断，指出我国社会主要矛盾已经转化为“人民日益增长的生活需要和不平衡不充分的发展之间的矛盾”，这是党的十九大报告的重大理论创新。社会主要矛盾的变化是关系全局的历史性变化，对党和国家的发展战略、发展理念提出了许多新要求。坚持“创新、协调、绿色、开放、共享”的新发展理念是新时代坚持和发展中国特色社会主义的基本方略之一。坚持新发展理念，实现更高质量，更有效率，更加公平，更加可持续地发展，有利于解决发展不平衡、不充分问题，满足人民日益增长的美好生活需要，是解决我国社会主要矛盾的必由之路。

国家高新区的崛起与发展是我国改革开放中的新生事物。无锡高新区的设立与发展是无锡市改革开放中的重大事件。2004 年 4 月我从无锡市级机关赴任无锡高新区（新区）党工委副书记、纪律检查委员会书记。回顾我在高新区 14 年的工作生活的经历，其中我对曾经亲身经历的几件有重大意义的事至今记忆犹新，它对我们今天理解和贯彻党的十九大提出的新发展理念颇有启发。

一、邓小平南巡讲话使无锡高新区应运而生

我在市里工作时，早就对无锡高新区的情况有所了解，它是在 1992 年邓小平同志南巡讲话公开发表后，策应上海浦东开放开发建设而设立的国家级开发区，我更对无锡高新区人敢于创新、敢于拼搏、敢于创一流的精神感到敬佩。这次被市委派往高新区工作，亲身投身到如火如荼的开发建设第一线，心里感到无比兴奋。

刚到高新区，我认认真真地翻阅了一下新区的年轻历史，确实不平凡。无锡高新区是 1992 年在原无锡郊区旺庄乡一片普通的江南水稻田里择地而建，先设立锡南片经济开发区，而后从无锡县的硕放镇、坊前镇、新安街道、梅村五镇划入 19 个村，连同无锡高新区、无锡新加坡工业园区，于 1995 年建成完整的无锡新区，并成立新区党工委和管委会，分别作为无锡市委和无锡市人民政府在新区的派出机构。那是一个令新区人和新区后来人都难忘的日子，1992 年 6 月 30 日，无锡市委、市政府在开发区现场召开加快建设动员大会。当时没有像样的会议室，会堂设在一个普通厂房车间里，非常简陋，然而与会者们精神饱满、斗志昂扬。市主要领导作了动员，提出举全市之力，把开发区建成全市改革开放试验区、高新技术密集区和国民经济增长区，当场宣布加快开发区建设的 5 项硬措施，并就开发区建设中急需完成的 9 项任务向有关部门、地区下达任务后，明确目标、要求、时间，由行政监察部门进行督查。就此，从市里各部门抽调来的各路精兵强迅速汇集这片热土，开发区建设的整体战打响了。

当时，虽然无锡属于经济相对较发达的城市，但由于国家未实行分税制，我市财政收入中地方留成不到 10%，又没有土地类的收入，旺庄又是落后乡，因此基本拿不出前期开发资金，通过各方筹措，启动资金仅有 2000 万元。当年的创业者们就是在十分艰苦的环境中，以顽强的毅力去克服困难，以改革的精神去创造机会，工作中更是夜以继日，生活上一切从简。回忆这些往事，当时真可谓是同心协力，艰苦奋斗，无锡新区人的创业精神、拼搏精神、创新精神和奉献精神是多么的可贵。正是在这种开发区精神鼓舞下，新区人牢牢掌握“发展”这个“硬道理”，坚持“不争论、大胆试、大胆闯”，创造了无锡多少个第一次突破，如第一次实施1500亩土地的成片批租，大大方便了外商投资项目的入区；第一次赋予管委会在开发区（高新区、新区）内享受市级管理权限，实行一个窗口对外，大大简化审批程序，工作效率大大提高；第一次实施中外合资合作开发园区（无锡新加坡工业园），吸收了国际上的成功经验；第一次成立行政管理服务中心，提供“一站式”管理和“一条龙”服务；第一次制订出台了具有很强吸引力的开发区优惠政策，大大加快外资项目进区步伐；第一次鼓励国有大中型企业利用外资嫁接、合资合作在开发区落户，第一次引进并批准外商独资企业佳帕纳公司等等。后来经过区划调整，赋予新区更大空间和更强活力，从此，新区展翅腾飞，各项指标大都进入全国众多开发区前十强，并先后获得国家生态公园示范区、国家知识产权试点园区、国家海外高层次人才创新产业基地、国家高新区开发建设20周年先进集体等20多块国家级品牌。

重温新区人顽强拼搏、勇创辉煌的篇章，我受到了极大的震撼，同时意识到，作为一个国家级开发区的领导干部一定要传承新区精神，在开发区大业中有所作为。

二、18平方公里的吴越文化功能区起步建设

刚到新区，我白天跑基层，晚上听情况，马不停蹄调查研究。当时胡锦涛同志代表党中央已经提出并要求贯彻“全面协调可持续发展”的科学发展观，按照科学发展观来审视新区的发展战略，结合新区拥有的全国极为罕见的吴越文化资源，我脑子里萌生出一个理念，新区不仅应该搞经济开发，还应该搞文化开发；新区是经济高地，还应该是文化大区。我把我的想法向党工委书记吴建选作了汇报，吴书记说，你这个想法很好，并请我在党工委上专题发言。我从开发区优惠政策逐步减少，需要通过开发文化优势求得持续发展，国内外竞争的加剧，需要通过建立具有文化优势的迎接挑战，而无锡新区具有独特的文化资源禀赋等多个方面，论证在新形势下新区必须坚持经济开发和文化开发同时进行的战略思路，得到了党工委全体同志的赞同，进而从上到下成为新区全体人的共识。不久，江苏省委《江苏通讯》（2005年第11期）以《既要重视经济开发，又要重视文化开发》为题目，全文刊发了我的那篇发言稿。思路决定出路。在市委的重视与领导下，新区党工委决定成立新区吴越文化保护开发建设领导小组，由我担任组长，由分管文化、建设和财政的三位管委会副主任任副组长，从而揭开了新区文化大开发、大建设的序幕。

为了使高新区文化建设全面布局，突出重点，有序展开，扎实进行，我通过进一步调研，提出了《无锡高新区历史文化资源保护和开发的战略构想及其若干建议》（《江南传统文化的挖掘与创新》，人民出版社，2015年2月），成了当时党工委管委会决策的重要依据。从全区而言，我主持起草了《无锡新区“十二五”文化建设规划》《无锡新区“十二五”吴越文化保护建设规划》。根据规划，我委托管委会有关部门通过《中国建设报》《中国建设网》向全球招标，完成了无锡新区全域文化旅游整体规划，包括“三泰一堂一址”即泰伯庙、泰伯墓、伯渎河、昭嗣堂和鸿山遗址等重点历史文化遗存。在操作层面，我一方面指导组建新区吴文化旅游发展公司，具体负责新区文化旅游产业，招商引资、项目规划、业务管理等事项，一方面成立新区吴越文化保护开发研究委员会和新区文物管理委员会，为配合文化开发建设开展学术研究和咨询认证，并编辑出版《吴文化》杂志、《梅里藏珍》、《吴越春秋》、《中国吴文化的起源及其发展》等书刊出版物。

在鸿山地区，我们采用文化功能分区开发体制，设立了吴越文化功能区，成立吴越文化规划保护开发建设办公室（简称吴越办），抽调精兵强将，协调该功能区的规划建设与开发保护工作，主要是鸿山遗址、鸿山新市政、鸿山都市农业生态园的规划建设（总面积18平方公里），而后又规划建成了鸿山湿地公园、中华赏石园和富有江南水乡特色的五星级酒店丽笙酒店等一批重大项目。这批项目的相继开发建设，既统筹发展了以文化旅游产业为重点的现代服务业，又有效地进行了生态保护和历史环境修复。处在鸿山吴文化广场一侧的梁鸿湿地公园，以自然生态湿地为核心，融吴文化元素和春秋战国历史风貌及江南田园风光为一体，生动展示了本土农耕文化、民居文化、桥文化和水文化。

回想那几年，我们借助新区的文化开发使经济开发如虎添翼，并且相得益彰；我们以开发区的速度和力度建文化项目，全区文化旅游事业进入快车道；我们通过持续不断的文化开发建设，使区域内的文化资源变成文化资产，文化资产又变成文化财产，进而凸显了开发区独特的发展优势。同时改变了过去人们对开发区“产业是巨人，文化是矮子”、“开发区是文化沙漠”的老印象。

三、无锡高新区叫响“中国创造”

一天中午，我在管委会公共食堂就餐。座间，听管委会副主任蒋群、刘晓和一些同志在说话，而且议论纷纷，有的同志情绪有几分激动。

我近前一打听，原来是这么一回事——

近期中央电视台在黄金时段连续报道江苏省省级以上开发区抓好招商引资，又注重自主创新的事迹，他们看到央视画面上播放了大量无锡高新区的实景，其中，有无锡新加坡工业园区的厂房、机器和设备及人员，有无锡高新区引进了跨国公司的品牌照片和产品特写镜头等，然而央视画面上的文字说明和播音员的解说词都说成是苏州的。央视报道所用的案例和素材是无锡高新区的，但文字说明宣传的是兄弟城市开发区，类似这样的情况已发生过多次。两位主任和有关同志一边在说话，一边在评说此事。有的说：“这样粗心大意，张冠李戴，作为中央媒体太不应该了，”有的说：“这可能是个别记者故意的吧，人家对记者招待好，而我们一定没有招待好，所以给我们颜色看看的，”还有的对我说：“黄书记，您让宣传部去个公函，要求央视给予更正和道歉。”听了这些话，我想了想，说：“如果是纸质媒体，黑字白字登错了，酿成不良后果，要求他们更正和致歉，是应该的，但电视镜头上的东西，一时拿不到依据，恐怕难办，是否另写一篇系统地总结我们搞自主创新发展制造业的经验，在中央高端媒体上宣传，这样效果好。”大家听了我的话，很赞同，认为这是个好主意。于是，我花了两个多月的时间，对高新区的产业结构、招商引资、自主创新等开展了一系列的调研，并写出了长篇调查报告初稿《从中国制造走向中国创造——无锡高新区的实践及启示》，我请区里的秀才、时任党政办副主任郭会文同志帮助修改。最后中央《求是》杂志2006年第7期全文刊登，全国数十家中央和地方专业媒体都进行了转载发表，在全国颇有影响。火炬中心一位负责人对我说：“你们这篇文章以无锡高新区的实践为例叫响了中国创造，这在全国是挺早的，也很有说服力，不仅宣传了无锡高新区，也为全国开发区贯彻自主创新的国家战略作了很好的导向与引领，谢谢你们。”

四、首届中国（无锡）吴文化节非同凡响

大凡无锡人都知道，从2006年开始的一年一度的中国（无锡）吴文化节，层次高、规模大、内容新、影响大，极大地提高了无锡的知名度和美誉度，同样处于吴文化重要区域的江南名城苏州、常州、镇江、丹阳等都不能望其项背。吴文化节之所以非同凡响，除了市领导决策正确、各方配合得好外，一个重要原因是高新区作为承办方为此做出了巨大努力而不足为外人道。文化节名义上由市政府主办，但开幕式、泰伯祭祀典礼、海内外嘉宾的组织与接待等重头戏，都是由新区人唱的，高新区出人出钱出物又出力。吴文化期间，我作为党工委的分管领导，市里要我担任吴文化节副总指挥，面对领导委托，我不辱使命，全力以赴。

办吴文化节，舞台在哪里？舞台定在鸿山泰伯文化广场，但广场附近的至德路，路面窄、路况差、沿线情况复杂，居民在道路两侧临时搭建小摊，收旧市场等，严重影响车辆通行。为此我多次召开协调会，对道路拓宽、沿线环境整治工作作出具体部署，明确了建设标准，并多次带领区镇有关职能部门到施工现场检查进展情况。一天，我从外地出差回来，冒着蒙蒙细雨赶到至德路工地检查。现场负责建设的开发公司廖文华副总经理，对我手说："工程已经搞了大半，但钱还不知在哪里，施工队伍有意见，工程快不起来。"我说："大局为重，政府工程不会欠你钱的，请务必做好民工工作，保证吴文化节开幕前道路畅通！"通过施工队的日夜加班，最后终于提前在3月15日完工。1000万元工程款随后我也督促拨款到位。

俗话说："办酒容易请客难。"既然是吴文化节，市领导要求我们突出海外及港、澳、台宗亲的邀请。吴氏宗亲遍布全世界，特别是在东南亚各国及地区比较密集，邀请难点主要是时间上有矛盾并且语言不通。对此，我们研究对策，落实责任人，克服语言上沟通困难，增加联络频率，突出原国民党中央副主席吴伯雄等有影响人物的邀请，但难度很大。我除了派专人参加市里组织的赴港邀请工作外，还兵分五路，从中国香港、中国澳门、中国台湾、上海和重庆五处进行邀请。一次，我获悉台湾吴氏宗亲吴天佑曾长期担任吴伯雄秘书和宣传部长，他们之间又是至友，彼此可以直接通话，而且近日他从美国到上海。掌握这个情况后，我带着新区吴文化节办公室主任、社事局局长夏心明等，连夜驱车赴沪，那天晚上夜已很深，我们在吴天佑的私人别墅门口，静静地等候，直到凌晨之后才等到他。当我们拿着市政府的邀请函向他说明来意时，他说："请放心，我一定尽最大的努力，请伯雄宗亲参加吴文化节开幕式。"通过不懈的争取工作，终于在吴文化节开幕前几天落实了吴伯雄的邀请，同时还邀请到吴雄、吴天赐两位重量级的人物，市领导颇为满意。

办节日安全是大事。一天我在检查在鸿山泰伯文化广场上搭起的开幕式舞台，发现有些摇晃，仔细一查，隐患不少，特别是当时有风雨预报，我心里很着急，赶紧召集有关职能部门现场开会，现场督办，明确安监局韩上浩局长为第一负责人，连夜组织力量突击整改。记得那一晚，不少新区同志在工地简易帐篷里和衣而睡，直到9日凌晨才改好，那时离开4月10日上午幕式开始仅有几个小时了！

这次由新区承办的首届中国（无锡）吴文化节是吴文化精髓最集中的一次展示，是无锡人民对吴文化发祥地的一次溯本求源。也是第一次由政府主持的对开创江南文明始祖泰伯进行公祭，海内外反响十分强烈，可以说是好评如潮。整个活动所取得的效果是始料不及的。

五、鸿山大遗址进入全国十大考古遗址公园序列

2011年的一天，鸿山遗址博物馆馆长胡晓明来我办公室向我报喜："鸿山遗址公园被评选为'全国首批十大国家考古遗址公园'！"看着这位"不在博物馆，就在去博物馆的路上"的年经馆长，我想到了他和范忠良、郭会文等一批不知疲倦的年轻人为吴越文化功能区建设辛勤工作的日日夜夜，也想到了我曾抓鸿山大遗址保护规划的一件事。

2004年新区鸿山从7个古墓中挖掘出2300多件文物，经国家考古专业部门勘测和鉴定，这是在吴地挖掘成功的一个特大型越墓遗址。规划设计是任何工程的重要基石，文化工程也不例外。我们对鸿山遗址的保护性规划，着眼于国内的顶尖专家和权威机构。按新区人的特点，凡事都要高标准，创一流，那么对鸿山大遗址墓群总体规划请哪一位高手来设计呢？我们通过多方了解，北京中国建筑设计研究院建筑历史研究所所长陈同滨教授，是从事国家大遗址保护的权威专家，于是我带领新区建设局陈争、范忠良一行迅速赶往北京，七拐八拐，一路打听，很快找到了陈同滨先生。原来陈同滨先生是一位女性设计大师，亲切和蔼，作风严谨，一派大师风范。

在北京的一座高楼里，陈同滨教授热情地接待了我们，当我向她说明来意时，她非常赞同地说："你们开发区搞经济开发很有成绩，但过去忽视了对历史文化遗存的保护和开发，现在亡羊补牢，也不算晚，我应该支持，但要向你们说明的是，我手头工作极忙，我领衔的设计任务已排到后年了。”听到陈同滨的一番话，我愣了半天，但仍然恳请陈教授拨冗相助，陈教授没有接住我的话回答我，却让我们到隔壁会议室，她指着墙壁上一个巨大的全国地图上满是插着的小红旗说：“你们看，那许多插小红旗的，都是全国各地正在以及即将设计的项目，实在忙不过来，望能理解。”

北京无功而返。周谦书记对我说，“开发区办事如果都按常规办，不少事情是办不起来的，再做做工作吧。”无锡市有关领导也鼓励我说，“胜平你现在是开发区人，要用开发区的精神来做工作。”于是我带人又几次往返北京。有时当天到京当天离京。对方虽然未有承诺，但我们从未放弃。几次京城往返，几次恳请交流，陈教授感动了。她说，“我老家在杭州，待我下次回家探亲时，顺便来你们新区看看再说。”不久，陈教授探亲回家时真的顺道新区，察看了鸿山遗址，她说，“这座遗址保护开发极有价值，那么多文物宝贝，太珍贵了。”

其实，彼时市和区里其他领导也在做陈教授的工作。精诚所至，金石为开。不久陈教授终于答应给我们设计了。但她说，“你们要花三到五个月时间，将大遗址的所有相关资料包括历史资料、天文资料、水文资料、环境质量资料等 27 项资料，都给我准备好！”陈教授既然这样表态，我的团队马上行动。日不停，夜不眠，假不休，我们突击准备，仅仅一周，就将两箱子鸿山遗址全部资料送到了陈教授面前。对如此锲而不舍的执着精神，如此神速的办事效率，陈教授被感动了。

2005 年 11 月 27 日，国家大遗址保护权威专家陈同滨教授正式抵锡踏勘。一年后，鸿山遗址墓群总体规划设计出稿，很快通过专家评审获得国家文物局批准，而后，由中国建筑设计研究院副院长总建筑师崔凯主持的鸿山遗址博物馆设计方案，也通过评审和批准。新区为大遗址规划、大遗址本体保护规划和梁鸿湿地公园及生态农业展示区先后投入近 5 亿元。2008 年 4 月 10 日，鸿山遗址博物馆与中国吴文化博物馆建成并开放。2008 年国家文物局在无锡召开的全国大遗址保护现场会，将鸿山大遗址保护工程列为全国大遗址保护工作的典范，创建了全国大遗址保护的“无锡模式”，不久 2010 年，遗址公园上报后，顺理成章地被评为“全国首批十大国家考古遗址公园”，从而有力地显示了无锡新区和作为无锡历史文化名城的无锡的独特的文化魅力。

六、泰伯庙旁崛起一座“梅里古都”

新区梅村，历史上的古梅里，泰伯故里，是我国吴文化的肇事之地。多年来梅村镇历届领导都打“江南第一名镇”的品牌，他们都以“江南第一名镇”为荣。有一次我经过梅村镇政府门口，看见门口牌坊上有书法名家撰写了一条“江南第一名镇”的匾额，十分醒目。我想，说梅村是江南第一名镇也不错，但是作为古梅里的梅村所在地，它不仅仅是一个著名的江南小镇，更是当年吴泰伯不远万里，长途跋涉来到梅里建立勾吴国的古都，当时尽管是诸侯小国，但毕竟是国都，再说吴地人民和吴地政府多少年来祭祀吴泰伯，举办吴文化节，不就是因为这里是吴文化的发源地，勾吴古都的所在地吗？回到办公室，我请来宣传统战部的大秀才李桂林部长等商量，提出要辨析一下勾吴第一名镇与勾吴古都。于是一周后以课题组名义出具了一篇万字长文《“古都”何以成了“古镇”——无锡新区梅村“江南第一古镇”匾额质疑》，文章通过详细考证，辨析了镇与都的原则区别，提出复归“勾吴第一古都”乃当务之急，它一有利于顺势利导、提升品位，二有利于正本清源、彰显个性，三有利于强化特色、扩大影响。周谦书记看了说，“此文讲的有道理，可以发给市领导。”我通过《决策咨询要报》刊发后，省市三位领导均作了批示，认为这篇咨询报告很有价值，建议考虑采纳，并要求新区党工委、管委会和市文化局协调。

不久，党工委主要领导的批示精神和市文化局意见，委托我找梅村镇党委书他记邹永南谈话。刚开始邹书记不以为然，后来通过我与他充分交流，欣然接受了我们的建议。在市、区、镇三级领导的过问与助推之下，我们提出的“梅里古都”的概念被正式运用到梅村小城镇规划建设中来，现在梅里古都的城堡和第一期建设的初貌已经展现在人们面前，它为无锡和无锡新区文化旅游事业的发展展开了新的一页。

七、滨湖区22平方公里临湖宝地成为高新区开发热土

2008年春，一次我在党工委会议和书记碰头会上，多次听到有关负责人讲到，我们新区政策条件好，投资环境也好，但很多国际上科技含量高的大项目、好项目引不进来，不是被兄弟开发区抢了去，就是不得不忍痛割爱。我虽然不分管招商和土地等经济工作，但此事却引起了我的注意和思考。我想到几年前我在市里工作时，曾主持了无锡争创新优势的重大课题研究，其研究成果之一是向市委提交了“打好太湖牌是无锡争创新优势的重大战略”的咨询报告，先后得到了市委市政府主要领导蒋定之、王荣的批示，并被转化为无锡市决策层的发展思路和若干发展举措。我到新区后，发现新区近湖而不临湖，无锡市委市政府实施太湖牌战略似乎同新区关系不大，也没有什么动作，我想，靠近新区的滨湖区新安街道，有22平方公里临湖面积，能否建议市里划到新区来，以便使新区在实施“太湖牌”战略中有所作为。我把这个想法征求周谦书记的意见，周书记连忙说：“这个使不得，你这个建议滨湖区委戴解平书记会肯吗？滨湖区人不要骂我们？”我说：“按照市委口径，新区发展是全市的大局，为了无锡的发展，只要言之有理，持之有据，试试看吧，或许能成！于是我从无锡新区也要打“太湖牌”的角度向市委、市政府撰写了一份5000字的报告，报告建议将毗邻新区临湖的22平方公里划入新区。周谦书记看了改了几个字，谨慎地说：“作者署名不要用咱们新区的，最好用专家的名义。”于是我征得南京两位专家的同意，并请他们加以润色、签字，由他们将报告寄给无锡市三位领导同志。结果这三位领导同志都先后作了重要批示。几个月后，市里即将新安街道划给新区，“无锡太湖国际科技园”得以迅速组建，一大批高字头的科研机构、科研项目和大公司迅速汇集，22平方公里成为无锡国家传感网创新示范区的核心区，后来国务院温家宝总理亲定的“中国传感网中心”也因此在这里诞生！

八、无锡高新区智库建设全国瞩目

2014年4月我到新区履新前，市委王荣书记同我谈话时，就提出：新区发展势头虽然好，但也有不少新问题有待研究，若是将新区比作一个人，他四肢发达，十分健壮，但需要补脑、健脑、用脑，你到新区后要发挥你的优势，抓一抓开发区的决策咨询研究工作。根据市领导的意图和指示，2014年10月，我带队赴上海浦东新区改革与发展研究院考察，回来写了一份考察报告，向党工委提议创办无锡国家高新区发展研究院（以下简称研究院）。党工委同意设立研究院，并决定由我兼院长，其他几位相关领导兼副院长，后来因人事变动，党工委决定聘任李桂林、罗安斌为副院长。李桂林和罗安斌这两位副院长在协调内外资源、组织重点科研和研究院进入市场方面，作出了积极的贡献。多年来，研究院围绕党工委的中心工作和重大事项，开展了一系列的决策咨询研究工作，通过《决策咨询要报》先后编发了300多篇决策咨询文稿，在中央权威媒体上撰写发表了《国家高新区要做新型工业化的先行者》（《人民日报》2005年4月27日）、《把国家高新区建设成为实施国家人才战略的示范区》（《求是》杂志2009年第7期）等百余篇重要文论，研究出版了《中国自主创新探路》（人民出版社2007年7月）、《中国开发区科学发展概论》（红旗出版社2009年）、《全球化互动——以无锡（2002—2008）为例》（新华出版社2010年）《城市与现代化——以无锡（2002—2008）为例》（红旗出版社2011年）等300多万字的作品。其中不少转化为市委和新区党工委管委会的决策、政策或文件。研究院的经验受到国家科技部、科技部火炬中心领导的充分肯定和高度重视，科技部领导张景安与科技部火炬中心主任张志宏亲自撰文向全国推荐无锡新区智库建设的经验。（《国家高新区应该有自己的智库》（《科技日报》2013年9月30日、《中国高新技术产业导报》2013年9月29日、《中国高新区》杂志2013年第10期）。

研究院作为全国首家高新区区级智库，何以受到全国瞩目？其原因是新区人秉承了改革创新

的精神。具体体现在：

一是研究院的体制优势。不设编制，不定级别，不配专人，主要依靠社会力量开展工作。这充分体现了高新区“小政府大社会”的工作体制优势。二是研究院的机制优势。研究院以课题为龙头，平日里不养人，研究时人手齐，干起来效率高。三是研究院的人才优势。我们先后在地方高校、党校、干校和社科院所及社会学术团体聘用了 80 多位研究员、教授，还从北京、上海、杭州、南京等地聘用了一批资深的专家和名家作为研究院的学术导师和顾问。正因为研究院这个平台广泛联系和拥有了比较雄厚的专家资源，因而它在工作中较好地发挥了思想库、智囊团、参谋部的作用。实践证明，只求所用、不求所有这是一个行之有效的用人之策。

九、无锡高新区人大制度一步步走向成熟

无锡高新区 2016 年被批准建立行政区——新吴区，2016 年 5 月正式成立新吴区人大常委会。今天，人们面对新吴区人大常委会这样健全的人大制度时，却少有人知道曾经的无锡高新区的人大制度和人大工作原来经历了一个从无到有，从不规范到比较规范，从不健全到比较成熟的一个长期艰苦探索和推进的过程。这个过程，简言之是“三大步”。

第一步是 2004 年在新区设立高新区人大工作办事处，但无人员、无编制、无活动，凡涉及到开发区人大的事只是带一带，应付一下而已，所谓开发区“人大文件到处飞，人大工作到处推”，正是形象化的真实写照。

第二步是 2008 年建立无锡新区人大工作委员会。

新区长期以来以开发建设为主要任务，但经过 20 多年的发展，土地面积从当年的 0.45 平方公里扩大到现在的 220 平方公里，人口从当初的几万人扩大到今天的 70 多万人，在这种情况下，开发区人民群众当家做主和参政议政的意识和呼声不断高涨，全区 5 级人大代表有 200 余人，但区里没有人大机构，我作为区里分管领导，向党工委主要领导反映：每年两会期间，新区鸿山 18 名人大代表，参加锡山区人大活动，其他 80 多名代表参加滨湖区人大活动，人大代表权力与义务都发生严重越位和错位，很别扭！能否考虑建区人大机构。周谦书记对我说，“开发区建人大上级也没有统一要求，你可以先研究研究再说吧。”听了这话，我真的正儿八经地开始了对开发区人大的研究。当时我请在国家科技部挂职的新区科技局副局长李敏芸帮忙，我设计了一张统计全国国家级高新区和经开区系统机构设置、职能、编制、人员、经费等众多内容的调查表，然后我向科技部打招呼，以科技部的名义发往全国开发区进行填表统计。通过全面系统的调查，了解到全国开发区系统，有人大机构有平台有活动的单位虽然少，但却说明该事物存在的客观性和必要性以及事物发展的初始性。它为我研究建立开发区人大机构提供了现实依据。于是我根据国家宪法和人民代表大会制度理论，写了一篇《加强我国开发区人大工作势在必行——关于对全国部分开发区人大行政管理机构的调查及其思考》，在多家报刊上公开发表，从而为开发区人大工作提供了的一定的理论根据和实践根据，也营造了开发区人大工作的舆论氛围。同时我将它改写成人大代表和政协委员建议提案，庄重地向市里提出。然而市里有关部门虽口头上接受这个建议，但随后却以似乎充分的理由答复我，这个建议无法采纳。然而我不灰心，将那篇文章改写成咨询要报，编发在研究院主办的《决策咨询要报》上，不意，省市领导看到了均作了批示，希望我做进一步的实证研究，提出具体实施方案。通过一番反反复复的艰苦努力，最后市委正式同意以新区党工委名义向市里报送《关于成立无锡新区人大工作委员会的请示》。

眼看着市编办将新区人大工委机构批下来了，但等到 2008 年 2 月 4 日正式看到文件时，又不免使人大吃一惊，原来在市编办文件下达前，有人将“无锡新区人大工作委员会”的机构名称中加了“联络”两个字。这样虽然新区获批建立了区级人大机构，但却为“无锡新区人大联络工作委员会”，并且作为党工委的工作机构。我感到困惑，全区各级人大代表也纷纷向我表示不满：人大领导机构怎么成了个联络机构？我们人大的职能难道仅仅是联络吗？

第三步，建立无锡市人大常委会新区工作委员会。

我多次在市人大的工作会议上提出，高新区的人大联络工委不仅名称内涵太窄，限制了人大职能的发挥，全区人大代表很有意见，更重要的他作为党工委的工作机构，没有法律根据。后来我在全国人大常委会有关领导同志的过问下，在市委和市人大的支持下，又通过一番难以想象的周折，才将区人大机构的“联络”两字去掉，正式更名为“无锡市人大常委会新区工作委员会”。2010 年 8 月 26 日，我被市人大常委会任命为新区人大工委主任。自此，新区人大成为全国最早成立开发区人大机构的单位之一。不久根据上级人大的要求，新区人大承办了首次全国开发区人大工作联席会议暨研讨会，并成立了全国开发区人大工作研究会，我被选为会长。

现在，无锡高新区正式建立行政区新吴区人大常委会，尽管仍然存在行政区人大如何监督高新区工作等新情况、新问题，然而作为区一级最高权力机构，代表全区各阶层人民行使职权，决定重大事项，从制度上保证了人民当家做主，再没有“民主洼地”、“监督空挡”之忧了。

20 多年过去了，无锡高新区不仅在产业和科技上走在全市、全省以至全国的前列，而且在理论建设、社会建设、文化建设、民主建设等方面也取得了巨大成就，蜚声遐迩。进入习近平中国特色社会主义新时代，看到无锡高新区在成熟的道路上走得愈来愈稳健，越来越体现了党中央的新发展理念，我作为一个高新区人感到无限欣慰！

（作者单位：无锡国家高新区发展研究院、无锡市经济学会，本文载无锡市史志办公室征编、2018 年 12 月凤凰出版社出版的《见证辉煌——无锡改革开放亲历者述忆》。）

吴文化广场

推进人大制度在开发区全覆盖

潘国红　黄胜平

1951年，自美国斯坦福研究园建立“硅谷”后，世界多国纷纷建立起本国的经济技术开发区和高新技术开发区。我国也紧跟世界步伐，于1984年批准建立了大连、青岛等14个经济技术开发区，由此掀开了全国建立发展开发区的热潮。据最新不完全统计，目前我国拥有552家国家级开发区、1900余家省级开发区以及超过2万家各类主题产业园（以下统称为开发区）。随着开发区由经济功能区逐渐成为多功能城市综合区，开发区建设和发展面临诸多新情况和新问题，包括开发区法律地位、开发区与人大的关系等许多方面有待进一步明确，特别是开发区人大制度缺失、民主政治建设滞后，已经成为制约开发区发展的一大瓶颈。

一、当前各地开发区人大制度设置情况

人大制度，遵循“一切权力属于人民”的宪法原则，在人民依法选举基础上选派代表组成人民代表大会，行使国家权力，产生和监督“一府一委两院”，人民监督人大，最终实现人民对国家和社会事务的管理。考察开发区人大制度的覆盖状况，既要看人大机构是否设置，又要看人大运行机制是否建立，前者是人大制度运行的平台和载体，后者是人大制度运行的基础和保障。

（一）开发区正式“建政”，人大制度实质运行。开发区设立伊始，其主要目的是发展工业经济，经过数十年的发展，开发区地域扩大，人口增加，社会各阶层人士包括海内外各种科技精英和产业领军型人才聚集，其功能由单一工业化的经济功能区向多功能城市综合区发展。目前开发区不仅有招商引资、产业发展、科技创新等经济管理职能，还包括政治、文化、社会、生态文明等领域管理职能，初期的“小政府”、“准政府”显得难以承受之重，许多发展较快、面积规模较大的开发区开始设立完整的人大制度。成立于1990年4月的上海浦东新区，先后经历了浦东开发办公室、浦东新区管委会两种领导机构形式，2000年6月建立区委，8月正式建立了人大、政府、政协，人大及其人大常委会履行重大事项决定、监督和人事任免等职权。成立于1992年的江苏无锡高新区（后称无锡新区），经过20多年的发展，截至2013年9月，区域面积由起步时的5.4平方公里发展到220平方公里，管辖范围由1个镇扩大到6个街道，人口近70万，企业从近百家发展到近万家，同时拥有众多学校、医院、文化等单位。2015年10月无锡新区正式“建政”，设立新吴区，形成完整的一级地方政权。另外，天津滨海新区、杭州高新区、苏州高新区、常州高新区、宁波经济技术开发区、广州开发区、青岛经济技术开发区和厦门海沧台商投资区等，通过与开发区所在地的建制区政府进行合并，设置新的行政区，实行“一套班子、两块牌子”，建立并运行人大制度。

（二）建立人大机构，实行“不完全”的人大制度。为适应开发区转型的发展要求，近年来各地相继颁发文件，探索建立人大机构。2009年河南省郑州市十三届人大常委会第三次会议审议通过《关于在郑州高新技术产业开发区和郑州经济技术开发区设立工作委员会的决定》。2014年山东省人大工作会议通过《中共山东省委关于进一步加强和改进人大工作的意见》提出“国家级和省级开发区可明确相关机构和人员承担有关人大工作”。2015年6月，《中共江苏省委关于

加强全省县乡人大工作和建设的实施意见》提出“根据工作需要，探索在具有行政管辖职能的省级及以上开发区设立人大工作委员会”。目前各地开发区人大机构的设置方式和称谓也不一致，主要是这样两种：一种是由设立开发区的政府一级人大常委会派驻成立开发区工作机构，或称为工作委员会，或称为人大（代表）工作联络处；另一种是在开发区党工委下成立临时性的工作协调机构，多称为人大工作室或人大联络处。

目前各地开发区人大机构，一般都有人大代表小组，有人大工作载体，也有人大日常活动制度，但是没有自己的“人代会”，不能像行政区人大那样完整全面地行使人大职权。许多开发区人大机构只限于联系人大代表，组织代表活动，为代表履职提供服务和保障，更有一些开发区人大机构满足于上传下达，履行上下级人大、开发区与人大之间的事务协调功能，谈不上开展人大工作。有学者把这类开发区的人大制度称为“一种不完全的人大制度”。分析其中的原因，主要是现行法律没有明确开发区人大机构的职能定位和运作制度，各地开发区人大机构对“干什么”、“怎么干”理解差异性大、随意性强，导致许多开发区人大机构职能行使无所适从、履职活动不到位等问题。一些开发区人大机构人员被指派项目拆迁、文明创建，招商引资等经济建设工作，职能严重错位，影响了开发区人大机构工作的正常开展和功能的有效发挥。

（三）未设立人大机构，人大制度存在“盲区”。目前我国已拥有各级各类开发区数万家，但目前已建立人大机构的不多。437家国家级开发区，仅有70多家建立了不同模式的人大机构。据2018年1月江苏省人大常委会研究室调研处资料，江苏省省级以上开发区131家（其中国家级38家、省级93家），仅有36家设立了人大机构。不少开发区成了经济上的“巨人”、民主政治建设的“矮子”、人大工作的“盲区”。其原因主要是，开发区设立以来,中央以文件形式仅赋予开发区经济管理职能，未设置行政区。各省（市、区）颁发的“开发区管理条例”，也仅赋予开发区管委会一定的行政管理权，行使“准政府”职权，对开发区的功能定位、管理模式和组织形式始终没有明确，各地也未形成统一固定的模式。地方组织法第一条规定，“省、自治区、直辖市、自治州、县、自治县、市、市辖区、乡、民族乡、镇设立人民代表大会和人民政府”。由于没有明确的法律地位，开发区属于非一级“行政区”，不能建立党委、人大、政府和政协等管理体制机制，其管理大多由上级派出的党工委、管委会来承担，导致许多开发区在进行管理体制创新时畏首畏尾、止步不前，同时也波及到了人大制度在开发区的建设，这是许多开发区未设立人大的主要原因之一。

二、推进人大制度在开发区全覆盖势在必行

人民民主是社会主义的生命，人民当家作主是社会主义民主政治的本质和核心。人民当家作主不能只是一句空话，必须有一整套制度保证特别是要有根本制度保证。人大制度体现了宪法规定的国家一切权力属于人民的社会主义民主的本质，是实现人民当家作主的重要途径和可靠制度保障。在人大制度下，我国人民既在选举时有民主投票的权利，也在日常国家政治生活中有持续参与的权利，享有广泛的选举民主、参与民主、协商民主。目前，开发区在经济社会发展中的地位举足轻重。作为产业、人才、科技、资本集聚区，开发区已经成为一定区域内先进生产力发展高地，成为一个具有全部城市主要特点和社会要素的真正意义上的多功能城市综合区。人大制度是我国的根本政治制度，在实践过程中既有广泛性又有纵深度，理应体现于国家政治生活的各个方面，从上到下覆盖国家各个区域。在开发区建立人大制度是坚持和完善人大制度的内在要求，是依法治国的具体实践，也是新时代开发区科学发展、持续发展的重要保障。

（一）多功能城市综合区的形成，需要完善人大制度功能。开发区设立之初，其机构设置上学习国外“小政府、大社会，小机构、大服务”的先进理念和经验，力求以最小的行政成本穿凿出最大的经济效益。与此同时，其他职能部门在设置上也不求与传统行政设置一一对应，而是重点设置经济、招商、科技、规划、建设等部门，真正体现了事权一致、精简、高效的特点。随着开发区经济大力提升、城区面积的扩展、集聚人口的增加、城市乡村功能的完善，社会各项事务纷至沓来，以经济发展为主的开发区渐变成为多功能城市综合区，与其他行政区渐为趋同。“当初在开发区很小、功能单一的时候，管委会能较好地发挥管理职能。但是，现在这种管理模式正面临着挑战。”这些区域的法治完备、国家权力机构的配套完善的问题日益突出，必须直面政治体制的完善工作。作为一个已经发展到相当成熟程度的城市综合区，如果没有一套健全的人大民主制度，没有建立完善与此相适应的重大事项决定和监督等新体制，没有民意表达和整合的制度化平台和载体，没有生动活泼的民主政治生活，即使经济再发展，科技再发达，也不符合经济社会发展的客观规律。

（二）“准政府”的产生与运行，需要人大制度提升其合法性。1992 年 6 月，烟台经济技术开发区人民法院成立，这是全国第一家在国家开发区成立的法院。至今全国大部分的开发区已经设立了完备的法院和检察院。我国宪法规定，“一府一委两院”由人大产生，对人大负责，受人大监督。开发区法院的设立是经过最高人民法院的批复而设立，而不是如一般的基层法院由相应的人大产生，因此，在开发区法院设立伊始，就有不少人质疑其存在的合法性，甚至有人认为它的设立是违宪的。开发区法院和检察院的内部机构设置与一般的基层法院和检察院并无差别，如开发区法院立案庭、刑事法庭、民事法庭、行政法庭、执行局等一应俱有，由于开发区内没有相应的人大制度，开发区法院和检察院机构的设立和工作人员的任免，只能由上级法院和检察院决定，其合法性、合理性存在纰漏。在监督方面，人大对开发区法院和检察院的法律监督和工作监督几乎空白，开发区人大机构，与“准政府”（包括开发区管委会、法院和检察院）之间，没有形成明确的决定与执行、监督与被监督的法律关系，开发区法院和检察院的主要领导无需人大机构任免，人大机构对其进行监督就难以操作实施和取得实效。

（三）人大代表履职，需要人大制度予以支持和保障。人大制度是一种代议制民主，选民（选举单位）通过选举将本属于自己的权力委托授权于代表，代表是选民（选举单位）的利益代言人，行使国家权力。在人大代表的选举产生和组织履职方面，开发区存在诸多亟需完善的地方。一些开发区虽然有自己人大机构，但都没有自己的“人代会”，人大代表的选举和会议期间的履职依附在其他县市区进行，闭会期间人大代表的履职活动也不正常和规范。如，苏中某市经济技术开发区是国家级经济技术开发区，为市政府派出机构，副厅级建制，其人大工作是由市人大常委会的开发区联络处负责开展，其区内的市、区（指临近的市辖行政区）级两级人大代表的选举和履职依托处级建制的临近行政区开展，开发区的区人大代表每年参加临近区的人代会，审议临近区人大报告和政府报告。在人大制度下，选民（选举单位）利益表达最理想的方式是直接向自己的代表传达诉求，再由代表通过有序的民意畅通渠道向有关国家机关反馈并督促落实，这是人大制度的设计初衷。但目前一些没有人大机构的开发区，闭会期间人大代表的履职缺乏联络和组织，代表与选民联系不密切，代表视察、调研、执法检查等活动难以开展，人大代表和人民群众的建议、批评和意见不能及时收集和反映，上级人大及其常委会的决议决定在基层的落实情况也缺乏跟踪和了解。推进开发区内各级人大代表依法履职，充分发挥作用，需要人大制度予以保障。

（四）公众政治参与，需要人大制度提供平台和渠道。当前，公众政治参与的社会基础逐渐扩大，政治参与的意识不断增强，政治参与的内容日益丰富。市场经济体制的形成与发展，使公众增强了独立性与自主性，成为了面向社会竞争、自主发展的主体，这是民主发展的基础与前提，同时，科学技术与教育的发展与普及，增强了公众的民主意识和自身政治参与素质。开发区作为一个市场化、国际化程度较高的区域，公众在对外交流与发展过程中逐渐成为了具有开放思维、开阔视野的社会个体，对全局事务以及政治的关注、知情、参与的要求越来越高。同时，开发区社会分层多元化形成了在收入、社会地位、生活习惯、价值取向等有明显差异的社会群体，出现了如个体劳动者阶层、工商业者阶层、自由职业者阶层等一些新的社会阶层和利益群体，不同的利益主体要求通过政治参与影响政治决策，以争取、实现和维护自身利益。“哪里有人民，哪里就应该有组织他们行使权力的机构，哪里就是他们行使权力的地方，而不应该受现行行政区划或者其他因素的制约与困扰。”人大制度是最重要的民意表达机构，是反映民意、整合民意的主要渠道，是公众有序政治参与的根本途径。在未建立人大制度的开发区，公众无法完全、充分地行使自己的政治权利，甚至连起码的选举权和被选举权的行使都比较困难。开发区人大制度的建立，可以为民意表达提供最佳平台，满足开发区公众政治参与的热情，实现公众对本区域的经济、政治、文化各项事务的知情权、参与权、表达权和监督权。

三、推进人大制度在开发区全覆盖的路径

习近平同志在庆祝全国人大成立60周年大会上的讲话指出，当前“我们的民主法治建设同扩大人民民主和经济社会发展的要求还不完全适应，社会主义民主政治的体制、机制、程序、规范以及具体运行上还存在不完善的地方，在保障人民民主权利、发挥人民创造精神方面也还存在一些不足”，“要把坚定制度自信和不断改革创新统一起来，在坚持根本政治制度、基本政治制度的基础上，不断推进制度体系完善和发展”。开发区健康持续发展，既要遵循经济发展的基本规律，也要符合民主法治的实质精神。建立和完善开发区人大制度，是确保宪法法律有效贯彻实施，保障人民民主权利，凝聚人民智慧力量的新课题、新要求和新使命。实现人大制度在开发区全覆盖，要把加强“顶层”设计和鼓励地方探索创新结合起来，勇于实践，敢于突破，以实现区域内政治生活、经济生活、社会生活协调统一，推进开发区在新的起点上实现新的更大的发展。

（一）推进开发区与行政区合一，实现优势互补统筹发展

面对开发区人大制度不健全的现状，有学者提出“开发区与行政区合一的管理体制是开发区现实最佳选择。开发区要谋求发展就要解决好开发区过渡性这个缺陷，解决好自身地位尴尬的处境，可以名正言顺地管理开发区”。对一些区域面积和发展规模较大的开发区。特别是首批的国家级开发区，实行开发区与行政区融合，使开发区的管理区域成为严格意义上的行政区划，通过优势互补，各职能部门全面覆盖，可以大大节省人员和协调成本，大大提高运行效率。近年来，天津滨海新区与塘沽等3区、苏州高新区与虎丘区、常州高新区与新北区、杭州高新区与滨江区、宁波开发区与北仑区、青岛开发区与黄岛区等均实行了合一管理模式。这样的区划调整，符合整合精简机构、缩减政府层级、节约财政支出的发展方向，可以避免许多法律制度上的问题，使开发区的各项职能包括人大工作的职能进一步健全完善，从而促进开发区更好更快地发展。2011年，江苏省南通市出台《南通市沿海前沿地区重点中心镇实行区镇合一管理体制指导意见》，目前，80%以上的园区与临近乡镇实行了合一管理模式。如省级开发区江苏省吕四港经济开发区与吕四港镇合一，国家级开发区海安经济开发区与城东镇合一，实现了产业园区与乡镇区划的功能融合，优势互补，统筹发展。实践证明，实行开发区与行政区融合，在开发区建立人大制度，不会影响开发区的效率优势和发展态势，经过整合调整，开发区的开发开放只有快速推进，没有丝毫减缓，开发区的作用和影响只有增强扩大，没有减弱缩小。

（二）加快组织和制度建设，为人大工作开展提供支撑和保障

一些规划面积较小、难以与行政区合一的开发区，如果建立完整的人大制度以及相应国家机构，其成本会大大增加，这并不符合开发区“小政府、大社会”的发展理念。在这样的开发区设立人大机构，可以保持和发挥开发区的体制机制优势，弥补人大工作在开发区的“空白”，作为一种“过渡”待条件成熟再进行完善与规范，最终实现人大制度在开发区的施行。为此，没有设

立人大机构的开发区，要尽快设置人大机构，本着“精简、效能”原则，解决内设部门和工作人员配备，其在机构定位上，应是开发区上一级的人大常委会的派驻机构，而非开发区党工委或管委会附属内设的协调机构。

要明确职能定位，规范和推进开发区人大工作。开发区人大机构建立后如何运作，工作如何开展，职能如何发挥，需要加快立法工作，规范、指导和推进各级开发区人大工作。在国家尚未修改法律或制定开发区条例之前，有条件的省、设区市人大可以考虑出台地方性法规，明确开发区人大机构的性质、地位、领导关系、组织机构、工作职责、议事规则。明确开发区人大工作机构主任、副主任及办公室的具体职责，做到定岗定位，职责分明，为开发区人大机构开展工作提供制度保障。开发区人大机构的职责来源于设立开发区人大机构的人大常委会的授权，人大常委会要结合本地实际研究赋予开发区人大机构工作职责，在不与法律法规相抵触的前提下，出台操作性较强的开发区人大工作实施办法或工作规则。开发区人大机构要建立完善机构运作制度，积极探索适合开发区人大工作的规则和办法。制定开发区人大机构议事制度，定期召开议事会议或工作会议，研究某一阶段开发区人大工作。

（三）积极探索创新，充分发挥开发区人大机构作用

开发区是我国改革开放以来出现的新事物，前后不过几十年，开发区人大工作更是一项全新的事业，缺少成熟的理论研究和实践经验。开发区作为改革发展的“试验区”和“先导区”，具有探索创新的基因和传统。开发区人大机构要大力弘扬开发区人的开拓创新精神，坚持一切从实际出发，进一步解放思想，在实践中不断完善和发展运作机制，力求尽快走出一条适合开发区发展的人大工作新路。

在现行法律规定中，开发区人大机构不是一级权力机构，不是依法履职的主体，不能承担应属于常委会职权的事项，但并不意味无所作为。近年来，全国部分开发区人大机构积极开展人大工作，探索实践“准人代会”“准常委会”、会议期间开发区人大代表单独组团制度、加强与“一委两院”联系、人大代表列席重大开发建设项目会议等工作制度，探索开展人大代表参与开发区重大事项决策、审查监督开发区年度财政预算，评议开发区管委会中层部门和派驻机构及“两院”工作、考评代表建议办理工作，有效发挥了开发区人大机构作用。许多开发区人大机构探索实施以人大代表为主、由公众共同参与的“议政会议制度”，组织议政会议成员参与开发区重要决策的调研、论证、监督，及时收集并反映公众意见建议，取得了良好效果。议政会借助公众参与来疏导民意、收集民智，在公众与国家机关之间架构起了民意表达和民主监督机制，是现行体制框架下人大工作的延伸和扩展，适应了开发区推进基层民主和基层治理的现实需求，值得各地学习借鉴。

开发区人大机构要充分发挥主观能动作用。目前开发区人大机构在职能定位上，主要应是履行监督、组织代表履职、民意收集和反映等工作，这三项工作相辅相成，有机统一。要积极组织人大代表开展宪法、法律、法规和人大常委会决议决定贯彻执行情况，财政经济、社会事业等专项工作，辖区内“两院”依法办案、公正司法，以及人大代表和社会公众关注的热点难点问题的监督检查。按照人大常委会部署，认真组织人大代表开展执法检查、视察调研和工作评议等活动。组织代表开展闭会期间的学习培训和履职活动，推动代表广泛联系选民，收集和反映民意，自觉接受选民监督。加强对代表建议意见的督办，推动解决辖区公众最关心、最直接、最现实的利益问题。就关系开发区发展全局的政治、经济、文化、环境等重大事项，可提请常委会作出决定或决议。对开发区作出的有关重大事项不适当的决定，可提请常委会以法定方式要求“一府两院”责令开发区予以纠正。这些工作，紧密结合开发区工作实际和人大常委会职权，遵循依法办事原则，有利于实现履职目的和成效。

（四）加强联系指导，提升开发区人大机构工作水平

人大常委会要加强开发区人大机构工作的整

体谋划，建立开发区人大机构向人大常委会报告工作制度，建立上下工作衔接联动机制，建立健全工作交办、督办、办结报告制度。指导帮助开发区人大机构建立和规范各项议事规则及工作程序，建立闭会期间代表学习培训、视察调研等活动制度和代表履职考核制度。加强对开发区人大机构职责履行工作的指导，通过建立人大常委会领导定点联系制度、邀请列席会议、组织业务培训、现场交流、参观考察等形式，联合开展执法检查、工作评议等工作，不断提升开发区人大机构工作水平。指导开发区换届选区划分和代表选举工作，解决开发区辖区内人大代表选举和履职依附临近行政区开展的问题。发挥自身优势，在开发区人大机构干部配备和成长、工作条件改善等方面，积极争取党委对开发区人大机构工作人员的重视和支持，为开发区人大机构开展工作营造良好环境。

加强对开发区内的乡镇人大和街道人大工委的联系指导。从区域组成上看，乡镇和街道是具有国家审批的较完整的一级行政区域，而开发区所管地域是从国家审批的县区或乡镇“分割”特定地域组成的。开发区对辖区内的乡镇和街道的管理权是经地方政府同意“让渡”的，随同划入开发区的乡镇人大和街道人大工委受开发区人大机构指导、联系和监督，与设立开发区人大机构的人大常委会仍然存有上下级人大之间的指导、联系和监督关系。人大常委会要把加强对乡镇人大工作的联系和指导摆上重要日程，推进乡镇人大规范化制度化建设，帮助乡镇人大建立和规范各项议事规则及工作程序，用制度保障乡镇人大选举权、重大事项决定权、监督权的落实。要把乡镇人大和街道人大工委的工作纳入对开发区人大机构的考核，推进乡镇人大和街道人大工委的工作正常开展。

（本文为2018年第七届全国开发区人大工作联席会议暨研讨会交流论文，载《人大研究》杂志总第327期）

中国物联网研究发展中心

统计资料

2018年无锡高新区（新吴区）国民经济社会发展统计公告

2018年，在党工委（区委）、管委会（区政府）的正确领导下，全区上下认真学习贯彻党的十九大和习近平总书记系列重要讲话精神，全面落实省、市、区决策部署，紧紧围绕“四个走在前列”目标定位，统筹推进国民经济和社会发展各项工作，全区经济社会保持稳定向上的良好态势，勇当全市高质量发展的领跑者。

一、综合

国民经济保持平稳增长。全区实现地区生产总值1800.8亿元，按可比价计算，比上年增长8.1%。按常住人口计算人均生产总值31.76万元。

产业结构持续优化。全区实现第一产业增加值1.34亿元，第二产业增加值1169.94亿元，第三产业增加值629.52亿元，三次产业比例调整为0.07∶64.97∶34.96。

重大项目取得突破。重大产业项目招引成效显著，全年新批总投资超亿元以上重大产业项目109个，总投资约730亿元，其中超10亿元以上项目14个，超50亿元特大产业项目4个。全区108个重点项目进展顺利，完成投资408亿元，其中，21个省市重点项目，完成投资311.2亿元，省市重点项目开（竣）工率和当年投资总额均为全市第一。

开放型经济全市领跑。进出口占全市比重达54.4%，占比提高1.2个百分点；出口占全市比重达48.6%，提高0.9个百分点，为全市外贸稳增长起到了关键性支撑作用。

二、农业

农业产值小幅下降。全区完成现价农总产值2.24亿元，比上年下降53.5%。全年粮食总产量0.69万吨，比上年下降24%。农作物播种面积1.3公顷，比上年下降43.7%。

三、工业、建筑业和房地产

工业经济快速强劲。全年完成现价规模工业总产值4165.97亿元，比上年增长7.8%；规模工业增加值979.39亿元，可比价增速8.4%；规模工业主营业务收入4154.27亿元，比上年增长6.1%；规模工业企业利润总额348.64亿元，比上年增长9.6%。全年规模工业用电量81.75亿千瓦时，比上年增长4%。

全年总承包和专业承包资质的建筑业总产值94.30亿元，同比增长41.6%。当年商品房销售面积130.02万平方米，比上年增长125.6%。

四、固定资产投资和交通运输

固定资产投资平稳增长。全年完成全社会固定资产投资比上年增长5.1%，其中，工业投资比上年增长9.3%。

交通运输事业加速推进。年末全区农村公路通车里程246公里；苏南硕放国际机场旅客吞吐量突破720万人次。

五、贸易和开放型经济

消费品市场发展良好。全年实现社会消费品零售总额338.62亿元，比上年增长8.8%。限额以上批零贸易销售额1318.67亿元，比上年增长14.3%；限额以上住宿餐饮营业额6.36亿元，比上年增长9.6%；限额以上服务业营业收入304.88亿元，比上年增长6.1%，其中，交通运输业20.5亿元，比上年增长16.5%，软件信息业112.98亿元，比上年增长0.7%，商务服务业44.63亿元，比上年下降8.7%。

对外贸易增长强劲。全年实现外贸进出口总额508.46亿美元，比上年增长17.4%。其中出口总额276.08亿美元，比上年增长16.6%；进口总额232.39亿美元，比上年增长18.3%。

利用外资回稳趋好。全年协议注册外资额25.2亿美元，比上年增长39.8%；到位注册外资13亿美元，比上年增长2.7%。本年新设备案外资项目 76 个，其中超 3000 万美元项目 17 个。

服务外包产业快速回落。全年离岸外包合同协议金额 24.93 亿美元，比上年增长 23.3%，离岸外包执行金额 12.87 亿美元，比上年 12.8%。

六、财政、金融和保险

财政收入稳步增长。全年财政总收入 375.81 亿元，比上年增长 12.1%，其中，一般公共预算收入 198.64 亿元，比上年增长 12.8%。全年财政总支出 191.5 亿元，比上年增长 10.1%，其中，公共财政预算支出 123.9 亿元，增长 10%。

金融存贷款规模扩大。年末全区金融机构本外币存款余额 1362.66 亿元，比上年增长 15.4%，其中，企业存款余额 948.19 亿元，比上年增长 16.08%；居民储蓄存款余额 414.47 亿元，比上年增长 13.96%；贷款余额 929.16.72 亿元，比上年增长 13.61%。全区保险费收入 2.28 亿元，比上年增长 14.15%。

七、科技和教育

高新产业较快发展。全区有效期内高新技术企业 437 家；高新技术产业产值 2692 亿元，高新技术产业产值占规模以上工业总产值比重达 64.6%；研发经费支出占 GDP 比重达 3.44%；研发人员占企业员工总数比重 7.3%；研究开发经费投入 93.52 亿元；在孵企业数 2455 家。

教育事业协调发展。年末全区拥有各级各类学校 77 所，在校学生 8.68 万人，其中，高等学校 2 所，中等职业技术学校 2 所，普通高中初中 9 所，小学 16 所，幼儿园 48 所。

八、文化、体育和卫生

文化、体育基础建设巩固发展。年末全区共有文化馆 1 个，博物馆 1 个，文化站 6 个，影剧院 7 个。区、镇两级图书馆 7 个，藏书 46.221 万册。年末全区共有体育健身设施 1508 个，健身场地面积 175.75 万平方米。

卫生事业持续发展。年末全区全区医疗卫生机构总数达 184 个，卫生技术人才 2476 人（医师 1162 人、护士 1314 人），医院床位 2572 张。

九、人民生活和社会保障

城乡居民收入稳步增长。全体居民人均可支配收入 50377 元，比上年增长 8.6%。其中，城镇居民人均可支配收入 55545 元，比上年增长 8.4%；人均生活消费支出 29214 元，比上年增长 6.1%。农村居民人均可支配收入 28163 元，比上年增 8.5%；人均生活消费支出 16613.1 元，比上年增长 7.3%。

社会保障福利事业稳步推进。全区城乡最低生活保障覆盖面 100%。全区拥有敬老院 8 家，年末床位数 2692 张，年末在院人数 1147 人。城市居民最低生活保障对象 218 户、377 人，全年社会困难户临时救助、医疗救助、慈善救助、助学救助、住房救助 13000 余人（次）。

十、环保绿化

环保力度进一步加大。全区空气质量优良天数比重为 70%。4 个国、省考断面达标率为 100%，连续三年优Ⅲ比例保持在 75%。9 条河道综合整治断面达标率为 66.7%，优Ⅲ比例为 55.6%。主要污染物削减完成率：化学需氧量（COD）100%，二氧化硫（SO2）100%。

绿化环境进一步提升。2018 年，全区绿化面积 4794.83 万平方米，人均公共绿地面积 9.8 平方米。全区城镇绿化面积 48 万平方米。全区森林覆盖率达 20.9%。

（注：1. 本文中的比较指标均是 2018 年与 2017 年比较；2. 本文为初步统计数）

分类统计（附表）

附表 1 2018 年新吴区地区生产总值

指　　标	单位	全区	比上年±%
宏观经济			
地区生产总值	亿元	1800.8	8.1
第一产业	亿元	1.34	-47.8
第二产业	亿元	1169.94	7.1
#工业	亿元	1131.95	7.3
第三产业	亿元	629.52	10.2
地区生产总值构成总值构成			
第一产业	%	0.1	-0.1
第二产业	%	64.9	-0.9
#工业	%	62.9	-0.8
第三产业	%	35.0	1.0

附表 2 2018 年新吴区规模以上工业主要经济指标、工业总产值、工业利润总额

指　　标	单位	全区	比上年±%	空港产业园（硕放街道）	旺庄街道	江溪街道	梅村街道	鸿山街道	新安街道
工业企业数	个	737	2.9	152	84	87	103	87	3
#内资企业	个	352	8.6	86	49	52	58	76	1
外资企业	个	385	-1.8	66	35	35	45	11	2
工业总产值	亿元	4165.97	7.85	344.13	280.97	200.51	339.21	141.44	3.35
工业增加值	亿元	979.39	8.4	-	-	-	-	-	-
工业资产总计	亿元	3965.55	9.2	414.23	375.23	229.53	318.18	200.47	3.8
工业销售收入	亿元	4211.98	6.1	344.43	284.06	197.65	347.5	139.27	3.18
工业利润总额	亿元	348.64	9.6	44.37	20.34	18.8	16.7	4.69	-0.08
亏损企业单位数	个	120	8.11	-	-	-	-	-	-

续表

指　标	单位	全区	比上年±%	空港产业园（硕放街道）	旺庄街道	江溪街道	梅村街道	鸿山街道	新安街道
亏损企业亏损额	亿元	22.52	54.22	–	–	–	–	–	–
负债合计	亿元	1699.39	6.25	–	–	–	–	–	–
流动资产合计	亿元	2419.9	5.6	–	–	–	–	–	–
应收账款	亿元	873.91	–0.6	–	–	–	–	–	–
年末存货	亿元	536.39	7.09	–	–	–	–	–	–
年末产成品存货	亿元	214.92	2.79	–	–	–	–	–	–

注：根据12月定报填制

附表3　　2018年新吴区限额以上贸易企业商品零售额、服务业营业收入

指　标	单位	全区	比上年±%	空港产业园（硕放街道）	旺庄街道	江溪街道	梅村街道	鸿山街道	新安街道
社会消费品零售额	亿元	338.62	8.80	100.26	40.53	154.45	11.66	2.50	–
限额以上批零贸易销售额	亿元	1318.67	14.3	496.16	219.45	213.89	56.25	7.70	33.83
限额以上住宿餐饮营业额	亿元	6.36	9.60	1.21	1.71	1.34	0.77	0.52	0.73
限额以上服务业营业收入	亿元	302.28	4.7	29.49	27.72	8.41	11.75	0.85	0.31
#交通运输业	亿元	34.91	9.1	7.3	7.03	1.49	7.13	0.01	0
#软件信息业	亿元	113.29	0.6	1.02	8.4	0.4	0.8	0.00	0
#商务服务业	亿元	41.49	–15.2	0.21	4.68	1.89	0.45	0.00	0.08

附表 4 2018 年新吴区贸易市场情况

序号	市场名称	市场摊位容量（个）		从业人数（人）		市场成交额（万元）	
		本期	同期	本期	同期	本期	同期
1	无锡市南方不锈钢市场	595	560	3000	6142	2850000	2333322
2	无锡招商城市场管理有限公司	8900	8898	18190	20122	2600332	2650368
3	无锡五洲国际市场	6095	7759	4019	4198	275987	199445
4	无锡储运有限公司朝阳钢材交易市场	185	174	535	520	459763	456796
5	无锡新世界国际纺织城市场股份有限公司	10253	10253	1421	1509	7700	8710
6	无锡市东方汽车交易市场	23	23	1095	1090	402688	419272
7	无锡粮油中心批发市场	332	326	130	122	228412	228299
8	新安农贸市场	286	259	360	350	19600	19010
9	春潮市场	204	198	378	369	10879	10802
10	旺庄农贸市场（新）	83	79	134	128	2379	2322
11	梅里农贸市场	202	202	202	202	23500	25000
12	红旗农贸市场	132	124	261	253	6835	6789
13	春勤农贸市场	570	570	649	625	9459	8710
14	大业商城	150	150	282	282	12583	11473
15	鸿声农贸市场	150	150	150	250	11258	10922
16	梅村小商品市场	125	125	125	125	3098	3098
17	无锡市塘南副食品市场	200	200	245	238	2861	2725
18	坊前农贸市场	98	98	149	135	3095	2865
19	大坊桥农贸市场	30	30	30	30	4125	3462
20	无锡市太湖花园农贸市场	192	192	227	206	2395	2242
21	无锡市东风集贸市场	165	165	211	195	2360	2245
22	无锡市金海市场	26	26	38	35	1107	905
23	硕放商城	225	225	440	440	7600	7500
24	硕放小商品市场	52	52	58	58	120	110

附表 5　　2018 年新吴区人口情况

指　　标	单位	全区	比上年±%	空港产业园（硕放街道）	旺庄街道	江溪街道	梅村街道	鸿山街道	新安街道
年末总户数	户	130714	2.6	17511	23261	44875	15279	17829	11959
年末总人口（户籍人口）	万人	37.13	1.9	4.96	6.85	11.48	4.51	6.05	3.28
年末总人口（常住人口）	万人	56.92	0.8	7.95	13.29	15.78	7.99	7.77	4.14
出生人口	人	4177	−8.8	385	599	1822	583	460	328
死亡人口	人	2297	−1.6	366	457	558	236	472	208
流动人口	万人	57.08	4.3	6.02	14.6	16.48	9.93	6.89	3.16
境外人口（常住）	人	5806	−4.5	–	–	–	–	–	–

新吴晨光

索引

H

J

R

Y

Z

中华德城